Evangelisches

Kirchen-Gesangbuch

oder

Sammlung der vorzüglichsten Kirchenlieder

theils

in alt = kirchlicher Gestalt mit den Varianten von Bunsen,
Stier, Knapp, dem Berliner Liederschatz, dem Hal=
lischen Stadtgesangbuche und dem Würtembergischen
Gesangbuchs = Entwurf, theils in abgekürzter
und überarbeiteter Form.

———

Mit
einleitender Abhandlung und einem biographischen
Register der Lieder=Verfasser.

❈

Halle,
bei Johann Friedrich Lippert.
1842.

Vorrede.

Dächten wir uns einen Christen, der weder mit der Lehre, noch der Verfassung, noch der Disciplin der evangelischen Kirche einverstanden, vielmehr dem allen ungünstig gesinnt wäre; so müßte sogar ein solcher Gegner mit erstaunender Bewunderung und Ehrfurcht vor ihrem geistlichen Gesange stehen bleiben. Ja, das Kirchenlied der evangelischen Kirche ist ihre unvergängliche Krone, die ihr Niemand nehmen kann. Dabei wissen wir recht wohl, daß schon vor der Reformation manche herrliche Blüthe auch deutschen, geistlichen Liedes sich entfaltete; wir ignoriren auch nicht, was nach dem sechszehnten Jahrhundert in der katholischen Kirche hie und da für den deutschen Kirchengesang geleistet ist. Noch weniger gründen wir unsere Freude, unsern Triumph auf unsere Liedermenge und freuen uns mit manchen Aelteren und Neuen der 80= oder jetzt gewiß 100,000 geistlichen Gesänge, welche die deutsche Kirche besitzen will *). Vielmehr kann man sich bei der gewissen Thatsache, daß edles Gestein nur selten zu

*) Gar vielfache Beispiele ließen sich für ein wohlgefälliges Behagen unserer Alten an dem wachsenden Liedermeere anführen. Seltener klingt die richtige Ansicht durch, wie z. B. in der Vorrede zum Amsterd. Gesgb. von 1661: „Sonst hat es dem lieben Deutschland an geistlichen Gesängen gemangelt, nun wird es damit überschüttet. Zwar besser ist es, an Gottes Gaben Ueberfluß haben, als an irgend einem Gut Mangel leiden: nur daß man über dem lieben himmlischen Manna wegen der Menge nicht Ekel würde, dafür uns Gott behüte." Oder vor dem Nürnberg. Gesgb. von 1690: „Manche unterstehen sich Lieder zu machen, die weder Geist noch Geschick haben; in Meinung, wenn sie ein Paar Wörter wunderlich zusammenflicken, sticken und reimen könnten, es klinge gleich so abgeschmackt, als es wolle, so müsse man sie schon für einen deutschen Assaph, Heman und Jedithun gelten lassen, unerachtet weder Kraft noch Saft in ihrem verderbten Papier zu finden." u. s. w.

Tage bricht und das köstliche Naß der kirchlichen Poesie nicht mit der Fülle eines Amazonenstroms einherfließt, a priori bei diesen Zahlen kaum eines Grauens erwehren. Gern sprechen wir, wie es in der Geschichte Gideons heißt: „des Volks ist zu viel," gern lassen wir über zwei Drittel gleich nach Hause gehen und begnügen uns überhaupt mit viel weniger als mit dem von Knapp für tüchtig anerkannten Dreißigtheil; aber troß dem allen bleibt immer eine solche Fülle der herrlichsten Kirchenlieder, daß wir die oben ausgesprochene Behauptung mit Zuversicht wiederholen: das geistliche Lied der evangeli=schen Kirche ist ihre unvergängliche Krone, der sangreichen, innig=frommen Nation deutscher Zunge ein unvergängliches Denkmal.

Einen Antheil des ganzen Volks, der Gemeinde, mit diesem Liederschaße vermitteln nun in unsern Zuständen die Gesangbücher, leider können wir nicht schreiben, das Ge=sangbuch, so herrlich es auch wäre, die innere Einheit der evangelischen Kirche auch in Einem allgemeinen Gesangbuche abgespiegelt zu sehen. Und hier ist nun schon sehr vielen äl=teren Gesangbüchern der Vorwurf zu machen, daß sie ihrer Aufgabe und Bestimmung in keineswegs ausreichender Weise entsprochen haben. Viele verführt die Begierde nach Lieder=masse zur Aufnahme des Mittelmäßigen, noch andere leitet keine andere Rücksichtsnahme als auf dogmatische Rechtgläu=bigkeit und christliche Gesinnung; alle aber (und das hängt mit den so vielfachen Staatsgebieten des deutschen Reiches zu=sammen) bewegen sich in ihrer Auswahl in gewissen Lokal=gränzen: die verschiedenen Gegenden besißen eine gewisse Lie=der=Tradition, nur die berühmtesten Namen gehen durch alle Gauen *). Doch wollen alle diese Uebelstände wenig gegen den Zustand besagen, in welchem sich unendlich viele Gesang=bücher im Anfange unseres Jahrhunderts befanden, viele lei=der noch bis diesen Tag befinden. Der besonders seit den

---

*) Vieles für diesen Punkt Erläuternde siehe in Bunsens Vorworte.

Freiheitskriegen geweckte religiöse Sinn verbunden mit sich immermehr verbreitender Kenntniß und Würdigung unserer älteren Literatur bemerkte mit Erstaunen und Unwillen, daß oft die schönsten und herrlichsten Kernlieder aus den kirchlichen Liedersammlungen verschwunden, andere so jämmerlich verhunzt und zerrissen waren, daß gewiß oft der Dichter selbst kaum seines Sohnes Rock erkannt haben würde. Das wenige Gute, was sich noch erhalten, war überwuchert von der schnöden Fülle des Unkrauts; kurz, sehr viele Liedersammlungen bildeten eine wahre Satire auf die vorhin geschilderte Liederherrlichkeit deutscher Nation. Wie das Alles gekommen sei, wußten Viele sich nicht gleich recht klar zu machen; man suchte die nächsten Urheber, und da traf denn der spähende Blick den um die Zeit in der Kirche so verbreiteten Rationalismus. Bald wurde er ziemlich allgemein als Sündenträger angesehen; hatte man doch aus seiner Hand die modernen Gesangbücher empfangen, sahen doch auch die Kinder dem Vater gar zu ähnlich. Für die Begründung und Durchführung dieser Anklage ist in den letzten beiden Dezennien Erschöpfendes und Gründliches geleistet: wir haben auch deßhalb nicht weiter bei derselben zu verweilen. Daß dieser Streit aber, als einer Herzenssache geltend, mit Eifer geführt, daß über die hymnologischen Verkehrtheiten und die modernen Gesangbücher im Allgemeinen zuweilen heftig die Geißel geschwungen ist, kann nur die Wunder nehmen, welche entweder den Umfang des Uebels und die wahrhaft queckenartige Hartnäckigkeit, mit welcher es immer von neuem sich kund giebt, nicht kennen, oder die unendliche Wichtigkeit der Gesangbücher nicht zu würdigen verstehen. Was die Urheber oder Beschützer solcher hymnologischen Machwerke auf ihrem Gewissen haben, hat Knapp in dem Vorworte zu seinem Liederschatze auf treffliche Weise ausgesprochen *).

---

*) Knapp Vorr. XXII: wenn man erwägt, wie viele tausend Gottesdienste unter den schlechtveränderten oder originell-geistlosen Liedern segenslos gefeiert, wie viele redliche Prediger bei ihren Predigten von den übelgefertigten Gesangbüchern

Dabei aber können wir doch nicht verhehlen, daß, nach
unserer Ueberzeugung, dem Rationalismus zu viel geschieht,
wenn man nur immer ihn allein als schuldige Ursache der
Lieder=Misère betrachten will.   Er hat sich nur einer auf
dem Felde der Gesangbuchs=Literatur schon begonnenen Ent=
wickelung angeschlossen, dann freilich dieselbe mit tragi=komi=
scher Geschäftigkeit auf eine Spitze getrieben und in Einzel=
heiten sich manifestiren lassen, die unsern Nachkommen nur als
Fabeln und gut erfundene bon mots der Gegenpartei erschei=
nen werden *).   Aber die eigentlichen Quellen des Uebels lie=
gen tiefer.   Daß man auf dieselben nicht freimüthig zurück=
gegangen (an Andeutungen fehlt es namentlich bei Stier

verlassen und in Verlegenheit gebracht, wie viele Gesunde dadurch in ein halbes,
verworrenes, kraftloses Christenthum eingeführt, oder darin bestärkt, wie viele
Kranke und Sterbende dadurch auf ihren Schmerzenslagern und im Angesichte des
Todes unerweckt, unerquickt oder ganz rath= und trostlos geblieben sind, beson=
ders aber auch, welche Masse dogmatischer und moralischer Widersprü=
che in solchen elenden, bald ganz supernatural, bald ganz rationalistisch durch ein=
ander gekneteten Gesangbüchern zur Verwirrung unzähliger Seelen hingeworfen
wird; dann ist es schwer, seine Klagestimme gegen diese unzählbaren, zum Theil
aus erweisbar heillosem Sinne hervorgegangenen Verderbungen des evangelischen
und poetischen Geistes zu mäßigen, und solche unverdungene Arbeiten, worunter
Millionen leiden mußten, nicht mit allen Waffen des Zorns anzugreifen. —
Man war dem Volke seine kirchlichen Liederkleinodien schuldig, edle Perlen, deren
sich ganze Generationen erfreut hatten.   Eine kurze, amtliche Verfügung nahm sie
ihnen oft mit einem Male hinweg, — oder es wurden ihnen unter dem Schwunge
des Commandostabs Ueberarbeitungen aufgenöthigt, die sich zu den edlen Origina=
lien wie eine gerupfte Taube zu einer durch den Himmel hinschwebenden verhielten.

*) Als das noch nicht genugsam bekannte non plus ultra dieser Richtung
ist die „Kritik des Neuen Dresden'schen Gesangbuchs" zu nennen, welche den
Druckort Straßburg und das Jahr 1799 trägt.   „Psalmen anstatt Loblieder, Ant=
litz Gottes, Gott fürchten anstatt Gott hochachten, Märtyrer, sind Ausdrücke, die
in unsern Tagen auch nicht immer Schaden anrichten, doch Spott erregen
und in einer verbesserten Liedersammlung keinen Platz finden sollten.   Wenn von
Jesu gesagt wird, er habe dem Tode die Macht genommen, so ist dies ebenfalls
alter Sauerteig." „Gellert sagt: Gott ruft der Sonn und schafft den Mond,
das Jahr danach zu theilen." Wenn man beiden Weltkörpern nur die Größe eines
Tellers beilegt, dann mag diese Schwachheit verzeihlich sein, allein, wer das Ster=
nensystem besser kennt, der lächelt. — Man denke an solche Aenderungen wie: Wer
nur den weisen Gott läßt walten (wird noch im jetzigen Gothaischen Gesgb. ge=
sungen) u. A.   Die rabies der Puristen und Grammatiker ist übrigens bei den
Lieder=Aenderungen nicht zu übersehen.

nicht), daß die Reaction auf dem Gebiete der Hymnologie
unter dem Einflusse einer dauernden Polemik gegen die Neologie sich gebildet — das hat, so fürchten wir, vielen Bestrebungen den Stempel einer gewissen Einseitigkeit aufge-
prägt. Die unsinnige Neuerungswuth hat nach einem sich
wiederholenden Gesetze der Nothwendigkeit hie und da eine
Vorliebe für das Alte nur eben darum, weil es alt ist, her-
vorgerufen, die mit einem ζῆλος οὐ κατ᾽ ἐπίγνωσιν der guten Sache eher Schaden als Nutzen gebracht hat. Ueberhaupt
wollen wir uns gern des Irrthums bekennen, wenn uns durch
recht klare Beweise die Meinung genommen wird, als bewege
sich die hymnologische Reaction im Ganzen und Großen noch
nicht ganz in der kirchlich-practischen Sphäre, ein
Vorwurf, der ja so vielen religiösen Bestrebungen unserer
Tage zur Last fällt. Das antiquarische, philologische, literar-
historische Interesse, überhaupt die Gelahrtheit ist vorwiegend
gewesen. Nun wird Niemand hämischer Weise unsere Worte
so auslegen, als wollten wir die großartigen Werke, die von
diesen Gesichtspunkten aus unternommen und zur Ehre unserer Literatur vollendet sind, irgendwie herabsetzen oder verklei-
nern. Wir gestehen sogar willig zu, daß alle jene Interessen
sehr häufig in den kirchlichen Gesichtspunkt concidiren — nur
das Eine stellen und halten wir fest: bei Liedersammlungen
für kirchlichen Gebrauch steht auch der kirchlich-praktische Gesichtspunkt oben an und vor allen Dingen muß die wichtige
Frage entschieden werden: Welchen Platz nimmt überhaupt das geistliche Lied in dem Cultus der evangelischen Kirche ein? Erst dann gewinnt man feste Halt-
punkte und Prinzipien. —

Wollten wir uns bei dieser Frage von der heutigen
Praxis abhängig machen, so würde die Antwort nur eine
traurige sein müssen *). Aber zum Glück wendet man sich

----

*) Zwar ist es nicht zu leugnen, daß noch Viele (namentlich Land-) Ge-
meinden auf den geistlichen Gesang viel halten und überall einzelne Ausnahmen
anzutreffen sind, aber, wollen wir offen reden, eine große Mehrzahl betrachtet

auch in solchen Fällen nicht an das zufällig bestehende, sondern sucht sich die Gesetze der Theorie. Und da besteht nun unser Cultus offenbar aus dem Zusammenwirken zweier Elemente. Das objective Element, die Anbetung und andächtige Anschauung ist vertreten durch die Liturgie und den Gesang: das subjective Element (richtig verstanden!) die Reflexion, das Lehrhaftige durch die Predigt. Nur wenn dieses Beides im rechten ebenmäßigen Gleichgewichte steht, wenn Keines auf Kosten des Andern um sich greift, bewahrt die Gliederung unseres Gottesdienstes ihre Harmonie, ihre Gesundheit, ja nur dann läßt sie sich rechtfertigen und widerspricht nicht dem Begriffe des Cultus überhaupt *). Wir wollen nicht an das betrübende Geschäft gehen, nachzuweisen, wie nun eben, wegen des zu Gunsten der Predigt auf exorbitante Weise gestörten Gleichgewichts in unsern Tagen der evangelische Cultus krank liegt, ja wie derselbe, wenn nicht Aenderungen eintreten, einer unaufhaltsamen Auflösung entgegengeht — wir ziehen nur die nöthigen Consequenzen für die Theorie des Kirchenliedes.

Vertritt nämlich zusammen mit der Liturgie das Kirchenlied im Cultus die objective Seite, ist es der Träger der

---

Alles im Gottesdienste um die Predigt herum als müßiges Beiwerk, was nur darum beibehalten wird, damit sich unter der Zeit die Gemeinde versammeln kann. Die hie und da übliche Gewohnheit, bei dem letzten Verse des Kanzelliedes die Kirchthüren schließen zu lassen, kann dieser Ansicht nicht ungünstig sein. Auch weiß jeder, wie dünn und ärmlich gewöhnlich der Gemeindegesang zu erschallen pflegt. Daß es dahin gekommen ist, daran ist Schuld das unselige zum Vortheil der Predigt durchgeführte, auch von vielen selbstsüchtigen und eiteln Geistlichen begünstigte Centralisations-System, Schuld oft ein schlechtes Gesangbuch, welches die Gemeinde abstößt, Schuld (worauf wir noch später kommen) der Mangel aller musikalischen Bildung für den Choral, Schuld eine gewisse Indifferenz und Lauheit vieler Gemeindeglieder, die es unter sich oder für zu mühsam achten, dem Herrn das Opfer ihrer Lippen darzubringen.

*) Man kann im Ganzen wenig gegen Hegels Definition einwenden (Philos. der Relig. I. 167.), „was durch den Cultus zu Stande gebracht wird, ist, was unio mystica hieß, dieser Genuß, daß ich bei Gott in Gnaden bin, daß der Geist Gottes bei mir lebendig ist, das Bewußtsein der Vereinigung, Versöhnung meiner mit Gott."

feiernden, gemeinsamen Anbetung, so ergiebt sich ganz von
selbst, daß Kirchengesänge keinen subjectiven Character tragen
dürfen — so ist nichts deutlicher, als daß zergliedernde Reflexion
und das Element des Lehrhaftigen in ihnen keinen Platz finden
dürfen, daß es für den Kirchengesang keine Lehrlieder geben
kann. Tritt das ein, so ist auf monströse Weise das eine
Cultus = Element von dem andern absorbirt, und durch subjective
Lieder nimmt die kirchliche Versammlung den Character eines
Conventikels, in Lehrliedern den Typus einer Schulklasse an.
Und doch, wie alt und verjährt ist jede der bezeichneten Ver=
irrungen im evangelischen Kirchengesang! Denn so wie einer
jeglichen Confession gegeben ist ein Pfahl ins Fleisch, ein Sa=
tans Engel, der sie mit Fäusten schlägt, auf daß sie sich nicht
überhebe, so hat die evangelische Kirche fast von der Zeit ih=
res Entstehens an gekrankt, einmal an ungebührlicher Berück=
sichtigung der Subjectivität, andern Theils an einer merkwür=
digen und in vielen Manifestationen unausstehlichen Vorliebe
für das Lehrhafte. So hat sie auch sehr bald vielen ihrer
Liedergeburten den bezeichneten Stempel aufgedrückt, und so=
wohl, um neuen Richtungen kein Unrecht zu thun, als auch
mit Erfolg in der Gesangbuchs = Besserung zu bestimmten
Principien und Ausgangspunkten zu gelangen, muß man sich
mit Offenheit und Freimuth diese Wahrheit recht zur Ueber=
zeugung bringen. —

Ganz natürlich richtet sich der Blick zuerst auf die Lie=
der der Reformationszeit selbst, und verfolgen wir zunächst das
Ausbreiten des subjectiven Elements, so müssen wir hier
anerkennend zugestehen, daß in den Gesängen Luthers und sei=
ner Zeitgenossen sich davon in falscher Weise keine Spur finde.
„Man betrachte — so rühmt Stier mit vollem Rechte (Ank.
S. 12.), unsern Kirchengesang, wie er zur Reformationszeit
rein und lauter aus der lang verhaltenen Quelle strömt, na=
mentlich die Lieder Luthers, wie gemeinemäßig, wie objectiv
und in großen Grundzügen gehalten spricht sich da der Glaube

und das Leben aus! Wie voll kräftigen Gefühls in der Ge=
meinschaft aller Gläubigen und doch ohne vereinzelnde Em=
pfindung des Persönlichen! Da sind meist lauter ächte Kir=
chenlieder, die auch im höchsten Schwunge als aus dem Geist
der Gemeinde geflossen sich bewähren; stets das Ganze, stets
der Grund darin: wer sie nicht mitsingen kann und will, der
gehört freilich gar nicht in die Kirche." Daß das so war,
davon lag der Grund besonders in dem noch so genauen Zusam=
menhange mit der lateinischen Kirchenpoesie, die ja durchaus ei=
nen objectiven und in vielen ihrer Produkte einen völlig epi=
schen Charakter hat, wie er auch in vielen Liedern des sechs=
zehnten Jahrhunderts noch hervortritt. Bald mehrt sich die
Zahl der Dichter bedeutend, bald aber schwindet auch bei
Vielen immermehr das Bewußtsein, im Namen, aus dem
Herzen und mit dem Munde der Kirche zu singen.
Ihre Gesänge bezeichnen weniger Lebensäußerungen der Kirche,
als persönliche Zustände oder Ereignisse ihres Privatlebens;
die alten Lieder führen das Bild der streitenden, bald der
triumphirenden Kirche vor, die mit tausend Zungen und doch
aus einer Brust den lobt und preist, der ihr Schild und
Sonne ist; viele dieser spätern zeigen uns nur den einzelnen
Frommen, wie er gesündigt, er seinen Herrn gefunden, wie
er den Herrn lieb hat, wie er von Gefahren umringt auch
im finstern Thale sich nicht fürchtet, kurz überall im Hinter=
grunde das Ich, wenn auch so oft ein so kindlich=gläubiges,
so liebenswerthes. Denn von den schlechten Produkten dieser
Gattung, wo man den Verfasser oft bis in die Kinderstube
und in das Bett begleitet, wollen wir gar nicht reden. Merk=
würdig und doch natürlich, wie dann auch die Form von die=
ser subjectiven Richtung influirt wird. Die lateinischen Ge=
sänge gehen selten aus dem Wir — Wir, „die christliche
Kirche, soweit sie unter dem Himmel ist" heraus. Luther
spricht in seinen Liedern selten in der Einzelheit: was dort
Seltenheit und Ausnahme ist, wird hernach fast Regel. Oder
die Verfasser verewigen gar acrostichisch in ihren Gesängen ihre

eignen Namen, oder die Namen ihrer Frauen und Töchter,
daß man Helena, Maria, Katharina u. s. w. herausbuchstabi-
ren kann oder auch den Namen irgend eines Potentaten. Zuweilen war es bei dem Dichter nicht einmal Absicht, ein Kirchenlied zu dichten, aber die liedergierigen Editoren nahmen
ihm sein Produkt gleichsam unter der Feder weg, und ein berühmter oder gar ein fürstlicher Name half nun vollends allen Erzeugnissen sammt und sonders in die Gesangbücher hinüber *). In der neueren Zeit, wo ja die Poesie überhaupt
immer subjectiver geworden ist, trugen gerade noch die besten
Erzeugnisse der geistlichen Dichtung dies Gepräge und das gilt
noch bis heute. Ja, wir müssen hinzusetzen, die wohlthätige
Reaction in der Hymnologie hat sich, während man mit dem
Verwerfungsurtheil trocken=didattischer oder seicht=moralischer
Liederpoesie weit eher fertig war, noch keineswegs mit nöthi-
ger Bestimmtheit gegen die subjectiven Kirchenlieder ausgesprochen, und es finden hier die merkwürdigsten Schwankungen
statt **). Die Gründe? Sie liegen zunächst darin, daß unser

---

*) Wo hat sich wohl je der herrliche Gerhardt eingebildet, man werde Zei-
len von ihm, wie z. B.: „nun geht frisch drauf, es geht nach Haus, ihr Rößlein
regt die Bein,“ in kirchliche Gesangbücher aufnehmen? Oder wie mögen sich die
Dichter der Lieder=Akrosticha noch jetzt wundern, welchen Respect man vor dem
beliebigen Einfall ihrer Laune hat! Wahrlich, man könnte überhaupt fast bitter
bei der Betrachtung werden, wie in einer Kirche, die in thesi allen Menschendienst
so rigoros verwirft, eben dieser Menschendienst so viele Richtungen durchdrungen
hat. Man vergleiche mit solchen Erscheinungen, wie sie oben geschildert sind, den
usus der lateinischen Kirche. Kaum kennt sie (was wir in dieser Ausdehnung
nicht einmal gut heißen) von wenigen ihrer Hymnen die Verfasser, und wie frei
und ungezwungen hat sie mit denselben für ihren Gebrauch geschaltet? was küm-
merte sie die alphabetische Construction eines Sedulius? Wie sorgfältig schied sie
alle subjectiven Ergüsse aus? Kaum bildet das stabat mater dolorosa eine (übrigens auch schon neuere) Ausnahme.

**) Da wir in diesem Vorworte natürlich immer nur andeutend verfahren
können, verweisen wir auf das, was Stier in der Ankündigung seines Gesangbuchs über die subjectiven Lieder bemerkt hat. Wir stimmen damit vollkommen
überein, und können uns nicht durch das, was z. B. Knapp Vorwort p. XXIV.
ff. für die entgegengesetzte Meinung beibringt, für überzeugt halten. Wie wenig
man sich aber noch entschließen kann, streng und consequent zu sein, davon giebt
das Neue Würtemberger Gesangbuch einen deutlichen Beweis. Welch eine Fülle

religiöses Leben sich überhaupt wenig auf kirchlicher Grund=
lage bewegt, daß sehr oft die neu erregte und erwachte
Frömmigkeit nicht frei ist von einer mystischen Tendenz, die
freilich von jeher solchen Stimmungs=Liedern überaus gün=
stig war, endlich darin, daß es grade deren so überaus viel ge=
lungene, herrliche, hinnehmende giebt. Man scheut sich gleich=
sam, mit dem scharf geschliffenen Messer des Prinzips gegen
sie zu verfahren.   Aber thue ich denn der Lilie ein Unrecht,
wenn ich ihr erkläre, daß sie keine Rose sei? Jene herrlichen
Blüthen der subjectiven Liederpoesie sind nicht auf dem Boden
des allgemeinen kirchlichen Bewußtseins erwachsen, haben also
auch kein Recht, der kirchlichen Erbauung zu dienen: in das
schöne Leben vollendeter christlicher Seelen führen sie uns ein,
und das ist dann ihre hohe und herrliche Bestimmung, immer
wieder von einzelnen gleichgestimmten Gemüthern ergriffen,
durchfühlt und gleichsam innerlich reproducirt zu werden. So
geschieht denn kein Unrecht, wenn wir die bestimmte Ansicht
aussprechen: noch viel entschiedener, als geschehen
ist, müssen alle subjectiven Lieder aus dem Ge=
sangbuche der Kirche entfernt werden — der Privat=
andacht sollen sie darum keineswegs verloren gehen.

   Wir gehen nun zur Betrachtung des Lehrhaftigen
Elements in den Kirchengesängen über.

   Vergegenwärtigen wir uns lebhaft die religiösen Bedürf=
nisse der Zeit um die Reformation, so können wir uns kaum
wundern, daß viele Lieder Luthers und seiner Zeitgenossen schon
didactische Elemente in sich fassen. So sehr wir in unsern
Tagen mit Lehre überfüllt sind, so sehr schmachtete und dür=

---

subjectiver Liederpoesie, welch eine Menge von Gesängen, die man nicht als Ge=
meindelieder anerkennen mag! Wie viele auch (was wir hier gleich zufügen),
welche nicht die edle Simplizität des Kirchenstiles an sich tragen, von welchem eine
blumige, sentimentale, klingelnde Sprache mancher sonst nicht verwerflichen Poeten
doch weit entfernt ist.

stete man in jener Zeit danach *). Jeder Canal, durch wel=
chen das süße Wort vom Reiche Gottes geströmt kam, war
erwünscht, willkommen; man trank mit Begier daraus und
konnte kaum satt werden. So ist es neben dem Heißhunger
nach Predigt (in unsern Zeiten weder vorhanden, noch je wie=
der zu erreichen) gekommen, daß die bekannten didactisch=dog=
matischen Gesänge über die Erlösungs= und Rechtfertigungs=
lehre so aufregend wirken konnten, wie sie mit solchem Jubel
begrüßt wurden. Die Kritik muß an ihnen die bedeutendsten
Ausstellungen machen, die Geschichte begreift ihr Entstehen
und rechtfertigt ihre temporäre Bedeutung. Zu vergleichen
sind für den besprochenen Gegenstand die Worte von Gervi=
nus (Gesch. der poet. Nat. L. u. f. w. 3. S. 12.): „Was
„das Kirchenlied schon zu Luthers Zeit in eine schiefe Stel=
„lung brachte und (auch ganz abgesehen von der Herrschaft
„des religiösen Geistes vor dem poetischen) zu einer Zwitter=
„gattung machte, war, daß es auf die Meinungen wirken sollte
„und auf Ansichten und dies zwar durch Gesang. Es ward
„durch jenen Zweck gedankenhaft und lehrend, durch dies Mit=
„tel sollte es der Empfindung angeeignet werden. Die musi=
„kalische Poesie ist schon, streng genommen eine Abart, weil
„sie von Phantasie wenig in sich behält (?), die didactische ists
„ganz entschieden: beide sollen nun gar hier in Eins ver=
„schmolzen werden. Dieser Verhalt der Sache läßt das geist=
„liche Lied gleich im Anfang der protestantischen Zeit in eine
„Art von poetischen Verfall betrachten, sobald man es nur ge=
„gen den alten, christlichen Hymnus überhaupt stellt.“ Sollte
auch Manches in diesem Urtheil zu streng gefaßt sein, so ist
allerdings die Vergleichung mit der alten kirchlichen Poesie
interessant und lehrreich und folgereich genug. In anderthalb
Jahrtausenden hatte sich die Kirche mit ganz richtigem Takte
mit Gesängen auf die christlichen Feste und Zeiten, für die

---

*) Vergleiche auch, was wir S. 302. zu dem Liede: Es ist das Heil
uns kommen her, bemerkt haben.

einzelnen heiligen Handlungen begnügt. Hymnen, die Dog=
men, oder gar einzelne Sittenlehren behandelten gab es gar
nicht — und kann es freilich auch eigentlich nicht geben *).
Unglücklicher Weise hielt man es aber in der lutherischen Kir=
che bald für einen hohen Vorzug, zuerst über jedes Dogma,
dann auch über jede einzelne Sittenlehre möglichst viele Lie=
der zu besitzen. Die Rubriken mehrten sich polypenartig, des
Specialisirens war bis in die feinsten Aederchen hinein kein
Ende **). Im siebzehnten Jahrhundert war das Unwesen mit
den dogmatischen Lehrliedern schon in vollem Gange, und die
Rubriken schossen wie Pilze in die Höhe. Man machte auch
schon Lieder für gottesfürchtige Soldaten, christliche Stuben=
ten, Seefahrer u. s. w. in den Gesangbüchern, wie sie etwas
später für Bader und Barbiere, Hammerschmidte, Klöppelleute,
Kaufmannsdiener und Geheimbderäthe u. s. w. vorkommen. Zu
eigentlichen Moralliedern wagte sich der Geschmack der Zeit
noch nicht, aber schon in der ersten Hälfte des achtzehnten, also
noch vor der Herrschaft des Rationalismus wurde Alles reich=
lich nachgeholt. In dem heutigen berüchtigten Gesangbuche
der Stadt Naumburg befindet sich das scandalöse Lied über die
Spielsucht, eben dasselbe Thema wird auch schon in dem Gott=
schaldt'schen Universalgesangbuch, wenn gleich unweit besser be=

---

*) Man müßte höchstens die Hymnen am Frohnleichnamsfeste namhaft ma-
chen wollen, aber auch diese haben doch immer die Einsetzungsscene des heil. Abend=
mahls zum Hintergrunde.

**) Viel Unheil hat hier auch die sich immer mehr verbreitende Ansicht ge-
than, als bereite das Lied s p e c i e l l auch die Predigt vor, und sei um so voll=
kommner, als das Predigt=Thema darin schon vorklinge. So kam es dahin, daß
wenn Prediger über den Geiz oder die Genügsamkeit u. s. w. sprachen, sie es
höchlich tadelten, wenn sich in ihren Gesangbüchern keine Lieder für diese Specialia
vorfanden. So nicht erst die Leute um 1750, so schon Bilhuber in dem Vor=
wort zu seinem glossirten Gesangbuche: „Hernach, so ist mir auch dieses öfters als
ein ziemlicher Fehler bei unserm Singen vorgekommen, daß, ohnerachtet der so gro=
ßen Menge der Gesänge, die wir haben, wir dannoch von vielen Materien entwe=
der noch gar keine, oder wenigstens keine (nur in etwas bekannte) Lieder haben.
Z. B. man predigt von der Barmherzigkeit oder von der Gutthätigkeit gegen Ar=
me, wider den Geiz, wider den Zorn u. s. w., wo findet sich ein dazu gerichtetes
Lied?"

handelt. Dies Buch liefert überhaupt die deutlichsten Beweise
für die oben aufgestellte Behauptung, wenn auch dabei wohl
zu bedenken ist, daß es nicht in kirchlichem Gebrauche war.
Trotz dem wirft ein einziger Vers, wie er in Nr. 788 vorkommt
(die Wollust ist mit Lust verbunden, das Stehlen bringet Nutzen
ein, ein Spiel vertreibt die langen Stunden, beim Saufen kann
man lustig sein; was aber kann man bei dem Fluchen für Lust
und Ehr und Nutzen suchen?) ein scharfes Schlaglicht auf den
Ungeschmack der Zeit überhaupt. Konnte doch auch schon 1735,
wenn auch nicht ohne heftigen Streit zu erregen, sich das Nord=
häuser Gesangbuch aufthun, in dem Lieder fehlten, wie: Va=
ter unser im Himmelreich, Nun freut euch lieben Chr., Nun
lob mein Seel den Herren, Herr Jesu Christ wahr'r Mensch
und Gott, Allein zu dir Herr Jesu Christ, O Haupt voll Blut
und Wunden u. s. w.! Konnte doch der noch orthodoxe B. F.
Schmieder in seiner Hymnologie mit den alten Kirchenliedern
einen Prozeß beginnen, der ihm auf ewig das testimonium pau=
pertatis ausgestellt hat *). Auf diesem nun schon durch solche
Erscheinungen bereicherten Gebiete trat dann erst der National=
ismus um 1790 auf, und führte mit größerer Kühnheit das
Begonnene weiter. Fast in allen Gegenden unseres Vater=
landes erschienen unter seinem Einflusse neue Gesangbü=
cher, welche denn eben von dem Standpunkte der Lehre, und
nur der neuen Lehre, consequent zugeschnitten waren. Mit
den meisten alten Liedern konnte man sich nicht vertragen,
und sie mußten eo ipso fort; war ja doch auch die Moral
des großen Volkslehrers die Hauptsache, und darum denn nun
der Schwall eigentlicher Morallieder, die oft von dem herz=
lichsten Gutmeinen religiösen Irrthums dargeboten sind. Man

---

*) „Im Liede: Herr ich habe mißgehandelt, lautet Vers 4: Könnt ein
Mensch den Sand gleich zählen an dem weiten Mittelmeer, dennoch würd es ihm
wohl fehlen, daß er meiner Sünden Heer sollte wissen auszusprechen. Das ist
eine entsetzliche Hyperbel! Wenn ein Achtziger in jeder Viertelstunde eine Sünde
gethan hätte, so wären das etwa zwei Millionen Sünden. Viel, sehr viel, aber
gegen die Menge der Sandkörner am mittelländischen Meere so viel als gar
nichts." Ex ungue leonem.

glaubte ordentlich durch diese süßen Liederpillen die Tugend dem
widerhaarigen Menschenherzen einschmuggeln zu können. Kurz,
neue Güsse drangen stets herein. „Lieder für Freimaurer-Lo-
gen und allerlei gute Leute, die in allerlei Vor- und Neben-
hallen Gott suchen, ohne ihn in Christo zu finden," wie Stier
nicht übel meint. Daß sich die spätere hymnologische Reaction
vor allen Dingen gegen diese Morallieder richtete, war nur ver-
dientes Schicksal, hatte aber auch in der gestiegenen ästhetischen
Bildung des Zeitalters überhaupt seinen Grund. Denn mag
man unserer Zeit Vorwürfe machen, welche man will, Geschmack
und esprit ist ihr nicht abzustreiten, und ohne einen Funken
davon ist gar nicht mit ihr auszukommen. So hatte man denn
auch der Didactik bedeutet, daß sie zwar sonst sehr schätzbar,
auf dem Felde der Poesie aber überlästig sei, man hat sie höf-
lichst aus dem Tempel der Musen heraus complimentirt. Die
spindeldürren Morallieder, die ja noch dazu choraliter gesungen werden wollen, mußten hinterdrein, und selbst aufgeklärte
Rationalisten wollten sie nicht mehr in Bausch und Bogen in
Schutz nehmen. Mit ihnen stehen und fallen auch die dogmatischen Lehr- und Betrachtungslieder; denn es ist hier
kein Unterschied der Person, oder sollte das Wohlgefallen am
Inhalte einen solchen bilden? Nein, lasset uns offen und un-
partheiisch zu Werke gehen! Nicht die Moral an sich fechten
wir ja doch in den oben geschilderten Liedern an, sondern das
überwiegende lehrhaftige Element, laßt uns dieselbe Schneide
ohne Rückhalt gegen die gereimte Dogmatik gebrauchen, und
als den zweiten Canon für ein kirchliches Gesangbuch auf-
stellen: die lehrhaftigen Lieder müssen gänzlich
daraus verbannt werden *)!

---

*) Wir wissen recht gut, welche Beschützer die dogmatischen Lehrlieder
noch an unsern Hymnologen haben; aber: Amicus Plato u. s. w. Wenn sie ganz
neuerlichst auf besonders bestimmte Weise empfohlen sind, wenn man sich dabei auf
Aussprüche Luthers u. s. w., auf die historische Geltung vieler dogmatischer Lehrlieder beruft, so erkennen wir darin einmal ein Nicht beachten der so verschiedenen Standpunkte von 1517 und 1840, dann aber ein unbilliges Ansinnen im
Allgemeinen. Mit den rostig-ehrwürdigen Waffen unserer Rüstkammern haben

Haben wir nun die Ansicht ausgesprochen, als sei das Eindringen der subjectiven und lehrhaftigen Lieder eine Hauptsache der Gesangbuchs = Verschlechterung, so sind wir doch keineswegs der Meinung, etwa damit alle Quellen dieser betrüblichen Erscheinung bezeichnet zu haben*). Noch weniger liegt es in unsern Zwecken eine Definition und Theorie des Kirchenliedes aufzustellen; viel Gutes und Schönes ist dafür von Bunsen, Stier und Knapp in den Vorworten zu ihren hymnologischen Werken beigebracht. Nur die hier vorliegende Sammlung im Auge, wollten wir durch die gegebenen Erläuterungen der Erklärung den Weg bahnen, daß bei der Unzulässigkeit subjectiver und lehrhaftiger Lieder für den Kirchengesang, bei der sonstigen Vortrefflichkeit vieler in jene Kategorien fallenden Produkte, bei ihrer gar nicht zu verkennenden Nützlichkeit für den Privatgebrauch, bei der noch so verbreiteten Geneigtheit gegen dogmatische Lehrlieder: — eine durchgreifende, nachhaltige und befriedigende Vervollkommnung der Gesangbücher nur in einer consequenten Scheidung des Kirchen = und des Hausgesangbuchs zu suchen sei.

unsere Vorfahren mannhafte Streiche geführt: müssen wir sie etwa darum auch anthun, wenn jetzt die Kriegsdrommete klingt? Es würde uns nur sein wie David: wir können nicht also mehr gehen. Und doch hat David seinen Goliath daniedergestreckt.

*) Schon der Umstand verdiente eine ganz besondere Abhandlung, wie oft die trefflichsten Lieder, ganz unabhängig von dem Einfluß der Neologie, wegen der schweren, unbekannten Melodie, oder weil sie, wie man sich gar ausdrückt „nicht sangbar sind" aus unsern Büchern verschwunden sind. Durch schwächliches Nachgeben sind wir mit unsern Choral = Melodien in eine Armuth gerathen, die erschrecklich ist. Die neuern Cantoren hatten nicht mehr so viel Lust zur geistlichen Musik, als ihre Vorgänger; natürlich kamen immer mehr Melodien bei der Gemeinde in das Register der unbekannten. Die Herrn Pastoren gaben auch wieder nach, ließen nur bekannte Weisen singen und machten die Sache erst recht schlimm. Jetzt hat in vielen Ländern die Regierung wieder lebhaftes Interesse für den Choral gezeigt, sie ordnet darum jetzt selbst Sangübungen an Gymnasien an. Aber die jungen Leute wollen lieber profane Lieder singen. So wird alle gute Absicht vereitelt. Uebrigens wirft schon das alte Rudolst. Gesgbch. denen Cantoribus selbst vor: „daß sie oft an denen anmuthigen und reizenden Tonen und nicht am Choral sich ergötzen."

Neu ist dieser Vorschlag nicht und soll es auch nicht sein. Er ist vielmehr alt und nur zu bedauern, daß er nicht genug berücksichtigt und eine Zeitlang fast ganz vergessen ist. Schon Spener nämlich schreibt in den Theologischen Bedenken, IV. S. 321: „Sonsten begnügte ich mich mit zweierlei Art der Gesangbücher, deren die eine zum Kirchen= die andere zum Haus=Gebrauch bestimmt wäre. In jener Art bliebe die Regel, weil dieselbe nicht groß sein dürften, daß gleichwohl alle im Gebrauch unserer Kirchen übliche Gesänge, und zwar unverändert in ihrer ersten Abfassung, befindlich wären, und nachmal von andern Gesängen die nachdrücklichsten und geist= reichsten, so viel des Büchleins vorgesetzte Größe zuließ hinzu= gethan würden; dabei sonderlich auch darauf zu sehen, daß man diejenigen andern vorzöge, welche also abgefaßt sind, daß sie füglich zum öffentlichen Gebrauch allgemach gezogen wer= den könnten. Diese Art aber, welche zur Privatandacht ange= sehen ist, anlangend, bedürfte es weniger Auswahl, weil sie eben nicht klein sein dürfen; sondern mögen darin Platz ha= ben allerlei Gesänge, in denen man einige Erbauung findet, daß es keine andere auszumustern bedürfte, als solche, da et= was unrichtiges drinnen wäre, oder die sonst keine Kraft hät= ten. Und bei solchen ist eben auf keine Gleichförmigkeit zu sehen, noch solche zu dero Absicht nöthig." — In die Wirk= lichkeit trat der Vorschlag eines besondern Hausgesangbuchs durch J. J. Rambachs bekanntes Werk, und die von diesem würdigen Gelehrten in der Einleitung über das Verhältniß der Kirchen = und Hauslieder gegebenen Bemerkungen, sein gan= zes Verfahren in der Construction beider Bücher zeugen von so gesundem Urtheil, von so richtigem Takte, daß man sie in unsern Zeiten von recht Vielen beherzigt zu sehen wünschte. So befanden sich z. B. in dem von ihm besorgten Kirchen= gesangbuche zwei Lieder über die Eigenschaften Gottes, ein Lied über die Tugenden des Herrn Jesu, in dem Hausgesang= buch über die erste Rubrik 26, über die zweite 9. Auch spä= ter ist die Idee einer solchen Trennung und bis in die neue=

ften Zeiten herab mannigfach besprochen und empfohlen. Die
Einwendungen laſſen ſich im Grunde auf zwei reduciren. Die
eine, welche wir als ganz unhaltbar bezeichnen, hält ſchon
darum eine ſolche Scheidung zwiſchen Kirchen = und Hauslie=
dern für überflüſſig, weil es jedem getroſt überlaſſen werden
könne für den öffentlichen und Privatgebrauch die betreffenden
Lieder ſelbſt auszuwählen *). Ja freilich dies unſelige Ueber=
laſſen, das iſt der Fluch, der den Cultus, das Regiment und
die Disciplin der evangeliſchen Kirche an tauſend Enden ins
Elend gebracht hat! Wie kann man (um nur bei unſerm Ge=
genſtande zu verweilen) jedem Geiſtlichen und Laien hier den
richtigen Takt, der eine poetiſche Anlage und Bildung, ein
richtiges, religiöſes Gefühl vorausſetzt, ohne Weiteres zudicti=
ren? wie dem oft vielbeſchäftigten Seelſorger anmuthen, gleich=
ſam immer erſt das kritiſche Sieb zur Hand zu nehmen? Nun
man hat auch ſattſam erfahren, wohin dies Ueberlaſſen bei
unſeren Geſangbüchern geführt hat! Und, was noch beſon=
ders zu erwägen iſt, nicht einmal der ſüße Begriff der Frei=
heit, der ſo Viele ohne Weiteres hinnimmt, kommt bei der=
gleichen Angelegenheiten zur Realität. Im Gegentheil, Ein=
zelnen wird Freiheit oder vielmehr Willführ verſtattet, um
Tauſende, nämlich die Gemeinde von dieſen Einzelnen aus zu
despotiſiren. Weit gewichtiger ſcheint ein anderer Einwand zu
ſein, der erſt neuerlich in dem Vorworte der Evangel. Kirchen=
zeitung von **1842** zur Beſprechung gebracht iſt **). Sind näm=
lich (wie auch Stier anzunehmen ſcheint) Kirchen = und Haus=

---

*) So z. B. das Bremer Domgeſangbuch: „Wir haben unſere guten Urſa=
chen gehabt, die zur Privaterbauung gehörigen Geſänge lieber in der Reihe der
übrigen Lieder folgen zu laſſen, als ſie davon abzuſondern, oder ſie gleichſam als
einen Anhang beizufügen. Wer das Buch mit Nachdenken gebraucht, und das
müſſen wir von Allen verlangen, die es mit rechtem Nutzen gebrauchen wollen, der
wird ſchon die Lieder, die für beſondere Andachtsübungen gehören, zu bemerken
wiſſen, und ſie zum Umgange mit Gott in mehrerlei Umſtänden ſich zu Nutzen
machen.‟

**) Ein Aufſatz, der auch über die Geſangbuchs=Beſſerung viel Beachtens=
werthes enthält.

gesangbuch wirklich zwei völlig getrennte Bücher, welche be=
sonders beschafft werden müssen, so ist aus vielen Gründen zu
befürchten, es möchten die Hauslieder in der Gemeinde wenig
mehr zum Gebrauch kommen und wohl ganz aus ihr ver=
schwinden. Aber nach unserer Ansicht soll auch eine solche
Trennung nimmermehr eintreten. Das Gesangbuch — so wür=
den wir unser Ideal näher bestimmen — bestehe aus 2 Thei=
len. Der erste, das Kirchengesangbuch enthalte 400—500
Gesänge für den gottesdienstlichen Gebrauch *), die in allen
Stücken der Theorie des Kirchenliedes entsprechen: der zweite
Theil das Haus = Gesang= und Gebetbuch bringe (aber
ohne Nummern) etwa gegen 100 der besten Hauslieder, die
nöthigen Kerngebete, dazwischen gestreut die Pericopen, den
Catechismus, die Augsburgsche Confession. Bei der beschränk=
ten Liederanzahl würde der Umfang des Buches dabei doch
kaum der Beleibtheit unserer meisten Gesangbücher gleichkom=
men, das Ganze aber gewiß eben so dem kirchlichen Gebrau=
che würdig dienen, als auch ein treffliches Haus= und Fami=
lienbuch abgeben.

Die nachfolgende Sammlung nun bezieht sich nur auf
den ersten Theil des so geschilderten Werkes **). Wir woll=
ten zunächst eine strenge Aussonderung der nach der aufgestell=
ten Theorie kirchlichen Gesänge versuchen, da eines Theils
viele Liedersammlungen für Kirche und Haus zugleich berech=
net sind, andern Theils die Ausscheidung der didactischen und
subjectiven Lieder in den neusten Gesangbüchern nicht mit con=
sequenter Schärfe durchgeführt ist. Wie schwer das sei, o das

---

*) Was die nöthige Zahl der für den Gottesdienst bestimmten Lieder an=
geht, so bekennen wir uns ganz bestimmt zu den Ansichten, welche Grüneisen
in dem vielfach verbreiteten Schriftchen ausgesprochen hat.

**) Wir bemerken hier im Auftrage der Verlagshandlung, daß wenn irgend=
wo Abzüge des Werkes ohne Varianten und Anmerkungen, nur mit den nach den
gegebenen Bemerkungen gestatteten Liedern gewünscht werden, sie zu den allerbillig=
sten Bedingungen bereit steht. Auch ein Hausgesangbuch kann nach Verlangen so=
gleich beigefügt werden.

haben auch wir genug empfunden, wir nehmen für die Ver=
körperung des Gedankens willig die Nachsicht des Beur=
theilers in Anspruch. In der Anordnung der Rubriken
schließen wir uns dem Gange der meisten älteren Gesangbü=
cher im Ganzen und Großen an; die Idee, die spezielle Mo=
ral unter die sieben Früchte des heil. Geistes zu rubriciren,
empfehlen wir der Begutachtung der Hymnologen. In jeder
Rubrik machen nun vollständige Gesänge den Anfang.
Wir nahmen in diese Ordnung solche Lieder auf, die nach un=
serer Meinung im ersten Gliede des großen Liederheeres ste=
hen *), die auf keinen Fall in einem evangelischen Gesangbu=
che fehlen dürfen. Hier nun mit der Auswahl immer das
Richtige getroffen zu haben, dies könnte nur ein Selbstver=
trauen zu hoffen wagen, das uns auf diesem schwierigen Felde
nicht inne wohnen kann. Aber das wird ein billiger Beur=
theiler uns glauben, daß wir nicht etwa bei den vorhandenen
neueren Sammlungen stehen geblieben, daß wir eifrige Sucher
in dem unermeßlichen Liederschatze und in Bezug auf manche
fast in Vergessenheit gerathene Lieder glückliche Finder gewe=
sen sind. Divergirende Urtheile können nur zur Belehrung
dienen, nur wünschen wir nicht bloß einen alphabetischen Ca=
talog übergangener Lieder mit dem Bemerken zu hören: die
und die sind ausgelassen! Gründe wenigstens und zwar in
bestimmten Prinzipien ruhende Gründe möge man uns immer
zutrauen. Auch ist nicht zu vergessen, daß wir nie unsere An=
sicht von beschränkter Liederanzahl aus dem Auge verlie=
ren konnten, daß endlich von mehreren, gleich trefflichen Lie=
dern, die aber auf ganz gleichem Grunde ruhen (oft von der=
selben Bibelstelle ausgehen u. s. w.) und auch in der Ausfüh=
rung sich überall berühren, immer nur Eines in die Samm=

---

*) Kaum bedarf es der Bemerkung, daß es uns nicht eingefallen ist, Nr.
23, 45, 57, 415, die hier entweder zuerst, oder doch in weitern Kreisen erscheinen,
unter diese Categorie zu stellen. Aber ein jeglicher Hausvater bringt aus seinem
Schatz hervor Altes und Neues, und so wollten wir denn mit dem Neuen
wenigstens nicht ganz ausbleiben.

lung aufgenommen wurde (vgl. die Bemerkung zu: „Seelen=
bräutigam,“ auf S. 323). Die Texte dieser vollständigen
Gesänge anlangend, so erstrebten wir nicht die diplomatische,
philologische Genauigkeit Wackernagels, der hoffentlich sein
köstliches Werk auch in neuere Zeiten fortführen wird. Ja,
wir können den ursprünglichen Texten der Dichter für den
kirchlichen Gebrauch kaum ein so entscheidendes Recht zugeste=
hen. Denn abgesehen davon, daß viele Sänger bei ihrem
Liede gar nicht an den kirchlichen Gebrauch dachten, so darf
nach unserer Ansicht nie der Kirche das Recht genommen werden
(wie dies auch von der lateinischen immer geübt ist), die Ge=
sänge der Einzelnen nach ihren Zwecken zu formen. Trotz die=
ser Zweifel haben wir bei vielen Liedern den Grundtext mitge=
theilt, auch noch in den Nachträgen Vieles dafür beigebracht;
bei den übrigen liegt wenigstens fast überall ein sehr alter
kirchlicher Text zu Grunde, der zuweilen dem Grundtexte gleich=
zustellen ist. Dabei ist immer auf die altkirchlichen Varianten
hingewiesen, welchen wir nach dem Obigen vollkommnes Bür=
gerrecht zugestehen. Dies leitet uns auf die Frage: In wel=
cher Gestalt sollen nun diese vollständigen Gesänge in
die modernen Gesangbücher aufgenommen werden? Wir ant=
worten zunächst im Allgemeinen: „In möglichst unveränderter
Gestalt, darauf haben sie bei ihrer Trefflichkeit ein vollkomm=
nes Anrecht.“ Wir gestatten bei diesen Liedern, wo es Noth
thut, das System der Verkürzung, wie es Bunsen in
seinem trefflichen Werke so oft mit glücklichem Takte geübt
hat *); in den übrigbleibenden Versen aber nur die aller=

---

*) Das gute deutsche Volk ist überall gern etwas breit und länglich. Wer
das auch in Bezug auf die geistlichen Lieder, auch oft die besten, leugnen wollte,
dem sitzt die Brille des Vorurtheils auf der Nase. Es ist vielmehr ganz offenbar,
wie viele unserer schönsten Lieder durch Verkürzung so viel gewinnen! Wir
theilen ganz Stier's Ansicht (Ank. S. 32): „Schon als Lied betrachtet, darf
eine Dichtung sich nicht über das Maaß ausdehnen. Matte, geschwätzig werdende,
irgendwie mangelhafte, oder doch unbeschadet des Ganzen herauszunehmende Verse,
sind daher häufig weggefallen, und auf diese Weise durch Extract der eigentlichen
Kernverse erst recht concentrirte Kern = und Kraftlieder entstanden.“ Vergl. auch

nöthigsten Aenderungen; wo es die Umstände nur irgend
gestatten, sind gar keine vorzunehmen, um den Gesammtein=
druck des Ganzen nicht zu alteriren. Haben wir damit man=
chen Verehrern der antiken Liederformen noch nicht genug ge=
sagt, so könnten wir uns füglich auf das zurückziehn, was
Stier in der Ankündigung gegen diese Art der Paläosebie
bemerkt, könnten statt unser Knapp in dem Vorworte zum
Liederschatze den Beweis führen lassen: „daß die Kirche bei
Einführung ihrer Gesänge auch auf die Form Gewicht gelegt
und, wo es anging den goldnen Apfel der Wahrheit lieber in
silberner Schale, als im verschimmelten Weidenkorbe hinge=
nommen, oder daß Warzen und Leberflecke nicht zum Total=
eindrucke einer Liederphysionomie gehören *). Doch wollen wir
noch ein ander Argument entgegenstellen, das wenigstens auf
viele Verfechter der vollen Ursprünglichkeit in den Liedertexten
paßt, und was uns von der größten Bedeutung erscheint. Wenn
einem Claubius wenig darauf ankommt, ob ein Knopf un=
recht sitzt, oder eine Nath schief genäht ist, und er sich sogar
bei dem Freunde im neuen Kleide nach dem falschen Knopf
und der schiefen Nath sehnt —, wenn, ihm in mancher Be=
ziehung verwandte Geister, etwa Billroth, von Raumer,
Bunsen, neuestens wieder Stip u. A. in den alten Liedern
so gut als gar nichts geädert haben wollen, so haben sie
für sich und für ihre Person durchaus Recht. Aber ihr ge=
nialer Blick, ihr reiches Gemüth, ihr christlicher Tiefsinn, dies
Alles, was ihre Andacht auch an den Schnörkeln der alten
Lieder lieblich sich aufranken läßt; — das ist doch nicht als
Gemeingut Aller vorauszusetzen und da liegt denn eben
der Irrthum! Ein kirchliches Gesangbuch hat die Masse, die
große Mehrzahl im Auge zu behalten. Daß wir mit dem
Allen nicht der noch so verbreiteten Aenderungs=Sucht das

Knapp, Vorr. XIX. VII.: „das Kirchenlied ist der dichterische Lapidarstil des
heil. Geistes.“ —

*) Möchten nur beide Hymnologen in der Praxis ihrer Theorie treuer
geblieben sein.

Wort reden wollen, davon zeugt gewiß unser Verfahren in
der Rubrik der Vollständigen Gesänge am Besten. Um
aber auf lehrreiche und interessante Weise die auf dem Gebiete
der Liederänderung noch herrschende Divergenz der Meinungen
darzuthun, um den Männern, die mit der Zusammenstellung von
Gesangbüchern beauftragt sind, einen bequemen Varianten = Ap=
parat darzubieten, der aber auch jedem Freunde geistlicher Poesie
überhaupt willkommen sein dürfte, haben wir diesen, im ur=
sprünglich kirchlichen Texte mitgetheilten Liedern die Aenderun=
gen zugefügt, welche Bunsens Allgem. Gesangbuch
(Bs.), Stiers Evangelisch. Gesangbuch (S.), Knapps
Liederschatz (K.), der Berliner Liederschatz, zweite
Aufl. (B.), das Hallische Stadtgesangbuch, 11te Aufl.
1841. (H.), und das Neue Würtemb. Gesangbuch (W.)
vorgenommen haben. Eigene Veränderungsversuche sind mit
(X.) bezeichnet *). Die Auswahl ist in dem Sinne getroffen,
daß jede Hauptrichtung der neuen Hymnologie vertreten er=
scheint, aber nur durch einen Repräsentanten, sonst würden
Sammlungen, wie die von Raumer, das Lübecker, El=
berfelder Gesangbuch u. a. nicht übergangen worden sein.
Gern hätten wir auch das Neue Berliner Gesangbuch
berücksichtigt, aber es geht bei sonstigen Vorzügen doch in
Aenderung und Umgestaltung über die weiteste Gränze hinaus,
die wir nur irgend stecken mögen. Das Hallische Stadt=
gesangbuch (das der drei lutherischen Stadtkirchen, eins der
besten weit und breit) könnte nur vom lokalen Interesse aus
gewählt scheinen. Und selbst dies ließe sich vertreten. Die
Stadt Halle nimmt in der Geschichte des deutschen Kirchenlie=
des eine wichtige und würdige Stelle ein, und von J. Jo=
nas bis J. Olearius und wieder bis Freylinghausen
und in die neueste Zeit herab bis Niemeyer, Fulda u. A.

---

*) Eine durchgehende Beurtheilung der verschiedenen Varianten ist wohl
unnöthig gewesen. Wir haben zu Zeiten durch Ausrufe= oder Fragezeichen, die
weiter nichts Prätentiöses in sich halten wollen, unsere divergirende Meinung zu
erkennen gegeben.

ist jede Periode in der Geschichte deutschen Kirchengesanges von
Halle aus und oft reichlich vertreten. Der bestimmende Grund
unserer Wahl liegt aber in einem andern Verhältnisse. In
den letzten Decennien hatte das Buch im Ganzen die Lesar=
ten der gemäßigten rationalistischen Schule recipirt. Bei der
letzten Auflage ist mit sorgsamer Berücksichtigung aller Haupt=
werke in der Hymnologie, mit durchgehender Beachtung der
einmal vorhandenen, wegen des harmonischen Gesanges nicht
zu ändernden Vocal=Assonanzen diese Teinture wieder in das
Bessere verwischt. So werden eben die Varianten von H. in
ähnlichen Fällen (die unter Gottes Segen recht viele eintreten
werden) einem sorgsamen Redactor willkommen sein.

Nun Einiges über die zweite Rubrik der Abgekürz=
ten Lieder und Verse.

Es hat offenbar etwas Unnatürliches und Störendes,
wenn bei dem Gottesdienst nicht ganze Lieder gesungen wer=
den. Der Gesang erscheint nicht in harmonischer Abrundung,
Einheit und Abgeschlossenheit, auch ist dieser Gebrauch sowohl
in der ältern lateinischen als alten ersten lutherischen Kirche
ganz ohne Beispiel. Den Geistlichen dürfen wir aber bei die=
sem Zerstücken der Gesänge fast gar keine Vorwürfe machen,
sondern nur den Gesangbüchern selbst. Viele Lieder sind, selbst
als Hauptlieder angesehen, viel zu ausgedehnt, würden zu viel
Zeit ausfüllen und die Andacht der Gemeinde erschlaffen las=
sen. Kurze Eingangslieder sind schon in unsern Büchern äu=
ßerst selten und selbstständige Schluß= oder Kurzelverse trifft
man fast gar nicht, wiewohl ältere Bücher Strophen, die sich
dazu eignen, durch Sterne oder Kreuze bezeichnen. Wir be=
trachten es daher für einen hohen Vorzug, wenn ein Gesang=
buch viel kurze Gesänge und einzelne Liederverse darbietet,
wie das Neue Berliner, Elberfelder u. a. Und genauer zu=
gesehen ergiebt sich, wie leicht und natürlich sich bei der Con=
struction eines Gesangbuches solche kurze Gesänge und Verse
sich wie von selber darbieten. Es stoßen uns einmal Gesänge
auf, die wir gern den in erster Reihe stehenden anschließen;

aber zugleich bringt sich uns die Ueberzeugung auf, nur in einem Umgusse oder in zusammengezogener Form sind sie für die Gemeinde genießbar. In solchen Fällen scheue man sich nicht, diese Umschmelzung oder, was noch immer mehr zu empfehlen ist, diese Concentrirung zu versuchen. Oder ganze Gesänge gehören eben als Ganzes betrachtet zu den Sternen sechster und siebenter Größe und darunter, aber einzelne Strophen oder auch nur eine sind vortrefflich. Können diese nun irgend ohne den Zusammenhang der übrigen verstanden werden, oder läßt sich eine Selbstständigkeit durch leichte Aenderung des Anfangs erreichen, so wähle man solche Verse aus, sie werden dem Geistlichen in seiner Praxis äußerst willkommen sein. In diesem Sinne ist unsre zweite Rubrik von uns gestaltet und allerdings in einzelnen Fällen mit ziemlicher Freiheit. Dabei mag im Einzelnen geirrt sein, aber im Ganzen und Wesentlichen glauben wir auf dem rechten Wege zu sein.

Der Anhang enthält Gesänge, welche bei Bunsen, Stier, Knapp, dem Berliner Liederschatz und dem Würtemb. Gesangbuch sich finden, aus unserm Canon der kirchlichen Gesänge aber ausgeschlossen sind. Wir glaubten sie, da meistens Beliebtheit und Verbreitetsein sich bei diesen Gesängen nicht läugnen läßt, den Besitzern dieser Sammlung nicht vorenthalten zu dürfen.

Die Bearbeitung des biographischen Registers der Liederverfasser übernahm ein hochverehrter Freund, der auch bei der Gestaltung des ganzen Werkes durch Rath und That auf das Freundlichste mitgewirkt hat, dem wir überaus viel verdanken. Der Umstand, jenes Verzeichniß von einem Manne bearbeitet zu wissen, der sich voll Eifer und Liebe mit der Literatur unserer Hymnologie beschäftigt und uns hoffentlich noch mit einem ausführlichen Werke über unsere Liederdichter beschenken wird, mußte für uns um so mehr viel Beruhigendes haben, als nicht zu läugnen ist, daß durch die meisten Verzeichnisse der Art eine Tradition sich durchzieht, welche Irrthümer und Fehler keineswegs ausgeschlossen hat.

Und so legen wir denn, zwar nicht ohne Zagen, aber auch nicht ohne freudige Zuversicht unser Werk der Beachtung der hohen Behörden vor, welche die heilige Schrift Pflegerinnen und Säugammen der Kirche nennt — wir bieten es voll Dankes für Vorgänger die allein Nachfolger möglich machen, den Männern dar, die vor uns auf diesem Felde gearbeitet — wir legen es in die Hand eines jeden frommen gebildeten Christen, dem das Wohl und Wehe seiner Kirche in allen Punkten Herzenssache ist — vor allen Dingen aber stellen wir uns unter den gnädigen Schutz des Allerhöchsten, der auch dieser Arbeit seinen Vatersegen nicht entziehen wird.

Halle den 15ten Junius 1842.

D. Herausgeber.

Druckfehler im Texte der Lieder.

S. 16. a. 1. fiehe lies fiehe.
S. 25. b. 8. Menfchen lies Myrrhen.
S. 27. a. 5. v. u. wunderbar lies wunderbar.
S. 48. b. 13. doch lies dich.
S. 64. b. 7. v. u. allein lies allen.
S. 74. b. 4. Leiden lies Leiten.
S. 75. b. 6. v. u. glauben lies gläuben.
S. 88. a. 10. lob'n lies loben.
S. 89. b. 13. v. u. fich lies hier.
S. — b. 9. v. u. fteu'r lies Steu'r.
S. 90. a. 2. laß mich eins lies laß mich hier eins.
S. 93. a. 4. wiederfahren lies widerfahren.
S. 94. a. 1. von lies voll.
S. — a. 19. ein lies ein.
S. — a. 4. v. u. nun lies nun.
S. 109. b. 9. fein lies fein.
S. 154. a. 14. Schlangenhaupt lies Schlangenhaut.
S. 156. b. 9. muß lies müß.
S. 167. b. 6. v. u. das lies dein.
S. 192. a. 7. v. u. nur lies nun.
S. 197. b. 11. Freund lies Freud.
S. 233. a. 6. v. u. was lies uns.

Inhalt.

Erster Theil.

Lieder auf die Feste und Zeiten.

Zweiter Theil.

Lieder vom Christlichen Glauben und Leben.

In meinem Verlage sind noch nachstehende theologische und philosophische Schriften erschienen.

Erdmann, J. E., Grundriß der Logik. 1841. 8. ⁷/₈ Thlr.
— — die Liebe, die Freiheit und die Gerechtigkeit durch den Glauben, 3 Predigten gehalten in der Domkirche in Halle. 1841. 8. ¹/₄ Thlr.
— — Rechenschaft von unserm Glauben, neue vermehrte Auflage. 1842. 8. 1 Thlr.
Fulda, Erziehung zur Natursinnigkeit. 1842. 8. ³/₈ Thlr.
Galle, Fr., Versuch einer Charakteristik Melanchthons als Theologen und einer Entwickelung seines Lehrbegriffs. 1840. 8. 2 Thlr.
Herbst, J. P., conjecturae etymologicae de linguae hebraeae radicibus. 1842. 8. 1 Thlr. netto.
Langer, F. W., Predigten über das Kirchengebet. 1840. 8. ¹/₂ Thlr. netto.
— — Predigten über die sieben Worte Christi am Kreuze. 1842. 8. ¹/₂ Thlr.
— — Predigt über Lucas 12, 49. 50. zur Erinnerung an die Tage der schweren Heimsuchung Hamburgs. 1842. 8. ¹/₆ Thlr. netto. (Der Ertrag ist zum Besten der durch den Brand schwer betroffenen Schullehrer Hamburgs bestimmt.)
Magnus, E. J., kritische Bearbeitung und Erklärung des hohen Liedes Salomos. 1842. 8. 1 Thlr.
Mutter und Kind, ein Büchlein für Mütter und Kinder, 2te Auflage. 1842. kl. 12. ¹/₆ Thlr. netto.
Portrait Herrn Consistorialraths Professor Dr. Jul. Müllers, lithograph. Ausgabe auf ordin. Papier ²/₃ Thlr. auf chines. Papier ⁵/₆ Thlr.
Schaf, Ph., die Sünde wider den heiligen Geist und die daraus gezogenen dogmatischen und ethischen Folgerungen, nebst historischem Anhang über das Lebensende des Francesco Spiera. 1841. 8. 1 Thlr.

Stimmen, geistliche, aus dem Mittelalter zur Erbauung gesammelt von Fr. Galle. 1841. gr. 12. $\frac{7}{8}$ Thlr.

Tholuck, A., zwei Predigten beim Ableben Friedrich Wilhelm III. in dem akademischen Gottesdienst der Universität Halle-Wittenberg gehalten. 1840. 8. $\frac{1}{6}$ Thlr. netto.

— — zur Charakteristik rationalistischer Polemik, eine Beleuchtung der Schrift „wie Herr Dr. Tholuck die heilige Schrift auslegt, wie er beten lehrt und dichtet." 1840. 8. $\frac{1}{4}$ Thlr.

Ulrici, H., über Princip und Methode der Hegelschen Philosophie, ein Beitrag zur Critik derselben. 1841. 8. $1\frac{1}{4}$ Thlr.

Halle im Juni 1842.

J. F. Lippert.

Erster Theil.

Lieder auf die Feste und Zeiten.

———

I.

Lieder auf den Advent und Mariä Verkündigung.

A) Vollständige Gesänge.

Mel. Aus meines Herzens Grunde.

1. Auf, auf, ihr Reichsgenossen! der (eu'r) König kommt heran! empfahet unverdrossen den großen Wundermann. Ihr Christen, geht herfür! Laßt uns vor allen Dingen ihm Hosianna singen mit heiliger Begier.

2. Auf, ihr betrübten Herzen! der König ist gar nah! hinweg all' Angst und Schmerzen! der Helfer ist schon da. Seht, wie so mancher Ort hochtröstlich ist zu nennen, da wir ihn finden können: im Nachtmahl, Tauf' und Wort.

3. Auf, auf, ihr Vielgeplagten! der König ist nicht fern. Seid fröhlich ihr Verzagten! dort kommt der Morgenstern. Der Herr will in der Noth mit reichem Trost euch speisen, er will euch Hülf' erweisen, ja dämpfen gar den Tod.

4. Nun hört, ihr frechen Sünder: der König merket drauf, wenn ihr verlorne Kinder im vollen Lasterlauf auf Arges seid bedacht, ja, thut es ohne Sorgen; gar nichts ist ihm verborgen, er giebt auf Alles Acht.

5. Seid fromm ihr Unterthanen! der König ist gerecht. Laßt uns den Weg ihm bahnen und machen Alles schlecht. Fürwahr, er meint es gut! drum lasset uns die Plagen, welch' er uns schickt ertragen mit unerschrocknem Muth.

6. Und wenn gleich Krieg und Flammen uns Alles rauben hin. Geduld! weil ihm zusammen gehöret der Gewinn; wenn gleich ein früher Tod uns, die uns lieb, genommen, wohlauf! so sind sie kommen in's Leben aus der Noth.

7. Frisch auf in Gott, ihr Armen! der König sorgt für euch; er will durch sein Erbarmen euch machen groß und reich. Der an ein Thier gedacht, der wird auch euch er-

I. 1. c. K. empfangt ihn. d. K. auf seiner Siegesbahn. f. K. e. l. eure Stimm' erklingen. g. K. uns. — 2. K. ausg. b. B. sehr nah. — 3. d. K. es kommt. h. S. er dämpfet auch den T. — 4—8 bei B. ausgel. Vs. 4 bei K. umgest. und nach vs. 9 (bei ihm vs. 3) gesetzt. Bei S. vs. 4 und 5 in einen geschmolzen. a. K. hört's auch. d. K. verderbet euren Lauf. e—H. und thut es ohne Sorgen. f. H. laßt uns auch. — 5. b. H. hält Gericht. c. H. B. die Wege. d. H. schlicht. S. als sein erwählt Geschlecht. B. recht. K. thut weg, was schnöd' und schlecht. e—h K. Was groß ist, werde klein, was hoch ist, werde niedrig; die Hoffarth ist ihm widrig, die Demuth gilt allein. f. H. laßt uns auch. — 6. K. und S. ausg. c. H. denn ihm. d. H. B. gehört doch. e. H. und wenn. f. K. die Kinder uns. g. H. getrost sie sind gekommen. — 7. S. ausgel. a. K. Seid froh in G. e. H. das Thier. K. der Vögel denket er. f. K. und kann sie täglich nähren. g. h. K. er wird ja euch

nähren: was Menschen nur begehren, das steht in seiner Macht.

8. Hat endlich uns betroffen viel Kreuz, läßt er doch nicht die, welche auf ihn hoffen mit rechter Zuversicht. Von Gott kommt Alles her; der lässet auch im Sterben die Seinen nicht verderben, sein' Hand ist nicht zu schwer.

9. Frisch auf, ihr Hochbetrübten! der König kommt mit Macht. An uns, sein' Herzgeliebten hat er schon längst gedacht: nun wird kein Angst noch Pein, noch Zorn hinfür uns schaden, dieweil uns Gott aus Gnaden läßt seine Kinder sein.

10. So lauft mit schnellen Schritten den König zu besehn, dieweil er kommt geritten stark, herrlich, sanft und schön. Nun tretet all' heran den Heiland zu begrüßen, der alles Kreuz versüßen und uns erlösen kann.

11. Der König will bedenken, die welch er herzlich liebt, mit köstlichen Geschenken; als der sich selbst uns giebt durch seine Gnad' und Wort: o (ja) König hoch erhoben, wir alle wollen loben dich freudig hier und dort.

12. Nun Herr, du giebst uns reichlich, wirst selbst doch arm und schwach; du liebest unvergleichlich, du jagst den Sündern nach. Drum wollen wir allein die Stimmen hoch erschwingen, dir Hosianna singen und ewig dankbar sein.

Anmerk. Vf. Joh. Rist, in fast allen älteren Gesangb. stehend. Einige Verse schwungreich und im ächten Tone des Kirchenliedes; dazwischen viele hier unpassende, fremde und störende Gedanken. Durch nöthige Verkürzung entsteht ein körniges und schönes Lied aus Vs. 1. Vs. 3. Vs. 9. Vs. 10. (mit den Aenderungen von H.) Vs. 11. 12.

Mel. Wie schön leucht' uns der Morgenstern.

7. Der Heiland kommt, lobsinget ihm! dem Gott, dem alle Seraphim das heilig! heilig! singen. Er kommt, der ew'ge Gottessohn und steigt von seinem Himmelsthron, der Welt den Sieg zu bringen. Heil dir, da wir von den Sünden Rettung finden! Höchstes Wesen, durch dich werden wir genesen.

2. Willkommen Friedefürst und Held, Rath, Vater, Kraft und Heil der Welt, willkommen hier auf Erden! du kleidest dich in Fleisch und Blut, wirst Mensch und willst, der Welt zu gut, selbst unser Bruder werden. Ja du, Jesu, streckst die Armen, voll Erbar-

bescheeren (glaubts ihm!) unendlich mehr. — 8. S. K. ausgel. a. H. hat Elend ——— und Kreuz. c. H. die so auf ihn. — 9. Bei K. gleich nach v. 3. (bei ihm v. 2.) gestellt. a. K. steht auf ihr Tiefb. c. K. euch seine Herzg. S. wir sind ja die Gelietten d. S. an die er längst gedacht. e. h. K. Gott nimmt uns an in Gnaden und läßt uns Kinder sein. — 10. B. S. K. ausgel. a. H. eilt mit schnellen Tritten. b. H. ersehn. c. H. weil er herangeschritten. — 11. Bei K. völlig umgedichtet: er ist so reich für alle die seine Seele liebt; es soll im Sündenfalle kein's bleiben mehr betrübt. Hier ist sein Geist sein Wort. o. K. h. erhaben, laß uns der edeln Gaben, froh werden hier und dort. a, H. B. S. die so er. e. S. in seinem Geist u. W. — 12. a. Bs. S. K. ja Herr. b. S. wirst selbst denen. B. ob wir gleich. K. wirst für uns. d. S. K. du gehst. e. B. woll'n wir dir allein. S. woll'n wir insgemein. K. komm, komm, nur dir allein. f. K. soll unser Loblieb klingen. g. K. nur dir die Seele singen.

II. 1. a. Bs. S. K. dem Herrn. c. Bs. S. K. der eingeborne Sohn. e. Bs. S. von seines Himmels. K. verläßt des Vaters ewgen. f. Bs. S. K. das Heil. g. Bs. S. K. Preis dir. h. Bs. S. K. baß wir. — 2. b. K. ewger Vater, Licht der Welt. c. K. der Sündenwelt zu gut. K. f. K. Opfer. g. h. K. freundlich, gnädig. i — m. Bs. reicht die Arme voll Erbarmen uns entgegen, wandelst unsern Fluch in Segen. S. kommst uns Armen voll Erbarmen nun entgegen. K. voll Erbarmen tritist uns Armen du entgegen. X. streckest Arme, liebeswarme.

men aus zu Sündern und verlornen Menschenkindern.

3. Du bringst uns Trost, Zufriedenheit, Heil, Leben, ewge Seligkeit: sei hoch dafür gepriesen! O
Herr, was anders bringen wir, die
Treue zu vergelten dir, die du an
uns bewiesen. Uns die wir hie im
Verderben mußten sterben, schenkst
du Leben; größern Schatz kannst du
nicht geben.

4. Wir bringen dir ein dankbar
Herz, gebeugt durch Buße, Reu' und
Schmerz, bereit vor dir zu wandeln,
und dir und unserm Nächsten treu,
aufrichtig, ohne Heuchelei, zu leben
und zu handeln. Dies ist, Herr
Christ, dein Begehren: laß uns hören und den Schaden, den du dräust,
nicht auf uns laden.

5. Laß uns zu uns'rem ewgen
Heil, an dir im wahren Glauben
Theil durch deinen Geist erlangen;
auch wenn wir leiden auf dich sehn,
stets auf dem Weg der Tugend gehn,
nicht an der Erde hangen, bis wir
zu dir mit den Frommen werden
kommen dich erheben und in deinem
Reiche leben.

Anmerk. J. S. Diterich (?) hat
soviel in seinen Gesängen selbst geändert, daß sehr verschiedene Textes-
Recensionen doch den Vf. zum Urheber haben. Wir haben den Text
des Bremer Domgesangbuches von
1778 zu Grunde gelegt. Vs. 3 u.
4. sind matt und am Besten auszulassen.

Mel. Wachs mit mir Gott nach deiner Güt'.

3. Dies ist der Tag der Fröhlichkeit, den Gott hat selbst bereitet, an
welchem seine Gütigkeit soll werden
ausgebreitet. Drum singen heut mit
Lust die Leut: Herr, dir sei Preis in
Ewigkeit.

2. Heut hat der Herr den Jammerstand der ganzen Welt gewendet,
den Menschen zum Erlösungspfand
sein liebes Kind gesendet. Drum
singen heut mit Lust die Leut: Herr,
dir sei Preis in Ewigkeit.

3. Heut ist des grimmen Todes
Macht, der durch ein Weib gekommen, vom Weibessaamen umgebracht
und ganz von uns genommen. Drum
singen heut mit Lust die Leut: Herr,
dir sei Preis in Ewigkeit.

4. Heut' ist aus großer Lieb' und
Treu der wahre Gott Mensch wor-
den, bleibt wie er war und nimmt
dabei an sich der Menschen Orden.
Drum singen heut mit Lust die Leut:
Herr, dir sei Preis in Ewigkeit.

5. Wer wollte denn sein Herz
wohl heut zur Fröhlichkeit nicht lenken? Den Anfang seiner Seligkeit
mit Andacht nicht bedenken? Ja,
singet heut mit Lust, ihr Leut': Herr,
dir sei Preis in Ewigkeit.

Anmerk. Ein kindlich-freudiges ein-
faches Lied von Bal. Thilo für
M. Verf. brauchbar. In Gesbch.
sehr selten. Aenderungen erscheinen
unnöthig.

3. b. K. Geist, Leben, Licht und Seligkeit. c. Bs. S. Herr, wie viel zu schwach
sind wir. K. o Gottes Sohn wie arm sind wir. g. h. Bs. S. von dir, da wir.
l. m. Bs. S. kommt das Leben, o wie kannst du Größres geben. g—m. K.
Schande, Bande, die gebührten uns Verführten, du bringst Leben, o was kannst du
Größres geben. — 4. b. K. Scham und Schmerz. c. K. das wollest du bekehren. d—f. K. wollst züchtig, ohne Heuchelei, demüthig, liebevoll und treu, vor
dir uns wandeln lehren. g—m. Bs. S. zu dir, flehn wir, hilf uns Schwachen,
daß wir wachen, beten, ringen und des Fleisches Lust bezwingen. K. g—k. eben
so, L. m. glauben, kämpfen und des Fleisches Lüste dämpfen. — 5. e. Bs. S. im
Guten immer weiter sehn. k. Bs. S. ewig kommen. K. erleucht uns Herr zum
ewgen Heil, daß wir im Glauben vollen Theil an deinem Reich erlangen; hilf uns
in Trübsal fest bestehn und nur auf das was droben sehn, wohin du selbst gegangen; bis daß wir zu dir aufgenommen mit den Frommen vor dir leben, und im ewgen
Lichte schweben — W. stimmt bei diesem Gesange fast überall mit K. überein.

Mel. Nun komm' der Heiden Heiland.

4. Gott sei Dank durch alle Welt, der sein Wort beständig hält und der Sünder Trost und Rath zu uns her= gesendet hat.

2. Was der alten Väter Schaar höchster Wunsch und Sehnen war, und was sie geprophezeit ist erfüllt in (mit, nach) Herrlichkeit.

3. Zions Hülf und Abrams Lohn, Jacobs Heil, der Jungfrau Sohn, der wohlzweigestammte Held hat sich treulich eingestellt.

4. Sei willkommen, o mein Heil! dir Hosanna, o mein Theil! richte du auch eine Bahn dir in meinem Herzen an.

5. Zeuch, du Ehrenkönig ein, es gehöret dir allein! mach es, wie du gerne thust, rein von allem Sün= denwust.

6. Und gleichwie dein' Zukunft war voller Sanftmuth, ohn Gefahr, also sei auch jederzeit deine Sanft= muth mir bereit.

7. Tröste, tröste meinen Sinn weil ich schwach und blöde bin und des Satans schlaue List sich zu hoch für mich vermißt.

8. Tritt den Schlangenkopf ent= zwei, daß ich, aller Aengsten frei, dir im Glauben um und an selig bleibe zugethan.

9. Daß, wenn du, o Lebensfürst, prächtig wiederkommen wirst, ich dir mög' entgegen gehn und vor dir ge= recht bestehn.

Anmerk. Dies alte Lied von H. Held ist noch immer eine Zierde der Gesgb. Kaum sind Aenderungen in vs. 3 und 6. unbedingt nöthig; übrigens läßt sich auch vs. 9. allen= falls als Schlußvers an vs. 5. schlie= ßen. In W. ist, wir wissen nicht warum, das Lied völlig umgedichtet.

Mel. Meinen Jesum laß ich nicht.

5. Hosianna! Davids Sohn kommt in Zion eingezogen, ach be= reitet ihm den Thron, setzt ihm tau= send Ehrenbogen. Streuet Palmen, machet Bahn, daß er Einzug hal= ten kann.

2. Hosianna! sei gegrüßt! komm, wir gehen dir entgegen: unser Herz ist schon gerüst', will sich dir zu Füßen legen. Zeuch zu unsern Thoren ein, du sollst uns willkommen sein.

3. Hosianna! Friedensfürst, Eh= renkönig, Held im Streite! Alles was du schaffen wirst das ist unsre Sie= gesbeute. Deine Rechte bleibt erhöht und dein Reich allein besteht.

4. Hosianna! lieber Gast, wir sind deine Reichsgenossen, die du dir er= wählet hast; ach, so laß uns unver= drossen deinem Scepter dienstbar sein: herrsche du in uns allein.

5. Hosianna! komme bald, laß uns deine Sanftmuth küssen; wollte

IV. 1. a. B. K. in aller Welt. — 3. K. Hier ist David's Herr und Sohn, unvergänglich ist sein Thron; schauet hier den Glanz des Herrn, schaut den hellen Morgenstern. b. H. und Davids Sohn. c. S. der Erlöser aller Welt. H. hat zum Heil der Sünderwelt, hat für uns sich eingestellt. X. Gott und Mensch, der starke Held. — 4. b. Bs. H. S. B. Hosanna o mein Theil. K. du mein Theil. c. d. K. richte du dir auch in m. H. — 5. a. B. Zeuch. d. Bs. allen Sünden W. K. H. aller Sündenlust. — 6. K. und wie du voll Sanftmuth kamst, jedes Armen dich annahmst, so erscheine jederzeit mir auch deine Freundlichkeit. d. S. deine Liebe mir bereit. H. a. wie K. dich der Sünder gern annahmst. — 7. a. K. stark und. c. d. K. und des S. Macht und List wider mich geschäftig ist. d. Bs. B. so hoch. B. H. an mir. — 8 a. K. S. B. H. der Schlange (Bs. S. gen.). b. H. ewig durch dich frei. c. K. dir auf stiller Glaubensbahn. — 9. a. K. daß ich wenn du L. c. K. froh dir mag entgegen gehn.

V. 2. f. K. hochwillkommen sollst du sein. — 3. a. X. Heiland du. c. d. X. Friede, Freude, sel'ge Ruh ist dein segenvoll Geleite. — 5. b. S. füllen. d. X. verhüllen. e. Bs. K. S. o so kennet. —

gleich die Knechtsgestalt deine Majestät verschließen, ei, so kennet Zion schon Gottes und auch Davids Sohn.

6. Hosianna! steh' uns bei! o Herr hilf, laß wohl gelingen, daß wir ohne Heuchelei dir das Herz zum Opfer bringen. Du nimmst keinen Jünger an, der dir nicht gehorchen kann.

7. Hosianna! laß uns hier an den Oelberg dich begleiten, bis wir einstens für und für dir ein Psalmenlied bereiten; dort ist unser Bethphage: Hosianna in der Höh'!

8. Hosianna nah' und fern! Eile bei uns einzugehen. Du Gesegneter des Herrn, warum willst du draußen stehen? Hosianna! bist du da? ja, du kommst. Halleluja!

Anmerk. Von B. Schmolcke, äußerst passend für das Ev. am 1. Advent. In Verbindung mit diesem gedacht sind alle Stellen allgemein verständlich.

Mel. Meinen Jesum laß ich nicht.

6. Komm, du werthes Lösegeld, deffen alle Heiden hoffen: komm, o Heiland aller Welt! Thor und Thüren stehen offen. Komm' in angewöhnter Zier, komm! wir warten mit Begier.

2. Zeuch auch in mein Herz hinein, o du großer Ehrenkönig! laß mich deine Wohnung sein! bin ich armer Mensch zu wenig, ei, so soll mein Reichthum sein, wenn du bei mir ziehest ein.

3. Nimm mein Hosianna an mit den Siegespalmenzweigen: so viel ich nur immer kann, will ich Ehre dir erzeigen, und im Glauben dein Verdienst mir zueignen mit (zum) Gewinnst.

4. Hosianna, Davids Sohn! ach Herr hilf, laß wohl gelingen! laß dein Scepter, Reich und Kron uns viel Heil und Segen bringen, daß in Ewigkeit besteh: Hosianna in der Höh!

Anmerk. Von J. G. Olearius, in H. nach der Mel.: Liebster Jesu, wir sind hier, und darum mannigfach geändert.

7. Macht hoch die Thür, die Thor' macht weit, es kommt der Herr der Herrlichkeit, ein König aller Königreich, ein Heiland aller Welt zugleich, der Heil und Leben mit sich bringt; derhalben jauchzt, mit Freuden singt: Gelobet sei mein Gott, mein Schöpfer reich von Gnad.

2. Er ist gerecht, ein Helfer werth, Sanftmüthigkeit ist sein Gefährt, sein' Königskron ist Heiligkeit, sein Scepter ist Barmherzigkeit: all' unsre Noth zum End' er bringt, derhalben jauchzt, mit Freuden singt: gelobet sei mein Gott, mein Heiland groß von That.

3. O wohl dem Land! o wohl der Stadt, so diesen König bei sich hat! wohl allen Herzen insgemein, da dieser König ziehet ein! er ist die rechte Freudensonn', bringt mit

---

7. d. K. S. Palmenlied. — 8. e. f. X. Komm' du Herr der Herrlichkeit, unfre Herzen sind bereit.

VI. 1. b. S. Völker. d. S. unfre Herzen stehn dir. e. B. komm in göttlich hoher Zier. S. du des Geistes Schmuck und Zier. — 2. e. X. nun — 3. b. S. wie könnt' ich von dir, Herr, schweigen. c. S. nein, so viel ich immer kann. — 4. a. S. Gottes Sohn. b. S. hilf Herr, laß es w.

VII. 1. a. K. W. das Thor, die Thüren weit. f. K. auf jauchzet ihm. W. deshalb mit frohem Jauchzen singt. h. K. er macht den Feind zu Spott. Bs. S. reich von Rath. W. an. — 2. b. S. sanftmüthig ist all' sein Geberd. W. Sanftmuth und Huld. c. sein Königsschmuck. e. Bs. S. W. all' unsre Noth zum End er bringt. K. weil er die Noth zu Ende bringt f. K. so jauchzet froh. h. K. er macht den Feind zu Spott (so auch bei Bs. 3. u. 4.). — 3. b. Bs. S. K. W. die diesen. d. K. W. wo b. f. S. Licht und Wonn. W. Lebenssonn.

sich lauter Freud' und Wonn; gelobet sei mein Gott, mein Tröster früh und spat.

4. Macht hoch die Thür, die Thor' macht weit! Eu'r Herz zum Tempel zubereit't! die Zweiglein der Gottseligkeit steckt auf mit Andacht, Lust und Freud, so kommt der König auch zu euch, ja Heil und Leben mit zugleich: gelobet sei mein Gott voll Rath, voll That, voll Gnad'.

5. Komm, o mein Heiland Jesu Christ! mein's Herzens Thür dir offen ist. Ach, zeuch mit deiner Gnaden ein, dein Freundlichkeit auch uns erschein, dein heilger Geist uns führ und leit den Weg zur ewgen Seligkeit. Dem Namen dein, o Herr, sei ewig Preis und Ehr!

Anmerk. Dies herrliche Lied von G. Weissel ist schon in ältern, besonders aber in neuern Sammlungen äußerst selten. Einen Theil der Schuld mag die unbekannte Mel. tragen.

Mel. Von Gott will ich nicht lassen.

8. Mit Ernst, o Menschenkinder, das Herz in euch bestellt! damit das Heil der Sünder, der große Wunderheld, den Gott aus Gnad' allein der Welt zum Licht und Leben gesendet und gegeben, bei euch auch kehre ein.

2. Bereitet doch fein tüchtig den Weg dem großen Gast, macht seine Steige richtig, laßt alles was er haßt, macht alle Bahnen recht, die Thal' laßt sein erhöhet, macht niedrig was hoch stehet, was krumm ist gleich und schlecht.

3. Ein Herz, das Demuth liebet, bei Gott am höchsten steht; ein Herz das Hochmuth übet mit Angst zu Grunde geht: ein Herz, das richtig ist und folget Gottes Leiten, das kann sich recht bereiten, zu dem kommt Jesus Christ.

4. Ach! mache du mich Armen zu dieser heilgen Zeit, aus Güte und Erbarmen, Herr Jesu, selbst bereit: zeuch in mein Herz hinein vom Stall und von der Krippen, so werden Herz und Lippen dir allzeit dankbar sein.

Anmerk. Von Val. Thilo dem Jüngeren. Bs. 3. widerspricht dem Character eines Kirchenliedes und ist als matt-prosaische Exegese von Bs. 2. wegzulassen.

K. und bringet mit sich lauter Wonn. W. lauter Heil. h. 8. mein Tröster voller Gnad. — 4. a. K. W. das Thor, die Thüren weit. b. K. das Herz zum Tempel sich (W. sei.) bereit. c. S. mit rechter Buß' nach ihm verlangt, mit frohem Glauben ihn empfangt. c. K. die Zweige der Gottseligkeit. X. das Zeichen der G. W. die Früchte der Gottseligkeit. W. stellt auf. f. S. mit seinem Heil und Freudenreich. W. bringt Heil. — 5. b. W. des. c. K. mit deinen Gnaden. W. in. e. W. uns schirm. g. h. K. Preis, Ehre für und für sei großer König dir. W. o Heiland, dir o Herr.

VIII. Wir haben das Lied so mitgetheilt, wie es sich in den meisten älteren Gesangbüchern vorfindet, bemerken aber gleich zuvor, daß schon in diesen ältern Recensionen der Varianten mancherlei sind. Knapp hat das Lied zu 6 Versen erweitert, überhaupt so völlig umgedichtet, daß er bei dem Folgenden nicht berücksichtigt werden konnte. — 1. a. B. H. W. ihr M. (schon bei älteren). c. Alte Variante: bald wird das Heil der S., so Bs. d. Bs. der wunderstarke; alte B. Bs. 8. versprochen hat zu geben; alte B. h. S. B. W. bei Allen. Wer in c. „bald" liest liest hier „kehren." — 2. L. B. das Thal. — 3. e. S. das redlich ist. — 4. b. B. W. in dieser Gnadenzeit. f. g. H. weil du dich mir gegeben will ich dir einzig leben. X. ruh' brinn wie in der Krippen, so werden Herz und Lippen. h. B. H. W. ewig, alte B., so auch: immer. W. und wohn auf immer brinnen, so werden Herz und Sinnen. S. dichtet den ganzen Vers um: Herr Jesu, ach, verleihe den edlen Sinn auch mir, komm, Seligmacher, weihe mein Herz zur Wohnung dir! und wenn dein Gnadenschein mir Licht und Kraft gegeben, so soll mein ganzes Leben dir ewig dankbar sein.

Mel. O Herre Gott dein göttlich Wort.

9. O Wunder groß! Mariens Schooß hat nun (heut) das Heil umgeben, den großen Held, der All's erhält, der Menschen Trost und Leben. O Wunderfreud! Gott selbst wird heut ein wahrer Mensch empfangen; Vernunft, Verstand muß Gottes Hand ergeben sich gefangen.

2. Nun bin ich sein, mein Gott ist mein, mein Gott ist selbst Mensch worden, mein Fleisch und Blut; das höchste Gut, schenkt mir des Himmels Orden. Gott Lob! der mich so väterlich erquickt, der mir gegeben durch seinen Sohn, den Gnadenthron, daß ich kann ewig leben.

Anmerk. Von Joh. Olearius, in neuern Gesangbüchern selten. Von unsern 6 Büchern nur bei Bs. Im ersten Verse finden sich schon in ältern Texten einige Varianten.

Mel. Valet will ich dir geben.

10. Wie soll ich dich empfangen? und wie begegn' ich dir? o aller Welt Verlangen, o meiner Seele Zier! o Jesu, Jesu setze mir selbst die Fackel bei, damit was dich ergötze, mir kund und wissend sei.

2. Dein Zion streut dir Palmen und grüne Zweige hin, und ich will dir in Psalmen ermuntern meinen Sinn. Mein Herze soll dir grünen im steten Lob und Preis, und dei=

nem Namen dienen so gut es kann und weiß.

3. Was hast du unterlassen zu meinem Trost und Freud, als Leib und Seele saßen in ihrem größten Leid? Als mir das Reich genommen da Fried' und Freude lacht, da bist du, mein Heil, kommen und hast mich froh gemacht.

4. Ich lag in schweren Banden; du kommst und machst mich los: ich stund in Spott und Schanden, du kommst und machst mich groß und hebst mich hoch zu Ehren und schenkst mir großes Gut, das sich nicht läßt verzehren, wie ird'scher Reichthum thut.

5. Nichts, nichts hat dich getrieben zu mir vom Himmelszelt, als das geliebte Lieben, damit du alle Welt in ihren tausend Plagen und großen Jammerslast, die kein Mund aus kann sagen, so fest umfangen hast.

6. Das schreib dir in dein Herze, du herzbetrübtes Heer, bei denen Gram und Schmerze sich häuft je mehr und mehr. Seid unverzagt, ihr habet die Hülfe vor der Thür! der eure Herzen labet und tröstet, steht allhier.

7. Ihr dürft euch nicht bemühen noch sorgen Tag und Nacht, wie ihr ihn wollet ziehen mit eures Armes Macht. Er kommt, er kommt

Nach Rambach Anth. II. p. 351. ist die ursprüngliche Gestalt diese: Das war Johannis Stimme, das war Johannis Lehr, Gott strafet den mit Grimme, der ihm nicht giebt Gehör: o Herr Gott, mach auch mich zu deines Kindes Krippen, so sollen meine Lippen mit Ruhm erheben dich. Bei Bs. fehlt der vierte Vers ganz.
X. 1. b. K. begegnen. c. d. K. bu—du. g. h. S. O Jesu, Jesu lehre mich selbst durch deinen Geist, wie dich mit würd'ger Ehre mein blödes Herze preist. K. O. J. J. leihe mir deines Geistes Schein, daß mir was dich erfreue, mög' kund und wissend sein. H. O J. J. zünde mir selbst die Fackel an, damit ich immer finde, was dich erfreuen kann. — 2. c. K. mit Ps. f—h. S. mein Leben für und für mit Liebesfrüchten dienen, das hilf Herr Jesu mir. h. H. ich kann. — 3. b. K. zu meiner Seligkeit. g. K. bist du, mein Heil, gekommen. — 4. f. K. du hebst. h. S. Erbenreichthum. K. eitler R. W. irgend. — 5. c. K. dein getreues L. H. das so große L. S. Geliebter, als dein L. d. B. womit. d—h. K. du Heiland aller Welt! du littest tausend Plagen, du trugst der Sünder Last und keiner darf verzagen, den du erlöset hast. — 6. a. K. H. in deine Herzen. W. bir in. b. K. tiefbetr. S. B. H. W. hochb. c. K. B. bei welchem. K. H. W. Schmerzen. d. K. H. W. sich häufen mehr und mehr.

mit Willen, ist voller Lieb' und Luft, all' Angst und Noth zu stillen, die ihm an euch bewußt.

8. Auch dürft ihr nicht erschrecken vor eurer Sündenschuld; nein, Jesus will sie decken mit seiner Lieb' und Huld! Er kommt, er kommt den Sündern zum Trost und wahren Heil, schafft, daß bei Gotteskindern Verbleib' ihr Erb' und Theil.

9. Was fragt ihr nach dem Schreien der Feind' und ihrer Tück? ihr Herr wird sie zerstreuen in einem Augenblick. Er kommt, er kommt ein König, dem wahrlich alle Feind auf Erden viel zu wenig zum Widerstaube seind.

10. Er kommt zum Weltgerichte, zum Fluch dem, der ihm flucht, mit Gnad' und süßem Lichte dem, der ihn liebt und sucht. Ach komm, ach komm, o Sonne! und hol' uns allzumal zum ewgen Licht und Wonne in deinem Freudensaal.

Anmerk. Von P. Gerhard, mit Recht ein Lieblingsl'ed der christlichen Gemeinde, obwohl an manchen Stellen zu subjectiv-lyrisch. Vs. 8. allenfalls auszulassen. Alle angeführten bedeutenderen Aenderungen betrachten wir als völlig unnöthig, außer zu Vs. 9. e — h. wo die von K. vorzuziehen ist.

B) Abgekürzte Lieder und Verse.

Mel. Nun danket alle Gott.

11. Auf, auf zur Freud' und Lust ihr Gläubigen und Frommen! des Herren Einzugsfest, sein Krönungstag ist kommen. Glück zu dem Könige, der seinen Einzug hält, Glück zu dem Könige, dem Herrscher aller Welt.

Anmerk. Vs. 6. aus dem Liede: Wohlauf zur Freud' und Lust.

Mel. Valet will ich dir geben.

12. Ermuntert euch, ihr Frommen! zeigt eurer Lampen Schein, der Abend ist gekommen, die finstre Nacht bricht ein. Es hat sich aufgemachet der Bräutigam mit Pracht, Auf! betet, kämpfet, wachet! bald ist es Mitternacht.

2. O Jesu, meine Wonne komm bald und mach dich auf! Geh auf verlangte Sonne und fördre deinen Lauf. O Jesu, mach ein Ende und führ uns aus dem Streit, wir heben Haupt und Hände nach der Erlösungszeit.

Anmerk. Vs. 1. u. 6. aus dem Liede: Ermuntert euch ihr Frommen von Laur. Laurenti.

Mel. Jesus ist das schönste Licht.

13. Halleluja, Dank sei Gott! der uns solche Gnad erzeiget und auf uns sein armes Volk seine Huld so reichlich neiget, daß er seinen Sohn uns schenket, der uns nicht verlassen kann: Amen, Amen, Halleluja singe mit mir jedermann.

Anmerk. Vs. 9. aus dem Liede: Liebes Herz bedenke doch von E. J. Koitsch.

---

8. bei K. ausgel. c. Vs. S. will J sie nicht decken. c. S. er kommt gebeugten S. — 9. a. H. nach dem Dräuen. a. b. K. laßt eure Feinde dräuen und weichet nicht zurück. c. Vs. B. K. H. W. der Herr. f—h. Vs. sind. H. vor dem der stärkste Feind auf Erden viel zu wenig zum Widerstand erscheint. K. dem aller Feinde Schaar von Anfang viel zu wenig zum Widerstande war. S. Was zagt ihr noch wenn Feinde mit Ungemach euch dräun? Bleibt fest an eurem Freunde, der wird sie bald zerstreun. Er kommt, er kommt ein König, dem wahrlich Macht und List der Menschen viel zu wenig zum Widerstande ist. W. aller Feinde Hand — vermag zum Widerstand. — 10. g. K. zum Licht, zur e. W. S. zur ewgen Himmelswonne.

Mel. O du Liebe meiner Liebe.

14. Hosianna Davids Sohne, dem Gesegneten des Herrn! dem im vollen Licht und Klarheit aufgegangnen Jacobsstern! Heil und Glück und Sieg und Segen sei mit diesem heilgen Christ, der im Namen unsers Gottes zu uns Menschen kommen ist.

2. Hosianna in der Höhe! Lob im Himmel vor dem Thron! Macht und Herrlichkeit und Ehre Gottes eingebornem Sohn! Hosianna! auf der Erden ruf ihm aller Odem zu: Hosianna! dem der kommet, meine Seele ruf' auch du!

Anmerk. Vs. 6. u. 7. aus dem Liede: Jesus gestern, Jesus heute von C. R. L. v. Pfeil.

Mel. Unerschaffne Gnadensonne.

15. Hosianna Davids Sohne, der soll hochgelobet sein, der in's Herren Namen ein stellt sich von des Höchsten Throne! durch die Welt erschall und geh: Hosianna in der Höh'!

2. Herr, o Herr, laß wohlgelingen! diesen Tag hast du gemacht, dieser Tag hat Freude bracht; drum wir alle billig singen, durch die Welt erschall und geh: Hosianna in der Höh'!

Anmerk. Vs. 11. u. 12. aus dem Liede: Hosianna Davids Sohne von C. Keymann.

Mel. Jesu hilf siegen du Fürste des Lebens.

16. Jesus ist kommen! sagts aller Welt Enden! Freut euch, der himmlische Retter ist hier! Schwöret ihm Treue mit Herzen und Händen, sprechet: wir leben und sterben mit dir. Amen, o Jesu, du wollst uns vollenden; Jesus ist kommen! sagt's aller Welt Enden!

Anmerk. Vs. 9. aus dem Liede: Jesus ist kommen, Grund ewiger Freude von J. A. Freylinghausen.

Mel. Vom Himmel hoch da komm ich her.

17. Lob sei dem allerhöchsten Gott, der unser sich erbarmet hat, gesendet seinen lieben Sohn zu uns herab vom Himmelsthron.

2. O große Gnad' und Gütigkeit! o tiefe Lieb' und Mildigkeit! Gott thut ein Werk, das ihm kein Mann, kein Engel auch verdanken kann.

3. Der Schöpfer aller Creatur nimmt an sich menschliche Natur, des Vaters Wort von Ewigkeit wird Fleisch in aller Reinigkeit.

4. O Mensch, daß du dies nicht verstehst, nicht deinem Herrn entgegen gehst, der dir so ganz demüthig kömmt und sich so treulich dein annimmt!

5. O nimm ihn heut mit Freuden an, bereit ihm deines Herzens Bahn, auf daß er komm in dein Gemüth und du genießest seiner Güt'.

6. Denn die anjetzt in Christo stehn, die werden einst zur Freude gehn, erhöhet zu der Engel Zier, daß sie kein Uebel mehr berühr.

7. Dem Vater in dem höchsten Thron sammt seinem eingebornem Sohn, dem heilgen Geist in gleicher Weis' sei ewiglich Dank, Ehr und Preis.

Anmerk. Aus dem Liede: Lob sei dem allmächtigen Gott von Mich. Weiß.

Mel. Aus meines Herzens Grunde.

18. Nun jauchzet all' ihr Frommen in dieser Gnadenzeit! weil unser Heil ist kommen, der Herr der Herrlichkeit; zwar ohne stolze Pracht, doch mächtig zu verheeren und gänzlich zu zerstören des Teufels Reich und Macht.

2. Kein Scepter, keine Krone sucht er auf dieser Welt; im hohen Himmelsthrone ist ihm sein Reich bestellt: Er will hier seine Macht und Majestät verhüllen, bis

er des Vaters Willen im Leiden
ganz vollbracht.

3. Nun wird er bald erscheinen
in seiner Herrlichkeit und alles Klagen, Weinen verwandeln dann in
Freud. Er ist's, der helfen kann:
halt't eure Lampen fertig und seid
stets sein gewärtig: er ist schon auf
der Bahn.

    Anmerk. Vs. 1. 3. 6. aus dem Lie-
      de: Nun jauchzet all ihr
      Frommen von M. Schirmer.

    Mel. Auf mein Herz geh mit zu Grabe.

19. O des Tages voller Wonne,
welchem sonst kein Tag mehr gleicht,
seit von Anfang her die Sonne hat
um dieses Rund geleucht't! Gott
der Herr kommt selbst auf Erden
ein wahrhafter Mensch zu werden.

2. Jungfrau, allen vorgezogen!
du gebenedeites Weib! statt der weiten Himmelsbogen wird dein un-
befleckter Leib heut zu Gottes Thron
erlesen, du empfängst ein ewig Wesen.

3. O Geheimniß, dessen Gleichen man auf Erden nie gesehn! Unaussprechlich Wunderzeichen das von
Gott heut ist geschehn! uns hilf nun
daß mit Verlangen wir dich geistlich Herr, empfangen.

    Anmerk. Diese drei Verse sind aus
      dem neunversigen Liede von J.
      Franck: „Heut ist uns der
      Tag erschienen" zusammenge-
      setzt. Hie und da mußten noch Ver-
      änderungen eintreten. Für M. Ver-
      kündigung brauchbar.

    Mel. Nun komm der Helden Heiland.

20. Sei willkommen Jesu Christ,
weil du Gott und Heiland bist, weil
die neue Gnadenzeit allen Christen
ist bereit'.

2. Komm, ach komm und säume
nicht, segne Herz und Angesicht daß
wir deine Süßigkeit mögen schmecken
allezeit.

3. Laß mein Herze sein bereit
aufzunehmen alle Zeit dich, o Jesu Gottes Sohn, aus dem hohen
Himmelsthron.

4. Dein Advent, der lehre mich,
daß ich lebe würdiglich, in Gebet
und Heiligkeit auf die schöne Weih-
nachtszeit.

    Anmerk. Vs. 1. 6. 7. 8. (etwas
      verändert) aus dem Liede: Sei will-
      kommen Jesu Christ aus dem
      Lemgo'er Gesangb. von 1707.

    Mel. Jesu der du meine Seele.

21. Sieh, mein Herze steht dir
offen, zeuch, mein Heiland bei mir
ein! laß mich nicht vergeblich hoffen, laß mich nur dein eigen sein!
tilge du all mein Verbrechen, so kann
ich stets fröhlich sprechen: du bist
mein und ich will dein, mein herzliebster Jesu, sein.

    Anmerk. Vs. 6. aus dem Liede:
      Liebster Jesu sei willkom-
      men von S. Grosser.

    Mel. Herr Jesu Christ dich zu uns wend.

22. Willkommen Heiland, Trost
und Hort! sieh meines Herzens Ehrenpfort ist dir zu Diensten aufgericht't; ich hoff, Herr, du verschmähst
mich nicht.

2. Wohlan o Herr, so zeuch herein du sollst mir recht willkommen
sein! du Friedefürst erfüll doch ganz
mein Herz mit deiner Gnade Glanz!

    Anmerk. Vs. 1. u. 3. aus dem Lie-
      de von Chr. Arnold: Willkom-
      men Heiland Trost und Hort.

II.
Zum neuen Kirchenjahre.

Mel. Vom Himmel hoch da komm ich her.

23. Auf, jauchze laut du Christenschaar, heut hebt sich an dein Kirchenjahr. Der Heiland kommt, der Sünder Hort, das ist sein erstes Segenswort.

2. Macht Thore, Thüren, Herzen weit! es kommt der Herr der Herrlichkeit! er kommt und will vorübergehn, ob Blinde nicht am Wege stehn.

3. Und wir zieh'n ihm anbetend nach von Fest zu Fest, von Tag zu Tag; wo möcht' das Herze anders sein? des Lebens Wort hat er allein.

4. Zur Jungfrau spricht des Engels Mund, Johannes schleußt den alten Bund; aufs neue jauchzet Bethlehem, aufs neu' erschrickt Jerusalem.

5. Wir preisen dich, du Gnadenbronn im Frieden mit Sanct Simeon; du Licht der Heiden, Trost der Welt, wirst uns im Tempel dargestellt.

6. Am Jordan werden wir belehrt: dies ist mein lieber Sohn, den hört! und wieder schallt dein Trostwort hier: kommt her, Mühselige, zu mir.

7. Da fassen wir dein Lieben kaum, wir fassen bebend deinen Saum und bleiben feiernd, Herr, dir nah bis zu dem Kreuz auf Golgatha.

8. Zum Grabe gehn wir mit den Fraun, den weggewälzten Stein zu schaun, zu hören was der Engel spricht: bei Todten sucht das Leben nicht!

9. Vor uns nimmt dich die Wolke auf, schließt Himmelsglanz den Erdenlauf und wieder rauscht des Geistes Wehn, wie die Apostel fest zu stehn.

10. So folgen wir anbetend nach, von Fest zu Fest, von Tag zu Tag; auf jedem Weg' und jedem Schritt gehn betend Gottes Engel mit.

11. Drum jauchze laut, du Christenschaar, heut hebt sich an dein Kirchenjahr! der Heiland kommt, der Sünder Hort! das ist sein ewig Segenswort.

Mel. Erschienen ist der herrlich' Tag.

24. Nun kommt das neue Kirchenjahr, deß freut sich alle Christenschaar, dein König kommt, drum freue dich, du werthes Zion, ewiglich, Halleluja!

2. Wir hören noch das Gnadenwort vom Anfang immer wieder fort, das uns den Weg zum Leben weist; Gott sei für seine Gnad' gepreist, Halleluja!

3. Gott, was uns deine Wahrheit lehrt, die unsern Glauben stets vermehrt, das laß bekleiben, daß wir dir Lob und Preis sagen für und für, Halleluja!

Anmerk. Von Joh. Olearius.

XXIV. 1. b. B. deß freuet sich die Ch. d. H. Volk der Erlösten. a. weggel. bei S. der dem Liede die Mel.: Vom Himmel hoch, da 2c. gegeben hat.— 2. a. B. auch. b. Bs. B. fort und fort. S. das Wort vom Heiland immer fort. d. S. Gott sei für solche Gnad gepreist. — 3. b. S. stärkt u. m. c. H. laß in uns bleiben. S. das bringe Frucht auf daß wir dir. d. B. S. singen.

III.
Weihnachts-Lieder.

A) Vollständige Gesänge.

Mel. Aus meines Herzens Grunde.

25. Der heil'ge Christ ist kommen, der süße Gottessohn, deß freun sich alle Frommen im höchsten Himmelsthron; auch was auf Erden ist muß preisen hoch und loben mit allen Engeln droben den lieben heil'gen Christ.

2. Das Licht ist aufgegangen, die lange Nacht ist hin, die Sünde ist gefangen, erlöset ist der Sinn. Die Sündenangst ist weg, und Liebe und Entzücken baun weite Himmelsbrücken aus jedem schmalsten Steg.

3. Verwaiset sind die Kinder nicht mehr und vaterlos, Gott rufet selbst die Sünder in seinen Gnadenschooß; er will, daß alle rein von ihren alten Schulden vertrauend seinen Hulden gehn in den Himmel ein.

4. Drum freuet euch und preiset, ihr Kindlein fern und nah! der euch den Vater weiset, der heil'ge Christ ist da. Er ruft so freundlich drein mit süßen Liebesworten: geöffnet sind die Pforten, ihr Kinder kommt herein!

Anmerk. Von E. M. Arndt; mit den Aenderungen von Knapp ein gemüthlich-inniges Kirchenlied.

Mel. Vom Himmel hoch da komm ich her.

26. Dies ist der Tag den Gott gemacht; sein werd' in aller Welt gedacht, ihn preise, was durch Jesum Christ im Himmel und auf Erben ist.

2. Die Völker haben bein geharrt, bis daß die Zeit erfüllet ward; da sandte Gott von seinem Thron das Heil der Welt, dich seinen Sohn.

3. Wenn ich dies Wunder fassen will, so steht mein Geist vor Ehrfurcht still: er betet an und er ermißt, daß Gottes Lieb' unendlich ist.

4. Damit der Sünder Gnad' erhält, erniedrigst du dich, Herr der Welt, nimmst selbst an unsrer Menschheit Theil, erscheinst im Fleisch und wirst uns Heil.

5. Dein König, Zion, kommt zu dir, «ich komm, im Buche steht von mir, Gott deinen Willen thu ich gern.» Gelobt sei der da kommt im Herrn!

6. Herr, der du Mensch geboren wirst, Immanuel und Friedefürst, auf den die Väter hoffend sahn — dich, Gott Messias, bet ich an.

7. Du, unser Heil und höchstes Gut, vereinigst dich mit Fleisch und Blut, wirst unser Freund und Bruder hier und Gottes Kinder werden wir.

XXV. 1. b. K. W. der theure. d. K. W. am h. f. W. muß. — 2. d. K. W. erlös't ist Herz und Sinn. e — g. K. W. der Glaube geht zum Himmel nun aus dem Weltgetümmel auf einem sichern Steg. — 3. a. b. K. W. Nun sind nicht mehr die K. verwaist und vaterlos. e. K. W. von ihrem alten Schaden vertrauend seinen Gnaden. — 4. a. K. W. freut euch hoch. b. K. W. ihr Seelen. e. K. W. er ruft euch insgemein.

XXVI. 2. a. H. Väter. 4. c. d. S. erscheinst als Mensch den Sündern gleich und bringst uns so das Himmelreich. d. B. zu unserm Heil. — 5. bei S. W. ausgel. b. c. H. er kommt voll heiliger Begier dich zu erfreun, er hilft dir gern. d. H. B. vom Herrn. — 6. bei S. ausgel. a. B. bist (?) d. B. H. W. dich Gott mein Heiland. — 7. a. S. du Gott von Gott, das höchste Gut.

8. Gedanke voller Majestät, du bist es, der das Herz erhöht; Gedanke voller Seligkeit, du bist es, der das Herz erfreut.

9. Durch Eines Sünde fiel die Welt, Ein Mittler ist's, der sie erhält: was zagt der Mensch, wenn der ihn schützt, der in des Vaters Schooße sitzt.

10. Jauchzt Himmel, die ihr ihn erfuhrt, den Tag der heiligsten Geburt und Erde, die ihn heute sieht, sing ihm, dem Herrn, ein neues Lied!

11. Dies ist der Tag, den Gott gemacht, sein werd' in aller Welt gedacht! ihn preise, was durch Jesum Christ im Himmel und auf Erden ist.

Anmerk. Von C. F. Gellert. Das Lied gewinnt durch Auslassung von Vs. 3. 5. 8. In den übrigen ist nichts zu ändern.

Mel. O daß ich tausend Zungen hätte.

27. Dies ist die Nacht, da mir erschienen des großen Gottes Freundlichkeit! das Kind, dem alle Engel dienen, bringt Licht in meine Dunkelheit; und dieses Welt = und Himmelslicht weicht hunderttausend Sonnen nicht.

2. Laß dich erleuchten, meine Seele, versäume nicht den Gnadenschein; der Glanz in dieser kleinen Höhle streckt sich in alle Welt hinein, er treibet weg der Hölle Macht, der Sünden und des Kreuzes Nacht.

3. In diesem Lichte kannst du sehen das Licht der klaren Seligkeit, wenn Sonne, Mond und Stern' vergehen, vielleicht noch in gar kurzer Zeit, wird dieses Licht mit seinem Schein, dein Himmel und dein Alles sein.

4. Laß nur indessen helle scheinen dein Glaubens = und dein Liebeslicht; mit Gott mußt du es treulich meinen, sonst hilft dir diese Sonne nicht; willst du genießen diesen Schein, so darfst du nicht mehr dunkel sein.

5. Drum, Jesu, schöne Weihnachtssonne, bestrahle mich mit deiner Gunst! dein Licht sei meine Weihnachtswonne und lehre mich die Weihnachtskunst, wie ich im Lichte wandeln soll, und sei des Weihnachtsglanzes voll.

Anmerk. Von K. F. Nachtenhöfer, nach einigem Schwanken aufgenommen.

28. Freuet euch ihr Christen alle, freue sich wer immer kann! Gott hat viel an uns gethan! Freuet euch mit großem Schalle, daß er uns so hoch geacht', sich mit uns befreundt gemacht. Freude, Freude über Freude! Christus wehret allem Leide. Wonne, Wonne über Wonne! er ist die Gnadensonne.

8. b. S. der jedes blöde Herz erhöht. d. S. der jeden trüben Sinn erfreut. —
9. b. B. der uns erhält. — 10. d. S. sing beinem Herrn.

XXVII. 1. c. K. alle Himmel. f. K. Millionen. — 2. e. B. W. aus dieser. f. S. Todes Nacht. K. dichtet den Vers um: schau hin, schau hin o meine Seele auf Bethlehems geringes Haus! Von dort, aus jener dunkeln Höhle, ging Licht in alle Zeiten aus, es treibt hinweg der H. M., es strahlet in des Todes Nacht. g. h. W. Trübsal, Nacht der Sünden und des Todes Macht. — 3. a. b. K. finden den Pfad zur sichern Herrlichkeit. c. d. K. schwinden am Ende dieser kurzen Z. d. S. zu des gesetzten Endes Zeit. W. in einer kurzen. f. K. dein Leben. — 4. b. B. Lebenslicht (Druckfehler?). a. K. heller. f. K. so darfst du selbst nicht finster. H. barfst du nicht selbst noch finster. — 5. b. K. durchstrahle meiner Seele Grund. d. H. W. die selge Kunst. K. und mach es meinem Herzen kund. e. f. K. wie ich des Weihnachtglanzes voll in deinem Lichte wandeln soll. — In einigen alten Texten auch „Weihnachtglaubens."

XXVIII. 1. e. f. K. Gottes Sohn hat uns gebracht was die Sünder selig macht. Bs. S. H. Christus ist die Gnadensonne. K. Jesus ist die G. So in allen Versen.

2. Siehe, siehe, meine Seele, wie dein Heiland kommt zu dir, brennt in Liebe für und für, daß er in der Krippenhöhle harte lieget dir zu gut, dich zu lösen durch sein Blut. Freude, Freude u. s. w.

3. Jesu, wie soll ich dir danken? ich bekenne, daß von dir meine Seligkeit herrühr', so laß mich von dir nicht wanken; nimm mich dir zu eigen hin, so empfindet Herz und Sinn Freude, Freude u. s. w.

4. Jesu, nimm dich deiner Glieder ferner in Genaden an; schenke was man bitten kann, zu erquicken deine Brüder: gieb der ganzen Christenschaar Frieden und ein selig Jahr. Freude, Freude u. s. w.

Anmerk. Von S. Keymann. Außer „der Gnadensonne" und „Gnaden" in Vs. 4. nichts zu ändern.

29. Gelobet seist du Jesus Christ, daß du Mensch geboren bist! von einer Jungfrau, das ist wahr, des freuet sich der Engel Schaar, Kyrieleis.

2. Des ewgen Vaters einig Kind jetzt man in der Krippe find't, in unser armes Fleisch und Blut, verkleidet sich das ewge Gut, Kyrieleis.

3. Den aller Weltkreis nie beschloß, der liegt in Marien's Schooß; er ist ein Kindlein worden klein, der alle Ding' erhält allein. Kyrieleis.

4. Das ewge Licht geht da herein, giebt der Welt ein' neuen Schein,

es leucht' wohl mitten in der Nacht und uns des Lichtes Kinder macht. Kyrieleis.

5. Der Sohn des Vaters, Gott von Art ein Gast in der Werlet ward, und führt uns aus dem Jammerthal, er macht uns Erben in sein' Saal. Kyrieleis.

6. Er ist auf Erden kommen arm, daß er unser sich erbarm' und in dem Himmel machet reich und seinen lieben Engeln gleich. Kyrieleis.

7. Das hat er Alles uns gethan sein' groß Lieb' zu zeigen an: deß freu' sich alle Christenheit und dank ihm deß in Ewigkeit. Kyrieleis.

Anmerk. Ein uralter Weihnachtsgesang der Kirche, denn lauter köstliche Reminiscenzen sind es, die aus Luthers Munde wiederklingen. — Die „Werlet" in Vs. 5. ist leicht zu umgehen; in der fünften Zeile würde allerdings Halleluja weit mehr den frohfestlichen Character aufprägen.

Mel. Valet will ich dir geben.

30. Ihr Menschen auserkoren, hört gute neue Mähr': der Heiland ist geboren, er kommt auf Erden her! deß freuet sich dort oben der heilgen Engel Schaar, die Gott den Vater loben deswegen immerdar.

2. So singen sie mit Schalle: ihr Christen insgemein, freut euch von Herzen alle ob diesem Kindelein! euch, euch ist es gegeben, euch ist das Heil bereit', daß ihr bei Gott sollt leben in steter Seligkeit.

3. Kein Mensch sich ja betrübe,

2. K. a—e. Sieh o siehe meine Seele, wie dein Heiland kommt zu dir, sieh, die Liebe ruhet hier in des Stalles dunkler Höhle, wird ein Kindlein dir zu gut. — 3. b. c. K. meinen Tod nimmst du von mir giebst das Leben mir in dir. d. S. H. o laß mich. K. ach laß mich (bei dieser Zeile finden sich diese Varianten schon in alten Texten). e. f. K. nimm mich ganz zu eigen hin, gieb mir deinen Geist und Sinn. — 4. H. Bs. S. K. ferner auch. H. ferner hin in G. c. d. K. was uns trösten kann, zu erquicken. d. H. frohes Jahr.

XXIX. 1. e. H. Gelobt sei Gott. Bs. S. Halleluja. So in allen Versen. 5. b. Bs. K. S. B. H. W. in der Welt hie oder hier. c. B. H. K. er führt uns. d. H. B. K. und macht uns. S. giebt uns das Erb' in seinem Saal. — 6. c. S. H. uns in dem. Bs. H. S. B. K. H. mache. — d. Bs. S. das.

denn dieſes Kindelein euch bringet Fried' und Liebe; was wollt ihr traurig ſein? den Himmel er dem ſchenket, der an ihn glaubet feſt; an dieſen Schatz gedenket, er iſt der allerbeſt'.

4. Nun ſeid ihr wohl gerochen an eurer Feinde Schaar, denn Chriſtus hat zerbrochen was euch zuwider war: Tod, Teufel, Sünd' und Hölle jetzt liegen ganz geſchwächt, Gott giebt die Ehrenſtelle dem menſchlichen Geſchlecht.

5. Drum wir auch nun dich loben, Jeſu, zweiſtammger Held, daß du vom Himmel oben biſt kommen in die Welt. Komm auch in unſre Herzen und bleib drinn für und für, daß weder Freud' noch Schmerzen uns trennen mög' von dir.

Anmerk. Dies gewiß köſtliche Lied von G. Werner giebt wiederum davon Kunde, wie ſelbſt in neuern Sammlungen oft die beſten älteren Kirchengeſänge fehlen. Nur bei Knapp findet ſich unter Nro. 397. eine mattere Umbildung (Ihr, die ihr wart verloren). Aenderungen finden wir blos in Vs. 5. nöthig, ſtatt „zweiſtammger" etwa „du ſtarker" (mit Rückſicht auf Vs. 4.)

31. In dir iſt Freude in allem Leide, o du ſüßer Jeſu Chriſt! durch dich wir haben himmliſche Gaben, der du wahrer Heiland biſt: hilfeſt von Schanden, retteſt von Banden, wer dir vertrauet hat wohl gebauet, wird ewig bleiben, Halleluja! Zu deiner Güte ſteht unſer

G'müthe, an dir wir kleben im Tod und Leben, nichts kann uns ſcheiden, Halleluja.

2. Wenn wir dich haben, kann uns nicht ſchaden Teufel, Welt, Sünd' oder Tod. Du haſt's in Händen, kannſt Alles wenden, wie nur heiſſen mag die Noth. Drum wir dich ehren, dein Lob vermehren mit hellem Schalle, freuen uns alle in dieſer Stunde, Halleluja! wir jubiliren und triumphiren, lieben und loben dein' Macht dort oben mit Herz und Munde, Halleluja!

Anmerk. Auch dies Lied von Joh. Lindemann iſt ſelten. Im Berl. Liederſchatz Nro. 846. ſteht es unter den Liedern über das Gottvertrauen, bei Knapp unter den Jeſusliedern, bei Bunſen unter den Lob = und Dankliedern; von ältern Büchern mit Recht unter die Weihnachtslieder geſtellt.

32. Lobt Gott, ihr Chriſten alle gleich in ſeinem höchſten Thron, der heut ſchleußt auf ſein Himmelreich und ſchenkt uns ſeinen Sohn.

2. Er kömmt aus ſeines Vaters Schooß und wird ein Kindlein klein, er liegt dort elend, nackt und bloß in einem Krippelein.

3. Er äußert ſich all ſeiner G'walt, wird niedrig und gering, und nimmt an ſich ein's Knechts Geſtalt, der Schöpfer aller Ding.

4. Er liegt an ſeiner Mutter Bruſt, ihr Milch, die iſt ſein Speis',

XXXI. 1. f. B. K. der du wahrer Heiland biſt. X. g. h. retteſt von Sch. löſeſt von Banden. o. das Gemüthe. p. q. wir hangen in Tod und Bangen.

XXXII. 1. a. S. B. H. K. allzugleich. b. K. vor ſeinem. c. K. heut ſchließt er auf. — 2. a. b. der Sohn kommt aus des Vaters Schooß ein Heiland uns zu ſein. c. d. K. legt als arm und bloß ſich in die Kripp' hinein. H. wird ſchwach und elend, arm und bloß um aller Heil zu ſein. — 3. a. S. er leget ab die Allgewalt (das „äußert" wegen der bibliſchen Stelle nicht aufzugeben). c. Bs. H. S. die Knechtsgeſt. K. der als die Dinge trägt und hält mit göttlicher Gewalt, erſcheinet niedrig in der Welt und geht in Knechtsgeſtalt. — 4. b. S. nimmt ſeiner Brüder Koſt. H. der Kindlein Koſt nimmt er. K. ſie tränkt

2

an dem die Engel sehn ihr' Lust, denn er ist David's Reis,

5. Das aus sein' Stamm aufsprießen sollt in dieser letzten Zeit, durch welchen Gott aufrichten wollt sein Reich, die Christenheit.

6. Er wechselt mit uns wunderlich; Fleisch und Blut nimmt er an und giebt uns in sein's Vaters Reich die klare Gottheit dran.

7. Er wird ein Knecht und ich ein Herr, das mag ein Wechsel sein! wie könnt er doch sein freundlicher das Herze-Jesulein.

8. Heut schleußt er wieder auf die Thür zum schönen Paradeis; der Cherub steht nicht mehr dafür: Gott sei Lob, Ehr und Preis.

Anmerk. Dies Lied von Nic. Hermann, zuerst gesungen „für die lieben Kinder in Joachimsthal" verliert ganz und gar seinen kindlichen Character und eigenthümlichen Reiz, wenn die angeführten Aenderungen acceptirt werden sollen. Lieber ist es ganz auszulassen. Wir würden nur an zwei Stellen und auch dort nur aus nicht absolut-gültigen Gründen Aenderungen gestatten. Ist Vs. 4. Z. 2. „die Milch" wirklich so anstößig, so lese man: „Nimmt von ihr seine Speis;" will man ferner Vs. 7. Z. 4. das „Jesulein" vermeiden, so kann man lesen: „das holde (liebe) Christkindlein",

denn das Diminutivum ist dem Liede charakteristisch und darf nicht fehlen. Daß sich, ohne eigentliche Aenderungen, hie und da die Form in etwas gefügiger machen läßt, bedarf keiner Bemerkung.

Mel. Vom Himmel hoch da komm ich her.

33. Vom Himmel kam der Engel Schaar, erschien den Hirten offenbar; sie sagten ihn': ein Kindlein, zart, das liegt dort in der Krippen hart.

2. Zu Bethlehem, in Davids Stadt, wie Micha das verkündet hat! es ist der Herre Jesus Christ, der euer aller Heiland ist.

3. Deß sollt ihr billig fröhlich sein, daß Gott mit euch ist worden ein; er ist gebor'n eu'r Fleisch und Blut, eu'r Bruder ist das ewge Gut.

4. Was kann euch thun die Sünd' und Tod? ihr habt mit euch den wahren Gott; laßt zürnen Teufel und die Höll — Gott's Sohn ist worden eu'r Gesell.

5. Er will und kann euch lassen nicht, setzt ihr auf ihn eur' Zuversicht. Es mögen euch viel fechten an: dem sei Trotz, der's nicht lassen kann.

...nd wieget ihn. c. d. S. er aller Engel Lob und Lust, er aller Menschen Trost. H. iu c. wie S. d. er Davids Sohn und Herr. K. und Gottes Engel schaun mit Lust auf dieses Kindlein hin. — 5. a. Bs. das seinem Stamm entsprießen sollt. H. aus dessen Stamm er kommen sollt. S. aus Davids Stamm er kommen sollt. K. Gott sendet ihn vom Himmelszelt als Davids Sohn herein; hinfort soll jedes Volk der Welt durch ihn gesegnet sein. — 6. a. S. K. wunderbar. H. er wechselt wunderlich mit mir. b—d. S. nimmt unser Fleisch und Blut und giebt uns seine Gottheit dar, wie ist er doch so gut (!). H. wird Mensch und nimmt zugleich mein Elend an und giebt dafür mir seines Vaters Reich. K. nimmt irb'sche Glieder an, uns aber zur Gnade dar, die himmlisch machen kann. c Bs. in des Vaters Reich. — 7. bei Bs. S. ausgel. a. H. ein. K. mich zu erhöhen. K. in dieser Zeit. c. d. H. von Gott zur Kindschaft ausersehn, soll ich mich ewig freun. K. (o Liebe wundervoll) damit uns seine Herrlichkeit zum Erbtheil werden soll. — 8. a. H. das Thor. K. heut ist des Paradeises Thor. b. S. zum schönen Freudenreich. H. zu Gottes Paradeis. K. uns wieder aufgethan. c H. K. davor. d. S. lobt Gott nun allzugleich. K. o kommt und betet an.

XXXIII. 3. a. b. K. deß sollt ihr fröhlich sein, daß euch der große Gott ist worden gleich. — c. d. K. laßt T., Welt und H. dräun, Gott's Sohn will euer Helfer sein. — b. K. auf ihn setzt. H. setzt nur auf ihn.

6. Zuletzt müßt ihr doch haben Recht, ihr seid nun worden Gott's Geschlecht: deß danket Gott in Ewigkeit, geduldig, fröhlich allezeit.

Anmerk. Von M. Luther. In Vs. 3. Z. 2. würden wir gerade zu statt „ein" lesen „eins" oder die Xenderung von Knapp annehmen, sonst aber nichts ändern.

34. Wir Christenleut hab'n jetzund Freud, weil uns zu Trost ist Christus Mensch geboren; hat uns erlöst, wer sich des tröst't, und gläubet fest, soll nicht werden verloren.

2. Ein' Wunderfreud; Gott selbst wird heut von Maria ein wahrer Mensch geboren; ein' Jungfrau zart sein' Mutter ward, von Gott dem Herren selbst dazu erkoren.

3. Die Sünd' macht Leid! Christus bringt Freud; weil er zu uns in diese Welt ist kommen. Mit uns ist Gott nun in der Noth; wer ist, der uns als Christen kann verdammen?

4. Drum sag ich Dank mit dem Gesang Christo, dem Herrn, der uns zu gut Mensch worden; daß wir durch ihn nun all' los sein der Sünden Last und unträglichen Bürden.

5. Halleluja! gelobt sei Gott! singen wir all' aus unsers Herzens Grunde; denn Gott hat heut ge-

macht solch Freud, der wir vergessen soll'n zu keiner Stunde.

Anmerk. Von Kaspar Füger. Xenderungen finden wir unnöthig. Das Lied selber ist nach einigem Schwanken recipirt (fehlt bei Bs. K. W.).

Mel. Erschienen ist der herrlich Tag.

35. Wir singen dir Immanuel, du Lebensfürst und Gnadenquell, du Himmelsblum und Morgenstern, du Jungfraun-Sohn, Herr aller Herrn, Halleluja!

2. Wir singen dir in deinem Heer aus aller Kraft Lob, Preis und Ehr, daß du, o lang gewünschter Gast dich nunmehr eingestellet hast, Halleluja!

3. Vom Anfang da die Welt gemacht, hat so manch Herz nach dir gewacht; dich hat gehofft so lange Jahr der Väter und Propheten Schaar, Halleluja!

4. Vor andern hat dein hoch begehrt der Hirt und König deiner Heerd': der Mann, der dir so wohl gefiel, wenn er dir sang auf Saitenspiel: Halleluja!

5. Ach, daß der Herr aus Zion käm und unsre Bande von uns nähm! Ach, daß die Hülfe bräch herein, so würde Jacob fröhlich sein, Halleluja!

6. Nun du bist hier, da liegest du, hältst in dem Kripplein deine Ruh, bist klein und machst doch Al-

XXXIV. 1. b. H. sind jetzt voll Freud. c. B. Gott's Sohn (alte Var.). S. weil Gottes Sohn ist für uns Mensch geboren. e. f. S. der uns erlöst und ewig tröst'. g. H. geht nimmermehr verloren. S. wer an ihn glaubt, der gehet nicht verloren. — 2. a. H. o große Freud. c. H. von einer Jungfrau wahrer S. in seinem Sohn als Menschenkind geboren. f. S. von Gottes Gnaden dazu auserkoren. d — f. H. wie wir ein Kind, doch ohne Sünd ist er zu unser aller Heil erkoren (?). — 3. f. S. das haltet fest und freuet euch ihr Frommen. — 4. f. H. und überschweren. Bei S. auch mein Gesang, Herr, bringt dir Dank, der du erschienst damit wir selig würden: du machst uns groß und ewig los vom Fluch der Sünd und ihren schweren Bürden.

XXXV. 1. d. H. du Trost der Welt. — 2. a. W. mit b. c. B. längst gern. K. lang ersehnter. d. K. dich endlich. — 3. b. K. hat manches. K. nach dir getracht'. c. H. K. auf dich gehofft. K. so manches Jahr. — 4. bei Bs. K. S. H. ausgel. — 6. b. K. H. W. in der Krippe. c. d. K. bist klein und

2 *

les groß, bekleidst die Welt und
kommst doch bloß — Halleluja!

7. Du kehrst in fremder Hau=
sung ein und sind doch alle Him=
mel dein, trinkst Milch aus eines
Menschen Brust und bist doch aller
Engel Lust, Halleluja!

8. Du hast dem Meer sein Ziel
gesteckt und wirst mit Windeln zu=
gedeckt, bist Gott und liegst auf Heu
und Stroh, wirst Mensch und bist
doch A und O, Halleluja!

9. Du bist der Ursprung aller
Freud und duldest so viel Herze=
leid; bist aller Heiden Trost und
Licht, suchst selber Trost und find'st
ihn nicht, Halleluja!

10. Du bist der süß'te Menschen=
freund, doch sind so viel Men=
schen feind; Herodis Herz hält dich
für Gräul und bist doch nichts als
lauter Heil, Halleluja!

11. Ich aber, dein geringster
Knecht, ich sag es frei und mein'
es recht: ich liebe dich, doch nicht
so viel als ich dich gerne lieben
will, Halleluja!

12. Der Will' ist da, die Kraft
ist klein, doch wird dir nicht zuwi=
der sein mein armes Herz, und was
es kann wirst du in Gnaden neh=
men an, Halleluja!

13. Hast du doch selbst dich schwach
gemacht, erwähltest, was die Welt
veracht': warst arm und dürftig,
nahmst vorlieb, da, wo der Mangel
dich hintrieb, Halleluja!

14. Du schließst ja auf der Er=
ben Schooß, so war dein Kripplein
auch nicht groß: der Stall, das
Heu, was dich umfing, war alles
schlecht und sehr gering, Halleluja!

15. Darum, so hab' ich guten
Muth, du wirst auch halten mich
für gut; o Jesulein, dein frommer
Sinn macht, daß ich so voll Tro=
stes bin, Halleluja!

16. Bin ich gleich Sünd' und
Laster voll, hab' ich gelebt nicht wie
ich soll, ei kommst du doch deswe=
gen her, daß sich der Sünder zu
dir kehr, Halleluja!

17. Hätt' ich nicht auf mir Sün=
denschuld, hätt' ich kein' Theil an
deiner Huld; vergeblich wärst du
mir geborn, wenn ich nicht wär in
Gottes Zorn, Halleluja!

18. So faß ich dich nun ohne
Scheu, du machst mich alles Jam=
mers frei, du trägst den Zorn, du
würgst den Tod, verkehrst in Freud'
all Angst und Noth, Halleluja!

19. Du bist mein Haupt, hin=
wiederum bin ich dein Glied und

machst die Sünder groß, bekleidest uns und kommst doch bloß. — 7. a, K. W.
Wohnung. c. H. aus deiner Mutter Brust. S. Bs. aus einer Menschenbrust. K.
aus einer Mutterbrust. W. du liegst an einer M. d. Bs. H. und bist doch selbst.
K. und tränkst die E. doch mit Lust. — 8. bei Bs. S. K. H. W. ausgel. —
9. bei Bs. S. K. H. W. ausgel. — 10. bei Bs. S. ausgel. a. K. der treu'ste.
a. W. süße. c. W. Heer. c. d. K. bringst nichts als Freude, Heil und Zier und
mancher fliehet doch vor dir. — 11. bei Bs. S. ausgel. b. K. ich sage frei. c.
d. K. nicht so sehr als mich verlanget mehr und mehr. — 12. bei Bs. S. aus=
gel. — 13. bei Bs. S. K. ausgel. c. d. W. du warest arm und fandest kaum
zur Herberg hier auf Erden Raum. — 14. bei Bs. S. K. ausgel. b. W. auch
deine Krippe war nicht groß. — 15. bei K. vor v. 16. gestellt, bei Bs. S. aus=
gel. a. b. K. drum bin ich guter Zuversicht, du wirst auch mich verachten nicht.
c. H. K. W. o Jesu Christ. d. K. daß ich voller E. — 16. bei Bs. S. ausgel.
a. K. schwach und sündenvoll. W. und bin ich gleich der Sünde voll. c. d. K.
so kommst du darum doch zu mir, daß ich mich kehre ganz zu dir. — 17. bei
Bs. H. S. K. W. ausgel. d. B. wenn ich noch wär. — 18. c. K. trägst mei=
ne Schuld, verschlingst den Tod. S. Bs. du trägst den Zorn, du zwingst den T.
H. du trägst die Schuld, nimmst weg den T. — 19. Bei W. ausgel. a, K. mein

Eigenthum und will, so viel dein
Geist mir giebt, stets dienen dir,
wie's dir beliebt, Halleluja!

20. Ich will dein Halleluja hier
mit Freuden singen für und für,
und dort in deinem Ehrensaal soll's
schallen ohne Zeit und Zahl: Halleluja!

Anmerk. Von P. Gerhardt. Bei
diesem Gesange unterliegt aus vielen
Gründen zunächst eine Verkürzung
keinem Zweifel; daher auch nur bei
B. vollständig, H. 16, K. 14, Bs.
S. 9, W. 16 Verse. Wir würden
auswählen Vs. 1. 2. 3. 5. (hängt
freilich mit Vs. 4. zusammen) Vs.
6. a. b. dazu a. b. aus Vs. 7, Vs.
9. a. b. dann a. b. aus Vs. 10, Vs.
11, Vs. 12, Vs. 18, Vs. 20. Dann
werden wenige oder gar keine Aenderungen nöthig erscheinen.

B) Abgekürzte Lieder und Verse.

Mel. Ermuntre dich mein schwacher Geist.

36. Auf, Seele, schwinge dich
empor sei froh und guter Dinge!
auf mit der Engel hellem Chor ermuntre dich und singe! Heut ist
des Vaters einger Sohn von seinem hohen Himmelsthron zu dir
und allen Frommen in diese Welt
gekommen.

2. O Herr, im Winter bringest
du den Himmelsfrühling wieder,
suchst in dem dunkeln Stalle Ruh
zum Heil für deine Brüder, du wirst
geboren in der Nacht, damit uns
werde Licht gebracht, aus dichten
Finsternissen sind wir durch dich
gerissen.

3. O reicher Heiland schenke mir
was mir kann ewig nützen! o starker Held, ich hang an dir, du kannst
und wirst mich schützen: wenn alle
Menschen ferne stehn, wenn mir
die Seele wird ausgehn, hilfst du
zum Leben ringen, hilfst du den Tod
bezwingen.

Anmerk. Zusammengesetzt aus einem
längern Liede von G. W. Sacer:
„Auf Seele schwinge dich
empor."

37. Den die Engel droben
mit Gesange loben, der ist nun erschienen, liebend uns zu dienen.

2. Arm ist er geboren, uns die
wir verloren, mit sich selbst zu füllen, unsre Noth zu stillen.

3. Freuet euch deß alle, singt
mit großem Schalle! jauchzt ihr
Cherubinen, preis't ihn Seraphinen!

4. Sonne, Mond und Sterne,
in der weit'sten Ferne, Luft und Meer
und Erde seines Lobs voll werde.

5. Du auch meine Seele seinen
Ruhm erzähle! meines Leibes Glieder singt ihm Freudenlieder!

6. Alles, alles singe, Alles, alles bringe Glorie dem, den droben
alle Engel loben.

Anmerk. Aus dem Liede: Den die
Engel droben von J. A. Frey-
linghausen, von ihm einem alten
Originale nachgebildet, das in vielen
Ausdrücken ganz ungenießbar ist.

Mel. Vom Himmel hoch da komm ich her.

38. Dies ist die rechte Freudenzeit, weg Trauren weg, weg alles
Leid! trotz dem, der ferner uns verhöhnt: Gott selbst ist Mensch, wir
sind versöhnt.

2. Es hat mit uns nun keine
Noth, weil Sünde, Teufel, Höll'
und Tod zu Spott und Schanden
sind gemacht in dieser großen Wun-
dernacht.

3. O selig, selig alle Welt, die
sich an dieses Kindlein hält, wohl

Heil und Ruhm. b. K. ich bin dein Glied und E. d. K. dir dienen wie mein
Herz es liebt. — 20. c. K. Himmelssaal.

dem, der dieses recht erkennt und gläubig seinen Heiland nennt.

4. Es danke Gott wer danken kann, der unser sich so hoch nimmt an, und sendet aus des Himmels Thron, uns, seinen Feinden, seinen Sohn.

5. Drum stimmt an mit der Engel Heer: Gott in der Höhe sei nun Ehr, auf Erden Friede jeder Zeit, den Menschen Wonn und Fröhlichkeit!

Anmerk. Vs. 13. 15—18. aus dem Gesange von Paul Gerhardt: Schaut, schaut was ist für Wunder dar.

Mel. Unerschaffne Gnadensonne.

39. Freuet euch erlöste Brüder! denn des Vaters Wort und Licht, das durch alles Dunkel bricht, bringet das Verlorne wieder und in unser Fleisch und Bein kleidet sich die Liebe ein.

2. Wir verehren diese Liebe, die nie ihres gleichen hat, die sich an der Sünder Statt hingab in dem reinsten Triebe, und dafür an Licht und Pracht uns den Engeln gleich gemacht.

3. Werde auch in uns geboren und durchleuchte du uns ganz o du himmlisch reiner Glanz! und dein Bild das wir verloren kehre wieder bei uns ein, daß wir Menschen Gottes sein.

Anmerk. Aus dem Liede: „Seid zufrieden liebe Brüder" von E. F. Richter.

Mel. Warum soll ich mich denn grämen.

40. Fröhlich soll mein Herze springen dieser Zeit, da vor Freud alle Engel singen: Hört es alle die verloren, alle Luft schallt und ruft: Christus ist geboren!

2. Heute geht aus seiner Kammer Gottes Held, der die Welt reißt aus allem Jammer. Gott wird Mensch, dir Mensch zu Gute, Got-

tes Kind das verbind't sich mit unserm Blute.

3. Süßes Heil, laß dich umfangen, laß mich dir, meine Zier, unverrückt anhangen: du bist meines Lebens Leben; nun kann ich mich durch dich wohl zufrieden geben.

4. Ich will dich mit Fleiß bewahren, ich will dir leben hier und mit dir heimfahren; mit dir will ich endlich schweben voller Freud ohne Zeit dort im andern Leben.

Anmerk. Vs. 1 2. 12. 15. aus dem Liede von P. Gerhardt: „Fröhlich soll mein Herze springen" an einigen Stellen verändert.

41. Halleluja, denn uns ist heut ein göttlich Kind geboren; von ihm kommt unsre Seligkeit, wir wären sonst verloren: am Himmel hätten wir nicht Theil, wenn nicht zu unser aller Heil dies Kind geboren wäre. Liebster Heiland, Jesu Christ, der du unser Bruder bist, dir sei Lob und Ehre!

Anmerk. Aus dem Würtembergischen Gesangbuchs-Entwurf Nro. 97, nach dem alten: Ein Kindelein so löblich.

Mel. Nun lob mein Seel den Herren.

42. Kommt, laßt uns niederfallen vor unsrem Mittler, Jesu Christ, und danken, daß er allen Erretter, Freund und Bruder ist! er gleicht der Morgensonne mit ihrem ersten Strahl, verbreitet Licht und Wonne und Leben überall. Durch ihn kommt Heil und Gnade auf unsre Welt herab, er segnet unsre Pfade durchs Leben bis in's Grab.

2. Frohlockt ihr Mitgenossen und freut euch der Unsterblichkeit, denn nun ist aufgeschlossen der Eingang zu der Herrlichkeit. Zu unsrer Erde nieder kommt Gottes ewger Sohn, nun hebt er seine Brüder empor zu Gottes Thron. Er wird das Heil der Sünder und der Verlornen Hort;

nun sind wir Gottes Kinder und Gottes Erben dort.

Anmerk. Vs. 2. und 3. aus dem Liede: Vom Grab, an dem wir wallen von C. C. Sturm.

Mel. Ermuntre dich, mein schwacher Geist.

43. Lob, Preis und Dank, Herr Jesu Christ, sei dir von mir gesungen, daß du mein Bruder worden bist und hast die Welt bezwungen. Hilf, daß ich deine Gütigkeit stets preis' in dieser Gnadenzeit und mög' hernach dort oben, in Ewigkeit dich loben.

Anmerk. Vs. 9. aus dem Liede: „Ermuntre dich, mein schwacher Geist" von Joh. Rist.

Mel. Lobe den Herren den mächtigen König rc.

44. Treuer. Immanuel, werd' auch in mir nun geboren! komm, o mein Heiland, denn ohne dich bin ich verloren. Wohne in mir, mach mich ganz Eines mit dir, der du mich liebend erkoren.

2. Mildester Jesu, dich lieb ich, dich will ich erheben: laß mich doch einzig nach deinem Gefallen nur streben. Herr, nimm mich hin! hilf mir in kindlichem Sinn ewiglich dir nur zu leben.

Anmerk. Aus dem Liede: Jauchzet ihr Himmel frohlocket in englischen Chören von G. Tersteegen — verändert.

IV.

Auf das Fest der Beschneidung und des Namens Jesu.

(Vergl. Neujahrslieder.)

Mel. Vom Himmel hoch da komm ich her.

45. Gemeinde, bringe Preis und Ehr zusammen mit der Engel Heer, schau voller heiliger Begier den neugebornen Heiland hier.

2. Der dessen Hand die Erd' entrann, nimmt des Gesetzes Siegel an, der Mosis Herr und Hoffnung war beut sich der Mosis-Satzung dar.

3. Heut hat das Lamm sich eingestellt die Schuld zu tragen dieser Welt und wir und allem Fleisch zu gut fließt heut zum ersten Mal sein Blut.

4. Herr, nimm der Deinen Preis und Dank auf deinem ersten Leidensgang, nimm unser Herz und Muth und Sinn, sammt Seel' und Leib zum Opfer hin.

5. Was wider Gott, das brich entzwei, was Gott gefällt, das mache neu, die dürre Rebe schneide fort, was grünt, das nähre fort und fort.

6. Erweise mild und gnädiglich auch dieses Jahr als Jesus dich, als Helfer von der Erde Leid, als Thüre zu der Seligkeit.

7. Wie heut dir Ruhm und Preis erklingt, ein Tag dem andern Kunde bringt, es sagt's die Nacht der andern Nacht: dem Herrn sei Preis und Ruhm gebracht!

8. Halleluja im Freudenlicht, Halleluja wenn's Herze bricht, Halleluja hier in der Zeit, Halleluja in Ewigkeit!

Mel. Herzlich thut mich verlangen.

46. In meines Herzens Grunde dein Nam', Herr Christ, allein funkelt all Zeit und Stunde, drauf kann ich fröhlich sein. Erschein mir in dem Bilde, zum Trost in meiner Noth, wie du Herr Christ so milde dich hast geblut't zu Tod.

2. In meines u. s. w. Wenn Alles um mich trübe, ganz schwarz und finster ist, laß schimmern deine Liebe in mir, o Jesu Christ.

3. In meines u. s. w. Den will ich auch behalten in meines Herzens Schrein, bis ich einst werd erkalten und in dir schlafen ein.

4. In meines u. s. w. In meiner Seele leuchte dein Jesusnam mit Glut, mich durch und durch beseuchte dein theures heil'ges Blut.

5. In meines u. s. w. So magst du Welt gleich toben und trotzen wie du willst, ich weiß, daß Einer oben, deß Nam' ist Sonn und Schild.

6. In meines u. s. w. Die Sonne laß mir scheinen, deck mit dem Schild mich zu, so bleib ich auch im Weinen und Stürmen in der Ruh.

7. In meines u. s. w. Aus deinem Namen strahlen, Heil, Leben, Kraft und Glanz, die meine Seel bemahlen mit Jesus-Farben ganz.

8. In meines u. s. w. Wenn in mir will entstehen, Angst, Schrecken, Furcht und Scheu, laß eiligst mir aufgehen dein' Jesusnamen neu.

9. In meines u. s. w. Trotz Teufel, Sünd', Tod, Hölle daß ihr mich tastet an! hier ist an meiner Stelle der es euch wehren kann.

10. In meines u. s. w. Ach, Vater! meiner schone, mein Herz zu Fuß dir fällt, sich bloß zu deinem Sohne und seinem Namen hält.

11. In meines u. s. w. Nun Jesu, es soll glänzen dein Nam

in meiner Brust, bis du dies wirst ergänzen und ich erwach mit Lust.

12. In meines Herzens Grunde dein Nam, Herr Christ, allein funkelt all Zeit und Stunde, drauf kann ich fröhlich sein. Erschein mir in dem Bilde zum Trost in meiner Noth, wie du, Herr Christ, so milde dich hast geblut't zu Tod.

Anmerk. Von J. R. Schade, ziemlich selten. Vs. 4. 7. 8. 10. 11. wären wegzulassen, theils um das Lied zu kürzen, theils um nöthigen Aenderungen verfehlter Ausdrücke aus dem Wege zu gehn.

Abgekürztes Lied.

Mel. Meinen Jesum laß ich nicht.

47. Jesus ist der schönste Nam' aller die vom Himmel kommen, huldreich, prächtig, tugendsam, den Gott selber angenommen. Seiner großen Lieblichkeit gleicht kein Name weit und breit.

2. Jesus ist der süße Bronn, der die Seelen all erquicket; Jesus ist die ewge Sonn, deren Strahl uns ganz entzücket. Jesus ist ein kühler Thau, der erquickt des Herzens Au.

3. Jesus ist der liebste Ton, den mir alle Welt kann singen; ja, ich bin im Himmel schon, wenn ich Jesum hör' erklingen. Jesus ist des Herzens Freud, meine ewge Seligkeit.

4. Jesus ist das höchste Gut in dem Himmel und auf Erden; Jesu Name macht mir Muth, daß ich nicht kann traurig werden. Jesu Name soll allein mir der liebste Name sein.

Anmerk. Aus dem Liede: „Jesus ist der schönste Nam" von Angelus Silesius.

V.

Epiphanias=Lieder.

A) Vollständige Gesänge.

Mel. Gott des Himmels und der Erden.

48. Gott der Juden, Gott der Heiden! aller Völker Trost und Licht! Saba sieht den Stern mit Freuden, der von dir am Himmel spricht. Sem und Japhet kommt von fern, dich zu sehn, o Jakobsstern!

2. Wir gesellen uns zu denen, die aus Morgenlande sind; unser Fragen, unser Sehnen ist nach dir, du großes Kind. Bist du in Jerusalem? oder nur in Bethlehem?

3. Kein Herodes kann uns sagen, wo dein Thron ist aufgericht't; wenn wir die Gelehrten fragen, wissen sie die Weisheit nicht. Suchen wir o König dich, weiset uns die Welt von sich.

4. Doch dein Wort ist Stern und Flamme und bezeichnet Haus und Pfad, wo dich, Held aus Jacobs Stamme, Tyrus angebetet hat, wo die erste Heidenschaft nur an deinem Glanze haft'.

5. Nun wir eilen mit Verlangen, wie die Läufer Midian, dich, Messias, zu umfangen, der die Himmel schenken kann. Unsre Knie beugen sich, unser Arm umfasset dich.

6. Nimm die aufgethanen Schätze, Schatz, der unser Herz erfreut: deine Mildigkeit ersetze unsrer Hän-

be Dürftigkeit. Hier ist kein Arabia, hier ist lauter Armuth da.

7. Nimm für Gold und andre Gaben Glaube, Lieb' und Hoffnung an; laß dich einen Weihrauch laben, den die Andacht liefern kann, und als Menschen geben wir die Geduld und Buße dir.

8. Nimm die Opfer zu Genaden von ergebnen Herzen an, und laß keinen Feind uns schaden, der dich nicht vertragen kann. Wenn Herodis Schwert gewetzt, so behalt uns unverletzt.

9. Nun, wir gehn von deiner Krippen, laß mit Segen uns von dir; zeig uns Bahn durch Dorn und Klippen, still der Feinde Mordbegier. Mach uns einen Weg bekannt, der uns führt in's Vaterland.

10. Ob es Könige gewesen, die aus Saba kommen sein, hat man nicht gewiß gelesen; doch es trifft gewisser ein, daß, wer hier dein Unterthan, dort ein König heißen kann.

Anmerk. Vorstehendes Lied von B. Schmolcke streitet mit den beiden folgenden Epiphanias=Liedern um den Preis. Dennoch hat bloß Stier Nro. 133. einen Auszug von 6 Versen. Unbedingt wegzulassen ist nur Vs. 10, vielleicht noch Vs. 8. Die angegebenen Aenderungen sind nicht zu vermeiden.

XLVIII. 1. a. X. Gott du Sonne aller Heiden. b. S. Heil und L. — 2. d. du Gnadenkind. e. f. aus Vs. 5. e. f. heraufgenommen. X. Juda's König, ist er hier? Anzubeten kommen wir. — 3. bei S. ausgel. c. X. aus Davids Stamme. d—f. kniend angebetet hat jene erste Heidenschaar, die zu dir gezogen war. — 5. bei S. ausgel. b. X. zu dem niedern Haus heran. — 6. e. f. S. weil man dir nichts schenken kann, nimmst du unsre Armuth an. e. X. Kön'ge, ach, sind dir nicht nah. — 8. a. S. Herr in Gnaden. d. S. der dich doch nicht tödten kann. — 9. d. S. mach zu Spott des Feindes Gier. e. S. mach uns selbst.

Mel. Meinen Jesum laß ich nicht.

49. Jesu, großer Wunderstern, der aus Jacob ist erschienen! meine Seele will so gern dir an deinem Feste dienen; nimm doch, nimm doch gnädig an, was ich Armer schenken kann.

2. Nimm das Gold des Glaubens hin wie ich's von dir selber habe und damit beschenket bin, so ist dir's die liebste Gabe; laß es auch bewährt und rein in dem Kreuzesofen sein.

3. Nimm den Weihrauch des Gebets, laß denselben vor dir tügen, Herz und Lippen sollen stets, ihn zu opfern, vor dir liegen. Wenn ich bete, nimm es auf und sprich Ja und Amen drauf.

4. Nimm die Myrrhen bittrer Reu; ach, mich schmerzet meine Sünde, aber du bist fromm und treu, daß ich Trost und Gnade finde und nun fröhlich sprechen kann: Jesus nimmt mein Opfer an!

Anmerk. Von E. Neumeister.

Mel. Valet will ich dir geben.

50. O König aller Ehren, Herr Jesu, Davids Sohn, dein Reich soll ewig währen, im Himmel ist dein Thron. Hilf, daß allhier auf Erden, den Menschen weit und breit, dein Reich bekannt mag werden zur ewgen Seligkeit.

2. Von deinem Reich auch zeugen die Leut aus Morgenland, die Knie sie vor dir beugen, weil du ihn' bist bekannt. Der neu' Stern auf dich weiset, dazu das göttlich' Wort; drum man dich billig preiset, daß du bist unser Hort.

3. Du bist ein großer König, wie uns die Schrift vermeldt, doch achtest du gar wenig vergänglich Gut und Geld; prangst nicht auf einem Rosse, trägst keine güldne Kron, sitzst nicht im festen Schlosse — hier hast du Spott und Hohn.

4. Doch bist du schön gezieret, dein Glanz erstreckt sich weit, dein' Güt' allein floriret um dein' Gerechtigkeit. Du wollst die Frommen schützen durch dein' Macht und Gewalt, daß sie im Frieden sitzen, die Bösen stürzen bald

5. Du wollst dich mein erbarmen, in dein Reich nimm mich auf, dein' Güte schenk mir Armen und segne meinen Lauf; mein' Feinden wollst du wehren, dem Teufel, Sünd und Tod, daß sie mich nicht versehren; rett mich aus aller Noth!

6. Du wollst in mir entzünden dein Wort, den schönsten Stern!

XLIX. 1. d. S. heut bir mit den Weisen dienen. — 2. f. H. in der Kr. u. sproba sein. X. auch in Kreuz und Leiden sein. — 3. b — d. S. vor dir taugen, richt zu deinem Throne stets Mund und Sinnen, Herz und Augen. X. b. es soll freudig zu dir fliegen.

L. 1. g. Bs. S. mög. h. H. zur Seelenseligkeit. — 2. a. H. K. Reich auch zeuget. Bs. S. Reiche zeuget. b. Bs. K. S. H. die Schaar aus. c. Bs. K. S. H. beuget. d. Bs. S. H. ihr. K. weil sie dein Heil erkannt. e. Bs. K. S. H. der Stern auf rich hinw.iset. f. S. und das geschriebne Wort. g. K. fröhlich. — 3. bei Bs. S. ausgel. d. K. die Ehr und Pracht der Welt. e. H. auf stolzem Rosse. e — h. K. prangst nicht mit deiner Größe, trugst keine Fürstenkron, in Armuth und in Blöße kamst du o Gottessohn. — 4. bei Bs. S. ausgel. c. K. dein Glanz gar weit regiret. H. dein' Güte triumphiret. d. K. H. und dein. e. K. H. du willst. f. K. durch dein' Gnad'. g. h. K. die sich dir widerfetzen, die wirst du stürzen bald. — 5. b. K. nimm in dein Reich m. a. c. K. gieb Gnade mir, dem Armen. e. Bs. S. K. den Feinden. b. K. Welt, Teufel, Sünd und T. h. K. hilf mir. — 6. b. K. den ewgen Stern. c. S. K. Bs.

laß falsche Lehr und Sünden sein von mein' Herzen fern: hilf, daß ich dich erkenne und mit der Chri=stenheit dich meinen König nenne, jetzt und in Ewigkeit.

Anmerk. Von M. Bohemus.

B) Abgekürzte Lieder und Verse.

Mel. Lobt Gott ihr Christen allzugleich.

51. Auf! Seele! auf! und säu=me nicht, es bricht das Licht herfür, der Wunderstern giebt dir Bericht, der Held sei vor der Thür.

2. Gieb Acht auf diesen hellen Schein, der dir aufgangen ist, der führet uns zum Kindelein, das hei=ßet Jesus Christ.

3. Er ist der Held aus Davids Stamm, die theure Saronsblum, das rechte ächte Gotteslamm, Israels Preis und Ruhm.

4. Drum mache dich behende auf, befreit von aller Last und laß nicht ab von deinem Lauf, bis du dieß Kindlein hast.

5. Halt dich im Glauben an das Wort, das fest ist und gewiß, das führet dich zum Lichte fort aus al=ler Finsterniß.

6. Ersinke dann vor seinem Glanz in tiefster Demuth ein, und laß dein Herz erleuchten ganz von solchem Freudenschein.

7. Gieb dich ihm selbst zum Opfer dar, mit Geiste, Leib und Seel, und singe mit der Engel Schaar: Hier ist Immanuel!

Anmerk. Aus dem 26 versigen Lie=be: Auf Seele auf und säume nicht von Mich. Müller.

Mel. Es ist das Heil uns kommen her.

52. Herr Jesu, der du wunder=bar die Heiden hast gezogen! gieb, daß ich wie die Heidenschaar im Herzen werd bewogen zu suchen dich und dann nichts mehr, zu deines Namens Preis und Ehr, so lang' ich leb auf Erden.

Anmerk. Vs. 8. aus dem Liede: Ach, wie erschrickt die böse Welt von Laur. Laurenti.

Mel. Unerschaffne Lebenssonne.

53. Wer im Herzen will erfah=ren und darum bemühet ist, daß der König Jesus Christ sich in ihm mög' offenbaren, der muß suchen in der Schrift bis er diesen Schatz antrifft.

2. Er muß gehen mit den Wei=sen bis der Morgenstern aufgeht und im Herzen stille steht. So kann man sich selig preisen, weil des Herren Angesicht glänzt von Klar=heit, Recht und Licht.

3. Jesu, laß mich auf der Er=den nichts mehr suchen, als allein, daß du mögest bei mir sein, und ich dir mög' ähnlich werden in dem Leben dieser Zeit und in jener Ewigkeit.

4. So will ich mit allen Weisen, die die Welt für Thoren acht't, dich anbeten Tag und Nacht, und dich loben, rühmen, preisen, liebster Jesu und vor dir christlich wandeln für und für.

Anmerk. Vs. 1. 2. 11 u. 12. aus dem Liede: Wer im Herzen will erfahren von Laur. Laurenti.

Mel. Erschienen ist der herrlich Tag.

54. Wo ist der neugeborne Held, der ist ein Heiland aller Welt? wo treff ich meinen König an, daß ich ihn recht verehren kann? Halleluja!

daß f. d. K. mir ewig bleiben fern. Bs. 8. sein von der Seele fern. H. sein meinem Herzen fern.

2. Nun, Kind von Bethlem, sei gegrüßt, daß du mein Herr und Bruder bist, der Stern aus Jacob, dessen Schein nun dringt in alle Welt herein, Halleluja!

3. Du König über Israel, es ist erfreuet Leib und Seel, daß Gott nach langer, banger Nacht ein Licht auf Erden hat gebracht, Halleluja!

4. So lang ich lebe leite mich, daß ich ja nicht verliere dich; du führst allein die rechte Bahn, daß Niemand uns verführen kann, Halleluja!

5. Wenn meine Wallfahrt auf der Welt und auch mein Leben selbst verfällt, so führe mich durchs finstre Thal, daß ich dich find in Zions Saal, Halleluja!

Anmerk. Auszug aus dem 12verstgen Liede: Wo ist der neugeborne Held.

VI.

Missions=Lieder.

Mel. Valet will ich dir geben.

55. Der du zum Heil erschienen der allerärmsten Welt und von den Cherubinen zu Sündern dich gesellt; den sie mit frechem Stolze verhöhnt für seine Huld, als du am dürren Holze versöhntest ihre Schuld.

2. Damit wir Kinder würden gingst du vom Vater aus, nahmst auf dich unsre Bürden und bautest uns ein Haus. Von Westen und von Süden, von Morgen, ohne Zahl sind Gäste nun beschieden zu deinem Abendmahl.

3. Im schönen Hochzeitkleide, von allen Flecken rein, führst du zu deiner Freude die Völkerschaaren ein; und welchen nichts verkündigt, kein Heil verheißen war, die bringen nun entsündigt dir Preis und Ehre dar.

4. Du hast den ärmsten Sclaven, wo heiß die Sonne glüht, wie deinen andern Schafen zu Liebe dich gemüht, und selbst den öden Norden, den ewges Eis bedrückt, zu deines Himmels Pforten erbarmend hingerückt.

5. Drum kann nicht Ruhe werden, bis deine Liebe siegt, bis dieser Kreis der Erden zu deinen Füßen liegt; bis du im neuen Leben die ausgesöhnte Welt, dem, der sie dir gegeben, vor's Angesicht gestellt.

6. Und siehe, tausend Fürsten mit Völkern ohne Licht, stehn in der Nacht und dürsten nach deinem Angesicht; auch sie hast du gegraben in deinen Priesterschild, am Brunnquell sie zu laben, der dir vom Herzen quillt.

7. So sprich dein göttlich: Werde! laß deinen Odem wehn, daß auf der finstern Erde die Todten auferstehn: daß, wo man Götzen fröhnet, und vor den Teufeln kniet ein willig Volk, versöhnet, zu deinem Tempel zieht.

8. Wir rufen, du willst hören, wir faffen, was du sprichst: dein Wort muß sich bewähren, womit du Fesseln brichst. Wie viele sind zerbrochen! wie viele sind's noch nicht! o du, der uns versprochen, werd aller Heiden Licht.

Anmerk. Von A. Knapp, unter allen neuen Missionsliedern, die zugleich Kirchenlieder sind, das köstlichste. Nur muß für den Gesang

der Kirche Vs. 4. wegfallen und Vs.
1. 2. 7. möchten wir lesen: am
Marterholze.

Mel. Komm o komm du Geist des Lebens.

56. Licht, das in die Welt ge=
kommen, Sonne voller Glanz und
Pracht, Morgenstern, aus Gott ent=
glommen, treib hinweg die alte Nacht!
zeuch in deinen Wunderschein bald
die ganze Welt hinein.

2. Gieb dem Wort, das von dir
zeuget, einen allgewaltgen Lauf, daß
noch manches Knie sich beuget, sich
noch manches Herz thut auf eh die
Zeit erfüllet ist, wo du richtest, Je=
su Christ.

3. Heile die zerbrochnen Herzen,
baue dir Jerusalem, und verbinde
ihre Schmerzen; laß, was vor dir
angenehm, durch der Bundesschrif=
ten Zucht noch erblühn zur ewgen
Frucht.

4. Wo du sprichst, da muß zer=
gehen, was der starre Frost gebaut,
denn in deines Geistes Wehen wird
er linde, schmilzt und thaut. Herr,
thu auf des Wortes Thür, ruf die
Seelen all' zu dir.

5. Es sei keine Sprach' noch Re=
de, da man nicht die Stimme hört
und kein Land so fern und öde, wo
nicht dein Gesetzbuch lehrt, laß den
hellen Freudenschall siegreich aus=
gehn überall:

6. Geh, du Bräutgam, aus der
Kammer, laufe deinen Heldenpfad!
strahle Tröstung in den Jammer,
der die Welt verdunkelt hat. O er=
leuchte, ewges Wort. Ost und West
und Süd und Nord.

7. Komm, erquick auch unsre See=
len, mach die Augen hell und klar,
daß wir dich zum Lohn erwählen,
vor den Stolzen uns bewahr! Ja
laß deinen Himmelsschein unsres
Fußes Leuchte sein!

Anmerk. Von R. Stier. Wenn
Vs. 3. und 4. wegbleiben, kann das

Lied nur gewinnen. Vs. 5. Z. 4.
wohl besser: wo nicht ein Apo=
stel lehrt und Vs. 7. Z. 4. dich
umfassen ganz und gar.

Mel. Lobe den Herren o meine Seele.

57. Lobe den Herren, o Christ=
gemeinde, der seine Kirche mäch=
tig hält, sinkt in den Staub, ihr des
Kreuzes Feinde, der Herr ist Gott
und sein die Welt! sein kräftigs
Wort schallt weit und breit von
Ewigkeit zur Ewigkeit, Halleluja,
Halleluja.

2. Ringsumher gehen in alle
Lande Apostel aus nach Ost und
West, fürchten nicht Martern und
scheu'n nicht Bande, sie halten am
Erlöser fest. Auf aller theuren Mär=
rer Blut ohn Wanken Christi Kir=
che ruht, Halleluja, Halleluja.

3. Schon benedeien dich alle Zun=
gen o Herr, als Heiland und Pro=
phet, überall ist ja dein Nam er=
klungen, des Kreuzes Gnadenbild
erhöht, es naht den Inseln fern dein
Wort, dir jauchzt der Süden und
der Nord: Halleluja, Halleluja.

4. Fernhin und nahe sind wir
nun Brüder: Ein Herr, Ein Glau=
be, ein Sacrament. Allzugleich sind
wir des Mittlers Glieder, der vor
dem Vater uns bekennt. Tausend
um Tausend flehn zugleich: Vater
unser im Himmelreich, Halleluja,
Halleluja.

5. Lobet den Herren! einst kommt
die Stunde wo eine Heerd', ein
Hirte ist! Alle die Völker sind dann
im Bunde und beugen sich vor Je=
sus Christ. Wann dieser selge Tag
erscheint, Himmel und Erde sind
vereint, Halleluja, Halleluja.

Mel. Herr Jesu Christ mein's Lebens Licht.

58. O Jesu Christe, wahres Licht,
erleuchte die dich kennen nicht und
bringe sie zu deiner Heerd, daß
ihre Seel' auch selig werd.

2. Erfüll mit deiner Gnade Schein, die in Irrthum verführet sein, auch die, so heimlich fechtet an in ihrem Sinn ein falscher Wahn.

3. Und was sich sonst verlaufen hat von dir, das suche du mit Gnad', und sein (ihr) verwundt Gewissen heil: Laß sie am Himmel haben Theil!

4. Den Tauben öffne das Gehör, die Stummen richtig reden lehr, die nicht bekennen wollen frei was ihres Herzens Glaube sei.

5. Erleuchte, die da sind verblendt, bring her, die sich von uns getrennt, versammle die zerstreut gehn, mach feste, die im Zweifel stehn.

6. So werden sie mit uns zugleich auf Erden und im Himmelreich, hier zeitlich und dort ewiglich für solche Gnade preisen dich.

Anmerk. Von Joh. Heermann. In Be. 2. Zl. 1. 2. ist die Aenderung von H. zu adoptiren.

Abgekürztes Lied.

Mel. Dir dir Jehova will ich singen

59. Wach auf, du Geist der ersten Zeugen, der Wächter, die auf Zions Mauer stehn, die Tag und Nächte nimmer schweigen und die getrost dem Feind entgegen gehn; ja, deren Schall die ganze Welt durchbringt und aller Völker Schaaren zu dir bringt.

2. O daß dein Feuer brennen möchte und bald sein Schein in alle Lande gehn! Ach Herr, gieb doch getreue Knechte, die eifrig stets in deiner Arbeit stehn. O Herr der Ernte, sieh' vom Himmelssaal; die Ernt' ist groß, klein deiner Knechte Zahl.

3. Ach, laß dein Wort recht schnelle laufen; es sei kein Ort ohn' dessen Glanz und Schein. Ach, führe bald dadurch mit Haufen der Heiden Füll' in alle Thore ein. O breite, Herr, auf weitem Erdenkreis dein Reich bald aus zu deines Namens Preis.

Anmerk. Aus dem Liede von K. H. v. Bogatzky: Wach auf du Geist der ersten Zeugen — verändert.

VII.
Auf das Fest der Reinigung Mariä.

A) Vollständiges Lied.

Mel. Herzlich thut mich verlangen.

60. Herr Jesu, Licht der Heiden, der Frommen Schatz und Lieb! Wir kommen jetzt mit Freuden durch deines Geistes Trieb in diesen deinen Tempel, und suchen mit Be-

LVIII. 2. a. b. S. mit deiner hellen Gnad, die Irrthum ganz verfinstert hat. H. mit deinem Gnadenlicht die, denen es an Licht gebricht. c. d. S. wie die, so heimlich noch ficht an in ihrem Sinn ein falscher Wahn. H. auch die, so heimlich falscher Wahn in ihrem Sinne noch ficht an. — 3. a. b. S. was noch von dir getrennet ist, das suche du, Herr Jesu Christ. c. S. mach armer Sünder Herzen heil. H. mach — heil, daß. d. Bs. S. im Himmel. — 4. c. d. S. nimmt aus Be. 5. c. d. herauf und schiebt statt Be. 5. einen neu gedichteten Vers ein. e. H. auf daß sie alle sagen frei. — 5. b. Bs. von dir.

LX. 1. a. K. Trost. b. K. der Herzen Heil und Licht. c. K. wir suchen

gier, nach Simeons Exempel, dich großen Gott allhier.

2. Du wirst durch uns gefunden, o Herr, an jedem Ort, dahin du dich verbunden durch dein Verheißungswort: vergönnst noch heut zu Tage, daß man dich gleicher Weis' auf Glaubensarmen trage, wie hier der fromme Greis.

3. Sei unser Glanz und Wonne, ein helles Licht in Pein, im Schrecken unsre Sonne, im Kreuz ein Gnadenschein, in Zagheit Glut und Flamme, in Noth ein Freudenstrahl, in Krankheit Arzt und Amme, ein Stern in Todesqual.

4. Herr, laß auch uns gelingen, daß letzt, wie Simeon ein jeder Christ kann singen, den schönen Schwanenton: Mir werden nun mit Frieden die Augen zugedrückt, nachdem ich schon hienieden den Heiland hab erblickt.

5. Ja, ja ich hab' im Glauben, mein Jesu, dich geschaut; kein Feind kann dich mir rauben, wie heftig er auch draut. Ich wohn in deinem Herzen und in dem meinen du, uns scheiden keine Schmerzen, kein Angst, kein Tod dazu.

6. Hier blickst du zwar zuweilen auch hart und ernst mich an, daß oft vor Angst und Heulen ich dich nicht nennen kann; dort aber wirds geschehen, daß ich von Angesicht zu Angesicht soll sehen dein immer klares Licht.

Anmerk. Von Joh. Frank, ein herzinniges Festlied. Ohne Aenderungen ist nicht auszukommen. Die von Knapp vorgenommenen sind überall glücklich zu nennen, nur nicht in Vs. 3., wo wir außer der angeführten keine weitere Umänderung gestatten.

B) Abgekürzte Lieder und Verse.

Mel. Meinen Jesum laß ich nicht.

61. Herr, ich will mit Simeon dich an's treue Herze drücken, du wirst als der Gnadenthron mich mit Rath und Trost erquicken. Du bist der Trost Israel, süßester Immanuel.

2. Das sei einst mein letztes Lied: Herr, laß mich in Friede fahren!

gieb, daß dich mein Auge sieht, bei den auserwählten Schaaren, wo man dort in jener Welt, erst das rechte Lichtfest hält.

Anmerk. Vs. 6. und 8. aus dem Liede: Opfer für die ganze Welt von B. Schmolcke.

heut. d. K. dein Gnadenangesicht. e—h. K. nach S. Er. zieht heilige Begier in diesem deinem Tempel, o Heiland uns zu dir. W. dich Gottes Sohn. — 2. b. K. noch jetzt an. c. d. K. wo Seelen sich verbunden auf dein V. f. K. dich Gott zum Preis. — 3. a. W. unsre Hülf. K. uns ein Quell der W. b. K. ein Trost. c. K. W. im Dunkeln. e—h. K. ein Heil für alle Sünden, in Angst ein Hoffnungsstrahl; ein Stern, der uns läßt finden den Weg durchs Todesthal. X. in Z. muthig Wesen. g. in Krankheit süß Genesen. — Zwischen Vs. 3. und 4. hat K. einen Vers hinzugedichtet. — 4. a. K. es uns. b. W. einst. K. wenn dieses Leben fliehet. c. d. K. mit Simeon zu singen das frohe Abschiedslied. d. W. süßen. e. in. — 5. d. K. dem ich mein Herz vertraut. W. draut er auch noch so laut. e—h. K. du wohnst in meinem H. und in dem beinen ich, auch in des Todes Schmerzen bau ich getrost auf dich. W. nicht Angst noch. — 6. a—d. K. hier hüllst du zwar in Zeiten dich strafend vor mir ein, durch Trübsal mich zu leiten, das will oft bitter sein. h. dein ewges Freudenlicht. W. a—d. hier will es oft mir scheinen, du sehst mich strafend an, daß ich vor Angst und Weinen dich kaum erkennen kann. Bei Bs. der ganze Vers weggelassen.

Mel. In dich hab' ich gehoffet Herr.

63. Mensch, schaue wie an deiner Statt, Christ das Gesetz erfüllet hat, und sei von ihm nicht ferne! Ach, gieb hinfort dem treuen Hort dich auch zum Opfer gerne.

2. Ja, leuchte mir, du wahres Licht, daß ich im Finstern wandle nicht und dich erkennen möge, wie gut allein die Worte dein, wie köstlich deine Wege.

3. Hilf, wenn ich scheide hier davon, daß ich dich fest wie Simeon in wahrem Glauben fasse, und keine Zeit, kein Leid noch Streit mich von dir reißen lasse.

Anmerk. Bs. 5. 9. 11. aus dem Liede: Greif zu, greif meine Seele zu.

VIII.

Von Jesu Exempel und der Christen Nachfolge.

A) Vollständige Lieder.

Mel. Schmücke dich o liebe Seele.

63. Heiland, deine Menschenliebe, war die Quelle deiner Triebe, die dein treues Herz bewogen, dich in unser Fleisch gezogen, dich mit Schwachheit überdecket, dich vom Kreuz in's Grab gestrecket: O der ungemeinen Triebe deiner treuen Menschenliebe!

2. Ueber seine Freunde weinen, Jedermann mit Hülf' erscheinen, sich der Blinden, Lahmen, Armen mehr als väterlich erbarmen, der Betrübten Klagen hören, sich in Andrer Dienst verzehren, sterben für die ärgsten Diebe: das sind Proben wahrer Liebe.

3. O du Zuflucht der Elenden, wer hat nicht von deinen Händen, Segen, Hülf' und Heil genommen, der gebeugt zu dir gekommen? O wie ist dein Herz gebrochen, wie Kranke angesprochen! O wie pflegtest du zu eilen das Gebetne mitzutheilen!

4. Die Betrübten zu erquicken, zu den Kleinen dich zu bücken, die Unwissenden zu lehren, die Verführten zu bekehren, Sünder, die sich selbst verstocken, täglich liebreich zu sich locken, war mit Schwächung deiner Kräfte dein gewöhnliches Geschäfte.

5. O wie hoch stieg dein Erbarmen, da du für die ärmsten Armen dein unschätzbar theures Leben in

---

LXIII. 1. a. S. Vorbild wahrer. b. S. Jesu, deines Mitleids X. K. deines Mitleids heiße X. c. S. haben dir dein H. K. c. d. zogen dich herab auf Erden den Verlornen Heil zu werden. f. S. dich in Tod und Grab. e. f. K. dich in unser Fleisch zu kleiden und den Kreuzestod zu leiden. g. H. K. wunderbaren. — 2. a, K. seiner Feinde Schuld, b, K. jedem gern. g. B. W. sterben voll der reinsten Liebe. g. h. K. sterben für verlorne Sünder, das ist Liebe, Menschenkinder. S. das sind Proben deiner Güte, so war Heiland dein Gemüthe. H. sich für Sünder tödten lassen, wer kann solche Liebe fassen. — 3. e. f. K. wie viel Teufel, Plagen, Seuchen mußten deinem Willen weichen. — 4. b. K. Kinder an dein Herz zu drücken. e. S. liebreich zu dir hin. K. langmuthsvoll zu bir. g. h. K. das war täglich dein Geschäfte mit Verzehrung aller K. S. das war Herr für alle Kräfte dein gewöhnliches G. W. das war täglich dein Geschäfte ohne Schwächung. — 5. b. K. Herr, als du zum Heil uns X. d. K. still in Mörderhand gegeben. W. e. f. da zur Marter du erlesen aller Schmerzen den ärgsten Tod gegeben, da du in dem Sünderorden aller Schmerzen Ziel geworden, und, den Segen zu erwerben, als ein Fluch hast wollen sterben.

6. Deine Lieb' hat dich getrieben Sanftmuth und Geduld zu üben, ohne Schelten, Drohen, Schlagen, andrer Schmach und Last zu tragen, allen freundlich zu begegnen, für die Lästerung zu segnen, für der Feinde Schaar zu beten und die Sünder zu vertreten.

7. Demuth war bei Spott und Hohne deiner Liebe Schmuck und Krone, diese machte dich zum Knechte einem sündlichen Geschlechte, diese war, gleich denen Tauben, ohne Falsch, voll Treu und Glauben, mit Gerechtigkeit gepaaret, durch Vorsichtigkeit gewahret.

8. Lamm, laß deine Liebe decken meiner Sünde Meng' und Flecken; du hast das Gesetz erfüllet und desselben Fluch gestillet; laß mich wieder deſſen Stürmen deiner Liebe Schild beschirmen, heilge meines Herzens Triebe, salbe sie mit deiner Liebe.

Anmerk. Von J. J. **Rambach.** Die so zahlreichen Aenderungen von **Knapp** und **Stier** geben einen deutlichen Beweis, was sich besonders neuere Liederdichter immer noch gefallen lassen müssen; sie haben, wenn nicht mehr, doch gleiche Ansprüche auf schonendes Verfahren als die alten. Die Aenderungen von H. und W. unterschreiben wir dagegen alle, außer bei Bs. 5. Z. 6. wo keine nöthig ist; bei Bs. 4. Z. 7. ist die Variante bei S. aufzunehmen.

Mel. Wachet auf ruft uns die Stimme.

64. Heiligster Jesu, Heiligungsquelle, mehr als Crystall rein, klar und helle, du lautrer Strom der Heiligkeit: aller Glanz der Cherubinen und Heiligkeit der Seraphinen ist gegen dich nur Dunkelheit. Ein Vorbild bist du mir, ach, bilde mich nach dir, du mein Alles! Jesu, ei nu, hilf mir dazu, daß ich mag heilig sein wie du!

2. O stiller Jesu! wie dein Wille dem Willen deines Vaters stille und bis zum Tod gehorsam war; also mach auch gleichermaßen mein Herz und Willen dir gelaſſen, ach stille meinen Willen gar! mach mich

Ziel gewesen. e. H. der Sünder Orden. e—h. K. da du blutend und verhöhnet, mit dem Dornenkranz gekrönet, wolltest an dem Kreuze sterben um das Leben zu erwerben. S. Angst und unerhörte Schmerzen littest mit gelaſſnem Herzen, uns den Segen zu erwerben als Verfluchter wolltest sterben. — 6. a. K. Huld. W. Klagen. d. K. unsre Schuld und Noth. f. K. deine Lästerer. H. selbst die Lästerer. S. die dich lästerten. g. h. K. deine Feinde zu vertreten und für Mörder selbst zu beten. S. W. und die Mörder zu vertreten. 7. b. K. W. deines Lebens. S. deiner Tugend schönste Krone. c. S. machte dich o Herr. c. d. K. nie hast du nach Ruhm getrachtet, nie auf Menschenlob geachtet. c. B. W. diese gleich den Tauben. H. diese war nach Art der Tauben. e—h. K. ohne Falsch wie eine Taube war dein Wandel, Sinn und Glaube, klug warst du an allen Orten und gerecht in allen Worten. S. deines Vaters heilgen Willen mit Gehorsam zu erfüllen, uns zum Himmel zu erheben, dahin ging dein ganzes Leben. — 8. K. a—f. Herr, laß meiner Sünde Flecken, deine Huld und Liebe decken; laß mich allezeit zum Segen deinen Wandel wohl erwägen. Führe mich durch deine Gnade unverrückt auf ebnem Pfade. S. laß, o Jesu, mein Gemüthe stets betrachten deine Güte; wollst durch deine Liebe decken meiner Sünden viele Flecken. (dann g. h.) hilf, daß ich schon auf der Erde deinem Bilde ähnlich werde.

LXIV. 1. a. S. H. heilger. K. heil'gster. b. S. im Lichte Gottes. k. c. S. du lautres Bild der H. d. W. der Glanz der hohen. e. K. W. die H. S. H. Jesu, Jesu (so in allen Versen). m. K. W. auch heilig sei. S. ich noch heilig werd. — 2. a. H. S. stiller J. d. W. so mache du auch. h. B. S. fromm dir gleichgesinnt wie ein gehorsam Kind, stille, stille. Jesu, ei nu, hilf mir dazu, daß ich fein stille sei wie du.

3. Wachsamer Jesu, ohne Schlummer, in großer Arbeit, Müh' und Kummer bist du gewesen Tag und Nacht; du mußtest täglich viel ausstehen, des Nachts lagst du vor Gott mit Flehen und hast gebetet und gewacht. Gieb mir auch Wachsamkeit, daß ich zu dir allzeit wach und bete. Jesu, ei nu, hilf mir dazu, daß ich stets wachsam sei wie du.

4. Gütigster Jesu! ach wie gnädig, wie liebreich, freundlich und gutthätig bist du doch gegen Freund und Feind; dein Sonnenglanz der scheinet allen, dein Regen muß auf alle fallen, ob sie dir gleich undankbar seind. Mein Gott, ach lehre mich, damit hierinnen ich dir nacharte: Jesu, ei nu, hilf mir dazu, daß ich auch gütig sei wie du.

5. Du sanfter Jesu warst unschuldig und littest alle Schmach geduldig, vergabst und ließ'st nicht Rachgier aus; niemand kann deine Sanftmuth messen, bei der kein Eifer dich gefressen als den du hattst ums Vaters Haus. Mein Heiland, ach verleih mir Sanftmuth und dabei guten Eifer! Jesu, ei nu, hilf mir dazu, daß ich sanftmüthig sei wie du.

6. Würdigster Jesu, Ehrenkönig! du suchtest deine Ehre wenig und wurdest niedrig und gering; du wandelst ganz ertieft auf Erden, in Demuth und in Knechtsgeberden, erhubst dich selbst in keinem Ding. Herr, solche Demuth lehr mich auch je mehr und mehr stetig üben. Jesu, ei nu, hilf mir dazu, daß ich demüthig sei wie du.

7. O keuscher Jesu! all' dein Wesen war züchtig, keusch und auserlesen von tugendvoller Sittsamkeit; Gedanken, Reden, Glieder, Sinnen, Geberden, Kleidung und Beginnen war voller lauter Züchtigkeit. O mein Immanuel! mach mir Geist, Leib und Seel keusch und züchtig. Jesu, ei nu, hilf mir dazu, auch keusch und rein zu sein wie du.

8. Mäßiger Jesu deine Weise im Trinken und Genuß der Speise lehrt uns die rechte Mäßigkeit; den Durst und Hunger dir zu stillen, war statt der Kost, des Vaters Willen und Werk vollenden, dir bereit't. Herr, hilf mir meinen Leib stets zähmen, daß ich bleib dir stets nüchtern: Jesu, ei nu, hilf mir dazu, daß ich stets nüchtern sei wie du.

9. Nun, liebster Jesu, liebstes Leben! mach mich in allen dir recht eben und deinem heilgen Vorbild

und stille. m. S. daß ich ganz f. — 3. bei S. ausgel. a. H. wacher J. d. H. du wegg. f. W. du. — 4. a. S. frommer J. H. gütger J. W. v. c. S. warst du doch. d. H. beine Sonne. d—f. S. ach wie hast bu's mit uns allen nach beines Vaters Wohlgefallen bis in den Tod so treu gemeint. W. wie liebreich bist du, wie g. selbst gegen Feinde wie gelind, dein Sonnenlicht erscheinet allen — sind. Am besten, man schreibt mit H. bloß statt „feind" sei'n. h. S. daß auch hierinnen ich. m. S. daß ich stets. — 5. a. S. sanfter J. ganz u. H. sanfter J. so unsch. du. b. S. ertrugst du. H. du bittest. c. H. und übtest niemals Rache aus, S. du übtest niemals R. a. B. und übst nicht Rachgier aus. f. K. W. als der um deines Vaters H. d—f. S. Sanftmuth nur dein Leben lehret, bei der kein Eifer dich verzehret, als der um deines Vaters H. e. f. H. bei der kein Eifer dich besessen, als der um deines Vaters H. i. H. reinen Eifer. — 6. a. S. großer J. H. würdger J. d. K. vertieft. B. und wandelst. S. wandeltest auf dieser Erden. H. dürftig lebtest du auf Erden. — 7. bei S. W. ausgel. a. H. v. ausgel. c. K. von ungefärbter. d. H. Denken. f. H. lautrer. m. K. H. B. so keusch und rein. — 8. bei S. W. ausgel. a. H. mäßger. d. H. den weggel. e. f. H. warst du des Vaters Werk und Willen zu thun auf Erden stets bereit. — 9.

gleich; dein Geist und Kraft mich gar durchdringe, daß ich viel Glaubensfrüchte bringe und tüchtig werd zu deinem Reich. Ach, zeuch mich ganz zu dir, behalt mich für und für, treuer Heiland! Jesu, ei nu, laß mich wie du und wo du bist einst finden Ruh!

Anmerk. Als Verf. wird entweder Barth. Crasselius genannt, oder Gottfr. Arnold, der dann nach einem holländischen Original gearbeitet haben soll. — Vs. 7. und 8. sind für den Kirchengesang durchaus wegzulassen; für sonst nöthige Aenderungen dürfte man sich am besten an H. anschließen; die Anfangszeile der Verse muß, der Melodie halber, überall um eine Silbe verkürzt werden.

Mel. Sollt ich meinem Gott nicht singen.

65. Lasset uns mit Jesu ziehen, seinem Vorbild folgen nach, in der Welt der Welt entfliehen, auf der Bahn, die er uns brach, immer fort zum Himmel reisen, irdisch noch schon himmlisch sein, glauben recht und leben fein, in der Lieb den Glauben weisen: treuer Jesu, bleib bei mir! gehe vor, ich folge dir.

2. Lasset uns mit Jesu leiden, seinem Vorbild werden gleich. Nach dem Leide folgen Freuden, Armuth hier macht dorten reich; Thränensaat, die erndtet Lachen, Hoffnung tröste die Geduld! es kann leichtlich Gottes Huld aus dem Regen Sonne machen. Jesu, hier leid ich mit mir, dort theil deine Freud' mit mir.

3. Lasset uns mit Jesu sterben; sein Tod uns vom andern Tod rettet und vom Seelverderben, von der ewiglichen Noth. Laßt uns tödten, weil wir leben, unser Fleisch, ihm sterben ab; so wird er uns aus dem Grab in das Himmelleben heben. Jesu, sterb ich, sterb ich dir, daß ich lebe für und für.

4. Lasset uns mit Jesu leben; weil er auferstanden ist, muß das Grab uns wiedergeben: Jesu, unser Haupt du bist. Wir sind deine Leibesglieder, wo du lebst, da leben wir; ach, erkenn uns für und für, trauter Freund, für deine Brüder! Jesu, dir ich lebe hier, dorten ewig auch bei dir.

Anmerk. Von Siegmund von Birken (Betulius). Die Anlage des Liedes steht weit über seiner Ausführung. Aenderungen sind nicht erforderlich, am wenigsten die von Stier.

Mel. Machs mit mir Gott nach deiner Güt.

66. Mir nach, spricht Christus unser Held, mir nach, ihr Christen alle, verleugnet euch, verlaßt die

---

a. S. H. nun weggel. b. K. W. dir ergeben. d. K. ganz. H. W. gieb, daß dein Geist mich ganz durchdringe. l. m. S. wo du im Himmel bist einst finden Ruh.

LXV. 1. f. B. S. doch himmlisch. g. S. leben rein. h. S. Liebe durch die That beweisen. g. h. K. W. glauben recht und leben rein, Glauben durch die Lieb erweisen. k. S. K. W. geh voran. — 2. c. H. nach den Leiden. S. nach der Trübsal. d. W. dort einst. d. S. Thränensaat in Gottes Reich. e. S. schafft uns Ernten voller L. f. S. H. B. mit Geduld. g. h. S. denn zuletzt will Gottes Huld aus der Armuth Reichthum machen. k. S. dort theilst du die Freud mit mir. f—k. W. K. stärkt uns in Geduld, denn es scheint durch Gottes Huld nach dem Regen bald die Sonne — dort gieb deine Freude mir. — 3. b. S. schützt vorm andern Tod. W. wehret unserm Tod. c. d. S. reißt die Seel aus dem Verderben, wendet ab die ewge R. K. W. rettet uns von dem Verderben, von der ewgen Qual und Noth. L. B. dem sterben ab. h. Bs. S. K. H. in des Himmels Leben. e—h. K. W. laßt uns sterben unsern Lüsten ab, dann wird er uns aus dem Grab in sein. — 4. a. S. ja, mit Jesu solln wir leben. e. K. H. W. beines Leibes. h. K. W. Seelenfreund.

3 *

Welt, folgt meinem Ruf und Schalle:
nehmt euer Kreuz und Ungemach
auf euch, folgt meinem Wandel nach!

2. Ich bin das Licht, ich leucht
euch für mit heilgem Tugendleben:
wer zu mir kommt und folget mir,
darf nicht im Finstern schweben. Ich
bin der Weg, ich weise wohl wie
man wahrhaftig wandeln soll.

3. Mein Herz ist voll Demü-
thigkeit, voll Liebe meine Seele,
mein Mund, der fleußt zu jeder
Zeit von süßem Sanftmuthsöle.
Mein Geist, Gemüthe, Kraft und
Sinn, ist Gott ergeben, schaut auf
ihn!

4. Ich zeig euch das, was schädlich ist, zu fliehen und zu melden,
und euer Herz von arger List zu
reinigen und scheiden. Ich bin der
Seele Fels und Hort und führ euch
zu der Himmelspfort.

5. Fällt's euch zu schwer, ich geh
voran, ich steh euch an der Seite,
ich kämpfe selbst, ich brech die Bahn,
bin Alles in dem Streite; ein böser Knecht, der still darf stehn, wenn
er den Feldherrn sieht angehn.

6. Wer seine Seel zu finden
meint, wird sie ohn' mich verlieren;
wer sie hier zu verlieren scheint
wird sie in Gott einführen. Wer
nicht sein Kreuz nimmt und folgt
mir, ist mein nicht werth und meiner Zier.

7. So laßt uns denn dem lieben
Herrn mit Leib und Seel' nachge-
hen und wohlgemuth, getrost und
gern bei ihm in Leiden stehen;
denn wer nicht kämpft, trägt auch
die Kron des ewgen Lebens nicht
davon.

Anmerk. Von Angelus Sile-
sius. Bei Vs. 3. Z. 2. die Aenderung von S. H. aufzunehmen.

Mel. Seelen-Bräutigam.

67. Wer ist wohl wie du, Jesu, süße Ruh? unter vielen auserkoren, Leben derer die verloren,
und ihr Licht dazu, Jesu, süße
Ruh!

2. Leben, das den Tod mich aus
aller Noth zu erlösen, hat geschmecket,
meine Schulden zugedecket, und
mich aus der Noth hat geführt zu
Gott.

3. Glanz der Herrlichkeit, du
bist vor der Zeit zum Erlöser uns
geschenket und in unser Fleisch gesenket in der Füll' der Zeit, Glanz
der Herrlichkeit.

4. Großer Siegesheld! Tod,
Sünd', Höll und Welt, alle Kraft
des großen Drachen hast du woll'n
zu Schanden machen durch das Lösegeld deines Bluts, o Held!

5. Höchste Majestät, König und
Prophet, deinen Scepter will ich
küssen, ich will sitzen dir zu Fü-

LXVI. 1. e. S. nehmt auf euch K. und U. und — 3. b. H. S. und meine
Seel' voll Liebe. c. S. fleußt über jederzeit. d. H. S. von süßem Sanftmuths-
triebe. W. mein Mund der giebt zu jeder Zeit sanftmüthige Befehle. — 4. b.
S. zu eurem Wohl zu meiden. c. d. S. und von der argen Lust und List ganz euer
Herz zu scheiden. c. c. W. ich breche Bahn. e. H. mag. e. f. W. mag stehn
sieht er voran den Feldherrn gehn. f. X. sieht er den Herrn zum Kampfe gehn. —
6. c. B. in mir verlieren scheint. In W. sind ungewöhnlicher Weise Vs. 6. u. 7.
bedeutend verändert: 6. Wer hier sein Heil zu finden meint, wirds ohne mich verlieren; wer hier es zu verlieren scheint wird es zu Hause führen (!), wer mir
nicht nachfolgt in Geduld ist mein nicht werth und meiner Huld. 7. b. mit unsrem Kreuz. d. in allen Leiden. e. wer nicht gekämpft.

LXVII. 1. c. K. unter tausend. S. für uns alle. — 3. d. W. versenket.
e. K. W. nach erfüllter Zeit. — 4. bei S. ausget. c.—f. K. W. hast du herrlich überwunden und ein ewges Heil erfunden für die Sünderwelt, durch dein Blut,
o Held. c. d. H. hast du siegreich überwunden und uns unsrer Schuld entbunden.

ßen, wie Maria thät, höchste Ma=
jestät!

6. Laß mich deinen Ruhm als
dein Eigenthum durch des Geistes
Licht erkennen, stets in deiner Liebe
brennen, als dein Eigenthum, aller=
schönster Ruhm!

7. Zeuch mich ganz in dich, daß
vor Liebe ich ganz zerrinne und zer=
schmelze, und auf dich mein Elend
wälze, das stets drücket mich: zeuch
mich ganz in dich.

8. Deiner Sanftmuth Schild, dei=
ner Demuth Bild, mir anlege, in
mich präge, daß kein Zorn noch Stolz
sich rege; vor dir sonst nichts gilt
als dein eigen Bild.

9. Steure meinem Sinn, der zur
Welt will hin, daß ich nicht mög
von dir wanken, sondern bleiben in
den Schranken, sei du mein Ge=
winn, gieb mir deinen Sinn.

10. Wecke mich recht auf, daß
ich meinen Lauf unverrückt zu dir
fortsetze und mich nicht in seinem
Netze Satan halte auf, fördre mei=
nen Lauf.

11. Deines Geistes Trieb in die
Seele gieb, daß ich wachen mög
und beten, freudig vor dein Antlitz
treten; ungefärbte Lieb in die Seele
gieb.

12. Wenn der Wellen Macht
in der trüben Nacht will des Her=
zens Schifflein decken, wollst du
deine Hand ausstrecken; habe auf
mich Acht, Hüter in der Nacht!

13. Einen Heldenmuth, der ba
Gut und Blut gern um deinetwil=
len lasse und des Fleisches Lüste
hasse, gieb mir höchstes Gut durch
dein theures Blut.

14. Soll's zum Sterben gehn,
wollst du bei mir stehn, mich durchs
Todesthal begleiten und zur Herr=
lichkeit bereiten, daß ich einst mag
sehn und zur Rechten stehn.

Anmerk. Von J. A. Freyling=
hausen. Wegzulassen Bs. 7., sonst
aber keine Aenderung zu gestatten.

B) Abgekürzte Lieder und Verse.

Mel. Herr Christ der einge Gottssohn.

68. Ich folge, Herr, dem Worte
das meine Seele rührt, ich folg ihm
bis zur Pforte die in den Himmel
führt; ich folge meinem Heile und
daß ich Frembling eile, so zieh mich
Jesu selbst.

2. Ich folge dir im Glauben,
und daß mir dieses Gut kein Teu=
fel möge rauben, so gieb mir freien
Muth, damit ich sieghaft kämpfe
und alle Feinde dämpfe, die mir
zuwider sind.

3. Ich folge dir in Liebe; nichts
auf der Erden ist, das mir noch lie=
ber bliebe als du, Herr Jesu Christ!

---

5. b. K. W. Priester und Pr. — 6. bei S. ausgel. f. K. o mein höchster
Ruhm. — 7. bei Bs. S. ausgel. K. W. Zeuch mich ganz zu dir daß dein
Lieben mir ganz durchströme Herz und mein Elend ganz zerrinne, fü=
ßes Heil in dir! wohne du in mir! H. Z. mich ganz zu dir, daß von Liebe mir
ganz das kalte Herz zerschmelze und auf dich das Elend wälze, das ich fühl in
mir, zeuch mich ganz zu dir. — 8. e. f. K. vor Gott sonst nichts gilt als dein
eigen B. e. W. denn vor dir. — 9. a—d. K. neiget sich mein Sinn zu dem
Eiteln hin, laß mich Herr von dir nicht wanken, halte mich in deinen Schranken. —
10. bei S. ausgel. c. K. mir. d. W. daß die Sünd' in ihrem Netze. —
12. a—d. S. will der Trübsal Nacht und des Feindes Macht meine bange Seele
schrecken, wollst du mich mit Schutz bedecken. W. deine Händ. — 14. e. f. K.
daß ich mich mag sehn, dir zur Rechten stehn.

ich werd es auch nicht achten ob
Leib und Seel verſchmachten, du
nur verbleibe mir.

Anmerk. Vs. 2. 3. 4. aus dem
Liede: Merkt auf ihr Men=
ſchenkinder von E. Neumeiſter.

Mel. Seelen = Bräutigam.

69. Jeſu, du allein ſollſt mein
Führer ſein, zeige mir ſelbſt deine
Wege, deiner Wahrheit ſchmale
Stege; deiner Wahrheit Grund iſt
dein Wort und Bund.

2. Gründe, Herr, dabei ſtete
Furcht und Scheu in mir und in
meiner Seelen deinen Weg nicht zu
verfehlen; deine Furcht bewahr mich
vor der Gefahr.

3. Weil du kommen biſt was
verirret iſt, wiederum zurechtzufüh=
ren, keine Seele zu verlieren, da=
rum fleht dein Knecht: führe mich
zurecht.

Anmerk. Die drei erſten Verſe aus
dem Liede: „Jeſu, du allein,‟
von E. L. v. Pfeil.

IX.

Paſſions=Geſänge.

A) Vollſtändige Geſänge.

70. Chriſte, du Lamm Got=
tes, der du trägſt die Sünd’ der
Welt, erbarme dich unſer!

2. Chriſte, du Lamm Gottes, der
du trägſt die Sünd’ der Welt, er=
barme dich unſer!

3. Chriſte, du Lamm Gottes, der
du trägſt die Sünd’ der Welt, gieb
uns deinen Frieden! Amen.

Anmerk. Eine uralte, ehrwürdige
Paſſions=Antiphone, auch bei der
Austheilung des heil. Abendmahls ge=
bräuchlich.

Mel. Nun laßt uns den Leib begraben.

71. Herr Jeſu Chriſt, dein theu=
res Blut iſt meiner Seele höchſtes
Gut; das ſtärkt, das labt, das macht
allein mein Herz von allen Sün=
den rein.

2. Dein Blut, mein Schmuck,
mein Ehrenkleid, dein’ Unſchuld und
Gerechtigkeit macht, daß ich kann
vor Gott beſtehn und zu der Him=
melsfreud’ eingehn.

3. O Jeſu Chriſte, Gottes Sohn,
mein Troſt, mein Heil, mein Gna=
denthron, dein theures Blut, dein
Lebensſaft, giebt mir ſtets neue Le=
bensfraft.

4. Herr Jeſu, in der letzten Noth,
wenn mich ſchreckt Teufel, Höll’
und Tod, ſo laß ja dies mein Lab=
ſal ſein: dein Blut macht mich von
Sünden rein.

Anmerk. Von Joh. Olearius.
In Vs. 1. 3. 3. und Vs. 3. 3. 3.
4. ſchließen wir uns den Aenderun=
gen von Knapp an.

LXXI. 1. c. K. das tröſtet, ſtärkt. — 2. a. K. und E. — 3. b. mein
Führer zu des Vaters Thron. d. Vs. S. giebt mir ſtets neue Stärk’ und
Kraft. c. d. K. dein theures Blut, das Leben ſchafft, erfülle mich mit neuer
Kraft. — 4. b. K. wenn Sünde, Tod und Hölle droht. c. K. laß dieſes nur
mein Labſal ſein.

72. Herzliebſter Jeſu, was
haſt du verbrochen, daß man
ein ſolch ſcharf Urtheil hat geſpro=
chen? was iſt die Schuld? in was
für Miſſethaten biſt du gerathen?

2. Du wirſt gegeißelt und mit
Dorn'n gekrönet, in's Angeſicht ge=
ſchlagen und verhöhnet; du wirſt
mit Eſſig und mit Gall getränket
ans Kreuz gehenket.

3. Was iſt doch wohl die Urſach
ſolcher Plagen? ach, meine Sün=
den haben dich geſchlagen. Ich ach,
Herr Jeſu, habe dies verſchuldet
was du erduldet.

4. Wie wunderbarlich iſt doch
dieſe Strafe! der gute Hirte leidet
für die Schaafe, die Schuld bezahlt
der Herre, der Gerechte für ſeine
Knechte.

5. Der Fromme ſtirbt, der recht
und richtig wandelt, der Böſe lebt,
der wider Gott mißhandelt: der
Menſch verwirkt den Tod und iſt
entgangen: Gott wird gefangen.

6. Ich war von Fuß auf voller
Schand und Sünden, bis zu dem
Scheitel war nichts Guts zu finden,

dafür hätt ich dort in der Hölle
müſſen ewiglich büßen.

7. O große Lieb! o Lieb' ohn
alle Maaße, die dich gebracht auf
dieſe Marterſtraße! ich lebte mit der
Welt in Luſt und Freuden und du
mußt leiden.

8. Ach großer König, groß zu
allen Zeiten, wie kann ich gnugſam
ſolche Treu ausbreiten? kein's Men=
ſchen Herz vermag es auszudenken
(kein menſchlich Herze mag es ihm
ausdenken) was dir zu ſchenken.

9. Ich kanns mit meinen Sin=
nen nicht erreichen, womit doch dein'
Erbarmung zu vergleichen; wie kann
ich dir denn deine Liebesthaten im
Werk erſtatten?

10. Doch iſt noch etwas, das dir
angenehme, wenn ich des Fleiſches
Lüſte dämpf und zähme, daß ſie
aufs neu mein Herze nicht entzün=
den mit alten Sünden.

11. Weils aber nicht beſteht in
eignen Kräften, feſt die Begierden
an das Kreuz zu heften, ſo gieb mir
deinen Geiſt, der mich regiere, zum
Guten führe.

12. Alsdann ſo werd ich deine

LXXII. 1. W. ausgeſprochen. b. K. dein Todesurtheil haben ſie geſprochen.
c. K. in welche M. c. d. S. du biſt in Miſſethaten ja nie gerathen. — 2. a. b.
Bs. B. H. du wirſt verſpeit, geſchlagen und verhöhnt, gegeißelt und mit Dornen
ſcharf gekrönet. S. a. ebenſo. b. mit einer Dornenkron zur Schmach gekrönet.
c. d. Bs. B. H. mit Eſſig, als man dich ans Kreuz gehenket, wirſt du getränket.
S. gegeißelt und in Schmerzen ſchon verſenket ans Kreuz gehenket. K. trägt ſelbſt
dein Kreuz, ganz blutig und entkräftet, wirſt dran gehenket. X. und als dich jeder
Leidenskelch getränket ins Grab geſenket. — Zwiſchen 2. und 3. dichtet K. einen
Vers zu. — 3. a. Bs. K. S. H. B. W. was iſt die Urſach aller. c. W. iſt
mein Herr Jeſu. K. das. — 4. a. K. wie wunderbar o Gott iſt dieſe S. c. H. der
Herr, er der g. S. der Herr ſelbſt, der g. K. der König der g. W. der Herr
als der g. — 5. K. W. ausgel. b. K. H. der wider Gott gehandelt. d. B.
Chriſt wird gefangen. c. d. H. die Unſchuld ſtirbt, der das Geſetz gebrochen wird
losgeſprochen. K. der Heilge ſtirbt, der das Geſetz gebrochen, wird freigeſp. — 6. Bei
W. ausgel. b. K. an mir Elenden war nichts Guts zu finden. c. K. das hätt ich dort
von Gott verworfen m. auf ewig. — 7. Bei W. ausgel. — 8. b. K. beine. — 9. b.
Bs. S. mit was doch. c. H. wie tönn' ich dir denn. c. d. K. ich könnte ſolche
Huld mit tauſend Welten dir nicht vergelten. c. W. all beine L. — 10. a. b. S.
doch willſt du, daß ich mich der Sünde ſchäme und meines Fl. W. daß ich aufs
neue nicht mein Herz. — 11. a. b. Bs. S. H. B. W. weil aber dies nicht ſteht in
e. K. K. es ſtehet nicht in meinen e. K. b. Bs. S. B. dem K. die Begierden an=
zuheften. K. die ſündliche Begier aus K. c. K. drum. — 12. W. a. ſo werd ich deine

Huld betrachten, aus Lieb an dich
die Welt für nichtes achten; bemü=
hen werd ich mich, Herr, deinen
Willen ſtets zu erfüllen.

13. Ich werde dir zu Ehren Al=
les wagen, kein Kreuz nicht achten,
keine Schmach und Plagen, nichts
von Verfolgung, nichts von Todes=
ſchmerzen nehmen zu Herzen.

14. Dies Alles, obs für ſchlecht
zwar iſt zu ſchätzen, wirſt du es
doch nicht gar bei Seite ſetzen, in
Gnaden wirſt du dies von mir an=
nehmen, mich nicht beſchämen.

15. Wenn dort, Herr Jeſu, wird
vor deinem Throne, auf meinem
Haupte ſtehn die Ehrenkrone, da
will ich dir, wenn Alles wird wohl
klingen Lob und Dank ſingen.

Anmerk. Von Joh. Heermann.
Dies Lied wird durch Abkürzung
kräftiger und eindringlicher, da eini=
ge Gedanken mit Breite ausgeführt
ſind. Auslaſſen würden wir Vs. 3.
6. 8. (doch ſo daß die beiden letzten
Zeilen die letzte Hälfte von Vs. 9.
bilden) 10. 11. 12. In dieſen Ver=
ſen iſt auch Manches proſaiſche, deſ=
ſen man dadurch los wird.

Mel. Chriſtus der uns ſelig macht.

73. Jeſu, deine Paſſion will ich
jetzt bedenken, wolleſt mir vom Him=
melsthron Geiſt und Andacht ſchen=
ken; in dem Bild jetzt und erſchein
Jeſu, meinem Herzen, wie du

unſer Heil zu ſein, litteſt alle
Schmerzen.

2. Meine Seele ſehen mag dei=
ne Angſt und Bande, deine Spei=
chel, Schmach und Schlag, deine
Kreuzesſchande, deine Geißel, Dor=
nenkron, Speer= und Nägelwunden,
deinen Tod, o Gottesſohn und den
Leib voll Schrunden.

3. Doch laß mich ja nicht allein
deine Marter ſehen; laß mich auch
die Urſach ſein und die Frucht ver=
ſtehen. Ach, die Urſach war auch
ich, ich und meine Sünde, dieſe
hat gemartert dich, nicht das Heid'n=
geſinde.

4. Jeſu, lehr bedenken mich dies
mit Buß und Reue; hilf, daß ich
mit Sünde dich martre nicht aufs
neue: ſollt ich dazu haben Luſt und
nicht wollen meiden, was Gott ſel=
ber büßen mußt mit ſo großen
Leiden?

5. Wenn mir meine Sünde will
machen heiß die Hölle: Jeſu, mein
Gewiſſen ſtill, dich ins Mittel ſtelle.
Dich und deine Paſſion laß mich
gläubig faſſen; liebet mich der liebe
Sohn, wie kann Gott mich haſſen?

6. Gieb auch, Jeſu, daß ich gern
dir das Kreuz nachtrage, daß ich
Demuth von dir lern' und Geduld
in Plage: daß ich dir geb' Lieb für
Lieb, indeß laß dies Lallen (beſſern

Huld mit Fleiß. b. Bs. S. B. H. aus Lieb zu dir die Welt für gar nichts achten.
a. b. K. dann werd ich deine Gnade recht betrachten, in deiner Liebe dieſe Welt
verachten. c. d. K. nimmt, dem Sinne nach, aus Vs. 13. den er ausläßt, c. d.
herauf: das Kreuz nicht fürchten, alles für dich wagen, mir ſelbſt entſagen. c.
Bs. S. H. ich werde mich bemühen deinen Willen. — 13. b. H. kein Kreuz
mehr. — 14. a. K. dies Alles ob es auch gering zu ſchätzen. b. H. ob alles dies
zwar. b. K. wird doch dein liebevolles Herz ergötzen. c. K. H. es. — Bei W.
ſind Vs. 13. 14. ausgel. — 15. K. dann vor deinem Throne auf meinem Haupte
ſteht. — will ich mit neuer Zunge Lob dir ſingen, dir Ehre bringen.

LXXIII. 1. e. B. H. in dem Bilde jetzt. h. B. große. — 2. a. H. gieb
daß ich recht ſehen mag. c. H. dein Verſpeien, Schlag' und Schmach. g. h. H.
dadurch du o Gottesſohn, dir mich hoch verbunden. — 3. h. H. daß ich Gnade
finde. — 4. c. B. Sünden. e. H. du ſelber. — 5. b. H. drohen mit der Höllr.
g. B. liebſt du mich o Gottesſohn. — 6. f—h. H. und hier Dank erweiſe, bis
ich dich (o Herr es gieb!) dort im Himmel preiſe.

Dank ich dorten geb) Jesu dir ge-fallen.

> Anmerk. Von Siegmund von Birken, nicht in alle neuern Sammlungen aufgenommen. Allein der Passionslieder, welche auf christlichem Grunde stehn, dabei von unbiblischer Sentimentalität und Empfindelei oder von subjectivem Quietismus frei, dagegen durch die würdige Einfachheit ausgezeichnet sind, die den Evangelien selber eigen ist — deren sind nicht allzuviele. Das Unsrige verdient nach diesem Canon vollkommen seine Stelle. Die Aenderungen von H. sind alle zweckmäßig, außer in Bs. 4. Z. 7. Hier hat man mit Recht den Patripassianismus meiden wollen, die Strophe aber etwas verwässert; besser: *was mein Heiland (Jesus) büßen mußt.*

74. Jesu, meines Lebens Leben, Jesu, meines Todes Tod, der du dich für mich gegeben in die tiefste Seelennoth; in das äußerste Verderben, nur daß ich nicht möchte sterben: Tausend, Tausendmal sei dir, liebster Jesu, Dank dafür.

2. Du, ach du hast ausgestanden Lästerreden, Spott und Hohn, Speichel, Schläge, Strick und Banden, du gerechter Gottessohn, nur mich Armen zu erretten von des Teufels Sündenketten: Tausend u. s. w.

3. Du hast lassen Wunden schlagen, dich erbärmlich richten zu um zu heilen meine Plagen, um zu setzen mich in Ruh. Ach, du hast zu meinem Segen lassen dich mit Fluch belegen: Tausend u. s. w.

4. Man hat dich sehr hart verhöhnet, dich mit großem Schimpf belegt, gar mit Dornen angekrönet; was hat dich dazu bewegt? daß du möchtest mich ergötzen, mir die Ehrenkron aufsetzen. Tausend u. s. w.

5. Du hast wollen sein geschlagen zu befreien meine (zur Befreiung meiner) Pein, fälschlich lassen dich anklagen, daß ich könnte sicher sein; daß ich möchte trostreich prangen, hast du sonder Trost gehangen. Tausend u. s. w.

6. Du hast dich in Noth gestecket, hast gelitten mit Geduld, gar den herben Tod geschmecket um zu büßen meine Schuld; daß ich würde losgezählt, hast du wollen sein gequälet. Tausend u. s. w.

7. Deine Demuth hat gebüßet, meinen Stolz und Uebermuth, dein Tod meinen Tod versüßet, es kommt Alles mir zu gut; dein Verspotten, dein Verspeien muß zu Ehren mir gedeihen. Tausend u. s. w.

8. Nun, ich danke dir von Herzen Jesu, für gesammte Noth, für die Wunden, für die Schmerzen, für den herben bittern Tod, für dein

---

LXXIV. 2. a. S. du hast willig. — 3. Bei Bs. ausgel. a. S. H. hast dir lassen W. B. du hast lassen wund dich schlagen. b. S. H auch, erbärmlich littest du. B. und erbärmlich. c. d. S. abzuwenden meine Plagen, zu erkaufen meine Ruh. e. S. ja du hast dich mir zum Segen. — 4. Bei Bs. ausgel. a. B. so hart. S. Sünder durften dich verhöhnen. b. B. mit Schmach und Schimpf. S. dich der rein von Thorheit war. K. H. und mit Dornen gar gekrönet. c. d. S. durften dich mit Dörnen krönen, König und der Engel Schaar. e. f. mir die Krone zu erwerben wolltest du in Martern sterben. — 5. a. b. B. du hast dich hart lassen schlagen mich zu lösen von der Pein. S. du hast dich in Qual versenket zu enthehen mich der Pein. b. K. zu vertilgen meine Pein. H. mich zu freien von der Pein. c. K. verklagen. c. d. S. wardst mit Bitterkeit getränket daß ich möchte selig sein. f. K. ohne Trost. — 6. Bei Bs. ausgel. a. b. S. schmachtend in den tiefsten Nöthen starbst du enblich mit Geduld. c. d. S. meines Fleisches Tod zu tödten wegzunehmen meine Schuld. e. f. S. Unschuld mir und Kraft zu geben, wardst du meines Lebens Leben. — 7. c. S. dein Kreuz all mein Leid versüßet. e. f. H. dein Erbleichen muß zu Ehren mir gereichen. S. dein Verlassensein, dein Schreien muß zur Wonne mir gedeihen. — 8. a. S. ja, ich. f. S. und für alle deine Plagen. g. B. für

Zittern, für dein Zagen, für dein
tauſendfaches Plagen, für dein Ach
und tiefe Pein will ich ewig dankbar ſein.

Anmerk. Von E. E. Homburg.
Die zahlreichen Aenderungen Stier's
ſind mir rein unbegreiflich. Wir geſtatten nur zwei; in Vs. 3. Z. 2.
vielleicht: ließ'ſt der Böſen Fre-
vel zu und Vs. 6. Z. 1. vielleicht:
warſt von Schmerzen über-
decket — haſt den herben ꝛc.

Mel. Wer nur den lieben Gott läßt walten.

75. Kommt an der Tod, da ich
ſoll ringen, da iſt zwar meiner Seelen bang; jedoch getroſt, es muß
gelingen, weil Jeſus mit dem Tod
auch rang: dein Ringen, Jeſu, mit
dem Tod erhalte mich in Todesnoth!

2. Der Sünden Heer, des Richters Strenge, der Hölle Glut, des
Todes Graus, die treiben mich, ach,
in die Enge: mein Jeſus hält ſie
für mich aus. Dein Ringen, Jeſu, mit dem Tod erhalte mich in
Todesnoth.

3. Hier lieg' ich armer Wurm
und bete; ach, kämpfet betend doch
mit mir, daß Jeſus meine Seele
rette und mich hindurch im Glauben führ. Dein Ringen, Jeſu, mit
dem Tod erhalte mich in Todesnoth.

4. So, Jeſu, werd ich nicht erliegen, in dich hüll ich mich gläubig ein, wer mit dir ringt wird mit
dir ſiegen, der Tod wird jetzt verſchlungen ſein. Dein Ringen, Jeſu, mit dem Tod hat es vollbracht,
es hat nicht Noth.

Anmerk. Findet ſich ohne Angabe

des Vf. in dem Schleſiſchen Geſbch.
von 1754. Vs. 1. u. 4. bilden Nro.
888. bei Bs., dann ziemlich getreu
bei K. Nro. 3236. Als Vf. wird
hier J. X. Grämlich genannt.
Folgende Aenderungen dürften nöthig
ſein. Vs. 2. Z. 3. Ach, wo iſt
einer der ſie zwänge? Mein
Jeſus u.ſ.w. Vs. 3. Z. 1. hier
lieg ich Staub im Staub'
und bete.

Mel. Chriſtus der uns ſelig macht.

76. Laß mir alle Wochen ſein,
Jeſu, ſtille Wochen, daß ich oft
denk deiner Pein, und was du geſprochen an dem Kreuze: laß mich
es fruchtbarlich erwägen, daß ich
deſſen nie vergeß, Herr, gieb deinen Segen!

2. Dein urſprünglich Wort war
das: Vater vergieb ihnen,
denn ſie ſelbſt nicht wiſſen,
was ſie an mir verdienen!
Spricht hier Gottes Sohn zu Gott
für ſein' ärgſten Feinde, was wird
er nicht in der Noth thun für ſeine Freunde!

3. Drauf der Schächer hört (ſo
dir ſeinen Glauben wieſe): Wahrlich, du wirſt heut mit mir
ſein im Paradieſe! Gieb, wenn
ich nun nicht mehr kann, in des
Todes Schmerzen, daß ich dieſe
Wort alsdann hör' in meinem
Herzen.

4. Weib, ſagſt du zur Mutter,
ſieh deinen Sohn hier ſtehen! zu Johannes: du kannſt
hie deine Mutter ſehen. Auch
dies dritte Wort macht froh und

---

dein Angſt. g. h. S. will ich, weil ich lebe dein und bort ewig dankbar ſein.
g. Bs. ſchwere Pein.

LXXVI. 1. c. d K. was du in der Todespein haſt am Kreuz geſprochen.
e. laß mich jetzt mit Innigkeit. f. und zu ſolcher Gnadenzeit. — 2. a — d.
Vater, alſo ſprachſt du nun, o vergieb es ihnen, die nicht wiſſen was ſie thun
und an mir verdienen. e. bittet ſo der Sohn. — 3. a. b. wie der Schächer
hört von dir Troſtesworte ſüße. e. ſo gieb, wenn ich. g. dieſe Worte dann. —
4. a — d. ſiehe, Weib, das iſt dein Sohn! auf Johannem deutend giebſt du ihm
zum ſchönen Lohn deine Mutter leidend. e. dieſes dritte Wort. g. h. ſorge lie-

läßt Troſt erſcheinen, wenn ich
denk: du wirſt auch ſo ſorgen für
die Meinen.

5. Viertens mußt bei aller Noth
auch der Durſt dich plagen, da man
dich, o Menſch und Gott, hört:
mich dürſtet! klagen. Laß mich,
Jeſu, ſtets in mir gleich der matten
Winden, nach dir, Lebensquelle dir,
heilgen Durſt empfinden.

6. Fünftens rieffſt du, als die
Laſt zunahm ohne Maaßen: mein
Gott, mein Gott, warum haſt
du mich ſo verlaſſen? daß ich
nie verlaſſen blieb wurdeſt du verlaſſen; o der unerhörten Lieb, wer
kann dieſes faſſen?

7. Sechstens, als du nun mit
Macht ſo weit durchgebrochen, haſt
du auch: es iſt vollbracht! uns
zum Troſt geſprochen, denn durch
dich iſt ganz und gar Gottes Zorn
geſtillet, weil was zu vollbringen
war, du für uns erfüllet.

8. Endlich ſchreiſt du laut am
End: Vater, ich befehle meinen Geiſt in deine Händ' —
damit ſchied die Seele. Wenn mir
auch der Tod zuſetzt und mein Herz
will brechen, ſo laß mich dies Wort
zuletzt denken oder ſprechen.

9. Jeſu, Tilger aller Noth, bitt
für mich den Deinen, gieb des Schä-
chers Troſt im Tod, ſorg auch für

die Meinen, laß mich nie aus deiner Acht, o Durſt meiner Seele,
daß ich, wenn der Lauf vollbracht,
dir den Geiſt befehle.

Anmerk. Wir waren lange in Zweifel, ob ſich überhaupt Geſänge über
die ſieben Worte zu Kirchenliedern
im ſtrengen Sinne eignen. Entſchei-
det man ſich dafür, ſo geben wir
aus gewiß dem Sachkundigen ein-
leuchtenden Gründen oben ſtehendem
Geſange den Preis. Ohne Namen
des Vf. ſteht er im Lemgoer Geſgb.
von 1707, eben ſo bei Knapp. Weßel nennt Gerhard Walther
Molanus. Die Aenderungen von
K. beſſern oft die ungefügige Form:
die von Ws. 4. können uns jedoch
nicht zuſagen. Die Zahlangaben haben etwas Anſtößiges.

**77. O du Liebe meiner
Liebe,** du erwünſchte Seligkeit!
die du dich aus höchſtem Triebe in
das jammervolle Leid deines Leidens mir zu gute, als ein Schlacht-
ſchaf eingeſtellt und bezahlt mit deinem Blute alle Miſſethat der Welt.

2. Liebe, die mit Schweiß und
Thränen an dem Oelberg ſich betrübt: Liebe, die mit Blut und Sehnen unaufhörlich feſt geliebt: Liebe, die mit allem Willen Gottes
Zorn und Eifer trägt, den, ſo niemand konnte ſtillen, hat dein (Eifer)
Sterben hingelegt.

---

der Herr auch ſo einſtens für die Meinen. — 5. a—d. ſchon verſchmachtet bis
zum Tod durch ſo viele Plagen, hört man dich, du M. u. G., ach mich dürſtet
ſagen. e. f. kann der Liebe Macht in der ſo den Durſt entzünden. — 6. d. haſt
du mich verlaſſen. — 7. b. durch den Tod gebrochen. f. unſer Fluch geſtillet. —
8. a. letztens. d. und dann ſchied. — 9. f—h. fülle meine Seele, die ich, wenn
mein Lauf vollbracht, gläubig dir befehle.

LXXVII. 1. b. S. o du ſel'ge Herrlichkeit. c. K. die aus wunderbarem
Triebe. S. die du dich aus Liebestriebe. d. K. ſich verſenkt ins tiefſte Leid. f.
K. Liebe die du mir zu gute. g. K. H. als ein Lamm. W. Opfer. — 2. c.
S. heißem Sehnen. W. Thränen. K. Angſt und Sehnen. W. Blut. d. S.
unverrücklich. e. S. freiem Willen. H. reinem W. f. S. aller Sünder Sünden
trägt. g. h. S. ihre ewge Pein zu ſtillen, ſelbſt ſich in den Tod hinlegt. K.
e—h. Liebe, die den Kelch getrunken, den ihr Gott zu trinken bot, Preis dir
daß du hingeſunken uns zu reißen aus der Noth. W. Liebe, die den eignen
Willen in des Vaters Willen legt, und den Fluch der Welt zu ſtillen, treu die Laſt
des Kreuzes trägt. —

3. Liebe, die mit ſtarkem Herzen alle Schmach und Hohn gehört, Liebe, die mit Angſt und Schmerzen nicht der ſtrengſte Tod verſehrt, Liebe, die ſich liebend zeiget als ſich Kraft und Athem end't, Liebe, die ſich liebend neiget als ſich Leib und Seele trennt.

4. Liebe, die mit ihren Armen mich zuletzt umfangen wollt, Liebe, die aus Liebs = Erbarmen mich zuletzt in höchſter Huld ihrem Vater überlaſſen, die ſelbſt ſtarb und für mich bat, daß mich nicht der Zorn ſollt faſſen, weil mich ihr Verdienſt vertrat.

5. Liebe, die mit ſo viel Wunden gegen mich, als ſeine Braut, unaufhörlich ſich verbunden und auf ewig anvertraut: Liebe, laß auch meine Schmerzen, meines Lebens Jammerpein, in dem blutverwundten Herzen, ſanft in dir geſtillet ſein.

6. Liebe, die für mich geſtorben, und ein immerwährend Gut an dem Kreuzesholz erworben; ach, wie denk ich an dein Blut? ach, wie dank ich deinen Wunden du verwundte Liebe du? wenn ich in der letzten Stunden ſanft in deiner Seiten ruh.

7. Liebe, die ſich todt gekränket und für mein erkalt'tes Herz in ein kaltes Grab geſenket, ach, wie dank ich deinem Schmerz? habe Dank, daß du geſtorben, daß ich ewig leben kann und der Seelen Heil erworben: nimm mich, liebſter Jeſu an.

Anmerk. Von Angelus Sileſius, mit allen ſeinen Vorzügen und Schwächen. Aenderungen ſind nicht zu meiden, wohl aber ſo totale Umarbeitungen wie bei K. Meiſtens würde man ſich an S. und W. anzuſchließen haben.

Mel. Herzlich thut mich verlangen.

78. O Haupt voll Blut und Wunden, voll Schmerz und voller Hohn! o Haupt zum Spott gebunden mit einer Dornenkron! o Haupt, ſonſt ſchön gezieret mit höchſter Ehr und Zier, jetzt aber höchſt ſchimpfiret: gegrüßet ſeiſt du mir!

---

3. b. K. allen Spott und Hohn. S. Spott und Läſtern angehört. c. d. Liebe, die in Angſt und Schmerzen ſich um unſer Heil verzehrt. K. Liebe, die bei tauſend Schmerzen ſich von Sündern nicht gekehrt. f. K. als der Athem ging von ihr. W. wo der Athem geht zu End. h. K. neig' o neige dich zu mir. W. da ſich. — 4. b. H. am Kreuz. f. H. die ſelbſt ſterbend für. S. die mit ihrem Tode bat. g. H. daß mir ſei die Schuld erlaſſen. S. mir die Stra'e zu erlaſſen. K. Liebe, die von Gott verlaſſen ihren Arm noch ausgeſpannt, Sünder liebend zu umfaſſen, die ſich frech von ihr gewandt; hier an deinem Kreuzesſtamme werf ich was ich habe hin, wenn ich dir dem Gotteslamme nur auf ewig eigen bin. d—h. W. mich ſo treulich und ſo hold ihrem Vater übergeben — daß ich möchte ewig leben. — 5. S. W. ausgel. b. H. meine Seel als ihre Braut. d. H. ſich auf ewig. f. H. in dem tiefſt. K. in dem tiefgebeugten. K. Liebe, die mit tiefen Wunden uns den Sündern ſich verband, halt mich ewig dir verbunden, führ mich ewig an der Hand. e. meiner Sünden bittre Pein. — 6. b. K. unverwelklich. c. H. K. mir am. d. S. ach wie dank ich deinen W. f. K. ſchmerzenreiche Liebe du. g. H. in den. h. B. S. in deinen Armen. K. H. in deinen Leiden. — 7. b. K. die zu Tod g. b. H. W. erkaltet. K. und ſich für mein kaltes Herz. c. K. in das kalte. B. S. W. in ein kühles. h. Bs. K. H. nimm mich ewig liebend an.

LXXVIII. 1. c. S. K. umwunden. e—g. H. ſonſt hoch verehret, deß höchſte Ehr und Zier jetzt ganz in Schmach ſich kehret. Bs. S. ſonſt ſchön gekrönet mit höchſter Ehr und Zier, jetzt aber hoch verhöhnet. K. W. ſonſt ſchön geſchmücket — doch nun von Schmach gedrücket. g. X. jetzt ſo von Schmach berüh=

2. Du edles Angeſichte, davor
ſonſt ſchrickt und ſcheut das große
Weltgewichte, wie biſt du ſo beſpeit?
wie biſt du ſo erbleichet, wer hat
dein Augenlicht, dem ſonſt kein
Licht mehr gleichet, ſo ſchändlich zu=
gericht't?

3. Die Farbe deiner Wangen,
der rothen Lippen Pracht, iſt hin
und ganz vergangen: des blaſſen
Todes Macht hat alles hingenom=
men, hat alles hingerafft, und da=
her biſt du kommen von deines Lei=
bes Kraft.

4. Nun, was du Herr erduldet,
iſt alles meine Laſt: ich, ich hab es
verſchuldet was du getragen haſt.
Schau her, hier ſteh ich Armer, der
Zorn verdienet hat, gieb mir, o
mein Erbarmer, den Anblick deiner
Gnad.

5. Erkenne mich, mein Hüter,
mein Hirte nimm mich an: von dir,
Quell aller Güter, iſt mir viel Gut's
gethan: dein Mund hat mich gela=
bet mit Milch und ſüßer Koſt, dein
Geiſt hat mich begabet mit man=
cher Himmelsluſt.

6. Ich will hier bei dir ſtehen,
verachte mich doch nicht, von dir will
ich nicht gehen, wenn dir dein Her=
ze bricht; wenn dein Haupt wird
erblaſſen im letzten Todesſtoß, als=
dann will ich dich faſſen in meinen
Arm und Schooß.

7. Es dient zu meinen Freuden
und kömmt mir herzlich wohl, wenn
ich in deinen Leiden, mein Heil,
mich finden ſoll! Ach, möcht ich, o
mein Leben, an deinem Kreuze hier,
mein Leben von mir geben: wie
wohl geſchähe mir!

8. Ich danke dir von Herzen, o
Jeſu liebſter Freund, für deines
Todes Schmerzen, da du's ſo gut
gemeint: ach gieb, daß ich mich halte
zu dir und deiner Treu, und wann
ich nun erkalte in dir mein En=
de ſei.

9. Wann ich einmal ſoll ſcheiden,
ſo ſcheide nicht von mir! wann ich
den Tod ſoll leiden, ſo tritt du dann
herfür! wann mir am allerbängſten
wird um das Herze ſein, ſo reiß
mich aus den Aengſten kraft deiner
Angſt und Pein.

10. Erſcheine mir zum Schilde,
zum Troſt in meinem Tod und laß
mich ſehn dein Bilde in deiner Kreu=
zesnoth: da will ich nach dir blicken,
da will ich glaubensvoll dich feſt
an mein Herz drücken: wer ſo ſtirbt,
der ſtirbt wohl.

Anmerk. Von **Paul Gerhardt**
ziemlich getreu nach der Hymne des
h. Bernhard: Salve caput cru=
entatum. Wir werden mit der
Behauptung nicht mißverſtanden wer=
den, daß einige Verſe dieſes innigen
Paſſionsgrußes ſich nicht in einen
Kirchengeſang eingereiht zu werden

ret. — 2. b. H. davor ſich ſonſten ſcheut. S. das Schrecken ſonſt gebeut. c. S. den
Feinden im Gerichte. - H. der ganzen Welt Gewichte. d. H. wie biſt du ſo entweiht.
b–d. K. wie biſt du ſo beſpien, ſinkt nicht vor deinem Lichte ſonſt Erd und Himmel
hin. — 3. bei K. ausgel. g. h. S. du biſt an's Ziel gekommen, es ſtirbt des Leibes
Kraft.— 4. c. B. ich hab' es ſelbſt; eine Variante, die von Langbecker der Lesart bei
Feuſtking vorgezogen iſt. f. h. K. mit meiner Todesſchuld — den Anblick deiner
Huld.— 5. f. h. S. mit ſüßer Worte Koſt — mit manchem Himmelstroſt. e—h. K.
dein Wort hat oft gewehret dem Leid in meiner Bruſt, dein Geiſt hat mir beſcheeret
ſo manche H.. W. mit wunderbarem Troſt — mit reicher Gnadenkoſt. — 6. b. W.
mich nur. e. H. dein Herz. S. und ſeh' ich dich erblaſſen. e. g. h. K. wenn mein
Haupt wird erblaſſen — alsdann wollſt du mich faſſen in deinen Arm und Schooß.
— 7. b. B. H. S. thut mir. d. K. in deine Leiden — mich ſenken ſoll. —
8. c. H. B. S. K. W. Todesſchmerzen. f. S. zu dir mit Gegentreu. — 9. e.
f. S. und wenn am allerb. mir um das Herz — 10. c. H. dich laß mich ſehn
im Bilde. c. d. S. W. und laß mich ſehn im Bilde, Herr, deine Kr.

eignen. Unbedenklich kann man Vs. 4. mit paßlichem Uebergange an Vs. 1. ſchließen, Vs. 5. aber wieder auslaſſen. In den bleibenden 7 Strophen geſtatten wir, außer dem „ſ ch i m p f i r e t“ nicht die geringſte Aenderung.

79. O Lamm Gottes un = ſchuldig am Stamm des Kreuzes geſchlachtet, allzeit erfunden duldig, wiewohl du wurdſt verachtet: all Sünd haſt du getragen, ſonſt müßten wir verzagen; erbarm dich unſer, o Jeſu!

2. O Lamm Gottes unſchuldig am Stamm des Kreuzes geſchlachtet, allzeit erfunden duldig, wiewohl du wurdſt verachtet: all Sünd haſt du getragen, ſonſt müßten wir verzagen; erbarm dich unſer, o Jeſu!

3. O Lamm Gottes unſchuldig am Stamm des Kreuzes geſchlachtet, allzeit erfunden duldig, wiewohl du wurdſt verachtet: all Sünd haſt du getragen, ſonſt müßten wir verzagen, gieb uns dein' Frieden, o Jeſu!

Anmerk. Ein alt=ehrwürdiges Agnus Dei von Nic. Decius.

Mel. O Welt ich muß dich laſſen.

80. O Welt, ſieh hier dein Le =

ben am Stamm des Kreuzes ſchwe = ben, dein Heil ſinkt in den Tod! der große Fürſt der Ehren läßt willig ſich beſchweren, mit Schlägen, Hohn und großem Spott.

2. Tritt her und ſchau mit Fleiße: ſein Leib iſt ganz mit Schweiße des Blutes überfüllt; aus ſeinem edlen Herzen, vor unerhörten Schmerzen, ein Seufzer nach dem andern quillt.

3. Wer hat dich ſo geſchlagen, mein Heil und dich mit Plagen ſo übel zugericht't? du biſt ja nicht ein Sünder wie wir und unſre Kinder, von Miſſethaten weißt du nicht.

4. Ich, ich und meine Sünden, die ſich wie Körnlein finden des Sandes an dem Meer, die haben dir erreget das Elend, das dich ſchläget, und das betrübte Marterheer.

5. Ich bin's, ich ſollte büßen, an Händen und an Füßen gebunden in der Höll': die Geißeln und die Banden, und was du ausgeſtanden, das hat verdienet meine Seel.

6. Du nimmſt auf deinen Rücken die Laſten, die mich drücken, viel ſchwerer als ein Stein: du wirſt (biſt) ein Fluch, dagegen verehrſt

---

LXXIX. 1. a. Bs. o Gottes Lamm. b. Bs. K. S. am Kreuzesſtamm ge = ſchlachtet. c. H. B. K. W. allzeit erfunden geduldig. S. erfunden ſtets geduldig. d. Bs. K. S. H. du warſt. S. wie ſehr du warſt. — W. dichtet Vs. 2. und 3. zu neuen Verſen um, verkennt aber dabei völlig, daß eben in der Wiederholung der einfach = gläubigen Worte die Kraft des Geſanges liegt.

LXXX. 1. f. K. S. mit Banden, Schlägen, Hohn u. S. — 2. b. c. S. mit Blut und Todesſchweiße ſein Leib iſt überfüllt. K. mit Blut u. T. iſt ganz ſein Leib bedeckt. c. W. des Todes. f. Bs. B. H. W. unerſchöpften. d — f. K. und unnennbare Schmerzen fühlt er in ſeinem Herzen, da er den Kelch des Lei = bens ſchmeckt. — b. d. S. K. und dieſes Heer von Plagen, Herr, wider dich er = regt. f. K. S. wie ſind dir Strafen auferlegt. — 4. c. K. ach ich und. b. c. S. der ſich ſo viele finden als Sand am weiten M. K. die ſich ſo zahllos finden als wie der Sand am Meer. d. e. K. S. die haben dich ge = ſchlagen, die brachten dieſe Plagen. f. S. auf dich und dieſes Marterheer. K. und dieſe Martern auf dich her. — 5. b. S. K. H. in ewgen Finſterniſſen. c. S. K. was nun dein Tod geſühnt. f. S. K. das alles, Herr, hab ich verdienet. W. gebunden in der Qual — hab' ich verdienet allzumal. — 6. Vei W. ausgel. c. S. wie ein Gebirge ſchwer. K. ein Gebirg ſo ſchwer. e. S. K. erwirbſt du mir. B. H. beſcheerſt du. f. H. dein Schmerz muß Labſal für mich ſein. S. und o wie gnadenreich iſt er. K. und o wie herrlich groß iſt der. —

du mir den Segen, dein Schmer=
zen muß mein Labsal sein.

7. Du setzest dich zum Bürgen
ja, lässest dich gar würgen für mich
und meine Schuld; mir lässest du
dich krönen mit Dornen, die dich höh=
nen und leidest alles mit Geduld.

8. Du springst in's Todesrachen,
mich frei und los zu machen von sol=
chem Ungeheu'r: mein Sterben
nimmst du abe, vergräbst es in dem
Grabe: o unerhörtes Liebesfeur!

9. Ich bin, mein Heil verbun=
den all Augenblick und Stunden,
dir überhoch und sehr: was Leib
und Seel vermögen, das soll ich
billig legen allzeit an deinen Dienst
und Ehr.

10. Nun, ich kann nicht viel ge=
ben in diesem armen Leben, eins aber
will ich thun: es soll dein Tod und
Leiden, bis Leib und Seele scheiden,
mir stets in meinem Herzen ruhn.

11. Ich will's vor Augen setzen,
mich stets daran ergötzen, ich sei

auch wo ich sei: es soll mir sein ein
Spiegel der Unschuld, und ein Sie=
gel der Lieb' und unverfälschten
Treu.

12. Wie heftig unsre Sünden den
frommen Gott entzünden, wie Rach
und Eifer gehn: wie grausam seine
Ruthen, wie zornig seine Fluthen,
will ich aus deinem Leiden sehn.

13. Ich will daraus studiren, wie
ich mein Herz soll zieren, mit stil=
lem, sanften Muth: und wie ich
die soll lieben, die mich doch sehr
betrüben mit Werken, so die Bos=
heit thut.

14. Wenn böse Zungen stechen,
mir Glimpf und Namen brechen,
so will ich zähmen mich; das Un=
recht will ich dulden, dem Nächsten
seine Schulden verzeihen gern und
williglich.

15. Ich will mich mit dir schla=
gen ans Kreuz, und dem absagen
was meinem Fleisch gelüst: was
deine Augen hassen, das will ich

---

7. b. Bs. S. K. B. H. W. ja lässest dich erwürgen. d. K. für mich. — 8. a.
H. du gehst. a—c. K. vom Tod mich frei zu machen, springst du in seinen Ra=
chen und in die tiefste Fluth. S. du giebst dich ins Verderben und durch dein be=
lig Sterben bin ich verdammtsfrei. d. e. H. versüßest mir mein Sterben machst
mich zum Himmelserben. S. begräbst in deinem Grabe was ich zu sterben habe,
o unerhörte Liebestreu. K. du stirbst, daß ich nicht sterbe, nicht ewiglich verberbe,
o unerhörte Liebesglut. W. Sünd, Tod und was ich habe, vergräbst du in dem Gra=
be. — 9. a. K. Herr, dir bin ich v. c. K. ich bin dein Eigenthum. d—f. K. mich
dankbar zu erweisen soll Leib und Seel dich preisen, und dir gehorchen sei mein Ruhm.
f. W. zu deinem. — 10. a. S. zwar kann ich nichts dir. — 11. S. transponirt
die Verse 11 u. 12. S. dein Vorbild soll mich lehren des Vaters Rath zu ehren,
was auch sein Wille sei; du wollst o Herr mich stärken zu allen guten Werken in
Lieb und unv. Treu. — 12. a—c. S. K. H. wie strenge Gott Verbrechen an
denen werde rächen, die ihre Huld verschmähn. d. e. S. K. wie schwer sie ihrer
Sünden Vergeltung werden finden. H. was ohne dich für Bürden, uns ewig
drücken würden. W. wie wir mit unsern S. des Herrn Gericht entzünden, daß
Rach und Eifer gehn: wie strenge Gottes Ruthen, wie tief der Strafe Fluthen. —
13. a. b. H. W. daran erblicken, wie ich mein Herz soll schmücken. a—c. S. ich will
mit Ernst bedenken, wie ich mein Herz soll lenken zu. K. dein Vorbild soll mich
lehren den Rath des Vaters und thun was er gebeut. d—f. S. ich will
des Lebens Plagen getrost und willig tragen, und schauen auf das ewge Gut. K.
nicht meinen eignen Willen, nur seinen zu erfüllen, sei meine Lust und Seligkeit.
e. W. so sehr. — Zwischen Bs. 13. u. 14. dichtet K. einen neuen Vers hinzu.
15. a—c. S. ans Kreuz dir schlagen die Lüste und entsagen, dem was dir Herr
mißfällt. b. c. K. und dem entsagen was dir o Herr mißfällt. a—c. H. ich
will ans Kreuz mich schlagen, der Sündenlust entsagen, rein werden wie du bist. f.
H. so viel durch dich. K. so viel mir immer möglich ist. W. entsagen was

fliehn und laſſen ſo viel mir immer
möglich iſt.

16. Dein Seufzen und dein Stöhnen und die viel tauſend Thränen,
die dir gefloſſen zu: die ſollen mich
am Ende in deinen Schooß und
Hände begleiten zu der ewgen Ruh.

Anmerk. Von P. Gerhardt. Dies
Lied kann für den kirchlichen Gebrauch um ſo eher verkürzt werden, als es nicht wenige Anklänge
an andere Paſſionslieder des Dichters hat. Wir würden auszulaſſen
rathen Vs. 2. 5. 8. 12. 13. 14. In
den bleibenden Verſen wird wenig
oder nichts zu ändern ſein.

81. Wenn meine Sünd'
mich kränken, o mein Herr Jeſu Chriſt, ſo laß mich wohl bedenken, wie du geſtorben biſt und
alle meine Schuldenlaſt am Stamm
des heilgen Kreuzes auf dich genommen haſt.

2. O Wunder ohne Maaßen wenn
man's betrachtet recht! es hat ſich
martern laſſen der Herr für ſeine(n)
Knecht; es hat ſich ſelbſt der wahre Gott für mich verlornen Menſchen gegeben in den Tod.

3. Was kann mir denn nun ſchaden der Sünden große Zahl? ich
bin bei Gott in Gnaden; die Schuld
iſt allzumal bezahlt durch Chriſti theu-

res Blut, daß ich nicht mehr darf
fürchten der Hölle Qual und Glut.

4. Drum ſag' ich dir von Her-
zen jetzt und mein Leben lang, für
deine Pein und Schmerzen, o Jeſu,
Lob und Dank: für deine Noth und
Angſtgeſchrei, für dein unſchuldig
Sterben, für deine Lieb' und Treu.

5. Herr, laß dein bitter Leiden
mich reizen für und für, mit allem
Ernſt zu meiden die ſündliche Begier: daß mir nie komme aus dem
Sinn, wie viel es doch gekoſtet, daß
ich erlöſet bin.

6. Mein Kreuz und meine Plagen, ſollts auch ſein Schmach und
Spott, hilf mir geduldig tragen;
gieb, o mein Herr und Gott, daß
ich verleugne dieſe Welt und folge
dem Exempel, das du mir vorgeſtellt.

7. Laß mich an andern üben,
was du an mir gethan und meinen Nächſten lieben, gern dienen
Jedermann ohn' Eigennutz und Heu-
chelſchein und, wie du mir erwie-
ſen, aus reiner Lieb allein.

8. Laß endlich deine Wunden mich
tröſten kräftiglich in meinen letzten
Stunden, und deß verſichern mich:
weil ich auf dein Verdienſt nur trau,
du werdeſt mich annehmen, daß ich
dich ewig ſchau.

---

meinem Fleiſch gefällt — gefiel es auch der ganzen Welt. S. ich will ans Kreuz
dir ſchlagen den Lüſten und entſagen, dem was dir Herr mißfällt — gefiel es auch
der ganzen Welt. — 16. S. K. dein kräftiges (K. göttliches) Verſöhnen, dein
Angſtgeſchrei und Stöhnen, ſpricht Muth im Tod mir zu; getroſt geb' ich am Ende
den Geiſt in deine Hände, du führſt ihn zu der ewgen Ruh. (S. und du führſt
ihn.) a. W. Sehnen.

LXXXI. 1. a. Bs. wenn mich mein Sünden k. W. wenn mich die. a—c.
S. meine Sünd mich kränket — hilf daß mein Herz bedenket. — 2. a. Bs. wer
es betrachtet recht. c. W. er. e. K. W. mein Herr und Gott. — 3.
a—d. K. wie kann's mir denn nun ſchaden wie groß die Sünde ſei, ich
bin bei Gott in Gnaden und aller Schulden frei. e. K. ſie ſind getilgt
durch Chriſti Blut und ich darf nimmer fürchten. e. W. getilgt. — 4. c.
H. ſolche. e. W. für beine Sanftmuth und Geduld. — 5. e. K. W. laß
uns nie. — 6. a—d. K. mein Elend, meine Plagen, ſollts ſein auch Hohn und
Spott — und treu ſein bis zum Tod. e. K. hilf mir verleugnen. f. S. und
folge ſtets dem Bilde. K. und treu dem Vorbild folgen. W. und folge jenem
Bilde. — 7. d. K. gern helfen wo ich kann. — 8. W. in meinen letzten Stun-

Anmerk. Von Juſtus Geſenius. Aenderungen brauchen bei dieſem Geſange gar nicht einzutreten.

Mel. Chriſte der du biſt Tag und Licht.

82. Wir danken dir, Herr Jeſu Chriſt, daß du für uns geſtorben biſt, und haſt uns durch dein theures Blut vor Gott gemacht gerecht und gut.

2. Und bitten dich, wahr'r Menſch und Gott, durch dein' heilig fünf Wunden roth, erlöſ' uns aus dem ewgen Tod und tröſt uns in der letzten Noth.

3. Behüt uns auch vor Sünd und Schand, reich uns dein' allmächtige Hand, daß wir im Kreuz geduldig ſein, uns tröſten deiner ſchweren Pein.

4. Und ſchöpfen draus die Zuverſicht, daß du uns wirſt verlaſſen nicht, ſondern ganz treulich bei uns ſtehn, bis wir durch's Kreuz in's Leben gehn.

Anmerk. Von Chr. Fiſcher; Veränderungen ſind unzuläſſig.

B) Abgekürzte Lieder und Verſe.

Mel. Herzlich thut mich verlangen.

83. Denk ich der Dornenkrone um meines Heilands Haupt, ſo dankt dem Menſchenſohne mein Herz, das an ihn glaubt. Es wallt von heißem Triebe, ruft ihm bewundernd zu: o Jeſu welche Liebe, o welch ein Menſch biſt du!

2. Was ſoll'n wir Sünder ſagen? wir ſind auf ewig dein; lehr uns für ſolche Plagen dir herzlich dankbar ſein. Einſt ſei vor deinem Throne dein ew'ger Ruhm erlaubt und die erworbne Krone des Lebens auf dem Haupt.

Anmerk. Vs. 1. u. 3. aus dem Liede: Denk ich der Dornenkrone (bei K. u. W.) v. Ph. Hiller.

Mel. An Waſſerflüſſen Babylon.

84. Ein Lamm geht hin und trägt die Schuld der Welt und ihrer Kinder; es geht und büßet in Geduld die Sünden aller Sünder: es geht dahin, wird matt und krank, ergiebt ſich auf die Würgebank und ſchont nicht ſeines Blutes. O ſüßes Lamm, was ſoll ich dir erweiſen dafür, daß du mir erzeigteſt ſo viel Gutes.

2. Mein Lebetage will ich dich aus meinem Sinn nicht laſſen; dich will ich ſtets, gleich wie du mich mit Liebesarmen faſſen: du ſollſt ſein meines Herzens Licht und wenn mein Herz im Sterben bricht, ſollſt du mein Herze bleiben. Ich will mich, o mein höchſter Ruhm, hiemit zu deinem Eigenthum auf ewig dir verſchreiben.

Anmerk. Aus dem Liede: Ein Lämmlein geht und trägt die Schuld von P. Gerhardt.

Mel. Chriſtus der uns ſelig macht.

85. Gotteslamm, du haſt dein Blut auch für mich vergoſſen: habe Dank! in Herz und Muth hab' ich dich geſchloſſen. Leben will und ſchlafen ein ich in deinen Armen:

den ſtröm du mir Kraft und Ruh, mir Heil aus deinen Wunden und deinen Frieden zu: du biſts allein auf den ich trau, bu wolleſt.

LXXXII. 2. b. H. durch deine Wunden, Schmach und Spott. Bs. durch deine heilgen Wunden roth. a. c. K. du Gottes und der Menſchen Sohn verherrlicht nun nach Schmach und Hohn. — 3. b. Bs. und reich uns. H. und reich uns hülfreich deine Hand. — 4. c. K. H. vielmehr ganz.

Jeſu Chriſt, du wirſt dich mein durch
dein Blut erbarmen.

Anmerk. Vs. 10. aus dem Liede:
Chriſti roſinfarbnes Blut
aus dem Halberſtädter Geſangbuch
von 1740.

Mel. O du Liebe meiner Liebe.

86. Lamm, du haſt dich mir er=
geben, dir ergeb ich wieder mich
und verſchreibe mich daneben dein
zu bleiben ewiglich; du biſt nun er=
höhet worden, Liebſter, zeuch mich
dir bald nach, daß ich in der En=
gel Orden deine Treu beſingen mag.

Anmerk. Vs. 9. aus dem Liede:
Unveränderliches Weſen von
J. A. Freylinghauſen.

Mel. Freu dich ſehr o meine Seele.

87. Meine Seele, nimm zu Her=
zen und mit allem Fleiß betracht
deines Jeſu bittre Schmerzen, der
zum Heiland dir gemacht; der durch
ſeinen blut'gen Tod dich erlöſt aus
aller Noth: drum, o Seele, nimm
zu Herzen deines Jeſu bittre
Schmerzen.

2. Nunmehr geheſt du zum Le=
ben weil er ging für dich in Tod:
nun wirſt du in Freuden ſchweben,
weil er hat vollendt die Noth; nun
wird Frieden, Kraft und Heil durch
ſein Kreuz dein ewig Theil: drum,
o Seele nimm zu Herzen deines
Jeſu bittre Schmerzen.

Anmerk. Erſter und letzter Vers
aus dem Liede: Meine Seele
nimm zu Herzen bei Knapp.

Mel. Ich hab' mein' Sach Gott heimgeſtellt.

88. Nun iſt es Alles wohlge=
macht, weil Jeſus ruft: es iſt voll=
bracht! er neigt ſein Haupt, o Menſch,
und ſtirbt, der dir erwirbt das Le=
ben, das niemals verdirbt.

2. Erſchrecklich, daß der Herr er=
bleicht der Herrlichkeit, dem Nie=

mand gleicht, der Lebensfürſt: die
Erde kracht und es wird Nacht, weil
Gottes Sohn wird umgebracht.

3. Die Sonn verlieret ihren
Schein, des Tempels Vorhang rei=
ßet ein, der Heilgen Gräber öffnen
ſich ganz wunderlich: ſie ſtehen auf
ganz ſichtbarlich.

4. Weil denn die Creatur ſich
regt, ſo werd, o Menſch, hierdurch
bewegt: zerreißt ein Fels und du
wirſt nicht durch dies Gericht be=
wogen, daß dein Herze bricht?

5. Ach, Vater, ach dein einger
Sohn erbleicht am Kreuz mit
Schmach und Hohn; nun dies ge=
ſchieht für meine Schuld; drum
hab' Geduld und zeig in Jeſu Gnad
und Huld.

6. Ich will nun abgeſtorben ſein
der Sünd' und leben ihm allein;
es hat ſein Tod das Leben mir ge=
bracht herfür und aufgethan die
Himmelsthür.

7. So will ich dich, Herr Jeſu
Chriſt, daß du für mich geſtorben
biſt von Herzen preiſen in der Zeit,
und nach dem Streit in Freud' und
Wonn in Ewigkeit.

Anmerk. Vs. 1—4. 7. 11. 12. aus
dem Liede: Nun iſt es Alles
wohlgemacht von Laur. Lau=
renti. Die würdig=erſchütternde
Melodie iſt dem Texte vollkommen
angemeſſen.

Mel. Chriſtus der uns ſelig macht.

89. O hilf, Chriſte, Gottesſohn!
durch dein bitter Leiden, daß wir
dir ſtets unterthan all' Untugend
meiden, deinen Tod und ſein' Ur=
ſach fruchtbarlich bedenken, dafür,
wiewohl arm und ſchwach, dir
Dankopfer ſchenken.

Anmerk. Letzter Vers aus dem al=
ten Liede von M. Weiß: Chri=
ſtus der uns ſelig macht (Pa=
tris ſapientia).

Mel. Christus der uns selig macht.

90. Treuer Heiland, habe Dank für dein bitter Leiden, Dank für deinen Todesgang, Dank für dein Verscheiden: Was dem Danken hier gebricht, soll dort besser klingen, wenn du mich, mein schönstes Licht, wirst zum Himmel bringen.

Anmerk. Vs. 8. aus dem Liede: Liebster Jesu wie soll ich von J. Weikhmann.

Mel. Sieh hier bin ich Ehrenkönig.

91. Zeuch durch deines Todes Kräfte uns in deinen Tod hinein! laß das Fleisch und sein Geschäfte, Herr, mit dir gekreuzigt sein! daß der Wille werde stille und die Liebe heiß und rein.

Anmerk. Aus dem Liede: Ruhe hier mein Geist ein wenig von G. Tersteegen.

X.
Von Jesu Begräbniß.

A) Vollständige Lieder.

Mel. Herr Jesu Christ meins Lebens Licht.

92. Der du, Herr Jesu, Ruh und Rast in deinem Grab gehalten hast, gieb, daß wir in dir ruhen all' und unser Leben dir gefall.

2. Verleih', o Herr, uns Stärk' und Muth, die du erkauft mit deinem Blut und führ uns in das Himmelslicht zu deines Vaters Angesicht.

3. Wir danken dir, o Gotteslamm, getödtet an des Kreuzes Stamm: laß ja uns Sündern deine Pein ein'n Eingang in das Leben sein.

Anmerk. Von Georg Werner, bedarf nirgends einer Aenderung.

93. O Traurigkeit, o Herzeleid! ist das nicht zu beklagen?

Gott des Vaters einig Kind wird in's Grab getragen.

2. O große Noth! Gott selbst liegt todt, am Kreuz ist er gestorben, hat dadurch das Himmelreich uns aus Lieb' erworben.

3. O Menschenkind, nur deine Sünd hat dieses angerichtet, da (wie) du durch die Missethat warest ganz vernichtet.

4. Dein Bräutigam, das Gotteslamm, liegt hier mit Blut beflossen, welches er (es) ganz mildiglich hat für dich vergossen.

5. O süßer Mund, o Glaubensgrund wie bist du doch zerschlagen! alles, was auf Erden lebt, muß dich ja beklagen.

6. O lieblich Bild, schön, zart und mild, du Söhnlein der Jung-

XCII. 1. c. S. daß wir auch in dir. c. d. K. damit wir alle in dir ruhn und deines Gottes Willen thun. — 2. c. S. K. zu des Himmels Licht. d. S. K. vor deines. — 3. b. K. das uns erkauft. c. H. es soll uns. S. K. ach laß uns.

XCIII. 2. a. Bs. H. S. K. B. der Herr ist todt. „Gott" mit Recht als patripassianisch gestrichen, das „liegt" mußte als concreter und anschaulicher bleiben; vielleicht: mein Herr liegt todt. c. K. doch er hat. — 4. c. d. K. welches er am Kreuzesstamm mild für dich vergossen. — 5. Bei Bs. S. ausgel.

4 *

frauen, niemand kann dein heißes Blut sonder Reu anschauen.

7. Hochselig ist zu (aller) jeder Frist der dieses recht bedenket, wie der Herr der Herrlichkeit wird in's Grab gesenket.

8. O Jesu du, mein' Hülf und

Ruh, ich bitte dich mit Thränen: hilf, daß ich mich bis ins Grab, nach dir möge sehnen.

Anmerk. Von Joh Rist, ein wahrer würdiger Grabgesang der Kirche. Vs. 5. u. 6. auszulassen; in den übrigen Versen, außer Vs. 2. Z. 1. nichts zu ändern.

B) Abgekürztes Lied.

Mel. O Traurigkeit o Herzeleid.

94. So ruhest du, o meine Ruh, in deiner Grabeshöhle und erweckst durch deinen Tod meine todte Seele.

2. Man senkt dich ein nach vieler Pein, du meines Lebens Leben; dich hat jetzt ein Felsengrab, Fels des Heils, umgeben.

3. So will auch ich, mein Jesu, dich in meine Seele senken und an deinen bittern Tod bis in Tod gedenken.

Anmerk. Vs. 1. 2. 7. aus dem Liede: So ruhest du von Salomo Franck.

XI.

Oster=Lieder.

A) Vollständige Gesänge.

95. Christ ist erstanden von der Marter alle: deß soll'n wir Alle froh sein, Christus will unser Trost sein, Kyrieleis.

2. Wär er nicht erstanden, die Welt die wär vergangen: seit daß er erstanden ist, loben wir den Herrn Jesum Christ, Kyrieleis.

3. Halleluja! Halleluja! Halleluja! deß soll'n wir alle froh sein, Christus will unser Trost sein, Kyrieleis.

Anmerk. Schon im 14ten Jahrhund. und wohl noch früher vorhanden. In den ältesten Exemplaren finden

sich manche Varianten; wir haben die Antiphone so gegeben, wie sie in den Gesangbüchern jetzt gebräuchlich ist.

Mel. O daß ich tausend Zungen hätte.

96. Der Tod ist todt, das Leben lebet! das Grab ist selbst begraben nun, mein Jesus, der sein Haupt erhebet, will ferner nicht im Kerker ruhn und stellt mir diese Losung für: ich leb' und ihr lebt auch mit mir.

2. Nun liegt der Tod zu meinen Füßen, der Lebensfürste stirbt

---

a. c. K. o süßes Heil, mein bestes Theil wie bist du so. — 6. Bei Vs. S. ausgel. a. K. o edles Bild. b. K. in deinen Todeswehen. H. du Freude unsrer Herzen. c. d. K. niemand soll dein rinnend Blut ohne Reu ansehen. H. deinen Tod und Blut sehn wir voller Reu und Schmerzen. — 7. a. B. K. H. o selig ist.

nicht mehr, er weiß die Gräber auf=
zuschließen, er stürzt das blaße Tod=
tenheer, das Siegeslied klingt herr=
lich hier: ich leb' und ihr lebt auch
mit mir.

3. Mein Jesu, Wahrheit, Weg
und Leben, der Leben hat und Le=
ben giebt: wie soll ich den Triumph
erheben, der Rach an meinen Fein=
den übt? sie liegen dort, du rufest
hier: ich leb' und ihr lebt auch
mit mir.

4. Das Haupt belebet seine Glie=
der, wer wollte dann gestorben sein?
die Lebenssonne scheint uns wie=
der und leuchtet bis ins Grab hin=
ein; da lesen wir die Grabschrift
hier: ich leb' und ihr lebt auch
mit mir!

5. O todter Tod, wie kannst du
schrecken? mein Jesus nimmt das
Schrecken hin; wie er sich selbsten
kann erwecken so werden wir er=
weckt durch ihn; wenn Jesus lebt,
so leben wir: ich leb' und ihr lebt
auch mit mir.

Anmerk. Von B. Schmolcke,
sehr selten, vgl. Nro. 217. im Neuen
Berl. Gesangbuch.

Mel. Erschienen ist der herrlich Tag.

97. Erinnre dich, mein Geist,
erfreut des hohen Tags der Herr=
lichkeit! halt im Gedächtniß Jesum
Christ, der von dem Tod erstanden
ist, Halleluja!

2. Fühl' alle Dankbarkeit für ihn,
als ob er heute dir erschien, als
spräch' er: Friede sei mit dir! so freue dich, mein Geist, in mir,
Halleluja!

3. Schau über dich und bet ihn
an: er mißt den Sternen ihre Bahn;
er lebt und herrscht mit Gott ver=
eint und ist dein König und dein
Freund, Halleluja!

4. Macht, Ruhm und Hoheit
immerdar dem, der da ist und der
da war! sein Name sei gebene=
deit von nun an bis in Ewigkeit,
Halleluja!

5. O Glaube, der das Herz er=
höht! was ist der Erde Majestät,
wenn sie mein Geist mit der ver=
gleicht, die ich durch Gottes Sohn
erreicht, Halleluja!

6. Vor seinem Thron, in seinem
Reich, unsterblich, heilig, Engeln
gleich und ewig, ewig selig sein:
Herr, welche Herrlichkeit ist mein,
Halleluja!

7. Mein Herz erliegt froh unter
ihr, Lieb' und Verwundrung kämpft
in mir und voll von Ehrfurcht,
Dank und Pflicht, fall ich, Gott,
auf mein Angesicht, Halleluja!

8. Du, der du in den Himmeln
thronst, ich soll da wohnen wo du
wohnst und du erfüllst einst mein
Vertraun, in meinem Fleische dich
zu schaun, Halleluja!

9. Ich soll, wenn du, des Le=
bens Fürst, in Wolken göttlich kom=
men wirst, erweckt aus meinem
Grabe gehn und rein zu deiner
Rechten stehn, Halleluja!

10. Mit Engeln und mit Sera=
phim, mit Thronen und mit Che=
rubim, mit allen Frommen aller
Zeit soll ich mich freun in Ewig=
keit, Halleluja!

XCVII. 2. Bei S. ausgel. a. K. entbrenn in Lieb und Dank. — 4. Bei
S. zwischen Vs. 12 u. 13. gestellt. — 5. a. S. mein Heiland ist für mich erh.
c. K. mit dem. d. K. was ich. — 6. a. b. S. auf deinem Thron, in deinem
Reich, dir selber o mein König gleich. — 7. Bei S. K. ausgel. a. B. erlieget
froh vor dir. — 8. c. d. K. erfüllest mein Vertraun dich in der Herrlichkeit
zu schaun. — 9. a. B. du einst. K. du o. K. in deiner Ehre kommen. K.
in Wolken wiederk. c. K. verklärt. d. K. und froh. — 10. a. b. K. mit dei=
ner heilgen Engel Schaar soll ich dich loben immerdar.

11. Zu welchem Glück, zu welchem Ruhm erhebt uns nicht das Christenthum! mit dir gekreuzigt Gottessohn, sind wir auch auferstanden schon, Halleluja!

12. Nie komm es mir aus meinem Sinn, was ich, mein Heil, dir schuldig bin, damit ich mich, in Liebe treu, zu deinem Bilde stets erneu, Halleluja!

13. Er ist's, der Alles in uns schafft, sein ist das Reich, sein ist die Kraft: halt im Gedächtniß Jesum Christ, der von dem Tod erstanden ist, Halleluja!

Anmerk. Von C. F. Gellert. Zuweilen fehlt das Halleluja am Ende der Verse und dann ist die Mel.: Vom Himmel hoch da komm ich her vorzuschreiben, welche G. selbst gewählt hat. Uebrigens findet sich in dem Gesange manches, was dem Character des Kirchenliedes widerstrebt, z. B. die bei G. so häufigen Apostrophen an Abstracta. Bs. 11. ist auf jeden Fall auszulassen und besonders bei Bs. 2. 3. 1. Bs. 5. 3. 1. unter den Aenderungen zu wählen.

Mel. Erschienen ist der herrlich Tag.

98. Erstanden ist der Herre Christ, der aller Welt ein Heiland ist; er ist erstanden sicherlich mit Sieg des Tod's gewaltiglich, Halleluja!

2. Deß freu sich nun ein jeder Christ, daß Jesus auferstanden ist, welcher für uns am Kreuze starb, und uns sein's Vaters Huld erwarb, Halleluja!

3. Der lebt und herrschet uns zu gut, der Tod ihm nichts mehr schaden thut: er giebt Weisheit, Gerechtigkeit, Erlösung und die Seligkeit, Halleluja!

4. Allen die zu ihm Zuflucht ha'n und ihn im Glauben rufen an: ach Jesu Christ, des Todes Tod, komm uns zu Hülf in Sterbensnoth, Halleluja!

Anmerk. In alten Gesgb. findet sich neben dem Liede von M. Vulpius: Erstanden ist der heil'ge Christ auch das obige, das wie ein Auszug erscheint, wenn auch mit verschiednem Metrum. Wir haben diesen Auszug vorgezogen, weil er sich mehr zum Kirchengesange eignet als das Original selbst.

Mel. Jesus meine Zuversicht.

99. Halleluja! Jesus lebt! Tod und Teufel sind bezwungen; Gruft und Kluft und Erde bebt da der Held hindurch gedrungen. Geht nicht mehr nach Golgatha: Jesus lebt, Halleluja!

2. Halleluja! seht das Grab, die ihr seinen Tod beweinet; wischet eure Thränen ab weil die helle Sonne scheinet. Euer Goel ist nicht da; Jesus lebt, Halleluja!

3. Halleluja! suchet nicht den Lebendigen bei Todten, glaubet aber dem Bericht der verklärten Osterboten; diese wissen was geschah: Jesus lebt, Halleluja!

4. Halleluja! dieses Wort soll mich wiederum beleben; kann ich gleich nicht an den Ort seines Gra-

---

11. a. b. S. dein Wort hält dieses Ziel uns vor, dein Geist zieht uns zu dir empor. a—d. K. o welch ein Ruhm, o welch ein Heil, wird Mittler uns durch dich zu Theil. Wer mit dir stirbt, o Gottessohn, ist mit dir. — 12. b. S. wie selig ich bei dir einst bin. c. d. K. o gieb mir Kraft dir treu zu sein, in dir mich täglich zu erneun. — Hier schiebt S. Bs. 4. ein und ändert c. der sein wird sei g. — 13. a. K. du bist's. b. K. bein — dein. c. K. ich preise dich, Herr Jesu Christ.

XCIX. 1. b. K. und Zweifel (!). c. K. Fels und Erde. — 2. c. S. K. trocknet eure. e. S. K. seht nur her, er ist nicht da. — 3. b. S. K. den Lebendgen bei den T.

bes mich begeben; g'nug, daß es mein Glaube sah: Jesus lebt, Halleluja!

5. Halleluja! er wird mir Leben in dem Tode geben. Also sterb ich freudig hier, Christi Tod ist nun mein Leben. Nur getrost, ich glaube ja: Jesus lebt, Halleluja!

Anmerk. Von B. Schmolcke, ein wunderherrliches Festlied, dessen Seltenheit unbegreiflich ist. Vs. 4. fällt besser weg; in Vs. 2. die Aenderungen von Stier zu adoptiren.

100. Heut triumphiret Gottes Sohn, der von dem Tod erstanden schon, Halleluja, Halleluja! mit großer Pracht und Herrlichkeit, deß dank'n wir ihm in Ewigkeit, Halleluja, Halleluja!

2. Dem Teufel hat er sein Gewalt zerstreut, verheert in all'r G'stalt, Halleluja, Halleluja! wie pflegt zu thun ein starker Held, der seinen Feind gewaltig fällt, Halleluja, Halleluja!

3. O süßer Herre Jesu Christ, der du der Sünder Heiland bist, Halleluja, Halleluja! führ uns durch bein' Barmherzigkeit mit Freuden in dein' Herrlichkeit, Halleluja, Halleluja!

4. Hier ist doch nichts als Angst und Noth; wer glaubet und hält dein Gebot, Halleluja, Halleluja! der Welt ist er ein Hohn und Spott

muß leiden oft ein' schnöben Tod, Halleluja, Halleluja!

5. Nun kann uns kein Feind schaden mehr, ob er gleich murrt, ist's ohn Gefähr, Halleluja, Halleluja! er liegt im Koth der arge Feind, dagegen wir Gottes Kinder seind, Halleluja, Halleluja!

6. Dafür danken wir alle gleich und sehnen uns in's Himmelreich, Halleluja, Halleluja! es ist am End, Gott helf uns all' so singen wir mit großem Schall: Halleluja, Halleluja!

7. Gott dem Vater im höchsten Thron sammt Christo, seinem liebsten Sohn, Halleluja, Halleluja! dem heilgen Geist in gleicher Weis sei Lob und Ehr mit hohem Preis, Halleluja, Halleluja!

Anmerk. Von einigen dem Barth. Gesius, von andern dem Basil. Förtsch, der es seinen „Triumphwagen" genannt haben soll, zugeschrieben. Vs. 4. auszulassen, in den übrigen meist den Varianten bei H. zu folgen.

Mel. Valet will ich dir geben.

101. Ich geh zu deinem Grabe, bu großer Osterfürst! weil ich die Hoffnung habe, daß du mir zeigen wirst, wie man kann fröhlich sterben und fröhlich auferstehn, auch mit den Himmelserben in's Land des Lebens gehn.

2. Du liegest in der Erde und

C. Bei diesem Liede ist im Voraus zu bemerken, daß es schon in alten Texten mit manchen Varianten vorkommt, auch andern Melodien angepaßt (auch bei K. Gelobet seist bu Jesu Christ). 1. c. H. Macht. d. B. das. — 2. a. b. H. seine Macht z. v. mit großer Pracht. B. mit großer Kraft. K. zerstört und gänzlich umgebracht. d. B. seine Feind'. — 3. d. K. in die Herrlichkeit. — 4. a. H. oft n. (zu scrupulös). — 5. b. H. des Siegers Macht ist ihm zu schwer. K. ob er gleich wüthet noch so sehr. c. K. B. er liegt im Staub. H. entkräftet liegt. d. H. wir aber Gottes Kinder seind (K. sein). — 6. c. K. das Ende kommt. d. K. frohem. — 7. a. K. Gott Vater in dem. d. B. H. in Ewigkeit sei Lob und Preis. K. sei ewiglich L. E. u. P.

CI. 1. b. K. du Siegesfürst und Held. S. bu großer Siegesheld. B. bu großer Siegesfürst. c. d. S. K. bie Hoffnung die ich habe ist nur auf bich gestellt. e. S. K. du lehrst mich f. L.B. wir. S. K. und. — 2. a. B. bu ruhest.

haft sie eingeweiht, wenn ich begraben werde, daß sich mein Herz nicht scheut, auch in den Staub zu legen was Asch' und Staub vermehrt, weil dir doch allerwegen die Erde zugehört.

3. Du schläfest in dem Grabe, daß ich auch meine Ruh an diesem Orte habe: du drückst die Augen zu, so soll mir gar nicht grauen, wenn mein Gesicht vergeht; ich werde den wohl schauen, der mir zur Seiten steht.

4. Dein Grab war wohl versiegelt, doch brichst du es entzwei, wenn mich der Tod verriegelt, so bin ich dennoch frei: du wirst den Stein schon rücken, der auch mein Grab bedeckt, da werd' ich den erblicken der mich vom Tode weckt.

5. Du fährest in die Höhe und zeigest mir die Bahn, wohin ich endlich gehe, da ich dich finden kann. Dort ist es sicher wohnen, wo lauter Glanz um dich, da warten lauter Kronen in deiner Hand auf mich.

6. O meines Lebens Leben, o meines Todes Tod! ich will mich dir ergeben in meiner letzten Noth: ich will mein Bette machen in deine liebe Gruft, da werd ich schon erwachen, wenn deine Stimme ruft.

7. Du wirst den Oelberg zeigen, wo man gen Himmel fährt, da will ich fröhlich steigen, bis daß ich eingekehrt in Salems Friedenshäuser: da heißt's: Victoria! da trägt man Siegesreiser; ach, wär ich nur schon da!

Anmerk. Von Benj. Schmolck. Bei diesem trefflichen Liede tritt der Fall ein, daß wir uns mit dem einen Umbildner, nämlich Knapp vollkommen einverstanden erklären müssen. Nach unserer Meinung ist der Gesang nach seiner Recension schöner als im Original. Vs. 7. ist von K. und S. mit Recht weggelassen; bei Bs. stehen als Nro. 732. Vs. 5. 6. unverändert.

Mel. Was Gott thut das ist wohlgethan.

102. O auferstandner Siegesfürst, du Leben aller Leben! heut bringst du Friede, da du bringst zur Freude uns gegeben. Vor bracht die Noth dich in den Tod, jetzt bist du auferstanden und frei von Todesbanden.

2. Die Last und unsrer Sünden

---

a. b. S. K. du hast geweiht die Erde, in die man dich gelegt. c. d. S. K. daß mir nicht bange werde wenn meine Stunde schlägt. e—h. S. K. was an mir ist vom Staube, geb ich dem Staube gern, weil ich nun freudig glaube: die Erde ist des Herrn. — 3. a. B. du schläfst in deinem Grabe. c. S. an solchem Orte habe. d. B. drückst mir die. S. mein Hüter Herr bist du. a—d. K. du schlummerst in dem Grabe — im Schooß der Erde habe, schließt sich mein Aug' einst zu. e. K. nun soll. B. S. drum soll. g. B. ich werde dennoch sch. S. den Helfer werd ich schauen. — 4. a. b. S. du sprengtest Stein und Siegel, stand'st auf und warest frei. K. dein Grab schließt Stein und Siegel und dennoch bist du frei. c. d. K. S. auch meines Grabes Riegel bricht deine Macht (K. Hand) entzwei. f. S. der mich im Tode. K. im Grabe. g. S. dich erblicken. — b. b. B. zeigtest. a—d. S. K. du führst zu Himmelshöhn und reichst mir deine Hand, daß ich dir nach kann gehen ins rechte Vaterland. f. K. B. und lauter Glanz. g. B. Himmelskronen. e—h. S. da ist es sicher wohnen im Glanz der Herrlichkeit, da warten mir die Kronen nach kurzer Kampfeszeit. — 6. a. b. S. du — du. d. S. K. auch in der letzten R. e. f. S. B. und meine Ruhstatt machen in deiner Liebe Gruft. g. S. so werd ich froh erwachen. e—h. K. dann schlaf ich ohne Kummer in deinem Frieden ein und wach ich auf vom Schlummer wirst du mein Loblied sein. — 7. Bei S. K. ausgel. e—g. B. Friedenshütten, wo du mit Palmen nah dem welcher treu gestritten.

CII. 1. e. H. erst brachte Noth. e—g. K. bracht unsre Noth dich in den Tod, so bist du nun erstanden. — 2. Bei Bs. S. K. ausgel. a. B. ach unsre

Schuld ließ dich in Feffeln fallen, ja (du) gabeft dich aus großer Huld zum Kreuze für uns allen. Nun find wir frei von Sclaverei, darinnen wir gefangen, weil du hervorgegangen.

3. Nun bricht uns fröhlich wieder auf die rechte Gnadenfonne; die vor erftarb in ihrem Lauf giebt Strahlen neuer Wonne. Jetzt ift die Seel mit Freudenöl von dir gefalbet worden und fteht im neuen Orden.

4. Die Kraft von deiner Majeftät bricht felbft durch Grab und Steine, dein Sieg ift's, der uns mit erhöht zum vollen Gnadenfcheine. Des Todes Wuth, der Höllen Glut hat alle Macht verloren und wir find neu geboren.

5. O daß wir diefen theuern Sieg lebendig möchten kennen und unfer Herz bei diefem Krieg im Glauben möchte brennen; denn anders nicht kann diefes Licht uns in das Leben führen, wo wir nicht Glauben fpüren.

6. So brich denn felbft durch unfer Herz, o Jefu, Fürft der Ehren! und laß vorher die Glaubenskerz fich in uns Schwachen mehren, daß wir in dir die offne Thür zur ewgen Ruhe finden und auferftehn von Sünden.

7. Ach hilf, daß wir zur rechten Zeit zu dir, o Jefu, kommen mit

Specerei der Reu und Leid, die aus dem Grund genommen, daß wir in Eil zu deinem Heil in wahrem Glauben laufen und Bußefalben kaufen.

8. Vertreib den Schlaf der Sicherheit, daß wir bei frühem Morgen zu fuchen dich ftets fein bereit, wenn du dich gleich verborgen, und weichen ab vom Sündengrab, weil du hervorgebrochen und unfern Feind gerochen.

9. Laß uns doch mit dir auferftehn! wir liegen noch im Grabe und können noch das Licht nicht fehn; die Kraft von deiner Gabe, die du durch Macht uns mitgebracht, führ uns heraus zum Leben, daß wir an dir feft kleben.

10. Es liegen taufend Hüter hier, die unfer Herz berennen, daß wir aus diefer Grabesthür nicht zu dir kommen können; der Sünden Nacht hält felbft die Wacht, die Welt mit ihren Schätzen fäht an es zu befetzen.

11. Die Wolluft, Sorge, Reid und Geld fchiebt vor die ftärkften Riegel, der Pharifäer diefer Welt drückt felbft darauf das Siegel: wer wälzet ab von diefem Grab den fchweren Stein der Sünden den wir in uns empfinden?

12. Herr Jefu, du bift es allein, du kannft die Feffeln löfen, darin wir eingewickelt fein, die Tücher zu

---

Sündenluft und Schuld. H. die Laft von unfrer. c. d. H. du gabft dich gar aus großer Huld am Kreuze hin uns allen. — 3. Bei Bs. S. ausgel. a. H. B. K. geht uns. c. K. die uns verfchwand. d. K. reiner W. — 4. Bei Bs. ausgel. a. b. K. die Kräfte deiner Majeftät durchbrechen Grab und Steine. b. S. bricht aus durch Grab. d. B. zum rechten. S. zum hellen. g. S. hat alles Recht. — 5. c. d. S. zu diefem Krieg im Glaubenskampfe brennen. g. h. S. uns in das Leben bringen wo wir dir nicht nachringen. h. K. als wenn wir. H. läßt fich nicht Glaube fpüren. — 6. a. b. S. durch unfre Seel, o Jefu Fürft der Gnaden. c. H. des Glaubens Kerz. K. und laß vorher uns himmelwärts zu dir uns gläubig kehren. S. daß fie dein Heil allein erwähl das gut macht allen Schaden. e. S. laß uns in dir. — 7. Bei Bs. S. K. ausgel. c. H. der Reu. h. B. durch Buße Gnade kaufen. — 8. Bei Bs. S. K. ausgel. h. H. und uns am Feind. — 9. Bei Bs. S. K. ausgel. h. H. baß wir uns dir ergeben. — 10. Bei Bs. S. K. ausgel. — 11. Bei Bs. S. K. ausgel. — 12. Bei Bs. S.

dem Böſen: wälz ab den Stein und führ uns ein' zum Reiche deiner Gnaden, daß uns die Feind' nicht ſchaden.

13. Erſcheine uns mit deiner Güt' wenn wir in Buße weinen, und laß uns deinen theuern Fried zum erſten Anblick ſcheinen, ſo können wir, o Held, mit dir die rechten Oſtern feiern und uns in dir verneuern.

14. Ach, laß das wahre Auferſtehn auch in uns erfahren, und aus den Todtengräbern gehn, daß wir den Schatz bewahren, das theure Pfand das deine Hand zum Siegen uns gegeben, ſo gehn wir ein zum Leben.

Anmerk. Von J. H. Böhmer. Daß dieſes Lied für den Kirchengeſang beträchtlicher Verkürzung bedürfe, darüber ſcheinen die neuern Hymnologen vollkommen einig. Bunſen hat 4, Knapp und Stier haben 6 Verſe. Wir würden weglaſſen Bs. 7—12., alſo 8 Verſe behalten. Die letzte Hälfte von Bs. 3. würden wir dann leſen: all Creatur iſt Freude nur, es weichen Gram und Sorgen vor

deines Feſtes Morgen. Bei Bs. 6. Zl. 3. 4. billigen wir die Aenderung von Knapp, ſonſt bleibe das Lied in ſeiner Urſprünglichkeit.

Mel. Erſchienen iſt der herrlich Tag.

103. Wir danken dir, Herr Jeſu Chriſt, daß du vom Tod erſtanden biſt, und haſt dem Tod zerſtört ſein Macht und uns das Leben wiederbracht, Halleluja!

2. Wir bitten dich durch deine Gnad, nimm von uns unſre Miſſethat, und hilf uns durch die Güte dein, daß wir dein' treue Diener ſein, Halleluja!

3. Gott Vater in dem höchſten Thron ſammt ſeinem eingebornen Sohn, dem heilgen Geiſt in gleicher Weis in Ewigkeit ſei Lob und Preis, Halleluja!

Anmerk. Findet ſich ohne Angabe des Verf. Wir vermuthen, daß es Chr. Fiſcher ſei, von dem es ja ähnliche Lieder über die Paſſion u. ſ. w. giebt. Doch wird auch mehrfach Selnecker als Vf. genannt.

B) Abgekürzte Lieder und Verſe.

104. Auf, auf mein Herz mit Freuden, nimm wahr was heut geſchicht! wie kommt nach großen Leiden nun ein ſo großes Licht! es ſank vom Kreuzesſtamm ins Grab das Gotteslamm, nach dreier Tage Lauf ſteht es als Leue auf.

2. Das iſt mir anzuſchauen ein rechtes Freudenſpiel: nun ſoll mir

nicht mehr grauen, tobts um mich noch ſo viel. Die Trübſal trübt mir nicht mein Herz und Angeſicht, das Unglück iſt mein Glück, die Nacht mein Sonnenblick.

3. Ich hang' und bleib auch hangen an Chriſto als ein Glied, wo mein Haupt durch iſt gangen, da nimmt er mich auch mit. Er reißet

K. ausgel. c. d. H. kannſt den, der an dich glaubt, befrein von aller Macht des Böſen. h. H. wo uns kein Feind kann ſchaden. — 13. Bei Bs. K. ausgel. h. B. S. erneuern. — 14. a. S. ſo laß. b. Bs. uns ja in uns. K. uns in uns ſelbſt. c. H. Todesgräbern. e. S. das Segenspfand.

CIII. 1. c. S. haſt ganz zerſtört des Todes Macht. — 2. d. S. bein rechte Jünger ſein. — 3. c. S. Geiſte gleicherweis.

durch den Tod, durch Welt, durch Sünd und Noth, er reißet durch die Höll': ich bin ſtets ſein Geſell.

4. Er bringt zum Saal der Eh=ren, ich folg' ihm immer nach und darf mich gar nicht kehren an Noth und Ungemach. Es tobe, was da kann: mein Haupt nimmt ſich mein an: mein Heiland iſt mein Schild der alles Toben ſtillt.

5. Er bringt mich an die Pforte, die in den Himmel führt, daran mit goldnem Worte der Spruch geleſen wird: wer dort wird mit verhöhnt, wird hier auch mit gekrönt, wer dort mit ſterben geht wird hier auch mit erhöht.

Anmerk. Aus dem neunverſigen Lie= de: Auf, auf mein Herz mit Freuden von P. Gerhardt zu= ſammengeſetzt. Mit einigen nicht unbedeutenden Aenderungen.

105. Chriſtus in Todes= banden lag, für unſre Sünd' ge= geben: er auferſtand den dritten Tag und hat uns bracht das Le=ben. Deß wir ſollen fröhlich ſein, Gott loben und ihm dankbar ſein und ſingen: Halleluja! Halleluja!

2. Es war ein wunderlicher Krieg, da Tod und Leben rungen; das Le=ben, das behielt den Sieg und hat den Tod verſchlungen. Genomm'n iſt ihm ſein' Gewalt, bleibet nichts als Tods=Geſtalt, den Stachel hat er verloren, Halleluja!

3. So fei'rn wir das hohe Feſt mit Herzensfreud und Wonne, das uns der Herr ſcheinen läßt: er ſel=ber iſt die Sonne, der durch ſeiner Gnaden Glanz erleucht' unſre Her=zen ganz, der Sünden Nacht iſt ver=gangen, Halleluja!

Anmerk. Aus den ſieben Verſen des urkräftigen Oſterliedes von Lu= ther: "Chriſt lag in Todes= banden," ſind die obigen drei zu= ſammengeſtellt, welche die Stellen des Originals vermeiden welche ent=

weder dogmatiſch=exponirend oder am meiſten den Aenderungen ausgeſetzt ſind.

Mel. Aus meines Herzens Grunde.

106. Der Tod hat zwar ver=ſchlungen den Herrn der Herrlich=keit, doch iſt's ihm nicht gelungen zu dieſer Oſterzeit. Heut ſtellt ſich Chriſtus ein, die gnadenreiche Son=ne, bringt Leben, Heil und Wonne, wer wollt nicht fröhlich ſein!

2. Man ſinget in den Landen mit Herzensfröhlichkeit, daß Chriſtus ſei erſtanden, wie er ſelbſt prophezeiht; ſein Wort erfüllet iſt, freut euch ihr Menſchen alle und ſingt mit gro=ßem Schalle: wir danken dir, Herr Chriſt!

3. Herr, der du überwunden den Feind und all ſein Heer, in unſern letzten Stunden ein ſanftes End be=ſcheer. Führ uns vor deinen Thron, weck auf ohn alle Klage den Leib am jüngſten Tage, o Jeſu, Got=tes Sohn!

Anmerk. Drei Verſe aus dem Lie= de: Der Tod hat zwar ver= ſchlungen von Georg Werner.

Mel. Unſer Herrſcher unſer König.

107. Dieſes iſt der Tag der Wonne, dieſes iſt das Freudenfeſt, dran der Herr, die Lebensſonne, ſei=ne Strahlen ſchießen läßt. Chri=ſtus iſt durchs Grab gedrungen und hat nun den Tod verſchlungen.

2. Tod, wo iſt dein Stachel blie=ben, Hölle, wo iſt nun dein Sieg? deine Macht iſt aufgerieben, nun=mehr endet ſich der Krieg. Gott hat uns den Sieg gegeben, Trotz, wer uns will widerſtreben!

3. Großes Feſt, ſei hochgeehret! ſei geehrt, gewünſchtes Licht, dran die Hölle ward zerſtöret und der Tod ward hingericht', nun ſind wir des Lebens Erben weil der Tod hat müſſen ſterben.

Anmerk. Drei Verſe aus dem Liebe von Joh. Franck: Dieſes iſt
der Tag der Wonne, der kühnſte
und triumphirendſte Oſterjubel, in
einer Weiſe wie wir ſie jetzt nicht
tragen können. So ſingt der Dichter Vs. 7.: Bleecke Tod nur
deine Zähne, brülle Satan
noch ſo ſehr; winſle Höllen-
hund und ſtöhne, du haſt keine Macht nicht mehr.

Mel. *Ein' feſte Burg iſt unſer Gott.*

108. Er lebt, o frohes Wort!
er lebt, der Heiland aller Sünder;
das Heer der Feind erſchrickt und
bebt vor ſeinem Ueberwinder. Auf,
bringt Gott Lobgeſang, bringt Ehre
ihm, bringt Dank, da wir nun voller Freud in dieſer Oſterzeit „Chriſt
iſt erſtanden‟ ſingen.

2. Er lebt! Gott hat ihn aufer-
weckt, er wird auch mich erwecken;
der Tod, den Jeſu Sieg erſchreckt,
kann mich nun nicht erſchrecken.
Sein Stachel, ſeine Kraft, die Sünd'
iſt weggeſchafft; der treue Zeuge
ſpricht: „wer glaubt der ſtirbet nicht‟
deß tröſt ich mich von Herzen.

3. Er lebt, er lebt! o laßt uns
heut und ſtets ſein Lob erheben!
er lebt! o laßt uns allezeit ihm
wohlgefällig leben. Hier, Heiland,
haſt du mich; befiehl mir, hier bin
ich. Dein, dein will ich allein todt
und lebendig ſein, dein will ich ewig
bleiben.

Anmerk. Vs. 1. 5. 7. aus dem Liebe: Er lebt, o frohes Wort er
lebt von Ehrenfried Liebich.

109. Erſchienen iſt der
herrlich Tag, dran Niemand ſich
gnug freuen mag: Chriſt, unſer
Herr, heut triumphirt, die Feinde
er gefangen führt, Halleluja!

2. Die alte Schlange, Sünd'
und Tod, die Hölle, Jammer, Angſt
und Noth hat überwunden Jeſus
Chriſt, der heut vom Tod erſtan-
ben iſt, Halleluja!

3. Die Sonn', die Erd, all Creatur und was betrübet war zuvor,
das freut ſich heut an dieſem Tag,
da der Welt Fürſt danieder lag,
Halleluja!

4. Drum wir auch billig fröhlich ſein, ſingen das Halleluja ſein,
und loben dich, Herr Jeſu Chriſt,
der uns zum Troſt erſtanden iſt,
Halleluja!

Anmerk. Vs. 1. 2. 12. 14. aus
dem Geſange: Erſchienen iſt der
herrlich Tag von Nic. Hermann. Die zwiſchenliegenden Verſe
ſind für das Kirchenlied zu hiſtoriſch.

Mel. *Heut triumphiret Gottes Sohn.*

110. Frühmorgens, da die Soun
aufgeht, mein Heiland Chriſtus auf-
erſteht, Halleluja, Halleluja! vertrieben iſt der Sünden Nacht, Licht,
Heil und Leben wiederbracht, Halleluja, Halleluja!

2. O Wunder groß, o ſtarker
Held! wo iſt ein Feind, den er
nicht fällt, Halleluja, Halleluja!
kein Angſtſtein liegt ſo ſchwer auf
mir, er wälzt ihn von des Herzens
Thür, Halleluja, Halleluja!

3. Lebt Chriſtus, was bin ich
betrübt? ich weiß, daß er mich herzlich liebt, Halleluja, Halleluja! wenn
mir gleich alle Welt ſtürb ab, gnug,
daß ich Chriſtum bei mir hab, Halleluja, Halleluja!

4. Er nährt, er ſchützt, er tröſtet mich; ſterb ich, ſo nimmt er
mich zu ſich, Halleluja, Halleluja!
wo er jetzt lebt, da komm ich hin,
weil ſeines Leibes Glied ich bin,
Halleluja, Halleluja!

5. Durch ſeiner Auferſtehung
Kraft komm ich zur Engel-Brüder-
ſchaft, Halleluja, Halleluja! durch
ihn bin ich mit Gott verſöhnt, die
Feindſchaft iſt ganz abgelehnt, Halleluja, Halleluja!

6. Mein Herz darf nicht ent-
ſetzen ſich, Gott und die Engel lie-

ben mich, Halleluja, Halleluja! die Freude, die mir ist bereit', vertreibet Furcht und Traurigkeit, Halleluja, Halleluja!

7. Für diesen Trost, o großer Held, Herr Jesu, dankt dir alle Welt, Halleluja, Halleluja! dort wollen wir mit größerm Fleiß erheben deinen Ruhm und Preis, Halleluja, Halleluja!

Anmerk. Bs. 1. 12. 15—19. aus dem Gesange: Frühmorgens da die Sonn aufgeht von Joh. Heermann, dessen ursprüngliche Melodie übrigens ist: Erschienen ist der herrlich Tag.

Mel. Sollt ich meinem Gott nicht singen.

111. Höllenzwinger, nimm die Palmen, so dein Zion heute bringt, das mit frohen Osterpsalmen, den erkämpften Sieg besingt. Laß dir tausend Engel dienen, denn nach harter Leidenszeit ist dein Tag der Herrlichkeit, höchste Majestät, erschienen; Welt und Himmel jauchzen da: Gott sei Dank, Halleluja!

2. Laß, o Sonne der Gerechten, deinen Strahl in's Herze gehn! gieb Erleuchtung deinen Knechten, daß sie geistlich auferstehn. Hält der Schlaf uns noch gefangen, o so fördre du den Lauf, rufe mächtig: wachet auf! denn die Schatten sind vergangen und der helle Tag ist da! Gott sei Dank, Halleluja!

3. Tilg in uns des Todes Grauen, wann die letzte Stunde schlägt, weil du denen, die dir trauen, schon die Krone beigelegt. Gieb uns in den höchsten Nöthen diesen Trost und Glauben ein: mich vermag kein Tod zu tödten, mein Erlöser lebet ja, Gott sei Dank, Halleluja!

4. Rufe die zerfallnen Glieder endlich aus der dunkeln Nacht, wann der Deinen Asche wieder im verklärten Glanz erwacht. Dann wirst du die Krone geben, dann wird

umsre volle Brust, Herr, mit engelgleicher Lust ewig deinen Sieg erheben; ohne Ende schallt es da: Gott sei Dank, Halleluja!

Anmerk. Aus dem achtversigen Liebe von C. L. Tabbel: Höllenzwinger, nimm die Palmen.

Mel. Sollt ich meinem Gott nicht singen.

112. Lasset uns den Herren preisen, o ihr Christen überall! kommiet, laßt uns Dank erweisen, unserm Gott mit süßem Schall! jauchzet: frei von Todesbanden ist nach Martern Gottes Lamm! singt: der Löw' aus Juda's Stamm, Christus Jesus ist erstanden! ruft: hin ist der lange Streit, freue dich, o Christenheit!

Anmerk. Der erste Vers aus dem Liede: Lasset uns den Herren preisen von Joh. Rist, etwas verändert.

Mel. Christ lag in Todesbanden.

113. O allerhöchster Freudentag! o Tag, da meine Sonne, mein Jesus, durch sein Grab durchbrach zu meines Herzens Wonne. Ach! laß deiner Klarheit Schein doch auch auf mich gerichtet sein, damit ich fröhlich singe: Halleluja!

2. Mein Heiland! weil du lebest mir, so hilf, daß ich dir lebe! gieb, daß ich mich nun für und für mit ganzem Ernst bestrebe, aufzustehn vom Sündengrab damit ich all' das lege ab was dich und mich kann trennen, Halleluja!

3. Und weil du auferstanden bist, laß mich auch einst aufstehen, und dorthin, da mein Erbtheil ist, mit Freudensprüngen gehen: indeß ist mein Herz bei dir, mein Jesu, hol mich bald von hier in deine Himmelsfreude, Halleluja!

Anmerk. Bs. 1. 4. 5. aus dem Liede: O allerschönster Freudentag von Joh. Job.

114. O fröhliche Stun=
den, o herrliche Zeit! nun hat
überwunden der Herzog im Streit!
der Leu hat gekrieget, der Leu hat
gesieget, trotz Feinden, trotz Teufel,
trotz Hölle und Tod! wir leben be=
freiet von Trübſal und Noth.

2. Der Herr iſt ein Zeichen des
Sieges, der Ehr, ein Zeichen des=
gleichen man findet nicht mehr: der
Feind liegt vernichtet, wir bleiben
verpflichtet dem Herren zu dienen
mit inniger Luſt, o ſelig, wem die=
ſer Triumph iſt bewußt!

3. O Jeſu, wir preiſen dein' herr=
liche Macht mit lieblichen Weiſen:
du haſt uns gebracht die Wohlfahrt
von oben, drum wollen wir loben
dich Helden, dich Kämpfer, dich Lö=
wen im Streit: bleib ewig zu hel=
fen uns allen bereit!

Anmerk. Aus dem Geſange: O
fröhliche Stunden, o herrli=
che Zeit, von Joh. Riſt.

Mel. Nun freut euch liebe Chriſtengmein.

115. O Tod, wo iſt dein Sta=
chel nun, wo iſt dein Sieg, o Hölle?
was kann uns jetzt der Teufel thun
wie grauſam er ſich ſtelle? Gott
ſei gedankt, der uns den Sieg ſo
herrlich hat nach dieſem Krieg durch
Jeſum Chriſt gegeben!

2. Lebendig Chriſtus kommt her=
für, die Feind nimmt er gefangen,
zerbricht der Hölle Schloß und
Thür, trägt fort den Raub mit
Prangen: nichts iſt, das in dem
Siegeslauf den ſtarken Held kann
halten auf, all's liegt da überwunden.

3. Er ſchafft die rechte Oſterbeut,
der wir theilhaftig werden; Fried,
Heil, Freud und Gerechtigkeit im
Himmel und auf Erden: genommen
iſt dem Tod die Macht, Unſchuld
und Leben wiederbracht und unver=
gänglich's Weſen.

4. O Tod, wo iſt dein Stachel

nun, wo iſt dein Sieg, o Hölle?
was kann uns jetzt der Teufel thun,
wie grauſam er ſich ſtelle? Gott ſei
gedankt, der uns den Sieg ſo herr=
lich hat nach dieſem Krieg durch
Jeſum Chriſt gegeben.

Anmerk. Das abgekürzte Lied: O
Tod wo iſt dein Stachel nun
von J. Geſenius.

Mel. Allein Gott in der Höh ſei Ehr.

116. Wach auf, mein Herz die
Nacht iſt hin, die Sonn iſt aufge=
gangen, ermuntre deinen Geiſt und
Sinn, den Heiland zu empfangen,
der heute durch des Todes Thür
gebrochen aus dem Grab herfür der
ganzen Welt zur Wonne.

2. Es hat der Löw aus Juda's
Stamm heut ſiegreich überwunden,
und das erwürgte Gotteslamm hat
uns zum Heil gefunden das Leben
und Gerechtigkeit, weil er nach über=
wundnem Streit die Feinde Schau
getragen.

3. Drum ſcheu nicht Teufel, Welt,
noch Tod, noch gar der Hölle Ra=
chen! dein Jeſus lebt; es hat kein'
Noth, er iſt noch bei den Schwa=
chen und den Geringen in der Welt
als ein gekrönter Siegesheld, drum
wirſt du überwinden.

4. Ach! mein Herr Jeſu! der
du biſt vom Tode auferſtanden, rett
uns aus Satans Macht und Liſt,
und aus des Todes Banden; daß
wir zuſammen insgemein zum neuen
Leben gehen ein, das du uns haſt
erworben.

5. Sei hochgelobt in dieſer Zeit
von allen Gotteskindern, und ewig
in der Herrlichkeit von allen Ueber=
windern, die überwunden durch dein
Blut! Herr Jeſu, gieb uns Kraft
und Muth, daß wir auch überwinden.

Anmerk. Bs. 1, 6. 8—10. aus dem
Liede: Wach auf mein Herz die
Nacht iſt hin von Laur. Lau=
renti.

Mel. Christus der ist mein Leben.

117. Willkommen, Held im Streite aus deines Grabes Kluft! wir triumphiren heute um deine leere Gruft.

2. Der Feind wird Schau getragen und heißt nunmehr ein Spott; wir aber können sagen: mit uns ist unser Gott!

3. In der Gerechten Hütten schallt schon das Siegeslied: du trittst selbst in die Mitten und bringst den Osterfried'.

4. Schwing deine Siegesfahne auch über unser Herz, und zeig' uns einst die Bahne vom Grabe himmelwärts.

5. Wir sind mit dir gestorben, so leben wir mit dir: was uns dein Tod erworben, das stell uns täglich für.

6. Wir wollen hier ganz fröhlich mit dir zu Grabe gehn, wenn wir nur dorten selig mit dir auch auferstehn.

7. Der Tod kann uns nicht schaben, sein Pfeil ist nunmehr stumpf: wir sind bei Gott in Gnaden und rufen schon: Triumph!

Anmerk. Vs. 1. 5. 6. 8—12. aus dem Liede: Willkommen Held im Streite von B. Schmolcke.

Mel. Freu dich sehr o meine Seele.

118. Wirf, du hohe Ostersonne, deine Strahlen in mein Herz und erfülle mich mit Wonne; komm, verscheuche meinen Schmerz! treib der Sünden Nacht von mir, daß ich sei ein Licht in dir, daß ich mich der Ostern freue und mein Leben ganz verneue.

Anmerk. Aus dem Liede: Herr des Todes, Fürst des Lebens von Benj. Schmolcke.

XII.

Auf das Fest der Himmelfahrt Jesu Christi.

A) Vollständige Lieder.

Mel. Wie schön leucht' uns der Morgenstern.

119. Ach, wundergroßer Siegesheld, du Sündenträger aller Welt, heut hast du dich gesetzet zur Rechten deines Vaters Kraft, der Feinde Schaar gebracht zur Haft, bis auf den Tod verletzet. Mächtig, prächtig, triumphirest, jubilirest, Tod und Leben, ist, Herr Christ, dir untergeben.

2. Dir dienen alle Cherubim, viel tausend hohe Seraphim dich Siegesfürsten loben: weil du den Segen wiederbracht, mit Majestät

CXIX. 1. a. K. W. o wunderg. b. K. W. Sündentilger. c. H. du dich erhoben. S. K. W. dein Werk hast du vollendet. d—f. H. zur Rechten Gottes voller Kraft, du hast dir selbst den Sieg verschafft, durch den du nun von oben. S. K. W. vollendet deinen schweren Lauf, du fährst verklärt zum Vater auf, der dich herab gesendet. K. H. und regierest. g—k. S. mächtig, prächtig, lohnen Freuden deine Leiden. g—m. K. W. wohnest, thronest hoch und prächtig, waltest mächtig, Tod und Leben sind in deine Hand gegeben. m. H. ist dir Jesu. — 2. In W. ausgel. d. S. K. H. du hast den Segen w. e. L. H. und bist mit Majestät und Macht zur Freude nun. S. K. und bist in ewger Gottesmacht zur.

und großer Macht zur Freude bist erhoben. Singet, klinget, rühmt und ehret den, so fähret auf gen Himmel mit Posaunen und Getümmel.

3. Du bist das Haupt, hingegen wir sind Glieder, ja es kommt von dir auf uns Licht, Trost und Leben; Heil, Fried' und Freude, Stärk und Kraft, Erquickung, Labsal, Herzenssaft wird uns von dir gegeben. Bringe, zwinge, mein Gemüthe, mein Geblüte, daß es preise, dir Lob, Ehr und Dank erweise.

4. Zeuch, Jesu, uns, zeuch uns nach dir! hilf, daß wir forthin für und für nach deinem Reiche trachten; laß unser Thun und Wandel sein, wo Zucht und Demuth tritt herein (daß wir in Demuth gehn herein), all' Ueppigkeit verachten.

Unart, Hoffart laß uns meiden, christlich leiden, wohl ergründen, wo die Gnade sei zu finden.

5. Sei, Jesu, unser Schutz und Schatz, sei unser Ruhm und fester Platz, darauf wir uns verlassen. Laß suchen uns was droben ist, auf Erden wohnet Trug und List; es ist auf allen Straßen lügen, trügen, Angst und Plagen, die da nagen, die da quälen stündlich arme Christenseelen.

6. Herr Jesu, komm du Gnadenthron, du Siegesfürst, Held, Davids Sohn, komm, stille das Verlangen! du, du bist allein uns zu Gut, o Jesu, durch dein theures Blut ins Heiligthum gegangen. Komm schier, hilf mir, dann so sollen, dann so wollen wir ohn Ende fröhlich klopfen in die Hände.

Anmerk. Von E. E. Homburg.

Herrschaft nun erhoben. k—m. H. ihn der fähret auf gen Himmel aus dem irdischen Getümmel. i—m. K. S. klingt Posaunen, denn es staunen Engelschaaren, da der Herr ist aufgefahren. (Biblisches Bild, das keiner Aenderung bedurfte.) — 3. a. K. W. du Herr, bist unser Haupt und wir. b. c. H. und allein von dir kommt auf uns Licht und Leben. S. K. W. nur von dir kommt auf uns Heil und Leben. d. e. H. auch aller Segen, Stärk und Kraft und was uns sonst Erquickung schafft. S. Trost, Fried und Freude, Stärk und Kraft, ja was dem Herzen Labsal schafft. (K. W. Friede, Freude, Licht und Kraft und — wird uns durch dich). h—m. H. bringe ewge Güte mein Gemüthe dich zu preisen, Lob und Dank dir zu erweisen. h—m. S. bringt deine Güte ins Gemüthe, daß dichs preise und dir Ehr und Dank erweise. K. W. neige, beuge mein Gemüthe, ewge Güte, dich zu preisen und mich dankbar zu erweisen. i—m. B. ewge Güte mein Gemüthe daß es preise, dir Lob, Ehr und Dank erweise. — 4. a. H. liebster Jesu uns. K. uns ganz. b. K. W. uns künftig. d—f. H. laß uns von Sünden allzeit rein, hingegen voll des Muthes sein das Eitle zu verachten. S. K. W. laß unsern Wandel himmlisch sein, daß wir der Erde eitlen (W. leeren) Schein und U. i. k. H. was uns drücket, was uns Gott zur Prüfung schicket. — 5. a. b. S. unser Schutz und Hort und tröst uns durch dein werthes Wort. K. W. unser Schirm und Hort und gründ uns auf dein göttlich Wort, so sind wir nie verlassen. d—f. H. bring uns dahin wo du nun bist, weil hier doch nichts als Jammer ist und Elend ohne Maaßen. f. K. und Feinde die uns hassen. m. H. alle fromme. S. der Gerechten arme. i—m. K. W. Angst und Zagen, ach wie plagen, ach wie quälen sie so viele Ch. — 6. a—c. S. Herr Jesu komm, hilf (K. zeuch) uns dir nach, daß wir nach kurzem Ungemach zur Freude auch (K. dort) gelangen. d. S. K. uns allen ja. e. K. durch dein vergoßnes theures Blut. g—m. S. K. dafür soll dir von uns aller Dank (W. Preis) erschallen, nimm uns dann, Herr, uns auf in deine Hände. H. giebt den Vers so: Herr Jesu, der du durch dein Blut uns armen Menschen bist zu gut — f. — komm, hol uns doch auch gleichfalls nach, laß unsres Lebens Ungemach ein selig End erlangen. Daß wir dafür hier und oben ewig loben deinen Namen: bring nur bald uns dahin. Amen! — Eine Abweichung, die sich schon in ältern Büchern findet.

Dies Lied, was im Ganzen einen festlichen Character trägt, wird durch die festliche Melodie noch mehr empfohlen. Aber freilich erfordert die nachlässige Form manche Aenderungen, wenn auch nicht so zahlreiche, als unten bemerkt stehn. Vielleicht könnten Vs. 2—4. in zwei Strophen zusammengezogen werden.

Mel. Allein Gott in der Höh sei Ehr.

120. Auf Christi Himmelfahrt allein ich meine Nachfahrt gründe, und allen Zweifel, Angst und Pein hiemit stets überwinde; denn weil das Haupt im Himmel ist, wird seine Glieder Jesus Christ zur rechten Zeit nachholen.

2. Weil er gezogen himmelan und große Gab'n empfangen, mein Herz auch nur im Himmel kann sonst nirgends Ruh erlangen: denn wo mein Schatz gekommen ist, da ist auch stets mein Herz und Sinn, nach ihm mich sehr verlanget.

3. Ach Herr, laß diese Gnade mich von deiner Auffahrt spüren, daß mit dem wahren Glauben ich mög einmal Nachfahrt zieren, und denn einmal, wenn's dir gefällt, mit Freuden scheiden aus der Welt: Herr, höre doch mein Flehen!

Anmerk. Nach Josua Wegelin. Mit Vs. finden wir Aenderungen in dem ja schon geänderten Liede unnöthig.

Mel. Christ ist erstanden.

121. Christ fuhr gen Himmel, was sandt er uns hernieder? den Tröster, den heiligen Geist, zu Trost der armen Christenheit, Kyrie eleison.

2. Halleluja! Halleluja! Halleluja! deß soll'n wir alle froh sein, Christus will unser Trost sein, Kyrie eleison.

Anmerk. Der erste Vers dieser Festantiphone war schon vor der Reformation gebräuchlich, der zweite ist späterer Zusatz, vielleicht von Christ. Solius. Die Gestalt des Gesanges ist schon in den ältesten Gesbch. etwas abweichend, jedoch die oben stehende die gewöhnliche. Von Aenderungen merken wir, daß K. im zweiten Vs. nur zweimal Halleluja hat; S. setzt statt der fremden Worte überall „Herr sei uns gnädig" und „gelobt sei Gott." Vs. dies letztere statt „Kyrie eleison." Diese letztere Formel paßt auch wohl nicht recht in unser Triumphlied und schon in alten Büchern findet sich statt derselben „Halleluja."

Mel. Heut triumphiret Gottes Sohn.

122. Es fähret heute Gottes Sohn hinauf zu seines Vaters Thron; Halleluja, Halleluja! er gehet ein zur Herrlichkeit, die überall ist ausgebreitet. Halleluja, Halleluja!

2. Er hat zerstört des Teufels Macht, sein Heer erlegt und umgebracht; Halleluja, Halleluja! Wie mit Gewalt ein starker Held im Treffen seine Feinde fällt. Halleluja, Halleluja!

3. Zwing unser Fleisch, Herr Jesu Christ, der du der Sünder Heiland bist, Halleluja, Halleluja!

CXX. Wir halten uns bei diesem Gesange nicht an Wegelin's ursprünglichen Text, sondern an die seit 1660 in Gesbch. gewöhnliche Recension. — 1. b. K. will ich mein Hoffen gründen. d. K. im Glauben üb. f. K. wird auch die Gl. g. K. in Gnaden nach sich ziehen. — 2. b. H. und große Gab. S. und Gaben dort empfangen. a. b. K. gen Himmel mein Erlöser fuhr dort Gaben zu empfangen. c. K. mein Herz kann auch im Himmel nur. g. H. hinfort mein Herz. f. g. S. da wo mein Schatz ist, ist mein Herz, mein Trachten geht nur himmelwärts dahin mich stets. e—g. K. dem wo mein Schatz, ist auch mein Herz, es schwingt sich zu ihm himmelwärts vom Staube dieser Erde. — 3. a. b. K. laß mich dies hohe Gut durch deine A. finden. d. B. deine (wohl ein Druckfehler). c. d. K. und täglich meinen Sinn und Muth an deiner Lieb entzünden. g. B. S. dies mein. e—g. K. so fahr ich einst wenns dir gefällt mit Freuden aus der armen Welt dir nach in deinen Himmel.

Daß wir, indem du uns machst rein, theilhaftig deines Sieges sein, Halleluja, Halleluja!

4. Laß sein den Feind in uns gedämpft, weil du uns hast das Heil erkämpft, Halleluja, Halleluja! tilg aus sein Werk, daß er nicht mehr sich wider unsre Seel empör. Halleluja, Halleluja!

5. Zeuch und führ uns mit dir zugleich, als Gottes Kinder in dein Reich, Halleluja, Halleluja! da wir ein ewigs Freudenlied dir aufzuopfern sind bemüht. Halleluja, Halleluja!

6. Gott Vater, sei von uns gepreist, sammt deinem Sohn und heilgem Geist! Halleluja, Halleluja! der heilge unsrer Seelen Grund, damit dir danke Herz und Mund, Halleluja, Halleluja!

Anmerk. Ein kräftiges Festlied von unbekanntem Verf., in dem gar nichts zu ändern ist. K. liest ohne Grund Bs. 5. Zl. 1. mit ihm und Vs. 5. Zl. 4. Bs. S. K. dir, Herr, zu opfern. Noch ist zu bemerken, daß dem Liede zu Zeiten die Melodie: Frühmorgens da die Sonn u. s. w. Vom Himmel hoch u. s. w. zugeschrieben wird, allein die oben angegebene ist die ursprüngliche und besonders passende.

123. Gen Himmel aufge-

fahren ist, Halleluja! der König der Ehren Jesus Christ, Halleluja!

2. Er sitzt zur rechten Gotteshand, Halleluja! herrscht über Himmel und alle Land, Halleluja!

3. Nun ist erfüllt, was g'schrieben ist, Halleluja! in Psalmen von dem Herren Christ, Halleluja!

4. Nun sitzt beim Herren Davids Herr, Halleluja! wie zu ihm gesproch'n hat der Herr, Halleluja!

5. Nun dankt dem Herren Jesu Christ, Halleluja! der heut gen Himmel g'fahren ist, Halleluja!

6. Lob sei der heilgen Dreifaltigkeit, Halleluja! von nun an bis in Ewigkeit, Halleluja!

Anmerk. Nach dem alten Coelos ascendit hodie von Melchior Franck.

Mel. Aus meines Herzens Grunde.

124. Gott fähret auf zum Himmel mit frohem Jubelschall, mit prächtigem Getümmel und mit Posaunenhall. Lobsingt, lobsinget Gott, lobsingt, lobsingt mit Freuden, dem Könige der Heiden, dem Herren Zebaoth. -

2. Der Herr wird aufgenommen, der ganze Himmel lacht, um ihn gehn alle Frommen, die er hat frei gemacht. Es holen Jesum ein die

CXXIII. 1. b. K. der Ehrenkönig. — 2. K. zu Gottes rechter Hand, beherrschet Himmel, Meer und Land. — 3. Bei Bs. ausgel. K. erfüllet ist was Gott versprach, zum Thron ging Christus nach der Schmach. — 4. Bs. B. wie zu ihm hat gesagt der Herr (schon bei vielen ältern). K. nun sitzt ein Mensch auf Gottes Thron, der heißet Davids Herr und Sohn. — 5. Bs. nun jauchzen wir mit großem Schall dem Herren zum Ruhme überall. B. drum jauchzen wir mit großem Schall, dem Herren Christ zu Wohlgefall'n (ebenfalls nach ältern Varianten). K. drum jauchzen wir mit hohem Ton, gelobt sei Christ auf Gottes Thron. — 6. Bs. der heil. Dreif. sei Lob und Ehr in Ewigk. B. wir loben die Dreieinigkeit, Gott Vater, Sohn und heilgen Geist. K. Gott Vater, Sohn und heilger Geist sei ewiglich von uns gepreist.

CXXIV. 1. a. K. W. der Herr fährt auf gen — zu seines Vaters Thron, aus niederm Weltgetümmel schwingt sich der Menschensohn. f. g. K. W. lobsingt ihr Nationen dem Herrscher aller Thronen. — 2. Bei W. ausgel. b. S. K. in königlicher Pracht. B. kehrt zu des Himmels Pracht (ist der lachende Himmel wirklich ein solcher Anstoß?). c. d. K. deß freun sich alle Frommen, er hat sie frei gemacht; der Himmel neigt sich ihm, der Seraphinen Chöre lobsingen seiner Ehre und alle Cherubim. Bs. die lauten S., was sich schon in alten Gesbch. findet, lautern Cherubinen, den hellen Seraphinen muß er willkommen sein.

3. Wir wissen nun die Stiege, die unser Haupt erhöht, wir wissen zur Genüge, wie man zum Himmel geht. Der Heiland geht voran, will uns nicht nach sich lassen; er zeiget uns die Straßen, er bricht uns sichre Bahn.

4. Wir sollen himmlisch werden, der Herre macht uns Plätz, wir gehen von der Erden dorthin, wo unser Schatz. Ihr Herzen, macht euch auf, wo Jesus hingegangen, dahin sei das Verlangen, dahin sei euer Lauf.

5. Laßt uns gen Himmel springen mit herzlicher Begier! laßt uns zugleich auch singen: dich, Jesu, suchen wir, dich, o du Gottessohn, dich Weg, dich wahres Leben, dem alle Macht gegeben, dich unsres Herzens Kron.

6. Ade mit deinen Schätzen, du trugesvolle Welt! dein Koth kann nicht ergötzen; weißt du, was uns gefällt? der Herr ist unser Preis, der Herr ist unsre Freude und köstliches Geschmeide, zu ihm gilt unsre Reis.

7. Wann soll es doch geschehen, wann kommt die liebe Zeit, daß wir ihn werden sehen in seiner Herrlichkeit! du Tag, wann wirst du sein,

daß wir den Heiland grüßen, daß wir den Heiland küssen: — komm stelle dich doch ein!

Anmerk. Von G. W. Sacer. Auslassen würden wir in diesem Gesange höchstens den dritten Vers, wegen der „Stiege" und des erzprosaischen „wir wissen zur Genüge." Der Zusammenhang wird nicht gestört.

Mel. Vater unser im Himmelreich.

125. Nun danket Gott, ihr Christen all, und jauchzet ihm mit großem Schall, dieweil er seiner Gottheit Macht durch seinen Sohn aus Licht gebracht: Triumph, Triumph! schreit alle Welt, denn Jesus hat den Feind gefällt.

2. Er ist erstanden von dem Tod, der Lebensfürst, der wahre Gott; er hat des Teufels Burg zerstört und Gottes Himmelreich gemehrt. Triumph, Triumph! schreit alle Welt, denn Jesus hat den Feind gefällt.

3. Er ist erschienen wie ein Blitz und hat bethört der Feinde Witz: er hat bewiesen mit der That was er zuvor verkündigt hat. Triumph, Triumph! schreit alle Welt, denn Jesus hat den Feind gefällt.

4. Er hat nun überwunden gar

aber doch nicht ursprüngliche Lesart ist. — 3. a—c. K. Lob sei dem Gott der Gnade der unser Haupt erhöht! nun wissen wir die Pfade. (W. a. b. wir wissen nun vom Stiege, der.) e. K. W. himmt uns in seine Pflege und bahnet uns die Wege durch seine Siegesbahn. — 4. b—d. K. drum ging er himmelein; dort oben, nicht auf Erden soll unsre Heimath sein. b. d. W. der Herr bestellt den Ort — getrost zum Himmel fort. B. h. K. W. unser Lauf. — 5. a. Bs. S. K. W. B. zum Himmel bringen. c. S. laß heut uns sehnlich. K. W. voll Inbrunst. h. S. ist auf des Himmels Thron. B. Hauptes Kron. (schon bei ältern.) K. zu dir, o Gottes Sohn, soll unser Geist sich heben, du bist uns Licht und Leben und unser großer Lohn. — 6. Wei Bs. S. ausgel. a—c. B. weg, weg mit deinen Schätzen, du arge böse Welt, dein Tand kann nicht ergötzen. d. X. nur eines uns gefällt. h. B. zu ihm geht. e—h. X. der Herr ist unser Schild — ihm nur die Reise gilt. K. W. fahr hin — du trügerische Welt, wir fliehn aus deinen Netzen, dort ist was uns gefällt. Der Herr ist unsre Zier, der Herr ist unsre Wonne, zu unsrer Lebenssonne, zu Jesu ziehen wir. — 7. a. K. wird es. b. S. die selge Zeit. K. die Freudenzeit. c. B. Gott werden sehen. e—h. S. wann stellt der Tag sich ein, da wir den Heiland schauen? hinweg all Furcht und Grauen, wir gehen himmelan. K. W. da wir zu seinen Füßen anbetend ihn begrüßen, o Tag brich bald herein.
CXXV. 1. b. X. preiset ihn. c. jauchzt alle Welt (so in allen Versen)

5 *

sein Leiden, Trübsal und Gefahr; sein Haupt trägt schon mit großem Glanz den ewig grünen Lorbeerkranz: Triumph, Triumph! schreit alle Welt, denn Jesus hat den Feind gefällt.

5. Die Wunden, die er hier empfing, da er an's Kreuz genagelt hing, die leuchten wie der Morgenstern und strahlen von ihm weit und fern. Triumph, Triumph! schreit alle Welt, denn Jesus hat den Feind gefällt.

6. Er ist nun voller Seligkeit und herrschet über Ort und Zeit: er lebt voll Freud im Paradeis und hört mit Lust sein Lob und Preis. Triumph, Triumph! schreit alle Welt, denn Jesus hat den Feind gefällt.

7. Nun danket Gott, ihr Christen all, und jauchzet ihm mit großem Schall; ihr sollt in ihm auch auferstehn und in die ewge Freude gehn. Drum schrei Triumph die ganze Welt, denn Jesus hat den Feind gefällt.

Anmerk. Von Angelus Silesius; selten. Das Lied verdient aber mit den wenigen unten bemerkten Varianten (ob vielleicht noch Vs. 3. auszulassen?) als festliches Triumphlied wieder bekannter zu werden.

Mel. Erschienen ist der herrlich Tag.

126. Wir danken dir, Herr Jesu Christ, daß du gen Himm'l gefahren bist; o starker Gott, Immanuel, stärk uns an Leib, stärk uns an Seel, Halleluja!

2. Nun freut sich alle Christenheit und singt und springt ohn' alles Leid: Gott Lob und Dank im höchsten Thron! unser Bruder ist Gottes Sohn. Halleluja!

3. Gen Himm'l ist er gefahren hoch und ist doch allzeit bei uns noch; sein' Macht und Gwalt unendlich ist wahr'r Gott und Mensch zu aller Frist, Halleluja!

4. Ueber all Himmel hoch erhebt, über all Engel mächtig schwebt, über all Menschen er regiert und alle Creaturen führt, Halleluja!

5. Zur Rechten Gott's des Vaters groß hat er all Macht ohn alle Maaß; all Ding seind ihm ganz unterthan, Gottes und der Maria Sohn, Halleluja!

6. All' Teufel, Welt, Sünd, Höll und Tod, er alles überwunden hat: trotz wer da will, es liegt nichts dran, den Sieg muß er doch allzeit han, Halleluja!

7. Wohl dem, der ihm vertrauen thut und hat in ihm nur frischen

bis Vs. 7.). — 5. b. da er am Kreuze für uns hing. — 7. e. drum ruft Triumph.

CXXVI. 1. b. S. gen Himmel gangen bist. b. K. daß du zur Rechten Gottes bist. — 2. a. B. euch alle (wohl Druckfehler). b. S. H. und saget jetzt und allezeit. d. H. weil unser Bruder. S. denn Bruder bleibt uns G. — 3. a—d. K. du der emporgefahren ist bleibst doch bei uns zu jeder Frist und herrschest nur in deinem Reich, als wahrer Gott und Mensch zugleich. a. b. H. aufgefahren hoch ist er doch allzeit bei uns noch. c. Vs. S. des Herrlichkeit unendlich ist. d. H. er Gott und Mensch zu aller Frist. — 4. K. hoch über Himmel Erd und Meer geht deine Majestät daher, die Engel alle dienen dir und deine Glieder, Herr, sind wir. a. B. sich erhebt. S. H. er hebt sich. 5. Bei K. ausgel. a—d. S. zur Rechten Gottes er mit Macht hat alles unter sich gebracht, und herrschet in dem höchsten Thron als — 6. Bei Bs. ausgel. d. H. den Sieg ihm niemand nehmen kann. a—d. S. wohl deinen Gliedern, selig Haupt, wohl dem der freudig an dich glaubt: Welt trotze nur, da liegt nichts dran, den Sieg uns niemand nehmen kann. K. mit Teufel, Hölle, Sünd und Tod hat es von nun an keine Noth, wer fragen will kanns durch den Sohn, der siegreich waltet auf dem Thron. — 7. Mel S. ausg.

Muth; Welt wie du willst, wer fragt nach dir? nach Christo steht unsre Begier, Halleluja!

8. Er ist der Herr und unser Trost, der uns durch sein Blut hat erlöst: das Gefängniß er gefangen hat, daß uns nicht schad der bittre Tod, Halleluja!

9. Wir freuen uns aus Herzensgrund und singen fröhlich mit dem Mund: unser Bruder, Fleisch, Bein und Blut ist unser allerhöchstes Gut, Halleluja! -

10. Durch ihn der Himmel unser ist: hilf uns, o Bruder Jesu Christ, daß wir nur trauen fest auf dich, und durch dich leben ewiglich, Halleluja!

11. Amen, Amen Herr Jesu Christ, der du gen Himmel g'fahren bist; erhalt uns, Herr, bei reiner Lehr, des Teufels Trug und Listen wehr, Halleluja!

12. Komm, lieber Herr, komm, es ist Zeit, zum letzten G'richt in Herrlichkeit; führ uns aus diesem Jammerthal in den himmlischen Freudensaal, Halleluja!

13. Amen, singen wir noch einmal, wir sehnen uns in's Himmelssaal, da wir mit deinen Engelein das Amen wollen singen sein, Halleluja!

Anmerk. Von Nic. Selneccer. oder Chr. Fischer. Die holprichte Form macht manche Aenderung nöthig; wir sind an den meisten Stellen mit H. einverstanden. Ganz wegzulassen Bs. 12.: von andern Gründen abgesehen, ist wohl nicht jedem die Naivität zugänglich den Herrn an das jüngste Gericht zu erinnern „da es Zeit sei." Von dem Tage aber und der Stunde weiß niemand u. s. w. Matth. 24, 36.

Mel. Ich Gott und Herr.

127. Zeuch uns nach dir, so laufen (kommen) wir mit herzlichem Verlangen hin, da du bist, o Jesu Christ aus dieser Welt gegangen.

2. Zeuch uns nach dir in Liebsbegier: ach, reiß uns doch von hinnen! so dürfen wir nicht länger hier den Kummerfaden spinnen.

3. Zeuch uns nach dir, Herr Christ und führ uns deine Himmelsstege; wir irr'n sonst leicht und

b—d. K. und ihm vertraut mit festem Muth; Welt fahre hin, wer fragt nach dir, dem Himmelsfürsten leben wir. — 8. d. Bs. schwere Tod. a—c. S. der Herr hat uns das höchste Gut erworben durch sein theures Blut, er hat gedämpft all unsre Noth. a—d. K. er ists der uns das höchste Gut erworben durch sein theures Blut und aller Feinde Trotz und Macht durch seine Kraft zu Fall gebracht. — 9. Bei Bs. S. ausgel. b. K. ihm mit frohem Mund. c. H. er unser Bruder, Fleisch und Blut. c. d. du Jesus, unser F. und B. bist unser. — 10. a. S. durch dich. K. durch den, setzt aber b. vor a. c. H. nun (alte Var.). B. fest vertraun. d. K. in dir. — 11. Bei Bs. ausgel. a. S. sprich Amen, Amen Jesu Ch. b. S K. wie bei 1. b. c. d. S. mach unsre Herzen stark und rein, daß frischen Muths wir warten dein. K. behalt uns fest bei deinem Wort und wehr des Teufels Trug und Mord. — 12. Bei Bs. ausgel. a. S. großer König. b. K. zu dem Gericht in. S. richt an dein Reich mit Herrlichkeit. d. K. bald in den ewgen F. B. H. in deinen ewgen Himmelssaal. S. komm, offenbare deinen Thron, bring deinen Knechten ihren Lohn. — 13. b. K. in deinen Saal. B. nach's Himmels Saal (härter als der Text). S. und freun uns auf das Hochzeitmahl. c. d. K. da wird in deiner Engel Reihn das Amen ewig Amen sein. H. da wir einst deinen Engeln gleich das Amen sing'n in deinem Reich. S. einst wenn dein Ruhm erst recht erklingt und durch der Himmel Himmel bringt.

CXXVII. 1. b. K. eilen wir. — 2. c. H. aus diesem Sünderleben. K. ach reiß uns von der Erden. f. H. in vielen Aengsten schweben. K. uns ängsten in Beschwerden. d—f. S. so drückt das Leid der Erdenzeit nicht länger unsre Sinnen. — 3. b. H. ach führ. d. H. irren leicht. d. e. S. wir sind o Hirt sind verscheucht (sind abgeneigt) vom rechten Lebenswege.

4. Zeuch uns nach dir, so folgen wir dir nach in deinen Himmel, daß uns nicht mehr allhier beschwer das böse Weltgetümmel.

5. Zeuch uns nach dir nun für und für und gieb, daß wir nach-fahren dir in dein Reich und nach uns gleich den auserwählten Schaaren.

Anmerk. Dies Lied wird bald der Gräfin Ludmilia Elisabeth von Schwarzburg zugeschrieben, bald (und wahrscheinlicher) Fr. Fabricius. Außerdem „Kummerfaden" nichts zu ändern.

B) Abgekürzte Lieder und Verse.

Mel. Ermuntre dich mein schwacher Geist.

128. Du, starker Herrscher, fäh-rest auf mit Jauchzen und Lobsa-gen; auf Windesflügeln geht dein Lauf, dich hoch die Wolken tragen: du fährest auf mit Lobgesang, es schallet der Posaunenklang: mein Gott, mit allen Dingen will ich dir heut lobsingen.

2. Du hast durch deine Him-melfahrt die Straße uns bereitet; du hast den Weg uns offenbart, der zu dem Vater leitet. Ja, ein-stens, Heiland, nimm uns an, daß jeder fröhlich jauchzen kann und klo-pfen in die Hände: gelobt sei Gott ohn' Ende!

Anmerk. Aus dem Liede: Du Le-bensfürst, Herr Jesu Christ von Joh. Rist.

Mel. Nun lob mein Seel den Herren.

129. Frohlocket jetzt mit Hän-den und jauchzet Gott mit süßem Schall! ihr Völker aller Enden lob-singet ihm mit lautem Hall! es fäh-ret auf mit Prangen der Held von Israel, nachdem er hat gefangen Tod, Teufel, Sünd und Höll': jetzt ist er aufgestiegen gen Himmel, Klarheit voll, kommt, jubelt seinen Siegen und bringt des Dankes Zoll.

2. Lob sei dir, Herr, gesungen, daß du dich selbst aus eigner Macht gen Himmel hast geschwungen und den Triumph davon gebracht; daß du hast aufgeschlossen des Himmels güldne Thür und uns zu Reichsge-nossen verordnet für und für. Ach, laß es einst gelingen der frommen Schaar zugleich ein Loblied dir zu singen in deines Vaters Reich.

Anmerk. Vs. 1. und 9. aus dem Liede: Frohlocket jetzt mit Händen von Joh. Rist.

Mel. Freu dich sehr o meine Seele.

130. Heute bist du aufgefah-ren, unser Herr mit großem Schall, und es grüßen dich die Schaaren deiner Himmelsgeister all': meine Seele schaut dir nach und ersehnt den großen Tag, wo du, Herr, wirst wiederkommen wie du dorten auf-genommen.

2. Laß dein Herz mir jetzt zu-rücke und nimm meines mit hin-auf; wenn ich Seufzer zu dir schicke, mache selbst den Himmel auf und so ich nicht beten kann, rede du den Vater an, denn du thronst zu seiner Rechten, darum hilf uns, deinen Knechten.

3. Meine Wohnung mache fer-tig droben in des Vaters Haus, da ich werde gegenwärtig bei dir ge-hen ein und aus: denn der Weg dahin bist du, darum bringe mich

sonst leicht verirrt. — 5. c. H. dir nach in deine Freuden. f. H. der Seelen ängstlich Leiden. d — f. S. zum Vaterhaus und gehn hinaus vom bösen W. — 5. c. S. ach gieb.

zur Ruh und nimm an dem letzten Ende meinen Geist in deine Hände.

Anmerk. Vs. 2. u. 5. aus dem Liede: Herr, auf Erden muß ich leiden von Kasp. Neumann. Der erste Vers ist angefügt um noch mehr festlichen Character zu geben.

Mel. Erschienen ist der herrlich Tag.

131. Mit allen Engeln beugen wir heut unsre Knie und singen dir, mit allen Christen beugen wir heut unsre Knie, o Herr, vor dir, Halleluja!

2. Weit über alle Majestät hat dich nun Gott, dein Gott, erhöht, doch bist du auf der Himmel Thron jetzt unser Freund, einst unser Lohn, Halleluja!

3. O zeuch uns immer mehr zu dir, laß uns, so lang wir leben hier, nur suchen das was droben ist, wo du verklärter Heiland bist, Halleluja!

Anmerk. Aus dem Liede: Mit allen Engeln beugen wir von C. C. Sturm.

Mel. Erschienen ist der herrlich Tag.

132. Nun freut euch, Gotteskinder all, der Herr fährt auf mit großem Schall: lobsinget ihm, lobsinget ihm, lobsinget ihm mit lauter Stimm, Halleluja!

2. Die Engel und all Himmelsheer erzeigen Christo göttlich' Ehr, und jauchzen ihm mit frohem Schall, das thun die lieben Engel all, Halleluja!

3. Der Herr hat uns die Stätt' bereit, da ruhen wir in Ewigkeit: lobsinget ihm, lobsinget ihm, lobsinget ihm mit lauter Stimm, Halleluja!

4. Ja, danket nun dem lieben Herrn und lobet ihn von Herzen gern, lobsinget mit der Engel Chor, und bis zum Himmel schall empor: Halleluja!

5. Gott Vater in der Ewigkeit, es sagt dir deine Christenheit groß Ehr und Dank mit höchstem Fleiß, zu allen Zeiten Lob und Preis, Halleluja!

6. Herr Jesu Christe, Gottes Sohn, gewaltig auf der Himmel Thron, es dankt dir deine Christenheit von nun an bis in Ewigkeit, Halleluja!

7. O heilger Geist, du wahrer Gott, du tröstest uns in aller Noth, wir rühmen dich, wir loben dich und sagen Dank dir ewiglich, Halleluja!

Anmerk. Vs. 1. 2. 4. 13—16. aus dem Liede: Nun freut euch lieben Christen all von Erasmus Alberus.

Mel. Ach Gott und Herr.

133. O Jesu Christ, der du uns bist das Liebst' auf dieser Erden, gieb daß wir ganz in deinen Glanz noch aufgezogen werden!

2. Du hast dich heut in Herrlichkeit auf Gottes Stuhl gesetzet, drum sind wir so von Herzen froh, das ist's was uns ergötzet.

3. Drum Jesu Christ, der du uns bist das Liebst' auf dieser Erden, gieb daß wir ganz in deinen Glanz noch aufgezogen werden!

Anmerk. Nach dem Liede: O Jesu Christ der du mir bist von Angelus Silesius.

Mel. Alle Menschen müssen sterben.

134. Siegesfürst und Ehrenkönig, höchst verklärte Majestät! alle Himmel sind zu wenig, du bist drüber doch erhöht. Sollten wir nicht niederfallen, nicht das Herz vor Freude wallen, da das Aug' aus seiner Nacht schaut in deine Himmelspracht!

2. Sehn wir dich gen Himmel fahren, sehn wir dich auf Gottes Thron, sehn wir, wie der Engelschaaren jauchzen dir, dem ewgen Sohn: sollten wir nicht niederfallen, nicht das Herz in Freuden wallen, da der Himmel jubilirt, unser König triumphirt!

3. Weit und breit, du Himmelssonne, leuchtet deiner Klarheit Strahl, tränkt mit Glanz und ewger Wonne Himmelsgeister ohne Zahl: prächtig wirst du aufgenommen, jauchzend heißt man dich willkommen: unser Chor, im Staube hier, ruft auch Hosianna dir!

4. Alles kannst du, aller Orten nun bei den Deinen nahe sein, darum öffnen wir die Pforten unsrer Herzen: komm herein! ja, bis zu dem fernsten Ende streck den Scepter aus und wende alle Seelen arm und reich, Herr, zu deinem Himmelreich!

Anmerk. Nicht unwürdig wohl werden die Himmelfahrts = Gesänge mit diesen Versen aus dem Gesange: Siegesfürst und Ehrenkönig von Gerh. Tersteegen geschlossen. Wir haben durch geringe Aenderungen ihn mehr zum Gemeindegesange zu machen gesucht, in den behaltenen Strophen aber nichts Wesentliches verwischt.

XIII.

Pfingst = Gesänge.

(Vom Heiligen Geiste.)

A) Vollständige Gesänge.

135. Die Gottheit kehret ein bei uns allhier auf Erden, und unsres Herzens Schrein muß ihr zur Wohnung werden: drum freuet euch alle im menschlichen Orden, weil heute die Erde zum Himmel ist worden.

2. Der König aller Welt, der Herr der Herrlichkeiten, will hier sein Wohnungszelt in unser Herz bereiten. Drum freuet euch alle im menschlichen Orden, weil heute die Erde zum Himmel ist worden.

3. Der heil'ge Gottesgeist kann heil'gen unsre Sinnen, dieweil er heilig heißt, die Sünde muß zerrinnen. Drum freuet euch alle im menschlichen Orden, weil heute die Erde zum Himmel ist worden.

4. Der Tröster, Gottes Geist, kann trösten unsre Herzen, weil er ein Tröster heißt: er stillt des Kreuzes Schmerzen. Drum freuet euch alle im menschlichen Orden, weil heute die Erde zum Himmel ist worden.

5. Der Lehrer, Gottes Geist, kann das Verständniß geben, weil er ein Lehrer heißt: er lehrt uns christlich leben. Drum freuet euch alle im menschlichen Orden, weil heute die Erde zum Himmel ist worden.

6. Der werthe Gottesgeist kann uns in Glaubenssachen, weil er ein Lehrer heißt, geschickt und tüchtig machen. Drum freuet euch alle im menschlichen Orden, weil heute die Erde zum Himmel ist worden.

7. Nun feire diese Zeit mit Wonn und Herzensfreude; o werthe Christenheit entsage allem Leide. Drum freuet euch alle im menschlichen Orden, weil heute die Erde zum Himmel ist worden.

Anmerk. Aus dem Oelsnitzer Gesangb. von 1745. Der Name des Vf. fehlt. Vs. 6. würden wir weglassen und in Vs. 7. lesen: und freuet euch alle u. s. w.

Mel. Aus meines Herzens Grunde.

136. Freut euch, ihr Christen alle, Gott schenkt uns seinen Sohn, lobt ihn mit großem Schalle, er schickt vom Himmelsthron uns seinen werthen Geist, der uns durch's Wort recht lehret, des Glaubens Licht vermehret und uns auf Christum weist.

2. Er lässet offenbaren als unser höchster Hort, uns die wir unweis waren, das himmlische Wort. Wie groß ist seine Güt'! nun können wir ihn kennen und unsern Vater nennen, der uns allzeit behüt'.

3. Verleih, daß wir dich lieben, o Gott von großer Huld, durch Sünd dich nicht betrüben; vergieb uns unsre Schuld. Führ uns auf ebner Bahn, hilf, daß wir dein Wort hören, und thun nach deinen Lehren: das ist recht wohl gethan.

4. Von oben her uns sende, den Geist, den edeln Gast, der stärket uns behende, wenn uns dräut Kreuzeslast: tröst uns in Todespein, mach auf die Himmelsthüre, und mit einander führe zu deinem Freudenschein.

Anmerk. Von Georg Werner, in neuern Sammlungen nicht allzu häufig, von den unsrigen bei B. Dieser verändert bloß Vs. 2. Zl. 4. „das theuer werthe Wort;" außerdem möchten wir Vs. 4. Zl. 2. eine Variante aufnehmen, die sich schon in einem alten Gesbch. befindet: Des Kraft sich zu uns wende, wenn uns drückt.

Mel. Komm heilger Geist Herre Gott.

137. Komm Geist des Vaters und des Sohns! mit beiden Eins und eines Throns; der ewig von dem Vater wehet und ewig von dem Sohn ausgehet! du Strahl, der von des Höchsten Sitz ausfährt mit Feu'r und hellem Blitz! du Strom, von Gottes Thron geflossen und von des Lammes Stuhl ergossen, Halleluja, Halleluja!

2. O reines Wesen, nie gesehn, unendlich wie des Himmels Höhn! nichts ist was dir verhehlet werde; du füllst den Himmel und die Erde, du schauest in der Gottheit Grund, all' ihr Geheimniß ist dir kund; du bist's der Alles forscht und findet und aller Menschen Herz ergründet, Halleluja, Halleluja!

3. Du hast uns Christum zugesandt und machst ihn aller Welt bekannt, hast ihn mit Majestät verkläret und pflanzest fort, was er gelehret! du schreibst sein Wort in unser Herz, du ziehst die Seelen himmelwärts, ein Gott der Kräfte, Geist der Gaben, ein Herr der Aemter, die wir haben, Halleluja, Halleluja!

4. Du bist der wahren Kindschaft Geist, der uns zum Vater treten heißt; du lehrst uns seine Liebe kennen und ihn von Herzen Abba nennen, vertrittst, wenn wir in Schwachheit stehn, uns selbst mit deinem starken Flehn, bist uns das Siegel seiner Gnade, ein Führer auf dem Lebenspfade, Halleluja, Halleluja!

5. Gott, deine Frucht ist Gütigkeit, Zucht, Keuschheit, Demuth, Freudigkeit; du giebst uns Glauben, Trost dem Herzen, Fried', Hoffnung und Geduld in Schmerzen, und wo du deinen Tempel hast, da wohnet Liebe, Ruh und Rast; da kann ein Sünder schon auf Erden

mit Gott dem Höchsten Eines werden, Halleluja, Halleluja!

6. O du, des wahren Erbtheils Pfand, führ uns an deiner Liebeshand, treib uns zum heiligen Verlangen, dir unverrücklich anzuhangen. Nimm, Herr, uns deinen Frieden nicht und wend auf uns dein Angesicht, so werden wir in Tod und Leben dir ewig Preis und Ehre geben, Halleluja, Halleluja!

Anmerk. Es findet sich dieser treffliche Gesang, so viel wir wissen nur bei Knapp mit der Unterschrift: „Altes Lied." Er verdient jedenfalls weitere Verbreitung und Beachtung.

138. Komm, Gott Schöpfer, heilger Geist, besuch das Herz der Menschen dein, füll sie mit Gnaden wie du weißt, daß dein Geschöpf vorhin sein.

2. Denn du bist der Tröster genannt, des Allerhöchsten Gabe theu'r, ein geistlich' Salb' an uns gewandt, ein lebend Brunn, Lieb und Feu'r.

3. Zünd uns ein Licht an im Verstand, gieb uns in's Herz der Liebe Brunst, das schwach' Fleisch in uns dir bekannt, erhalt fest deine Kraft und Gunst.

4. Du bist, mit Gaben siebenfalt, der Fing'r an Gottes rechter Hand; des Vaters Wort giebst du gar bald mit Zungen in alle Land.

5. Des Feindes List treib von uns fern, dein Fried' schaff bei uns deine Gnad, daß wir dein'm Leiten folgen gern und meiden der Seelen Schad.

6. Lehr uns den Vater kennen wohl, dazu Jesum Christ, seinen Sohn, daß wir des Glaubens werden voll, dich beider Geist zu verstahn.

7. Gott Vater sei Lob und dem Sohn, der von den Todten auferstund, dem Tröster sei dasselb' gethan in Ewigkeit zu aller Stund.

Anmerk. Das Veni creator von Luther übersetzt. Obgleich wir dem Grundsatz folgen möglichst nur deutsche Originale aufzunehmen, so mußte doch bei diesem Gesange, der bei vielen Feierlichkeiten herkömmlich ist, eine Ausnahme gemacht werden. Aus ähnlichen Gründen ist aber dann auch Luthers Version beibehalten und nicht der neue Text bei Bs. u. L. recipirt. Die Aenderungen von S. sind zweckmäßig und dringend nöthig.

139. Komm heiliger Geist! erfüll die Herzen deiner Gläubigen und entzünd in ihnen das Feuer deiner göttlichen Liebe; der du durch Mannigfaltigkeit der Zungen die Völker der ganzen Welt versammelt hast, in Einigkeit des Glaubens: Halleluja, Halleluja!

Anmerk. Aus denselben Gründen wie 138. ist auch diese Version der Antiphone: Veni sancte spiri-

CXXXVIII. 1. a. S. i. Schöpfer, komm Gott heilger Geist. d. S. B. H. daß dein Geschöpf soll vor dir sein. — 2. a. S. du bist der Tröster ja genannt. c. B. sein geistlich. S. ein' edle Salb, ein hohes Pfand. d. B. H. des Lebens Brunnen. S. des Lebens Quell, der Liebe Feu'r. — 3. ist von S. zum 4ten Verse gemacht, dagegen der 4te zum dritten. c. S. B. H. des Fleisches Schwachheit dir bekannt. d. S. B. H. stärk allzeit durch dein Kraft und Gunst. — 4. b. B. der Finger Gottes rechter Hand. a. b. S. du wirkst mit Wunder mannigfalt, der Finger stark an Gottes Hand. d. S. B. H. mit Zungen frei in alle Land. — 5. b. B. H. den Frieden schaff in uns dein' Gut. S. gieß Frieden uns durch deine Gut. S. laß deinem Trieb uns folgen gern, vor Seelenschaden uns behüt. — 6. a. S. den Vater uns recht (B. wohl) kennen lehr. b. S. B. und Jesum Ch. seinen Sohn. d. H. dich — recht zu verstehn. c. d. S. B. daß wir auch geben gleiche Ehr, dir, beider Geist, in einem Thron. a—d. S. B. Gott unser Vater sei allzeit aus Herzensgrund von uns gepreist; Lob sei, Herr Jesu, dir bereit, mit Gott, dem werthen heilgen Geist.

tus, repl. beibehalten. Mit ihr wurde und wird in manchen Gegenden der Gottesdienst begonnen.

140. Komm heiliger Geist, Herre Gott! erfüll mit deiner Gnaden Gut deiner Gläubigen Herz, Muth und Sinn, dein brünstig Lieb' entzünd in ihn': o Herr, durch deines Lichtes Glast zu dem Glauben versammelt hast das Volk aus aller Welt Zungen; das sei dir Herr zu Lob gesungen, Halleluja, Halleluja!

2. Du heiliges Licht, edler Hort, laß uns leuchten des Lebens Wort und lehr uns Gott recht erkennen, von Herzen Vater ihn nennen. O Herr, behüt vor fremder Lehr, daß wir nicht Meister suchen mehr denn Jesum Christum mit rechtem Glauben und ihm aus ganzer Macht vertrauen, Halleluja, Halleluja!

3. Du heilige Brunst, süßer Trost, nun hilf uns fröhlich und getrost in deinem Dienst beständig bleiben, die Trübsal uns nicht abtreiben. O Herr, durch dein' Kraft uns bereit und stärk des Fleisches Blödigkeit daß wir hier ritterlich ringen, durch Tod und Leben zu dir bringen, Halleluja, Halleluja!

Anmerk. Bekanntes Lieder = Kleinod von Luther. Außer dem „Glast" darf nur mit großer Behutsamkeit bei einigen zu harten Stellen in der Form nachgeholfen werden. Ob „Brunst" zu ändern?

Mel. Von Gott will ich nicht lassen.

141. Komm, Tröster, komm hernieder vom höchsten Himmelsthron, auf Christi Freund und Brüder, komm eilig, komm und wohn im Herzen allermeist, mit deinem Licht und Gaben und Freudenöl zu laben: komm werther heilger Geist!

2. Du bist ein Trost der Frommen, gieß aus dein heilig Oel, und laß es zu mir kommen, daß sich mein Herz und Seel erfreuen inniglich; komm, Tröster, zu erquicken die Seelen, die sich bücken im Geist demüthiglich.

3. Laß allen Trost verschwinden, den mir die Welt verspricht bei ihrem Dienst der Sünden, der mich doch tröstet nicht. Was Jesus mir anpreist, dem will ich feste glauben: du sollst mein Tröster bleiben, du o Gott heilger Geist!

4. Du kannst mein Herz erfreuen und kräftig rüsten aus, ja ganz und gar erneuen mein armes Herzens=

CXL. 1. a. S. Herr und Gott. b. Bs. S. H. der Gläubigen — Sinnen. c. Bs. S. H. in ihnen. e. Bs. S. B. K. H. Glanz. (W. behält „Glast" bei.) f. S. B. K. H. W. zum Glauben du. g. S. ein einig Volk aus allen Zungen. — 2. a. S. starker Hort. d. Bs. S. unsern Vater nennen. g. Bs. Christum im Glauben. — 3. a. H. du ewige Kraft. K. du heiliges Gut. c. Bs. Dienst, Herr, treu verbleiben. d. Bs. die Trübsal uns von dir nicht treiben. S. laß T. uns nicht von dir treiben. e. K. durch deine Kraft uns Herr bereit. S. mach uns durch deine Kraft bereit.

CXLI. 1. c. d. K. bring uns das Leben wieder, das durch die Sünd entflohn. d. e. S. du den höchsten Sohn zu senden uns verheißt. g. H. und Freuden es zu laben (die einzige nöthige Variante in diesem Verse). f. g. S. o komm mit deinen Gaben das matte Herz zu laben. e—h. K. wie Jesus dich verheißt, so komm mit deinen Gaben uns ewiglich zu laben, v. — 2. b. H. dein Freudenöl. c. H. auf mich. f—h. S. o komm mich zu erquicken weil mich die Sünden drücken, komm und befreie mich. X. komm, komm dich zu erbarmen mit Huld der geistlich Armen, wir flehn dem. K. dichtet den ganzen Vers um: laß auf die Seelen fließen der Gnade sanftes Oel, erquicke das Gewissen, belebe Leib und Seel; wo Demuth dein begehrt, da tritt ihr gnädig nahe, damit sie bald empfahe ein Heil das ewig währt. — 3. a. H. mög. e. f. K. was Jesu Mund mir preist, das will ich thun und glauben. — 4. d. S. der Seelen wüstes Haus.

haus; drum komm, mein schönster Gast, und bleib im Tod und Leben als Tröster mir ergeben bis mein Gesicht erblaßt.

5. Der du als Gott ausgehest vom Vater und dem Sohn, und mich im Geist erhöhest zu Gottes Stuhl und Thron, kehr ewig bei mir ein und lehr mich Jesum kennen, ihn meinen Herren nennen, mit Wahrheit, nicht zum Schein.

6. Du kommst ja von dem Vater, der meine Seele liebt, drum sei auch mein Berather wenn mich die Welt betrübt: so komm und tröste mich und stärk in Kreuz und Leiden mein Herz mit vielen Freuden, daß es erquicke sich.

7. Ja, zeug in meinem Herzen von Jesu ganz allein, von seinem Tod und Schmerzen, von seiner Wahrheit Schein! daß ich ganz überzeugt kein Bild in meiner Seelen, als Jesum mög erwählen, bis sich mein Herz ihm gleicht.

8. Leit mich mit deinem Finger o Geist von Gottes Thron! und sei mein Herzbezwinger daß mich kein' Schmach noch Hohn, kein Trübsal, keine Noth von meinem

Jesu scheide; im Kreuz sei meine Freude und Trost bis in den Tod.

Anmerk. Von Laurentius Laurenti. Zu Grunde liegt wie bei allen Liedern dieses Dichters, eine evangelische Pericope, hier die am ersten heil. Pfingsttage. In manchen Ausdrücken und Wendungen muß der Form etwas nachgeholfen werden.

Mel. Wie schön leucht' uns der Morgenstern.

142. O heilger Geist, kehr bei uns ein und laß uns deine Wohnung sein, o komm, du Herzenssonne! du Himmelslicht, laß deinen Schein bei uns und in uns kräftig sein zu steter Freud' und Wonne! Sonne, Wonne, himmlisch Leben, wirst du (willst du) geben wenn wir beten: zu dir kommen wir getreten.

[2. Gieb Kraft und Nachdruck deinem Wort, laß es wie Feuer immerfort in unsern Herzen brennen; daß wir Gott Vater, seinen Sohn, dich beider Geist in einem Thron für wahren Gott erkennen. Bleibe, treibe und behüte das Gemüthe, daß wir gläuben und im Glauben standhaft bleiben.]

3. Du Quell, draus alle Weisheit fleußt, die sich in fromme See-

K. zu einem Gotteshaus. e. S. K. theurer Gast. H. edler Gast. h. H. bis daß ich bin erblaßt. S. bis zu der ewgen Rast (ohne Grund das individualisirende Element verwischt). — 5. d. S. zu Gottes Himmelsthron. e. S. gnädig. — 6. b. B. den. (Druckfehler?) f. S. in bittern Leiden. g. S. mit süßen. K. mit ewgen. H. mit beinen. — 7. d. S. und süßer Liebespein. h. S. bis daß mein Herz ihm gleicht. H. bis mein Herz seinem gleicht. K. e—h. daß ich mit reinem Sinn kein Bild in meiner Seele als Jesum nur erwähle bis ich vollendet bin. — 8. d. S. nicht Schmach und Hohn. a—d. K. leit mich aus Welt und Sünde o Geist zu Gottes Thron; hilf, daß ich überwinde Versuchung, Lust und Hohn. e. S. nicht T. oder N. K. und daß mich keine Noth. h. K. mein Tröster in dem Tod. S. mein T. bis in T. H. mein Trost auch einst im Tod.

CXLII. 1. f. W. Treu. (Druckfehler?) g. h. K. Wahrheit, Klarheit (unnütz). Für g—m. findet sich schon in alten Büchern die Variante: daß wir in dir recht zu leben uns ergeben und mit Beten oft deshalben vor dich treten. Sie findet sich bei keiner unserer Text-Recensionen. Ueberhaupt aber tritt bei unserem Liede schon für die ältesten Texte ein Schwanken ein, das noch der Erklärung bedarf. — 2. Dieser ganze Vers fehlt in den meisten Büchern und scheint allerdings den Zusammenhang zu stören; manche alte Bücher haben ihn aber und lassen dafür Vs. 6.: o starker Fels und Lebenshort, aus. — 3. b. c. K. fließt-gießt. e. Bs. S. W. B. H. können alle Christenheit. e. f. K. viel Herzen in der

len geußt, laß deinen Trost uns hören; daß wir in Glaubenseinigkeit auch andre in der Christenheit dein wahres Zeugniß lehren. Höre, lehre, Herz und Sinnen zu gewinnen, dich zu preisen, gut's dem Nächsten zu erweisen.

4. Steh uns stets bei mit deinem Rath und führ uns selbst den rechten Pfad, die wir den Weg nicht wissen. Gieb uns Beständigkeit, daß wir getreu dir bleiben für und für, wenn wir uns leiden müssen. Schaue, baue, was zerrissen und geflissen dich zu schauen und auf deinen Trost zu bauen.

5. Laß uns dein' edle Balsamkraft empfinden, und zur Ritterschaft dadurch gestärket werden, auf daß wir unter deinem Schutz, begegnen aller Feinde Trutz mit freudigen Geberden; laß dich reichlich auf uns nieder, daß wir wieder Trost empfinden, alles Unglück überwinden.

6. O starker Fels und Lebenshort, laß uns dein himmelsüßes Wort in unsern Herzen brennen! daß wir uns mögen nimmermehr von deiner weisheitreichen Lehr und reiner Liebe trennen. Fließe, gieße deine Güte ins Gemüthe, daß wir können Christum unsern Heiland nennen.

7. Du süßer Himmelsthau, laß dich in unsre Herzen kräftiglich und schenk uns deine Liebe; daß unser Sinn verbunden sei dem Nächsten stets mit Liebestreu und sich darinnen übe: kein Neid, kein Streit dich betrübe, Fried und Liebe müsse schweben: Fried und Freude wirst du geben.

8. Gieb, daß in reiner Heiligkeit wir führen unsre Lebenszeit, sei unsres Geistes Stärke, daß uns forthin sei unbewußt die Eitelkeit, des Fleisches Lust und seine todten Werke. Rühre, führe unser Sinnen und Beginnen von

Ch. dein Zeugniß können lehren. Alte Variante: mit deiner werthen Ch. dein wahres Zeugniß ehren. Wir geben ihr den Vorzug. i—m. S. wie wir mögen uns zum Segen dir ergeben und in deinem Frieden leben. K. g—m. daß wir uns dir ohne Säumen selbst einräumen und durch Liebe andern zeigen deine Triebe. Alte Variante: daß wir können Herz und Sinnen dir ergeben, dir zum Lob und uns zum Leben. So Bs. B. H. W. — 4. a. K. erleucht uns Herr. c. K. weil wir (schon bei ältern). f. Bs. S. K. H. W. wenn wir leiden. B. nun. l. m. S. dir zu trauen und auf deine Kraft zu bauen. Alte Var.: und auf dich allein zu bauen. g—m. K. eile, heile was zerrissen im Gewissen Trost begehret und zu dir sich gläubig kehret. (W. dich will schauen und auf deine Tröstung bauen.). — 5. a—c. W. stärk uns mit deiner Gotteskraft zu üben gute Ritterschaft in Drangsal und Beschwerden. a. K. den Balsam deiner Kraft. H. uns doch deine Lebenskraft. d. e. K. damit wir unter deiner Hut begegnen aller Feinde Wuth. e. S. besiegen aller Feinde Trutz. f. Alte Var.: so lang wir sind auf Erden — so S. m. K. und die Trübsal überw. — 6. fehlt, wie oben bemerkt, bei allen, welche Bs. 2. haben. Beide Strophen haben übrigens eine gewisse Aehnlichkeit. b. S. laß stets. W. dein lautres Himmelwort. d—f. K. damit wir uns zu keiner Frist, von dir, der du die Weisheit bist, und deiner Liebe trennen. g. h. K. W. schenke, senke. — 7. a. K. du Geist des Friedens (weit hinter dem Texte). W. gieb dich. d. e. K. daß unser Herz in Lieb und Treu dem Nächsten stets verbunden sei. e. S. mit Lieb und Treu. l. H. um uns schweben. l. m. K. wollst du geben dir zum Lob und uns zum Leben. Alte Var.: dich betrübe, deine Liebe wollst du geben, Sanft- und Demuth auch daneben. W. müß umschweben und durchdringen unser Leben. — 8. a. Alte Var.: hilf, daß in wahrer Heiligkeit oder: gieb daß in Herzensreinigkeit. K. hilf uns in reiner H. vollführen unsre L. d—f. Alte Var.: daß uns forthin sei wohl bewußt wie eitel sei (K. wie

der Erden daß wir Himmelserben werden!

Anmerk. Altes Lieblingslied das so leicht in keinem bessern Gesbch. fehlt, von Mich. Schirmer.

143. O heiliger Geist, o heiliger Gott, du Tröster werth in aller Noth, du bist gesandt von's Himmels Thron, von Gott dem Vater und dem Sohn, o heiliger Geist, o heiliger Gott!

2. O heiliger Geist, o heiliger Gott, gieb uns die Lieb' zu deinem Wort; zünd an in uns der Liebe Flamm, darnach zu lieben allesammt, o. heiliger Geist, o heiliger Gott!

3. O heiliger Geist, o heiliger Gott, mehr unsern Glauben immerfort, an Christum Niemand glauben kann, es sei denn durch dein Hülf' gethan: o heiliger Geist, o heiliger Gott!

4. O heiliger Geist, o heiliger Gott, erleucht uns durch dein göttlich Wort; lehr uns den Vater kennen schon, dazu auch seinen lieben Sohn: o heiliger Geist, o heiliger Gott!

5. O heiliger Geist, o heiliger Gott, du zeigst die Thür zur Himmelspfort! laß uns hier kämpfen ritterlich und zu dir dringen seliglich: o heiliger Geist, o heiliger Gott!

6. O heiliger Geist, o heiliger Gott, verlaß uns nicht in Noth und Tod: wir sagen dir Lob, Ehr und Dank, jetzund und unser Leben lang: o heiliger Geist, o heiliger Gott!

Anmerk. Von Barthol. Helder. Die gehäufte Anrufung ist an dem Pfingsttage sehr zweckmäßig, in dessen Melodien immer der Grundton wiederklingt: Komm heiliger Geist! — Die Aenderungen von K. verwischen ohne Noth den alterthümlichen Character.

Mel. Jesu meine Freude.

144. Schmückt das Fest mit Maien, lasset Blumen streuen, zündet Opfer an: denn der Geist der Gnaden hat sich eingeladen, machet ihm die Bahn, nehmt ihn ein, so wird sein Schein euch mit Licht und Heil erfüllen und den Kummer stillen.

2. Tröster der Betrübten, Siegel der Geliebten, Geist voll Rath und That: starker Gottesfinger, Friedensüberbringer, Licht auf unserm Pfad: gieb uns Kraft und Lebenssaft, laß uns deine theuern Gaben nach Vergnügen laben.

3. Laß die Zungen brennen, wenn wir Jesum nennen, führ den Geist empor! gieb uns Kraft zu beten und vor Gott zu treten, sprich du selbst uns vor: gieb uns Muth du höchstes Gut, tröst uns kräftiglich von oben bei der Feinde Toben.

4. Helles Licht erleuchte, klarer Brunn befeuchte unser Herz und Sinn; Gnadenöl erquicke, o Magnet entzücke uns zum Himmel hin: baue dir den Tempel hier, daß dein Heerd und Feuer brennet wo man Gott bekennet.

---

nichtig) des Fleisches Lust und seine Sündenwerke — so K.: auf jeden Fall vorzuziehn. m. S. Himmelsbürger.

CXLIII. 1. d. K. und sein eigner Sohn. — 2. d. Bs. allesamm. H. allzusamm. K. b—d. wirk in uns allen fort und fort, entzünd in uns der Liebe Kraft, die Eintracht, Heil und Frieden schafft. — 3. Bei Bs. ausgel. d. K. wird er von dir nicht Hülf empfahn. — 4. c. d. K. mach uns den Vater recht bekannt und Jesum den er uns gesandt. — 5. b. K. zeigest uns die Himmelspfort. — 6. d. H. allzeit und.

5. Goldner Himmelsregen, schütte deinen Segen auf das Kirchenfeld; lasse Ströme fließen, die das Land begießen, wo dein Wort hinfällt, und verleih daß es gedeih', hundertfältig Früchte bringe und ihm stets gelinge.

6. Schlage deine Flammen über uns zusammen, wahre Liebesglut; laß dein sanftes Wehen auch bei uns geschehen, dämpfe Fleisch und Blut, laß uns doch das Sündenjoch nicht mehr wie vor diesem ziehen und das Böse fliehen.

7. Gieb zu allen Dingen Wollen und Vollbringen, führ uns ein und aus: wohn in unsrer Seele und des Herzens Höhle sei dein eigen Haus. Werthes Pfand mach uns bekannt wie wir Jesum recht erkennen und Gott Vater nennen.

8. Mach das Kreuze süße und im Finsterniße sei du unser Licht; trag nach Zions Hügeln uns mit Glaubensflügeln und verlaß uns nicht, wenn der Tod die letzte Noth mit uns will zu Felde liegen, daß wir fröhlich siegen.

9. Laß uns hier indessen nimmermehr vergessen, daß wir Gott verwandt: dem laß uns stets dienen und im Guten grünen als ein fruchtbar Land, bis wir dort, du werther Hort, bei den grünen Himmelsmaien ewig uns erfreuen.

Anmerk. Dies vortreffliche Lied von Benj. Schmolcke ist in Gesch. sehr selten. Bs. und B. geben es unverändert; indessen möchten wir

doch folgende Aenderungen vorschlagen. Bs. 2. Zl. 8. zur Ritterschaft, Zl. 10. in dem Kampfe laben. Bs. 4. Zl. 4. heilge Fluth erquicke, heilig Wehn entzücke. Bs. 6. Zl. 9. 10. nicht zu unsrem Elend ziehen, nein. Bs. 7. auszulassen. Bs. 8. Zl. 2. 8. dichte Finsterniße seien durch dich Licht. Die Stelle von den Maien zu Anfang und Ende hat ihre biblische Begründung in Pf. 118, 27. und dort besondern Werth, wo die freundliche und nachahmungswerthe Sitte herrscht, Kirchen und Häuser am heil. Pfingsttage mit Maien zu zieren.

Mel. Helft mir Gott's Güte preisen.

145. Zeuch ein zu deinen Thoren, sei meines Herzens Gast, der du, da ich geboren, mich neu geboren hast: o hochgeliebter Geist des Vaters und des Sohnes, mit beiden gleichen Thrones, mit beiden gleich gepreist.

2. Zeuch ein, laß mich empfinden und schmecken deine Kraft, die Kraft, die uns von Sünden Hülf' und Errettung schafft: entsündge meinen Sinn, daß ich mit reinem Geiste die Ehr und Dienste leiste, die ich dir schuldig bin.

3. Ich war ein wilder Reben, du hast mich gut gemacht; der Tod durchdrang mein Leben, du hast ihn umgebracht und in der Tauf erstickt, als wie in einer Fluthe, mit dessen Tod und Blute der uns im Tod erquickt.

4. Du bist das heilig Oele, dadurch gesalbet ist mein Leib und

---

CXLV. 1. c. S. da ich verloren. e. K. o werther heilger Geist. g. K. eines Thrones. — 2. d. K. und Erlösung. h. S. wie ich. — 3. Bei W. ausgel. a. S. K. ich gleich. d. S. du hast mich frei gem. H. b — d. nun hab und fühl auch ich des rechten Weinstocks Leben, in ihn gepflanzt durch dich. f—h. K. mit Jesu Tod und Blute, das noch im Tod erquickt. e—h. S. mit Segen mich geschmücket, mir schon im Wasserbade versiegelt Gottes Gnade die mich im Tod erquickt. H. stärk nun im Fruchtbarsein mich stets mit neuem Muthe aus Jesu Tod und Blute, mich ihm nun ganz zu weihn (diese letzte Hälfte des Verses ist nach H. zu gestalten, die erste aber nach dem Texte zu behalten). — 4. Bei S. W. ausgel. Bei K. völlig also umgewandelt: du weißt mir Leib und Seele, zu Jesu Dienst und Ruhm, salbst mich mit heilgem Oele zu

meine Seele dem Herren Jeſu Chriſt zum wahren Eigenthum, zum Prie=ſter und Propheten, zum König den in Nöthen Gott ſchützt vom (im) Heiligthum.

5. Du biſt ein Geiſt, der leh=ret wie man recht beten ſoll: dein Beten wird erhöret, dein Singen klinget wohl: es ſteigt zum Him=mel an, es ſteigt und läſt nicht abe, bis der geholfen habe, der allen helfen kann.

6. Du biſt ein Geiſt der Freu=ben, vom Trauern hälſt du nicht, erleuchteſt uns im Leiden mit dei=nes Troſtes Licht. Ach ja, wie manchesmal haſt du mit ſüßen Wor=ten mir aufgethan die Pforten zum güldnen Freudenſaal.

7. Du biſt ein Geiſt der Liebe, ein Freund der Freundlichkeit, willſt nicht, daß uns betrübe Zorn, Zank, Haß, Reid und Streit. Der Feind=ſchaft biſt du Feind, willſt daß durch Liebesflammen ſich wieder thun zu=ſammen die voller Zwietracht ſeind.

8. Du Herr haſt ſelbſt in Hän=ben die ganze weite Welt, kannſt Menſchenherzen wenden, wie dir es wohlgefällt. So gieb doch deine Gnad zu Fried und Liebesbanden, verknüpf in allen Landen was ſich getrennet hat.

[9. Ach edle Friedensquelle, ſchleuß deinen Abgrund auf, und gieb dem Frieden ſchnelle hier wieder ſeinen Lauf: halt ein die große Fluth, die Fluth die eingeriſſen, ſo daß man ſiehet fließen wie Waſſer Menſchen=blut.

10. Laß deinem Volk erkennen die Vielheit ihrer Sünd, auch Got=tes Grimm entbrennen, daß er bei uns entzünd't den ernſten bittern Schmerz und Buße die bereuet, deß ſich zuerſt gefreuet ein weltergebnes Herz.

11. Auf Buße folgt der Gna=den, auf Reu der Freuden Blick, ſich beſſern heilt den Schaden, fromm werden bringet Glück: Herr, thu's zu deiner Ehr, erweiche Stahl und Steine, auf daß das Herze weine, das böſe ſich bekehr.

12. Erhebe dich und ſteure dem Herzleid auf der Erd, bring wieder und erneure die Wohlfahrt deiner Heerd! laß blühen wie zuvorn, die Länder ſo verheeret, die Kirchen ſo zerſtöret durch Krieg und Feuers=zorn.]

Gottes Eigenthum, drückſt mir ſein Bildniß ein, der Auserwählten Stempel, daß ich im obern Tempel ſoll Fürſt und Prieſter ſein. — 5. c. K. bein Flehen. d. S. dein Flehen. K. und macht uns ſegensvoll. — e—h. S. es ſteiget himmelan, es ſteigt hinan zum Throne des Vaters der im Sohne uns allen helfen kann. K. es ſteiget himmelan, hält an in Jeſu Namen und bringt von dem ein Amen, der al=len helfen kann (ſehr gelungen). W. es ſteiget himmelan und raſtet nicht im Steigen bis der ſich möge neigen. — 6. b. S. willſt unſer T. nicht. K. das T. (W. das Zagen) liebſt du nicht. c. d. S. ſo leuchte auch im Leiden mir deines Troſtes Licht. e—h. S. ach nimm dich meiner an, du haſt ja in dem Worte mir auch die Himmelspforte der Freuden aufgethan (matt). W. Him=melsſaal. — 7. h. Bs. ſind. H. was noch voll Zwietracht ſcheint. W. was un=verſöhnlich ſcheint. f—h. S. und bringſt in Liebesflammen mit feſter Treu zuſam=men was deine Kraft vereint. e—h. K. der Zwietracht biſt du gram, machſt daß in Liebesflammen ſich wieder ſchließt zuſammen was auseinander kam (gelungen). — 8. e. K. ach gieb uns Kraft und Rath. — 9. Bei Bs. S. H. K. W. aus=gel. — 10. Bei Bs. S. K. H. W. ausgel. a. B. o laß dein Volk. b. ſeiner. c. ſo brennen. — 11. Bei Bs. S. K. H. W. ausgel. h. B. der böſe. — 12. b. S. dem Jammer. K. auf Erden allem Leid. e. h. S. gieb einen Geiſt und Sinn — laß blühen wie vorhin. c—h. bring wieder und erneure das Heil der Chriſtenheit. Laß ſteigen neu empor, was blinder Wahn zerſtreuet; was Zweifel=ſucht verheeret laß blühen wie zuvor. W. h. richt aus der Aſch' empor. — 13.

13. Beschirm die Policeten, bau unsres Fürsten Thron, daß sie und wir gedeihen: schmück als mit einer Kron die Alten mit Verstand, mit Frömmigkeit die Jugend, mit Gottesfurcht und Tugend das Volk im ganzen Land.

14. Erfülle die Gemüther mit reiner Glaubenszier, die Häuser und die Güter mit Segen für und für: vertreib den bösen Geist, der dir sich widersetzet und was dein Herz ergötzet aus unsrem Herzen reißt.

15. Gieb Freudigkeit und Stärke zu stehen in dem Streit, den Satans Reich und Werke uns täglich anerbeut. Hilf kämpfen ritterlich, damit wir überwinden, und ja zum Dienst der Sünden kein Christ ergebe sich.

16. Nicht unser ganzes Leben allzeit nach deinem Sinn; und wenn wir's sollen geben in's Todes (Rachen) Hände hin; wenn's mit uns hier wird aus, so hilf uns fröhlich sterben und nach dem Tod ererben des ewgen Lebens Haus.

Anmerk. Von Paul Gerhardt. Es kann bei diesem Gesange keinem Zweifel unterliegen, daß Vs. 9—12, ein Zusatz der sich erst in der Feustkingschen Ausgabe vorfindet, ganz wegfallen muß, da sich diese Strophen von dem eigentlichen Festthema in unerquicklicher Breite entfernen und locale und temporäre Expectorationen enthalten. Außerdem würde auch noch Vs. 4. zu streichen sein, wie auch bei S. geschehen.

B) Abgekürzte Lieder und Verse.

146. Der heilge Geist vom Himmel kam, mit Brausen 's ganze Haus einnahm, darin die Jünger saßen, nun ihres Leids vergaßen. Welch selger Pfingstentag, welch selger Pfingstentag das gewesen sein mag! Gott sende noch jetzund in unser Herz und Mund den heiligen Geist! das soll gewiß geschehn, schon heut ist er uns nah, drum singen wir: Halleluja!

2. Der Jünger Zungen sah man glühn und Feuerflammen Funken sprühn: es kam der Geist zu allen, ihr Herz vor Freud that wallen. Welch selger Pfingstentag, welch selger Pfingstentag das gewesen sein mag! Gott sende noch jetzund in unser Herz und Mund den heiligen Geist! das soll geschehn, schon heut ist er uns nah drum singen wir: Halleluja!

3. In allen Zungen lehrten sie, der Wundergeist verließ sie nie, viel Völker das Wort hörten und sich zu Gott bekehrten. Welch selger Pfingstentag, welch selger Pfingstentag das gewesen sein mag! Gott sende noch jetzund in unser Herz und Mund den heiligen Geist! das soll gewiß geschehn, den Seinen ist er nah drum singen wir: Halleluja!

Anmerk. Von Lud. Helmbold, ein alter Festgesang, den wir indeß öfters verändern mußten und daher unter diese Rubrik gestellt haben.

a. Bs. S. K. H. W. die Obrigkeiten. (das Wort Policei ist zwar hier von dem Dichter im andern Sinne gebraucht, als wir es jetzt zu nehmen pflegen, darf aber doch keine Statt haben). c. Bs. laß Segen uns begleiten. H. gieb durch ihn Segenszeiten. S. gieb neue Segenszeiten. c. d. K. hilf ihm für Christum streiten und sei ihm Schild und Lohn. W. gieb uns getroste Zeiten. e. K. den Alten gieb B. f. S. Folgsamkeit. — 15. Bei H. K. W. ausgel. d. S. uns bieten allezeit. — 16. b. S. K. nach deinem heilgen Sinn. d. K. in Gottes Hände. S. ins Todes Staub. c. d. W. und sollen wir es geben zuletzt dem Tode hin. e. K. ists hier dann mit uns aus.

6

Mel. Werde munter mein Gemüthe.

147. Heilger Geist, du Kraft der Frommen! kehre bei mir Armen ein, und sei tausendmal willkommen; laß mich deinen Tempel sein: säubre du dir selbst dein Haus, aus dem Herzen treib hinaus alles, was mich hier kann scheiden von den süßen Himmelsfreuden.

2. Schmücke mich mit deinen Gaben, mache mich neu, rein und schön; laß mich wahre Liebe haben und in deiner Gnade stehn. Gieb mir einen starken Muth, heilige mein Fleisch und Blut, lehre mich vor Gott hintreten und in Geist und Wahrheit beten.

3. So will ich mich dir ergeben; dir zu Ehren soll mein Sinn dem, was himmlisch ist nachstreben, bis ich werde kommen hin, da, mit Vater und dem Sohn dich, im höchsten Himmelsthron, ich erheben kann und preisen in der Engel süßen Weisen.

Anmerk. Vs. 4—6. aus dem Liede: Gott gieb einen milden Regen von Mauritius Cramer.

Mel. Was mein Gott will geschehr allzeit.

148. Heut ist das rechte Jubelfest der Kirche angegangen, die Jünger heut der Höchste läßt den heiligen Geist empfangen. Macht auf die Thür; es geht herfür noch jetzt der Geist voll Ehren; er will in euch sein himmlisch Reich erbauen und vermehren.

2. O guter Geist regiere doch das Herz daß es dich liebe und nicht mehr zieh am Sündenjoch, hinfort kein Unrecht übe. Herr, laß uns bald des Feur's Gewalt, das himmlisch ist, empfinden, und alle Noth, ja selbst den Tod durch solches überwinden!

Anmerk. Aus dem Liede: Heut ist das rechte Jubelfest von Joh. Rist.

Mel. Christus der ist mein Leben.

149. Komm an wie einst im Brausen, o Geist vom Himmelszelt! dein himmlisch süßes Sausen erquickt die matte Welt.

2. Komm, Himmelsfeuerflamme, verzehre was nicht dein, daß dort uns nichts verdamme zur Höllenfeuerpein.

3. Dein Antlitz lasse leuchten, mich gnädig überschau; das Herze müsse feuchten dein milder Himmelsthau.

4. Verkläre Himmelslehrer, du Jesum lauter, rein, laß uns des Wortes Hörer und treue Thäter sein!

5. Erhalte, Himmelsführer, uns hier auf ebner Bahn. Erheb uns, o Regierer, auch endlich himmelan.

6. Da soll mit neuen Weisen, sammt Vater und dem Sohn, Gott heilger Geist dich preisen der Menschen Engelton.

Anmerk. Das verkürzte Lied: Komm an du sanftes Brausen aus dem Bresl. Gesangbuch von 1754. dort mit M. B. P. unterzeichnet.

Mel. Valet will ich dir geben.

150. Komm, komm o Himmelstaube, komm werther heilger Geist, komm den der Christen Glaube anjetzt willkommen heißt! mein Herz, das dir gebühret, sucht deinen Gnadenschein; es will von dir gezieret und deine Wohnung sein.

2. Komm, komm du goldner Regen, durchdringe meinen Sinn, komm, schütte deinen Segen auf alle Frommen hin; du der Betrübten Wonne, der Kranken Arzenei, den Blinden Aug' und Sonne, schaff Alles frisch und neu!

3. Ja komm du Trost von oben, bei mir auch kehre ein, so kann im größten Toben ich still und freudig sein. Leit mich in deine Wahrheit, so lang ich Pilger bin, dann

führe mich in Klarheit zum Thron des Vaters hin.

Anmerk. Aus dem Liede: Komm, komm o Himmelstaube von Joh. Franck, das aber nach der Melodie geht: Von Gott will ich nicht lassen. Wir sind in der Melodie und manchen Aenderungen Knapp gefolgt.

Mel. Werde munter mein Gemüthe.

151. O du allersüß'te Freude, o du allerschönstes Licht, der du uns in Lieb und Leide unbesuchet lässest nicht: hör' mein Bitten, komm zu mir in mein Herze, das du dir, da ich in die Welt geboren, selbst zum Tempel auserkoren.

2. Du wirst als ein milder Regen ausgegossen von dem Thron; bringst uns nichts als lauter Segen von dem Vater und dem Sohn. Laß doch, o du werther Gast, Gottes Segen den du hast und vertheilst nach deinem Willen, mich an Leib und Seel erfüllen.

3. Sei mein Retter, hilf mir sterben, wenn ich sinke sei mein Stab, wenn ich sterbe sei mein Leben, wenn ich liege hüt mein Grab: wenn ich wieder aufersteh, dann, dann hilf mir, daß ich geh hin, wo du in ewgen Freuden wirst die Schaar der Sel'gen weiden.

Anmerk. Auszug aus dem Liede: O du allersüß'te Freude von Paul. Gerhardt.

Mel. Komm heiliger Geist Herre Gott.

152. O heilger Geist, der Alles regt, du Strahl der durch die Felsen schlägt, du heller Glanz, der uns erleucht', du Licht dem Nacht und Schatten weicht, du Lehrer der aufs Gute bringt, du Helfer welcher Stärke bringt, du Rath der uns zurechte weiset, du Labsal, das mit Gnade speiset und den erquickt den Elend drückt.

2. Du theurer Gast und höchster Schatz! sei unser Beistand und Ersatz, an den sich das Vertrauen hält, wenn uns Versuchung überfällt. Vermehr in uns die Zuversicht, daß wir in Noth nicht unterliegen, vielmehr beherzt den Tod besiegen, wenn uns die Zeit das Ende dräut.

Anmerk. Vs. 5. und 8. aus dem Liede: Wer recht die Pfingsten feiern will von Ernst Lange.

Mel. Nun komm der Heiden Heiland.

153. Pfingsten feiert hocherfreut, selge Christen, jauchzet heut: Jesus hat gesandt den Geist, Jesus hält was er verheißt.

2. Geist der Wahrheit leuchte mir! alle Wahrheit strahlt von dir; Kirch und Wort und Sacrament blühen, wo dein Feuer brennt.

3. Geist der Lieb, o heilge Fluth, Geist des Eifers, Feuerglut, reinige bald jedes Herz, daß sie flammen himmelwärts.

4. Geist der Freude, tröst im Leib uns in dieser Erdenzeit: deine treue starke Hand führ uns einst in's Vaterland.

Anmerk. Aus dem Liede: Pfingsten feiert hocherfreut von K. Döring.

Mel. Herr ich habe mißgehandelt.

154. Strahl der Gottheit, Kraft der Höhe, Geist der Gnaden, wahrer Gott! höre wie ich Armer flehe das zu geben was mir noth: laß den Ausfluß deiner Gaben auch mein sehnend Herze laben!

2. Laß das Feuer deiner Liebe rühren den befleckten Mund, daß ich noch mit heißerm Triebe Gottes Thaten mache kund; laß es Seel und Herz entzünden und verzehren alle Sünden!

4 *

3. Strahl der Gottheit, Kraft der Höhe, Geiſt der Gnaden, wahrer Gott! höre, wie ich Armer flehe, das zu geben was mir noth. Laß den Ausfluß deiner Gaben, auch mein ſehnend Herze laben!

Anmerk. Vs. 1. 4. 6. aus dem Liede: Strahl der Gottheit, Kraft der Höhe von unbek. Vf. Wir können nicht ganz in das Lob von Stier (Geſangbuchsnoth S. 158.) einſtimmen, der dies Lied unter die „Hauptpfingſtlieder‟ ſtellt.

XIV.

Von der chriſtlichen Kirche.

A) Vollſtändige Lieder.

155. Chriſte, du Beiſtand deiner Kreuzgemeine, eile, mit Hülf und Rettung uns erſcheine: ſteure den Feinden, ihre Blutgedichte mache zu nichte!

2. Streite doch ſelber für uns arme Kinder; wehre dem Teufel, ſeine Macht verhinder’: alles was kämpfet wider deine Glieder ſtürze banieder!

3. Friede bei Kirch und Schulen uns beſcheere, Friede zugleich der Policei gewähre, Friede dem Herzen, Friede dem Gewiſſen gieb zu genießen!

4. Alſo wird zeitlich deine Güt’ erhoben, alſo wird ewig’ und ohn’ Ende loben dich, o du Wächter deiner armen Heerde, Himmel und Erde.

Anmerk. Von M. A. v. Löwenſtern.

156. Ein’ feſte Burg iſt unſer Gott, ein’ gute Wehr und Waffen: er hilft uns frei aus aller Noth die uns jetzt hat betroffen. Der alt’ böſe Feind mit Ernſt er’s jetzt meint, groß Macht und viel Liſt, ſein grauſam Rüſtung iſt, auf Erd’n iſt nicht ſein’s gleichen.

2. Mit unſrer Macht iſt nichts gethan, wir ſind gar bald verloren, es ſtreit für uns der rechte Mann, den Gott ſelbſt hat erkoren. Fragſt du wer der iſt? er heißt Jeſus Chriſt, der Herr Zebaoth und iſt kein andrer Gott, das Feld muß er behalten.

3. Und wenn die Welt voll Teufel wär und wollt’n uns gar verſchlingen, ſo fürchten wir uns nicht ſo ſehr, es ſoll uns doch gelingen. Der Fürſt dieſer Welt, wie ſau’r er ſich ſtellt, thut er uns doch nichts,

CLV. 1. c. H. Blutgerichte (ſchon eine ältere Variante). S. durch deine Wahrheit alles Wahngedichte. — 2. a. B. H. dein arme (auch ſchon bei ältern). Bs. K. für uns deine K. S. für deine ſchwachen. — 3. a, B. in Kirch und Schulen Frieden uns. b. B. zugleich der Obrigkeit Frieden gewähre. S. F. der Obrigkeit im Land beſch. H. F. zugleich der Ob. gewähre. Bs. K. Friede zugleich dem Regiment verehre.

CLVI. Von ſo geiſtesverwandten Männern, wie die von uns erwählten Hymnologen ſind, läßt es ſich erwarten, daß ſie in unſerem Geſange nichts verändert haben werden. So iſt es auch und wir ſind wahrlich keiner andern Meinung. Bei H. heißt es am Schluſſe: das Reich Gott’s muß uns bleiben und

das macht, er ist gericht', ein Wört-
lein kann ihn fällen.

4. Das Wort sie sollen lassen
stahn und kein' Dank dazu haben,
er ist bei uns wohl auf dem Plan
mit seinem Geist und Gaben. Nehmen sie uns den Leib, Gut, Ehr,
Kind und Weib, laß fahren dahin,
sie habens kein' Gewinn, das Reich
muß uns doch bleiben!

> Anmerk. Luthers Haupt-, Kern-
> und Heldenlied mit wunderstarker
> Melodie. Sage auch keiner, dieser
> Gesang habe temporäre Beziehungen;
> die Feinde der Kirche sind allerdings
> jetzt andere, als die gegen welche
> Luther sein Geschoß richtet: aber nie-
> mals haben der Höllen Pforten den
> Kampf gegen die Kirche aufgegeben
> und unser Lied soll und muß fort-
> dauernd das Schlachtlied der Strei-
> ter der Braut Christi sein.

Mel. Valet will ich dir geben.

157. Erhalt uns deine Lehre,
Herr, zu der letzten Zeit, erhalt dein
Reich, vermehre dein' edle Christenheit! erhalt standhaften Glauben,
der Hoffnung Leitstern strahl, laß
an dem Wort nicht rauben in diesem Jammerthal!

2. Erhalt dein Ehr' und wehre

dem, der dir widerspricht; erleucht,
Herr, und bekehre, allwissend ewig
Licht, was dich bisher nicht kennet,
entdecke doch der Welt, der du dich
Licht genennet, was einig dir ge-
fällt.

3. Erhalt, was du gebauet, und
durch dein Blut erkauft, was du
dir hast vertrauet, die Kirch, auf
welch anlauft der grimme Sturm
des Drachen, sei du ihr Schutz und
Wall, daß, ob die Welt will krachen, sie nimmermehr verfall.

4. Erhalt, Herr, deine Schafe,
der grimme Wolf kömmt an! erwach aus deinem Schlafe, weil Niemand retten kann ohn' dich du großer Hirte; leit uns auf gute Weid',
treib, nähr, erfreu, bewirthe uns in
der Wüstenheit.

5. Erhalt uns, Herr, dein Erbe,
dein werthes Heiligthum: zerreiß,
zerschmeiß, verderbe was wider deinen Ruhm! laß dein Gesetz uns
führen, gönn uns dein Himmelsbrod, laß deinen Schmuck uns zieren, heil uns durch deinen Tod!

6. Erhalt uns, laß uns hören,
dein Wort, das selig macht, den
Spiegel deiner Ehren, das Licht in

diese Variante findet sich schon bei älteren. Wir ziehen ihr unbedenklich die, doch
wohl ursprüngliche, Lesart des Textes vor.

CLVII. 1. b. S. in der bösen Zeit. c. K. W. und mehre. S. daß sich
dein Reich vermehret. d. S. stärk deine Ch. K. W. stets deine Ch. e. f. K.
W. erhalte festen Gl. der Hoffnung hellen Strahl. e—h. S. laß uns mit rechtem Glauben und Hoffnung sein gerüst', so kann dein Wort nicht rauben der Feinde
Macht und List. — 2. b. K. W. was dir. e. K. W. was dich noch nicht erkennet. f. g. S. K. entdecke doch der Welt der du dein Wort gegönnet (schon bei
älteren). — 3. c. K. W. was du dir selbst vertrauet. d. K. W. und was auf
dich getauft. S. und mit dem Geist getauft. e—h. S. und ob der alte Drache
ein grimmig Stürmen wagt, doch führ du deine Sache und mach uns unverzagt.
K. W. so viele Feinde stürmen zu deiner Kirche Fall, du aber wollst sie schirmen
als Hort und Felsenwall. X. und ob der alte Drache lechzt nach der Kirche Fall,
du Herr, führst ihre Sache und bist ihr Felsenwall. — 4. Bei S. ausgel. K.
W. erhalte deine Schafe, wenn ihnen Wölfe nahn, vor Schläfer aus dem
Schlafe und Träumer aus dem Wahn: du kennst das Verirrte und all sein Miß-
geschick; o Herr, du guter Hirte, führ es zu dir zurück! — 5. c. K. W. zerbrich, zerwerf. S. zerreiß, zerstör (das „zerschmeiß" fehlt schon bei älteren). d.
S. was dir versagt den Ruhm. f. S. nähr uns mit deinem Brod. g. h. K. W.
laß Heiligkeit uns zieren und treu sein bis zum Tod. — 6. Bei S. ausgel. c.
K. W. das Zeugniß. d. in finstrer (diese Aenderungen sind nicht nöthig). e—h.

dieſer Nacht: daß dieſer Brunn uns tränke, der Himmelsthau uns netz, daß dieſe Richtſchnur lenke, der Honigſeim ergötz.

7. Erhalt in Sturm und Wellen dein Häuflein, laß doch nicht uns Wind und Wetter fällen, ſteu'r ſelbſt dein Schiff und richt den Lauf, daß wir erreichen die Anfurth nach der Zeit, und hilf uns Segel ſtreichen in ſelger Ewigkeit.

Anmerk. Ein kräftig Lied von Abam Gretgen, öfter fälſchlich, wie noch bei Knapp, Andr. Gryphius zugeſchrieben. Die Varianten dieſes Dichters ſind meiſt ſehr gelungen und anſprechend, und das ganze Lied gewinnt ohne Zweifel in der unten näher angedeuteten Geſtalt.

158. **E**rhalt uns, Herr, bei deinem Wort und ſteu'r des Papſt's und Türken Mord, die Jeſum Chriſtum, deinen Sohn, wollen ſtürzen von deinem Thron.

2. Beweis' dein Macht, Herr Jeſu Chriſt, der du ein Herr all'r Herren biſt, beſchirm dein' arme Chriſtenheit, daß ſie dich lob' in Ewigkeit.

3. Gott heilger Geiſt, du Tröſter werth, gieb deinem Volk ein'rlei Sinn auf Erd, ſteh uns bei in der letzten Noth, g'leit uns in's Leben aus dem Tod!

Anmerk. Von M. Luther. Die öfters mit dieſem Geſange verbundenen Verſe von J. Jonas und die Collecte: Verleih uns Frieden haben wir mit Bs. S. K. weggelaſſen, weil ſie die ganze Deconomie des Liedes, als einer Bitte an die Trinität, ſtören.

Mel. Ein feſte Burg iſt unſer Gott.

159. **W**enn Chriſtus ſeine Kirche ſchützt, ſo mag die Hölle wüthen; er, der zur Rechten Gottes ſitzt, hat Macht ihr zu gebieten: er iſt mit Hülfe nah, wenn er gebeut ſteht's da, er ſchützet ſeinen Ruhm und hält das Chriſtenthum, mag doch die Hölle wüthen.

2. Gott ſieht die Fürſten auf dem Thron ſich wider ihn empören, denn den Geſalbten, ſeinen Sohn, den wollen ſie nicht ehren: ſie ſchämen ſich des Worts, des Heilands, unſres Horts, ſein Kreuz iſt ſelbſt

---

laß tiefen Born uns tränken im dürren Thal der Welt, laß dieſe Stimm uns lenken hinauf zum ewgen Zelt. — 7. f—h. Bs. wir gelangen zum Hafen nach der Zeit und Ruh nach Streit erlangen. Bei S. ganz umgeb.: erhalt im harten Kriege dein Häuflein, daß es nicht vorm böſen Feind erliege; hilf durch dein Himmelslicht daß glücklich wir gelangen nach allem Kampf und Streit zur Ruhſtatt und erlangen die ſelge Ewigkeit. K. W. erhalt in Sturm und Wellen der Kirche heilig Schiff und laß es nicht zerſchellen an Sand (X. an Klipp) und Felſenriff, daß wir nach deinen Regeln durchſch'ffen (X. durchfahren) dieſe Zeit und einſt mit frohen Segeln einziehn zur Ewigkeit.

CLVIII. 1. b. Dieſe Zeile iſt ſchon in den meiſten Geſangbüchern des vorigen Jahrhunderts geändert, und ſelbſt eifrige Lutheraner ließen ſich dies gefallen, „wenn nicht Feigheit und Lauheit dahinter ſtrecketn." Der alte Schamelius fügt an: „Zu unſrer Zeit ſind die Socinianer und ihres gleichen auch nicht zu vergeſſen." Für unſre Tage bedarf es keiner Darlegung, daß obige Worte nur als hiſtoriſche Rarität anzuſehen ſind. Bs. K. und ſteure deiner Feinde Mord. S. H. und ſteur der Feinde Liſt und Mord. B. und ſteure ſtets der Feinde Mord. W. aller Feinde. d. Bs. S. H. K. W. von ſeinem. S. gar woll'n ſtürzen. — 2. b. Bs. K. H. W. Herr aller Herren biſt. — 3. h. Bs. W. einen Sinn. K. gieb einen Sinn doch beiner Heerd. a. b. S. du Tröſter gieb den Gläub'gen einen Sinn und Trieb. d. K. führ uns. S. H. leit uns.

CLIX. 1. e—h. S. Gott iſt helfend und, was er will ſteht da; wo die Allmacht ſchirmt, da wird umſonſt geſtürmt. Das proſaiſche Abſtractum „Chriſtenthum" iſt auch uns anſtößig und wir leſen: auf ewgen Felſengrund ſchloß er der Kirche Bund. — 2. Die Individualiſirung dieſes Verſes, obwohl nach Pſ. 2. gehalten,

ihr Spott: doch lachet ihrer Gott, sie mögen sich empören.

3. Der Frevler mag die Wahrheit schmähn, uns kann er sie nicht rauben; der Unchrist mag ihr widerstehn, wir halten fest am Glauben. Gelobt sei Jesus Christ! wer hier sein Jünger ist, sein Wort von Herzen hält, dem kann die ganze Welt die Seligkeit nicht rauben.

4. Auf Christen! die ihr ihm vertraut, laßt euch kein Drohn erschrecken! der Gott, der von dem Himmel schaut, wird uns gewiß bedecken: der Herr, Herr Zebaoth hält über sein Gebot, giebt uns Geduld in Noth und Kraft und Muth im Tod; was will uns denn erschrecken!

Anmerk. Von Ch. F. Gellert. Wir sind bei diesem Gesange fest überzeugt, daß derselbe durch die angedeuteten Aenderungen in Vs. 1. u. 2. nur gewinnt. Doch ist dabei auf Conformität mit dem ursprünglichen Metrum zu achten, das G. nicht überall genau bewahrt hat.

B) Abgekürzte Lieder.

Mel. Valet will ich dir geben.

160. Der Herr ist Schild und Sonne, der Kirche Zuversicht, durch die er Heil und Wonne den Gläubigen verspricht. Laßt auch die Wasser toben, laßt sinken Berg' in's Meer: der Herr hat sie erhoben, der Herr ist um sie her.

2. Die Kirche ist im Meere ein Fels in wilder Fluth, doch bricht sich, Gott zu Ehre an diesem Fels die Wuth. Ob auch schon oft auf Erden, in Nacht verhüllt, ihr Licht schien ausgetilgt zu werden, erlosch es dennoch nicht.

3. Es sind der Kirche Mauern erbaut auf Golgatha; die Stadt des Herrn wird dauern, die ihn dort bluten sah. Die Erde wird zerstäuben, der Himmel nicht bestehn, das Haus des Herrn wird bleiben und nicht mit ihm vergehn.

Anmerk. Vs. 1—3. aus dem Liede: Der Herr ist ihr Begründer, bei Knapp unter 1023. — etwas verändert. (vgl. bei Bunsen Nro. 364)

Mel. Kommt her zu mir spricht Gottes Sohn.

161. So wahr Gott Gott ist und sein Wort muß Teufel, Welt und Höllenpfort und was ihn' thut anhangen, endlich werden zu Hohn und Spott: Gott ist mit uns und wir mit Gott, den Sieg woll'n wir erlangen.

2. Amen! das hilf, Herr Jesu Christ, der du der Kirche Schutzherr bist, hilf uns durch deinen Namen! so wollen wir, deine Gemein, dich loben und dir dankbar sein und fröhlich singen: Amen!

Anmerk. Vs. 3. u. 5. aus dem Gesange: Verzage nicht du Häuflein klein, „Gustav Adolph's Feldliedlein." Nach Einigen ist das Lied ein von J. Fabricius in Verse gebrachtes Gebet des Königs, doch so daß Vs. 4. u. 5. späteren Ursprungs sind.

hat manches Bedenkliche. K. liest in c. d. die die Gesalbten deinen Sohn nicht gläubig wollen ehren. S. und ob auch Fürsten — sich wider Gott emp. und den Gesalbten, seinen Sohn nicht woll'n in Demuth ehren: fest bleibt Gottes Wort, stark bleibt unser Hort; sei sein Kreuz ihr Spott, doch lachet u. s. w. Wir schließen uns dieser passenden Aenderung vollkommen an, und lesen nur in a—c. und wollten — und den — als ihren Herrn nicht ehren. 3. a. S. der Lügner. c. S. der Frevler. d. S. das bricht nicht unsern. e—g. S. Lob sei dir Herr Christ, wer dein Jünger ist, treu zu dir sich hält. — 4. a. S. der König, der vom H. i. K. dann. B. ba. e—h. S. weich nur, Satan weich! Gott behält das Reich, hilft aus aller Noth, giebt Leben aus dem Tod.

XV.
Auf das Fest der Heil. Dreifaltigkeit.

A) Vollständige Lieder.

162. Allein Gott in der Höh' sei Ehr und Dank für seine Gnade, darum daß nun und nimmermehr uns rühren kann ein (kein) Schade! ein Wohlgefall'n Gott an uns hat, nun ist groß Fried' ohn Unterlaß, all' Fehd hat nun ein Ende.

2. Wir lob'n, preis'n, anbeten dich, für deine Ehr wir danken, daß du, Gott Vater, ewiglich regierst ohn' alles Wanken: ganz ungemeß'n ist deine Macht, fort g'schicht, was dein Will hat bedacht: wohl uns des feinen Herren!

3. O Jesu Christ, Sohn eingebor'n deines himmlischen Vaters, Versöhner der'r, die war'n verlor'n, du Stiller unsers Haders, Lamm Gottes, heilger Herr und Gott, nimm an die Bitt von unfrer Noth: erbarm dich unser aller.

4. O heilger Geist, du größtes (höchstes) Gut, du allerheilsamst'r Tröster, für's Teufels G'walt fortan behüt die Jesus Christ erlöset durch große Marter und bittern Tod! abwend' all unser Jamm'r und Noth, darauf wir uns verlassen.

Anmerk. Das alt-ehrwürdige Gloria in excelsis von Nic. Decius,

welches sonst den sonntäglichen Gottesdienst eröffnete (wie noch an einigen Orten geschieht) und womit auch viele Gesangbücher beginnen. Aenderungen sind in diesem, allerdings ungefügigen, Liede nach unserer Meinung gar nicht vorzunehmen, die von Stier aber ganz von der Hand zu weisen.

Mel. Herr Jesu Christ dich zu uns wend.

163. Dreiein'ger Gott, ich preise dich mit Mund und Herzen inniglich, für deine Gnade, Güt' und Treu, die über uns ist täglich neu.

2. Ach Vater, laß mich ferner sein in deiner Huld geschlossen ein: Gott Sohn, dein heilig, theures Blut mach meine letzte Rechnung gut.

3. Gott, heilger Geist, verlaß mich nicht, wenn Sünd und Teufel mich anficht, sei du mein Beistand allezeit und gieb im Tod die Seligkeit.

Anmerk. Aus dem Gothaischen Gesangbuch von 1764.

Mel. Nun danket alle Gott.

164. Gelobet sei der Herr, mein Gott, mein Licht, mein Leben, mein Schöpfer, der mir hat

---

CLXII. 1. b. S. sei seiner Gnade. e—g. S. mit Frieden Gott sich zu uns wendt, macht allem Streit ein selig End nach seinem Wohlgefallen. — 2. a. b. S. wir preisen und anbeten dich, von Grund des Herzens. e. B. H. K. W. unermeß'n. g. Bs. S. des starken Herren. H. bei solchem Herren. e—f. S. unendlich groß ist deine Macht, allzeit geschieht was bu bedacht. — 3. f. W. in unsrer. — 4. b. Bs. K. du edler Hort und Tröster. c. K. Grimm. e. Bs. K. W. durch Marter groß. S. du kannst die Herzen trösten, schaffst in uns neuen Sinn und Muth und hilfst den theu'r erlösten zum ewgen Leben nach dem Tod, wend ab auch unfre Schuld und Noth.

mein' Leib und Seel gegeben: mein Vater, der mich schützt vom Mutterleibe an, der alle Augenblick viel Gut's an mir gethan.

2. Gelobet sei der Herr, mein Gott, mein Heil (Licht) und Leben, des Vaters liebster Sohn, der sich für mich gegeben, der mich erlöset hat mit seinem theuern Blut, der mir im Glauben schenkt das allerhöchste Gut.

3. Gelobet sei der Herr, mein Gott, mein Trost, mein Leben! des Vaters werther Geist, den mir der Sohn gegeben, der mir mein Herz erquickt, der mir giebt neue Kraft, der mir in aller Noth Rath, Trost und Hülfe schafft.

4. Gelobet sei der Herr, mein Gott, der ewig lebt, den alles lobet, was in hohen Lüften schwebet: gelobet sei der Herr, deß Name heilig heißt, Gott Vater, Gott der Sohn und Gott der werthe Geist.

5. Dem wir das Heilig! jetzt mit Freuden lassen klingen und mit der Engelschaar das Heilig, Heilig! singen. Den herzlich lobt und preist die ganze Christenheit: gelobet sei mein Gott in alle Ewigkeit!

Anmerk. Von Joh. Olearius. Aenderungen erscheinen unnöthig. Der fünfte Vers ist wohl von Bunsen ausgelassen, weil der vierte für ein Trinitäts-Lied einen passenderen Schluß darzubieten schien.

165. Hochheilige Dreieinigkeit, die du so süß und milde mich hast geschaffen in der Zeit zu deinem Ebenbilde! ach, daß ich dich von Herzensgrund doch lieben möchte alle Stund! drum komm doch und zeuch ein bei mir, mach Wohnung und bereit mich dir!

2. O Vater, nimm ganz kräftig ein das sehnende Gemüthe; mach es zu deinem innern Schrein und deiner stillen Hütte, vergieb, daß meine Seele sich so oft zerstreuet jämmerlich, versetze sie in deine Ruh, daß nichts in ihr sei als nur Du.

3. Gott Sohn, erleuchte den Verstand mit deiner Weisheit Lichte: vergieb, daß er sich oft gewandt zu eitelem Gedichte! laß nunmehr nur in deinem Schein mein einzig Schaun und Wirken sein: zeuch ihn, daß er sich allbereit entreiße sich von Ort und Zeit.

4. O heilger Geist, du Liebesfeu'r, entzünde meinen Willen; stärk ihn, komm mir zu Hülf und steu'r den deinen zu erfüllen: vergieb daß ich so oft gewollt was sündlich ist und nicht gesollt: verleih, daß ich mit reiner (meiner) Brunst dich innig ewig lieb' umsonst.

5. O heilige Dreifaltigkeit, führ mich nur ganz von hinnen! richt zu dem Lauf der Ewigkeit, all' äuß-

CLXIV. 1. d. B. S. Geist, Seel und Leib. c. d. K. dessen Hand mir Seel und Leib. H. welcher mir hat Seel. g. S. K. B. jeden Augenblick. h. K. nur Gutes mir gethan. — 2. h. B. sich selbst, das höchste Gut. Alte Variante. — 3. b. B. mein Gott, mein Fels. h. S. stets. — 4. c. d. Bs. K. den alle Creatur mit Lob und Preis erhebet. B. den Alles, Alles lobt was in den Lüften schwebet. (S. was durch ihn lebt und webet). H. den Alles rühmt und preist: dann wie bei S. — 5. Bei Bs. und K. ausgel. a. b. S. dem wir mit Dank erfüllt Gebet und Opfer bringen.

CLXV. 2. f. X. nicht immer treu sich hält an dich. — 3. d. X. von deinem Angesichte. e. f. Bs. laß Thun und Denken nur allein fortan auf dich gerichtet sein — wohl unnöthig. — 4. c. B. nimmt „steu'r" als Verbal-Imperativ. a. X. du Liebesglut — stärk ihn und gieb mir Kraft und Muth. f. Bs. was ich als sündlich nicht gesollt. h. Bs. dich ewig lieb und deine Gunst. — 5. d. Bs. die Seel und alle Sinnen. X. mein Dichten (Denken) und mein Sinnen.

und innre Sinnen. Verein'ge mich und laß mich eins mit dir sein, daß ich mit dir auch dort sei in der Herrlichkeit, o heiligste Dreieinigkeit.

Anmerk. Ein „zu inniger Anrufung gewandtes Bekenntnißlied" von **Angelus Silesius**. Einige Aenderungen sind nicht zu meiden. Bei **Stier und Knapp** ist die Melodie angegeben: **Der lieben Sonne Licht und Pracht**, (vgl. auch Gesgbchn. S. 158) und schon darum ist das Lied so verändert, daß wir diese beiden Auctoritäten hier nicht berücksichtigen konnten.

Mel. Herr Jesu Christ dich zu uns wend.

166. Sei Lob, Ehr, Preis und Herrlichkeit Gott dem Vater in Ewigkeit! der alle Ding' erschaffen hat, erhälts auch durch sein göttlich Gnad'.

2. Ehr sei auch sein'm geliebten Sohn der uns all's Gutes hat ge-than, der für uns ist am Kreuz gestorb'n und uns das Himmelreich erworb'n.

3. Ehr sei auch Gott dem heilgen Geist, der uns sein' Hülfe täglich leist: o Gott eröffne den Verstand und mach die Wahrheit uns bekannt:

4. O heilige Dreifaltigkeit, o wahre einige Gottheit, erhör uns aus Barmherzigkeit und führ uns zu der Seligkeit!

Anmerk. Dies Lied findet sich bei keinem unserer sechs Bücher und ist auch in älteren Gesangbüchern selten. Wir geben die Varianten des Gothaischen Gesgb. von 1764, welche nicht unzweckmäßig sind. Vs. 2. Zl. 3. 4. der für uns an dem Kreuze starb und uns das Himmelreich erwarb. Vs. 4. Zl. 2. o hochgelobte Einigkeit.

B) Abgekürztes Lied.

Mel. O Gott du frommer Gott.

167. Du dreimal großer Gott, dem Erd' und Himmel dienen, dem Heilig, Heilig! singt die Schaar der Seraphinen. Du höchste Majestät, du Helfer aus der Noth, du aller Herren Herr, Jehova Zebaoth!

2. Gott Vater, Sohn und Geist! ein Gott und Eins in Dreien, gepriesne Majestät, ewig zu benedeien. Laß auf der rechten Bahn uns allezeit bestehen und durch ein selig End zu unserm Erb' eingehen.

3. Laß, o dreiein'ger Gott, dein Gnadenantlitz leuchten! dein edler Segensthau woll unser Herz befeuchten. Wir hoffen ja auf dich, du läßt uns nicht im Spott, drum singen wir: gelobt, gelobt sei unser Gott!

Anmerk. Vs. 1. 9. 10. aus dem Liede: Du dreimal großer Gott. Vf. unbekannt.

XVI.

Auf das Fest Johannis des Täufers.

A) Vollständige Lieder.

Mel. Vom Himmel hoch da komm ich her.

168. Es rühme heut und allezeit den Herrn die ganze Christenheit, daß er nach seinem treuen Rath Johannem ausgesendet hat.

2. Er lehrte, wie man Sünden büßt, und wie der Taufe Wasser fließt, das jeglichen, der Glaubens voll, von Fluch und Tod erretten soll.

3. Dagegen tröstet er im Schmerz ein jedes arme Sünderherz, indem er allen zeigt genug, das Lamm das unsre Sünden trug.

4. Das that er All's mit großem Muth, bahnt seinem Herrn die Wege gut; er ging daher vor seinem Herrn, wie vor der Sonn ein Morgenstern.

5. Der Pharisäer Macht und List fragt ihn: sag' ob du Christus bist? und da bekannt er ihnen frei, daß er nur eine Stimme sei.

6. Weil er uns nun zu Christo weis't und dessen Gnade suchen heißt, so folgen seinem Wort wir gern und preisen Jesum, unsern Herrn.

Anmerk. Aus Knapp's Liederschatz Nro. 308. Der Verf. ist nicht genannt. Vs. 5. würden wir weglassen und folgende Aenderung vorschlagen: Vs. 3. Zl. 3. 4.: hat den Beladnen vorgestellt

das Lamm, das trägt die Schuld der Welt.

Mel. O Gott du frommer Gott.

169. Es war die ganze Welt von Mosis Fluch erschrecket, bis Sanct Johannes hat den Finger ausgestrecket, auf Jesum, welchen er zum Heiland aller Welt, als sein Vorläufer hat gezeigt und vorgestellt.

2. Vor dem er ungebor'n mit Freuden aufgesprungen, zu dem er sich bekannt mit unberedter Zungen in seiner Mutter Leib, mit des Elias Geist bei Groß und Kleinen ihn geprediget und geweist.

3. Sieh, das ist Gottes Lamm, das unsre Sünden träget, das sich der ganzen Welt zum Opfer niederleget: sieh, das ist Gottes Lamm, bei dem man aller Sünd Vergebung, Friede, Ruh und alle Gnade find't.

4. Wohl dem, der dieses Lamm, das uns Johannes weiset, im Glauben fest ergreift und in dem Leben preiset: wer dieser Tauf gedenkt und wahre Buße übt, der wird von ihm auch sein begnadet und geliebt.

5. So gieb, du großer Gott, daß wir Johannis Lehre von Herzen nehmen an, daß sich in uns bekehre, was bös und sündlich ist, bis

CLXIX. 1. g. K. uns. — 2. K. und eh' der Täufer noch ans Licht der Welt geboren, hüpft er im Mutterleib zum Herold auserkoren, vor Jesu, dessen Ram' er mit Elias Geist hernachmals seinem Volk geprediget und gepreist. — 3. f—h. K. bei dem man Gnade find't und Leben, Fried und Heil, Vergebung aller Sünd. — 4. d. K. mit dem. e—h. K. wohl dem, der seiner Tauf in wahrer Buß gedenkt und Christo sich aufs neu zum Eigenthume schenkt. — 5. d. K. bei uns. h. K. ins Reich der H.

wir nach dieser Zeit mit Freuden gehen ein zu deiner Herrlichkeit.

Anmerk. Von Joh. Olearius. Vs. 2. wäre wohl, weniger wegen des berührten Wunders als wegen seiner Ungelenkheit auszulassen oder wenigstens mit der Ueberarbeitung bei Knapp zu vertauschen.

B) Abgekürztes Lied.

Mel. Was Gott thut das ist wohlgethan.

170. Gelobet sei, Gott Israel! du hast dein Volk erhöret, das Horn des Heils, Immanuel, hat Davids Haus beehret. Wir sind erlöst und auch getröst, was du vorlängst versprochen, das hast du nicht gebrochen.

2. Ach, ist uns so viel Herrlichkeit, durch deinen Sohn erschienen, so mach auch unser Herz bereit, ihm Lebenslang zu dienen. Kein ander Heil wird uns zu Theil, Vergebung unsrer Sünden ist nur bei ihm zu finden.

3. Johannes ging vor Jesu her, wir folgen seinen Schritten, denn heut erschallet seine Lehr, er steht in unsrer Mitten: dir nur allein soll'n treu wir sein bis wir auf Zions Auen, dich Lebenssonne schauen.

Anmerk. Vs. 6. 9. 10. aus dem Liede: Gott dem kein Ding unmöglich ist von B. Schmolck. Vs. 10. etwas verändert.

XVII.
Auf das Fest Mariä Heimsuchung.

Mel. Nun bitten wir den heiligen Geist.

171. O heiliger Geist, wir sind tief gebeugt, daß du dich gnädig herabgeneigt zu der Magd Maria, daß sie empfinge den, der der Schöpfer war aller Dinge, das Jesuskind.

2. Nimm dafür Ehre, nimm Preis und Dank, nimm unaussprechlichen Lobgesang! unsre Seele lieget vor dir gebücket, in stiller Freude, weil wir erquicket durch Christi Heil.

3. Er dacht an uns mit Barmherzigkeit, kam in die Welt zur bestimmten Zeit, ward an's Holz des Kreuzes für uns erhöhet, dadurch uns Friede mit Gott entstehet und Freude blüht.

4. Was aber sollen wir dir denn thun? ach, nichts als in deiner Gnade ruhn; wissen nichts zu sagen, als wir empfangen mit unaussprechlichem Geistesverlangen, die Gotteshuld.

Anmerk. Nro. 307. aus Knapp's Liederschatze. Der Vf. ist nicht angegeben. In Vs. 3. lesen wir lieber am Schlusse: und ewig Heil. Der vierte Vers ist in dem Gesange nicht der beste; wir schlagen (auch der nähern Festbestimmung wegen) vor: O heiliger Tag, der uns lässet sehn die Mutter des Herrn so freudig gehn, das Heil zu erzählen: uns auch verkünde: nieder liegen Tod, Teufel und Sünde, der Heiland naht!

XVIII.

Auf das Fest Michaelis ob. Aller Heil. Engel.

A) Vollständige Gesänge.

Mel. Mein Gott in der Höh sei Ehr.

172. Aus Lieb läßt Gott der Christenheit viel Gutes wiederfahren, aus Lieb hat er ihr zubereit't, viel tausend Engelschaaren: darum man fröhlich singen mag: heut ist der lieben Engel Tag, die uns gar wohl bewahren.

2. Sie lagern sich, wenn kommt die Noth, in Eil gefaßt sich machen und reißen die, so fürchten Gott, aus ihrer Feinde Rachen. Darum man fröhlich singen mag: heut ist der lieben Engel Tag, die immer für uns wachen.

3. Sie führen auf den Straßen wohl die Großen sammt den Kleinen, daß keiner Schaden leiden soll an Füßen oder Beinen. Darum man fröhlich singen mag: heut ist der lieben Engel Tag, die uns mit Treue meinen.

4. Solch' Wohlthat denen wird erzeigt die nach dem Herren fragen: die Engel ihnen sind geneigt, den Satan sie verjagen. Darum man fröhlich singen mag: heut ist der lieben Engel Tag, die uns in Himmel tragen.

Anmerk. Von G. Reimann, für den Michaelis-Tag ein wahres Fest-lied. Auffallend genug hat es unter unsern sechs Büchern nur der Berliner Liederschatz. Hier finden sich folgende Varianten. Bs. 2. Zl. 3. 4. und retten die — und stehen bei den Schwachen (halten wir nicht für nöthig). Bs.

3. Zl. 4. und nicht im Unglück weinen. Zl. 7. die treu es mit uns meinen, besser: die es so treulich. Bs. 4. Zl. 7. gen Himmel.

Mel. Herr Jesu Christ mein's Lebens Licht.

173. Gott Lob, der uns noch immer liebt und uns zum Schutz die Engel giebt: es nimmt uns dieser Helden Wacht zu allen Zeiten wohl in Acht.

2. Durch deinen Geist, das bitt ich dich, mein liebster Gott, regiere mich, daß ich dich und die Engel scheu und fromm von ganzem Herzen sei.

3. Gieb ferner solche Hut uns zu, schaff uns vor allen Feinden Ruh: treib ab was uns gefährlich scheint und bleibe uns der treuste Freund.

4. Soll's, Herr, einmal zum Sterben gehn, so laß die Engel bei uns stehn, die Seel aus dieser bösen Zeit zu tragen in die Ewigkeit.

Anmerk. Findet sich ohne Angabe des Vf. bei Stier und Knapp.

174. Herr Gott, dich loben alle wir und sollen billig danken dir für dein Geschöpf, die Engel schon, die um dich schweb'n in deinem Thron.

2. Sie glänzen hell und leuchten klar und sehen dich ganz offenbar: dein' Stimm sie hören al-

CLXXIV. 1. b. K. danken voller Demuth dir. c. B. der Engel. d. B. vor deinem. c. Bs. für deiner heiligen Engel Schaar. S. K. daß du erschufst der Engel Schaar. d. Bs. S. K. die um dich schweben hell und klar. — 2. b. K. schaun dich im Himmel offenbar. c. d. Bs. S. dein Stimm sie immer hö-

lezeit und sind von göttlicher Weisheit.

3. Sie feiern auch und schlafen nicht, ihr Fleiß ist ganz dahin gericht', daß sie, Herr Christe, um dich sein und um dein armes Häuselein.

4. Der alte Drach' und böse Feind vor Neid, Haß und vor Zorne brennt; sein Datum steht allein (alles) darauf, wie von ihm werd zertrennt dein Hauf.

5. Und wie er vor hat bracht in Noth die Welt, führt er sie noch in Tod. Kirch, Wort, Gesetz und Ehrbarkeit zu tilgen ist er stets bereit.

6. Darum kein' Rast noch Ruh er hat, brüllt wie ein Löw, tracht früh und spat, legt Garn und Strick, braucht falsche List, daß er verderb was christlich ist.

7. Indessen wacht der Engel Schaar, die Christo folgen immerdar und schützen deine Christenheit, wehren des Teufels Listigkeit.

8. Am Daniel wir lernen das, da er unter den Löwen saß, des-

gleichen auch dem frommen Lot der Engel half aus aller Noth.

9. Dermaaßen auch des Feuers Glut verschont und keinen Schaden thut den Knaben in der heißen Flamm, der Engel ihn'n zu Hülfe kam.

10. Also schützt Gott noch heut zu Tag vor Uebel und vor mancher Plag' uns durch die lieben Engelein, die uns zu Wächtern g'geben sein.

11. Darum wir billig loben dich und danken dir, Gott, ewiglich, wie auch der lieben Engel Schaar dich preiset heut und immerdar.

12. Und bitten dich, du wollst allzeit dieselben heißen sein bereit zu schützen deine kleine Heerd, so hält dein göttlich Wort im Werth.

Anmerk. Von Paul Eberus nach dem lateinischen Gedichte des Melanchthon: Dicimus grates, in allen ältern Gesangbüchern befindlich. Für den Kirchengesang müssen Vs. 8. 9. auf jeden Fall, wohl auch Vs. 4—6. wegfallen; auch sonst möchten Aenderungen schwer zu vermeiden sein.

B) Abgekürzte Lieder und Verse.

Mel. Nun ruhen alle Wälder.

175. Du Herr der Seraphinen, dem tausend Engel dienen und zu Gebote stehn: du übergroßer Meister der wunderstarken Geister, mein Mund soll deinen Ruhm erhöhn.

2. Das sind die starken Helden, die deinen Rath vermelden, dir ste-

ren wohl, sind aller Himmelsweisheit voll. c. K. thun freudig was geschehen soll: d. wie Bs. S. — 3. a. Bs. S. K. sie feiern nie, sie schlafen nicht. b. K. ihr Eifer gehet stets im Licht. c. d. K. daß sie Herr Jesu dienen dir und deinen armen Christen hier (zu recipiren). — 4—7. Bei Bs. S. und K. ausgel. 4. a. B. der große Drach, der. b. B. im Zorne uns zu schaden meint. c. B. sein Trachten. d. B. wie von ihm werd zertrennt dein Hauf. — 6. b. B. schleicht (warum das biblische „brüllen" vermeiden?). — 7. c. B. schützen seine. Bs. zum Trotz der Höll' wacht ihre Schaar, die dir Herr folget immerdar, sie schützet deine Ch. und wehrt. S. dem Drachen wehret ihre Schaar, wendt ab sein Wüthen immerdar, sie schützen deine Ch. vors Teufels Trotz und Listigkeit. K. dem Satan wehret ihre Schaar, wehrt ab sein Wüthen immerdar, sie schützen deine Ch. und geben Kindern das Geleit. — 8. 9. Bei Bs. S. K. ausgel. 9. c. B. den Männern. — 10. a. K. noch Tag für Tag. c. d. S. K. uns durch die Engel treue Wacht, die uns zu Hütern sind gemacht. — 11. a. K. drum wir in Demuth. — 12. d. B. so bleibt. K. wir bitten dich — sie machen uns zum Schutz bereit, damit ohn Angst und Sündenweh dein armes Volk zum Himmel geh.

hen zu Befehl; das sind die Feuer=
flammen, die schlagen stets zusam=
men um frommer Christen Leib und
Seel.

3. O Herr, wenn ich einst schei=
de, so führe mich zur Freude auf
ihren Armen ein: da werd ich dich
erst loben und in den Himmeln
droben dir und den Engeln ähnlich
sein.

Anmerk. Vs. 1. 3. 10. aus dem
Liede: Du Herr der Seraphi=
nen von Benj. Schmolcke; et=
was verändert.

Mel. Sollt ich meinem Gott nicht singen.

176. Ehr und Dank sei dir
gesungen, großer Gott mit süßem
Ton! alle Völker, alle Zungen müs=
sen stehn vor deinem Thron und
dich unaufhörlich loben, daß du dei=
ne Engelschaar, die uns schützet im=
merdar, sendest täglich noch von

oben: laß hinfort uns würdiglich,
Herr der Engel, preisen dich!

Anmerk. Der letzte Vers aus dem
Gesange: Ehr und Dank sei
dir gesungen von Joh. Rist.

Mel. O Gott du frommer Gott.

177. Verleih uns, Herr, die
Gnad, daß wir annoch auf Erden
mit stetem Lob und Preis den En=
geln ähnlich werden und deinen
Willen thun: damit nach dieser Zeit
wir sei'n den Engeln gleich in dei=
ner Herrlichkeit.

2. Da soll dein Lob und Ruhm
in Ewigkeit erklingen, da will ich
hocherfreut das dreimal Heilig sin=
gen mit aller Engel Chor, der Aus=
erwählten Schaar! das ist des Her=
zens Wunsch; Amen, das werde
wahr!

Anmerk. Vs. 7. 8. aus dem Liede:
Der Engel goldnes Heer von
J. F. Stard.

XIX.

Auf die Tage der Apostel und Märtyrer.

Mel. Jesu meines Lebens Leben.

178. Heil den hohen Auser=
wählten! ewig thront der Sieger
Chor! Heil den ersten Auserwähl=
ten, die der Mittler sich erkor, de=
nen er sein Wort vertraute und auf
deren Fels er baute seines Reiches
Herrlichkeit, seines Reiches Herr=
lichkeit.

2. Eingeweiht durch Gottes Flam=
me, voll von Gottes Kraft und
Licht, zeugen sie vom ewgen Lam=
me von Versöhnung, vom Gericht.
Gottes Geist, der sie belehret, rü=
stet, führet sie, bekehret tausende
durch ihren Ruf, tausende durch ih=
ren Ruf.

3. Mächtig schallt das Wort der
Zeugen, wo der Geist der Wahr=
heit spricht, keine Drohung macht
sie schweigen, keine Schmach, kein
Hohngericht, Ketten, Spott und To=
desleiden dulden sie mit lauter Freu=
den groß in dem, der sie beseelt,
groß in dem, der sie beseelt.

4. Alle Völker sind geladen zu
des Sohnes Hochzeitmahl: sieh den
Tag des Heils, der Gnaden leuch=
tet im verjüngten Strahl! Götzen=
tempel stürzen nieder, Licht und
Wahrheit blühen wieder, wo der
Boten Fußtritt wallt, wo der Frie=
densruf erschallt.

Anmerk. Aus Knapp's Lieder=

schaße Nro. 1067. ohne Angabe des
Verf. Den Ausdruck des Gesanges
wünschten wir hier und da biblischer
und lesen deshalb Vs. 3. Zl. 8.:
mächtig in dem Herren Christ.
Vs. 4. möchten wir ganz ändern:
Jeßo sißen sie auf Thronen
in des Himmels Majestät,
doch es wächst in allen Zo-
nen was sie einstens ausgesät: Herr, daß der Apostel
Lehre nie ein Wahn und Trug
versehre, dazu hilf in jedem
Land, der sie einstens aus-
gesandt.

179. Löwen, laßt euch wieder finden, wie im ersten Christenthum, die nichts konnte überwinden; seht nur an ihr Marter-
thum! wie in Lieb sie glühen, wie
sie Feuer sprühen, daß sich vor der
Sterbenslust selbst der Satan fürchten mußt.

2. In Gefahren unerschrocken und
von Lüsten unberührt, die aufs Eitle
konnten locken war man damals,
die Begierd ging nur nach dem
Himmel; fern aus dem Getümmel
war erhoben das Gemüth, achtete
was zeitlich nit.

3. Alle Ding' nach ihrem Wesen und nicht nach der Meinung
da wurden gründlich abgemessen,
das Urtheil im Licht geschah. Im
Unglück glückselig waren sie und fröhlich, fern von Menschensclaverei und
von ihren Banden frei.

4. Ganz großmüthig sie verlachten was die Welt für Vortheil hält
und wonach die meisten trachten,
es mocht sein Ehr, Wolluft, Geld.

Furcht war nicht in ihnen, auf die
Kampfschaubühnen, sprangen sie mit
Freudigkeit, hielten mit den Thieren
Streit.

5. O daß ich wie diese waren,
mich befänd auch in dem Stand!
laß mich doch im Grund erfahren
deine hülfreich starke Hand, mein
Gott, recht lebendig! gieb, daß ich
beständig bis in Tod durch deine
Kraft übe gute Ritterschaft.

6. Ohne dich bin ich nicht tüchtig irgend etwas Gut's zu thun,
und dazu was, das so wichtig, es
thut blos auf dir beruhn. Herr,
Herr, meine Hoffnung, halte dein'
Verheißung, hilf mir, daß ich als
ein Held mit der Tugend werd vermählt.

7. Gieb, daß ich mit Geisteswaf-
fen kämpf in Jesu Löwenstärk und
hier niemals möge schlafen, daß mir
dieses große Werk durch dich mög'
gelingen und ich tapfer ringen, daß
ich in die Luft nicht streich, sondern
bald das Ziel erreich.

8. Es dürft wieder dazu kommen,
daß des Feindes tolle Wuth zu der
Schlachtbank deine Frommen führte
und vergöß ihr Blut. Nach gemei-
ner Sage große Trübsalstage werden kommen uns zu Haus und noch
ein sehr harter Strauß.

9. Jeßo kommen erst die Hefen,
denn das Maaß muß sein erfüllt und
das Letzt noch übertreffen, wenn man
sieht auf Christi Bild, was sein' Kirch
im Anfang leiden mußt beim Eingang,

CLXXIX. 1. e. f. K. glühten — sprühten. — 2. b—d. K. und von schnöden Lüsten rein, die zum Eiteln konnten locken, war damals des Herrn Gemein.
e. K. ihr Sinn drang zum. g. h. K. war erhoben Herz und Geist, suchte nicht
was zeitlich heißt. — 3. a—f. K. alle Dinge nach der Wahrheit und nach Fleisch esmeinung nicht, maaßen gründlich sie voll Klarheit denn ihr Urtheil stand im
Licht; in der Trübsal fröhlich waren sie und selig. — 4. d. K. Ehre, Wolluft,
Tand und Geld. — 5. d. K. deine starke Helfershand. — 6. c. d. K. was da
heilig, groß und wichtig sah ich bloß auf dir beruhn. h. K. durch den Glauben
halt das Feld. — 7. c. K. und ja niemals mög' erschlaffen. — 8. Bei K. ausgel. — 9. Bei K. ausgel.

denn am Abend starb das Lamm, das doch früh ans Kreuze kam.

10. Ei wohlan, nur fein standhaftig, o ihr Brüder, tapfer drauf, lasset uns doch recht herzhaftig folgen jener Zeugen Lauf! nur den Leib berühret, was ihm so gebühret; er hat's Leiden wohl verdient und die Seel darunter grünt.

11. Fort, weg mit dem Sinn der Griechen, denen Kreuz ein' Thorheit ist; o laßt uns zurück nicht kriechen, wenn an's Kreuz soll Jesus Christ. Steht in Jesu Namen, wenn der Schlangensaamen sich dem Glauben widersetzt und das Schlachtschwert auf uns wetzt.

12. Gebt euch in das Leiden wacker! mit dem Blut der Märtyrer wird gedüngt der Kirchenacker, diese Fettigkeit treibt sehr und macht stark aussprossen wenn mit wird begossen; o dann trägt er reich euch Frucht, eine schöne Gartenzucht.

13. Schwängre vor, o güldner Regen uns dein dürres Erb und Erd, daß wir dir getreu sein mögen und nicht achten Feu'r und Schwert als in Liebe trunken, und in dir versunken; mach dein Kirch im Glauben reich, daß das End dem Anfang gleich.

Anmerk. Dieses kräftige Lied, was unter die seltenen gehört, haben wir mitgetheilt wie. es sich in Raumer's Sammlung als Nro. 203. befindet. Von unsern Auctoritäten hat es nur Knapp, der vieles geschickt geändert. Namentlich ist aber auch ohne Abkürzungen nicht auszukommen. Wir möchten den Gesang so constituiren: Vs. 1. Vs. 2. (mit den Aenderungen bei K.). Aus Vs. 3. u. 4. machen wir eine Strophe: Ganz großmüthig sie verlachten was die Welt für Vortheil hält, nach dem Reiche Gottes trachten, darauf war ihr Sinn gestellt. Im Unglück glückselig waren sie und fröhlich, ihr Gesicht im letzten Streit strahlt von Engelsfreudigkeit. Dann Vs. 5. mit K. Varianten. Vs. 6—9. sind ganz auszulassen. Von Vs. 10. die erste Hälfte und dazu die zweite Hälfte von Vs. 11. Vs. 12. u. 13. mit den Aenderungen von K.; nur lesen wir statt „gedüngt" „benetzt."

Mel. O ihr auserwählten Kinder.

180. Seht ihr vor dem Stuhle Gottes jene Schaar mit Palmen stehn? einst Genossen seines Spottes prangen sie auf Salems Höhn. Berg und Klüfte, Modergrüfte, Pranger, Kreuz und Folterbetten waren ihres Elends Stätten.

2. Bande, Geißeln, Schwert und Flammen, wilder Löwenrachen Graus, aller Schrecken Wuth zusammen standen Gottes Helden aus. Gern gegeben ward ihr Leben dem, der einst für sie gelitten, dessen guten Kampf sie stritten.

3. Ja, wir sehn euch, Wahrheitszeugen, kühn und treu in Schmach und Noth. Konnten Schmach und Tod euch beugen? Lieb ist stärker als der Tod. Strahlend lohnen Ehrenkronen euch, die fest im Glauben standen und erliegend überwanden.

4. Preis dem Herrn! was will uns scheiden von der Lieb in Jesu Christ? Trübsal, Angst, Verfolgungsleiden, Hunger, Blöße, Blutgerüst? in dem allen, ob wir fallen, kann uns nichts des Siegs berauben; Dank der Lieb' an die wir glauben.

10. d. K. jener Zeugenwolke Lauf. e. f. K. nur den Leib kasteiet und sich nicht gescheuet. — 11. a. K. fort mit jenem. b. K. Kreuz nur. e. K. fügt euch dicht zusammen. — 12. d. K. diese Feuchtung treibet. e. f. K. alle Pflanzen sprossen, die davon begossen. — 13. a. K. komm befruckt o. b. K. uns dein Erd, die dürre Erd. h. K. und das End dem Anfang gleich.

5. Ehre sei dem treuen Zeugen! ihm der stark und ewig lebt, dem sich alle Knie beugen, dem der Hölle Grund erbebt: der durch Liebe Herz und Triebe fester band als Stahl und Eisen, ihn soll Tod und Leben preisen.

Anmerk. Von K. B. Garve (Christliche Gesänge S. 261). Obgleich im Einzelnen von der edlen Simplicität des Kirchenliedes entfernt, verdient wohl der Gesang in unserer Rubrik eine Stelle. Folgende Aenderungen dürften vielleicht nicht unvortheilhaft sein. Vs. 1. Zl. 8. ihres Kampfes. Vs. 2. Zl. 5. froh gegeben. Vs. 3. Zl. 1. Christi Zeugen. Zl. 3. sollten Schmach und Roth. Vs. 4. Zl. 7. 8. muß aus Tod das Leben quellen, Gott mit uns! wer mag uns fällen! Vs. 5. Zl. 1. dem treusten. Zl. 7. 8. sich zum ewgen Dienst errungen, ihm sei Preis von allen Zungen.

XX.

Auf das Fest der Kirchweihe.

Mel. Wie schön leucht' uns der Morgenstern.

181. Gott Vater, aller Dinge Grund! gieb deinen Vaternamen kund an diesem heilgen Orte! wie lieblich ist die Stätte hier, die Herzen wallen auf zu dir: hier ist des Himmels Pforte. Wohne, throne hier bei Sündern als bei Kindern, voller Klarheit: heilge uns in deiner Wahrheit!

2. Sohn Gottes, Herr der Herrlichkeit! dies Gotteshaus ist dir geweiht, o laß dir's wohlgefallen! hier schalle dein lebendig Wort, dein Segen walte fort und fort in diesen Friedenshallen. Einheit, Reinheit gieb den Herzen, Angst und Schmerzen tilg in Gnaden, heil uns ganz vom Sündenschaden!

3. Gott, heilger Geist, du werthes Licht, wend her dein göttlich Angesicht, daß wir erleuchtet werden! geuß über uns und dieses Haus dich mit allmächtgen Flammen aus, mach himmlisch uns auf Erden! Lehrer, Hörer, Kinder, Väter, früher, später geht's zum Sterben: hilf uns Jesu Reich erwerben!

4. Dreein'ger Gott, Lob, Dank und Preis sei dir vom Kinde bis zum Greis für dies dein Haus gesungen; du hast's geschenkt und auferbaut, du ist's geheiligt und vertraut mit Herzen, Händen, Zungen. Ach, hier sind wir noch in Hütten; Herr, wir bitten: stell uns droben in den Tempel, dich zu loben!

Anmerk. Von A. Knapp (Lied 1123). Wir schlagen folgende Varianten vor: Vs. 1. Zl. 5.: als Weihrauch steigt Gebet zu dir. Vs. 2. Zl. 6. bei deinen Dienern allen. Vs. 3. Zl. 7. ff. auf zum Himmel zieh das Sinnen und Beginnen. Vs. 4. Zl. 2. sei dir von allen gleicherweis.

Mel. Wie schön leucht' uns der Morgenstern.

182. Kommt her, ihr Christen, voller Freud, erzählet Gottes Freundlichkeit, kommt her und laßt erklingen die Stimm des Dankens unserm Gott; laßt uns dem Herren Zebaoth mit frohem Munde singen: singet, bringet schöne Weisen, laßt uns preisen Gottes Gaben, die wir hier genossen haben.

2. Wir gehn in dieſem Gottes=
haus ein Jahr nun wieder ein und
aus und hören da verkünden den
edeln Schaß, das Gnadenwort, das
uns entdeckt des Lebens Pfort', Ver=
gebung unſrer Sünden. Singet u. ſ. w.

3. Da ſehen wir mit Freuden
an die Dienſte, die man leiſten
kann dem Herrn in ſeinem Tem=
pel; da hört man mit Verwundern
zu was Gott für große Thaten
thu und Wunder ohn Exempel. Sin=
get u. ſ. w.

4. Da kommt die Chriſtenheit zu
Hauf und opfern Gott ſich ſelbſten
auf zum Dienſt und Wohlgefallen.
Da iſt Gebet und andres mehr, was
Gott gereicht zu Lob und Ehr, o
gottbeliebtes Wallen. Singet u. ſ. w.

5. Da wird Gerechtigkeit ge=
lehrt, da wird Gottſeligkeit gemehrt,
da wird der Glaub' entzündet. Ge=
duld, Lieb, Hoffnung, keuſche Zucht
und was noch mehr des Geiſtes
Frucht, wird alles da gegründet.
Singet u. ſ. w.

6. O große Wohlthat, die Gott
thut: o heilig gnadenreiches Gut,
kommt her, kommt, liebe Chriſten!
Da wohnt der Herr der Herrlich=
keit; wohl denen, die ſich allezeit
zu ſeinem Dienſte rüſten. Sin=
get u. ſ. w.

7. Das iſt der Ort, den David
liebt, dahin er ſeine Seufzer giebt,
da ihm das Reich genommen: er
wünſcht nicht ſeine Königszier;
wann werd ich, ſagt er, mit Be=
gier in Gottes Tempel kommen?
Singet u. ſ. w.

8. Und zwar, wie ſollte doch
jeßund nicht ſein voll Jauchzen un=
ſer Mund? was tauſend andre mei=
den, die gerne mit der Kirchgemein
im Hauſe Gottes wollten ſein, ge=
nießen wir mit Freuden. Sin=
get u. ſ. w.

9. Wie mancher Ort iſt nun zer=
ſtört, da vor ward Gottes Wort

gelehrt, die Kirchen ſind zerfallen.
Hier ſtehn noch Thür und Pfeiler
feſt, wir hören Gottes Wort auf's
beſt in ſeinem Tempel ſchallen. Sin=
get u. ſ. w.

10. Da andre mit betrübtem
Klang anſtimmen ihren Klaggeſang,
ja gänzlich müſſen ſchweigen: ſo ſin=
gen wir noch voller Freud, man
hört der Orgel Lieblichkeit, zuſammt
dem Laut der Geigen (der Lauten
und der). Singet u. ſ. w.

11. Dies nun bedenk, du Chriſt=
gemein! ſchaff, daß dein Herz mit
Dank erſchein und laß dich rühmend
(mit Rühmen) hören; gelobt ſei Gott,
durch deſſen Güt hier dieſes Kirch=
haus ward behüt' vor feindlichem
Zerſtören. Singet u. ſ. w.

12. Ja, der du hier haſt Feu'r
und Heerd, dein Nam' werd billig
hochgeehrt, o Gott von großen Tha=
ten! gelobt ſei Gott an dieſem Ort,
allwo ſich heilig theures Wort bis=
her ſo wohl gerathen. Singet u. ſ. w.

13. Noch eins, o Höchſter, bit=
ten wir: laß uns auch künftig für
und für allhier zuſammenkommen!
bewahr die Kirch und die Gemein
und die darinnen Lehrer ſein, ſo
werden dir die Frommen ſingen,
bringen ſchöne Weiſen und dich prei=
ſen für die Gaben, die ſie zu ge=
nießen haben.

Anmerk. Ein ziemlich ſeltnes Lied
von J. C. Arnſchwanger (öfter
auch zum Schluß des Kirchenjahres
vorgeſchrieben), das ohne Zweifel der
Verkürzung bedarf. Wir würden
auslaſſen Vs. 4. 7—10. 12. Der
letzte Vers wäre dann etwa zu be=
ginnen: Und voller Glauben
bitten wir.

Mel. Singen wir aus Herzensgrund.

183. Lobt ihr Frommen, nah
und fern, lobet unſern Gott und
Herrn, der uns gnädig hat bedacht
und zu ſeinem Volk gemacht. Al=
ler Heilgen frommer (froher) Mund

7 *

mache durch dies ganze Rund solche
große Güte kund.

2. Wie viel tausend gehn verlor'n die er nicht zur Heerd erkor'n: uns hat er so wohl bedacht
und zu seiner Weide bracht. Aller
Heiligen u. s. w.

3. Opfert ihm Preis, Ehr und
Ruhm, singet ihm im Heiligthum;
danket stets dem treuen Hort für
sein uns geschenktes Wort. Aller
Heiligen u. s. w.

4. Da die Finsterniß so gar deckt
die arme Heidenschaar, hat bei uns
sein Gnadenlicht alle Nacht gemacht
zunicht. Aller Heiligen u. s. w.

5. Da er jen' im Todesthal hin
läßt irren allzumal, hat er uns die
rechte Bahn zu dem Leben kundgethan. Aller Heiligen u. s. w.

6. Er selbst ist's der uns regiert, wie ein Hirt die Schaafe
führt, die er je zu Tag und Nacht
wohl versorget und bewacht. Aller
Heiligen u. s. w.

7. Seiner Hütten reiches Gut
labt und stärkt uns Herz und Muth:
Leib und Seel wird ganz entzückt,
wenn uns seine Lieb' erquickt. Aller Heiligen u. s. w.

8. Gieb o Zion (Salem) Preis
dem Herrn, deinem Fried = und Freu-
denstern, der als König ist bei dir
(sitzt in dir) und dich schützet für
und für. Aller Heiligen u. s. w.

9. Lobe, Zion, deinen Gott, der
dich reißt aus aller Noth (lob den
Herren Zebaoth) und sammt (der)
deinen Kindern dich hegt und segnet
ewiglich. Aller Heiligen frommer
(froher) Mund mache durch dies
ganze Rund solche große Güte kund.

Anmerk. Dies trefflich=einfache und
seltne Lied haben wir aus dem Eisleber Gesbch. von 1744. mitgetheilt und Rambach's Hausgesangbuch verglichen. Dem letzteren Buche (welches auch Vs. 8. auslätt)
gehören die angedeuteten Varianten
an. Vielleicht wäre Vs. 5. als bloße
Erweiterung von Vs. 4. zu streichen.

XXI.

Sonntags = Lieder.

1) Vom Sonntag überhaupt. Sonntags = Morgen = Lieder.

A) Vollständige Gesänge.

Mel. Erschienen ist der herrlich Tag.

184. Gott Lob, der Sonntag
kommt herbei, die Woche wird nun
wieder neu: heut hat mein Gott
das Licht gemacht, mein Heil hat
mir das Leben bracht, Halleluja!

2. Dies ist der Tag, da Jesus
Christ vom Tod für mich erstanden
ist und schenkt mir die Gerechtigkeit,
Trost, Leben, Heil und Seligkeit,
Halleluja!

3. Das ist der rechte Sonnen-
tag, da man sich nicht gnug freuen
mag, da wir mit Gott versöhnet
sind, daß nun ein Christ heißt Gottes
Kind, Halleluja!

CLXXXIV. 1. a. H. ist herbei. d. K. mein Jesus — gebracht. H. Heiland — gebracht. — 2. c. H. nun schenkt er mir. d. K. Heil, Leben, Herzens-
trost und Freud. — 3. a. Bs. 8. K. Freudentag (unbegreiflich!). b. K. H. dran
(schon wegen des folgenden „man" kakophonisch). — 4. a. K. Herr, führ mich

4. Mein Gott, laß mir dein Lebenswort, führ mich zur Himmels-
ehrenpfort, laß mich hier leben heiliglich und dir lobsingen ewiglich,
Halleluja!

Anmerk. Von Joh. Olearius.
Mit leichter Mühe ist der Gesang
überall aus der ersten Person
Sing. in den Plural zu übertragen,
der überall in Kirchenliedern vorzuziehen ist.

Mel. Gott des Himmels und der Erden.

185. Halleluja, schöner Morgen! schöner als man denken mag;
heute fühl ich keine Sorgen, denn
das ist ein lieber Tag, der durch
seine Lieblichkeit recht das Innerste
erfreut.

2. Süßer Ruhetag der Seelen!
Sonntag, der voll Lichtes ist! heller Tag der dunkeln Höhlen! Zeit,
in der der Segen fließt! Stunde
voller Seligkeit, du vertreibst mir
alles Leid.

3. Ach, wie schmeck ich Gottes
Güte recht als einen Morgenthau,
die mich führt aus meiner Hütte
zu des Vaters grüner Au: da hat
wohl die Morgenstund edlen Schatz
und Gold im Mund.

4. Ruht nur, meine Weltgeschäf-
te, heute hab' ich sonst zu thun,
denn ich brauche alle Kräfte in dem
höchsten Gott zu ruhn. Heut schickt
keine Arbeit sich als nur Gotteswerk für mich.

5. Wie soll ich mich heute schmük-
ken, daß ich Gott gefallen mag?
Jesus wird die Kleider schicken, die
ich ihm zu Ehren trag. Sein Blut
und Gerechtigkeit ist das schönste
Sonntagskleid.

6. Ich will in der Zionsstille
heute voller Arbeit sein, denn da
sammle ich die Fülle von den höchsten Schätzen ein, wenn mein Jesus meinen Geist mit dem Wort
des Lebens speist.

7. Herr, ermuntre meine Sinnen und bereite selbst die Brust;
laß mich Lehr und Trost gewinnen,
gieb zu deinem Manna Lust, daß
mir deines Wortes Hall recht tief
in mein Herze fall.

8. Segne deiner Knechte Lehren,
öffne selber ihren Mund: mach mit
allen, die dich hören, heute deinen
Gnadenbund, daß wenn man hier
bet't und singt solches in dein Herze
bringt.

---

durch dein Lebenswort. b. S. führ mich zu deines Himmels Pfort. K. hinauf
zur. c. d. K. laß heilig leben mich allhier und dort dir danken für und für. d.
X. dort dir. — Bei K. H. findet sich, nach dem Vorgange älterer, als Vs. 5.
eine Doxologie der Trinität.

CLXXXV. 1. f. K. W. mich im Innersten (ganz unnöthig). — 2. Bei
S. ausgel. c. K. W. in dunkeln Höhlen. o. d. X. Tag, deß Segen nicht zu
zählen, Zeit in der die Gnade fließt. — 3. Bei S. ausgel. c—f. K. da mein
sehnendes Gemüthe wandelt auf der grünen Au, wo mein Hirte sanft und still,
mich so frühe führen will (sehr gelungen). — 4. a. K. ruhet nur. b. K. besseres
hab ich. c. K. all' meine Kräfte. — 5. Bei W. ausgel. K. zieren, daß ich
Gott gefallen mag? Hoffart mag die Zeit verlieren mit der Pracht an diesem
Tag. Schmücke, Herr, mich mit dem Kleid göttlicher Gerechtigkeit. — 6. a.
S. Sabbathstille. K. W. Andachtstille. b. K. voller Freude. d. S. zu der Woche Segen ein. K. aller Lebensgüter ein. e. K. mein Heiland. — 7. b. S.
öffne selbst mir Aug und Ohr. K. wirke selbst in meiner Brust. d. K. zu deiner Gnade. S. richte mich zu dir empor. f. S. klar und tief in's Herze. e. f.
K. daß mir dein lebendig Wort schallt im Herzen immerfort. W. deines Wortes
Schall tief im Herzen wiederhall. — 8. b. S. gieb dein Wort in ihren Mund.
e. f. S. daß was man — zu dir in den Himmel. K. wenn wir singen, wenn wir
stehn, laß dein Amen uns durchgehn.

9. Sieh, daß ich den Tag be=
schließe wie er angefangen ist, seg=
ne, pflanze und begieße, der du
Herr des Sabbaths bist, bis ich
einst auf jenen Tag ewig Sabbath
halten mag.

Anmerk. Ein schönes kräftiges Lied
von Jon. Krause, das zu den
seltenen gehört. In der Textes=Re=
cension schließen wir uns an W. an,
mit Ausnahme von Vs. 3., wo K.
den Vorzug verdient. Vs. 4—7.
würden wir auslassen.

Mel. Auf auf mein Herz mit Freuden.

186. Heut ist dein Tag vor=
handen, in welchem du, o Held,

vom Tode bist erstanden, da du den
Feind gefällt: nun ruhet nach dem
Streit die ganze Christenheit; ach
schick auch uus nun zu die süße Sab=
bathsruh.

2. Heut hast du, unsre Sonne,
aus deines Todes Nacht, zu unsrer
Freud und Wonne den hellen Tag
gebracht: ach, leucht auch in uns
ein mit deinem hellen Schein; in
deiner Liebe Glut durchbringe Herz
und Muth.

Anmerk. Nro. 5. bei Bunsen, ohne
Angabe des Vf.

B) Abgekürzte Lieber und Verse.

Mel. Erschienen ist der herrlich Tag.

187. Heut ist des Herren Ru=
hetag, vergesset aller Sorg' und
Plag: verschmäht der Glocken Stim=
me nicht, kommt vor des Höchsten
Angesicht, Halleluja!

2. Kommt alle, fallet auf die
Knie vor Gottes Majestät allhie,
hier ist sein Heiligthum und Haus,
drum zieht, was Sünde heißet, aus,
Halleluja!

3. Laßt uns begehn mit rechtem
Fleiß den Tag zu unsres Gottes
Preis; wir wollen aufthun unsern
Mund und singen aus des Herzens
Grund: Halleluja!

4. Gott Vater, der mit großer
Macht das, was nicht war, her=
vorgebracht, den Himmel und die
ganze Welt und was dieselbe in sich
hält, Halleluja!

5. Hilf, daß wir alle deine Werk
voll Weisheit, Güte, Macht und
Stärk, erkennen und je mehr und
mehr, ausbreiten deines Namens
Ehr, Halleluja!

6. O liebster Heiland, Jesu Christ,
der von dem Tod erstanden ist und
drauf im Glanze, hell und klar erfreuet
heut die Jüngerschaar, Halleluja!

7. Richt unsre Herzen auf zu
dir an deinem Siegestage hier: ver=
sich'r aufs neue unsern Sinn, des
Todes Macht sei nun dahin, Hal=
leluja!

8. O heil'ger Geist, laß uns dein
Wort so hören heut und immerfort,
daß sich in uns durch deine Lehr
Glaub', Liebe, Hoffnung reichlich
mehr, Halleluja!

9. Erleuchte uns, du wahres
Licht; entzeuch uns deine Gnade
nicht: all' unser Thun also regier,
daß wir Gott preisen für und für,
Halleluja!

Anmerk. Auszug aus dem Liebe:
Heut ist des Herren Ruhe=
tag von Nic. Selnecker; al=
lerdings mit ziemlicher Freiheit zu=
sammengestellt. Man betrachte den
Gesang so wie er hier vorliegt und
erwäge dann nur, ob er in dieser
Form und Gestalt ein gutes Kirchen=
lied genannt werden könne.

Mel. Nun danket alle Gott.

188. Komm heute in mein Herz,
du König aller Frommen, laß mit
dir Segen, Heil und Seelenfrieden
kommen. Die Sonne deiner Huld
kehr heute bei mir ein, ja dann

wird dieser Tag ein rechter Sonntag sein.

Anmerk. Der letzte Vers aus dem Gesange: Seid stille Sinn und Geist von B. E. Löscher.

Mel. Meinen Jesum laß ich nicht.

189. Licht vom Licht, erleuchte mich bei dem neuen Tageslichte! Gnadensonne, stelle dich vor mein muntres Angesichte: Glanz des Herrn, so wunderbar, strahle um mich ganz und gar.

2. Brunnquell aller Süßigkeit, laß mir deine Ströme fließen, mache Mund und Herz bereit dich in Andacht zu umschließen. Streu das Wort mit Segen ein, laß es hundertfrüchtig sein.

3. Zünde selbst das Opfer an, das auf meinen Lippen lieget; sei mir Weisheit, Licht und Bahn, daß kein Irrthum mich betrüget und kein fremdes Feuer brennt, welches dein Altar nicht kennt.

4. Laß mich heut und allezeit: Heilig, heilig, heilig! singen und mich in die Ewigkeit mit des Geistes Flügeln schwingen, bis mir deine Sonne lacht und den schönsten Sonntag macht.

Anmerk. Aus dem Liede: Licht vom Licht erleuchte mich von Benj. Schmolcke.

Mel. Meinen Jesum laß ich nicht.

190. O du angenehmer Tag, laß doch deine Sonne blicken! was zuvor im Finstern lag, das wird nun dein Licht erquicken, denn mein Jesus ist allein dein ganz heller Sonnenschein.

2. O du großer Herrentag, den Gott selbst gebenedeiet! was mein Herz und Mund vermag sei zu deinem Dienst geweihet: ich will heute gar nicht mein, sondern meines Gottes sein.

3. Meines Herren Ostertag, an dir will ich auferstehen; was im Sündengrabe lag, soll man schön verkläret sehen: Jesu, neuer Lebenslauf, wecke selbst mich kräftig auf.

Anmerk. Aus dem Liede: O du angenehmer Tag von Benj. Schmolcke.

2) Vor dem Gottesdienste.

191. Herr Jesu Christ, dich zu uns wend, dein'n heilgen Geist du zu uns send! Mit Hülf' und Gnad er uns regier und uns den Weg zur Wahrheit führ.

2. Thu' auf den Mund zum Lobe dein, bereit das Herz zur Andacht fein: den Glauben mehr, stärk den Verstand, daß uns dein Nam' werd wohl bekannt.

3. Bis wir singen mit Gottes Heer: Heilig, heilig ist Gott der Herr! und schauen dich von Angesicht in ewger Freud und selgem Licht.

4. Ehr sei dem Vater und dem Sohn, dem heilgen Geist in einem Thron: der heiligen Dreifaltigkeit sei Lob und Preis in Ewigkeit!

Anmerk. Eines der bekanntesten und vielgebrauchtesten Kirchenlieder, als dessen Verfasser gewöhnlich Herzog Wilhelm zu Sachsen-Weimar gilt. Unter den alten Varianten kann man wählen; sonstige Aenderungen erscheinen aber unzulässig.

CXCI. 1. c. Bs. K. mit Lieb und Gnad. — alte Bar. B. Herr uns regier. — alte Bar., die mir fast vorzuziehen scheint. S. und Gnaden uns regier. — 3. d. Bs. in ewgem Heil — alte Bar. — 4. b. sammt heilgem Geist, oder: in seinem Thron, alte Barianten. c. Bs. S. B. K. Dreieinigkeit, atte Bar.

Mel. Erhalt uns Herr bei deinem Wort.

192. Herr, öffne mir die Herzensthür, zeuch mein Herz durch dein Wort zu dir, laß mich dein Wort bewahren rein, laß mich dein Kind und Erbe sein.

2. Dein Wort bewegt des Herzens Grund, dein Wort macht Leib und Seel gesund, dein Wort ist's was mein Herz erfreut, dein Wort giebt Trost und Seligkeit.

3. Ehr sei dem Vater und dem Sohn, dem heilgen Geist in einem Thron: der heiligen Dreieinigkeit sei Lob und Preis in Ewigkeit.

Anmerk. Von Joh. Olearius. Aenderungen erscheinen überflüssig.

Mel. Gott des Himmels und der Erden.

193. Herr, wir sind allhier beisammen unser Opfer dir zu thun; laß demnach die hellen Flammen deines Geistes auf uns ruhn und gieb uns zu dieser Zeit, Glauben, Lieb und Freudigkeit.

2. Ja, vergieb uns unsre Sünden und mach unsre Herzen rein, daß sie sich mit dir verbinden und von allem ledig sein, was zur Lust der Welt gehört und in uns die Andacht stört.

3. Richte Sinnen und Gedanken bloß auf dich und auf dein Wort und damit sie nirgend wanken so treib allen Zweifel fort und erleuchte den Verstand in dem, was ihm unbekannt.

4. Nimm, o Vater, von uns allen unsre Bitt in Gnaden an! laß dir das Gebet gefallen und hab dein Vergnügen dran, wenn wir auch für andre flehn und dein Lob mit Dank erhöhn.

5. Laß uns deine werthen Lehren, dein' Ermahnung, Straf und Trost mit Begierd und Fleiß anhö-

ren, daß der Feind, der sich erbost, und die Welt, so uns verstrickt, sie nicht wegnimmt und erstickt.

6. Hilf hingegen, daß der Saamen deines Wortes in uns bleib und durch Kraft von deinem Namen also wurzle und bekleib, daß er in die Höhe dring und die Frucht vielfältig bring.

Anmerk. In einem alten Merseburger Gesgbch. wird J. B. Freystein als Vf. dieses äußerst seltenen Liedes angegeben. Bei einigen Aenderungen prosaischer Wendungen entsteht ein kindlich-herzlicher Kirchengesang. Wir schlagen vor: Vs. 1. Zl. 3.: o so laß. Vs. 2. Zl. 5. 6. was da heißet Lust der Welt und mit ihr in Nichts zerfällt. Vs. 3. Zl. 6. mache ihm dein Heil bekannt. Vs. 4. Zl. 4. und sieh deine Lust daran. Vs. 5. auszulassen. Vs. 6. Treuer Gott, hilf, daß der Saamen deines Wortes in uns bleibt und durch Kraft von deinem Namen fröhlich in die Höhe treibt; segne auch, daß er hernach Früchte bringe hundertfach.

Mel. In dich hab ich gehoffet Herr.

194. Komm, himmlisch Licht, du heilger Geist, der du ein Trost der Menschen heißt mit deinem Gottesglanze! An diesem Ort dein Lebenswort in unsre Herzen pflanze!

2. Du bist der Brunn, da Weisheit quillt, die uns mit Geist und Kraft erfüllt, ein Geber aller Gaben; wer leben will muß deine Füll und deinen Odem haben.

3. Eröffne, Herr, zu dieser Stund uns Ohren, Herz, Verstand und Mund, dein göttlich Feu'r uns sende, daß uns nicht Noth, noch selbst der Tod vom wahren Glauben wende.

4. Für solche Wohlthat wollen wir mit Herz und Mund lobsingen dir und dein uns täglich freuen,

---

CXCII. 1. a. Bs. S. K. meines Herzens Thür. b. Bs. S. K. Herr, zeuch mein Herz. — 2. c. Bs. das. d. Bs. S. K. Trost und Seligkeit.

bis uns dein Hauch aus Gräbern auch zum Himmel wird erneuen.

Anmerk. Nr. 1107. in Knapp's Liederschatz, ohne Angabe des Vf. Am Schluß lesen wir lieber: bis uns dein Wehn läßt auferstehn, und du uns wirst erneuen.

Mel. Komm heiliger Geist Herre Gott.

195. Komm, segne dein Volk in der Zeit, Gott Vater der Barmherzigkeit! hilf, o du Schöpfer aller Dinge, daß unsre Andacht wohlgelinge! du hast uns bis hieher gebracht und uns dein Wort bekannt gemacht; das bleibet unser Trost und Freude, wir aber Schafe deiner Weide, Halleluja, Halleluja!

2. Komm, bleibe bei uns, Herr Gott Sohn! du bist allein der Gnadenthron, der uns erlöst mit seinem Blute, das komme uns auch jetzt zu Gute. Mach uns zu deinem Dienst bereit und schütze deine Christenheit, damit kein Feind den wahren Glauben aus unserm Herzen könne rauben, Halleluja, Halleluja!

3. Komm, heiliger Geist, steh uns bei, daß unser Herz dein Tempel sei. Gieb, daß wir deine Himmelslehren zu unserm Heil und Troste hören. Erleuchte uns durch deine Kraft, die in uns alles Gute schafft, daß wir nicht von der Wahrheit weichen und unsres Glaubens Ziel erreichen: Halleluja, Halleluja!

4. Dreieiniger Gott, höchster Hort! erhalte uns dein reines Wort; erbarm dich deiner armen Heerde, daß auch nicht Eins verloren werde. So preisen wir zu aller Zeit den Namen deiner Herrlichkeit, und wol-

len dir Dankopfer bringen, ja ewig dreimal Heilig singen, Halleluja, Halleluja!

Anmerk. Ein eben so treffliches als seltnes Lied von J. D. Schieferdecker. Wir haben es mitgetheilt wie es sich bei H. Nro. 354. vorfindet. Außerdem findet es sich unter unsern 6 Büchern bei S. mit folgenden Abweichungen. Vs. 1. denn wir sind. Vs. 2. du kamst herab vom Himmelsthron. Vs. 3. Trost anhören. Vs. 4. daß nichts davon.

196. Liebster Jesu, wir sind hier dich und dein Wort anzuhören: lenke Sinnen und Begier auf die süßen Himmelslehren, daß die Herzen von der Erden ganz zu dir gezogen werden.

2. Unser Wissen und Verstand ist mit Finsterniß umhüllet, wo nicht deines Geistes Hand uns mit hellem Licht erfüllet: Gutes denken, thun und dichten mußt du selbst in uns verrichten.

3. O du Glanz der Herrlichkeit, Licht vom Licht, aus Gott geboren, mach uns allesammt bereit, öffne Herzen, Mund und Ohren, unser Bitten, Flehn und Singen laß, Herr Jesu, wohl gelingen.

Anmerk. Von Tob. Clausnitzer. Geändert darf nach unserer Ansicht nichts werden; unter den alten Varianten verdienen einige Beachtung.

197. Mein Herz ist froh, mein Geist ist frei, die Seel will sich erheben und unsrem Gott in schöner Reih Gewalt und Ehre geben. Die Zunge, wie sie kann,

CXCVI. 1. d. zu den süßen, alte Var. — 2. b. verhüllet, alte Var. c. in dem alten Halberst. Gesgb. von 1740 und einem alten Dresdner von 1725 liest man: Glanz. e. Gutes denken, Gutes dichten, eine alte Var. der H. folgt. c. f. K. Gutes wollen, thun und denken muß uns deine Gnade schenken. f. W. wollst du selbst. — 3. c. allerseits, alte Var. d. Herz, Sinn, Mund und Ohren, alte Var. e. Beten, alte Var. S. unser Hören, Bitten, Singen.

schlägt an die Lippen an, weil wir zusammen hier getreten dem Herrn zu danken und zu beten.

2. Dies ist das Haus, die Stätt, der Ort, daran Gott hat Gefallen: der Seelen Schatz, sein göttlich Wort, läßt er allhier erschallen. All' Engel stimmen ein, wenn wir so innig schrein, wenn wir in einem Geist ohn' Wanken hier vor Gott beten, vor Gott danken.

3. O heilige Dreifaltigkeit, die Kirch und die Gemeine erfülle, wie sie dir geweiht, mit deinem Glanz und Scheine! weih unsre Herzen dir zum Tempel für und für, daß Geist und Seel zusammentreten getrost zu danken und zu beten.

Anmerk. Dies ungemein seltne Lied von Dan. v. Czepko bedarf weniger Aenderungen, um in der Reihe der schönsten Eingangslieder zu glänzen. Wir schlagen vor: Vs. 1. Zl. 3. und Gott in der Gemeinde Reih. Zl. 6. stimmt süße Lieder an. Vs. 2. Zl. 6. in unsre Melodei'n.

Mel. Herr Jesu Christ dich zu uns wend.

198. Nun jauchzt dem Herren alle Welt! kommt her, zu seinem Dienst euch stellt (bestellt), kommt mit Frohlocken, säumet nicht, kommt vor sein heilig Angesicht.

2. Erkennt, daß Gott ist unser Herr, der uns erschaffen ihm zur Ehr und nicht wir selbst: durch Gottes Gnad ein jeder Mensch das Leben hat.

3. Er hat uns ferner wohl bedacht und uns zu seinem Volk gemacht, zu Schafen, die er ist bereit zu führen stets auf guter Weid.

4. Ihr, die ihr nun wollt bei ihm sein, kommt, geht zu seinen

Thoren ein mit Loben durch der Psalmen Klang, zu seinem Vorhof mit Gesang.

5. Erhebet Gott, lobsinget ihm! lobsinget ihm mit lauter Stimm: lobsingt und lobet allesammt: Gott loben, das ist unser Amt.

6. Er ist voll Güt' und Freundlichkeit, voll Güt' und Lieb zu jeder Zeit: sein Gnade währet dort und hier und seine Wahrheit für und für.

7. Gott Vater in dem höchsten Thron und Jesus Christ, sein ewiger Sohn sammt Gott, dem werthen heilgen Geist, sei nun und immerdar gepreist.

Anmerk. Von D. Denicke, könnte auch unter den Lobliedern seine Stelle haben. Vs. 2. ist etwas steif in der Form: die angegebne Aenderung vernichtet nur die Worte des Psalms.

Mel. Gott des Himmels und der Erden.

199. Thut mir auf die schöne Pforte, führt in Gottes Haus mich ein! Ach, wie wird an diesem Orte meine Seele fröhlich sein: hier ist Gottes Angesicht, hier ist lauter Trost und Licht.

2. Herr, ich bin zu dir gekommen, komme du nun auch zu mir. Wo du Wohnung hast genommen, da ist lauter Himmel hier. Zeuch in meinem Herzen ein, laß es deinen Tempel sein!

3. Laß in Furcht mich vor dich treten, heilige mir Leib und Geist, daß mein Singen und mein Beten dir ein lieblich Opfer heißt. Heilige mir Mund und Ohr, zeuch das Herz zu dir empor!

4. Mache mich zum guten Lande, wenn dein Saatkorn in mich fällt; gieb mir Licht in dem Ver-

CXLVIII. 2. c. d. Bs. S. daß wir mit Wort und mit der That verkünden unsres Schöpfers Gnad. — 4. b. Bs. zu seinem Thor herein. — 5. a. Bs. S. dankt unsrem. b. Bs. rühmt seinen Nam' mit lauter Stimm. S. sein' Namen preist mit lauter Stimm. c. Bs. S. und danket. — 6. b. Bs. S. voll Lieb und Treu. — 7. Bei Bs. und S. ausgel.

stande und was mir wird vorgestellt, präge meinem Herzen ein, laß
es mir zur Frucht gedeihn.

5. Stärk' in mir den schwachen
Glauben, laß dein theures Kleinod
mir nimmer aus dem Herzen rauben, halte mir dein Wort stets für.

Ja, das sei mein Morgenstern, der
mich führt zu meinem Herrn.

Anmerk. Wir geben dies Lied von
Benj. Schmolcke gleich in der
etwas veränderten Form, in der es
sich bei W. vorfindet.

3) Schluß-Lieder.

Mel. Herr Jesu Christ mein's Lebens Licht.

200. Brunn alles Heils, dich
ehren wir und öffnen unsern Mund
vor dir, aus deiner Gottheit Heiligthum dein hoher Segen auf uns
komm.

2. Der Herr, der Schöpfer, bei
uns bleib! er segne uns nach Seel
und Leib und uns behüte seine Macht
vor allem Uebel Tag und Nacht.

3. Der Herr, der Heiland unser
Licht, uns leuchten laß sein Angesicht, daß wir ihn schaun und glauben frei, daß er uns ewig gnädig sei.

4. Der Herr, der Tröster, ob
uns schweb, sein Antlitz über uns
erheb, daß uns sein Bild werd ein-
gedrückt und geb uns Frieden unverrückt.

5. Jehova, Vater, Sohn und
Geist, o Segensbrunn, der ewig
fleußt, durchfleuß Herz, Sinn und

Wandel wohl, mach uns dein's Lob's
und Segens voll.

Anmerk. Von Gerh. Tersteegen,
eine innige Paraphrase des Segens.

Mel. Liebster Jesu wir sind hier.

201. Nun Gott Lob! es ist vollbracht, Singen, Lehren, Beten, Hören. Gott hat alles wohlgemacht,
drum laßt uns sein Lob vermehren.
Unser Gott sei hoch gepreiset, der
uns an der Seel gespeiset.

2. Weil der Gottesdienst ist aus
und uns (wird) mitgetheilt der Segen, so gehn wir mit Freud nach
Haus, wandeln fein auf unsern Wegen. Gottes Geist uns ferner leite
und zum Guten vollbereite.

3. Unsern Ausgang segne Gott,
unsern Eingang gleichermaaßen; segne unser täglich Brod, segne unser
Thun und Lassen! Jesu, segne unser Sterben und mach uns zu Himmels Erben.

CC. 1. d. K. komm uns der Segen dir zum Ruhm. — 2. c. d. K. vor
allem Uebel, Tag und Nacht, behüt uns seine heilge Macht. — 3. c. K. damit
wir glauben, fest und frei. — 4. d. K. er geb' uns. — 5. a. B. o Herr Gott.
c. d. K. durchström uns Wandel, Herz und Sinn und nimm uns ganz zum
Opfer hin.

CCI 1. a. X. wiederum ist nun. b. B. K. H. Beten, Lehren (kakophonisch). S. Lesen, Hören. f. B. H. daß er uns so herrlich speiset, sehr alte Lesart.
K. der uns Gnad um Gnad erwiesen. e. f. S. hochgepriesen, daß sein Wort uns
unterwiesen. — 2. a. S. unser Gott ist aus. K. friedlich gehen wir nach Haus.
b. B. uns auch mitgeth. H. mitgetheilet auch, sehr alte Lesart. K. bleib bei uns
du theurer Segen. S. jeder geh mit Gottes Segen. c. H. froh nach Haus. S.
aus der Kirch nun in sein Haus. K. führ uns ein und führ uns aus. d. B. H.
auf Gottes Wegen, sehr alte Var. S. wandle fort auf Gottes. K. heilger Geist
auf Gottes. f. B. H. S. und uns alle wohl bereite, alte Lesart. e. f. K. segne
ferner, schirme, leite, gieb uns Sieg zum guten Streite. — 3. e. B. S. K. H.
segne uns mit selgem Sterben, sehr alte Lesart.

Anmerk. Von Hartmann Schenck. Bei diesem Gesange finden sich schon in alten Gesangb. erstaunend viele und nicht unbedeutende Varianten: einige theilen auch einen, wohl apocryphischen, Vs. 4. mit. Wir haben den Text des Regensburger Gesangb. von 1705 zu Grunde gelegt, ohne denselben mit Bestimmtheit für den ursprünglichen zu erklären. Uebrigens verhehlen wir nicht, daß das Lied nach langem Schwanken recipirt zu haben. Es kommt uns besonders in den beiden ersten Versen spießbürgerlich und trivial vor; vielleicht hatten Bunsen und die Redactoren des Würtemb. Gesgb. eine ähnliche Ansicht, denn bei ihnen fehlt das Lied.

Mel. Herr ich habe mißgehandelt.

202. Vater, dir sei Preis gesungen, daß du uns so wohl gelehrt, daß dein Werk an uns gesungen, da wir jetzt das Wort gehört. Laß die Lehr den Glauben stärken, mach uns reich an guten Werken.

2. Jesu, dein Wort ist sehr süße, habe Dank für diese Lehr! lenke nur auch unsre Füße, daß wir wandeln dir zur Ehr. Laß uns deinen Trost erquicken, bis wir deinen Thron erblicken.

3. Heilger Geist! schreib alle Worte nun in unsre Herzen ein, daß man stets an allem Orte, deren eingedenk kann sein, daß wir täglich Früchte bringen und im Himmel: Amen! singen.

Anmerk. Dies schöne Schlußlied von Mich. Wiedemann haben wir nur im Eisleber Gesgbch. von 1741 gefunden.

XXII.

Morgen-Lieder*).

A) Vollständige Lieder.

Mel. Auf meinen lieben Gott.

203. Der schöne Tag bricht an, die Nacht ist abgethan, die Finsterniß vergangen: laß uns dein Licht umfangen, du unsre Sonn' und Leben, der Welt zum Heil gegeben.

2. Befiehl der Engel Schaar, daß sie uns heut bewahr! wenn du die Hand ausstreckest und uns damit
bedeckest, so muß sammt unsern Sünden das Uebel von uns schwinden.

3. Laß uns in' deiner Hut das thun, was recht und gut und gleich als Kinder leben, die sich dir ganz ergeben, in deinen Wegen gehen und fest im Glauben stehen.

4. Befällt uns Kreuz und Noth, so hilf du, treuer Gott, daß wir in allen Stücken uns drein geduldig

---

*) In unsern ältesten Gesangbüchern finden sich immer nur wenige Morgenlieder, deren Zahl aber dann in rascher Progression steigt. Sie sind offenbar für ein Kirchen-Gesangbuch von geringer Bedeutung, haben aber doch auf eine Stelle darin Anspruch zu machen, was ich von den Abendliedern nicht zugeben kann. In den für die häusliche Andacht bestimmten Theilen dürften beide Arten von Gesängen nicht fehlen. Auf jeden Fall ist bei den kirchlichen Morgenliedern noch strenger als sonst darauf zu halten, daß sie durchaus objectiv gehalten sind und von diesem Princip sind wir bei dem folgenden Abschnitt nicht abgegangen. (Das Evangel. Gesangbuch für Westphalen und Rheinland von 1836 enthält nur drei Morgenlieder.)

schicken, denn dir nicht widerstreben
ist ja das beste Leben.

5. Gieb Speis' und Trank dem
Leib, daß er bei Kräften bleib, und
soll die Seele scheiden, so sei's zu
deinen Freuden, daß wir auf deinen
Namen getrost hinfahren: Amen!

Anmerk. Von X. Buchner. Bs.
S. K., welche von unsern sechs Auctoritäten den Gesang geben, stimmen durchaus mit dem Grundterte
überein. Nach unserer Meinung muß
aber der Anfang von Bs. 5. geändert werden, etwa so: gieb Herr,
daß unser Leib dein's Geistes Tempel bleib.

Mel. Christ der du bist der helle Tag.

204. Die helle Sonn leucht'
jetzt herfür, fröhlich vom Schlaf
aufstehen wir: Gott Lob, der uns
heut diese Nacht behütet vor des
Teufels Macht.

2. Herr Christ, den Tag uns
auch behüt vor Sünd und Schand
durch deine Güt'; laß deine lieben
Engelein unsre Hüter und Wächter sein.

3. Daß unser Herz im G'horsam leb, dein'm Wort und Will'n
nicht widerstreb, daß wir dich stets
vor Augen han in allem was wir
fangen an.

4. Laß unser Werk gerathen wohl,
was ein jeder verrichten soll, daß
unser Arbeit, Müh und Fleiß ge-
reich zu deinem Lob und Preis.

Anmerk. Von Nic. Herrmann.
Die Form bedarf hie und da der
Besserung.

Mel. Vom Himmel hoch da komm ich her.

205. Es kommt daher des Tages Schein, o Brüder laßt uns dankbar sein dem milden Gott, der uns
die Nacht bewahret gnädig und bewacht.

2. Ihm laßt uns flehen insgemein mit einem Sinn, einmüthig
sein, daß er uns heut in seiner
Huld behält, nicht denket unsrer
Schuld.

3. O starker Gott von Ewigkeit, der du uns aus Barmherzigkeit mit deiner großen Kraft und
Macht beschützet hast in dieser Nacht.

4. Send uns von deinem Himmelsthron dein Gnad' und Hülf
durch deinen Sohn: steh du der
Seele kräftig bei, daß vor dem Feind
sie sicher sei.

5. Ach, Herre Gott, nimm unser wahr, bleib unser Wächter immerdar, sei unser Schutz und starker Held der mit uns ziehet in das
Feld.

6. Wir opfern Wort und That
und Sinn in deinen heilgen Willen hin, daß unsre Werk, in deinem Muth vollführt, befunden werden gut.

7. Durch Christum nimm dies
Opfer an, der für uns hat genug
gethan: hilf, daß dein Gab' wir
immer mehr genießen, Herr, zu deiner Ehr.

Anmerk. Aus den Liedern der Böhmischen Brüder.

CCIV. 1. c. B. heut diese Nacht. Bs. S. in dieser Nacht. d. Bs. S. behütet hat vor's Teufels Macht — alte Bar. — 2. c. d. laß deiner lieben Engel Macht hier bei uns halten treue Wacht. X. c. und laß die lieben Engel
dein. — 3. a. b. Bs. S. daß dir das Herz gehorsam leb, dem Willen dein nicht
widerstreb. c. B. hab'n. c. Bs. S. mit dir wir alles heben an. d. Bs. von dir
froh Lieb und Leid empfahn. S. von dir so Lieb als Leid empfahn (der alte Text
vorzuziehen). — 4. a. b. Bs. S. daß jeder thue was er soll, daß ihm sein Werk
gerathe wohl. c. Bs. und alle Arbeit. S. auf daß all Arbeit.

CCV. 2. a. K. laßt uns ihn bitten insgemein. c. d. K. daß er uns halt
in seiner Huld und nicht gedenke. — 4. b. K. Gnad, Hülf und Licht. d. K. daß
sie vor'm Feinde sicher sei. — 5. a. K. treuer Gott. — 7. c. d. K. daß wir
zu deines Namens Ehr dein Heil genießen immer mehr.

206. Gott des Himmels und der Erden, Vater, Sohn und heilger Geist, der es Tag und Nacht läßt werden, Sonn und Mond uns scheinen heißt; dessen starke Hand die Welt, und was drinnen ist, erhält.

2. Gott, ich danke dir von Herzen, daß du mich in dieser Nacht vor Gefahr, Angst, Noth und Schmerzen hast behütet und bewacht, daß des bösen Feindes List mein nicht mächtig worden ist.

3. Laß die Nacht auch meiner Sünden jetzt mit dieser Nacht vergehn! o Herr Jesu, laß mich finden deine Wunden offen stehn, da alleine Hülf und Rath ist für meine Missethat.

4. Hilf, daß ich mit diesem Morgen geistlich auferstehen mag und für meine Seele sorgen, daß, wenn nun dein großer Tag uns erscheint und dein Gericht, ich davor erschrecke nicht.

5. Führe mich, o Herr, und leite meinen Gang nach deinem Wort, sei und bleibe du auch heute mein Beschützer und mein Hort! nirgends als von dir allein kann ich recht bewahret sein.

6. Meinen Leib und meine Seele sammt den Sinnen und Verstand, großer Gott, ich dir befehle unter deine starke Hand. Herr, mein Schild, mein' Ehr und Ruhm, nimm mich auf, dein Eigenthum.

7. Deinen Engel zu mir sende, der des bösen Feindes Macht, List und Anschlag von mir wende und mich halt in guter Acht, der auch endlich mich zur Ruh trage nach dem Himmel zu.

Anmerk. Dieser Gesang von H. Albert empfiehlt sich durch edle Simplicität; durch die von uns vorgeschlagenen, sich nur auf die Form beziehenden Varianten, wollten wir das Lied mehr als Gemeinde-Gesang constituiren.

207. Lobet den Herren, alle die ihn ehren, laßt uns mit Freuden seinem Namen singen und Dank und Preis zu seinem Altar bringen, lobet den Herren!

2. Der unser Leben, das er uns gegeben, in dieser Nacht so väterlich bedecket und aus dem Schlaf uns fröhlich auferwecket, lobet den Herren!

3. Daß unsre Sinnen wir noch brauchen können und Händ und

CCVI. 1. c. W. welcher. d. e. K. und die Sonn (!) — und mit starker Hand. — 2. a. X. wir danken dir. b. daß du uns. e. f. W. auch bei aller meiner Schuld trägst du mich mit Vaterhuld. H. und daß nicht des Feindes. X. keines mächtig worden ist. — 3. a. X. auch unser. b. K. Herr, wir diese. c. uns finden. d. W. stets dein Herz mir offen stehn. e. W. wo alleine. f. X. ist für unsre. — 4. a. X. daß jeder diesen Morgen. K. auch df. c. X. und für seine. d—h. K. eh' erscheint — daß ich dann als Sünder nicht zittern müsse vor Gericht. f. X. niemand Angst und Noth ansicht. Uebrigens ist dieser Vers von dem Dichter auf wahrhaft unleidliche Weise zerhackt. — 5. a. b. X. uns — unsern Gang. d. unser Schutz und Schirm und Hort. e. B. S. bei dir allein, schon in alten Gesgb. K. in dir. f. X. kann man. — 6. a. X. unsern Leib, das Haus der Seelen. c. wir dir befehlen. e. f. du der Deinen Schild und Ruhm, nimm uns auf. e. f. K. Licht, mein Ruhm, nimm mich auf zum. — 7. a. X. zu uns. b. c. K. der des Bösen List und Macht mir von Leib und Seele wende. c. Bs. S. B. H. Anschläg'. X. von uns. d. X. jeden halt. e. X. und dereinst zur selgen Ruh. K. deinem Himmel zu. — Schon in alten Gesangb., von unsern 6 Büchern bei H., findet sich noch ein dorologischer Schlußvers, der aber nicht von Albert herrührt: Höre, Gott, was ich begehre, Vater, Sohn und heilger Geist, meiner Bitte mich gewähre, der du selbst mich bitten heißt: so will ich dich fort und fort herzlich preisen hier und dort.

Füße, Zung und Lippen regen, das haben wir zu danken seinem Segen, lobet den Herren!

4. Daß Feuerflammen uns nicht allzusammen mit unsern Häusern unversehns gefressen: das machts, daß wir in seinem Schooß gesessen, lobet den Herren!

5. Daß Dieb' und Räuber unser Gut und Leiber nicht angetast' und grausamlich verletzet, dawider hat sein Engel sich gesetzet, lobet den Herren!

6. O treuer Hüter, Brunnen aller Güter, ach laß doch ferner über unser Leben bei Tag und Nacht dein Hut und Güte schweben, lobet den Herren!

7. Gieb, daß wir heute, Herr, durch dein Geleite auf unsern Wegen unverhindert gehen und überall in deiner Gnade stehen: lobet den Herren!

8. Treib unsern Willen dein Wort zu erfüllen, lehr uns verrichten heilige Geschäfte, und wo wir schwach sein, da gieb du uns Kräfte, lobet den Herren!

9. Richt unsre Herzen, daß wir ja nicht scherzen mit deinen Strafen, sondern fromm zu werden vor deiner Zukunft uns bemühn auf Erden, lobet den Herren!

10. Herr, du wirst kommen und all deine Frommen, die sich bekehren, gnädig dahin bringen, da alle

Engel ewig, ewig singen: lobet den Herren!

Anmerk. Von P. Gerhardt. Bs. 3—5. als eine für das Kirchenlied nicht passende Specification auszulassen.

208. Morgenglanz der Ewigkeit, Licht vom unerschöpften Lichte! schick uns diese Morgenzeit deine Strahlen zu Gesichte und vertreib durch deine Macht unsre Nacht.

2. Die bewölkte Finsterniß möge deinem Glanz entfliegen, die durch Adams Apfelbiß uns, die kleine Welt, bestiegen, daß wir, Herr! durch deinen Schein, selig sein.

3. Deiner Güte Morgenthau fall auf unser matt Gewissen, laß die dürre Lebensau lauter süßen Trost genießen und erquick uns, deine Schaar, immerdar.

4. Gieb, daß deiner Liebe Glut unsre kalten Werke tödte und erweck uns Herz und Muth bei entstandner Morgenröthe, daß wir, eh wir gar vergehn, recht aufstehn.

5. Laß uns ja das Sündenkleid durch des Bundes Blut vermeiden, daß uns die Gerechtigkeit mög als wie ein Rock bekleiden und wir so vor aller Pein sicher sein.

6. Ach, du Aufgang aus der Höh'! gieb, daß auch am jüngsten Tage

CCVII. 3. Bei S. Bs. ausgel. c. B. K. Händ. — 4. Bei Bs. S. ausgel. — 5. Bei Bs. S. ausgel. c. K. angetastet und im Grimm verletzt. — 6. b. B. K. Brunnquell. c. B. ach. d. B. Huld. — 7. c. Bs. S. ungehindert. — 8. d. Bs. S. K. sind.

CCVIII. 1. c. d. S. strahl in dieser M. freundlich unserm Angesichte. d. K. in's G. — 2. Bei Bs. K. W. ausgel. b. d. B. entfliehen — über uns sich mußte ziehen. a—e. S. scheuch das Dunkel in die Flucht mit des Lichtes klaren Wogen, das durch die verbotne Frucht unsre innre Welt umzogen; laß uns Herr in deinem Schein. — 3. a. K. Gnade. c—e. S. laß der dürren L. lauter Trost vom Himmel fließen, ja, erquick. — 4. b. K. W. tödten. d. e. S. bei des Geistes M. daß wir ehe wir v. — 5. Bei Bs. K. W. ausgel. d.B. möge wie ein Rock. S. a—e. von dem alten S. laß des Bundes Blut uns scheiden, göttliche Gerechtigkeit mög uns wie ein Rock bekleiden und wir so vor Schuld und P. — 6. b—f. S. gieb, daß auch am jüngsten Tage unser Leib dir aufersteh und vergessen aller Pla-

unſer Leichnam auferſteh und entfernt von aller Plage, ſich auf jener Freudenbahn freuen kann.

7. Leucht uns ſelbſt in jene Welt,
du verklärte Gnadenſonne! führ uns
durch das Thränenfeld in das Land
der ſüßen Wonne, da die Luſt, die
uns erhöht, nie vergeht.

Anmerk. Dieſer, nicht allzuhäufige
Morgengeſang von Knorr von
Roſenroth bedarf der Verkürzung.
Wir behalten mit Bs. Bö. 1. 3. 4.
6. (mit den Aenderungen von S.) 7.

Mel. O Jeſu Chriſt mein's Lebens Licht.

209. O heilige Dreifaltigkeit!
o hochgelobte Einigkeit! Gott-Va-
ter, Sohn, heiliger Geiſt! heut dieſen Tag mir Beiſtand leiſt.

2. Mein'n Leib, Seel, Ehr und
Gut bewahr, daß mir kein Böſes
widerfahr, und mich der Satan
nicht verletz, noch mich in Schand
und Schaden ſetz.

3. Des Vaters Huld mich heut
anblick, des Sohnes Weisheit mich
erquick, des heilgen Geiſtes Glanz
und Schein, erleucht mein's finſtern
Herzens Schrein.

4. Mein Schöpfer! ſteh mir kräftig bei; o mein Erlöſer! bei mir
ſei; o Tröſter werth! weich nicht
von mir, mein Herz mit werthen
Gaben zier.

5. Herr! ſegne und behüte mich,
erleuchte mich genädiglich, erheb auf
mich dein Angeſicht, und deinen
Frieden auf mich richt.

Anmerk. Von Mart. Bohemus.

210. O Licht, geboren aus
dem Lichte, du Sonne der Gerechtigkeit, du ſchickſt uns wieder
zu Geſichte die angenehme Morgenzeit; drum will ſich gehören
dankbarlich zu ehren ſolche deine
Gunſt: gieb auch unſern Sinnen,
daß ſie ſehen können deiner Liebe
Brunſt.

2. Laß deines Geiſtes Morgenröthe in unſern dunkeln Herzen ſein,
daß ſie mit ihren Strahlen tödte,
der eitlen Werke todten Schein:
ſiehe Herr, wir wanken, Thun und
auch Gedanken gehn auf falſcher
Bahn; du wollſt unſerm Leben deine Sonne geben, daß es wandeln
kann.

3. Verknüpfe mit des Friedens
Bande der armen Kirche ſchwache
Schaar, nimm weg von unſerm
Vaterlande Verfolgung, Trübſal und
Gefahr! laß uns ruhig bleiben un-
ſern Lauf zu treiben, dieſe kleine
Zeit, bis du uns wirſt bringen,
wo man dir ſoll ſingen Lob in Ewig-
keit.

Anmerk. Von Martin Opitz,
nur bei Bunſen und Knapp.

---

ge wir den hellern Morgen ſchaun ohne Graun. d—f. K. und befreit — einſt in
reiner Himmelszier ſteh vor dir. — 7. b. S. hochverklärte. c. S. dies. d.
S. wahren Wonne. e. S. ſtets neu erhöht. e. K. wo die Luſt.

CCIX. 1. c. B. S. K. H. und heilig, -alte Var. d. X. uns Beiſtand. —
2. a. B. S. K. H. Seel, Leib. X. den. b. X. daß uns. c. X. und uns. d.
X. noch uns. — 3. a. B. H. Macht. X. uns erq. c. S. K. heller
Schein. d. S. K. mein finſtres Herze mög' erfreun. H. leucht in mein f. H.
hinein. X. des finſt. Herzens Schrein. — 4. b. B. K. S. hilf mir frei. d. S.
K. mit deinen. X. Gott Vater, ſteh uns — du o Erlöſer bei uns ſei, o Tröſter
werth, wir flehn zu dir, das Herz. — 5. X. Herr Zebaoth, ſegn' und behüt
uns alleſammt nach deiner Güt', erheb auf uns — auf uns richt. b. H. erleuchte
Herr. c. H. heb auf mich.

CCX. 1. b. K. o Sonne. e. K. will uns gehören. — 2. d. Bs. K. kalten Schein.

B) Abgekürzte Lieder und Verse.

Mel. Was Gott thut das ist wohlgethan.

211. Ach Gott und Herr, du Lebenslicht, du Hort des Heils ohn Ende! wir kommen vor dein An= gesicht, wir beugen Knie und Hän= de, wir loben dich demüthiglich in dieser Morgenstunde aus unsers Her= zens Grunde.

2. Regiere Willen und Verstand mit deines Geistes Gaben und füh= re uns an deiner Hand wohin du uns willst haben; Herr, deine Güt uns heut behüt, es segne unsre Pfa= be bein' ewig Huld und Gnade.

3. Es segne uns Gott, unser Gott, und geb uns seinen Frieden! er helfe uns aus aller Noth und soll's einst sein geschieden, so hilf Herr Christ zu jener Frist uns aus, kraft deiner Leiden, zu ewgen Him= melsfreuden.

Anmerk. Aus dem Liede: Ach Gott und Herr du Lebens= licht von Hanke.

Mel. Christus der uns selig macht.

212. Christe, wahres Seelen= licht, deiner Christen Sonne! o du klares Angesicht, der Betrübten Won= ne! deiner Güte Lieblichkeit ist neu alle Morgen; in dir sind wir recht erfreut, lassen dich, Herr, sorgen.

2. Wecke nur vom Sündenschlaf, der du bist das Leben: neues Le= ben in uns schaff! hast du doch ge= geben dieser Welt das Sonnenlicht, welches all' erfreuet, wirst du uns ja lassen nicht täglich unerneuet.

3. Wende zu uns deine Güt, freundlich uns anblicke, daß das in= nerste Gemüth sich in dir erquicke: an dem hellen Himmelsthau dei= ner süßen Lehre: drum, Herr Chri= ste, auf uns schau und dich zu uns kehre.

4. Bleiben sollst du unser Licht, Jesu, unsre Freude, bis der frohe Tag anbricht, da nach allem Leide wir in deines Reiches Pracht wer= den jauchzen, springen und daß Gott es wohl gemacht ohn Aufhö= ren singen.

Anmerk. Aus dem Gesange: Chri= ste wahres Seelenlicht von Chr. Prätorius.

Mel. Freu dich sehr o meine Seele.

213. Das walt Gott! die Mor= genröthe treibet weg die dunkle Nacht und der Tag tritt an die Stätte, welcher Alles munter macht. Drum so wecken wir uns auf und das Herz gedenket drauf, wie wir dir, o Gott, Lob bringen und den Morgensegen singen.

2. Herr, all unser Thun und Lassen sei dir kindlich heimgestellt: führe uns auf rechter Straßen, mach es so wie's dir gefällt. Kommt ein Unglück vor die Thür, steht uns was Gefährlich's für, laß uns dei= ne Hülf' empfinden ritterlich zu über= winden.

3. Nun, so wollen mit Vergnü= gen diesen Tag wir heben an: du, Gott Vater wirst schon fügen, was uns wohl gedeihen kann. Jesu Christe, segne du! Heilger Geist sprich Ja dazu! Herr, in deinem großen Namen Anfang sei und En= de, Amen!

Anmerk. Zusammengesetzt aus dem Liede: Das walt Gott die Morgenröthe von Scriver.

214. Der Tag vertreibt die finstre Nacht, ihr lieben Christen! seid munter und wacht, lobet Gott den Herren.

2. Die Engel singen immerdar, und loben Gott mit großer Schaar, der alles regieret.

3. Der Himmel, die Erd, und das Meer geben dem Herren Lob und Ehr, thun seinen Wohlgefallen.

8

4. Alles, was je geschaffen ward, ein jeglich Ding nach seiner Art, preiset seinen Schöpfer.

5. Ei nun, Mensch! du edle Natur! o du vernünft'ge Creatur! dank auch du von Herzen.

6. So üb' dich nun in seinem Bund, lob ihn mit Herzen, That und Mund, dank ihm für sein Wohlthaten.

7. Sprich: o Vater in Ewigkeit! ich dank dir für all' Gütigkeit, die du mir erzeiget

8. Durch Jesum Christum deinen Sohn, welchem sammt dir im höchsten Thron all Engel lobsingen.

9. Hilf, Herr! daß ich dich gleicher Weiß' von nun an allzeit lob und preis' in Ewigkeit, Amen!

Anmerk. Aus dem Gesange der Böhmischen Brüder: Der Tag vertreibt die finstre Nacht.

215. Die goldne Sonne, voll Freud und Wonne bringt unsern Gränzen mit ihrem Glänzen ein herzerquickendes liebliches Licht. Mein Haupt und Glieder, die lagen danieder, die lagen danieder, bin munter und fröhlich, schaue den Himmel mit meinem Gesicht.

2. Lasset uns singen, dem Schöpfer bringen Güter und Gaben; was wir nur haben, alles das sei Gott zum Opfer gesetzt! die besten Güter sind unsre Gemüther; Lieder der Frommen, von Herzen gekommen, sind Opferrauch der ihn am meisten ergötzt.

3. Abend und Morgen sind seine Sorgen; segnen und mehren, Unglück verwehren sind seine Werke und Thaten allein. Wenn wir uns legen, so ist er zugegen, wenn wir aufstehen so läßt er aufgehen über uns seiner Barmherzigkeit Schein.

4. Zu dir erhoben haben wir droben all' unsre Sinnen; unser Beginnen laß ohne Anstoß und glücklich ergehn! Laster und Schande, des Seelenfeinds Bande, Fallen und Tücke treib ferne zurücke, laß uns auf deinen Geboten bestehn.

5. Gott, unsre Krone, vergieb und schone, laß unsre Schulden in Gnad und Hulden aus deinen Augen sein abgewandt. Sonst, Herr, regiere, lenk uns und führe wie dirs gefället, es ist gestellet Alles in deine Beliebung und Hand.

Anmerk. Aus dem Liede: Die goldne Sonne von Paul Gerhardt.

Mel. Herr Jesu Christ mein's Lebens Licht.

216. Die Morgensonne gehet auf, erfreut zu wallen ihren Lauf: kein Held erscheint in solchem Glanz, wie sie im goldnen Strahlenkranz.

2. Die Himmel rühmen Gottes Ehr und geben uns die heilge Lehr, daß wir ihn stets mit unserm Mund hoch preisen sollen alle Stund.

3. Herr, deine Gnade, Güt und Treu ist alle Morgen bei uns neu, erwärme nun durch deine Güt Sinn, Seele, Herz und das Gemüth.

4. So wollen wir dir allezeit hier danken in der Christenheit und dort auch mit der Engel Schaar dich ewig loben immerdar.

Anmerk. Aus dem Liede: Die Morgensonne gehet auf von G. P. Harsdörfer.

Mel. Herzlich thut mich verlangen.

217. Es hat uns heißen treten, o Gott, dein lieber Sohn, mit herzlichen Gebeten vor deinen hohen Thron und uns mit theurem Amen Erhörung zugesagt, wenn nur in seinem Namen man bittet, fleht und klagt.

2. Drauf kommen wir gegangen in dieser Morgenstund: laß jeden doch erlangen, was er aus Herzensgrund von dir o Gott begehre

im Namen Jesu Christ, und allen dann gewähre was uns zum Heile ist.

Anmerk. Aus dem Liebe: Es hat uns heißen treten von G. Neumarck.

218. Wie schön leuchtet der Morgenstern vom Firmament des Himmels fern! die Nacht ist nun vergangen; all Creatur macht sich herfür, des edlen Lichtes Pracht und Zier mit Freuden zu empfangen. Was lebt, was schwebt hoch in Lüften, tief in Klüften, läßt zu Ehren seinem Gott ein Danklied hören.

2. Drum, o mein Herz! dich auch aufricht, erheb dein Stimm und säume nicht, dem Herrn dein Lob zu bringen. Denn, Herr! du bist's, dem Lob gebührt, der alle Welt so gnädig führt, dem man läßt innig klingen mit Fleiß Dank, Preis, Freudensaiten, daß von weiten man kann hören dich, o meinen Heiland ehren.

3. Geuß deiner Gnaden reichen Strahl auf uns vom hohen Himmelssaal, das Herz in uns verneue! dein guter Geist uns leit und führ, daß dann nach unsres Stands Gebühr zu thun sich jeder freue! gieb Rath und That, laß das Sinnen und Beginnen stets sich wenden, seinen Lauf in dir zu enden.

Anmerk. Vs. 1. 2. 6. aus dem Liebe: Wie schön leuchtet der Morgenstern von Burch. Wiesenmayer.

XXIII.

Jahreswechsel.
(Auf das Fest des bürgerlichen Neujahrs.)

A) Vollständige Gesänge.

219. Das alte Jahr vergangen ist, wir danken dir, Herr Jesu Christ, daß du uns in so groß Gefahr so gnädiglich behüt' dies Jahr (behütet hast lang oder viel Zeit und Jahr).

2. Wir bitten dich, ewigen Sohn des Vaters in dem höchsten Thron:

du wollst dein' arme Christenheit bewahren ferner allezeit.

3. Entzeuch uns nicht dein heilsam Wort, welch's ist der Seelen höchster Hort; für's Papst's Lehr und Abgötterei behüt uns Herr und steh uns bei.

4. Hilf, daß wir von der Sünd

CCXIX. 1. o. Bs. S. du in Noth uns und G. H. du uns in so viel Gef. d. H. behütet hast dies ganze Jahr. K. daß du in Noth und in Gefahr, so treu geführt uns dieses Jahr. — 2. a. S. und bitten. S. B. K. H. du ewger Sohn. o. d. K. bewahre deine Christenheit forthin auch gnädig allezeit. — J. b. Bs. S. K. der Seelen eingen (W. einzgen) Trost und Hort. H. welch's ist der Seelen Z. und H. o. B. H. vor falscher Lehr, Abg., so schon viele Aeltere. Bs. S. vor Unglaub und Abg. H. vor Abfall, Schand und Heuchelei behüt uns Herr und deine Liebestreu. — 4. a. Bs. S. H. hilf daß wir fliehn der Sünden. (H. Sünde) Bahn. o. H. vom alten. Bs. S. der Sünd im alten. K. dichtet den Vers ohne Noth so um: laß uns aufs neue fangen an und wallen auf der schmalen Bahn, sei nicht

8 *

ablahn und fromm zu werden fan=
gen an: kein'r Sünd im alten Jahr
gedenk, ein gnadenreich Neujahr
uns schenk.

5. Christlich zu leben, seliglich
zu sterben und hernach fröhlich am
jüngsten Tag wied'r aufzustehn, mit
dir in Himmel einzugehn.

6. Zu danken und zu loben dich,
mit allen Engeln ewiglich: o Jesu,
unsern Glauben mehr zu deines
Namens Lob und Ehr.

Anmerk. Der Vf. der drei ersten
Verse ist Joh. Steuerlein, der
3 letzten Jac. Tappius. In
dem Terte des Gesanges herrscht oft
große Verwirrung, theils weil eine
abgekürzte Form schon bei Aelteren
vorkommt, theils weil aus dem ver=
wandten Liede: Das alte Jahr
ist nun dahin manches herüber=
genommen ist.

Mel. Nun sich der Tag geendet hat.

220. Erhebt, Bewohner dieser
Welt! erhebt den Gott der Zeit!
ein Opfer, das dem Herrn gefällt
ist Lieb und Dankbarkeit.

2. Preist nicht der Engel Lob=
gesang des Höchsten Majestät? auf
Erden sei durch unsern Dank dein
Name, Gott, erhöht?

3. Du krönst mit deinem Gut
das Jahr, giebst Leben und Ge=
deihn: was unser Herz erfreut, das
war dein Segen, es war dein.

4. Du gabst uns Wein, der uns
erquickt und Brod im Ueberfluß, des
Jahres Anfang war beglückt, be=
glückt ist auch der Schluß.

5. Dein Wort erfreute Geist und
Sinn, gab in Versuchung Muth;
auch was uns kränkte ward Ge=
winn; der Herr, der Herr meint's gut.

6. Im Frieden pflügte man das
Land, fuhr froh die Garben ein:
bei'm reichen Segen deiner Hand
kann alles fröhlich sein.

7. Dir, Gott und Vater, dan=
ken wir für dieses Jahres Heil und
nun erwarten wir von dir im neuen
unser Theil.

8. Gieb unsern Obern deinen
Geist und Kraft von deinem Thron:
beweis, o treuer Gott, du sei'st der
frommen Obern Lohn.

9. Dein Segen komm auf unser
Land, mit ihm erwünschte Ruh, es
ström aus deiner Gnadenhand uns
allen Gutes zu.

10. Der Sünder kehre schnell zu=
rück zu dir, den er verließ, da er
der Seelen größtes Glück, dein Heil,
Gott, von sich stieß.

11. Wie Thau des Morgens
breite sich auf uns dein Wohlthun
aus und mit Frohlocken rühme dich
dein Land und dieses Haus.

12. Schau gnädig auf dein Volk
herab, dem du dein Wort geschenkt,
es fürchte deines Mundes Stab,
wer uns im Glauben kränkt.

13. Laß deines Wortes Süßig=
keit des Herzens Reichthum sein und
oft, wie es sein Wort gebeut, sein
Abendmahl erfreun.

14. Herr, deine Güte sei der
Schild, der uns in Noth bedeckt und
unsern Schmerz und Jammer stillt
wenn Unglück uns erschreckt.

15. Verlaß uns, o Erbarmer
nicht bis uns das Grab umschließt,
tröst uns, wenn unser Angesicht von
Thränen überfließt.

16. Wenn nach vollbrachtem Le=
benslauf der Leib in Staub zerfällt,

der alten Schuld gedenk, ein neu Herz gieb uns zum Geschenk. — b. b. Bs. 8.
einst freudiglich. c. Bs. 5. am jüngsten Tage aufzustehn, schon bei Aelteren. K.
dichtet wieder um: hilf uns in jeder Erdennoth, bring uns einst selig übern Tod,
daß wir mit Freuden auferstehn und mit dir in den Himmel gehn. — 6. a. H.
zu loben und zu preisen dich. K. wir danken dir und loben dich. c. d. K. o
Jesu laß uns ewig dein und ewig dir zum Lobe sein. (was ist das?)

so weck uns einst zum Leben auf, du Richter aller Welt.

17. Ruhm, Preis und Dank sei Vater dir, dir dem geliebten Sohn, dem heilgen Geist; einst bringen wir Dank vor des Himmels Thron.

Anmerk. Unterliegt dieser Gesang von J. F. Mudre (aufg. z. B. in das neue Berl. Gesgbch.) der nöthigen Verkürzung und an einer Stelle der Aenderung, so entsteht nach unserer Meinung ein passendes Kirchenlied zu Neujahr. Ganz weglassen würden wir Bs. 2. 4. 6. 8. 10. 12; ändern den Anfang, der nicht biblisch und kirchlich genug ist. „Der Gott der Zeit" erinnert an den heidnischen Kronos. Etwa: Auf, singt dem Herrn ein neues Lied in dieser neuen Zeit, ein Opfer, das er gerne sieht ist Lieb und Dankbarkeit. Du krönest Herr das neue Jahr mit u. s. w.

Mel. Es ist das Heil uns kommen her.

221. Gott ruft der Sonn' und schafft den Mond, das Jahr darnach zu theilen, er macht es, daß man sicher wohnt, und heißt die Zeiten eilen. Er ordnet Jahre, Tag und Nacht. Auf, laßt uns ihm, dem Gott der Macht, Ruhm, Preis und Dank ertheilen!

2. Herr, der da ist und der da war, von dankerfüllten Zungen sei dir für das verfloßne Jahr ein heilig Lied gesungen; für Leben, Wohlfahrt, Trost und Rath, für Fried' und Ruh, für jede That, die uns durch dich gelungen.

3. Laß auch dies Jahr gesegnet sein das du uns neu gegeben. Verleih uns Kraft, die Kraft ist dein, in deiner Furcht zu leben! Du schützest uns, und du vermehrst der

Menschen Glück, wenn sie zuerst nach deinem Reiche streben!

4. Gieb mir, wofern es dir gefällt, des Lebens Ruh und Freuden; doch schadet mir das Glück der Welt, so gieb mir Kreuz und Leiden! nur stärke mit Geduld mein Herz und laß mich nicht in Noth und Schmerz die Glücklichern beneiden.

5. Hilf deinem Volke väterlich in diesem Jahre wieder, erbarme der Verlaßnen dich und der bedrängten Glieder. Gieb Glück zu jeder guten That und laß dich, Gott, mit Heil und Rath auf unsern Fürsten nieder.

6. Daß Weisheit und Gerechtigkeit auf seinem Stuhle throne, daß Tugend und Zufriedenheit in unserm Lande wohne; daß Treu und Liebe bei uns sei, dies, liebster Vater, dies verleih, in Christo deinem Sohne.

Anmerk. Von C. F. Gellert, nach einigem Schwanken recipirt. Bs. 4. muß auf jeden Fall gestrichen werden. Der Schluß von Bs. 3. hat auch manches Bedenkliche.

Mel. Nun freut euch liebe Christeng'mein.

222. Herr Gott Vater, wir preisen dich im lieben neuen Jahre, denn du hast uns gar väterlich behüt' vor aller G'fahre, du hast das Leben uns vermehrt, das täglich Brod reichlich bescheert und Fried im Lande geben.

2. Herr Jesu Christ, wir preisen dich im lieben neuen Jahre, denn du regierst gar fleißiglich dein liebe Christenschaare, die du mit deinem

CCXXI. 1. Bei Bs. ausgel. a. S. K. wer ruft (?). b. S. K. der Zeiten Maaß zu geben. c. d. S. K. Gott welcher unser noch verschont und uns erhielt (K. erhält) das Leben. f. g. S. K. auf laß uns seine Güt und Macht nun insgesammt erheben. — 5. g. H. unsern König. W. auf unsre Obern. — 6. a. K. W. laß Weish. b. K. thronen. W. auf ihrem Stuhle thronen. H. im Rath der Obern throne. c. K. W. laß. d. K. W. wohnen. H. in Stadt und Lande.

Blut erlöſt, du biſt ihr einig Freud und Troſt im Leben und im Sterben.

3. Herr, Heilger Geiſt, wir preiſen dich im lieben neuen Jahre, denn du haſt uns ganz mildiglich begnad't mit reiner Lahre, dadurch den Glauben angezündt, die Lieb gepflanzt im Herzensgrund und andre ſchöne Tugend.

4. Du treuer Gott, wir bitten dich, zeig uns auch fort dein' Hulde, tilg unſre Sünde gnädiglich, gedenk nicht alter Schulde: beſcheer ein fröhlich neues Jahr und wenn das Stündlein kömmet dar ein ſelig Ende, Amen!

Anmerk. Dies äuſerſt ſeltne Lied von Chr. Schneegaß iſt eins von denen, die in der Form am ſprödeſten und hartnäckigſten ſind. Trotz dem hat es ſonſt ſo viel Gutes und Paſſendes, daß wir folgende Aenderungen verſuchen: Vs. 1. Zl. 3. 4. du haſt gewehrt ſo väterlich daß Leid uns nicht befahre. Zl. 6. ſo reich. Vs. 2. Zl. 4. was hält an dein' Altare: auf deinen Tod ſind wir getauft, ſo theuer haſt du uns erkauft, du kannſt uns nicht verlaſſen. Vs. 3. Zl. 3—5. du ſchenkteſt uns ſo mildiglich dein Wort, das ewig wahre, verliehn haſt du des Glaubens Pfund. Vs. 4. Zl. 2. jetzt dein' Gnade. Zl. 4. geſühnt ſei alter Schade.

B) Abgekürzte Lieder und Verſe.

Mel. Vom Himmel hoch da komm ich her.

223. Das alte Jahr iſt nun dahin: erneure, Jeſu, Herz und Sinn, damit wir, was noch böſe war, nun fliehn im lieben neuen Jahr.

2. Gieb neuen Segen, Glück und Heil, hilf daß wir ſämmtlich haben Theil an dem, was uns, du höchſtes Gut, erworben hat dein theures Blut.

3. Gedenke nicht der Miſſethat, damit wir, Jeſu, früh und ſpat ſo oft gehandelt wider dich; vergieb und gieb uns gnädiglich.

4. Vergieb uns alle Sünd und Schuld, gieb in der ſtrengſten Noth Geduld: dein guter Geiſt uns wohne bei, ſein Hülf und Troſt ſtets um uns ſei.

5. Gleichwie das goldne Sonnenlicht die Strahlen wieder zu uns richt, ſo laß auch deiner Gnade Schein uns, deinen Kindern, ſich erneun.

6. Laß deine Hülfe allezeit, du Menſchenfreund, uns ſein bereit, bis wir einmal nach dieſer Zeit eingehn in die Ewigkeit.

Anmerk. Aus dem Liede: Das alte Jahr iſt nun dahin von Burch. Wieſenmayer.

Mel. Der Tag der iſt ſo freudenreich.

224. Dies Jahr laß, Herr, geſegnet ſein vom Anfang bis zum Ende, wo wir ausgehen oder ein all' Uebel von uns wende! laß Alles, was wir greifen an in unſerm Amt ſein wohlgethan wenn wir den Fleiß nicht ſparen. Gieb endlich, wenn es dir gefällt uns heim zu holen aus der Welt, daß wir in Frieden fahren.

2. Gott Vater in dem höchſten Thron, erhöre unſer Flehen! verleih durch deinen eingen Sohn, daß Alles mög' geſchehen! den Vater bitt, o Jeſu Chriſt, weil du für uns geſtorben biſt, daß wir ihm wohlgefallen: durch deine Kraft, o Heilger Geiſt, uns bis an's End hier Beiſtand leiſt: hilf uns, Herr, hilf uns allen!

Anmerk. Bs. 7. und 8. aus dem Liede: Das alte Jahr vorüber ist im Gothaischen Gesgb. v. 1764. ohne Angabe des Vf.

Mel. Herr ich habe mißgehandelt.

225. Hilf, Herr Jesu, laß gelingen, hilf, das neue Jahr geht an! laß es neue Kräfte bringen, daß aufs neu ich wandeln kann: neues Glück und neues Leben wollst du uns aus Gnaden geben.

2. Unsrer Hände Werk und Thaten, unsrer Zunge Red und Wort müsse nur durch dich gerathen und sodann gehn glücklich fort! neue Kraft laß uns erfüllen zu verrichten deinen Willen.

3. Was wir dichten, was wir machen, das gescheh in dir allein: wenn wir schlafen, wenn wir wachen, wollest du Herr bei uns sein. Gehn wir aus wollst du uns leiten, gehn wir heim so steh zur Seiten.

4. Laß uns beugen unsre Knien nur zu deines Namens Ehr, hilf, daß wir uns stets bemühen dich zu preisen mehr und mehr. Unser Bitten, unser Flehen laß zu dir zum Himmel gehen.

5. Ja, du wollest Gnade geben, daß dies Jahr uns heilig sei und wir christlich können leben sonder Trug und Heuchelei, daß wir noch allhier auf Erden fromm und selig mögen werden.

6. Jesu, laß uns fröhlich enden dieses angefangne Jahr, trage stets uns auf den Händen, bleibe bei uns in Gefahr, freudig woll'n wir dich umfassen, sollen wir die Welt verlassen.

Anmerk. Bs. 1. 3. 5. 6. 13. 16. aus dem Liede: Hilf Herr Jesu, laß gelingen von Joh. Rist.

Mel. Helft mir Gott's Güte preisen.

226. Laß, Herr, von Segen triefen auch dieses neue Jahr! hat uns die Noth ergriffen, errett uns wunderbar; sei du der Armen Theil, wisch ab der Wittwen Thränen, erfüll der Kranken Sehnen, sei aller Menschen Heil!

2. Laß du bei Kirch und Schule dein Aug und Herze sein; vor deinem Gnadenstuhle sei lauter Sonnenschein und mach uns stets bereit, wenn wir die Zeit beschließen, die Ewigkeit zu grüßen: — dort ist die beste Zeit.

Anmerk. Bs. 7. 8. aus dem Liede: Man wünschet gute Zeiten von Benj. Schmolcke.

Mel. Nun laßt uns Gott den Herren.

227. Nun laßt uns gehn und treten mit Singen und mit Beten zum Herrn, der unserm Leben bis hieher Kraft gegeben.

2. Wir gehn dahin und wandern von einem Jahr zum andern; der Herr bleibt auch in Leiden der Brunnen unsrer Freuden.

3. Gelobt sei deine Treue, die alle Morgen neue: Lob sei den starken Händen, die alles Herzleid wenden!

4. Sprich deinen milden Segen zu allen unsern Wegen, laß Großen und auch Kleinen die Gnadensonne scheinen.

5. Sei der Verlaßnen Vater, der Irrenden Berather, der unversorgten Gabe, der Armen Gut und Habe.

6. Hilf gnädig allen Kranken, gieb fröhliche Gedanken den hochbetrübten Seelen, die sich mit Schwermuth quälen.

7. Und endlich, was das meiste, füll uns mit deinem Geiste, der uns hier herrlich ziere, und dort zum Himmel führe.

8. Das Alles wollst du geben, o meines Lebens Leben! mir und

der Christenschaare zum selgen neuen
Jahre.

Anmerk. Das schöne Lied: Nun
laßt uns gehn und treten von
P. Gerhardt wurde während des
gräßlichsten Kriegsgetümmels gedichtet und eignet sich, in unverkürzter
Gestalt nur für ähnliche Conjunctu-
ren. Deßhalb auch in manchen Gesgb.
überschrieben: Neujahrslied in
Kriegszeiten. Aber davon abgesehen, daß die Theorie des Kirchenliedes solche Specialisirungen nicht
zulassen kann, ist es doch wirklich
Schade, wenn das herrliche Lied wirklich nur in Kriegszeiten und nicht wo
möglich alle Jahre gesungen werden
sollte. Besser also, man läßt die
ganz speciellen Beziehungen weg, welche bei dem gewöhnlichen kirchlichen
Gebrauche nur geniren.

Mel. Vater unser im Himmelreich.

228. Nun treten wir in's neue
Jahr, Herr Jesu Christ, uns auch
bewahr; gieb Gnad, daß wir dies
ganze Jahr zubringen mögen ohn'
Gefahr, gieb Glück und Heil, gieb
Fried und Ruh, hernach die Seligkeit dazu.

Anmerk. Aus dem alten Rudolstädter Gesgb. von 1734, abgekürzte
Form des zweiversigen Liedes: Nun
treten wir ins neue Jahr.

Zweiter Theil.

Lieder vom chriftlichen Glauben und Leben.

———————

XXIV.

Anbetung Gottes *).

(Lob- und Danklieder.)

A) Vollständige Lieder.

Mel. Vater unser im Himmelreich.

329. All Ehr und Lob soll Gottes sein, er ist und heißt der Höchst' allein, sein Zorn auf Erden hat ein End, sein Fried und Gnad sich zu uns wendt; den Menschen das gefalle wohl, dafür man herzlich danken soll.

2. O lieber Gott, dich loben wir und singen Jubellieder dir; ja herzlich wir anbeten dich, dein Ehr wir rühmen stetiglich, wir danken dir zu aller Zeit um deine große Herrlichkeit.

3. Herr Gott, du ewger König bist, ein Vater der allmächtig ist; du, Gottes Sohn, vom Vater bist einig gebor'n, Herr Jesu Christ: Herr Gott, du zartes Gotteslamm, du Sohn aus Gott, aus Vaters Stamm.

4. Der du der Welt Sünd trägst allein, uns wollst barmherzig, gnädig sein; der du der Welt Sünd trägst allein, laß dir die Bitt gefällig sein: der du gleich sitzt dem Vater dein, uns wollst barmherzig, gnädig sein.

5. Du bist und bleibest heilig rein, du aller Ding ein Herr allein, der Allerhöchst' allein du bist, du lieber Heiland Jesu Christ, sammt dem Vater und heilgen Geist in einer Majestät gepreist.

6. Amen! das ist gewißlich wahr, dich preiset aller Engel Schaar, und alle Welt so weit und breit bekennt und ehrt dich allezeit, dich rühmt die ganze Christenheit von Anfang bis in Ewigkeit.

Anmerk. Obgleich dies alte Lied aus der Reformationszeit mit „Allein Gott in der Höh sei Ehr" dieselbe Grundlage und dabei eine ziemlich spröde Form hat, verdient es doch immer unter den Lobgesängen der Kirche eine Stelle. Wir haben den Gesang so mitgetheilt wie er sich bei Bunsen Nro. 310. vorfindet.

---

*) Nach unserm Princip können wir besondere Gesänge, in welchen irgend eine göttliche Eigenschaft auseinander gesetzt wird, nicht als ächte Kirchenlieder anerkennen. An sich ist das schon unpoetisch, was in dogmatischer Exposition geschehen muß: aus der unendlichen Herrlichkeit Gottes eine einzelne Seite zu betrachten und anzusingen. Für den kirchlichen Gebrauch reicht die obige Rubrik vollkommen aus und Predigten über die Allgegenwart u. s. w. werden schon passende Eingangslieder vorfinden. Wer aber die aufgestellten Grundsätze leugnet, den fragen wir: warum besingt kein einziger Gesang der alten Kirche eine göttliche Eigenschaft? Warum fehlt die ganze, jetzt so beliebte Rubrik, in den älteren Gesangbüchern der Protestanten? Bloß darum, weil ein richtigeres kirchlicheres Gefühl verbreitet war als jetzt. Die wenigen guten Producte über specielle göttl. Eigenschaften gehören unter die Hauslieder.

Mel. Gott des Himmels und der Erden.

230. Alle Welt, was lebt und webet und in Feld und Häusern ist: was nur Zung und Stimm erhebet, jauchze Gott zu jeder Frist! dienet ihm wer dienen kann, tret' mit Lust vor ihm heran!
2. Sprecht: der Herr ist unser Meister, er hat uns aus nichts gemacht, er hat unsern Leib und Geister an das Licht hervorgebracht: wir sind seiner Allmacht Ruhm, seine Schaf' und Eigenthum.
3. Gehet ein zu seinen Pforten, geht durch seines Vorhofs Gang! lobet ihn mit schönen Worten, saget ihm Lob, Preis und Dank, denn der Herr ist jederzeit voller Gnad und Gütigkeit.
4. Gott des Himmels und der Erden, Vater, Sohn und heilger Geist, daß dein Ruhm bei uns groß werde Beistand selbst und Hülf uns leist! gieb uns Kräfte und Begier dich zu preisen für und für.

Anmerk. Diese kräftige Paraphrase des 100sten Psalmes von Joh. Franck ist schon in älteren Büchern nicht gerade häufig, in unserer Sechszahl bei B. und K. Uebrigens paßt sich dieser Gesang auch trefflich zum Eingangsliede des Gottesdienstes.

Mel. Aus meines Herzens Grunde.

231. An Gott will ich gedenken, denn er gedenkt an mich; wenn mich die Sorgen kränken, so hebt mein Herze sich zu meinem Gott empor. Bald weichen alle Schmerzen, denn er stellt meinem Herzen nichts als Vergnügen vor.
2. Denk ich an seine Liebe, wie werd ich doch entzückt, daß wenn es noch so trübe mir gleich die Sonne blickt; da kommt mir immer ein: er hat sich hoch vermessen, er will mich nicht vergessen, wie könnt ich traurig sein?
3. Denk ich an seine Güte, die alle Morgen neu, so freut sich mein Gemüthe bei solcher Vatertreu. Die Last werf ich auf ihn, so wird die Arbeit süße, wenn ich den Schweiß vergieße, denn Gott ist mein Gewinn.
4. Denk ich an sein Erbarmen, er schenket mir sein Kind: o Gnade für mich Armen, heißt das nicht treu gesinnt? Gott ist in Christo mein, Gott müßte Christum hassen, wenn er mich wollte lassen, das kann unmöglich sein.
5. Drum will an Gott ich denken, die Welt mag immerhin den Sinn aufs Eitle lenken, hier ist ein andrer Sinn. Ich trage Gott allein im Herzen und im Munde, so kann mir keine Stunde allhier zu lange sein.
6. An Gott will ich gedenken, so lang ich denken kann! wird man ins Grab mich senken, so geh ich zwar die Bahn da mein die Welt vergißt, doch glaub ich dieses feste: Gott denket mein auf's Beste wo sein Gedächtniß ist.

Anmerk. Von Benj. Schmolcke. Zu den nicht seltenen hymnologischen Räthseln gehört auch der Umstand, daß dies innige Lied von Bs. S. B. W. ausgelassen ist. Bei H. findet sich unter Nro. 629. eine von den früheren Herausgebern aufgenommene Ueberarbeitung. An dich mein Gott gedenken. Wir ziehen aus dieser den Schluß dem Originale vor: doch, du Herr, denkst noch meiner, wenn auch auf Er-

CCXXX. 1. b. K. was in. c. K. was da. f. B. kommt mit Lust und Freud' heran, alte Var. K. kommt mit Lust zu ihm heran. — 2. c. K. so Leib als Geister. 3. e. K. allezeit. — 4. c. d. K. uns heilig werde, uns in Gnaden Hülfe leist.
CCXXXI. 1. e. K. hebt sich zu ihm empor. h. Erbarmen. — 2. b. bann. — 3. d. solch theurer. — 4. h. das kann ja nimmer sein. — 5. h. zu bitter. — 6. h. dort wo die Heimath ist.

ben Keiner mein eingedenk mehr ist.

Mel. Zerfließ mein Geist in Jesu Blut und Wunden.

232. Auf, auf mein Geist und du, o mein Gemüthe! auf, meine Seel', auf, auf mein Sinn! auf, auf mein Leib, mein Herz und mein Geblüte! auf alle Kräft' und was ich bin! vereinigt euch und lobt mit mir der Engel Trost, der Menschen Zier! stimmt all in heißen Liebesflammen zu Lobe meines Herrn zusammen!

2. Erhebt euch, wie die Adler, von der Erden, schwingt euch hinauf vor seinen Thron! erscheint vor ihm mit dankbaren Geberden und singet ihm im höchsten Ton! seid fröhlich, jauchzet, daß es klingt, frohlockt mit Händen, hüpft und springt! erzeigt euch voller heilgen Freuden zu Lob und Ehren seiner Leiden.

3. Es müssen dir zu Ehren deiner Wunden stets wachend meine Sinnen sein! zu deinen Ehr'n werd immerdar gefunden in meinem Fühlen deine Pein! mein Auge sehe dir zu Ehr'n, mein Ohr merk auf dein Wort und Lehr'n, es müsse mein Geschmack dich schmecken, nach dir nur mein Geruch sich strecken.

4. Es lobet dich, Herr, mein Verstand und Wille, Gott, mein Gedächtniß lobe dich, zu deinem Lob sei meine Bildung stille, mein Geist erheb sich über sich! mein Odem lob dich für und für, mein Pulsschlag stets das Sanctus dir; es singen alle meine Glieder zu deinen Ehren tausend Lieder.

5. Mein Herze muß in deiner Lieb zerfließen, die Seel in deinem Ruhm vergehn, mein Mund dich stets mit neuem Lobe küssen und Tag und Nacht dir offen steh'n! mein Wille merk auf dein Geheiß.

und sonre deines Namens Preis, es müsse dich mein Lob umgeben, mein Warten und mein sehnlich Leben.

6. Weil aber All's nicht gnug ist dich zu preisen, so wollst du selbst dein Lob vollführ'n und dir für mich Dank, Ehr und Preis erweisen, wie deiner Hoheit will gebühr'n: du wollst ersetzen, o mein Licht, was mir an deinem Lob gebricht, bis du mich wirst in dich erheben zu einem Glanz und einem Leben.

Anmerk. Dies überschwängliche Lied von Angelus Silesius ist bei Zeltteren nicht häufig: von unsern sechs Büchern hat es Keines. Allerdings ist es in einzelnen Versen zu erstatisch, doch meinen wir, läßt sich für rechte Freudenfeste ein ächtes Jubellied daraus gestalten. Vs. 1. bleibt in ursprünglicher Gestalt. Vs. 2. Zl. 6. rühmt und singt. Zl. 7. 8. heut weiß der Sinn von keinem Leide, Herr Zebaoth ist unsre Freude. Vs. 3. u. 5. werden ausgelassen. Vs. 4. Zl. 3. sei meine Seele — ob das Sanctus bleiben darf? Vs. 6. Zl. 2. und noch nicht recht dein Lob vollführt, weil ich dir nicht kann Dank beweisen wie deiner Hoheit er gebührt, so wollst u. s. w.

Mel. Es ist das Heil uns kommen her.

233. Bringt her dem Herren Lob und Ehr aus freudigem Gemüthe! ein jeder Gottes Ruhm vermehr und preise seine Güte! ach, lobet, lobet alle Gott, der uns befreit aus der Noth und danket seinem Namen!

2. Lobt Gott und rühmet allezeit die großen Wunderwerke, die Majestät und Herrlichkeit, die Weisheit, Kraft und Stärke, die er beweist in aller Welt und dadurch alle Ding erhält, drum danket seinem Namen!

3. Lobt Gott, der uns erschaffen hat, Leib, Seele, Geist und Leben aus lauter väterlicher Gnad uns allen hat gegeben; der uns durch seine Engel schützt und täglich giebet was uns nützt, drum danket seinem Namen!

4. Lobt Gott, der uns schenkt seinen Sohn, der für uns ist gestorben und uns die selge Lebenskron durch seinen Tod erworben, der worden ist der Hölle Gift und Frieden hat mit Gott gestift': drum danket seinem Namen!

5. Lobt Gott, der in uns durch den Geist den Glauben angezündet und alles Gutes noch verheißt, uns stärket, kräftiget, gründet, der uns erleuchtet durch sein Wort, regiert und treibet fort und fort: drum danket seinem Namen!

6. Lobt Gott, der auch dies gute Werk, so in uns angefangen, vollführen wird und geben Stärk das Kleinod zu erlangen, das er hat allen dargestellt und seinen Gläubigen vorbehält: drum danket seinem Namen!

7. Lobt Gott, ihr starken Seraphim, ihr Fürstenthum und Thronen! es loben Gott mit heller Stimm, die hier auf Erden wohnen. Lobt Gott und preist ihn früh und spat, ja, Alles was nur Odem hat, danke seinem Namen!

Anmerk. Von Cyriacus Günther. Aenderungen finden wir un nöthig.

Mel. Wie schön leucht' uns der Morgenstern.

234. Halleluja, Lob, Preis und Ehr sei unserm Gott je mehr und mehr für alle seine Werke! von Ewigkeit zu Ewigkeit sei in uns allen ihm bereit Dank, Weisheit, Kraft und Stärke! klinget, singet: heilig, heilig, freilich, freilich, heilig ist Gott: unser Gott, der Herr Zebaoth!

2. Halleluja, Preis, Ehr und Macht sei auch dem Gotteslamm gebracht in dem wir sind erwählet, das uns mit seinem Blut erkauft, damit besprenget und getauft und sich mit uns vermählet! Heilig, selig ist die Freundschaft und Gemeinschaft, die wir haben und darinnen uns erlaben.

3. Halleluja, Gott heilger Geist, sei ewiglich von uns gepreist, durch den wir neu geboren, der uns mit Glauben ausgeziert, dem Bräutigam uns zugeführt, den Hochzeittag erkoren. Eia, ei da (Eia), da ist

---

Welt. — 3. b. K. der uns Geist, Leib u. d. H. und Alles. K. so wunderbar gegeben. f. S. H. und täglich darreicht. — 4. a. K. er schenkt. c. H. uns hat. B. S. K. ewge Leb. e. f. K. der Tod und Hölle macht zu Spott und uns versöhnt mit unsrem Gott. — 5. c. H. uns. f. S. und heiligt fort und fort. Welche der Geist Gottes treibt u. s. w. — 6. a. B. K. das. c. H. vollbringen. f. K. Kindern. — 7. b. K. ihr Fürsten und ihr. e. K. lobt Gott und werdet nimmer matt.

CCXXXIV. 1. d. Bs. S. schon hier und einst in Ewigkeit. e. K. von uns. e. f. H. lebt er und waltet weit und breit mit Weisheit, Huld und Stärke. g—m. H. singet, bringet froh und eilig ihm der heilig und erhaben, unserm Gott der Herzen Gaben. X. bringet, singet froh und eilig: Heilig, Heilig, Heilig ist Gott, unser Gott der Herr Zebaoth. K. herrlich, gnadig, heilig, heilig, heilig ist Gott unser Herr. — 2. m. Bs. K. und darin mir. H. uns darinnen zu. — 3. a. b. H. der heilge Geist sei ewiglich von uns gepreist (wahrscheinlich weil die andern Personen auch nicht angerufen sind). d. S. schön geziert. f. S. zur Hochzeit auserkoren. K. zur Herrlichkeit erkoren. g. h. Bs. S. trauet, schauet. g—m. H. Heil uns, weil uns dann mit Freuden dort wird weiden himmlisch Manna, da

Freude, da ist Weide da ist Manna und ein ewig Hosianna.

4. Halleluja, Lob, Preis und Ehr sei unserm Gott je mehr und mehr und seinem großen Namen! stimmt an mit aller Himmelsschaar und singet nun und immerdar mit Freuden: Amen, Amen. Klinget, singet: Heilig, Heilig, freilich, freilich, heilig ist Gott, unser Gott der Herr Zebaoth!

Anmerk. Vf. unbekannt.

235. Herr Gott! dich loben wir! Herr Gott! wir danken dir. Dich Gott Vater in Ewigkeit ehret die Welt weit und breit: all Engel und Himmelsheer und was dienet deiner Ehr, auch Cherubim und Seraphim singen immer mit hoher Stimm: Heilig ist unser Gott! Heilig ist unser Gott! Heilig ist unser Gott! der Herre Zebaoth!

2. Dein göttlich Macht und Herrlichkeit geht über Himm'l und Erden weit. Der heiligen zwölf Boten Zahl und die lieben Propheten all, die theuren Märtrer allzumal loben dich, Herr, mit großem Schall: die ganze werthe Christenheit rühmt dich auf Erden allezeit. Dich, Gott Vater, im höchsten Thron, deinen rechten und eingen Sohn, den heilgen Geist und Tröster werth mit rechtem Dienst sie lobt und ehrt.

3. Du König der Ehren, Jesu Christ, Gott's Vaters ewger Sohn du bist: der Jungfraun Leib nicht hast verschmäht zu erlösen das menschlich Geschlecht: du hast dem Tod zerstört sein Macht und alle Christen zum Himmel bracht: du sitzst zur Rechten Gottes gleich mit aller Ehr in's Vaters Reich, ein Richter du zukünftig bist alles, was todt und lebend ist.

4. Nun hilf uns, Herr, den Dienern dein, die mit dein' theuerm Blut erlöset sein: laß uns im Himmel haben Theil mit den Heilgen im ewgen Heil! hilf deinem Volk, Herr Jesu Christ, und segne was dein Erbtheil ist, wart und pfleg ihr'r zu aller Zeit und heb sie hoch in Ewigkeit.

5. Täglich, Herr Gott, wir loben dich und ehrn dein'n Namen stetiglich. Behüt uns heut, o treuer Gott! vor aller Sünd und Missethat! sei uns gnädig, o Herre Gott, sei uns gnädig in aller Noth! zeig uns deine Barmherzigkeit wie unsre Hoffnung zu dir steht. Auf dich hoffen wir, lieber Herr! in Schanden laß uns nimmermehr. Amen!

Anmerk. Obgleich wir sonst Uebertragungen lateinischer Gesänge vermieden haben, so muß doch wohl mit Luther's deutschem Te Deum, dem Lobgesange auch der evangelischen Kirche eine Ausnahme gemacht werden. Die Aenderung im dritten Absatz ist nicht zurück zu weisen. Eine erhebende Gewohnheit, die sich noch hie und da erhalten hat, ist wenn bei dem Trisagion die Orgel schweigt, die Gemeinde stehend allein singt und die Glocken der Kirche dazu läuten.

236. Herr Gott, dich loben wir, Herr, dich bekennen

---

tönt ewig Hos. K. Heil uns, Heil uns, da ist. — 4. g—m. H. X. K. wie in Vs. 1.

CCXXXV. 1. B. die Welt sehr weit und breit. K. W. der Weltkreis weit und breit. B. K. W. im Himmelsheer und was da dienet. H. der Herr, Herr Zebaoth. — 3. Bs. S. König der Ehren — Gott Vaters. Bs. S. H. hast nicht verschmäht der Jungfrau Schooß zu machen uns von Sünden los. — 4. S. B. K. W. die durch dein (Bs. mit dein) Blut. H. W. am ewgen. — 5. Bs. S. ehren dein'.

wir! Vater von Ewigkeit! singet
der Erdkreis dir: Himmel und Himmelsheer, Cherubim, Seraphim rufen in selgem Chor ewig mit hoher Stimm: Heilig ist unser Gott,
der Herre Zebaoth! Himmel und
Erd zumal sind seiner Ehre voll.

2. Dich lobt der rühmliche, heilige Apostelchor, dich die gottselige
hohe Prophetenschaar; dich preist
der blutigen Zeugen verklärtes Heer,
dir bringt die heilge Kirch allzumal
Ruhm und Ehr: Vater der Herrlichkeit, dir und dem ewgen Wort
und deinem heilgen Geist, Tröster
und Lebenshort.

3. Christe, du heiliger König
der Herrlichkeit, Christe, des Vaters Sohn, Abglanz von Ewigkeit:
uns zu erlösen hast du dich in's
Fleisch gesenkt, uns durch dein Todespein himmlische Freud geschenkt:
jetzt in des Vaters Reich herrschest
du mächtiglich, einst in des Richters
Kraft kommst du gewaltiglich.

4. Drum wir dich bitten, Herr,
hilf uns, den Dienern dein, die
durch dein theures Blut theuer erkaufet sein: laß sie nach dieser Noth
haben in Friede Theil mit deinen
Heilgen all'n dort an dem ewgen
Heil. Rette dein Volk, o Herr,
segne dein Christenheit, selber regier
und heb hoch sie in Ewigkeit.

5. Herr Gott, dich loben wir jeden Tag stetiglich, preisen dein Herrlichkeit immer und ewiglich. Gnädiglich, Herr, bewahr uns von
Sünden rein, wollest verschonen uns,
wollst uns barmherzig sein! wie wir
vertrauet dir werd uns der Gnaden
Theil; Herr, ich vertraue dir, so
bleibt mir ewges Heil. Amen!

Anmerk. Diese von H. v. Meyer
herrührende Bearbeitung des Te
Deum, zu der bei Bunsen eine alte
lateinische Kirchenmelodie mitgetheilt
ist, hat viele eigenthümliche Schönheiten. Wäre die allgemeine Verbreitung jener Melodie zu erwarten,

so würde neben der Uebersetzung Luthers auch diese Umbildung jedes Gesangbuch zieren.

Mel. Vom Himmel hoch da komm ich her.

237. Herr, unser Gott, dich loben wir, o großer Gott, wir danken dir! dich, Vater, Gott von
Ewigkeit, der Weltkreis ehret weit
und breit.

2. All' Engel und des Himmels
Heer, und was da dienet deiner
Ehr', die Cherubim und Seraphim
lobsingen stets mit froher Stimm:

3. Hochheilig ist der große Gott,
Jehovah, der Herr Zebaoth; ja hei-
lig, heilig, heilig heißt Jehovah,
Vater, Sohn und Geist!

4. Dein' göttlich Macht und Herrlichkeit geht über Himm'l und Erde
weit. Der heiligen Apostel Zahl,
und die lieben Propheten all,

5. Die theuren Märtrer allzumal,
dich loben stets mit großem Schall.
Die ganze werthe Christenheit, rühmt
dich auf Erden weit und breit.

6. Dich Vater, Gott im höchsten
Thron, und deinen eingebornen Sohn,
den heil'gen Geist und Tröster werth,
mit gleichem Dienst sie lobt und ehrt.

7. Du höchster König, Jesu Christ!
des Vaters ew'ger Sohn du bist;
du wardst ein Mensch, der Herr ein
Knecht, zu retten das menschlich
Geschlecht.

8. Du hast dem Tod zerstört sein'
Macht, zum Himmelreich die Chri-
sten bracht. Du sitz'st zur Rechten
Gottes gleich mit aller Ehr in's
Vaters Reich.

9. Ein Richter du zukünftig bist
alles, was todt und lebend ist. Nun
hilf uns, Herr, den Dienern dein,
die durch dein Blut erlöset sein!

10. Laß uns im Himmel haben
Theil mit den Heil'gen im ew'gen
Heil. Hilf deinem Volk, Herr Jesu Christ! und segne was dein Erbtheil ist.

11. Beschirm dein' Kirch zu aller Zeit, erheb sie hoch in Ewigkeit. Täglich, Herr Gott! wir loben dich, und danken dir, Herr, stetiglich!

12. Behüt uns, Herr, o treuer Gott! vor aller Sünd und Missethat! sei gnädig uns, o Herre Gott! sei gnädig uns in aller Noth!

13. Zeig uns deine Barmherzigkeit, dein guter Geist uns stets begleit': wir hoffen auf dich, lieber Herr! in Schanden laß uns nimmermehr.

Anmerk. Aus dem Evangel. Gesgb. für die Prov. Jülich-Cleve-Berg Elberf. 1836: recht zweckmäßig.

Danklied am Friedensfeste.

Mel. Nun danket alle Gott.

238. Herr Gott, dich loben wir! regier, Herr, unsre Stimmen, laß deines Geistes Glut in unsern Herzen glimmen! komm, komm o edle Flamm, ach komm zu uns allhier, so singen wir mit Lust: Herr Gott, dich loben wir!

2. Herr Gott, dich loben wir, wir preisen deine Güte, wir rühmen deine Macht mit herzlichem Gemüthe: es steiget unser Lied bis an des Himmels Thür und tönt mit großem Schall: Herr Gott, dich loben wir!

3. Herr Gott, dich loben wir für deine großen Gnaden, daß du das Vaterland von Kriegeslast entladen; daß du uns blicken läßt des güldnen Friedens Zier, drum jauchzet alles Volk: Herr Gott, dich loben wir!

4. Herr Gott, dich loben wir, die wir in langen Jahren der Waffen schweres Joch und frechen Grimm erfahren: jetzt rühmet unser Mund mit herzlicher Begier: Gott Lob! wir sind in Ruh, Herr Gott wir danken dir!

5. Herr Gott, dich loben wir, daß du die Pfeil und Wagen, Schild, Bogen, Spieß und Schwert zerbrochen und zerschlagen: der Strick ist nun entzwei, darum so singen wir mit Herzen, Zung und Mund: Herr Gott wir danken dir!

6. Herr Gott, dich loben wir, daß du uns zwar gestrafet, jedoch in deinem Zorn nicht gar hast weggeraffet: es hat die Vaterhand uns deine Gnadenthür jetzt wieder aufgethan: Herr Gott, wir danken dir!

7. Herr Gott, wir danken dir, daß du Land, Kirch und Häuser, den hohen Fürstenstamm und dessen grüne Reiser bisher erhalten hast: gieb ferner Gnad allhier, daß auch die Nachwelt sing: Herr Gott, wir danken dir!

8. Herr Gott, wir danken dir, und bitten, du wollst geben, daß wir auch künftig stets in guter Ruhe leben: krön uns mit deinem Gut, erfülle nach Gebühr, o Vater, unsern Wunsch: Herr Gott, wir danken dir!

9. Herr Gott, wir danken dir, mit Orgeln und Trompeten, mit Harfen und Pandor (Clavier), Po-

CCXXXVIII. 1. Bei Bs. S. W. ausgel. — 2. Bei W. ausgel. — 4. Bei Bs. S. wegg. h. W. Gottlob, wir. — 5. Bei Bs. S. wegg. g. W. mit Herz, mit Zung und Mund. — 6. c. Bs. S. allein. — 7. Bei S. wegg. fehlt übrigens schon in ältern Büchern. d. W. auch. Bs. dichtet den Vers so um: könnt unser Mund wohl schweigen? du hast den Königsstamm bewahrt mit seinen Zweigen, hast Kirch und Land geschützt: gieb Gnade für und für, die Nachwelt singe noch. — 8. Bei Bs. ausg. f. W. nach Begier (?). f–h. S. hilf nur, o Gott, daß wir einst singen ewiglich. — 9. Bei S. W. ausgel. b–f. Bs. und preisen deinen Namen: Herr Gott, dich loben wir und alle Welt sagt Amen! was lebt und Odem hat preißt dich voll Dankbegier. — Bei Knapp ist das Lied in manchen Versen völlig umgestaltet.

9

schnuen, Geigen, Flöten und was nur Odem hat ertön jetzt für und für: Herr Gott, wir loben dich, Herr Gott, wir danken dir!

Anmerk. Die für specielle Fälle bestimmten Danklieder sind: selten gut zu heißen und die allgemeinen passen für solche Gelegenheiten durchaus. Bei dem oben stehenden Liede von Joh. Franck machten wir eine Ausnahme. Bs. 1. 4. 6. 7. sind vielleicht wegzulassen.

Mel. Lobt Gott ihr Christen allzugleich.

239. Ich singe dir mit Herz und Mund, Herr, meines Herzens Lust, ich sing und mach auf Erden kund, was mir von dir bewußt.

2. Ich weiß, daß du der Brunn der Gnad und ewge Quelle sei'st, daraus uns allen früh und spat viel Heil und Gutes fleußt.

3. Was sind wir doch, was haben wir auf dieser ganzen Erd, das uns, o Vater nicht von dir allein gegeben werd?

4. Wer hat das schöne Himmelszelt hoch über uns gesetzt? wer ist es, der uns unser Feld mit Thau und Regen netzt?

5. Wer wärmet uns in Kält und Frost, wer schützt uns vor dem Wind, wer macht es, daß man Oel und Most zu seinen Zeiten findt?

6. Wer giebt uns Leben und Geblüt, wer hält mit seiner Hand den

güldnen, edlen, werthen Fried in unserm Vaterland?

7. Ach, Herr mein Gott, das kommt von dir, du, du mußt alles thun, du hältst die Wach an unser Thür und läßt uns sicher ruhn.

8. Du nährest uns von Jahr zu Jahr, bleibst immer fromm und treu und stehst uns, wenn wir in Gefahr gerathen, treulich bei.

9. Du strafst uns Sünder mit Geduld und schlägst nicht allzusehr, ja endlich nimmst du unsre Schuld und wirfst sie in das Meer.

10. Wenn unser Herze seufzt und schreit und gar leicht erweicht, und giebst uns was uns hoch erfreut und dir zu Ehren reicht.

11. Du zählst wie oft ein Christe wein und was sein Kummer sei, kein Zähr- und Thränlein ist so klein, du hebst und legst es bei.

12. Du füllst des Lebens Mangel aus mit dem, was ewig steht und führst uns in des Himmels Haus wenn uns die Erd entgeht.

13. Wohlauf, mein Herze, sing und spring und habe guten Muth, dein Gott, der Ursprung aller Ding ist selbst und bleibt dein Gut.

14. Er ist dein Schatz, dein Erb und Theil, dein Glanz und Freudenlicht, dein Schirm und Schild, dein' Hülf und Heil, schafft Rath und läßt dich nicht.

CCXXXIX. 1. c. B. der Erde. — 2. d. K. nur Heil. — 4. b—d. H. rund um uns ausgespannt, wer Wolken, Regen, Thau bestellt zu tränken unser Land. (unnöthig). — 5. c. S. Korn. d. K. in seinen. — 6. a. c. K. W. Kraft und Muth? wer schützt — des goldnen Fr. werthes Gut. H. wer giebt uns Leben und Gedeihn — den Frieden dessen wir uns freun. — 7. c. W. vor. — 8. d. S. herzlich. c. d. K. beschirmst uns mächtig in Gefahr und stehst uns herzlich bei. W. in Gefahr, mit Huld und Stärke bei. H. und stehest uns auch in Gefahr aus Gnaden treulich bei. — 9. a. K. H. trägst. c. K. am liebsten. c. d. X. und was verirrt sich in Schuld das bringst du wieder her ob. und schlägst so väterlich — und wirfst sie hinter dich. — 10. b. K. gar bald. d. K. zum Preis. c. d. W. was uns zum Trost gedeiht und dir zum Preis gereicht. d. Bs. S. H. zur Ehr gereicht. — 11. c. Bs. S. K. kein stilles Thränlein ist so. kl. W. und keine Thrän ist zu klein — legt sie bei. H. ja keine Thrän ist dir zu klein. — 12. b. d. mit Gütern die besten. — wenn wir der Erd entgehn (?). — 13. a. K. drum auf. a. S. Frohlock und sing. W. lob und sing. Hat das ,,springende" Herze wirklich so viel Anstößiges? — 14. a. K. dein Theil. b. H. dein Trost.

15. Was kränkst du dich in deinem Sinn und grämst dich Tag und Nacht? nimm deine Sorg und wirf sie hin auf den, der dich gemacht.

16. Hat er dich nicht von Jugend auf versorget und ernährt? wie manchen schweren Unglückslauf hat er zurück gekehrt.

17. Er hat noch niemals was versehn in seinem Regiment; nein, was er thut und läßt geschehn, das nimmt ein gutes End.

18. Ei nun, so laß ihn ferner thun und red ihm nicht darein, so wirst du hier in Frieden ruhn und ewig fröhlich sein.

Anmerk. In diesem herrlichen Lobgesange von Paul Gerhardt ist (außer der in Vs. 8. Zl. 4. durch die Melodie empfohlenen) durchaus keine Aenderung nöthig und von manchen unten mitgetheilten Varianten ahnen wir kaum den Grund. Bei Vs. 9. ist von uns selbst eine Abweichung mitgetheilt, die wir aber nicht als eine absolut nöthige betrachtet wissen wollen.

240. Lobe den Herren, den mächtigen König der Ehren! meine geliebete Seele, das ist mein Begehren. Kommet zu Hauf, Psalter und Harfe wach auf, lasset die Musicam hören!

2. Lobe den Herren, der Alles so herrlich regieret, der dich auf Adelersfittigen sicher geführet, der

dich erhält, wie es dir selber gefällt: hast du nicht dieses verspüret?

3. Lobe den Herren, der künstlich und fein dich bereitet, der dir Gesundheit verliehen, dich freundlich geleitet! in wie viel Noth hat nicht der gnädige Gott über dir Flügel gebreitet!

4. Lobe den Herren, der deinen Stand sichtbar gesegnet, der aus dem Himmel mit Strömen der Liebe geregnet! denke daran, was der Allmächtige kann, der dir mit Liebe begegnet.

5. Lobe den Herren, was in mir ist! lobe den Namen, Alles, was Odem hat, lobe mit Abrahams Saamen! er ist dein Licht, Seele, vergiß es ja nicht; lobende, schließe mit Amen!

Anmerk. Ein Jubelgesang von Joach. Neander mit einer Jubelmelodie. Wir können uns nicht einreden, daß außer bei Vs. 1. Zl. 5. und höchstens Vs. 5. Zl. 5. Aenderungen nöthig oder zweckmäßig wären.

241. Lobe den Herren, o meine Seele! ich will ihn loben bis in Tod! weil ich noch Stunden auf Erden zähle will ich lobsingen meinem Gott. Der Leib und Seel gegeben hat werde gepriesen früh und spat, Halleluja! Halleluja!

2. Fürsten sind Menschen, vom

16. c. d. S. und wunderbar der Dinge Lauf zu deinem Glück gekehrt! matt! K. wie oft hat er des Unglücks Lauf zum Segen dir gekehrt. — 17. d. K. selges. — 18. b. B. nichts, so bei Langbecker, bei Feustking nicht.

CCXL. 1. b. S. meine erfreuete Seele. H. schwinge dich Seele frohlockend mit himmlischen Chören. K. lob ihn o Seele vereint mit den himmlischen Chören. W. stimme Seele mit ein zu den himmlischen Chören. o. H. zu ihm hinauf. d: S. K. W. wacht auf, alte Var. e. Bs. sein Lob mit Freuden zu mehren. S. H. K. W. lasset den Lobgesang hören. — 2. b. K. W. der dich auf Adlersgefieder so sicher. S. H. der wie auf Flügeln des Adlers dich sicher. c—e. K. W. der dir bescheert (K. gewährt) was dich erfreuet und nährt, es ihm innigst gerühret, e. H. hast du's nicht immer. — 3. e. H. über dich. — 4. a. S. der immerdar treu dich gef. K. W. der sichtbar dein Leben gesegnet. — 5. b. S. lob ihn mit allen die von ihm den Odem (H. das Leben) bekamen. e. S. lob ihn mit fröhlichem Amen. H. K. W. lob ihn in Ewigkeit.

CCXLI. 1. b. H. K. W. bis zum. — 2. b. c. K. W. und sinken wieder

Weib geboren und kehren um zu ihrem Staub: ihre Anschläge sind auch verloren, wenn nun das Grab nimmt seinen Raub. Weil dann kein Mensch uns helfen kann, rufe man Gott um Beistand an, Halleluja! Halleluja!

3. Selig, ja selig ist der zu nennen, deß Hülfe der Gott Jacobs ist, welcher vom Glauben sich nichts läßt trennen und hofft getrost auf Jesum Christ. Wer diesen Herrn zum Beistand hat, findet am Besten Rath und That, Halleluja! Halleluja!

4. Dieser hat Himmel, Meer und die Erden und was darinnen ist gemacht: alles muß pünktlich erfüllet werden, was er uns einmal zugedacht. Er ists, der Herrscher aller Welt, welcher uns ewig Glauben hält, Halleluja! Halleluja!

5. Zeigen sich welche, die Unrecht leiden, er ist's der ihnen Recht verschafft: Hungrigen will er zur Speis bescheiden was ihnen dient zur Lebenskraft. Die hart Gebundnen macht er frei, seine Genad ist mancherlei, Halleluja! Halleluja!

6. Sehende Augen giebt er den Blinden, erhebt die tief gebeuget gehn; wo er kann einige Fromme finden, da läßt er seine Liebe sehn. Sein Aufsicht ist des Fremden Trutz, Wittwen und Waisen hält er Schutz, Halleluja! Halleluja!

7. Aber der Gottesvergessenen

Tritte lehret mit starker Hand zurück daß sie nur machen verkehrte Schritt und fallen selbst in ihren Strick. Der Herr ist König ewiglich, Zion dein Gott sorgt stets für dich, Halleluja! Halleluja!

8. Rühmet, ihr Menschen, den hohen Namen deß, der so große Wunder thut! Alles, was Odem hat, rufe Amen und bringe Lob mit frohem Muth. Ihr Kinder Gottes, lobt und preißt Vater und Sohn und heilgen Geist, Halleluja! Halleluja!

Anmerk. Treffliche Paraphrase des 146sten Psalms von J. D. Herrnschmidt, mit schwungreicher Melodie, die aber in den meisten Kirchen zu den ausgestorbenen gehört. Fehlt seltsamer Weise bei Bunsen und Stier. Eigentliche Aenderungen sind unnöthig.

Mel. Nun lob mein Seel den Herren.

243. Man lobt dich in der Stille, du hocherhabner Zionsgott! des Rühmens ist die Fülle vor dir, o Herr Gott Zebaoth! du bist doch, Herr, auf Erden der Frommen Zuversicht, in Trübsal und Beschwerden läßt du die Deinen nicht. Drum soll dich stündlich ehren mein Mund vor jedermann und deinen Ruhm vermehren, so lang er lallen kann.

2. Es müssen, Herr, sich freuen von ganzer Seel und jauchzen schnell, welch unaufhörlich schreien: Gelobt sei der Gott Israel! sein Name sei gepriesen, der große Wunder thut

in den Staub, all ihr Regieren ist auch verl. e. H. W. denn. f. K. rufet den Herrn um Hülfe an. W. um Hülfe. — 3. c. H. K. W. nicht. — 4. a. H. und Meer und Erden. c. K. W. treulich. — Zwischen Vs. 4. u. 5. findet sich bei K. und W. ein zugedichteter Vers. — 5. a. K. W. siehet er Seelen. c. K. W. genug bescheiden. f. B. K. und seine Gnad. H. W. und seiner Gnad. — 6. c. K. W. gläubige Seelen. d. B. H. W. die läßt, alte Var. e. K. W. sein Trostwort ist.

CCXLII. 1. b. S. denn du erhörst Gebet, o Gott. K. du großer h. Gott. d. B. vor dir du starker Zebaoth. K. du Helfer in der Noth. K. vor deinem Thron Herr Zeb. e. K. hier auf. i. K. täglich. — 2. a—e. K. es müsse dein sich freuen, wer deine Macht und Gnade kennt und stets dein Lob erneuer, wer dich in Christo Vater nennt, dein Name. b—d. S. wer deine Güt und Gnade kennt und deinem Dienst sich weihen, wer Jesu Christi Namen nennt. H. dein sich freuen, Herr, immerfort von ganzer Seel die deinem Dienst sich weihen,

und der auch mir erwiesen, daß,
was mir nüß und gut. Nun, das
ist meine Freude, daß ich an ihm
stets kleb und niemals von ihm
scheide so lang ich leb und schweb.

3. Herr, du haft deinen Namen
sehr herrlich in der Welt gemacht,
denn als die Schwachen kamen, haft
du gar bald an sie gedacht. Du
haft mir Gnad erzeiget, nun wie
vergelt ichs dir? ach, bleibe mir
geneiget, so will ich für und für
den Kelch des Heils erheben und
preisen weit und breit, dich Herr,
mein Gott, im Leben und dort in
Ewigkeit.

Anmerk. Theil eines größeren Liedes von Joh. Rist: Ich will
den Herren loben, nach verschiedenen Psalmstellen (vgl. Bunsen S.
870). Nach unserem Gefühle steht
das Lied an Originalität und Kraft
mit den meisten der hier mitgetheilten Loblieder nicht auf ganz gleicher
Stufe.

243. Nun danket alle Gott
mit Herzen, Mund und Händen,
der große Dinge thut an uns und
allen Enden, der uns von Mutterleib und Kindesbeinen an, unzählig viel zu gut und noch jetzund
gethan.

2. Der ewig reiche Gott woll
uns bei unsrem Leben ein immer
fröhlich Herz und edlen Frieden geben und uns in seiner Gnad erhalten fort und fort und uns aus
aller Noth erlösen hier und dort.

3. Lob, Ehr und Preis sei Gott,
dem Vater und dem Sohne und
dem der beiden gleich im höchsten
Himmelsthrone! dem dreieinigen
Gott, als er ursprünglich (es an-
fänglich) war und ist und bleiben
wird jetzund und immerdar.

Anmerk. Das bekannte herrliche Lied
von Martin Rinckart, welches
so leicht in keinem Gesgb. fehlt.

244. Nun lob, mein Seel,
den Herren, was in mir ist den
Namen sein! sein Wohlthat thut er
mehren, vergiß es nicht, o Herze
mein! hat dir dein' Sünd vergeben und heilt dein' Schwachheit
groß, errett' dein armes Leben,

dein theu'r erkauftes Israel. H. dein Name. e. f. S. hoch seist du Herr gepriesen, du bist's der große W. thut. h. K. was mir ist. i—m. K. nun dieß
ist meine Freude zu hängen fest an dir, daß nichts von dir mich scheide, so lang ich
walle hier. i—m. S. drum geb ich mich mit Freuden dir ganz zu eigen hin,
nichts soll mich von dir scheiden so lang ich leb und bin. H. i. k. nun Herr mit
höchsten Freuden geb ich auch mich dir hin. l. wie S. m. so lang ich hier noch bin.
— 3. c. H. wenn Schwache zu dir. c. d. K. und eh wir flehend kamen haft
du schon längst an uns gedacht. f. K. Herr, wie. H. bin Segen ruh auf
mir. i. S. mein Herz zum Lob erheben. H. bein Heil Gott hoch erheben (hier
durfte der biblische „Kelch" nicht verdrängt werden). k—m. K. will ich dann
allezeit und preisen dich im Leben und dort.
CCXLIII. 1. h. S. bis heute hat gethan. K. W. bis hieher hat gethan.
In sehr alten Büchern schon: und jetzo noch. — 2. b. K. W. in diesem Leben.
e. S. woll uns in seiner Gnad. g. Bs. ja, uns — so auch Rambach. Wir sind
den älteren kirchlichen Gsbch. gefolgt. — 3. c. B. und dem heiligen Geist. K.
W. und Gott dem heilgen Geist, beides alte Varianten. d. H. K. W. im hohen,
auch alte Var. e. Bs. S. dem dreimal einen, so auch Rambach, wir schließen uns
wieder der Mehrzahl der alten Gesb. an. H. Ihm dem dreieinigen Gott. f. Bs. S. B.
als der. H. wie er im Anfang war, alte Var. g. h. und ist und was er ist
auch sein wird immerdar (unnöthig). h. Lob jetzt und immerdar. e—h. K. W.
er der dreieinge Gott, bleibt wie er ewig war unendlich groß und gut. Lob sei
ihm immerdar! (!?)
CCXLIV. Da bei diesem Gesange auch bei Rambach der Text an mehreren Stellen schwankt (vgl. Wackernagel S. 372), es uns auch besonders auf die
kirchliche Textes-Tradition ankommt, so sind noch 11 zwischen 1660 und 1740 ev-

nimmt dich in seinen Schooß, mit reichem Trost beschüttet, verjüngt dem Adler gleich; der Kön'g schafft Recht, behütet die Leid'n in seinem Reich.

2. Er hat uns wissen lassen sein heilig Recht und sein Gericht, dazu sein' Gut ohn Maaßen, es mangelt an sein'r Erbarmung nicht. Sein' Zorn läßt er wohl fahren, straft nicht nach unsrer Schuld, die Gnad' thut er nicht sparen, den Blöden ist er hold. Sein' Gut ist hoch erhaben ob den' die fürchten ihn, so fern der Ost vom Abend ist unsre Schuld dahin.

3. Wie sich ein Vat'r erbarmet über seine jungen Kindlein Klein, so thut der Herr uns Armen, so wir ihn kindlich fürchten rein. Er kennt das arm Gemächte, Gott weiß wir sind nur Staub, gleichwie das Gras vom Rechte, ein Blum. und fallends Laub. Der Wind darüber wehet, so ist es nimmer da: also der Mensch vergehet, sein End das ist ihm nah.

4. Die Gottesgnad alleine steht fest und bleibt in Ewigkeit, bei seiner lieb'n Gemeine, die steht in seiner Furcht bereit, die seinen Bund behalten. Er herrscht im Himmel=

schienene Gesgbch. und Liedersammlungen verglichen und nach dieser Collation die schwankenden Stellen festgestellt. — 1. c. S. sein Wohlthun will ich ehren. W. des Gnaden stets sich mehren. e. W. bar die Schuld vergeben, heilt deine. g. H. erlöst. W. beschirmt. i. S. mit reichem Trost erquickt. W. mit Trost dich überschüttet. l. Bs. schafft Recht, hilft und beh. S. der Herr schafft Recht, beglücket. H. der Herr schafft Recht, behütet. W. schafft Recht und treu beh. m. S. was seufzt in seinem Reich. W. die leiden für sein Reich. Bei Rambach die Var.: die Leidenden im Reich. — 2. c. Bs. S. sein Gut ist ohne Maaßen. H. W. auch seine Gut. d. Bs. es endet sein' Erbarmung (H. Erbarmen) nicht. S. W. ihm mangelts an Erbarmung. B. es fehlt. Bei Rambach: es mangelt an Erbarmung nicht. e. Bs. H. W. den Zorn läßt er bald fahren. B. bald. e. g. S. schnell eilt sein Zorn vorüber — der Herr begnadigt lieber. e. W. will Gnade nimmer sparen. f. W. zeigt Blöden seine Huld. S. und ist. X. der Demuth ist er hold. Bs. H. ob dem der fürchtet ihn. i. k. W. sein Mitleid ist so labend für die, so fürchten ihn. S. sein Wohlthun ist so labend für den gebeugten Sinn. m. W. Sünde hin. S. Schuld dahin. — 3. a. Bs. ein Vater sich erb. H. W. wie Väter sich erbarmen. b. Bs. B. über sein' junge Kindelein. H. über die jungen Kindlein. W. wenn ihre schwachen Kinder schreien. a. b. S. wie Väter mit Erbarmen auf ihre schwachen Kinder schaun. Rambach: wie sich ein Mann erbarmet, d. B. W. wenn. S. wenn wir uns kindlich ihm vertraun. e. S. Gott kennt unsre Schwäche. H. er kennt das arm Geschlechte. W. G. kennt uns arme Knechte. f. Die alten Gesch. schwanken hier zwischen „Gott weiß" „und weiß" „er weiß" doch hat die erste Lesart die meisten Auctoritäten. S. W. er weiß. g. Bs. B. H. gleich wie das Gras zu rechnen. S. ein Gras auf dürrer Fläche. W. ein nichtiges Geschlechte. Nach Daum's Bemerkung in der Vorr. zum Leipz. Gesgb. von 1693 ist das Wort „Rechte" im Texte ein niederpfälzischer Provincialismus und ist gleichbedeutend mit Sense. Das Bilhubersche Gesgb. behauptet dagegen „Rechen" sei ursprüngliche Lesart und erklärt: gleichwie das Gras, das zuweilen aus einem Haufen zusammen gelesener Steine hervorwächst. Rechen wäre also auch in einer nur provinziellen Bedeutung zu fassen. h. W. wie Blum. S. ein niederfallend Laub. S. von seinem Eigenthume weiß Gott, daß es nur Staub, wie auf dem Feld die Blume, wie Gras und fallend Laub. i. W. darüber wehet. k. Bs. er. B. X. sie. S. ist es nicht mehr. W. sind sie nimmer. m. Ende ist ihm nah. Bs. S. H. ist stets ihm nah. — 4. a. S. W. nur. b. W. währt. Rambach: bleibt stet und fest. e. H. der gläubigen Gem. Bs. bei seines Sohns Gemeine. W. sie bleibt bei der Gem. S. sie krönet die Gem. d. Bs. B. S. H. die stets in seiner Furcht bereit.. W. stets zu seiner Furcht. e. H. treu seinen B. zu halten. S. euch die ihr Glauben haltet. W. sein Bund ist nicht veraltet. Rambach: die den Bund behalten. f.

reich, ihr starken Engel waltet sein's
Lob's und dient zugleich dem gro=
ßen Herrn zu Ehren und treibt sein
heilig Wort, mein Seel soll auch
vermehren sein Lob an jedem Ort.

Anmerk. Von Joh. Gramann
(Poliander), dem 103ten Psalme
nachgesungen. Trotz dem, daß wir
namentlich die historische Ehrwürdig=
keit des Gesanges gern anerkennen,
ist doch nicht zu läugnen, daß er in
der Form mehr Schwierigkeiten dar=
bietet, als zehn andre seines Gleichen.
Die unverhältnißmäßige Menge der
Varianten beweist auf unerfreuliche
Weise dafür und doch sind viele nicht
zu entbehren. Auch hat der vierte
Vers unläugbar eine verworrene Con=
struktion.

245. Nun preiset alle Got=
tes Barmherzigkeit, lob ihn
mit Schalle wertheste Christenheit!
er läßt dich freundlich zu sich la=
den, freue dich, Israel, seiner
Gnaden.

2. Der Herr regieret über die
ganze Welt, was sich nur rühret
ihme zu Fuße fällt: viel tausend
Engel um ihn schweben, Psalter und
Harfen ihm Ehre geben.

3. Wohlauf! ihr Heiden, lasset
das Trauern sein! zur grünen Wei=
den stellet euch willig ein, da läßt
er uns sein Wort verkünden, ma=
chet uns ledig von allen Sünden.

4. Er giebet Speise reichlich und
überall, nach Vaters Weise sättigt
er allzumal, er schaffet Früh= und
späten Regen, füllet uns alle mit
seinem Segen.

5. Drum preis' und ehre seine
Barmherzigkeit, sein Lob vermehre,
wertheste Christenheit. Uns soll hin=
fort kein Unfall schaden, freue dich,
Israel, seiner Gnaden.

Anmerk. Wunderherrliches Loblied
von Matth. A. v. Löwenstern,
selten und darum nicht genug zu em=
pfehlen. Auch für das Erndtefest
passend.

246. O daß ich tausend
Zungen hätte und einen tausend=
fachen Mund, so stimmt ich damit
in die Wette vom allertiefsten Her=
zensgrund ein Loblied nach dem an=
dern an von dem, was Gott an
mir gethan.

2. O daß doch meine Stimm er=
schallte bis dahin wo die Sonne
steht! o daß mein Blut mit Jauch=
zen wallte so lang es noch im Lau=
fe geht! ach, wär ein jeder Puls
ein Dank und jeder Odem ein
Gesang!

3. Was schweigt ihr denn, ihr
meine Kräfte, auf! auf, braucht
allen euern Fleiß und stehet mun=
ter im Geschäfte zu Gottes, mei=

Bs. der herrscht. S. Gott herrscht. W. sein Licht wird nimmer bleich. Ram=
bach: herrschet: h. Bs. S. W. des Lobs in seinem Reich (H. und dient zugleich).
B. sein's Lobs und dient zugleich. i. Bs. S. W. und dient dem. H. Herrn der
Ehren. k. S. gehorsam seinem Wort. l. W. mein Herz. — Bei B. II. S.
W. ist auch der später zu dem Liede zugesetzte Vs. 5. aufgenommen: Sei Lob und
Preis mit Ehren Gott Vater, Sohn und heilgem Geist, der woll in uns ver=
mehren was er aus Gnaden uns verheißt, daß wir ihm fest vertrauen uns ganz
verlaß'n auf ihn, von Herzen auf ihn bauen, daß unser Herz, Muth und Sinn
ihm kindlich mög anhangen, drauf singen wir zur Stund: Amen, wir werd'ns
erlangen, glaub'n wir von Herzensgrund. Knapp hat das Lied völlig umge=
staltet und eigentlich ein neues daraus gemacht.

CCXLV. 2. B. ihm auch zu Fuße. Bs. froh ihm. — 3. B. von unsern
Sünden. X. ihr Völker!

CCXLVI. 1. c. W. ich stimmte damit. Bs. B. S. W. um die Wette. —
2. Bei S. W. ausgel., was nur zu mißbilligen. a. B. H. K. schallte. d. Bs. K.
in den (K. durch die) Adern geht. e. Bs. o wäre. — 3. e. f. W. nimmt aus dem

nes Herren, Preis! mein Leib und Seele, schicke dich und lobe Gott herzinniglich.

4. Ihr grünen Blätter in den Wäldern, bewegt und regt euch doch mit mir! ihr schwanken Gräschen in den Feldern, ihr Blumen, laßt doch eure Zier zu Gottes Ruhm belebet sein und stimmet lieblich mit mir ein.

5. Ach Alles, Alles, was ein Leben und einen Odem in sich hat, soll sich mir zum Gehülfen geben, denn mein Vermögen ist zu matt die großen Wunder zu erhöhn, die allenthalben um mich stehn.

6. Dir sei, o allerliebster Vater unendlich Lob für Seel und Leib! Lob sei dir, mildester Berather, für allen edlen Zeitvertreib, den du mir in der ganzen Welt zu meinem Nutzen hast bestellt.

7. Mein treuster Jesu, sei gepriesen, daß dein erbarmungsvolles Herz sich mir so hülfreich hat erwiesen und mich durch Blut und Todesschmerz von aller Teufel Grau-

samkeit zu deinem Eigenthum befreit.

8. Auch dir sei ewig Ruhm und Ehre, o heilig-werther Gottesgeist, für deines Trostes süße Lehre die mich ein Kind des Lebens heißt, denn wo was Gut's von mir geschieht, das wirket nur dein göttlich Licht.

9. Wer überströmet mich mit Segen? bist du es nicht, o reicher Gott? wer schützet mich auf meinen Wegen? du, du o Herr Gott Zebaoth! du trägst mit meiner Sündenschuld unsäglich gnädige Geduld.

10. Vor andern küß ich deine Ruthe, die du mir aufgebunden hast, wie viel thut sie mir doch zu Gute und ist mir eine sanfte Last: sie macht mich fromm und zeugt dabei, daß ich von deinen Liebsten sei.

11. Ich hab es ja mein Lebetage schon so manch liebes Mal gespürt, daß du mich unter vieler Plage durch Dick und Dünne, hast geführt, denn in der größesten Ge-

ausgelassenen 2ten Verse e. f. herauf.   b. K. braucht allen euern Fleiß. — 4. Bei S. ausgel. c. W. Gräser. B. schwachen, wohl Druckfehler. Bs. H. schlanken. a—f. K. ihr zarten Blumen auf den Feldern, lobpreiset Gott mit eurer Zier, für ihn müßt ihr belebet sein, auf. Ein altes Gesgbch. bemerkt zu diesem Verse: „wird zur Winterszeit ausgelassen.“ — 6. a. Bs. S. Lob sei dir treuer Gott und Vater. (W. o mein Gott und Vater.) K. H. Lob sei dir all. b. Bs. S. für alles was ich bin und hab. c. H. Lob sei dir mildester Berather. K. W. für Leib und Seele, Hab und Gut. d. Bs. S. für deiner Gnaden reiche Gab. H. für alles was mein Herz erfreut. (K. W. was dein Lieben hat.) e. Bs. S. die du. H. und was du. K. W. daß mir in deiner weiten Welt. f. Bs. S. zu meinem Heile. K. W. Beruf und Wohlsein ist bestellt. — 7. d. W. durch deinen Todesschmerz. e. f. Bs. W. vom Sündenjoche (W. Sündenelend) hat befreit. S. H. vom harten Sündenjoch. b—c. K. daß du durch deinen Todesschmerz mir dein Erbarmen hast bewiesen, geheilet mein verwundet Herz, daß du von Sünden mich befreit. f. Bs. S. H. K. W. und dir zum Eigenthum geweiht. — 8. c. B. S. für deine tröstlich süße. d. K. die mir den Weg zum Leben weist. e. B. S. durch mich. e. f. K. W. was Gutes soll durch mich gedeihn, das wirkt dein göttl. Licht allein. — 9. d. Bs. S. nur du. B. W. du bist es. K. du mächtiger Herr Zeb. In dieser Zeile finden sich schon in den ältesten Texten Varianten. — 10. Bei S. ausgel. a. b. H. von Herzen — die du für mich gebunden hast. b. K. W. womit du mich gezüchtigt hast. d. Bs. H. K. W. sie ist mir. e. W. und macht mich fromm. f. B. W. daß ich dir lieb und theuer sei. H. daß ich von dir geliebet sei. K. daß ich bei dir in Gnaden sei. — 11. Bei S. ausgel. b. Bs. nun schon so oft und klar. W. nun schon so manchesmal. K. schon innig tausendmal. c. Bs. daß du durch Kreuz und große Pl. B. H. W. daß du mich unter vieler Pl. d. Bs. mich herrlich stets hindurchgeführt. B. H. W. gefahr ward ich dein Trostlicht stets gewahr.

12. Wie sollt ich nun nicht voller Freuden in deinem steten Lobe stehn? wie sollt ich auch im tiefsten Leiden nicht triumphirend einher gehn? und fiele auch der Himmel ein, so will ich doch nicht traurig sein.

13. Drum reiß ich mich jetzt aus der Höhle der schnöden Eitelkeiten los und rufe mit erhöhter Seele: mein Gott, du bist sehr hoch und groß! Kraft, Ruhm, Preis, Dank und Herrlichkeit gehört dir jetzt und allezeit.

14. Ich will von deiner Güte singen so lange sich die Zunge regt, ich will dir Freudenopfer bringen, so lange sich mein Herz bewegt, ja wenn der Mund wird kraftlos sein, so stimm ich doch mit Seufzen ein.

15. Ach, nimm das arme Lob auf Erden, mein Gott in allen Gnaden hin; im Himmel soll es besser werden, wenn ich ein schöner Engel bin: da sing ich dir im höhern Chor viel tausend Halleluja vor.

Anmerk. Von Joh. Mentzer, mit herrlicher Melodie, die nur zu wenig in unsern Kirchen gesungen wird. Bei dem weit ausgesponnenen Liede selbst ist der Contrast der Strophen ganz auffallend: in den ersten Strophen erinnert das Lied an den im Sonnengesange zerfließen-den Franciscus; in Vs. 11. an den frommen Landmann auf dem Sorgenstuhle, der eben in der Bibel gelesen, die Grille in die Höhe rückt und sich die Thränen aus den Augen wischt. Wir würden das Lied so constituiren: Vs. 1. 2. 3. unv. Vs. 5. unv. Vs. 9. unv. Vs. 12. unv. Vs. 13. mit der angegebnen Aenderung von a. b. Vs. 14. unv. Vs. 15. mit der Variante Vs. S, H, W.

Mel. Es ist das Heil uns kommen her.

247. Sei Lob und Ehr dem höchsten Gut, dem Vater aller Güte, dem Gott, der alle Wunder thut, dem Gott, der mein Gemüthe mit seinem reichen Trost erfüllt, dem Gott, der allen Jammer stillt: gebt unserm Gott die Ehre!

2. Es danken dir die Himmelsheer, o Herrscher aller Thronen, und die auf Erden, Luft und Meer in deinem Schatten wohnen, die preisen deine Schöpfersmacht, die Alles also wohl bedacht: gebt unserm Gott die Ehre!

3. Was unser Gott erschaffen hat, das will er auch erhalten; darüber will er früh und spat mit seiner Gnade walten. In seinem ganzen Königreich ist alles recht und alles gleich: gebt unserm Gott die Ehre!

4. Ich rief dem Herrn in meiner Noth: ach, Herr, vernimm mein Schreien! da half mein Helfer mir

treulich hast hindurchgef. K. zu deinem Heile mich geführt. e. K. auch. f. K. doch gewahr. — 12. Bei S. ausgel., wahrscheinlich wegen des anfallenden Himmels. Warum sollen wir hier nicht stehn lassen, was bei einem Heiden noch täglich vergöttert wird? a. c. Bs. Freude — Leide. d. H. W. weiter gehn. K. mit dir. e. B. ja fiele. K. W. und gings auch in den Tod hinein. — 13. Bei Bs. S. W. ausgel. a—c. X. drum reiß ich mit heilgem Schwunge von dem was irdisch heißet, los und rufe mit entflammter Zunge. f. K. H. gebührt. — 14. e. Bs. trostlos (?). f. Bs. K. noch. e. f. S. ja wenn der Mund nicht sprechen kann, so halt ich noch mit Seufzen an. — 15. d. Bs. S. H. W. wenn ich bei deinen Engeln bin. B. wenn ich bei dir verkläret bin. e. K. bann.

CCXLVII. 2. a. S. K. banket dir des Himmels Herr. b. S. Beherrscher. c. K. und im Meer. e. f. K. wir — die uns versorget und bewacht. — 3. d. Ramb. giebt die Var. „Güte" an, die sich in einigen alten Büchern auch vorfindet. e. Bs. B. K. S. ist alles gleich, so auch Rambach, der die obige Lesart nur als Variante angiebt. Wir fanden sie jedoch als currente altkirchliche Lesart. — 4. a. S. K. zum. b K. W. mein Weinen. S. ach Gott — mein Weinen. Ramb. o Herr, was

vom Tod und ließ mir Trost ge=
deihen. Drum dank, ach Gott,
drum dank ich dir, ach danket, dan=
ket Gott mit mir: gebt unserm Gott
die Ehre!

5. Der Herr ist noch und nim=
mer nicht von seinem Volk geschie=
ben; er bleibet ihre Zuversicht, ihr
Segen, Heil und Frieden. Mit
Mutterhänden leitet er die Seinen
stetig hin und her: gebt unserm
Gott die Ehre!

6. Wenn Trost und Hülf erman=
geln muß die alle Welt erzeiget, so
kommt, so hilft der Ueberfluß, der
Schöpfer selbst und neiget die Va=
teraugen deme zu, der sonsten nir=
gends findet Ruh: gebt unserm Gott
die Ehre!

7. Ich will dich all mein Leben
lang, o Gott, von nun an ehren;
man soll, o Gott dein' Lobgesang
an allen Orten hören. Mein gan=
zes Herz ermuntre sich, mein Geist
und Leib erfreue dich: gebt unserm
Gott die Ehre!

8. Ihr, die ihr Christi Namen
nennt, gebt unserm Gott die Ehre!
ihr, die ihr Gottes Macht bekennt,
gebt unserm Gott die Ehre! die fal=
schen Götzen macht zu Spott: der

Herr ist Gott! der Herr ist Gott!
gebt unserm Gott die Ehre!

9. So kommet vor sein Ange=
sicht mit jauchzenvollem Sprüngen!
bezahlet die gelobte Pflicht und laßt
uns fröhlich singen: Gott hat es
Alles wohl bedacht und Alles, Al=
les recht gemacht: gebt unserm Gott
die Ehre!

Anmerk. Von J. J. Schütz. Mit
den Aenderungen von Stier kön=
nen wir uns eben so wenig einver=
standen erklären, als mit dem Weg=
lassen des letzten Verses.

248. Sollt ich meinem
Gott nicht singen, sollt ich ihm
nicht fröhlich sein! denn ich seh in
allen Dingen, wie so gut er's mit
mir mein. Ist doch nichts als lau=
ter Lieben, das sein treues Herze
regt, das ohn Ende hebt und trägt
die in seinem Dienst sich üben: al=
les Ding währt seine Zeit, Gottes
Lieb' in Ewigkeit.

2. Wie ein Adler sein Gefieder
über seine Jungen streckt, also hat
auch hin und wieder mich des Höch=
sten Arm gedeckt: also bald im Mut=
terleibe, da er mir mein Wesen gab
und das Leben das ich hab und noch
diese Stunde treibe, Alles Ding u.s.w.

sich aber nirgends fand. d. S. K. W. erscheinen. e. S. K. W. drum dank ich Gott
drum. — 5. a. K. nun u. H. naß. c. S. bleibt der Frommen. — 6. a. b. S. Hülfe
mangeln muß die sonst. H. wenn alle Hülfe uns verläßt die uns die Welt erzeiget,
so steht doch er uns ewig fest (hat viel Empfehlendes). c. Bs. B. S. so hilft: so
bei Rambach „und" scheint aber bald in den kirchl. Text recipirt zu sein. e. L.
Bs. B. S. H. W. denen — die; schon eine alte Var. f. S. die nirgend mögen.
W. die nirgendswo. Bei K. wenn Menschenmacht nicht helfen kann und sich kein
Retter zeiget, so nimmt der Herr sich unser an; er selbst, der Schöpfer, neiget
sein huldreich Angesicht uns zu und schafft uns Hülfe, schafft uns Ruh. — 7. c.
S. H. den Lobgesang, besser: K. W. Gott, deinen Lobg. e. K. ermuntre. f. Bs.
S. mein Seel und Leib; auch Ramb. giebt unsere Lesart nur als Variante. Sie
findet sich in den ältesten Gesangb. — 8. a. c. S. stellt diese Zeilen um. e. K.
die Götzen macht der Herr zu Spott. — 9. Bei Bs. S. ausgel. b. K. ihm Dank
und Preis zu bringen. H. mit Jauchzen Dank zu bringen. c. B. bezahlt ihm.
e. K. der Herr hat.

CCXLVIII. 1. b. Bs. S. B. H. K. W. dankbar sein. eine sehr alte Var.,
die aber nicht unbedingt nöthig ist. c. H. seh ich doch. d. Bs. meint. K. wie
er will mein Vater sein. e. S. H. W. ist's. f. S. Herz bewegt. g. S. und
ohn' Ende. — 2. c. X. immer wieder. d. S. B. H. W. bedeckt. e–h. S. er,
der über mir schon wachte als ich kaum zu sein begann; nahm sich meiner herzlich

3. Sein Sohn ist ihm nicht zu theuer, nein, er giebt ihn für mich hin, daß er mich vom ewgen Feuer durch sein theures Blut gewinn'. O du unergründter Brunnen, wie will doch mein schwacher Geist, ob er sich gleich hoch befleißt, deine Tief ergründen können? Alles Ding u. s. w.

4. Seinen Geist, den edlen Führer, giebt er mir in seinem Wort, daß er werde mein Regierer durch die Welt zur Himmelspfort, daß er mir mein Herz erfülle mit dem hellen Glaubenslicht, das des Todes Reich zerbricht und die Hölle selbst macht stille. Alles Ding u. s. w.

5. Meiner Seele Wohlergehen hat er ja recht wohl bedacht, will dem Leibe Noth zustehen, nimmt er's gleichfalls wohl in Acht. Wenn mein Können, mein Vermögen nichts vermag, nichts helfen kann, kömmt mein Gott und hebt mir an sein Vermögen beizulegen. Alles Ding u. s. w.

6. Himmel, Erd und ihre Heere hat er mir zum Dienst bestellt, wo ich nur mein Aug' hinkehre, find ich was mich nährt und hält. Thier und Kräuter und Getraide in den Gründen, in der Höh, in den Büschen, in der See, überall ist meine Weide. Alles Ding u. s. w.

7. Wenn ich schlafe wacht sein Sorgen und ermuntert mein Gemüth, daß ich alle liebe Morgen schaue neue Lieb und Güt. Wäre mein Gott nicht gewesen, hätte mich sein Angesicht nicht geleitet, wär ich nicht aus so mancher Angst genesen. Alles Ding u. s. w.

8. Wie so manche schwere Plage wird vom Satan zum geführt, die mich doch mein Lebetage niemals noch bisher berührt. Gottes Engel, den er sendet hat das Böse, was der Feind anzurichten war gemeint, in die Ferne weggewendet. Alles Ding u. s. w.

9. Wie ein Vater seinem Kinde sein Herz niemals ganz entzeucht, ob es gleich bisweilen Sünde thut und aus der Bahne weicht: also hält auch mein Verbrechen mir mein frommer Gott zu gut, will mein Fehlen mit der Ruth und nicht mit dem Schwerte rächen. Alles Ding u. s. w.

10. Seine Strafen, seine Schläge ob sie mir gleich bitter seind, dennoch, wenn ich's recht erwäge seind es Zeichen, daß mein Freund, der mich liebet, mein gedenke und mich voll der schnöden Welt, die uns hart gefangen hält, durch das Kreuze zu ihm lenke. Alles Ding u. s. w.

11. Das weiß ich fürwahr und lasse mir's nicht aus dem Sinn entgehn: Christen Kreuz hat seine Maaße und muß endlich stille stehn. Wenn der Winter ausgeschneiet tritt der schöne Sommer ein, also wird

an eh ich noch ein Lob ihm brachte. — 3. e—h. S. ob der großen Gnad und Liebe, die mein Gott an mir beweist. wie will doch mein schwacher Geist fassen solche Vatertriebe. c. h. W. Brunnen ohn Ergründen — deines Grundes Tiefe finden. — 4. g. H. Todes Kraft. W. Todes Macht. — 5. h. K. S. hat er väterlich. c. W. entstehen. c. d. K. muß der Leib im Leiden stehen, nimmt er's treulich auch in Acht. — 6. Bei S. ausgel. e. W. Thiere, ꝛc. — 7. c. S. W. jeden neuen Morgen. Diese Änderung darf nicht verschmäht werden. g. S. nicht geführt, so wär ich nicht. — 8. Bei S. W. ausgel. a. Bs. B. K. hergeführet. c. d. H. und wie manche schwere Plage hat noch niemals. — 9. d. H. und aus der Bahn abweicht. S. und aus dem Wege K. vom Gehorsam. W. aus dem Schranken. e. S. W. meine Schwachen. — 10. Dieser Vers ist unausstehlich. b. H. ob es mir gleich (K. W. obs mir gleich oft) bitter scheint. S. ob's auch manchmal anders scheint; b — e. Bs. ob sie mir gleich bitter sind. d. e. ob die Zeichen nur erfund, daß mein Vater mein gedenke. d—h. K. Schläge nur vom treusten Freund, der mich liebet, mein gedenket — zu ihm lenket. — 11. Bei S. ausgel. b. K. W. Sinne gehn.

auch nach der Pein, wers erwarten kann erfreuet. Alles Ding u. s. w.

12. Weil denn weder Ziel noch Ende sich in Gottes Liebe find't, ei, so heb ich meine Hände zu dir, Vater, als dein Kind: bitte, wollst mir Gnade geben, dich aus aller meiner Macht zu umfangen Tag und Nacht hier in meinem ganzen Leben, bis ich dich nach dieser Zeit lob und lieb in Ewigkeit.

Anmerk. Von P. Gerhardt. Dieser Gesang, der doch im Allgemeinen das Wohlthun Gottes im Zeitlichen und Leiblichen schildert, erhält mehr Einheit, wenn die sich auf himmlische Güter erstreckenden Verse (die auch sonst Schwierigkeiten bieten) gestrichen werden. Verkürzung thut dann weiter wegen mancher prosaisch-behaglicher oder doch solcher Stellen noth, die nicht in ein Kirchenlied passen. Wir würden so auswählen: Vs. 1. unv. Vs. 2. a—d., dazu e—h. aus Vs. 5. Vs. 7. Vs. 9. Vs. 12.

249. Wunderbarer König, Herrscher von uns allen, laß dir unser Lob gefallen! deines Vaters Güte hast du lassen triefen, ob wir schon von dir wegliefen. Hilf uns noch, stärk uns doch, laß die Zungen singen, laß die Stimmen klingen.

2. Himmel, lobe prächtig deines Schöpfers Thaten, mehr als aller Menschen Staaten: großes Licht der Sonnen! schieße deine Strahlen, die das große Rund bemahlen. Lobet gern Mond und Stern, seid bereit zu ehren einen solchen Herren!

3. O du meine Seele singe fröhlich, singe, singe deine Glaubenslieder! was den Odem holet, jauchze, preise, klinge, wirf dich in den Staub darnieder. Er ist Gott, Zebaoth, er ist nur zu loben hier und ewig droben.

4. Halleluja bringe, wer den Herren kennet, wer den Herren Jesum liebet! Halleluja singe, welcher Christum nennet, sich von Herzen ihm ergiebet! o wohl dir, glaube mir, endlich wirst du droben ohne Sünd ihn loben.

Anmerk. Vf. Joach. Neander. H. hat hier auffallend viele, von früheren Bearbeitern stammende, unnöthige Varianten; wir gestatten keine als Vs. 1. Zl. 5. 6. die von Stier und vielleicht Vs. 2. Zl. 2. 3. die desselben Hymnologen. Warum mag bei Bs. und W. der schöne Gesang fehlen?

12. a. Bs. Zeit, wohl Druckfehler. c. H. o so heb ich.! S. so erheb ich. Das „ei" muß weg.

CCXLIX. 1. e. f. S. hast du lassen fließen ob wir treulos dich verstießen. K. deine Gnadenströme läßt du auf uns fließen, ob wir schon dich oft verließen. H. wollst du offenbaren uns, die wir entwichen waren. i. k. B. Zunge — Stimme. S. daß wir fröhlich singen, dir den Dank zu bringen. H. was wir Schwache singen laß Herr vor dich bringen. K. daß die Stimm erklinge und das Herz dir singe. — 2. b. c. deines Sch. Stärke — Werke. e. f. S. breite deine Strahlen Gottes Herrlichkeit zu mahlen. H. weck in milden Strahlen uns dem Schöpfer Dank zu zahlen. g—k. H. ihr der Nacht sanfte Pracht Mond und Sterne lehret uns den, den ihr ehret. K. S. ihm, dem wir gehören. Bei K. lautet der Vers also: Jauchzet laut, ihr Himmel, unserm Gott zu Ehren, lasset euer Loblied hören! preise deinen Schöpfer, Sonne, deren Strahlen dieses große Rund bemahlen! Mond und Stern, lobt den Herrn! ihr der Allmacht Werke, rühmet seine Stärke! — 3. o. K. ihm dem Schöpfer aller Dinge. d. K. was ba. d. e. H. vor dem hocherhabnen Schöpfer aller Dinge. K. falle vor ihm nieder singe Dank- und Freudenlieder. g—i. S. der Herr Gott Zebaoth ist allein. — 4. a. K. S. singe. b. c. S. wer den Vater kennet und wer ihn im Geiste liebet. K. wer den Herrn erk. und in Christo Vater nennet. d. e. S. bringe wer den Heiland nennet. K. singe welcher Ch. liebet, ihm von Herzen sich ergiebet. g—i. K. welch ein Heil ist dein Theil, einst wirst du dort oben.

B) Abgekürzte Lieder und Verse.

Mel. Wunderbarer König.

250. Gott ist gegenwärtig! lasset uns anbeten und in Ehrfurcht vor ihn treten! Gott ist in der Mitten: Alles in uns schweige und sich innigst vor ihm beuge! Himmelwärts soll das Herz wie ein Adler schweben und in ihm nur leben.

2. Du bist gegenwärtig, dem die Cherubinen Tag und Nacht mit Ehrfurcht dienen: wir auch wie die Engel möchten vor dir stehen, dich entzückt im Geiste sehen! Herr vernimm unsre Stimm, da auch wir Geringen unsre Opfer bringen.

3. Herr, komm in uns wohnen, laß den Geist auf Erden dir ein Heiligthum noch werden! komm, du treuer Heiland, wolle uns verklären, daß wir stets dich liebend ehren, wo wir gehn oder stehn laß uns dich erblicken und vor dir uns bücken!

Anmerk. Zusammengesetzt aus dem innigen Liede: Gott ist gegenwärtig von Gerh. Tersteegen, was aber für den Kirchengesang viel nicht recht Passendes enthält.

Mel. Wachet auf ruft uns die Stimme.

251. Herr, unser Gott, mit Ehrfurcht dienen der Seraphim und Cherubinen, der Engel Schaaren ohne Zahl; hohe Geister die dich kennen, dich Heilig! Heilig! Heilig! nennen, sie sinken nieder allzumal. Ihr Freudenquell bist du, dir jauchzet Alles zu. Amen, Amen! auch wir sind dein und stimmen ein: du Gott, bist unser Gott allein!

2. Droben knien vor deinem Throne die Aeltesten mit goldner Krone, der Erstgebornen selge Schaar, sammt den unzählbaren Frommen, die durch den Sohn zu dir gekommen, sie bringen ihre Psalmen dar: Macht, Weisheit, Herrlichkeit, Preis,

Dank in Ewigkeit! Amen, Amen! auch wir sind dein und stimmen ein: du, Gott, bist unser Gott allein!

3. Alle preisen deine Werke, die Weisheit, Liebe, Huld und Stärke, die über alles Denken geht. Treue, Langmuth, Licht und Segen, ist, Herr, in allen deinen Wegen, kein Lob ist, was dich gnug erhöht; doch ist es eingeprägt in Alles was sich regt, Amen, Amen! auch wir sind dein und stimmen ein: du, Gott, bist unser Gott allein!

4. Komm, in uns dich zu verklären, daß wir dich würdiglich verehren, nimm unser Herz zum Heiligthum, daß es ganz von dir erfüllet, der sich in Christo uns enthüllet, zerfließt in deiner Gottheit Ruhm. Dich, unser höchstes Gut, erhebe Geist und Muth, Amen, Amen! im Freudenschein, in Leid und Pein bleibst du, Gott, unser Gott allein!

Anmerk. Mit einigen Aenderungen zusammengestellt aus dem Gesange: O Majestät, wir fallen nieder von Gerh. Tersteegen.

Mel. Lobt Gott ihr Christen allzugleich.

252. Nun danket all und bringet Ehr, ihr Menschen in der Welt, dem, dessen Lob der Engel Heer im Himmel stets vermeld't.

2. Er laß auch ferner seine Güt um, bei und mit uns gehn; was aber ängstet und bemüht gar ferne von uns stehn.

3. So lange dieses Leben währt sei er stets unser Heil und bleib auch, wenn wir von der Erd abscheiden, unser Theil.

4. Er drücke wenn das Herze bricht uns unsre Augen zu und zeig uns drauf sein Angesicht dort in der ewgen Ruh.

Anmerk. Vs. 1. 7—9. aus dem

Liede: Nun danket all, und
bringet Ehr von P. Gerhardt.
Wir haben nur darum dies Lied nicht
unter die unverkürzten gestellt, weil
es in Vs. 2—6. dieselbe biblisch.
Stelle paraphrasirt, als: Nun danket alle Gott; eine Rücksicht auf
Wiederholungen, die uns öfter bei Auslassung von Liedern geleitet hat.

253. O großer Geist, deß
Wesen alles füllet, und den
kein Ort in seine Grenzen hüllet,
der unumschränkt sich nieder senkt
mit seiner Kraft in alle Dinge, dem
nichts zu groß, nichts zu geringe.

2. Kein Salomo kann einen Tempel bauen, in welchem man dich
könnt' umringet schauen, dein blo-
ßer Saum füllt dessen Raum, es
muß selbst Himmel, Meer und Erden ein Schauplatz deiner Ehre
werden.

3. Du weißt und hörst, was deine Kinder beten, du siehst, wenn sie
verborgen vor dich treten, macht gleich
ihr Mund nicht alles kund, so kannst
du selbst des Herzens Sehnen mit
Segen und Erhörung krönen.

4. Vor Menschen bleibt jetzt manches Thun verborgen, dir aber ist
die Nacht ein klarer Morgen, und
dein Gericht wird an das Licht und
an die helle Sonne bringen, was
finstre Winkel jetzt umringen.

5. O Auge, das nicht Trug noch
Falschheit leidet, wohl dem, der auch
verborgne Sünden meidet, der los
und frei von Heuchelei vor dir und
Menschen redlich handelt, und unter deiner Aufsicht wandelt.

6. Erforsche selbst die innersten
Gedanken, ob sie vielleicht von deiner Richtschnur wanken, lenk' Herz
und Sinn zur Wahrheit hin, sei du
der Leitstern meiner Füße, bis ich,
mein Licht, die Augen schließe.

Anmerk. Aus dem neunversigen Liede von J. J. Rambach: O großer Geist deß Wesen alles
füllet.

254. O großer Geist, o
Ursprung aller Dinge, o Majestät voll Pracht und Licht! wer
ist, der dir ein würdig Loblied singe, welch sterblich Herz ergittert
nicht, stellt sich der Seraphinen
Schaar vor deinem Thron verhüllet dar, wie sollte ich nicht, Kind
der Erden, vor dir voll Furcht und
Schauer werden?

2. Ach rühre mir die ganz befleckten Lippen, wie dem Propheten
sühnend an, auf daß ich rein au
Seele, Herz und Lippen, dich Herr
mit Zittern preisen kann. Bring'
eine demuthsvolle Scheu den Kräften meiner Seele bei, laß mich auf
Knie und Antlitz fallen, hör' ich das
Heilig! Heilig! schallen.

3. Die Sonne selbst hat ihre
dunkeln Flecken, du aber bist ein reines Licht; es kann in dir nichts
Finstres sich verstecken, dein heller
Glanz kennt Wechsel nicht: du bist
in dir vollkommen rein, dein unbe-
fleckter Gottheitsschein hat nichts,
was Sünde wär' zu nennen, nichts,
was die Klügsten tadeln können.

4. So gieb denn Kraft, daß wir
dich heilig scheuen, die Jesus Christus dir gewann: gieb Fleiß und
Ernst, drängt immerdar von neuen
die Sünd' an unser Herze an.
Schenk' uns den Sinn, der heilig
ist, weil du, der Vater heilig bist,
bis du uns an den Ort wirst bringen, da wir dir ewig: Heilig! singen!

Anmerk. Aus dem neunversigen Liede von J. J. Rambach: O großer Geist o Ursprung aller
Dinge, etwas verändert.

Mel. Jesu meines Lebens Leben.

255. Womit sollen wir dich loben, mächtiger Herr Zebaoth? sende uns dazu von oben deines Geistes Kraft, o Gott! denn mit nichts
kann man erreichen deine hohen Lie-

beszeichen! tausend, tausendmal sei
dir, großer König, Dank dafür!

2. Herr, entzünde das Gemüthe,
daß wir deine Wundermacht, deine
Gnade, Treu und Güte stets erheben,
Tag und Nacht, womit du, o
Gott, uns Armen hast getragen mit
Erbarmen. Tausend u. s. w.

3. Wie ein Vater nimmt und
giebet wie's den Kindern nützlich
ist, so hast du uns auch geliebet,
unser Gott, zu jeder Frist, und dich
unser angenommen wenn's auch
gleich auf's Höchste kommen. Tausend u. s. w.

4. Fielen tausend auch zur Seiten
und zur Rechten zehnmal mehr,

ließest du uns doch begleiten durch
der Engel starkes Heer, daß den
Nöthen, die uns drangen, wir so
siegreich sind entgangen. Tausend u. s. w.

5. Tausendmal sei dir gesungen,
unser Gott, Preis, Lob und Dank,
daß es uns bisher gelungen: ach,
laß unsres Lebens Gang ferner doch
durch Jesu Leiden nur gehn in die
Ewigkeiten und dort wollen für und
für, starker Gott, wir danken dir.

Anmerk. Aus dem Liede: Womit
soll ich dich wohl loben von
E. A. Gotter — kann passend als
Danklied nach dem Aufhören einer
Seuche u. dgl. gebraucht werden.

XXV.

Die Werke des Herrn.

A) Vollständige Lieder.

Mel. Vom Himmel hoch da komm ich her.

256. Gott, Erd und Himmel
sammt dem Meer verkünden deine
Macht und Ehr: es zeugt der Berg,
es zeugt das Thal, daß du ein
Herr bist überall.

2. Die Sonne geht uns täglich
auf, der Mond hält seinen Himmelslauf,
und alle Sterne sind bereit
zu preisen deine Herrlichkeit.

3. Die Thier und Vögel in der
Welt und was das Meer im Schooße
hält, zeigt uns in tausend Wundern
an was deine Kraft und Weisheit
kann.

4. Du hast den Himmel weit
gestreckt, mit Wolkenheeren überdeckt
und seiner Wölbung Majestät
mit goldnen Sternen übersät.

5. Du bists der alle Welt regiert,
den Himmel und die Erde

ziert, so herrlich, daß es um und
an kein Erdenmensch ergründen kann.

6. Wie mag doch unser blöder
Sinn in deine Tiefen schauen hin!
faßt er in seine Hand das Meer?
durchzählet er dein Wunderheer?

7. Wir sehn, was du geschaffen
hast, was deine Gotteshand umfaßt;
o wie viel herrlicher bist du,
Herr Gott, in deiner ewgen Ruh.

8. Du trägst in dir dies große
Rund, dein Herrschen ist auf Erden
kund, doch größer als das Himmelszelt
ist, daß du Christum gabst
der Welt.

9. O Vater, Sohn und heilger
Geist, dein Name, der allmächtig
heißt, sei uns gelobt in dieser Zeit,
sei hochgelobt in Ewigkeit!

Anmerk. Das neue Würtemb. Gesangbuch
giebt unter Nro. 60, dies

Lied mit dem Bemerken: „nach Mich. Weiß." Ve. 3. u. 4. würden wir auslassen.

Mel. Danket dem Herrn denn er ist sehr freundlich.

257. Was Lobes soll man dir, o Vater! singen? keins Menschen Zung kanns würdiglich vorbringen.

2. Du hast aus nichts den Himmel und die Erden, und alles, was darin ist, lassen werden.

3. Uns Menschen drauf nach deinem Bild formiret, und mit Verstand und Gaben schön gezieret.

4. Du lässest uns in deinem Wort auch lehren, wie wir dir dienen sollen und dich ehren.

5. Von Kindheit an hast du uns stets ernähret; was wir bedurft, uns väterlich bescheeret.

6. Du speisest alles Fleisch mit Wohlgefallen, und schützest uns, so lange wir hie wallen.

7. Wenn Kreuz und Trübsal uns noch mit berühret, so werden wir doch gnädig draus geführet.

8. Sehr groß ist deine Weisheit, Güt und Stärke, und wunderbar sind alle deine Werke.

9. Herr, wir bekennen es mit unserm Munde, und danken dir dafür von Herzensgrunde.

10. Lob sei dir, Vater, der du mit dem Sohne und heilgen Geist regierst in einem Throne.

11. Dein großer Nam sei immerdar gepreiset für alles Gute, das du uns erweiset.

12. Hilf, daß wir dir im Glauben fest anhangen, und dann die Seligkeit darauf erlangen.

Anmerk. Entweder von Just. Gesenius oder Dav. Denicke. Die Aenderungen von H. sind discret und bessern die an einigen Stellen ungefügige Form.

B) Abgekürzte Lieder und Verse.

Mel. Soll ich meinem Gott nicht singen.

258. Gott, durch dessen Wort entsprossen Himmel, Erde sammt dem Meer, dessen Allmacht ausgeflossen in der Creaturen Heer, Engel machst du gleich den Winden und zu Flammen deine Knecht, daß dir dienet ihr Geschlecht, die zu deinem Preis sich finden: Gott dich lob ich in der Zeit und dort in der Ewigkeit.

2. Herrlich ist dein schönes Wesen, Licht und Sonne ist dein Kleid, der du vor der Welt gewesen, unverändert, ohne Zeit; der den Himmel du gezieret mit den Sternen ohne Zahl, sie mit Schönheit allzumal majestätisch aufgeführet: Gott dich lob ich u. s. w.

3. Welche Zunge kann erreichen deine Weisheit, deine Macht? Herr, wer ist dir zu vergleichen, wer hat solches je erdacht! um von dir gespeist zu werden regt sich das ganze Feld, deiner Güt ist voll die Welt, alles rühmet hoch auf Erden: Gott dich lob ich u. s. w.

4. Herr, dir wollen wir lobsingen, ewig rühmen, preisen dich, jauchzen soll dir, Vater, klingen, der uns führt so gnädiglich, bis du uns wirst Wohnung machen in der schönen Himmelsstadt, die kein Aug' erschauet hat, da woll'n wir mit Freud und Lachen dich erhöhn nach dieser Zeit in der süßen Ewigkeit.

Anmerk. Aus dem vierzehnversigen Liede: Gott durch dessen Wort

CCLVII. (nur bei H.) 1. a. kann ich doch für Lob. b. kein Mensch kann es recht. — 2. b. was darinnen. — 3. a. du hast dann uns, dein Bild, hineingeführet. — 4. a. in deinem Worte; alte Var. — 6. a. sättigst. — 7. a. uns oftmals. — 11. a. ohn Ende hochgepriesen. b. so du uns erwiesen.

entsprossen zusammengesetzt. Der ziemlich seltne Gesang enthält eine schöne Paraphrase des 104ten Psalms: als Ganzes eben darum zu sehr Naturbild.

Mel. Freu dich sehr o meine Seele.

259. Heilig, Heilig, Heilig! werde Gott dein Name stets genannt, denn der Himmel und die Erde machen deinen Ruhm bekannt. Deine Güte, deine Macht, Weisheit, Majestät und Pracht, nirgends hat sie ihres Gleichen, keiner kann dein Lob erreichen.

Anmerk. Bs. 11. aus dem Liede: Gott mein Vater sei gepriesen.

Mel. Komm heiliger Geist Herre Gott.

260. Vollkommenstes Licht, höchstes Gut, das sich so freundlich zu uns thut und das sich denen, die es liebet, so willig zu genießen giebet: was hat die Güte deiner Hand an menschliche Natur gewandt! wie hast den Menschen du geschmücket!

wie reichlich hast du ihn beglücket, Halleluja, Halleluja!

2. Er war des Schöpfers lieber Sohn, ein Erbe von dem Ehrenthron, ein Tempel von dem höchsten Wesen, das seine Brust zum Sitz erlesen, der Gottheit schönstes Ebenbild, in Schmuck der Unschuld eingehüllt, ohn allen Fehl und alle Mängel, ein Freund der heilgen Gottesengel, Halleluja, Halleluja!

3. O Schöpfer, dir sei Lob und Preis, für den an uns gewandten Fleiß, für die uns anerschaffnen Gaben, die wir längst, ach, verloren haben! Herr, öffn' aufs neue deine Hand, gieb wieder was der Feind entwandt: laß uns durch Christum hier auf Erden zu deinem Bild erneuert werden, Halleluja, Halleluja!

Anmerk. Bs. 1. 7. 8. aus dem Liede: Vollkommenstes Licht höchstes Gut von J. J. Rambach. Mit einigem Schwanken aufgenommen.

XXVII.

Vom Stande der Sünde und des Verderbens.

(Buß- und Beichtlieder.)

A) Vollständige Gesänge.

261. Ach Gott und Herr, wie groß und schwer sind mein begangne Sünden! da ist Niemand, der helfen kann in dieser Welt zu finden.

2. Lief ich gleich weit zu dieser Zeit bis an der Welt ihr Ende, und wollt los sein des Kreuzes mein würd ich's doch so nicht wenden.

CCLXI. 1. c. Bs. S. K. sind meine vielen Sünden. e—f. Bs. S. K. wie drückt mich doch des Elends Joch, wo kann ich Hülfe (K. Rettung) finden. f. Ramb. giebt als Text: auf dieser Welt. Obige Lesart war der currente kirchliche Text. — 2. a. b. Bs. S. K. flöh ich gleich weit voll Bangigkeit. c. Bs. S. bis zu des Erdreichs Enden. c. K. H. bis an der Erde Enden. Die älteste Lesart: zu solcher Zeit bis an der Werlet Ende, die obige schon in alten Gesgb. d. H. um los zu sein. e. B. des Kr. Pein. f. H. würd ich es doch nicht wenden (so schön

10

3. Zu dir flieh ich; verstoß mich nicht, wie ich's wohl hab verdienet! ach Gott, zürn nicht, geh nicht in's G'richt: dein Sohn hat mich versühnet.

4. Solls ja so sein, daß Straf und Pein auf Sünde folgen müssen, so fahr hie fort und schone dort und laß mich hie wohl büßen.

5. Gieb, Herr, Gebuld, vergiß der Schuld, verleih ein g'horsam Herze! laß mich nur nicht, wie's wohl geschicht, mein Heil murrend verscherzen.

6. Handle mit mir, wie's dünket dir! nach dein'r Gnad' will ich's leiden! laß mich nur nicht dort ewiglich von dir sein abgeschieden!

Anmerk. Von M. Rutilius. Mit diesem Gesange, den wir wegen seiner trefflichen Originalmelodie und rührenden Simplicität aufnahmen, geht es wie mit einem alten lieben Kleidungsstück. Man wendet viel zum Ausbessern dran und fragt erst hernach, ob es das auch noch werth war. In der That könnte man bei der so spröden Form und da der Gesang doch nicht gerade zu ausgezeichnet ist (Vs. 4. ist besonders anzu-

fechten)., irre werden; W. hat ihn auch nicht recipirt. Geschieht das aber, so darf man nicht so viel ändern wie Bs. und die ihm gefolgt. Wir heißen folgende Aenderungen gut. Vs. 2. Zl. 4—6. die von H. Vs. 3. Zl. 4. 5. die von Bs. Vs. 5. Zl. 3. H. Das „murrend" in Zl. 6. ändern wir „in Trotz."

262. Ach Herr, mich armen Sünder straf nicht in deinem Zorn! dein' ernsten Grimm doch linder, sonst ist's mit mir verlorn. Ach, Herr, wollst mir vergeben mein Sünd und gnädig sein, daß ich mag ewig leben, entfliehn der Höllenpein.

2. Heil du mich, lieber Herre, denn ich bin krank und schwach, mein Herz betrübet sehre, leidet groß Ungemach, mein G'beine sind erschrocken, mir ist sehr angst und bang, mein Seel ist sehr erschrocken: ach du, Herr, wie so lang!

3. Herr tröst mir mein Gemüthe, mein Seel rett lieber Gott! von wegen deiner Güte hilf mir aus aller Noth! im Tod ist Alles

im Dresdner Gesgb. von 1725). B. würd es sich doch nicht enden. d—f. Bs. S. K. der (K. von) Angst und Pein befreit zu sein, würd ich sie doch nicht wenden. Bei Ramb. alte Lesart: des Elends mein. Als Variante von f. wird noch angeführt: würd ich doch solchs nicht enden, was sich auch in den meisten alten Büchern findet. — 3. b. S. erbarme dich. c. Bs. der ich's so sehr verd. S. ob ich's gleich nicht verb. K. ob gleich ich's wohl. d. e. Bs. S. K. ach geh doch (K. gehr) nicht, Gott ins Gericht. — 4. e. Bs. S. K. H. nur schone. H. muß ich auch viel hier büßen. K. hier wohl. Der Text bei Ramb.: und laß mich ja jetzt büßen. — 5. Bei K. ausgel. a. Bs. Ramb.: gieb auch Gebuld, die obige Lesart in den alten Gesgb. b. B. die Schuld, schon alte Var. c. H. schaff ein geh. Herze. a—c. Bs. S. vergiß der Schuld, gieb mir Gebuld und ein geh. H. (S. Geb. gieb dem Herzen). d. e. H. daß ich nur nicht, wie's oft. Bei Ramb.: laß mich nur nicht. f. H. verscherze. d—f. Bs. S. daß (S. und ich's) mein Heil, mein bestes Theil, durch Murren nicht verscherze. — 6. a. S. K. verfahr mit mir. b. Der Text bei Ramb.: wie's wohlg'fällt dir. c. Der Text bei R.: durch dein Gnad, so H. B. Die Variante: ich will's gar gerne leiden, ist in alten Gesgb. selten. c. Bs. S. K. du stärkst mich es zu leiden. d—f. Bs. S. K. H. nur wollst du mich nicht ewiglich von deiner Gnade scheiden. X. still bin ich und zufrieden — von dir sein abgeschieden. — Den apocryphischen Zusatz von Joh. Major lassen wir aus vielen Gründen ganz weg.

CCLXII. 1. c. H. minder. X. Ach Herr, uns arme Sünder straf nicht in deinem Grimm, uns abgefallnen Kinder schreckt deines Zornes Stimm': wollst jedem, Herr, vergeben sein Sünd und gnädig sein, auf daß wir ewig leben. — 2. d. B. leid't großes Ungemach. f. X. so angst.

stille, da denkt man deiner nicht;
wer will doch in der Hölle dir danken ewiglich?

4. Ich bin von Seufzen müde,
hab weder Kraft noch Macht, in
großem Schweiß ich liege durchaus
die ganze Nacht: mein Lager naß
von Thränen, mein G'stalt vor
Trauern alt, zu Tod ich mich fast
gräme, die Angst ist mannigfalt.

5. Weicht all, ihr Uebelthäter,
mir ist geholfen schon; der Herr
ist mein Erretter, er nimmt mein
Flehen an: er hört mein's Weinens Stimme, es müssen fallen hin
all sein' und meine Feinde und schändlich kommen um.

6. Ehr sei in's Himmelsthrone
mit hohem Ruhm und Preis dem
Vater und dem Sohne und auch zu
gleicher Weis dem heilgen Geist
mit Ehren in alle Ewigkeit, der
woll uns all'n bescheeren die ewge
Seligkeit.

Anmerk. Von Joh. Herm. Schein
oder Cyr. Schneegaß. Viele
Neuere haben sich an der spröden
Härte des Bußgesangs gestoßen, welche auch im Anfange besonders un-
erträglich ist. B. und H., welche das Lied geben, haben sich

fast gar nicht mit Aenderungen versucht. Wir milderten den Anfang
und einige andere Stellen und so
halten wir den Gesang für ein bib-
lisch-kräftiges Bußlied, was wenigstens zu Anfang und Ende zum Ge-
meindeliede wird.

263. Allein zu dir, Herr
Jesu Christ, mein Hoffnung steht
auf Erden: ich weiß, daß du mein
Tröster bist, kein Trost mag mir
sonst werden. Von Anbeginn ist
nichts erkor'n, auf Erden war kein
Mensch gebor'n, der mir aus Nöthen helfen kann; ich ruf dich an,
zu dem ich mein Vertrauen han.

2. Mein' Sünd'n sind schwer
und übergroß und reuen mich von
Herzen; derselben mach mich quitt
und los durch deinen Tod und
Schmerzen, und zeig mich deinem
Vater an daß du hast gnug für mich
gethan, so werd ich quitt der Sündenlast (der Sünden los): Herr,
halt mir fest weß du dich mir versprochen hast.

3. Gieb mir nach dein'r Barmherzigkeit den wahren Christenglau-
ben, auf daß ich deine Süßigkeit
möcht inniglichen schauen, vor allen

---

4. c. X. in Angst und Grämen. Diese nöthige Aenderung ist um so eher verstat-
tet, als Ps. 6. den „großen Schweiß" gar nicht hat. f. H. von Trauern. —
5. e. X. des Weinens. f. H. all die sind meine Feinde — diese Aenderung müssen
wir aber entschieden mißbilligen, denn nur insofern und inwieweit meine Feinde
Gottes Feinde sind, darf ich als Christ die obigen Worte beten. Auch der
Psalmist sagt: du schlägst meine Feinde auf den Backen und zerschmetterst der
Gottlosen Zähne.

CCLXIII. 1. b. S. steht mein Vertraun. W. mein Hoffen. f. S. war
kein (?). e. f. W. von Anbeginn ist nichts geschehn, kein Mensch auf Erden ausersehn.
f. K. auch kein. i. B. Bs. von dem ich Hülf erlangen kann. S. du bist's, der
helfen will und kann. K. H. W. von dem ich Hülfe kann empfahn. X. dich ruf
ich an, du bist allein der rechte Mann (mit Beziehung auf a. und f.). — 2. a.
b. Bs. H. mein Sünd ist schwer — und reuet. K. W. mein' Schuld. S. zwar
meine Sünd ist schwer und groß, doch reut sie mich. c. Bs. B. S. K. H. W.
frei und los. e. f. K. W. und nimm dich mein beim Vater an, der du genug
für uns (W. H. für mich) gethan (H. hast gnug für mich). g. Bs. B. S. frei
der. K. H. W. los der. i. H. was du auch mir versprochen. S. K. W. mein
Glaube faßt, was du mir Herr versprochen hast — ob „erfaßt"? — 3. a. Bs.
Gott der Barm. S. Herr aus Barmh. b. S. das wahre Christenleben. a. b.
K. W. ach stärk durch dein (W. stärke durch) Barmh. in mir das (W. ein) recht
Vertrauen. c. K. W. Freundlichkeit. d. Bs. B. K. H. W. inniglich anschauen.

Dingen lieben dich und meinen Nächsten gleich als mich. Am letzten End dein Hülf mir send damit behend des Teufels List sich von mir wend.

4. Ehr sei Gott in dem höchsten Thron, dem Vater aller Güte und Jesu seinem liebsten Sohn, der uns allzeit behüte, und Gott dem heiligen Geiste, der uns sein Hülf allzeit leiste, damit wir ihm gefällig sein hie in dieser Zeit und folgends in (zu) der Ewigkeit.

Anmerk. Höchst wahrscheinlich von Joh. Schneesing. Der Varianten sind schon in den ältern Gesb. mancherlei. Wir würden uns hier fast überall an W. anschließen.

Mel. Aus tiefer Noth schrei ich zu dir.

264. Aus tiefer Noth laßt uns zu Gott von ganzem Herzen schreien: bitten, daß er aus seiner Gnad uns woll vom Uebel freien uns alle Sünd und Missethat, welch unser Fleisch begangen hat, als ein Vater verzeihen.

2. Sprechend: o Gott Vater sieh an uns Armen und Elenden, die wir sehr übel hab'n gethan mit Herzen, Mund und Händen; und verleih, daß wir Buße thun und die in Christo deinem Sohn zur Seligkeit vollenden.

3. Unser Schuld ist sehr groß und schwer, von uns nicht auszurechnen, doch deine Barmherzigkeit mehr, die kein Mensch kann aussprechen: die suchen und begehren wir, hoffend, du werdest, Herr, an dir mich nicht lassen gebrechen.

4. Du willst nicht, daß der Sünder sterb und in's Verdammniß fahre, sondern daß er mehr Gnad' erwerb und sich darin bewahre: so hilf uns nun, o Herre Gott, daß uns nicht der ewige Tod in Sünden widerfahre.

5. Vergieb, vergieb und hab Geduld mit uns Armen und Schwachen, laß deinen Sohn all unsre Schuld mit sein'm Verdienst schlecht machen; nimm unser Seelen eben wahr, daß ihr kein Schaden widerfahr von dem höllischen Drachen.

c. d. S. auf daß ich dir zu aller Zeit bleib inniglich ergeben. K. S. vor allem liebe. W. vor allem herzlich lieben dich. g. h. K. und sende Hülfe mir am End. W. dein Hülf mir send am letzten End. i. S. daß sich der Teufel von mir wend. S. mach mich getreu am. W. des Todes Graun sich von mir wend't. Die erste Lesart bei Wackern. „thu mir behend, des T. L. von mir wend." 4. c. Bs. S. Christo, s. lieben. H. W. Jesu Christo seinem Sohn. K. und Jesu Christ, dem höchsten Sohn. B. Jesu Christ sein'm liebsten Sohn. e. f. S. desgleichen Gott dem heil. Geist, der uns allzeit sein Hülfe leist (W. der allezeit uns, so auch K.). e. K. und auch dem werthen heil. Geist. H. W. und Gott dem werthen heil. Geist, der uns sein Hülfe allzeit leist (W. der allezeit uns, so auch K.). e. W. daß wir ihm sein zum Lob bereit. g. S. daß wir zu seinem Lob bereit. K. der Zeit. i. Bs. und dort hernach. B. K. und einst auch. S. und broben sein. H. und broben auch. W. und broben in der.

CCLXIV. 1. c. K. W. durch seine. f. K. W. die. g. W. uns väterlich. X. als Vater uns. — 2. a. K. W. wir sprechen: Vater sieh doch an. b. K. W. die Armen. c. K. W. die Uebels viel vor dir gethan. e. K. W. verleih uns. f. K. W. und unsern Lauf in deinem Sohn. — 3. a. b. K. W. Herr, unsre Schuld ist überschwer, muß unsre Herzen brechen. c. K. doch dein's Erbarmens ist viel. W. beiner Gnaden ist viel. f. g. K. W. in Hoffnung daß du dort und hier die Sünd nicht wollest suchen. X. auf die ist unsre Bitt gericht, hoffend, o Herr, du werdest nicht sie rächen. — 4. b. K. W. und zur. c. K. W. du willst, daß er die Gnad erwerb. f. K. W. damit uns nicht der ewge Tod. — 5. Bei W. ausgel. b. K. mit uns, den Armen. c. d. K. laß deinen Sohn von aller Schuld uns los

6. Wenn du nun vor Gerichte gehn und mit uns wolltest rechten, o! wie würden wir da bestehn und wer würd uns verfechten! o Herr, sieh uns barmherzig an und hilf uns wieder auf die Bahn, zur Pforten der Gerechten.

7. Wir opfern dir uns, arm und bloß, durch Reu nieder geschlagen; o nimm uns auf in deinen Schooß und laß uns nicht verzagen. O hilf, daß wir getrost und frei, ohn arge List und Heuchelei, dein Joch zum Ende tragen.

8. Sprich uns durch deine Boten zu, bezeug unser Gewissen, stell unser Herz durch sie zur Ruh, thu uns durch sie (dadurch) zu wissen, wie Christus vor dein'm Angesicht all unsre Sachen hab geschlicht: des Trost's laß uns genießen.

9. Erhalt in unsers Herzens Grund deinen göttlichen Saamen und hilf, daß wir den neuen Bund in deines Sohnes Namen vollenden in aller Wahrheit, also der Kronen der Klarheit versichert werden, Amen!

Anmerk. Von Mich. Weiß. Eins der trefflichsten Bußlieder die wir kennen: biblisch, einfach, herzlich, wie alle Lieder der Böhmischen Brüder ein Gemeindegesang (in den Bußliedern eine besondre Seltenheit). Nur

K. und W. haben diese Perle. Ihre Aenderungen sind leicht und geschickt und wir schließen uns fast in allen Stellen an dieselben an. Vs. 5. ist aber auf keinen Fall wegzulassen.

265. Aus tiefer Noth schrei ich zu dir, Herr Gott, erhör mein Rufen! dein gnädig Ohren kehr zu mir und meiner Bitt sie öffen! denn so du das willst sehen an, was Sünd und Unrecht ist gethan, wer kann, Herr, vor dir bleiben?

2. Bei dir gilt nichts denn Gnad und Gunst die Sünde zu vergeben; es ist doch unser Thun umsonst auch in dem besten Leben. Vor dir Niemand sich rühmen kann, deß muß dich fürchten jedermann und deiner Gnade leben.

3. Darum auf Gott will hoffen ich, auf mein Verdienst nicht bauen, auf ihn mein Herz soll lassen sich und seiner Güte trauen, die mir zusagt sein werthes Wort, das ist mein Trost und treuer Hort, deß will ich allzeit harren.

4. Und ob es währt bis in die Nacht und wieder an den Morgen, doch soll mein Herz an Gottes Macht verzweifeln nicht noch sorgen: so thu, Israel rechter Art, der aus dem Geist erzeuget ward und seines Gott's erharre.

und ledig machen. e. K. treulich wahr. g. K. vom Feind, dem alten Dr. X. reiß sie aus Todes Rachen. — 6. a. K. W. ins Ger. c. K. W. o Herr wie würden wir best. — 7. b. K. W. reumüthig und zerschlagen. f. K. W. ohn alle List. — X. b. K. W. und heile die Gew. e. W. wie Christ vor deinem Angesicht. f. W. hält über uns ein mild Gericht (ganz unnütz). — 9. b. K. W. des neuen Lebens. e—g. K. W. vollenden treulich in der Zeit und so der ewgen Herrlichkeit versichert werden. X. hilf, daß wenn den neuen Bund — in aller Wahrheit wir vollbracht, zur Klarheit bringen nach der Nacht: das soll geschehen.

CCLXV. 1. c. W. neig Herr. B. gnädig's Ohr neig her. d. W. es öffne. H. halt meiner Bitt sie offen. K. laß meiner Bitt es offen. S. verändert den ganzen Vers: Herr Gott, erhör mein Flehen, dein' Ohren wende nicht von mir, mein Bitten zu verschmähen, denn stehest du als Richter an — wer kann vor dir bestehen. — 2. b. W. die Sünden. f. B. W. es muß dich. — 3. c. Bs. S. auf ihn allein verlassen mich. B. auf ihn will ich verlassen mich. — 4. c. B. K. soll doch. e. B. W. thut. S. so thut (H. thu) der Glaube rechter Art. g. K. H. und seines Gottes harre (B. W. harret). S. und hält an Gott sich feste, nicht übel. — H. hat als Vs. 6. noch eine apokryphische Doxologie.

5. Ob bei uns ist der Sünden viel, bei Gott ist viel mehr Gnade: sein' Hand zu helfen hat kein Ziel, wie groß auch sei der Schade. Er ist allein der gute Hirt, der Israel erlösen wird aus seinen Sünden allen.

Anmerk. Von Luther. Der oben gegebene Text ist zwar nicht der ursprüngliche, aber doch der in die Gesangbücher übergegangene. Bei Bs. 4. Zl. 5—7. gehen wir mit Stier.

Mel. Machs mit mir Gott nach deiner Güt.

266. Das ist ein theuer werthes Wort, ein Wort, sehr lieb zu hören: daß Jesus ist der Sünder Hort, und will die Armen lehren. Das ist ein theuer werthes Wort, daß Jesus ist der Sünder Hort.

2. Er, Jesus, nimmt die Kranken an, er heilet allen Schaden; er ist ein Gast bei jedermann, die ihn zu sich einladen. Das ist ein theuer werthes Wort, daß Jesus ist der Sünder Hort.

3. Er, Jesus, ist ein treuer Hirt, er suchet, was verloren; er holt zurücke, was verführt; er ist zum Heil erkoren. Das ist ein theuer werthes Wort, daß Jesus ist der Sünder Hort.

4. Lob sei dir, Jesu, Gottes Sohn, du unser Schulden Bürge, du Osterlamm, du Gnadenthron, du Freistadt vor dem Würger. Das ist ein theuer werthes Wort, daß Jesus ist der Sünder Hort.

5. Ach! gieb mir, daß ich diese Gnad, und meine Sünd erkenne, daß ich dein Schaaf, ja früh und spat nach dir vor Liebe brenne, gedenk an dies, das werthe Wort, daß Jesus ist der Sünder Hort.

Anmerk. Von H. G. Reuß. B. hatte wohl keinen alten Text vor sich (das Lied ist ziemlich selten), daher die häufigen Varianten. Wir finden, außer bei Bs. 5. Zl. 3. überhaupt keine nöthig.

Mel. Wer nur den lieben Gott läßt walten.

267. Der Sünden Last drückt unsre Herzen, und beugt sie zu der Höllen zu; die Last gebieret Angst und Schmerzen, sie läßt uns weder Rast noch Ruh; wir seufzen drunter Tag und Nacht, weil wir die Schuld so groß gemacht.

2. Hier kann kein Engel uns erquicken, kein Mensch reißt uns aus solcher Noth, der Himmel will kein Labsal schicken, der Satan dräuet uns den Tod, es klagt uns das Gewissen an, die Hölle hat sich aufgethan.

3. Wir fliehn zu dir, du Gott der Gnaden! den unser Thun erzürnet hat; wir klagen über Seelenschaden, die Herzen sind von Seufzen matt: erlaß uns unfre schwere Schuld nach deiner väterlichen Huld.

4. Du bist alleine, der vergiebet, was Missethat und Sünde heißt; du bist es, der die Menschen liebet, der sie aus allen Nöthen reißt; ach! reiß uns auch aus dieser Pein, du siehst, wie wir verlassen sein.

5. Wir sind dein Erbtheil, deine

CCLXVI. 1. a. B. H. theures werthes (so immer). b. H. sehr hoch zu ehren. — 2. a. B. H. mein Jesus. c. H. er kommt als. d. B. der ihn zu sich geladen. H. der ihn will zu sich laden. — 3. a. B. H. mein Jesus. b. c. H. er sucht was sich verloren, er holt zurück was sich verirrt. — 4. b. H. du unser Schuldverbürger. B. du hast die Schuld getragen. d. B. wenn wir zagen. — 5. b. B. meine Schuld. c. B. dein Schäflein früh. H. mein Heiland früh. d. H. in deiner Liebe. e. B. und denk. H. und nie vergeß.

CCLXVII. 1. b. K. und ziehet sie. H. beuget sie. d. K. und läßt uns. — 2. d. K. er droht uns mit Gericht und Tod. — 3. c. K. unsern Seel. gut! — 4. a. K. du bist's allein, der uns. f. K. du siehst in unsre Noth hinein.

Kinder, durch Christi theures Löse=
geld, das gab er dir für alle Sün=
der, er zahlte für die ganze Welt.
Auf den Erlöser bauen wir und keh=
ren wieder um zu dir.

6. Wir haben zwar die Gunst
verscherzet, die du uns angeboten
hast; doch, weil uns das Verbre=
chen schmerzet, so nimm doch von
uns diese Last, erquick uns wieder
durch dein Wort, so danken wir dir
hier und dort.

Anmerk. Ein Gemeinde=Bußlied wie
es sein soll: unverdienter Weise sel=
ten. Verf. unbekannt.

268. Erwach, o Mensch,
erwache, steh auf vom Sünden=
schlaf! es kömmt des Höchsten Ra=
che, und seine schwere Straf mit
Schrecken und mit Ungestüm, und
sucht die Sünder heim im Grimm,
die auf der Erden wohnen; der Herr
wird zornig lohnen, und nur der
Frommen schonen.

2. Drum fallet Gott zu Fuße,
ihr Menschen groß und klein, thut
rechte wahre Buße, stellt alle Bos=
heit ein: seid auf den großen Tag
bereit mit Glauben und Gottselig=
keit, so trifft euch kein Verderben,
so könnt ihr fröhlich sterben, und
Gottes Reich ererben.

3. Ach nehmet dies zu Herzen,
die ihr erlöset seid durch Christi Blut
und Schmerzen: bekehrt euch in der
Zeit! sagt allem ab, was zeitlich
ist, und liebt alleine Jesum Christ;
thut, was derselb euch lehret, denn
wer ihn so nicht ehret, der wird im
Zorn verzehret.

4. Bekehre du uns Herre, so
werden wir bekehrt: ach führ uns
aus der Irre zu deiner frommen
Heerd: verzeih, was wir bisher ge=
than, nimm uns durch Christum
wieder an, laß deinen Geist uns
leiten, daß wir zu allen Zeiten dein
heilges Lob ausbreiten.

Anmerk. Dies kräftige Lied der
Böhmischen Brüder findet sich
bei Bunsen und Stier. Beide
lesen Vs. 2. Zl. 8: selig sterben.
S. überdem in Vs. 4: Bekehr' o
Herr uns heute — uns aus
dem Irrweg leite zu deiner
frommen Heerd — laß deine
Gnad uns merken und dei=
nen Geist uns stärken zu al=
len guten Werken. Wir kön=
nen uns mit dieser Aenderung so we=
nig befreunden als mit einem zuge=
fügten fünften Verse.

Mel. Jesu der du meine Seele.

269. Liebster Jesu, in den Ta=
gen deiner Niedrigkeit allhier hörte
man zum Volk dich sagen: es geht
eine Kraft von mir. Laß auch dei=
ne Kraft ausfließen, und sich deinen
Geist ergießen, da du in der Herr=
lichkeit nun regierest weit und breit.

2. Denn dir ist in deine Hände
nun gegeben alle Macht; bis an
aller Welt ihr Ende wird dein Na=
me hoch geacht. Alles muß sich vor
dir neigen, und was hoch ist, muß
sich beugen; selbst der letzte Feind
auch muß endlich unter deinen Fuß.

3. Darum kannst du allen ra=
then, deine Kraft ist nie zu klein,
es bezeugens deine Thaten, die uns
aufgeschrieben sein. Ja, du bist
deswegen kommen, weil du dir hast
vorgenommen aller Menschen Heil

5. d. K. und büßte. e. K. auf diesen Heiland, kräftiger als der Text. — 6.
a. K. Huld. c. K. Verderb. u. d. K. Herr.

CCLXIX. 1. a. K. großer Jesu. d. K. eine Kraft geht aus von mir. e.
H. laß auch jetzt Kraft auf uns fließen. K. laß auch mir sie segnend fließen und
sich in mein Herz ergießen, da du nun in Herrl. thronest über Welt und Zeit. —
2. a—d. K. dir ist ja in deine Hände übergeben Macht und Ehr — geht dein
Ruhm so hoch und hehr. c. B. H. K. bis an aller Welten Ende. — 3. b. H.
hilfst mit starker Hand geschwind. d. H. sind. K. das — die noch glänzen hell und

zu sein, und zu retten groß und klein.

4. Hier, mein Arzt, steh auch ich Armer, krank am Geiste, blind und bloß; rette mich, o mein Erbarmer! mache mich von Sünden los und von den so vielen Tücken, die mein armes Herz bestricken; ach! laß deinen süßen Mund zu mir sprechen: sei gesund.

5. Siehe, meine Seele rühret deinen Saum im Glauben an, wartet, bis sie endlich spüret, was du hast an ihr gethan; an dein Wort will ich mich halten, und indeß dich lassen walten, leugnen kannst du dich doch nicht, da dein Wort mir Heil verspricht.

6. Amen, du wirst mich erhören, daß ich durch dich werde rein, und zu mir dein Antlitz kehren, daß ich könne fröhlich sein: so will ich aus Herzens Grunde deine Güte mit dem Munde rühmen hier in dieser Zeit, bis zur frohen Ewigkeit.

Anmerk. Vf. unbekannt. In Vs. 2. Zl. 4. würden wir gleich fügen: darum kannst du allen rathen, das bezeugen deine Thaten; nichts trieb dich,

Herr, als allein aller Menschen Heil zu sein.

Mel. Nun sich der Tag geendet hat.

270. Mein Gott, das Herz ich bringe dir zur Gabe und Geschenk: du forderst dieses ja von mir, deß bin ich eingedenk.

2. Gieb mir, mein Sohn, dein Herz! sprichst du; das ist mir lieb und werth, du findest anders auch nicht Ruh im Himmel und auf Erd.

3. Nun du mein Vater, nimm es an mein Herz, veracht es nicht. Ich gebs, so gut ichs geben kann, kehr zu mir dein Gesicht.

4. Zwar ist es voller Sündenwust und voller Eitelkeit, des Guten aber unbewußt, der wahren Frömmigkeit.

5. Doch aber steht es nun in Reu, erkennt sein' Uebelstand und träget jetzund vor dem Scheu, daran es vor Lust fand.

6. Hier fällt und lieget es zu Fuß und schreit: nur schlage zu! zerknirsch, o Vater, daß ich Buß rechtschaffen vor dir thu.

7. Zermalm mir meine Härtigkeit, mach mürbe meinen Sinn, daß

rein. e—h. K. ja was du vor tausend Jahren herrlich wolltest offenbaren, als dein Gotteswerk und Wort, wirket heut noch kräftig fort. — 4. e. K. gieb mich frei. g. K. treuen. — 5. b. K. dich o Herr im Glauben an. c. K. freudig. d. K. dein Geist an ihr. g. K. dich verläugnen wirst. — 6. c. K. wirst zu mir. d. K. daß ich möge. e. K. dann. f. K. und mit freudenvollem Munde. g. K. rühmen dich zu dieser Zeit. B. zu.

CCLXX. 1. b. K. H. W. zur Gab und zum Geschenk (härter als der Text). c. S. solches ja. K. W. solches selbst. — 2. a. K. H. W. mein Kind. (die Bibelstelle darf durchaus nicht verändert werden und die Rücksicht auf das andre Geschlecht ist zu scrupulös). Bs. das Herz, auch gegen die Bibel. c. d. W. es giebt dir anders keine Ruh der Himmel und die Erd. K. o welch ein heilsam Wort, es zeigt den Weg zur wahren Ruh, zum Frieden hier und bort. — 3. a. S. so nimm denn Vater gnädig an. K. nun o. H. nimm denn an. d. W. neig. S. du machst mir Zuversicht. — 4. Bei W. ausgel. — 4. a. K. H. Sündenlust. c. H. dagegen sich gar unbewußt. S. zum Guten ohne Lieb und Lust. d. B. K. und wahrer. — 5. Bei W. ausgel. a. b. K. S. H. steht es nun in Leid und Reue, fühlt seinen. b. S. Jammerstand. c. H. und trägt jetzt vor allem Scheu. K. trägt jetzt vor den Dingen Scheu. S. und trägt vor dem allen Scheu. d. H. woran es Lust einst fand. K. daran es Freude fand. Bs. S. B. daran's zuvor Lust fand, alte Var. — 6. Bei S. K. W. ausgel. a. Bs. B. H. liegt es dir zu Fuß. b. H. ach bringe mich dazu. Bs. interpungirt: schreit nur: schlage zu. c. H. mit Ernst o Vater.

ich in Seufzer, Reu und Leid und Thränen ganz zerrinn.

8. Sodann nimm mich, mein Jesu Christ, tauch mich tief in dein Blut: ich glaub, daß du gekreuzigt bist der Welt und mir zu gut.

9. Stärk mein sonst schwache Glaubenshand zu fassen auf dein Blut, als der Vergebung Unterpfand, das alles machet gut.

10. Schenk mir nach deiner Jesushuld Gerechtigkeit und Heil, und nimm auf dich mein' Sündenschuld und meiner Strafe Theil.

11. In dich wollst du mich kleiden ein, dein' Unschuld ziehen an, daß ich von allen Sünden rein vor Gott bestehen kann.

12. Gott, heilger Geist, nimm du auch mich in die Gemeinschaft ein, ergieß um Jesu willen dich tief in mein Herz hinein.

13. Dein göttlich Licht schütt in mich aus und Brunst der reinen Lieb: lösch Finsterniß, Haß, Falschheit aus, schenk mir stets deinen Trieb.

14. Hilf, daß ich sei von Herzen treu im Glauben meinem Gott, daß mich im Guten nicht mach scheu der Welt List, Macht und Spott.

15. Hilf, daß ich sei von Herzen fest im Hoffen und Geduld, daß, wenn du nur mich nicht verläßt, mich tröste deine Huld.

16. Hilf, daß ich sei von Herzen rein im Lieben und erweis', daß mein Thun nicht sei Augenschein, durchs Werk zu deinem Preis.

17. Hilf, daß ich sei von Herzen schlecht, aufrichtig ohn Betrug, daß meine Wort und Werke recht und niemand schelt ohn Fug.

18. Hilf, daß ich sei von Herzen klein, Demuth und Sanftmuth halt, daß ich, von aller Weltlieb rein, vom Fall aufstehe bald.

19. Hilf, daß ich sei von Herzen fromm, ohn alle Heuchelei, damit mein ganzes Christenthum dir wohlgefällig sei.

20. Nimm gar, o Gott, zum Tempel ein mein Herz hier in der

— 7. Bei S. ausgel. a. K. B. W. zermalme meine. b. H. erweiche: das „mürbe machen" ist nicht zulässig. c. d. K. W. und ziehe mich in Reu und Leid zu deinem Herzen hin. — 8. Bei W. ausgel. a. K. Herr J. C. S. nimm mich mein Heiland. a. b. H. dann gieb auch mir, Herr J. Ch. Theil am Versöhnungsblut. c. H. ich weiß. — 9. Bei S. W. ausgel. a. K H. meine schwache Glaubenshand. — 10. Bei W. ausgel. c. Bs. S. nimm — meine Sündenschuld. (S. u. gieb mir an dir T.). K. du trugst ja meine Sündenschuld. — 11. Bei S. W. ausgel. b. K. ziehn mir an. Bs. H. zieh mir an. — 12. Bei W. ausgel. 13. a. K. W. gieß. b. B. W. und Glut. K. und reichlich Gottes Lieb. S. durch deine reine Lieb. c. S. treib alle Finsterniß hinaus. Bei H. ist der ganze Vers verändert: erleuchte mich und mache mir Gott über alles lieb, von aller Finsterniß zu dir zieh kräftig mich dein Trieb. — 14. a. K. im Glauben. c. d. W. daß nicht — mich Welt=List. S. daß mich nie wieder. b—d. K. an Jesum, Gottes Sohn und ihn bekenne sonder Scheu vor aller Feinde Hohn. — 15. b. H. W. in Hoffnung. S. mit Geduld. a—d. K. daß ich sei im Hoffen fest voll Demuth und Geduld, daß wenn auch Alles mich verläßt, mich tröste. — 16. Bei W. ausgel. b—d. S. im Lieben und durchs Werk, ohn allen Trug und Heuchelschein das neue Leben merk. K. in Lieb und Freundlichkeit, daß nichts thu zum Aug. nein wie's dein Herz erfreut. H. und gebe den Beweis, daß mein Thun nicht sei leerer Schein, durch Werke dir zum Preis. — 17. Bei S. W. ausgel. a. Bs. K. schlicht. b. K. und doch klug. c. Bs. auf Treue Wort und Werke richt. K. mein Wort, mein Werk, mein Angesicht. d. K. sei ohne List und Trug. H. hilf, daß mein Herz von Falschheit frei in Wort und Werken redlich sei und niemand richt. — 18. Bei S. K. ausgel. b. W. üb'. c. H. Weltlust. d. W. stets wachs' in Gottes Lieb. — 19. Bei K. ausgel. b. S. von aller Schalkheit frei. — 20. a. S. H. ganz o Gott. K. dir o Gott. W. o mein Gott. b. W. in dieser Zeit. c. K. S. W. laß es deine Wohnung. d. S. K. H. W. in alle Ewigk. — 21. Bei W. ausgel. b.

Zeit, ja, laß es auch dein Wohn=haus sein in jener Ewigkeit.

21. Dir geb ich's ganz zu eigen hin, brauch's wozu dir's gefällt, ich weiß, daß ich der Deine bin, der Deine, nicht der Welt.

22. Drum soll sie nun und nim=mermehr dies richten aus bei mir: sie lock und droh auch noch so sehr, daß ich soll dienen ihr.

23. In Ewigkeit geschieht das nicht, du falsche Teufelsbraut! gar wenig mich, Gott Lob, ansicht dein glänzend Schlangenhaupt.

24. Weg Welt, weg Sünd, dir geb ich nicht mein Herz: nur Jesu, dir ist dies Geschenk zugericht', be=halt es für und für.

Anmerk. Von Joh. C. Schade. werthvoll wegen biblischen Ausgangs=punctes und inniger Ausführung. Aen=derungen sind weniger nöthig als Verkürzungen, denn das Lied ist et=was langathmig. Wir würden aus wählen: Vs. 1—5. Vs. 7. Vs. 10—13. Vs. 20. Von den unten stehenden Varianten ist für diese Verse nur mit Mäßigung Gebrauch zu machen.

Mel. Wenn wir in höchsten Nöthen sein.

271. O frommer und getreuer Gott! ich hab gebrochen dein Ge=bot und sehr gesündigt wider dich, das ist mir leid und reuet mich.

2. Weil aber du, o gnädger Gott,

nicht hast Gefall'n an meinem Tod. und ist dein herzliches Begehr'n, daß ich mich soll zu dir bekehr'n:

3. Auf dies=Wort, lieber Vater fromm, ich armer Sünder zu dir komm und bitt dich durch den bittern Tod und heilige fünf Wunden roth

4. Dein's lieben Sohnes Jesu Christ, der mir zu gut Mensch wor=den ist, laß deine Gnad und Gü=tigkeit mehr gelten als Gerechtigkeit.

5. Verschon, o Herr! laß deine Huld zudecken alle meine Schuld, so werd ich arm verlornes Kind, le=dig und los all meiner Sünd.

6. Ich will, o Herr! nach dei=nem Wort mich bessern, leben fromm hinfort, damit ich mög nach dieser Zeit gelangen zu der Ewigkeit.

Anmerk. Von Barth. Ring=waldt, einfach und würdig. Drei Verse mit Bs. auszulassen sehen wir keinen zureichenden Grund, wohl aber kann man sich allerdings in Vs. 2—4. der Aenderungen nicht ganz entrathen.

Mel. Wenn wir in höchsten Nöthen sein.

272. O Mensch, der Herre Je=sus weint und dich mit seinen Thrä=nen meint; du, du, du böses Sün=denhaus drückst ihm die heißen Zäh=ren aus.

2. Dein' Herren dies kränkt jäm=merlich, daß du sollst werden ewig=lich verstoßen zu der Höllen Pein:

S. dein Weg mir wohlgefällt. K. H. wie es dir. c. d. es, daß ich — ja dein und nicht der Welt. S. und nicht der falschen Welt. — 22. Bei Bs. S. K. W. ausgel. d. H. sollt. — 23. Bei Bs. S. K. W. ausgel. b—d. H. mein Gott wird mit mir sein, und zum Beharren stets mir Licht und neue Kraft verleihn.— 24. Bei W. ausgel. c. S. ist dieses Opfer. H. ist zum Geschenk es. CCLXXI. 2—4. bei Bs. ausgel. 2. S. doch haft du o gnädger Gott nicht Lust an eines Sünders Tod, dein herzlich Wollen ist vielmehr, daß Buß ich thu und mich bekehr. K. doch hast du o barmh. S. Gefallen nicht an meinem Tod: es ist dein herzliches Begehr daß sich ein Sünder zu dir kehr, c. H, viel mehr ist dein herzlich Begehr. d. wie S. — 3. d. H. und durch die heilgen Wunden. c. d. K. und bitte dich durch Christi Tod um Gnad und Hülf in meiner Noth. — 4. c. H. v. Barmherz, d. S. ergehen vor. K. sei huldreich mir in Jesu Christ, der mir zum Heil geboren ist; es rühme sich Barmh. K. Herr, wider die Ger. — 5. a. K. verschone. d. S. K. befreit von aller. — 6. b—d. S. hilf du mir hinfort und leite mich durch diese Zeit bis zu der selgen. K. dann hilf mir, Herr, nach deinem Wort gottselig leben fort und fort, damit ich einst nach dieser Zeit eingehe zu der Sel. d. Bs. H. Seligkeit.

das mag wohl werth der Thränen
fein.

3. Er stehet an wie Petrum dich,
ob du auch wollest bitterlich beweinen deine Missethat, indem zu finden noch ist Rath.

4. Mit Liebesaugen blickt er hin,
ob du wollst ändern deinen Sinn:
er will von deinem Sündenlauf von
Herzen gern dich nehmen auf.

5. O Jesu, gieb doch selber du
das Wollen und das Thun dazu!
wem du nicht hilfst, der bleibt
verlor'n, dein Hülf allein macht
auserkor'n.

6. O Jesu, Jesu bei uns steh!
o Jesu, nimmer von uns geh! o
Jesu, hilf uns gnädig fort bis wir
gehn in die Himmelspfort.

Anmerk. Im Lemgoer Gesgb. von
1707. Folgende Aenderungen dürften in dem trefflichen Gesange nöthig
sein: Ve. 1. Zl. 3. du, du und
deiner Sünden Graus. Ve.
2. Zl. 1. den Herrn kränkt
das so inniglich. Ve. 3. Zl. 4.
verlassen der Gottlosen Rath.
Ve. 5. Zl. 3. 4. wo du nicht
hilfst ist finstre Nacht, du
hast allein das Licht gebracht.

Mel. In Wasserflüssen Babylon.

273. O König! dessen Majestät weit über alles steiget, dem Erd
und Meer zu Dienste steht, vor dem
die Welt sich neiget; der Himmel
ist dein helles Kleid, du bist voll
Macht und Herrlichkeit, sehr groß
und wunderthätig: ich armer Wurm
vermag nichts mehr, als daß ich

ruf' zu deiner Ehr; Gott sei mir
Sünder gnädig!

2. Hier steh ich, wie der Zöll-
ner that, beschämet und von ferne,
ich suche deine Hülf und Gnad, o
Herr! von Herzen gerne; doch weil
ich voller Fehler bin, und wo ich
mich nur wende hin beschmutzet
und unflätig, so schlag ich nieder
mein Gesicht vor dir, du reines
Himmelslicht! Gott sei mir Sünder gnädig!

3. Die Schulden, der ich mir
bewußt, durchängsten mein Gewissen; drum schlag ich reuig an die
Brust, und will von Herzen büßen:
ich bin, o Vater, ja nicht werth,
daß ich noch wandle auf der Erd;
doch, weil du winkst, so bet ich mit
ganz zerknirschtem bangem Geist, der
gleichwohl dich noch Abba heißt:
Gott sei mir Sünder gnädig!

4. Mein Abba! schaue Jesum
an, den Gnadenthron der Sünder,
der für die Welt genug gethan,
durch den wir Gottes Kinder in
gläubigem Vertrauen sind: der ist's,
bei dem ich Ruhe find, sein Herz ist
ja gutthätig. Ich fasse ihn, und laß
ihn nicht, bis Gottes Herz mitleidig
bricht. Gott sei mir Sünder gnädig!

5. Regiere doch mein Herz und
Sinn in diesem ganzen Leben; du
bist mein Gott, und was ich bin,
bleibt ewig dir ergeben; ach! heilige mich ganz und gar, laß meinen
Glauben immerdar sein durch die
Liebe thätig: und will es nicht fort,

CCLXXIII. 1. e. f. S. du bist von aller Ewigkeit der Gott der Macht
und Herrlichkeit. (Der Dichter dachte an den Gott, vor dem auch die Himmel
nicht rein sind.) h. S. H. ich armer Mensch. h. i. K. ich Armer kann in meiner Pein nichts sagen als nur dies allein. — 2. d. S. o Herr, du hilfst ja. e. S.
Sünden. f. K. und Sünde meinen ganzen Sinn. H. so weit entfernt von deinem
Sinn. g. S. H. von allem Guten ledig. K. zum Guten macht unthätig. — 3.
a. K. die Missethat bei mir. b. K. durchängstet. d. K. von Scham und Schmerz
zerrissen. f—k. K. bin alles Ruhmes ledig, doch fleh' ich mit z. G. der dennoch dich noch
Vater. S. du rufst. h. S. H. Vater heißt. — 4. a. S. K. H. Vater. b—d. S. den Heiland aller — wir deine. f. S. er ist ja stets gutthätig. g. S. ich faß ihn fest und laß
ihn nicht. h. S. bis dir dein Herz. Bei K. ist der Vers völlig umgedichtet.
5. a. S. regiere nun. d. H. bleib. K. sei ewig dir. f. g. S. mach meinen Glauben immerdar durch wahre Liebe. h. i. K. und kann ich nicht so wie ich soll, so

wie es soll, so ruf ich, wie mein Herz ist voll: Gott sei mir Sünder gnädig!

6. Mein Leben und mein Sterben ruht allein auf deiner Gnade; mir geh es gleich bös' oder gut, gieb nur, daß es nicht schade. Kommt denn das letzte Stündlein an, so sei mir auf der Todesbahn, mein Jesu! selbst beiräthig, und wenn ich nicht mehr sprechen kann, so nimm den letzten Seufzer an: Gott sei mir Sünder gnädig!

Anmerk. Von B. E. Löscher, werthvoll besonders durch den ewigen Bußruf des Zöllners, der alle Verse schließt. Wir lesen Ve. 1. Zl. 8. 9. mit K. Ve. 2. Zl. 5—7. mit S. Ve. 5. Zl. 8. 9. mit K. Sonst finden wir keine Aenderungen nöthig.

Mel. Ich Gott vom Himmel sieh darein.

274. O Vater der Barmherzigkeit! ich falle dir zu Fuße: verstoß den nicht, der zu dir schreit, und thut noch endlich Buße. Was ich begangen wider dich, verzeih mir alles gnädiglich durch deine große Güte.

2. Durch deiner Allmacht Wunderthat nimm von mir, was mich quälet: durch deine Weisheit schaffe Rath, worinnen mirs sonst fehlet. Gieb Willen, Mittel, Kräft und Stärk, daß ich mit dir all meine Werk anfange und vollende.

3. O Jesu Christe! der du hast am Kreuze für mich Armen getragen aller Sünden Last, wollst meiner dich erbarmen. O wahrer Gott o Davids Sohn! erbarm dich mein, und mein verschon, sieh an mein kläglich Rufen.

4. Laß deiner Wunden theures Blut, dein' Todespein und Sterben mir kommen kräftiglich zu gut, daß ich nicht muß verderben: bitt du den Vater, daß er mir im Zorn nicht lohne nach Gebühr, wie ich es hab verschuldet.

5. O heil'ger Geist! du wahres Licht! Regierer der Gedanken! wenn mich die Sündenlust ansicht, laß mich von dir nicht wanken: verleih, daß nun, noch nimmermehr, Begierd' nach Wollust, Geld und Ehr in meinem Herzen herrsche.

6. Und wenn mein Stündlein kommen ist, so hilf mir treulich kämpfen, daß ich des Satans Trotz und List durch Christi Sieg mög' dämpfen. Auf daß mir Krankheit, Angst und Noth, und dann der letzte Feind, der Tod, nur sei die Thür' zum Leben.

Anmerk. Nach gewöhnlicher Annahme von Dav. Denicke, bedarf auch nicht der geringsten Aenderung, man möchte denn die Specification in Ve. 5. Zl. 6. wegwünschen, etwa: die Welt und all ihr eitles Heer.

Mel. Herzlich lieb hab ich dich o Herr.

275. Vor G'richt, Herr Jesu! steh ich hie, zu dir beug ich meins Herzens Knie, kann mir selbst gar

ruf ich täglich reuevoll. — 6. c. S. K. mir geh es übel oder gut. d. K. gieb nur daß mir nichts schade. e. K. kommt dann die letzte Stund heran. g. S. selbst noch gnädig. K. nah und gnädig.

CCLXXIV. 2. a. Bei Rambach: Meisterthat, die obige Lesart Text der alten Gesgb. d. K. zeig an worin mirs fehlet. — 3. d. K. du wollst dich mein. e. W. o Gottes und des Menschen Sohn. f. K. blick auf mich nieder von dem Thron. g. H. hör. W. vernimm — Seufzen. K. vernimm des Armen Seufzen. — 4. Bei W. ausgel. d. K. B ach, laß mich nicht. g. K. wie ich es wohl. — 5. e. K. W. und n. f. H. Wellust. Bei Rambach im Texte: nach Reichthum oder Ehr. — 6. c. B. K. Trug. W. des Argen. f. W. ja selbst das letzte Leid (K. Feind).

CCLXXV. a. Bs. S. vor dir, Herre Jesu. b. Bs. und beug in Demuth meine Knie. S. ich (K. und) beuge meines. H. beug in Demuth mein's Herzens

nicht rathen: mein groß und viele Missethat, mich hier und dort verdammet hat, doch will ich nicht verzagen. Herr Jesu Christ! dein Blut allein macht mich von allen Sünden rein, weil ich in wahrer Reu und Buß an dich gläub, und dir fall zu Fuß. Herr Jesu Christ! deß dank ich dir! ich will mich bessern, hilf du mir!

Anmerk. Dies Lied wird sehr verschiedenen Verf. zugeschrieben, am gewöhnlichsten J. M. Dilherr. Der oben stehende Text ist nach unsern Forschungen der älteste; aber schon im Anfange des vorigen Jahrh. curfirt eine etwas gefügigere, nicht wenig abweichende Recension, welche Bs. S. H. vorgelegen zu haben scheint.

Mel. Herzlich lieb hab ich dich o Herr.

276. Zu dir, Herr Jesu, komme ich, nachdem du mich so süßiglich zu dir hast heißen kommen. Mich drücket meiner Sünden Last, sie läßt mir keine Ruh noch Rast; würd sie mir nicht benommen, so müßt darunter ich vergehn, ich könnte vor Gott nicht bestehn, vor dem die Himmel selbst nicht rein, ich müßt ein Kind des Todes sein. Herr Jesu Christ; mein Trost und Licht, erquicke mich und laß mich nicht.

2. Das Sündenjoch ist mir zu schwer, es drückt den Geist nur allzusehr. Du, Herr, wollst es zerbrechen; gedenke, daß du diese Last darum für mich getragen hast, damit nicht möchte rächen der Vater, was ich hab' verschuldt; vielmehr, daß seine Gnad und Huld mir Armen wieder würd zu Theil; mach mich durch deine Wunden heil, Herr Jesu Christ! und für mich bitt, wenn Satan wider mich auftritt.

3. Zu dir steht meine Zuversicht, ich weiß von keinem Helfer nicht, ohn' dich, o Arzt der Sünder! all andre Helfer sind zu schlecht; du bist allein vor Gott gerecht, des Todes Ueberwinder, die Freistadt und der sichre Ort, das feste Schloß, der Schild und Hort, der Mittler und der Gnadenthron, des Vaters Herz und liebster Sohn. Herr Jesu Christ! das glaube ich, ach stärk in solchem Glauben mich.

4. Hinfort will ich nun jederzeit auf mich zu nehmen sein bereit dein Joch, die sanfte Bürde, darunter sind ich Fried und Ruh, ich wachs' und nehm im Guten zu, und ob ich drunter würde aus Schwachheit, die dir ist bekannt, ermüden, wird doch deine Hand mir immer wieder helfen auf, um zu vollenden meinen Lauf. Herr Jesu Christ! durch dich allein kann ich hier und dort selig sein.

Anmerk. Von J. A. Freylinghausen.

Knie. c. Bs. S. B. und seufze mit Wehklagen. K. will dir mein Elend klagen. H. mit Seufzen und Wehklagen. d. e. Bs. für meine Sünd und Missethat weiß ich auf Erden keinen Rath. S. obwohl mein Sünd und Missethat nach strengem Recht verdammt mich hat. B. H. mein große Sünd und Miss. mich verklagt und verdammet hat. e. K. mich überall. f. g. Bs. B. S. H. weil ich (S. wenn ich) fest glaube und dabei im Herzen habe wahre Reu. i. Bs. B. S. das dank ich. k. Bs. für u. für.
CCLXXVI. 1. b. K. H. gnädiglich. e. f. K. ich habe keine — bis sie mir abgen. f. H. würd ich ihr nicht entnommen. g. h. K. sonst darin — und k. H. ich unter ihr. — 2. b. K. drücket meinen Geist zu sehr. e. f. K. für mich dir aufgeladen hast, gedenk an dein Versprechen. g — i. K. was auf mir liegt an Sünd und Schuld das tilget deine Mittlerschuld, gieb mir an deinem Reiche Theil. l. K. erbe dich. — 3. b. H. ich weiß sonst keinen. K. denn einen Heiland kenn ich nicht. c. H. K. als dich du. g. h. K. mein starker Schild, mein Friedensport, mein festes Schloß, mein treuer Hort. H. g. der sichre Port. k. K. des Vaters Bild. m. K. diesem G. — 4. f. H. und ob ich dabei. K. auch wenn ich leiden würde. g. h. K. und wenn ich je im Thränenland ermatte, wird doch deine Hand. k. K. daß ich v.

B) Abgekürzte Lieder und Verse.

Mel. Wenn meine Sünd' mich kränken.

277. Die Handschrift ist zerrissen, dieweil ein Bürge kam, der hoher Huld befliffen die Rechnung auf sich nahm und sie so völlig hingezählt, daß von der ganzen Menge auch nicht das Kleinste fehlt.

2. Lamm, du hast meine Schulden, die Niemand zählen kann, durch schmerzliches Erdulden auf ewig abgethan. Du hast an meine Noth gedacht und durch den Drang der Liebe dich selbst zur Schuld gemacht.

3. Wer nun noch Sünde liebet, der ist des Teufels Knecht: wen seine Schuld betrübet, der ist vor Gott gerecht. Wer sich beim Richter selbst verklagt, der wird von seinen Schulden auf ewig losgesagt.

4. Wenn ich mich selbst betrachte, so wird mir angst und weh; wenn ich auf Jesum achte, so steig ich in die Höh, so freut sich mein erlöster Geist, der durch das Blut des Lammes gerecht und selig heißt.

5. Lamm Gottes, deinen Wunden verdank ich's Tag und Nacht, daß du den Rath gefunden, der Sünder selig macht. Gelobet sei dein Todesschweiß und dir für deine Schmerzen sei ewig Ehr und Preis!

Anmerk. Zusammengestellt aus dem Liede: Die Handschrift ist zerrissen von E. G. Woltersdorf.

278. Hier legt mein Sinn sich vor dir nieder, mein Geist sucht seinen Ursprung wieder: laß dein erfreuend Angesicht zu meiner Armuth sein gericht.

2. Ich fühle wohl, daß ich dich liebe und mich in deinen Wegen übe, doch fehlt es in dem Kampf und Streit dem Glauben an Beständigkeit.

3. Ich muß noch mehr auf dieser Erden durch deinen Geist geheiligt werden, der Sinn muß tiefer in dich gehn, der Fuß muß unbeweglich stehn.

4. Doch weiß ich mir nicht selbst zu rathen, hier gelten nicht der Menschen Thaten; wer macht sein Herz wohl selber rein? es muß durch dich gewirket sein.

5. Drum will die Sorge meiner Seelen ich dir, mein Vater, ganz befehlen; ach drücke tief in meinen Sinn, daß ich in dir nur selig bin.

Anmerk. Aus dem Liede: Hier legt mein Sinn sich vor dir nieder von C. F. Richter.

Mel. Wer nur den lieben Gott läßt walten.

279. Ich armer Mensch, ich armer Sünder steh hier vor Gottes Angesicht: ach Gott, ach Gott! verfahr gelinder, und geh nicht mit mir ins Gericht. Erbarme dich, erbarme dich, Gott! mein Erbarmer! über mich.

2. Wie ist mir doch so herzlich bange von wegen meiner großen Sünd', bis daß ich Gnad' von dir erlange, ich armes und verlornes Kind. Erbarme dich u. s. w.

3. Nicht, wie ich hab verschuldet lohne, und handle nicht nach meiner Sünd. Um Jesu willen, Vater! schone, erkenn mich wieder für dein Kind. Erbarme dich u. s. w.

4. Sprich nur ein Wort, so werd ich leben, sag, daß der arme Sünder hör: geh hin, die Sünd sind dir vergeben, hinfürder sünd'ge nur nicht mehr. Erbarme dich u. s. w.

Anmerk. Vs. 1, 2, 6, 7. aus dem Lied: Ich armer Mensch, ich armer Sünder von Chr. Tittius.

Mel. Herzlich thut mich verlangen.

280. Ich soll zum Leben drin=
gen, für welches Gott mich schuf,
soll nach dem Himmel ringen, das,
das ist mein Beruf! in einer Welt
voll Sünden soll ich nur ihm mich
weihn, sie fliehn, sie überwinden,
und dann erst selig sein.

2. Und wenn der Pilger Got=
tes der Sünder Lust verschmäht,
wenn er, trotz ihres Spottes, auf
seinem Pfade geht; was wird ihm
nicht zum Lohne, wenn er die kur=
ze Zeit getreu war! welche Krone!
welch eine Seligkeit!

3. O Herr, auch mich verlanget
dein treues Kind zu sein, und mei=
ne Seele hanget doch nicht an dir
allein; ich weiß, ich werde sterben,
und liebe doch die Welt, o Herr!
welch ein Verderben, das mich ge=
fangen hält!

4. Entsagt hab ich dem Bösen
und doch wird es vollbracht: ach,
wer wird mich erlösen aus dieses
Todes Nacht! Ich lasse nach zu
ringen und doch ists mein Beruf:
ich soll zum Leben dringen zu wel=
chem Gott mich schuf.

5. Dir seufz ich anzuhangen! Er=
barmer, dir allein! du hast es an=
gefangen, das gute Werk ist dein!
vollende, Gott! vollende, was mir
dein Wort verheißt. In deine Va=
terhände befehl ich meinen Geist.

Anmerk. Aus dem Liede: Ich soll
zum Leben dringen von J. A.
Cramer.

Mel. Jesus meine Zuversicht.

281. Jesus nimmt die Sünder
an! saget doch dies Trostwort allen,
welche von der rechten Bahn auf
verkehrten Weg verfallen. Hier ist,
was sie retten kann: Jesus nimmt
die Sünder an!

2. Wenn ein Schaf verloren ist,
suchet es ein treuer Hirte: Jesus,
der uns nie vergißt, suchet treulich
das Verirrte, daß es nicht verder=
ben kann: Jesus nimmt die Sün=
der an!

3. Kommet alle, kommet her,
kommet, ihr betrübten Sünder! Je=
sus rufet euch, und er macht aus
Sündern Gottes Kinder. Glaubets
doch, und denket dran: Jesus nimmt
die Sünder an!

4. Ich Betrübter komme hier,
und bekenne meine Sünden; laß,
mein Heiland! mich bei dir Gnade
und Vergebung finden, daß dies
Wort mich trösten kann: Jesus nimmt
die Sünder an!

5. Jesus nimmt die Sünder an!
mich hat er auch angenommen, und
den Himmel aufgethan, daß ich se=
lig zu ihm kommen, und auf den
Trost sterben kann: Jesus nimmt
die Sünder an!

Anmerk. Vs. 1. 3. 4. 5. 8. aus
dem Liede: Jesus nimmt die
Sünder an von M. G. Hofmann.

Mel. Aus tiefer Noth schrei ich zu dir.

282. O Herr mein Gott, ich
hab zwar dich durch mich erzürnen
können; wie ich versöhne dich durch
mich, kann ich gar nicht ersinnen.
Doch tröst mich, daß dein liebstes
Kind, an dem sich nichts von Sün=
de find't, ist mein Erlöser worden.

2. Sieh, das ist meine Zuver=
sicht, das ist mein ganz Vertrauen!
willst du gerechter Gott mich nicht
der Sünden halb anschauen, so sieh
mich doch in Gnaden an weil dein
Sohn gnug für mich gethan und
meine Sünd gebüßet.

3. Darum, o du liebreicher Gott,
deß Gnad nicht auszugründen; um
deines Sohnes Blut und Tod ver=
zeih mir meine Sünden! laß durch
sein' Unschuld meine Schuld, durch
sein Geduld mein' Ungeduld gänz=
lich getilget werden!

4. Gieb seine Demuth mir zum
Schutz, die mich vor Stolz behütet!

sein' Sanftmuth steure meinem Trutz,
wenn er mit Feindschaft wüthet.
Er sei mir Alles, was ich darf, so
wird kein Urtheil sein so scharf, das
mich verdammen möchte.

Anmerk. Vs. 1. 4. 11. 12. aus dem
Liede: O Herr mein Gott ich
hab zwar dich von Joh. Heermann.

Mel. Jesus meine Zuversicht.

283. Schaffet eure Seligkeit allezeit mit Furcht und Zittern; mein
Gott! mache uns bereit, daß mit
heiligem Erschüttern dies Wort, als
ein Donnerschlag, unsre Herzen rühren mag.

2. Schaffet eure Seligkeit, ist
das auch von uns geschehen? ach
es fehlet noch gar weit, was für
Mängel wird man sehen! o! wie
ruchlos ist der Sinn, wie voll Leicht-
sinn geht man hin!

3. Schaffet eure Seligkeit, har-
tes Herz! zerfließ in Thränen wegen deiner Sicherheit, und sei heute
unter denen, die in ihrer Sünden-
pein recht zerknirschtes Geistes sein.

4. Schaffet eure Seligkeit, Jesu!
hilf mir selber ringen, meine Sünde ist mir leid, laß mich beßre
Früchte bringen, daß ich meine Chri-
stenbahn selig einst vollenden kann.

Anmerk. Vs. 1. 5. 6. 8. aus dem
Liede: Schaffet eure Seligkeit von M. G. Adolph.

Mel. Vater unser im Himmelreich.

284. So wahr ich lebe, spricht
dein Gott, mir ist nicht lieb des
Sünders Tod: das ist mein heilig
ernster Will, daß er von Sünden
halte still, von seiner Bosheit kehre
sich und mit mir lebe ewiglich.

2. Dies Wort bedenk, o Menschenkind; verzweifle nicht in deiner Sünd'. Hier findest du Trost,
Heil und Gnad, die Gott dir zugesaget hat und zwar durch einen

theuern Eid. O selig, wem die
Sünd ist leid!

3. Heut lebst du, heut bekehre
dich, trau nicht auf Morgen freventlich; oft wird von dem, der heute
lacht, die Seel gefordert über Nacht,
und blieb in Sünden so dein Sinn,
fährst du zur ewgen Pein dahin.

4. Hilf, o Herr Jesu; hilf du
mir, daß ich voll Eilens geh zu dir,
weil jetzo es noch Heute heißt, eh
mich der schnelle Tod hinreißt, auf
daß ich heut und jederzeit zu meiner Heimfahrt sei bereit.

Anmerk. Vs. 1. 2. 5. 6. aus dem
Liede: So wahr ich lebe spricht
dein Gott von Joh. Heer-
mann — etwas verändert.

285. Straf mich nicht in
deinem Zorn, großer Gott verschone! thu mir auf der Gnade
Born, nach Verdienst nicht lohne!
hat die Sünd dich entzünd't, sei in
Christi Wunden uns das Heil erfunden.

2. Zeig mir deine Vaterhuld,
stärk mit Trost mich Schwachen!
ach Herr, hab mit mir Geduld,
wollst gesund mich machen, daß ich
dir für und für dort an jenem Tage, höchster Gott, Lob sage.

3. Weicht, ihr Feinde, weicht von
mir! Gott erhört mein Beten. Nunmehr darf ich mit Begier vor sein
Antlitz treten. Teufel, weich! Hölle,
fleuch! was mich sonst gekränket hat
mir Gott geschenket.

4. Ach wie freudig kann ich nun
aus dem Elend scheiden und fein
sanft und selig ruhn bis zu jenen
Freuden, die mir dort Gott, mein
Hort, da die Engel schweben, ewiglich wird geben.

Anmerk. Aus dem Liede: Straf
mich nicht in deinem Zorn von
Joh. Georg Albinus, in Vs.
1. Aenderungen, in den folgenden
Zusammenziehungen.

Mel. Freu dich sehr o meine Seele.

286. Waschet euch, ihr Volk er Sünder, reinigt euer Herz und Sinn! die ihr wollet Gnade finden, thut das frevle Wesen hin! thut das Böse weg von mir, weg von meinen Augen hier! kehret um und lernt dagegen trachten nach den rechten Wegen!

2. Dann, so tret' mit wahrer Reue und mit Glaubenskraft herfür, daß ich euch im Geist verneue und drauf heilige in mir! laßt uns rechten, kommet her! eure Sünd, ist sie gleich schwer, soll dann, wie der Schnee der Erden, weiß und rein und lauter werden.

Anmerk. Aus dem Liede: Waschet euch ihr Volk der Sünder aus dem Merseburger Gesgb. von 1735.

Mel. Valet will ich dir geben.

287. Wer singt denn so mit Freuden im hohen sanften Ton? ein Lamm von Jesu Weiden bekennt und rühmt den Sohn, ein Sünder, der aus Gnaden als ganz bekehrt erscheint, nachdem er seinen Schaden gefühlet und beweint.

2. Hier bin ich ewig selig, hier hab ich ewig satt; die Güter sind unzählig, die hier mein Glaube hat. Die Sünden sind vergeben, ich bin gerecht gemacht und aus dem Tod in's Leben von Jesu durchgebracht.

3. Drum lieb ich ihn mit Freuden und sag es aller Welt, will gerne thun und leiden was seinem Sinn gefällt! und wenn die Feinde kommen sei Trutz der Finsterniß! Er wird mir nicht genommen, sein Heil bleibt mir gewiß!

4. Kommt her, ihr Menschenkinder, hier hat man's ewig gut! kommt her, ihr reu'gen Sünder, hier

quillt der rechte Muth, Vergebung aller Sünden und Kraft zur Heiligkeit, soll bei dem Herrn ihr finden: kommt, alles ist bereit!

Anmerk. Aus dem Liede: Wer singt denn so mit Freuden aus dem Eisenbergschen Beicht= und Communionbuch. Der innige Gesang ist besonders passend nach erfolgter Absolution, wenn sich das Heil. Abendmahl unmittelbar anschließt.

Mel. Wer nur den lieben Gott läßt walten.

288. Wir liegen hier zu deinen Füßen, ach Herr von großer Güt und Treu, und fühlen zitternd im Gewissen wie unrein unsre Seele sei. Das Maaß der Sünden ist erfüllt, ach! weh uns, wenn du strafen willst.

2. Du bist gerecht, wir lauter Sünder, wie wollen wir vor dir bestehn? wir sind die ungerathnen Kinder die nur auf bösen Wegen gehn. Verbirgst du deinen Gnadenschein, wir müßten ganz verloren sein.

3. Doch, Vater, denk an deinen Namen, gedenk an deinen lieben Sohn. Dein Wort heißt immer Ja und Amen, dein Eidschwur zeuget selbst davon. Du willst der Sünder Tod ja nicht, ach geh' nicht mit uns in's Gericht.

4. So wollen wir dir Opfer bringen und deine sein mit Leib und Seel: so mag das Wort zum Himmel bringen: wir sind, Gott, dein mit Leib und Seel. O stimmt in das Bekenntniß ein: der Herr soll mein Gott ewig sein.

Anmerk. Aus dem Liede: Wir liegen hier zu deinen Füßen von Benj. Schmolcke. An allg. Buß= tagen sehr passend.

11

XXVIII.

Vom Stande des Heils und der Erlösung.

(Jesus-Lieder.)

A) Vollständige Gesänge.

Mel. Valet will ich dir geben.

289. Aus irdischem Getümmel, wo nichts das Herz erquickt, wer zeigt den Weg zum Himmel, wohin die Hoffnung blickt? wer leitet unser Streben wenn es das Ziel vergißt? wer führt durch Tod zum Leben? der Weg heißt Jesus Christ.

2. Hier irren wir und fehlen gehüllt in tiefe Nacht: durch wen wird unsern Seelen ein wahres Licht gebracht? von oben kommt die Klarheit die alles uns erhellt, denn Christus ist die Wahrheit, er ist das Licht der Welt.

3. Wer giebt uns hier schon Freuden die niemand rauben kann? wer zeigt uns im Leiden den Himmel aufgethan? wenn vor dem Tod wir beben wer giebt dem Herzen Ruh'? Heil! Christus ist das Leben, führt uns dem Vater zu.

Anmerk. Von E. M. Arndt, nach der Ueberarbeitung von J. Goßner, bei B. S. (Vs. 2. Zl. 6. die uns den Weg. Vs. 3. Zl. 6. wer schafft. Zl. 7. 8. Herr Christ, du bist — führst) B. K. halten sich an den Text von Arndt, eben so W. wo aber Aschenfeldt als Vf. angegeben ist.

Mel. Alle Menschen müssen sterben.

290. Du bist in die Welt gekommen, Gottes Sohn, du höchstes Gut, da hast du an dich genommen unser menschlich Fleisch und Blut; und wir allzumal, wir Sünder, sind durch dich mit Gott versöhnt, daß er nun als seine Kinder uns mit Heil und Gnade krönt.

2. Ich, auch ich kann mich betrösten und ist ewig mein Gewinn, daß ich unter den Erlösten und dein Blutsverwandter bin. Liebster Jesu, o mein Leben, sage doch wir Armen an, was ich dir dagegen geben und wie ich dir danken kann.

3. Mag dir denn mein Herz gefallen, ist die Gabe nicht zu klein! ach, gewiß vor andern allen wird dir das gefällig sein. Zwar das Opfer ist geringe und verächtlich anzusehn, doch weil ich's im Glauben bringe wirst du solches nicht verschmähn.

4. Nun so legt mein Herz sich nieder, o Immanuel! vor dir; aber ich will auch hinwieder dein getreues Herz dafür. Ohne Herz kann ich nicht leben und nicht leben ohne dich, doch du hast dein Wort gegeben, daß du mein bist ewiglich.

5. Leib und Seele mag verschmachten, Erd und Himmel fahre hin! nichts ist gegen dem zu achten, daß Gott worden was ich bin. Und ich armer Staub und Erde habe diese Herrlichkeit, daß ich auch, wie er ist werde, wenn ich ende meine Zeit.

6. O wie hoch bin ich gesegnet! ob mir Elend, Schmach und Noth, ob mir alles Kreuz begegnet, ob auch endlich selbst der Tod, Jesu, mich will von dir reißen, reißt mich dennoch nichts von dir, denn dies Wort muß ewig heißen: ich in dir und du in mir!

Anmerk. Von E. Neumeister,

nach unserer Meinung unverdichter Weise selten.

291. Eins ist noth, ach! Herr dies Eine lehre mich erkennen doch! alles andre, wie's auch scheine, ist ja nur ein schweres Joch, darunter das Herze sich naget und plaget, und dennoch kein wahres Vergnügen erjaget, erlang ich dies Eine, das alles ersetzt, so werd ich mit Einem in allem ergötzt.

2. Seele, willt du dieses finden, suchs bei keiner Creatur; laß, was irdisch ist, dahinten, schwing dich über die Natur. Wo Gott und die Menschheit in einem vereinet, wo alle vollkommene Fülle erscheinet, da, da ist das beste, nothwendigste Theil, mein Ein und mein Alles und seligstes Heil.

3. Wie Maria war beflissen auf des Einigen Genieß, da sie sich zu Jesu Füßen voller Andacht niederließ, ihr Herze entbrannte dies einzig zu hören, was Jesus, ihr Heiland, sie wollte belehren, ihr Alles war gänzlich in Jesum versenkt, und wurde ihr Alles in Einem geschenkt.

4. Also ist auch mein Verlangen, liebster Jesu! nur nach dir, laß mich treulich an dir hangen, schenke dich zu eigen mir. Ob viel auch umkehrten zum größesten Haufen, so will ich dir dennoch in Liebe nach-

laufen; denn dein Wort, o Jesu! ist Leben und Geist: was ist wohl, das man nicht in Jesu geneußt?

5. Aller Weisheit höchste Fülle in dir ja verborgen liegt. Gieb nur, daß sich auch mein Wille sein in solche Schranken fügt, worinne die Demuth und Einfalt regieret, und mich zu der Weisheit, die himmlisch ist, führet. Ach! wenn ich nur Jesum recht kenne und weiß, so hab ich der Weisheit vollkommenen Preis.

6. Nichts kann ich vor Gott ja bringen, als nur dich, mein höchstes Gut; Jesu! es muß mir gelingen durch dein rosinfarbnes Blut. Die höchste Gerechtigkeit ist mir erworben, da du bist am Stamme des Kreuzes gestorben, die Kleider des Heils ich da habe erlangt, worinnen mein Glaube in Ewigkeit prangt.

7. Nun, so gieb, daß meine Seele auch nach deinem Bild erwacht; du bist ja, den ich erwähle, mir zur Heiligung gemacht. Was dienet zum göttlichen Wandel und Leben, ist in dir, mein Heiland! mir alles gegeben; entreiße mich aller vergänglichen Lust, dein Leben sei, Jesu! mir einzig bewußt.

8. Ja, was soll ich mehr verlangen? mich beschwemmt der Gnaden Fluth: du bist einmal eingegangen in das Heilge durch dein Blut; da

CCXCI. 1. e. K. die Seele sich mühet u. h. H. in Einem mit Allem. — 2. c. K. laß nichts Irdisches dich binden (!). h. Bs. B. H. W. mein seligstes, alte Var. K. dein — dein — dein ewiges. — 3. a—d. K. Seele, dir ist auch beschieden, was M. sich erlas, als sie dort mit süßem Frieden still zu J. Füßen saß. H. Wie Maria so geflissen nur das Eine sich erlas, da sie still zu J. Füßen voller Lieb und Andacht saß. b—d. W. auf des Einigen Genuß, da von Allem losgerissen sie dem Heiland saß zu Fuß. e. H. das Herz ihr entbrannte nur. W. ihr Herz das entbrannte nur. K. ihr Herz das entbrannte nur. die heiligen Lehren. f. H. W. wie J. K. von Jesu dem himmlischen Meister zu hören. h. B. so wurde ihr Alles. K. so ward ihr auch Alles. H. drum. — 4. a. K. steht. e. H. sich kehren. e. f. K. wie Viele dich auch mit der Menge verlassen, so will ich in Liebe dich dennoch umfassen. W. ob viele zum gr. H. auch fallen so will ich dir dennoch in Liebe nachwallen. — 5. d. K. gern. — 6. Bs. rosenf. d. B. H. theures, heilges Blut. K. W. theures Opferblut. f. K. da du bist für mich an dem Kreuze. g. K. W. da hab ich die Kleider des Heiles. — 7. f. K. das ist mir in dir o mein Heiland. — 8. b. B. K. W.

11 *

ewge Erlösung er-
ich nun der höllischen
bunden; dein Eingang
die völlige Freiheit mir bringt, im
kindlichen Geiste das Abba nun klingt.

9. Volles Gnügen, Fried und
Freude jetzo meine Seel ergötzt, weil
auf eine frische Weide mein Hirt,
Jesus, mich gesetzt. Nichts süßers
kann also mein Herze erlaben, als
wenn ich, nur Jesu! dich immer soll
haben; nichts, nichts ist, das also
mich innig erquickt, als wenn ich
dich, Jesu! im Glauben erblickt.

10. Drum auch, Jesu! du alleine
sollst mein Ein und Alles sein; prüf,
erfahre, wie ichs meine, tilge allen
Heuchelschein; sieh, ob ich auf bö-
sem betrüglichem Stege, und leite
mich, Höchster! auf ewigem Wege:
gieb, daß ich nur alles hier achte
für Koth, und Jesum gewinne; dies
Eine ist noth!

Anmerk. Ein bekanntes Liederkleinod
von Joh. H. Schröder, mit
schwungreicher, freudiger Melodie,
die besondre Beachtung verdient. Ganz
unbegreiflich ist es uns, weshalb
Stier das Lied nach der Melodie:
Jesu meines Lebens Leben
zugeschnitten hat. Wir billigen folgende Aenderungen: Vs 3. Zl. 1—4.
die von H.: Vs. 4. Zl. 5. 6. die

von K.; Vs. 6. Zl. 4. die von
H.; Vs. 8. Zl. 2. die von H.;
10. Zl. 7. die von H. W. —
hat in dem Gesange gar nichts geändert.

Mel. Nun freut euch lieben Christengmein.

292. Halt im Gedächtniß Jesum Christ, o Mensch! der auf die
Erden vom Thron des Himmels
kommen ist, dein Bruder da zu werden, vergiß nicht, daß er, dir zu
gut, hat angenommen Fleisch und
Blut: dank ihm für diese Liebe!

2. Halt im Gedächtniß Jesum
Christ, der für dich hat gelitten, ja
gar am Kreuz gestorben ist, und dadurch hat bestritten Welt, Sünde,
Teufel, Höll und Tod, und dich erlöst aus aller Noth: dank ihm für
diese Liebe!

3. Halt im Gedächtniß Jesum
Christ, der auch am dritten Tage
siegreich vom Tod erstanden ist, befreit von Noth und Plage. Bedenke, daß er Fried gemacht, sein Unschuld Leben wieder bracht: dank
ihm für diese Liebe!

4. Halt im Gedächtniß Jesum
Christ, der, nach den Leidenszeiten,
gen Himmel aufgefahren ist, die
Stätt dir zu bereiten, da du sollst
bleiben allezeit, und sehen seine

mich beströmt die Gnadenfluth. H. auf mich strömt. e. B. K. gefunden. f. H. der
Herrschaft der Höllen. W. von Tod und Verdammniß entbunden. — 9. a. K.
H. W. volle Gnüge. b. K. ist's was. c. d. K. weil auf immergrüne Weide
mich mein Hirte J. setzt. e. W. mich im Herzen. K. nichts Süßeres kann mich,
nichts Höheres laben. f. K. W. mein Jesu, alte Var. K. kann haben. —
10. a. K. o J. c. K. erforsche. g. Bs. B. hier alles nur, alte Var. K. o
lehre was irdisch mich fleh'n bis zum Tod. H. W. gieb daß ich nicht achte
Schmach, Leiden und (W. nicht Leben noch) Tod.

CCXCII. 1. b. S. der hier auf Erden. K. den Heiland, der auf Erden.
W. o Seele, der auf Erden. c. W. vom Himmelsthron. d. K. hier zu. S. W.
ein Heiland dir zu. — 2. b. W. er hat für dich. c. B. gern (Druckfehler?).
c. d. K. da er am Kreuz gestorben ist hat er dir Heil erstritten. W. und da
da er gest. ist das Heil am Kreuz erstritten. e. K. besiegt hat er Sünd und Tod.
e. f. W. Errettung von der Sündennoth erwarb er dir durch seinen Tod. — 3.
b. K. der vom des Todes Banden. W. der von dem Tod erstanden. c. K. als
Held hervorgegangen ist. W. nunmehr zur Rechten Gottes ist. d. K. mit ihm
bist du erstanden. W. und von des Todes Banden. f. S. und ewges Leben wiederbracht. e. f. K. das Leben hat er wiederbracht und uns gerecht vor Gott gemacht. W. die Seinigen auch frei gemacht und ewges Leben dir gebracht. — 4.

Herrlichkeit: dank ihm für diese Liebe!

5. Halt im Gedächtniß Jesum Christ, der einst wird wieder kommen, und sich, was todt und lebend ist, zu richten vorgenommen. O! denke, daß du da bestehst, und mit ihm in sein Reich eingehst, ihm ewiglich zu danken.

6. Gieb, Jesu, gieb, daß ich dich kann mit wahrem Glauben fassen, und nie, was du an mir gethan, mög aus dem Herzen lassen, daß dessen ich in aller Noth mich trösten mög, und durch den Tod zu dir ins Leben bringen.

Anmerk. Von Cyr. Günther. K. und W. zeigen bei diesem Gesange deutliche Spuren moderner Aenderungssucht; wir finden gar keine Umgestaltungen nöthig.

293. Jesu meine Freude, meines Herzens Weide, Jesu, meine Zier, ach! wie lang, ach! länge ist dem Herzen bange, und verlangt nach dir. Gottes Lamm, mein Bräutigam, außer dir soll mir auf Erden nichts sonst liebers werden.

2. Unter deinem Schirmen bin ich vor den Stürmen aller Feinde frei; laß den Satan wittern, laß den Feind erbittern (laß die Welt erschüttern), mir steht Jesus bei. ob es itzt gleich kracht und blitzt, ob gleich Sünd und Hölle schrecken, Jesus will mich decken.

3. Trotz dem alten Drachen, trotz dem Todes Rachen, trotz der Furcht darzu! tobe, Welt, und springe, ich steh hier und singe in gar sichrer Ruh, Gottes Macht hält mich in Acht; Erd und Abgrund muß verstummen, ob sie noch so brummen.

4. Weg mit allen Schätzen, du bist mein Ergötzen, Jesu, meine Lust! weg ihr eitlen Ehren, ich mag euch nicht hören, bleibt mir unbewußt! Elend, Noth, Kreuz, Schmach und Tod soll mich, ob ich viel muß leiden, nicht von Jesu scheiden.

d. K. die Stätte, W. uns Stätten. f. K. W. schauen. — 5. b. W. er wird einst. c. d. K. W. zu richten was auf Erden ist die Bösen (W. Sünder) und die Frommen. e. S. drum (K. so) sorge daß. K. W. drum — du dann. f. in den Himmel gehst. — 6. a. b. K. ich dich fortan mit wahrem Glauben fasse. d. K. aus meinem H. lasse. W. schiebt statt Bs. 6. eine neue, auf das heil. Abendmahl bezügliche Strophe, ein; bei K. und W. nämlich steht unser Gesang unter den Abendmahlsliedern, was wir entschieden mißbilligen.

CCXCIII. 1. c. K. meiner Seele. d. K. ach wie lange, lange (vorzuziehn). d—f. S. ist dem Herzen bange o wie sehr verlange ich mein Heil nach dir. g. h. K. Gottes Sohn, mein Schild und Lohn. W. du bist mein und ich bin dein. Da der Ausdruck „Bräutigam" nicht unbiblisch genannt werden kann, so ist er auch nicht zu streichen. Freilich haben ihn die alten Dichter nicht mit derselben Sparsamkeit gebraucht als die heil. Schrift selbst. k. S. lieber. K. nie was liebers. H. lieb mehr. — i. k. W. Gottes Lamm mir soll auf Erden nichts sonst lieber werden. — 2. a—c. S. Schirme können keine Stürme mir erschrecklich sein. d. e. K. Satan mag versuchen und die Welt mir fluchen. W. laß die Feinde wittern, sich die Welt erbittern. d—f. S. mag der Fels zersplittern, mag der Erdkreis zittern noch ist J. mein. X. laß die Veste zittern, laß die Welt erschüttern. g. h. K. blitzt und kracht es durch die Nacht. W. wenn die Welt in Trümmer fällt. S. tobt ein Meer auch um mich her (ziehen wir vor). i. K. will mich. W. wenn mich. i. k. S. soll es bonnern, krachen, blitzen, Jesus will mich schützen. — 3. b. Bs. des. a. b. K. W. trotz des Feindes Lauern, trotz des Todes Schauern. a—c. S. nicht des Grabes Höhle schrecket meine Seele, nicht das Weltgericht. X. Satan's will ich lachen. Trotz dem Todesrachen. e—g. K. W. zürne Welt und tobe, ich steh hier und lobe Gott in sichrer. f. B. ganz. S. wenn ich Jesum habe fehlt mir keine Gabe, keines Trostes Licht. X. tobe Welt! gering halt ich dich und singe. g. K. W. seine Macht. S. seine Huld bedeckt die Schuld. i. k. B. W. Erd und Abgrund müssen schweigen und vor ihm sich neigen. S. Satans Klagen

5. Gute Nacht, o Wesen, das die Welt erlesen, mir gefällst du nicht. Gute Nacht ihr Sünden, bleibet weit dahinten, kommt nicht mehr ans Licht. Gute Nacht, du Stolz und Pracht, dir sei ganz, du (v) Lasterleben, gute Nacht gegeben.

6. Weicht, ihr Trauergeister, denn mein Freudenmeister, Jesus, tritt herein. Denen, die Gott lieben, muß auch ihr Betrüben lauter Zukker sein. Duld ich schon hier Spott und Hohn, dennoch bleibst du auch im Leide, Jesu meine Freude.

Anmerk. Von Joh. Frank. Die sechs Stellen, in denen wir ändern, sind unten angedeutet. Bedeutendere Umwandlungen (wie bei Stier) verwischen leicht den eigenthümlichen Character des Gesanges.

Mel. Machs mit mir Gott nach deiner Güt.

294. Jesus, der Quell der Seligkeit hat uns besucht auf Erden, daß er in dieser armen Zeit möcht unser Erbtheil werden. Gelobt sei Jesus! rufen wir: Herr laß uns selig sein in dir!

2. Er ist erschienen in der Welt, erfreulich wie die Sonne, hat unsre Finsterniß erhellt mit Wahrheit, Lieb und Wonne. Gelobt sei u. s. w.

3. Er hat mit unerhörter Huld

zu Sündern sich geneiget und Gottes Langmuth und Gebuld uns freundlich angezeiget. Gelobt sei u. s. w.

4. Er wollte für die Missethat die wir verübet büßen und läßt uns an der Strafe Statt nur Gnad und Heil genießen. Gelobt sei u. s. w.

5. Er will uns seinen Engeln gleich erhöhn und herrlich zieren und in sein ewig Königreich zu Gottesruhe führen. Gelobt sei Jesus! rufen wir; wir leben, leiden, sterben dir!

Anmerk. Nro. 84. im Neuen Würtemberg. Gesgbch. nach Angelus Silesius.

Mel. Schmücke dich o liebe Seele.

295. König, dem kein König gleichet, dessen Ruhm kein Mund erreichet, dem als Gott das Reich gebühret, der als Mensch das Scepter führet, dem das Recht gehört zum Throne, als des Vaters eingem Sohne, den so viel Vollkommenheiten krönen, zieren und begleiten.

2. Himmel, Wasser, Luft und Erde, nebst der ungezählten Heerde der Geschöpfe in den Feldern, in den Seen, in den Wäldern, sind, Herr über Tod und Leben, dir zum

müssen schweigen, ich bin Jesu eigen. K. freudig, daß ich Jesum sehe blick ich in die Höhe. H. Erd und Abgrund mögen wüthen, er wird mich behüten (ziehn wir vor. Bs. verträgt das „Brummen"). — 4. a. S. andern. e. K. die den Geist bethören. W. die das Herz. S. mich soll nichts. i. K. muß ich viel schon. Bei Rambach die Var.: muß ich gleich viel. — 5. Bei Bs. ausgel. und wir schließen uns an. Vs. 6. schließt sich dem Gedanken nach sehr gut an Vs. 4. Die viele „gute Nacht" steht uns nicht an. a. K. H. fahre hin. d. K. H. fahret hin. e. K. zu des Todes Gründen. d —f. S. gute Nacht der Lüste, schwach ist das Gerüste eurer Zuversicht (!). h. H. du stolze Pracht. i. S. du thöricht Leben. W. ganz sei dir ungöttlich Leben. — 6. e. K. ihr. f. Bs. B. H. lauter Freude. K. Wonne. S. Wohlthat. W. Segen. Wir lesen mit K.

CCXCV. 1. b. S. K. Lob. e — g. S. Ebenbild von Gottes Wesen uns zum Mittler auserlesen, dir gehört das Recht zum Throne als des Vaters ewgen (so auch B.) Sohne. K. der aus tiefen Todeswehen aufstieg in des Himmels Höhen, dir gebührt das Recht zum Th. dir, dem preisgekrönten Sohne. — 2. a — f. S. K. W. Erde, Luft und Meere, aller Creaturen Heere müssen zu Gebot dir (K. W. dir zu Dienste) stehen, was du willst das muß geschehen; Fluch und Segen, Tod und Leben ist dir alles übergeben. g. h. Bs. S. K. W. und vor deinem mächtgen (K. W. deines Mundes) Schelten zittern Engel, Menschen, Welten. H. Erde, Luft und Meere nebst dem ungezählten Heere — Menschen, Engel, Welten scheuen. —

Eigenthum gegeben. Thiere, Men=
chen, Geister scheuen, Menschen=
ohn, dein mächtig Dräun.

3. In des Gnadenreiches Grän=
zen sieht man dich am schönsten
glänzen, wo viel tausend treue See=
len, dich zu ihrem Haupt erwählen,
die durchs Scepter deines Mundes,
nach dem Recht des Gnadenbundes
sich von dir regieren lassen, und,
wie du, das Unrecht hassen.

4. In dem Reiche deiner Ehren
kann man stets dich loben hören
von dem himmlischen Geschlechte,
von der Menge deiner Knechte, die
dort ohne Furcht und Grauen dein
verklärtes Antlitz schauen, die dich
unermüdet preisen, und dir Ehr und
Dienst erweisen.

5. O Monarch in dreien Rei=
chen! dir ist niemand zu vergleichen
an dem Ueberfluß der Schätze, an
der Ordnung der Gesetze, an Vor=
trefflichkeit der Gaben, welche dei=
ne Bürger haben: du beschützest dei=
ne Freunde, du bezwingest deine
Feinde.

6. Herrsche auch in meinem Her=
zen, über Zorn, Furcht, Lust und

Schmerzen: laß mich deinen Schutz
genießen, laß mich dich im Glauben
küssen, ehren, fürchten, loben, lie=
ben und mich im Gehorsam üben,
hier mit leiden, kämpfen, schwitzen,
dort mit auf dem Throne sitzen.

Anmerk. Von J. J. Rambach.
Der Gesang ist schon etwas zu dog=
matisch=exponirend, was aber durch
andere Schönheiten hinreichend über=
wogen wird. Aenderungen sind bloß
in Vs. 2. u. 6. nöthig.

296. Mein Jesu, dem die
Seraphinen im Glanz der höch=
sten Majestät selbst mit bedecktem
Antlitz dienen, wenn dein Befehl
an sie ergeht, wie sollten blöde Flei=
schesaugen, die der verhaßten Sün=
den Nacht mit ihrem Schatten trüb
gemacht, dein helles Licht zu schauen
taugen?

2. Doch gönne meinen Glaubens=
blicken den Eingang in das Heilig=
thum, und laß mich deine Gnad er=
quicken, zu meinem Heil und deinem
Ruhm; reich' deinen Scepter mei=
ner Seele, die sich, wie Esther, vor
dir neigt, und dir, als deine Braut,

3. e. f. S. nach dem Recht des Gnadenbundes durch die Worte deines Mun=
des. e—h. K. die da stehn in deinem Bunde, die da folgen deinem Munde,
alles freudig für dich lassen — das Böse. — 4. K. Ehre jauchzen dir der En=
gel Chöre, durch frohlockende Gesänge preist dich der Erlösten Menge — und — loben,
der zum Himmel sie erhoben. h. S. Dank. — 5. a. Bs. S. W. Herr in allen
diesen Reichen. b. S. ist dir (sehr trivial). K. Herr was ist in allen Reichen
deiner Größe zu vergl. was dem Reichthum deiner — was der O. — was der
Herrlichkeit — was dem Segen deiner Freunde, was der Ohnmacht deiner Feinde.
— 6. a. S. W. herrsche auch Herr. K. herrsche Herr. b. K. W. über Lüste,
Furcht und Schmerzen. d. S. H. deine Gnade (H. Güte) auf mich fließen. c.
d. K. W. laß dein Leben auf mich (W. in mich) fließen, laß mich dich im Geist
genießen. e. S. dich will ich im Glauben lieben. H. glaubensvoll will ich dich
lieben. g. h. Bs. hier mit kämpfen und mit leiden, herrschen dort mit dir in
Freuden (S. will mit — will mit — bis ich einst mit herrsch in Fr. H. hier mit
— hier mit — bis ich dort mit herrsch in). B. daß ich einst nach Kampf und
Leiden mit dir thei.e deine Fr. K. überwinden hier im Streite, dort mit herrschen
dir zur Seite. W. siegen hier mit dir im Streite, dort mitherrschen dir zur
Seite.

CCXCVI. 1. b—d. K. wenn dein Befehl an sie ergeht, nur mit bedecktem
Antlitz dienen im Glanze deiner Majestät. e. K. meine blöden Augen. g. K.
noch so viel trüber hat. Ramb. erwähnt die Var.: „nur verhaßte Sündennacht." —
2. b. Bs. B. S. K. dein. c. H. erblicken, eine Var. die schon Ramb. anführt. e. f. Bs.
B. schau an o König meine Seele die sich in Demuth vor dir neigt. H. neig deinen

sich zeigt; sprich: ja du bists, die ich erwähle.

3. Sei gnädig, Jesu, voller Güte, dem Herzen, das nach Gnade lechzt! hör', wie die Zung' in dem Gemüthe: Gott sei mir Armen gnädig! ächzt. Ich weiß, du kannst mich nicht verstoßen; wie könntest du ungnädig sein dem, den dein Blut von Schuld und Pein erlöst, da es so reich geflossen?

4. Ich fall in deine Gnadenhände, und bitte mit dem Glaubenskuß: gerechter König! wende, wende die Gnade zu der Herzensbuß. Ich bin gerecht durch deine Wunden, es ist nichts Sträflich's mehr an mir; bin aber ich versöhnt mit dir, so bleib ich auch mit dir verbunden.

5. Ach! laß mich deine Weisheit leiten, und nimm ihr Licht nicht von mir weg; stell deine Gnade mir zur Seiten, daß ich auf dir beliebtem Steg beständig bis ans Ende wandle, damit ich auch in dieser Zeit, in Lieb' und Herzensfreundlichkeit, nach deinem Wort und Willen handle.

6. Reich mir die Waffen aus der Höhe, und stärke mich durch deine Macht, daß ich im Glauben sieg'

und stehe, wenn Stärk' und List der Feinde wacht: so wird dein Gnadenreich auf Erden, das uns zu deiner Ehre führt und endlich gar mit Kronen ziert, auch in mir ausgebreitet werden.

7. Ja, ja, mein Herz will dich umfassen, erwähl' es, Herr, zu deinem Thron. Hast du aus Lieb' ehmals verlassen des Himmels Pracht und deine Kron: so würdge auch mein Herz, o Leben! und laß es deinen Himmel sein, bis du, wenn dieser Bau fällt ein, mich wirst in deinen Himmel heben.

8. Ich steig hinauf zu dir im Glauben, steig' du in Lieb' herab zu mir; laß mir nichts diese Freude rauben, erfülle mich nur ganz mit dir: ich will dich fürchten, lieben, ehren, so lang in mir der Puls sich regt, und wenn derselb auch nicht mehr schlägt, so soll doch noch die Liebe währen.

Anmerk. Von W. Chr. Deßler. Trotz des im Allgemeinen subjectiven Characters, werden besonders die letzten Verse dem Liede immer seine Stelle sichern. Umdichtung billigen wir weniger als Verkürzung. Zu Bs. 2. Zl. 2—4. setzen wir gleich Bs. 3. Zl. 6—8. Bs. 4. 5. lassen wir ganz weg.

Scepter meiner Seele, die sich in Demuth vor dir beugt. K. von fern steht die beschämte Seele, doch wenn sie reuevoll sich beugt, bist du es, der sich gnädig neigt und spricht: du bists. — 3. Bei S. ausgel. a. H. hör wie so innig mein Gemüthe. a—d. K. neig o Herr Jesu — zum Herzen — hör wie mein sehnendes Gemüthe — Sünder. g. B. mir, d. n. e—h. K. dein Blut ist auch für mich geflossen, zu tilgen meine Schuld und Pein, wie solltest du nicht gnädig sein, ich weiß dann e. — 4. Bei K. ausgel. b. H. weil doch mein Schmerz dich jammern muß. f. B. S. nichts Verdammliche. H. nichts Sträfliches ist mehr. h. S. in dir — so bleib nun auch mit mir verb. — 5. Bei S. ausgel. g. B. Herzensfreudigkeit. K. ich bin geheilt durch deine Wunden, mit Gott versöhnt gehör ich dir, und bleib ich fest mit dir verbunden, so ist verdammlich nichts an mir, laß nun in deinem Licht mich wandeln, laß mich in Herzensfreudigkeit, Herr, als dein Jünger allezeit nach deinem Worte treulich handeln. — 6. K. ich im Kampfe siegreich — wenn deiner Feinde Haß erwacht, dann — worin dein heilges Recht regiert und was uns zu der Krone führt — aufgerichtet. — 7. d. S. und Freudenkron. e. Bs. und Leben (?). K. so will mein Herz dich, Herr umfassen, bereit es dir zu deinem Thron, du hast aus Liebe ja verlassen den Himmel einst o Gottessohn! nimm hin, mein Herz, du reines Leben, weih dirs zum heilgen Tempel ein, bis du es lauter, sanft und rein zu deinem Himmel kannst erheben. — 8. f. Bs. B. S. H. K. das Herz, in g. „dasselbe,“ Varianten, die sehr alt sind. K. noch schlägt. g. K. und wenn es einst sich nimmer regt. h. S. K. so soll doch noch.

297. Nun freut euch, lieben Christen g'mein! und laßt uns fröhlich springen, daß wir getrost und all in ein mit Lust und Liebe singen, was Gott an uns gewendet hat, und seine süße Wunderthat, gar theur hat ers erworben.

2. Dem Teufel ich gefangen lag, im Tod war ich verloren, mein' Sünd' mich quälet Nacht und Tag, darin ich war geboren: ich fiel auch immer tiefer drein, es war kein Guts am Leben mein, die Sünd' hat mich besessen.

3. Mein' guten Werk' die gelten nicht, es war mit ihn'n verdorben, der frei' Will haßet Gott's Gericht, er war zum Gut'n erstorben, die Angst mich zu verzweifeln trieb, daß nichts denn Sterben bei mir blieb, zur Höllen mußt ich sinken.

4. Da jammert Gott in Ewigkeit mein Elend über Maßen; er dacht an sein' Barmherzigkeit, er wollt mir helfen lassen; er wandt' zu mir sein Vaterherz, es war bei ihm fürwahr kein Scherz, er ließ sein Bestes kosten.

5. Er sprach zu seinem lieben Sohn: die Zeit ist hie zu 'rbarmen; fahr hin, mein's Herzens werthe Kron! und sei das Heil dem Armen und hilf ihm aus der Sündennoth, erwürg für ihn den bittern Tod, und laß ihn mit dir leben.

6. Der Sohn dem Vater g'horsam ward, er kam zu mir auf Erden, von einer Jungfrau rein und zart, er sollt' mein Bruder werden, gar heimlich führt er sein' Gewalt, er ging in meiner arm'n Gestalt, den Teufel wollt er fangen.

7. Er sprach zu mir: halt dich an mich, es soll dir itzt gelingen, ich geb' mich selber ganz für dich, da will ich für dich ringen. Denn ich bin dein und du bist mein, und wo ich bleib, da sollst du sein, uns soll der Feind nicht scheiden.

8. Vergießen wird er mir mein Blut, dazu mein Leben rauben; das leid ich alles dir zu gut, das halt mit festem Glauben: den (der) Tod verschlingt das Leben mein; mein Unschuld trägt die Sünde(n) dein, da bist du selig worden.

9. Gen Himmel zu dem Vater mein fahr ich aus diesem Leben, da will ich sein der Meister dein, den Geist will ich dir geben, der dich in Trübniß trösten soll, und lernen mich erkennen wohl, und in der Wahrheit leiten.

10. Was ich gethan hab und gelehrt, das sollt du thun und lehren, damit das Reich Gott's werd gemehrt, zu Lob und seinen Ehren, und hüt dich vor der Menschen G'satz, davon verdirbt der edle Schatz: das laß ich dir zur Letze.

CCXCVII. 1. a. Bs. S. K. Christen insgemein. b. K. nun laßt uns. Bs. S. das H. rz laßt fröhlich spr. K. laßt uns. e. große. g. B. ja. — 2. c. Alle Bücher: quälte; eine sehr alte Lesart. f. K. nichts Gutes war. — Alle Bücher: hatt' mich. — 3. Bei S. ausgel. a. Bs. K. H. W. mein' guten Werke galten. c. Bs. B. K. H. W. haßte. d. Bs. K. zum Guten ganz erstorben. — 4. a. W. von Ew. b. B. üb'r die Maßen. K. ohne Maßen. d. S. W. und wollt. f. Bs. S. zu heilen meiner Seele Schmerz. g. Bs. S. ließ er's. — 5. b. Bs. B. S. H. W. Zeit ist zu erb. K. nun ist's Zeit zu erb. d. Bs. S. B. K. W. der Armen, eine alte Var.: demgemäß in dem folgenden Pluralformen. e. Bs. S. K. W. hilf ihnen. — 6. a. Bs. nach des Gehorsams Art. S. so gern geh. K. Gott gern geh. d. Bs. S. mein Bruder hier zu werden. B. H. K. W. wollt, eine alte Var. f. g. Bs. S. er ging in meiner Knechtsgestalt, drob ward der Teufel irre. f. K. er ging in armer Knechtsgestalt. — 7. d. K. und will nun. — 8. a. Bs. S. W. wird man, alte Var. b. S. und mir. f. W. deckt die Sünde. g. K. so wirst du selig werden. — 9. Alle Bücher: „Trübsal" und „lehren" was sehr alte Var. sind. g. S. in alle W. — 10. c. Bs. K. H. daß Gottes Reich hie werd. W. vermehrt. e. Bs. H. und hüt dich vor der

Anmerk. Von M. Luther; für die Geschichte der Reformation von größter Bedeutung. Obgleich das lehrende Element in diesem Gesange schon bemerkbar ist, so wird es doch durch das dramatische Leben wieder etwas gemildert; nur ist, wie auch von Stier schon geschehn, Vs. 3. wegzulassen, das kräftige Schlußwort aber: „zur Hölle mußt ich sinken" als Schluß an Vs. 2. zu setzen. Vs. 10. hat auch Schwierigkeiten und doch bedarf das Lied eines kräftigen Schlusses; vielleicht kann man sich an S. anschließen. In den übrigen Versen halten wir keine wesentlichen Aenderungen nöthig, als in Vs. 4. Zl. 6.

Mel. O fröhliche Stunden o herrliche Zeit.

298. O Ursprung des Lebens! o ewiges Licht! da niemand vergebens sucht, was ihm gebricht. Lebendige Quelle, so lauter und helle sich aus seinem heiligen Tempel ergießt und in die begierigen Seelen einfließt.

2. Du sprichst: wer begehret zu trinken von mir, was ewiglich nähret, der komme; allhier sind himmlische Gaben, die süßiglich laben: er trete im Glauben zur Quelle heran, hier ist, was ihn ewig befeligen kann.

3. Hier komm ich, mein Hirte, mich dürstet nach dir: o Liebster, bewirthe dein Schäflein allhier! du kannst dein Versprechen mir Armen nicht brechen; du siehest, wie elend und dürftig ich bin, auch giebst du die Gaben aus Gnaden nur hin.

4. Du süße Fluth, labest Geist, Seele und Muth, und wen du begabest, sind't ewiges Gut. Wenn man dich genießet, wird alles versüßet: es jauchzet, es singet, es springet das Herz, es weichet zurücke der traurige Schmerz.

5. Drum gieb mir zu trinken, wies dein Wort verheißt, laß gänzlich versinken den sehnenden Geist im Meer deiner Liebe; laß heilige Triebe mich immerfort treiben zum Himmlischen hin! es werde mein Herze ganz trunken darin.

6. Wenn du auch vom Leiden was schenkest mit ein: so gieb, dir mit Freuden gehorsam zu sein; denn alle die, welche mit trinken vom Kelche, den du hast getrunken im Leiden all-

Menschen Satz (Bs. vor Men.). g. B. K. das laß ich dir zuletzte. Bs. das laß ich dir beim Scheiden. H. dran mag dein Herz sich letzen. Was das Wort: „zur Letze" im Original heißen soll ist streitig: ob zuletzt, ob zur Stärkung? S. dichtet den Vers so um: Was du, Herr Jesu, selbst gelehrt, drauf laß allein uns hören, damit dein Reich hier werd gemehrt zu deinem Lob und Ehren; die falschen Meister treibe fort, daß nicht verdirbt dein edles Wort, deß wir so hoch uns freuen.

CCXCVIII. 1. b. K. wo. d. S. K. die. e. H. aus deinem. S. aus himmlischem Heiligthum nieder sich gießt. K. in reichlicher Fülle vom Himmel her fließt. f. K. und sich in die gläubigen Seelen ergießt. — 2. a. K. zu schmecken schon hier. b. K. der komme zu mir. c. K. setzt himmlische. S. göttliche. d. K. kräftiglich. H. lieblich ihn. e. f. K. o tretet — was euch. — 3. a. K. mein Hirt und mein Hüter ich komme zu dir, gewähre die Güter des Heiles auch mir. f. K. drum gieb beine. — 4. e. f. S. es jauchzt und frohlockt das dankende Herz, es weichet zurücke Betrübniß und Schmerz. K. o Brunnquell du labest Geist, Seele und Muth, und wen du begabst, der hat himmlisches Gut. Dies recht zu genießen kann Alles versüßen, es singet, es jauchzet das fröhliche Herz, es weiß nichts von Kummer und nagendem Schmerz. H. nagende Schm. — 5. a. b. K. drum wollest du geben dem sehnenden Geist, was dienet zum Leben, was du nur verleihst. Gieb heilige Triebe, ins Meer deiner L. zu senken die Seele mit gläubigem Sinn; ach ziehe mich gänzlich zum Himmlischen hin. f. S. bis daß ich dir gänzlich gereiniget bin. H. ganz selig dann. — 6. a. Bs. B. S. mir ein. K. und trifft mich auch Leiden,

hier, die werden dort ewig sich freuen mit dir.

7. Drum laß mich auch werden mein Jesu, erquickt da, wo deine Heerden kein Leiden mehr drückt; wo Freude die Fülle, wo liebliche Stille, wo Wollust, wo Jauchzen, wo Herrlichkeit wohnt, wo heiliges Leben wird ewig belohnt.

Anmerk. Von Chr. Jac. Koitsch (in der preuß. Prov. Sachsen nur in 4 Gesgb.!). Absolut nöthige Aenderungen erkennen wir kaum an, höchstens bei „Wolluft“ und „trunken.“

Mel. Valet will ich dir geben.

299. Schatz über alle Schätze, o Jesu, liebster Schatz! an dem ich mich ergötze; hier hab ich einen Platz in meinem treuen Herzen, dir, Schönster! zugetheilt, weil du mit deinen Schmerzen mir meinen Schmerz geheilt.

2. Ach! Freude meiner Freuden, du wahres Himmelsbrod! damit ich mich kann weiden, das meine Seelennoth ganz kräftiglich kann stillen, und mich in Leidenszeit erfreulich überfüllen mit Trost und Süßigkeit.

3. Laß, Liebster! mich erblicken, dein freundlich Angesicht, mein Herze zu erquicken, komm, komm, mein Freudenlicht! denn ohne dich zu leben, ist lauter Herzeleid; vor deinen Augen schweben, ist wahre Seligkeit.

4. O reiche Lebensquelle! o Jesu süße Ruh! du treuer Kreuzgeselle! schlag nach Belieben zu, ich will geduldig leiden, und soll mich keine Pein von deiner Liebe scheiden, noch mir beschwerlich sein.

5. Mein Herze bleibt ergeben dir immer für und für zu sterben und zu leben; und will vielmehr mit dir im tiefsten Feuer schwitzen, als Schönster! ohne dich im Paradiese sitzen, veracht' und jämmerlich.

6. O Herrlichkeit der Erden, dich mag und will ich nicht; mein Geist will himmlisch werden, und ist dahin gericht, wo Jesus wird geschauet, da sehn ich mich hinein, wo Jesus Hütten bauet, denn dort ist's gut zu sein.

7. Nun, Jesu, mein Vergnügen, komm, hole mich zu dir, in deinem Schooß zu liegen; komm, meiner Seelen Zier! und setze mich aus Gnaden in deine Freudenstadt, so kann mir niemand schaden, so bin ich reich und satt.

Verfolgung und Pein so laß mich — dir. — 7. a. b. K. o laß mich auch droben einst werden erquickt, wo keine Beschwerde die Deinen mehr drückt. e. Bs. B. S. H. wo Wonne und Jauchzen. K. seliger Friede. f. S. zeitliche Treue. B. wird gnädig (zu dogmatisch bedenklich).

CCXCIX. 1. e. Bs. ausgetheilt (?). X. Schatz unter allen Schätzen, o Jesu, liebster Freund an dem wir uns ergötzen, da er's so gut gemeint. Das ganze treue Herze sei dir, Herr, zugetheilt, weil du mit deinem Schmerze uns unsern Schmerz geheilt. — 2. X. Ach Freude aller Freuden, — damit man sich kann weiden, auch in der höchsten Noth; das unsern Jammer stillen und uns in Leidenszeit so reichlich kann erfüllen. — 3. a. B. anblicken. X. uns erblicken — das Herze zu — du Freudenlicht. — 4. b—d. H. o Jesu! süße Ruh führt auch die Kreuzeswelle doch deine Lieb uns zu. f. B. ee. — Diesen Vers lassen wir ganz aus. — 5. e—h. H. Spott und Verfolgung leiden, als sich, Herr, ohne dich in höchster Wonne weiden: nach dir nur sehn ich mich (etwas matt). f. B. Jesu ohne. X. ein Jeder bleibt ergeben — im tiefsten Elend leben, als, Heiland ohne dich im Par. schweben. — 6. h. Bs. H. denn dort ist gut zu sein, alte Var. X. O Herrl. der Erden, wir dürften nicht nach dir, der Geist will himmlisch werden und schwingt sich mit Begier auf, daß er Jesum schauet; da sehnt er. — 7. X. Nun, Jesu, unsre Wonne, komm hole uns zu dir! komm hohe Gnadensonne, komm unsrer Seelen Zier und setze uns aus Gnaden — so kann uns Niemand schaden, so sind wir reich und satt.

Anmerk. Von Sal. Liscov. Wegen des subjectiven Characters und eines gewissen tändelnden Tones haben Stier und Knapp und das Württemb. Gesgbch. unser Lied nicht aufgenommen, auf jeden Fall etwas inconsequent, da sie gegen viele ähnliche und weit bedenklichere nicht solche Rhadamanten gewesen sind. Der Gesang hat so viel Schönes, daß er nicht verloren gehen darf und wir sind der Zuversicht, daß mit den angegebenen Aenderungen (die um die erwähnten Vorwürfe zu vermeiden unerläßlich sind) ein inniger Gemeindegesang der Kirche geworden ist.

Mel. Allein Gott in der Höh sei Ehr.

300. Such, wer da will, ein ander Ziel, die Seligkeit zu finden; mein Herz allein bedacht soll sein auf Christum sich zu gründen. Sein Wort ist wahr, sein Werk sind klar, sein heilger Mund hat Kraft und Grund all Feind zu überwinden.

2. Such, wer da will, Nothhelfer viel, die uns doch nichts erworben: hier ist der Mann, der helfen kann, bei dem nie was verdorben! uns wird das Heil durch ihn zu Theil; uns macht gerecht der treue Knecht, der für uns ist gestorben.

3. Ach! sucht doch den, laßt alles stehn, die ihr das Heil begehret: er ist der Herr und keiner mehr, der euch das Heil gewähret. Sucht ihn all Stund von Herzensgrund, sucht ihn allein, denn wohl wird sein dem, der ihn herzlich ehret.

4. Mein Herzenskron, mein Freudensonn sollst du, Herr Jesu! bleiben; laß mich doch nicht von deinem Licht durch Eitelkeit vertreiben: bleib du mein Preis, dein Wort mich speis: bleib du mein Ehr, dein Wort mich lehr, an dich stets fest zu gläuben.

5. Wend von mir nicht dein Angesicht, laß mich im Kreuz nicht zagen, weich nicht von mir, mein höchste Zier! hilf mir mein Leiden tragen: hilf mir zur Freud, nach diesem Leid, hilf, daß ich mag, nach dieser Klag, dir ewig dort Lob sagen.

Anmerk. Ein überaus köstliches Lied von Georg Weißel. Aenderungen sind unnöthig.

Mel. Es ist das Heil uns kommen her.

301. Wenn dein herzliebster Sohn, o Gott! nicht wär auf Erden kommen und hätt', da ich in Sünden todt, mein Fleisch nicht angenommen, so müßt ich armes Würmelein zur Höllen wandern in die Pein, um meiner' Sünde willen.

2. Jetzt aber hab ich Ruh und Rast, darf nimmermehr verzagen, weil er die schwere Sündenlast für mich hat selbst getragen; er hat mit dir versöhnet mich, da er am Kreuz ließ tödten sich, auf daß ich selig würde.

3. Drum ist getrost mein Herz und Muth mit kindlichem Vertrauen

---

CCC. 1. e. K. W. die Werk sind klar. g. K. W. den. — 2. d. S. bei dem Niemand. — 3. d. S. Leben uns. d. e. B. uns — aus Herz. — 4. a—c. S. ja Herr, mein Heil, du sollst mein Theil, mein Ein und Alles bleiben. K. W. mein höchster Ruhm, mein Eigenthum. c. K. W. es müsse nicht von deinem Licht. d. Bs. S. K. W. der bich nicht läßt, der stuht fest, wer treu dich liebt und dein Wort übt, deß Grund wird nie zerstäuben. — 5. e. S. nach mancher Klag. K. W. nach aller. c. K. W. du. f. S. K. einst ewig.

CCCI. 1. c. S. B. als ich. X. als wir. H. und hätt in meiner Sündennoth. d. H. X. sich meiner (X. unser) angenommen. e. S. H. so müßt ich zu der ewgen Pein. f. S. verdammt und ganz verloren sein. H. in jener Welt verworfen sein. X. so müßten wir zur ewgen Pein — f. wie S. — um unser Sünde willen. — 2. X. kommt uns Ruh — wir dürfen nicht verzagen — für uns selbst — gesühnt hat er uns gnädiglich — wir selig würden. — 3. a. X. so froh ist unser Herz und Muth c. B. S. heilig theure. H. dieses sein Versöhnungsauf dies, sein rosinfarbnes Blut, will ich mein Hoffnung bauen, das er für mich vergossen hat, gewaschen ab die Missethat, daß ich schneeweiß bin worden.

4. In seinem Blut erquick ich mich, und komm zu dir mit Freuden; ich suche Gnad demüthiglich, von dir soll mich nichts scheiden. Was mir erworben hat dein Sohn durch seinen Tod und Marterkron, kann mir kein Teufel rauben.

5. Nichts hilft mir die Gerechtigkeit, die vom Gesetz herrühret; wer sich im eignen Werk erfreut, wird jämmerlich verführet; des Herren Jesu Werk allein, das machts, daß ich kann selig sein, weil ich fest an ihn glaube.

Anmerk. Von Joh. Heermann. verwandt mit: Nun freut euch lieben Christeng'mein. Bs. 5. ist nach unserem Gefühl bedenklich. Mit leichten Aenderungen läßt sich der Gemeinde-Plural einführen.

302. Wie schön (leuchtet) leucht uns der Morgenstern, voll Gnad und Wahrheit von dem Herrn, die (du) süße Wurzel Jesse! Du Sohn Davids aus Jacobs Stamm, mein König und mein Bräutigam, hast mir mein Herz besessen, lieblich, freundlich, schön und herrlich, groß und ehrlich, reich von Gaben, hoch und sehr prächtig erhaben.

2. Ei, meine Perl, du werthe Kron, wahr'r Gottes und Marien Sohn, ein hochgeborner König! mein Herz heißt dich ein Lilium, dein süßes Evangelium ist lauter Milch und Honig. Ei, mein Blümlein, Hosianna, himmlisch Manna, das wir essen! deiner kann ich nicht vergessen.

3. Geuß sehr tief in mein Herz hinein, du heller Jaspis und Rubin, die Flamme deiner Liebe; und erfreu mich, daß ich doch bleib an

blut. d. B. Hoffen. g. B. S. H. und mir das Heil erworben. X. wir können auf sein theuer Blut all unsre H. bauen — für uns verg. — und uns das Heil erw. — 4. c. H. und hoff auf dich. X. Sein Kreuz ist unser Heilspanier, wir suchen dich mit Freuden, der Zugang steht uns zu dir — uns nichts — was uns — komm lauben. f. S. soll. — 5. g. B. S. H. der ich's im Glauben fass. — Zuweilen findet sich noch als Bs. 6. eine dorologische Anrufung der Trinität.

CCCII. Schon mindestens seit dem Anfange des vorigen Jahrhunderts cursirte in der Kirche eine zweite Recension des Liedes, welche manches Anstöß'ge vermeidet. Wir bezeichnen ihre Lesarten mit A. — 1. c. K. X. aus Juda aufgegangen (4. Mos. 24, 17. sehr gelungen). W. sehr herrlich aufgegangen. d. Bs. B. X. du Davids Sohn. e. K. W. o edler Hirt, du Davidssohn (W. o guter Hirte), mein König auf dem Himmelsthron. e. X. du unbeflecktes Gotteslamm. f. K. W. X. du hast mein (X. unser) Herz umfangen. i—m. K. W. X. schön und prächtig, groß (K. stark) und mächtig, reich an Gaben, hoch und wundervoll erhaben. m. Bs. über Alles hoch. — 2. Bei Bs. ausgel. a. A. B. o (B. du) meines Herzens werthe Kron. c. B. des Himmels großer König. a—c. W. K. X. o Kleinod dem kein Kleinod (K. Engel) gleicht, Sohn Gottes dem kein Lob erreicht, vom Vater uns gegeben. — f. A. B. mit Freuden rühm ich deine Lehre, dein's heilgen Wortes süße Lehr ist über Milch und Honig. d. K. du bist der Seele höchster Ruhm. W. X. mein (X. das) Herz zerflißt in deinem Ruhm. e. f. K. W. X. dein süßes Evangelium ist lauter Geist und Leben. g—m. A. B. herzlich will ich dich drum preisen und erweisen, daß man merke in mir deines Geistes Stärke. K. W. dich, dich will ich ewig fassen, nimmer lassen, Brod des Lebens, dein genieß ich (W. begehr ich) nicht vergebens. X. nach dir, nach dir, Lebensfürsten, alle dürsten; nicht vergebns laß uns harren Brod des Lebens. — 3. Bei Bs. ausgel. b. A. B. o du mein Herr und Gott allein. W. du Gotteslicht und Himmelsschein. a. b. K. Herr, ich bin dein und du bist mein, geuß tief in meine Seel hinein. X. a. b. in unser — du unser Herr und Gott allein. d—f. A. B. daß ich in dir nur immer (B. beständ-

deinem auserwählten Leib ein' le=
bendige Rippe. Nach dir ist mir,
Gratiosa, Cöli rosa, krank und glim=
mend, mein Herz durch Liebe ver=
wundet.

4. Von Gott kommt mir ein
Freudenschein, wenn du mit deinen
Aeugelein mich freundlich thust an=
blicken. O Herr Jesu! mein trau=
tes Gut, dein Wort, dein Geist,
dein Leib und Blut mich innerlich
erquicken. Nimm mich freundlich
in bein' Arme daß ich warme werd
von Gnaden, auf dein Wort komm
ich geladen.

5. Herr Gott Vater, mein star=
ker Held, du hast mich ewig vor
der Welt in deinem Sohn geliebet;
dein Sohn hat mich ihm selbst ver=

traut: er ist mein Schatz, ich bin
sein' Braut, sehr hoch in ihm er=
freuet, eia, eia! himmlisch Leben
wird er geben mir dort oben, ewig
soll mein Herz ihn loben.

6. Zwingt die Saiten in Citha=
ra und laßt die süße Musica ganz
freudenreich erschallen; daß ich mö=
ge mit Jesulein, dem wunderschö=
nen Bräutgam mein, in steter Liebe
wallen. Singet, springet, jubiliret,
triumphiret, dankt dem Herren!
groß ist der König der Ehren!

7. Wie bin ich doch so herzlich
froh, daß mein Schatz ist das A
und O, der Anfang und das En=
de! er wird mich doch zu seinem
Preis aufnehmen in das Paradeis,
deß klopf ich in die Hände. Amen,

---

dig in dir) bleib, und mich kein Unfall von dir treib, nichts kränke noch betrüb.
K. ich bin ein Glied an beinem Leib, o gieb mir, daß ichs ewig bleib im reinsten
Liebestriebe. W. und stärk mich, daß ich ewig bleib, o Herr, ein Glied an d. L.
im frischen Lebenstriebe. X. wie W. nur: stärk uns, daß ein jeder. g. h. A. B.
in dir laß mir. X. laß uns. i—m. A. B. X. ohn Aufhören sich vermehre Lieb
und Freude, daß der Tod uns selbst nicht scheide. g—k. K. W. nach dir wallt
mir mein G.müthe ewge Güte. l. m. K. all mein Sehnen suchet dich mit stillen
Thränen. W. bis es findet dich deß Liebe mich entzündet. — 4. Bei Bs. ausgel.
a—c. A. B. von Gott kommt mir ein Freudenlicht, wenn du mit deinem Ange=
sicht uns freundlich thust anblicken. K. W. X. von G. kommt mir (X. uns) ein
Fr. wenn mich (X. uns) dein holdes (W. heilig) Angesicht mit Freundlichkeit an=
blicket. d. A. B. o Jesu, du mein trautes (B. höchstes) Gut. K. W. X. o Herr
Jesu mein (X. du) trautes Gut — das ists was mich (X. uns) erquicket (W.
mich innerlich erq.). g—l. A. B. tröst mich freundlich, hilf mir Armen, mit Er=
barmen, hilf in Gnaden. K. W. nimm mich freundlich in die Arme, ich erwarme
nur von Gnaden. X. wenn wir von dir gehen wollten, wohin sollten wir uns
kehren, du allein hast Himmelslehren. — 5. a, A. B. Gott Vater, o mein. K. W.
X. Herr G. V. du. b. X. und. c. K. erkoren. d. e. B. sich — ich seine Braut.
f. A. B. brum mich auch nichts (B. kein Unfall mich) betrübet. e. Bs. ich bin
sein Lieb. d—f. K. dein Sohn hat sich mit mir vereint, ich bin in meinem See=
lenfreund zu Freuden neugeboren. W. dein Sohn hat sich mit mir vert., mein
Herz auf ihn mit Freuden schaut, in dem macht's nichts betr. X. mit seinem Blut
sind wir erkauft, auf seinen Namen all' getauft, darum uns nichts betrübet. g.
h. Bs. X. ewges, selges. K. W. Preis dir, Heil mir. i. Bs. göttlich L. L X.
uns dort. — 6. Bei Bs. ausgel. a. b. A. B. singt unserm Gotte oft (B. Gott
recht oft) und viel und laßt andächtig Saitenspiel. a—c. K. hebt nun die Har=
fen hoch empor und laßt ein Lied im höhern Chor, den Freudenpsalm erschallen.
W. X. spielt unserm Gott mit Saitenklang und laßt den süßesten Gesang ganz
freudenreich erschallen. d. A. B. dem allerliebsten Jesulein — zu Ehren und Ge=
fallen. d—f. K. W. X. (W. ich will mit meinem) daß ich (X. wie) mit Jesu möge
(X. mögen) heut und morgen und in Ewigkeit in steter Liebe wallen. h. K. W.
klinget. l. m. K. dankt dem Sohne, Heil sei dem, der auf dem Throne. m. W. ihm,
dem. — 7. b. Bs. meine Lieb. a. b. K. W. X. wie freu ich mich (X. freun wir uns)
Herr J. C. daß du der Erst und Letzte bist. d. A. B. auch. f. Bs. deß will ich fröhlich ster=
ben. d—f. K. (W. du der sein Leben für mich ließ, nimmst mich einst in das P.)
du wirst mich einst, ich bins gewiß, aufnehmen in das Paradies, drauf faß ich deine

Amen! komm, du schöne Freuden=
krone, bleib nicht lange! deiner wart
ich mit Verlangen.

Anmerk. Von Phil. Nicolai, ein
Lied der glühendsten und freudigsten
Sehnsucht, daß der Morgenstern auf=
gehe in unserm Herzen. Die ur=
sprüngliche Gestalt des Gesanges möch=
ten wohl in diesem Falle selbst die
abgesagtesten Feinde der Aenderungen

nicht aufnehmen wollen; Bs. hat lie=
ber 4 Verse weggelassen, was wir
nicht gut heißen. Sehr zu beachten
ist dagegen die Bearbeitung bei K.
noch mehr bei W.: uns lag aber
noch außerdem die Pflicht ob, wo
möglich einen Gemeindesang zu con=
stituiren. Wir glauben daß in der
bezeichneten Art das unsterbliche Lied
im.nerfort unsre Gesangbücher zieren
kann.

B) Abgekürzte Lieder und Verse.

Mel. Nun laßt uns den Leib begrab'n.

303. Christi Blut und Gerech=
tigkeit, das ist mein Schmuck und
Ehrenkleid, damit will ich vor Gott
bestehn, wenn ich zum Himmel werd
eingehn.

2. Und wenn ich durch des Herrn
Verdienst noch so treu würd in mei=
nem Dienst, gewönn den Sieg dem
Bösen ab und sündigte nicht bis
ins Grab:

3. So will ich, wenn ich zu ihm
komm, nicht denken mehr an gut
und fromm, nur dies: hier kommt
ein Sünder her, der gern aus Gna=
den selig wär!

4. Ja, sei gelobet Jesus Christ,
daß du ein Mensch geboren bist und
hast für mich und alle Welt bezahlt
ein ewig Lösegeld.

Anmerk. Aus dem Liede: Christi
Blut und Gerechtigkeit von
N. L. v. Zinzendorf.

Mel. Ermuntre dich mein schwacher Geist.

304. Der Herr hat Alles wohl=
gemacht! noch eh er uns erschaffen:
er hat uns mit dem Heil bedacht,
das einig unsre Waffen, ja unser
Schild und Rettung ist; er hat uns
vor der Zeit erkiest, eh man die
Sterne zählet, da hat er uns er=
wählet.

2. Der Herr hat Alles wohlge=
macht! da er für uns gestorben, uns
Heil und Leben wiederbracht und
durch sein Blut erworben: was
willst du mehr, betrübter Geist?
kommt her, schau hier, was Lieben
heißt, sollt der nicht alles geben,
der für dich giebt das Leben?

3. Der Herr hat Alles wohlge=
macht! da er vom Tod erstanden,
und aus ganz eigner Kraft und
Macht uns von der Höllen Ban=
den und ihren Ketten hat befreit,
drob jauchzen wir voll Lust und
Freud: wo ist der Sieg der Höl=
len und ihrer Mitgesellen?

4. Der Herr hat Alles wohlge=
macht! da er ist aufgefahren, gen
Himmel, da ein Herz hintracht, das
Trübsal hat erfahren. Er hat die
Stätt uns da bereit, da wir nach
dieser kurzen Zeit in Freuden sol=
len schweben, und mit ihm ewig
leben.

5. Der Herr hat Alles wohl=
gemacht! wenn seinen Geist er sendet
zu uns herab, der uns bewacht,
und unsre Herzen wendet von die=
ser Welt zu Gott hinauf, und daß
wir endlich unsern Lauf ganz selig=
lich vollziehen, wenn wir von hin=
nen fliehen.

Anmerk. Aus dem 14versigen Liede:

Hände, du, der sein Leben für mich ließ, nimmst mich einst in dein Par., drauf
faß ich deine H. X. er wird uns einst — wo Jubel ohne Ende. g—m. K. W.
komm du (W. o) Sonne, aller (W. meine) Wonne, bleib nicht lange, daß ich ewig
dich umfange. l: m. X. mit Verlangen warten wir dich zu umfangen.

Der Herr hat Alles wohl-
gemacht von Heinr. Müller.

305. Einer ist König, Immanuel sieget, bebet ihr Feinde
und gebet die Flucht! Zion hingegen sei innig vergnüget labe dein
Herze mit himmlischer Frucht, ewiges Leben, unendlichen Frieden,
Freude die Fülle hat er uns beschieden.

2. Streitet nur unverzagt, seht
auf die Krone, die euch der König
des Himmels anbeut: Jesus wird
selber den Siegern zum Lohne, wahrlich das Kleinod belohnet den Streit.
Ewig muß dann unsre Seele genesen in dem holdseligsten, lieblichsten
Wesen.

3. Heilig Lamm Gottes! da, da
wird man sehen eine gewaltige sie-
gende Schaar deine unendliche Hoheit erhöhen, dir wird man bringen
Halleluja dar. Sehet wie Thronen und Kronen hinfallen, höret,
wie feurige Stimmen erschallen:

4. Reichthum, Kraft, Weisheit,
Preis, Stärke, Lob, Ehre Gott und
dem Lamm und dem heiligen Geist!
also lobpreisen der Seligen Chöre,
also die Kirche auf Erden ihn preist.
Streitet und ringet und sieget hienieden, dort ist die selige Ruhe beschieden.

Anmerk. Aus dem Liede: Einer
ist König, Immanuel sieget
von J. L. C. Allendorf, etwas
verändert.

306. Es glänzet der Christen inwendiges Leben, wenn
gleich es verhüllet ihr irdischer
Stand. Was ihnen der König
des Himmels gegeben, ist keinem
als ihnen nur selber bekannt. Was
Blinde nicht sehen, was Stolze
verschmähen, hat ihre erleuchteten
Sinne gezieret und sie zu der göttlichen Würde geführet.

2. Denn innerlich sind sie vom
göttlichen Stamme, geboren aus
Gott durch sein mächtiges Wort;
es lodert in ihnen die himmlische
Flamme, entzündet von oben, ge-
nähret von dort. Die Engel als
Brüder, erfreun sich der Lieder, die
hier von den Lippen der Frommen
erklingen und bis in das himmlische
Heiligthum bringen.

3. Sie wandeln auf Erden und
leben im Himmel, sie bleiben un-
mächtig und schützen die Welt, sie
schmecken den Frieden bei allem Getümmel, sie finden, die Aermsten,
was ihnen gefällt; sie stehen in Leiden und bleiben in Freuden, sie
scheinen ertödtet den äußeren Sinnen und führen das Leben des Glaubens von innen.

4. Wenn Christus ihr Leben wird
offenbar werden, wenn er sich einst
dar in der Herrlichkeit stellt, dann
werden sie mit ihm als Fürsten der
Erden, auch herrlich erscheinen zum
Wunder der Welt. Sie werden
regieren, mit ihm triumphiren, als
leuchtende Sterne des Himmels dort
prangen, denn dann ist die Welt
und das Alte vergangen.

Anmerk. Aus dem Liede: Es glän-
zet der Christen inwendiges
Leben von C. F. Richter, mit
Benutzung des Textes von W.

Mel. Es ist das Heil uns kommen her.

307. Es ist in keinem Andern
Heil, ist auch kein Nam gegeben,
darin wir könnten nehmen Theil an
Seligkeit und Leben: nur Jesus
Christus ist der Mann, der uns das
Leben schenken kann; gelobet sei sein
Name!

2. Das ist der Name, der uns
bringt vor Gott aufs neu zu Ehren, der, wie das Chor der Engel singt, uns Freude kann bescheeren, der uns in Fried und Freiheit setzt, mit Gnad und Gaben

ins ergötzt und in den Himmel hebet.

3. O Name, werde doch in mir durch Gottes Geist verkläret, weil was verborgen liegt in dir kein menschlich Herz erfähret, so wird der Sünden Noth gewehrt, so wird die List in Lust verkehrt, so sind wir selig, Amen!

Anmerk. Aus dem Liede: Wir Menschen sind in Adam schon von J. A. Freylinghausen.

Mel. Alle Menschen müssen sterben.

308. Jesus Christus herrscht als König! Alles ist ihm unterthänig, Alles legt ihm Gott zu Fuß. Jede Zunge soll bekennen; Jesus sei der Herr zu nennen, dem man Ehre geben muß.

2. Heilger Engel Legionen, Mächte, Fürstenthümer, Thronen sind in reger Lust bereit seinen Willen zu vollstrecken und die Seraphim bedecken sich vor seiner Herrlichkeit.

3. Mit dem Vater gleicher Ehren thront er unter lichten Chören, überm Glanz der Cherubim. In der Welt und Himmel Enden hat er Alles in den Händen, denn der Vater gab es ihm.

4. Gebt auch ihr ihm eure Herzen! klagt, ihr Sünder, ihm die Schmerzen, seht, des Feindes Pfeil ist stumpf. Satans Reich ist aufgerieben: Tod, wo ist dein Stachel blieben? Hölle, wo ist dein Triumph?

5. Komm, zum Tod verdammt Geschlechte! der Gerechte macht Gerechte, tilgt der Sünden Noth und Spott; komm, du wirst noch angenommen; komm getrost, er heißt dich kommen, bete nur: mein Herr und Gott!

6. Allen losgekauften Seelen soll's an keinem Gute fehlen, denn er pflegt und liebet sie. Ja, bei seinem Kreuzesstamme fragen sie wer nun verdamme, denn sie rühmen: Gott ist hie!

7. Jauchz' ihm Menge heilger Knechte! rühmt vollendete Gerechte und du Schaar, die Palmen trägt! und ihr Märtrer mit der Krone und du Chor vor seinem Throne, der die Gottesharfen schlägt!

8. Ich auch auf den tiefsten Stufen, ich will glauben, zeugen, rufen, in den Schranken nach der Zeit: Jesus Christus herrscht als König, Alles ist ihm unterthänig jetzo und in Ewigkeit!

Anmerk. Das Lied: Jesus Christus herrscht als König von Ph. Hiller, bedeutend zusammengezogen und an einigen Stellen geändert. Wir ziehen es aber in dieser Gestalt dem 18versigen Originale vor.

Mel. Erschienen ist der herrlich Tag.

309. O Jesu süß, wer dein gedenkt, deß Herz mit Freude wird getränkt; noch süßer aber alles ist, wo du, o Jesu! selber bist. Halleluja!

2. Jesu, du Herzensfreud und Wonn, des Lebens Brunn, du wahre Sonn, die gleichet nichts auf dieser Erd, an dir ist, was man je begehrt. Halleluja!

3. Jesu, o meine Süßigkeit! du Trost der Seel, die zu dir schreit! die heißen Thränen suchen dich, das Herz zu dir ruft inniglich. Halleluja!

4. In dir mein Herz hat seine Lust, Herr, mein Begierd ist dir bewußt; auf dich ist all mein Ruhm gestellt, Jesu, du Heiland aller Welt. Halleluja!

5. Dein Lob im Himmel hoch erklingt, kein Chor ist, der nicht von dir singt; Jesus erfreut die ganze Welt, die er bei Gott in Gunst gestellt. Halleluja!

6. Und wenn ich ende meinen Lauf, so hole mich zu dir hinauf,

12

Jesu, daß ich da Fried und Freud bei dir genieß in Ewigkeit. Halleluja!

7. Jesu, erhöre meine Bitt! Jesu, verschmäh mein Seufzen nicht! Jesu! mein' Hoffnung steht zu dir, o Jesu, Jesu, hilf du mir! Halleluja!

Anmerk. Aus dem Liede: O Jesu süß wer dein gedenkt von Martin Möller (Jesu dulcis memoria).

Mel. Alles ist an Gottes Segen.

310. O wie selig sind die Seelen, die mit Jesu sich vermählen, die sein Lebenshauch durchweht, daß ihr Herz mit heißem Triebe stetig nur auf seine Liebe und auf seine Nähe geht!

2. O wer faßet ihre Würde, die bei dieses Leibes Bürde im Verborgnen schon sie schmückt! Alle Himmel sind zu wenig für die Seele, der der König solches Siegel aufgedrückt!

3. Nach Jehova's höchsten Ehren wird in allen Himmelschören nichts, das herrlicher, geschaut als ein Herz, das er erlesen, und mit dem das höchste Wesen sich zu einem Geist vertraut.

4. Schenke drum auf unsre Bitte, Herr, ein göttliches Gemüthe, einen königlichen Geist, uns als dir vereint zu tragen, allem freudig absagen was nur Welt und irdisch heißt.

5. Keiner Leiden woll'n wir achten, mögen Leib und Seel verschmachten, bleiben wir doch Jesu treu: wäre kein Trost zu erblicken, soll es Jeden noch erquicken daß er seines Jesu sei!

6. O wie selig sind die Seelen, die mit Jesu sich vermählen! denn es spiegelt sich sein Licht in der Seele, die ihn kennet und von seiner Liebe brennet, mit enthülltem Angesicht.

Anmerk. Aus dem Liede: O wie selig sind die Seelen von C. F. Richter. In vielen Versen konnten wir uns an die gelungenen Aenderungen Knapp's anschließen.

Mel. Wie schön leucht uns der Morgenstern.

311. Wie groß ist deine Herrlichkeit, o Christenmensch, hier in der Zeit und noch vielmehr dort drüben; du bist vom göttlichen Geschlecht, dein Nam' ist wie dein Kinderrecht im Himmel angeschrieben. Christus Jesus, selbst will thronen, gnädig wohnen, in dir leben, weil du dich ihm hingegeben.

2. Du bist ein Priester und Prophet, der vor des Höchsten Throne steht und wirst von Gott gelehret. Du bist ein König, dessen Macht und wenn sie auch die Welt veracht, nicht Noth und Tod versehret. Selig wirst du jubiliren, triumphiren Gott zu sehen, wenn du wirst verklärt aufstehen.

3. O Christenseel, bedenk den Stand, darin dich Gottes Gnadenhand gesetzt und deine Würde; rühm deine Höhe jederzeit in aller deiner Niedrigkeit, trag aber auch die Bürde. Lebe, strebe, daß dein Adel ohne Tadel dich begleite bis du stehst dem Herrn zur Seite.

Anmerk. Aus dem Liede: Wie groß ist deine Herrlichkeit von J. E. Schmidt, zusammengezogen und hier und dort verändert.

XXIX.

Von der Heiligung im Allgemeinen.

(Vom geistlichen Kampf und Sieg.)

A) Vollständige Lieder.

Mel. Zeuch meinen Geist trifft meine Sinnen.

312. Ach, Liebster, zeuch mich von der Erden, laß meine Seele himmlisch werden, nimm was da irdisch von mir hin und dämpf in mir des Fleisches Sinn.

2. Wie selig sind dieselben Seelen, die dich zu ihrer Lust erwählen, die sich losreißen von der Welt, die auch für uns nichts in sich hält.

3. Ach, laß mich dieses wohl bedenken und ohn Aufhören mich versenken in dich, das einzge wahre Gut, mit Seel und Geist, mit Sinn und Muth.

3. So kann ich mich in dir ergötzen, nichts kann von Allem mich verletzen, was diese Welt auf mich gericht; das Finstre muß mir werden Licht.

5. Dies ist die Burg der Ruh und Freude, hier siege ich wenn ich schon leide, hier kämpfe ich in Christi Kraft und sauge seiner Liebe Saft.

6. Drum will ich mich ihm willig lassen, was irdisch ist von Herzen hassen, hingegen richten meinen Sinn auf das, was ewig bringt Gewinn.

7. Hiezu gieb deines Geistes Stärke, vernichte meines Fleisches Werke, so bin ich stets und bleibe dein und du wirst auch der Meine sein.

Anmerk. Nach einigem Schwanken recipirt. Vf. unbekannt.

Mel. Es ist das Heil uns kommen her.

313. Auf! Christenmensch! auf! auf! zum Streit, auf! auf! zum Ueberwinden, in dieser Welt, in dieser Zeit ist keine Ruh zu finden. Wer nicht will streiten, trägt die Kron des ew'gen Lebens nicht davon; drum streite, ringe, kämpfe!

2. Der Teufel kommt mit seiner List, die Welt mit Pracht und Prangen, das Fleisch mit Wollust, wo du bist, zu fällen dich und fangen: streitst du nicht als ein tapfrer Held, so bist du hin und schon gefällt; drum streite, ringe, kämpfe!

3. Gedenke, daß du zu der Fahn dein's Feldherrn hast geschworen; denk ferner, daß du als ein Mann zum Streit bist auserkoren; ja denke, daß ohn Streit und Sieg nie keiner zum Triumph aufstieg; drum streite, ringe, kämpfe!

4. Wie schmählich ists, wenn ein

CCCXII. 2. a. **Bs.** gläubgen. **B. H.** doch alle. **S.** schon hier. c. **S.** und sich. d. **Bs. S. H.** doch. **X.** die gern den Sinn gefangen hält. — 3. c. **B.** einge. — 5. b. **B.** singe (Druckfehler?). d **B.** und fühl was sein Erbarmen schafft. **S. H.** und schmeck (**H.** seh) was seine Liebe schafft.

CCCXIII. 1. a. **B.** auf, auf o Seel. — 2. a. b. **W.** der Satan kommt mit seiner List — mit ihrem Prangen. d. **K.** zu fangen. e. **B. K. W.** wie ein. — 3. b. **W.** des Feldherrn. c. **W.** gedenke (vorzuziehn). f. **B. K.** nie einer. **W.** noch keiner — Triumphe stieg. — 4. a. **K.** schmählich wenn ein Kriegesmann. c. d. **K.** wenn er fechten kann und dennoch sich. e. **K.** sträflich — aus 3. giebt dem. **W.** vor

12 *

Soldat dem Feind den Rücken keh=
ret! wie schändlich, wenn er seine
Statt verläßt, und sich nicht weh=
ret! wie spöttlich, wenn er noch mit
Fleiß aus Zagheit wird dem Feind
zu Preis! drum streite, ringe,
kämpfe!

5. Bind an, der Teufel ist bald
hin, die Welt wird leicht verjaget,
das Fleisch muß endlich aus dem
Sinn, wie sehr dichs immer plaget;
o! ew'ge Schande! wenn ein Held
vor diesen dreien Buben fällt; drum
streite, ringe, kämpfe!

6. Wer überwindt und kriegt den
Raum der Feinde, so vermessen,
der wird im Paradies vom Baum
des ew'gen Lebens essen; wer über=
windt, den soll kein Leid noch Tod
berühr'n in Ewigkeit; drum streite,
ringe, kämpfe!

7. Wer überwindet, der soll dort
in weißen Kleidern gehen; sein gu=
ter Name soll sofort im Buch des
Lebens stehen; ja Christus wird
denselben gar bekennen vor der En=
gelschaar; drum streite, ringe,
kämpfe!

8. Wer überwindt, soll ewig nicht
aus Gottes Tempel gehen, vielmehr
drin wie ein englisch Licht und güld=
ne Säule stehen. Der Name Got=
tes unsers Herrn, soll leuchten von
ihm weit und fern; drum streite,
ringe, kämpfe!

9. Wer überwindt, soll auf dem
Thron mit Christo Jesu sitzen; soll

glänzen, wie ein Gottessohn und
wie die Sonne blitzen: ja, ewig
herrschen und regier'n und immer=
dar den Himmel zier'n; drum strei=
te, ringe, kämpfe!

10. So streit denn wohl, streit
keck und kühn, daß du mögst über=
winden: streng an die Kräfte, Muth
und Sinn, daß du dieß Gut mögst
finden: wer nicht will streiten um
die Kron, bleibt ewiglich in Spott
und Hohn; drum streite, ringe,
kämpfe!

Anmerk. Das zwölfversige Lied von
Angelus Silesius: Auf Chri=
stenmensch, auf, auf zum
Streit, geht nach der Melodie:
Machs mit mir Gott nach
deiner Güt. Vollständig bei B.;
10 Verse bei K.; 6 Verse bei W.
Der obenstehende Gesang unterschei=
det sich eigentlich nur durch die Hin=
zufügung des christlichen Schlacht=
rufs und wird in dieser Gestalt A.
H. Francke zugeschrieben. Vs. 4.
5. 8. würden wir weglassen.

Mel. Meine Hoffnung stehet feste.

314. Auf, ihr Christen, Christi
Glieder, die ihr noch hängt an dem
Haupt; auf! wacht auf! ermannt
euch wieder, eh' ihr werdet hinge=
raubt! Satan beut an den Streit
Christo und der Christenheit.

2. Auf! folgt Christo euerm Hel=
de, trauet seinem starken Arm; liegt
der Satan gleich zu Felde mit dem
ganzen Höllenschwarm; sind doch

Trägheit. f. K. W. Feinde Preis. — 5. b. B. bald. f. K. vor diesen drei Erzfeinden.
Bei W. der ganze Vers ausgel. — 6. Bei K. ausgel. W. wer überwindet wird vem
Baum des ewgen Lebens essen; mit seinem Haupt wird er den Raum der Himmelskrone
messen; er wird fürwahr von keinem Leid noch Tod berührt in Ewigkeit. (c. d.
unausstehlich geziert!) — 7. Bei K. und W. ausgel. — f. c. K. als ein helles
Licht. f. K. vor ihm. — 9. Bei W. ausgel. f. B. auch immerdar. — 10.
a. W. o Seele keck. c. W. streng alle Kräft an, allen Sinn.

CCCXIV. 1. b. K. hanget fest an euerm Haupt (vielleicht vorzuziehn). d.
e. K. eh der Feind die Seele raubt — denn er beut. — 2. a. Bs. S. unserm
Helde, schon bei Aeltern. S. unserm Herren. c. d. S. mag auch unsern Tod
begehren Satans ganzer Höll. g. S. die zum Schutz sind. K. Folgt des Hei=
lands Kreuzesfahne — tobt auch auf des Kampfes Plane seiner Feinde wilder
Schwarm: Christi Herr, kann viel mehr, wenn es stehet um ihn her (ziehen wir

der noch viel mehr, die da stets sind
um uns her.

3. Nur auf Christi Blut gewag-
et mit Gebet und Wachsamkeit;
dieses machet unverzaget, und recht
tapfre Kriegesleut; Christi Blut
giebt uns Muth wider alle Teu-
felsbrut.

4. Christi Heeres Kreuzesfahne,
so da weiß und roth gesprengt, ist
schon auf dem Siegesplane uns
zum Troste ausgehängt; wer hier
kriegt, nie erliegt, sondern unterm
Kreuze siegt.

5. Diesen Sieg hat auch empfunden vieler Heil'gen starker Muth,
da sie haben überwunden fröhlich
durch des Lammes Blut; sollten wir
denn allhier auch nicht streiten mit
Begier?

6. Wer die Sclaverei nur liebet
in der Zeit und Ewigkeit, und den
Sünden sich ergiebet, der hat we-
nig Lust zum Streit: denn die Nacht,
Satans Macht, hat ihn in den
Schlaf gebracht.

7. Aber wen die Weisheit lehret, was die Freiheit für ein Theil,
dessen Herz zu Gott sich kehret, seinem allerhöchsten Heil, sucht allein

ohne Schein, Christi freier Knecht
zu sein.

8. Denn, vergnügt auch wohl
das Leben, so der Freiheit mangeln
muß? wer sich Gott nicht ganz ergeben, hat nur Müh, Angst und
Verdruß; der, der kriegt recht vergnügt, wer sein Leben selbst besiegt.

9. Drum auf! laßt uns überwinden in dem Blute Jesu Christ,
und an unsre Stirne binden sein
Wort, so ein Zeugniß ist; das uns
deckt, und erweckt und nach Gottes
Liebe schmeckt.

10. Unser Leben sei verborgen
mit Christo in Gott allein; auf
daß wir an jenem Morgen mit
ihm offenbar auch sein; da das
Feld dieser Zeit werden wird zu
lauter Freud.

11. Da Gott seinen treuen Knechten geben wird den Gnadenlohn,
und die Hütten der Gerechten stimmen an den Siegeston; da fürwahr Gottes Schaar ihn wird loben immerdar.

Anmerk. Von Justus Falckner.
„Lied über den geistlichen Freiheits-
krieg." Schon einige alte Bücher
schreiben die Mel. vor: Gott des

vor weil wir mit Bs. S. K. Vs. 4. auslassen, ein Theil des in jener Strophe enthaltnen Bildes aber so erhalten wird). — 3. c. S. also sind wir. K. dies
allein. d. Bs. schafft tapfre. S. und r.cht tapfre. K. und giebt Heldenkraft
im Streit. e - g Bs. S. nehmen aus dem ausgel. Vs. 4. e - g. herauf. g. B.
tilgt des Satans Zornesglut. K. gegen aller Feinde Muth. H. behält die „Teu-
felsbrut." Wir schwanken. — 4. b. B. die da. H. mit Christi Blut besprengt.
— 5. K. sich Kraft hat schon — und alle — für und für (unnöthig). — 6.
a. K. wer der Sünde Knechtschaft liebet. b. K. nimmt d. herauf. H. hier
in seiner Lebenszeit. c — e. K. wer sich ihrem Dienst ergiebt der versäumt
die Gnadenzeit; Sündennacht. — 7. b. c. K. Freiheit sei des Christen Theil,
wessen. — 8. Bei S. ausgel. a. K. H. ach wie (H. denn wie) elend ist ein
Leben. b. K. das. g. K. wer die liebste Lust besiegt. — 9. a. K. drum so.
B. S. auf denn laßt uns überwinden. b — g. S. unser Held ist Jesus Ch. wider
Teufel, Welt und Sünden; sein Wort uns ein Z. ist, das uns deckt und trägt und
weckt weil man Gottes. K. durch des Heilands Blut und Wort, er will uns der
Furcht entbinden, er will bleiben unser Hort: er behält stets das Feld, er nur reißt
uns von der Welt. g. Bs. das. — 10. a — e. K. soll verborgen hier in Gott mit
Christo sein, daß wir einst an — stehn in seinem ewgen Schein — sein wird lauter
Herrlichkeit. f. g. S. der kurzen Zeit (s. u.) — ewgen Freud. — 11. K. da wird
Gott — geben reichen — in den Hütten — schallet dann ihr — da wird schön
in den Höhn Gottes Schaar vor Christo stehn. S. reichet dar — und in Hütten
stimmet an — Gottes Schaar die ihn fürwahr noch wird loben.

Himmels und der Erden und schieben dann immer in e. f. eine Silbe ein. So Stier. Außer den unten von uns recipirten Varianten laſſen wir noch Vs. 6—8. weg und leſen Vs. 9. b—d. mit Stier, e—g. mit Knapp.

Mel. Herr Jeſu Chriſt mein's Lebens Licht.

315. Erneure mich, o ewig's Licht! und laß von deinem Angeſicht mein Herz und Seel mit deinem Schein durchleuchtet und erfüllet ſein.

2. Ertödt in mir die ſchnöde Luſt, feg' aus den alten Sündenwuſt! ach! rüſt mich aus mit Kraft und Muth, zu ſtreiten wider Fleiſch und Blut.

3. Schaff in mir, Herr! den neuen Geiſt, der dir mit Luſt Gehorſam leiſt; und nichts ſonſt, als was du willſt, will. Ach Herr! mit ihm mein Herz erfüll.

4. Auf dich laß meine Sinnen gehn, laß ſie nach dem, was droben, ſtehn, bis ich dich ſchau, o ewges Licht! von Angeſicht zu Angeſicht.

Anmerk. Von dem längeren Liede von J. F. Ruopp: Erneure mich o ewig's Licht (16 Verſe) iſt ſchon in alten Büchern der oben ſtehende Auszug gewöhnlich, den wir mit Bs. S. H. dem Ganzen vorziehn. B. hat das Original, K. (Nro. 1429) 12 Verſe davon.

316. Herr Gott, der du Himmel, Erden und was drinnen iſt, durch dein Wort haſt heißen werden und der Schöpfer biſt, ſchaff auch mein Herze rein, daß mein Sinnen, mein Beginnen möge heilig vor dir ſein.

2. Send herab aus deinem Thro-
ne deinen guten Geiſt, daß er mir ſein Haus bewohne, treib und Hülf leiſt, daß er mir, Gott, vor dir recht zu leben möge geben und mir lehren für und für.

3. Komm, o hochgelobtes Weſen, zeuch doch bei mir ein, daß ich möge ganz geneſen ſtark in dir zu ſein. Denn ich, ach! bin ſehr ſchwach; ich bin blöde, wüſt und öde, drum ſieht dir mein Auge nach.

4. O du Aufgang aus der Höhe, heller Morgenſtern, brich an, daß dein Glanz aufgehe, treib das Dunkle fern. Laß den Schein nehmen ein mein Gemüthe, daß die Güte nun erquicke mein Gebein.

5. Komm, erleuchte mein Geſichte, Glanz der Herrlichkeit! laß mich ſehn in deinem Lichte deine Wonn und Freud. Laß dein Wort, höchſter Hort, in mir ſchallen, laß mich wallen durch dein Licht zur Himmelspfort.

Anmerk. In Rambach's Anthol. IV. S. 36. iſt dies innige Lied von H. G. Reuß mit der Bemerkung mitgetheilt: br. i Strophen ſeien wegagelaſſen. Auffallend iſt uns geweſen daß die wenigen alten Geſangbücher, welche das Lied haben, gerade nur dieſe 5 Verſe mittheilen (das Eine lieſt Vs. 3: „bin zu ſchwach.“). Von unſern 6 Büchern hat nur Bunſen auch die 5 Verſe und lieſt Vs. 1. Zl. 3. laſſen, Vs. 4. Zl. 9. neu. Statt des „ich, ach“ was uns kakophoniſch erſcheint, könnte man vielleicht leſen: meine Kraft iſt erſchlafft o. ähnlich.

317. Herr Jeſu, ewges Licht, das uns von Gott anbricht! pflanz doch in unſre Herzen recht helle Glaubenskerzen; ja, nimm uns gänzlich ein, du heilger Gnadenſchein!

CCCXV. 2. a. b. H. ertödte du in meiner Bruſt die angeſtammte Sündenluſt. c. S. und rüſte mich. — 3. c. H. und nichts als nur. c. d. S. gieb daß ich ſchmecke deine Kraft die alles Gute in mir ſchafft (?). — 4. b. S. und ſtets nach.

CCCXVII. 1. c. K. gieb doch. — 2. Bei Bs. und K. ausgel. — 3.

2. Ein Strahl der Herrlichkeit und Glanz der Ewigkeit wirkst du von dem genennt, der dich durch dich erkennet: ach, leucht auch in uns klar, mach dich uns offenbar!

3. Von dir kommt lauter Kraft, die Gutes wirkt und schafft, denn du bist Gottes Spiegel, sein heilig Bild und Siegel, sein Hauchen voller Gnad und sein geheimer Rath.

4. Hochheilig Lebenslicht! dein Gnadenangesicht und majestätisch Wesen leucht uns, daß wir genesen und werden ganz befreit aus finstrer Dunkelheit.

5. Gieb dich in unsern Sinn, nimm unsre Herzen hin, füll sie mit deiner Liebe und deines Geistes Triebe, daß wir wahrhaftig dein, der Weisheit Kinder sein.

6. Verneure du uns ganz durch deines Lichtes Glanz, daß wir im Lichte wandeln und allzeit thun und handeln was Lichtes Kinder ziemt und deinen Namen rühmt.

7. Tränk uns mit deinem Wein, dein Wasser wasch uns rein, salb uns mit deinem Oele, heil uns an Leib und Seele, bring uns in's Licht, zur Ruh, du ewge Weisheit du.

Anmerk. Von Barth. Crasselius, selten, was sehr zu bedauern. Wir lesen den Text mit H. und sin-

ben deinen Grund mit Bs. 4. oder mit K. 1 Vers auszulassen.

Mel. Herr Christ der einge Gottessohn.
318. Herr Jesu, Gnadensonne, wahrhaftes Lebenslicht, laß Leben, Licht und Wonne mein blödes Angesicht nach deiner Gnad erfreuen und meinen Geist erneuen: mein Gott! versag mirs nicht.

2. Vergieb mir meine Sünden, und wirf sie hinter dich, laß allen Zorn verschwinden und hilf gnädiglich: laß deine Friedensgaben mein armes Herze laben, ach, Herr! erhöre mich.

3. Vertreib aus meiner Seelen den alten Adamssinn, und laß mich dich erwählen, auf daß ich mich forthin zu deinem Dienst ergebe, und dir zu Ehren lebe, weil ich erlöset bin.

4. Beförder dein Erkenntniß in mir, mein Seelenhort! und öffne mein Verständniß durch dein heiliges Wort: damit ich an dich gläube und in der Wahrheit bleibe, zu Trutz der Höllenpfort.

5. Tränk mich an deinen Brüsten, und kreuz'ge mein Begier, sammt allen bösen Lüsten; auf daß ich für und für der Sündenwelt absterbe und nach dem Fleisch verderbe; hingegen leb in dir.

Bei Bs. ausgel. e. f. K. das er am höchsten liebt, durch das er Alles giebt. H. die Fülle aller Gnad und seiner Weisheit Rath. — 4. Bei Bs. ausgel. e. f. K. so werden — von Angst und Dunk. — 5. e. K. laß uns. — 6. a. Bs. K. erneure. — 7. b. Bs. und wasch von Sünden rein; a. b. H. tränk uns mit Freudenwein, dein Blut das wasch (X. mach) uns rein. K. pflanz uns in deinen Tod, lös' uns von Sündennoth. c. d. Bs. salb mit des Geistes — und heil.

CCCXVIII. 1. o — e. K. gieb — dem blöden — nur du kannst mich erfreun. — 2. d. Bs. B. S. K. H. W. und hilf mir gnädiglich. e. W. daß. — 3. a. K. H. Seele. b. H. den alten bösen Sinn. W. den eiteln alten Sinn. o. H. hilf, daß ich dich erwähle. o. d. K. daß ich nur dich erw. zum seligen Gewinn. d. W. ich mich künftighin, alte Lesart. e. f. K. dir will ich mich ergeben — leben. — 4. o. W. daß B. d. Bs. mir für dein heilges. S. K. heilsames Wort. W. lebendig Wort. f. K. in deiner W. g. K. W. und (W. ja) wachse fort und fort. — 5. Bei K. S. ausgel. a. B. wollst mich mit Kraft ausrüsten zu tr. W. aus deiner Fülle — die P. — auf daß mein böser Wille durch deine Kraft schon hier. H. hilf mir und allen Christen, daß wir vereint mit dir von.

18 183

beine Liebe in mei-
ß ich aus innerm
lieben kann, und
llen beständig möge
wallen auf rechter Lebensbahn.

7. Nun, Herr, verleih mir Stärke, verleih mir Kraft und Muth:
denn das sind Gnadenwerke, die
dein Geist schafft und thut: hingegen meine Sinnen, mein Lassen und
Beginnen ist böse und nicht gut.

8. Darum du Gott der Gnaden!
du Vater aller Treu! wend allen
Seelenschaden und mach mich täglich neu; gieb, daß ich deinen Willen gedenke zu erfüllen und steh mir
kräftig bei.

Anmerk. Von C. A. Gotter. Nur
Vs. 5. scheint uns Aenderungen zu
erfordern: wir lesen ihn mit H.

Mel. Jesus meine Zuversicht.

319. Himmelan geht unsre
Bahn, wir sind Gäste nur auf Erden, bis wir dort in Canaan durch
die Wüste kommen werden; hier ist
unser Pilgrimsstand, droben unser
Vaterland.

2. Himmelan schwing dich, mein
Geist, denn du bist ein himmlisch
Wesen, und kannst das, was irdisch
heißt, nicht zu deinem Zweck erlesen:
ein von Gott erleucht'ter Sinn kehrt
in seinen Ursprung hin.

3. Himmelan! die Welt kann dir
nur geborgte Güter geben. Deine

himmlische Begier muß nach solchen Schätzen streben, die uns bleiben, wenn die Welt in ihr erstes
Nichts zerfällt.

4. Himmelan! ich muß mein Herz
auch bei meinem Schatze haben,
denn es kann mich anderwärts kein
so großer Reichthum laben, weil ich
schon im Himmel bin, wenn ich nur
gedenk an ihn.

5. Himmelan! ruft er mir zu,
wenn ich ihn im Worte höre; das
weist mir den Ort der Ruh, wo
ich einmal hin gehöre: wenn mich
dieses Wort bewahrt, halt' ich eine
Himmelfahrt.

6. Himmelan! denk ich allzeit
wenn er mir die Tafel decket und
mein Geist hier allbereit eine Kraft
des Himmels schmecket. Nach der
Kost im Jammerthal folgt des Lammes Hochzeitmahl.

7. Himmelan! mein Glaube zeigt
mir das schöne Loos von ferne, daß
mein Herz schon aufwärts steigt
über Sonne, Mond und Sterne:
denn ihr Licht ist viel zu klein gegen jenen Glanz und Schein.

8. Himmelan wird mich der Tod
in die rechte Heimath führen, da ich
über alle Noth ewig werde triumphiren! Jesus geht mir selbst voran,
daß ich freudig folgen kann.

9. Himmelan, ach himmelan! das
soll meine Loosung bleiben. Ich
will allen eiteln Wahn durch die

allen bösen Lüsten uns scheiden für und für, der Sündenwelt absterben und um
dein Reich zu erben, dir leben Herr, nur dir. — 6. f. H. hier mög wallen. —
7. d—g. K. die dein G. in mir th. — hingegen mein Beginnen, mein Denken
und mein Sinnen ist sündig und nicht gut. e. S. all mein S. g. H. ist bös'
und nimmer gut. — 8. a. b. S. o Herr der Gnaden, o Herr voll Huld und
Treu. f. Bs. S. H. stets suche. K. beständig mög. W. getreulich.
CCCXIX. 1. c. K. zum Canaan. — 2. c. K. und du kannst was. d. S.
Ziel erl. f. Bs. S. K. zu sein. — 3. 4. Bei Bs. S. K. ausgel. — 5. e. B.
hab ich. K. ruft er mir zu in des heilgen Wortes Lehren, das weist mir den
Ort der Ruh. dem ich einst soll angehören, wähl ich dies zur Leuchte mir, hab ich
schon den Himmel hier. — 6. Bei S. K. ausgel. — 9. a. K. nun himmelan.
c. K. nur steh. S. X. Himmelan geht unsre Bahn, laß uns das im Herzen bleiben, daß wir allen eiteln Wahn durch die Himmelslust vertreiben, führ uns Herr
an deiner Hand in das schöne Vaterland. (X. Himmelan steht nur der Sinn,
führ uns du zum Himmel hin.)

Himmelsluft vertreiben: himmelan steht nur mein Sinn, bis ich in dem Himmel bin.

Anmerk. Ein treffliches Lied von Benj. Schmolcke und nach unserer Ansicht dem ähnlichen von Schöner weit vorzuziehen. Vs. 3. 4. 6. lassen wir aus.

Mel. Wachet auf ruft uns die Stimme.

320. Rüstet euch, ihr Christenleute! die Feinde suchen euch zur Beute, ja Satan selbst hat eu'r begehrt. Wappnet euch mit Gottes Worte und kämpfet frisch an jedem Orte, damit ihr bleibet unversehrt. Ist euch der Feind zu schnell, hier ist Immanuel. Hosianna! der Starke fällt durch diesen Held und wir behalten mit das Feld.

2. Reinigt euch von euren Lüsten, besieget sie, die ihr seid Christen, und stehet in des Herren Kraft. Stärket euch in Jesu Namen, daß ihr nicht strauchelt, wie die Lahmen. Wo ist des Glaubens Eigenschaft? wer hier ermüden will, der schaue auf das Ziel, da ist Freude. Wohlan! so seid zum Kampf bereit, so krönet euch die Ewigkeit.

3. Streitet recht die wenig Jahre, eh' ihr kommt auf die Todtenbahre: kurz, kurz ist unser Lebenslauf. Wenn Gott wird die Todten wecken und Christus wird die Welt erschrecken, so stehen wir mit Freuden auf. Gott Lob! wir sind versöhnt. Daß uns die Welt noch höhnt, währt nicht lange und Gottes Sohn hat längstens schon uns beigelegt die Ehrenkron.)

4. Jesu! stärke deine Kinder und mache sie zum Ueberwinder, die du erkauft mit deinem Blut. Schaffe in uns neues Leben, daß wir uns stets zu dir erheben, wenn uns entfallen will der Muth. Geuß aus auf uns den Geist, dadurch die Liebe fleußt in die Herzen; so halten wir getreu an dir im Tod und Leben für und für.

Anmerk. Von unbekanntem Vf. vielleicht von Wilh. Erasm. Arends.

Mel. Werde munter mein Gemüthe.

321. Wohl dem Menschen! der nicht wandelt in gottloser Leute Rath; wohl dem! der nicht unrecht handelt, noch tritt auf der Sünder Pfad; der der Spötter Freundschaft fleucht und von ihren Sesseln weicht; der hingegen liebt und ehret, was uns Gott vom Himmel lehret.

2. Wohl dem! der mit Lust und Freude, das Gesetz des Höchsten treibt und hier, als auf süßer Weide Tag und Nacht verharrend bleibt; dessen Segen wächst und blüht, wie ein Palmbaum, den man sieht bei den Flüssen an der Seiten seine frischen Zweig' ausbreiten.

3. Also, sag ich, wird auch grünen, wer in Gottes Wort sich übt,

CCCXX. 1. d. S. waffnet euch. l. m. S. und Gottes Held behält mit uns das Siegesfeld. — 2. b. K. denn. k. K. Ritterschaft. m. S. dann krönet. — 3. b. K. bald kommt. e. X. wenn bräuen des Gerichtes Schrecken. h. B. verhöhnt. l. S. sicher schon. k—m. K. in Ewigkeit ist uns bereit die Krone der Gerechtigkeit. — 4. b. B. K. und mach aus denen (K. ihnen) Ueberwinder. a. b. S. Jesu stärke deine Streiter und hilf uns Schwachen allzeit weiter. d. B. S. in uns ein neues. h. i. K. damit du Alles sei'st unserm Herzen.

CCCXXI. 1. b. K. in der Gottvergessnen. f. H. Sitzen. W. Stühlen. K. aus ihrer Mitte weicht. g. K. der von Herzen liebt und ehret. — 2. c. d. K. welcher wie auf süßer Weide stets in Gottes Worten bleibt. d. B. H. beständig bleibt. g. B. H. W. den Seiten. e—h. K. er ist einem Baume gleich, der an edeln Früchten reich, dessen Zweige sich verbreiten an des klaren Baches Seiten. — 3. a—d. K. wird gedeihn und — und Sonne. e. f. K. werden sei-

Luft und Erde wird ihm dienen, bis
er reife Früchte giebt; seine Blätter werden alt, und doch niemals
ungestalt: Gott giebt Glück zu seinen Thaten, was er macht, muß
wohl gerathen.

4. Aber, wen die Sünd erfreuet,
mit dem gehts viel anders zu: er
wird, wie die Spreu, zerstreuet von
dem Wind im schnellen Nu. Wo
der Herr sein Häuslein richt, da bleibt
kein Gottloser nicht. Summa, Gott
liebt alle Frommen, und wer bös'
ist muß umkommen.

Anmerk. Von Paul Gerhardt.
Wir lesen mit H., ausgenommen
Vs. 4. Zl. 6., denn die doppelte Ne-
gation ist dem Wesen der deutschen
Sprache durchaus nicht zuwider.

Mel. Valet will ich dir geben.

322. Wollt ihr den Herren finden, so sucht ihn weil es Zeit: wollt
ihr den Bräut'gam binden, so thuts,
weil ers verleiht; wollt ihr die
Kron empfangen, so rennet nach
dem Ziel: wer viel meint zu erlangen, der sucht und müht sich viel.

2. Sucht ihn mit Kindsgeberden,
im Kripplein auf dem Heu: denn
wer kein Kind will werden, der geht
ihn stracks vorbei. Sucht ihn, den
reinen Knaben, in der Jungfrauen
Schooß, denn wer dieß Gold will
haben, muß sein von Keuschheit groß.

3. Sucht ihn, soll er sich zeigen
im Straßweg der Geduld, wer meiden kann und schweigen, der findet
seine Huld. Sucht ihn in Wüste-
neien und Abgeschiedenheit; die mit
der Welt sich freuen, die fehlen seiner weit.

4. Sucht ihn in Kreuz und Leiden, in Trübsal und Elend; denn
durch der Wollust Freuden wird
man von ihm getrennt. Sucht ihn,
wo er im Grabe, der Welt gestorben ist; denn wer nicht all'm stirbt
abe, wird nicht von ihm erkiest.

5. Sucht ihn im Himmel droben, im Chor der Seraphim, denn,
die ihn liebend loben, sind nicht
sehr weit von ihm. Sucht ihn in
eurem Herzen mit tiefer Innigkeit,
so werd't ihr frei von Schmerzen
jetzt und in Ewigkeit.

---

ne Blätter alt, bleiben sie doch wohl gestalt. h. K. alles muß ihm wohl. W. was er
thut. — 4. b–h. K. dessen Glück kann nicht bestehn, wie die Spreu vom Wind zerstreut wird er plötzlich untergeht; kommt der Herr und hält Gericht, so entrinnt der
Sünder nicht und es werden nur die Frommen in sein Reich der Himmel kommen.
e. f. W. in dem göttlichen Gericht bleibt ein gottlos Wesen nicht. f. H. schonet er
der Bösen nicht. g. h. W. denn Gott liebet alle Fr. und der Böse muß umkommen. H. Gott liebt nur die wahren Frommen und wer bös ist muß umk.

CCCXXII. 1. a. Bs. K. S. Heiland. b—d. Bs. K. S. X. so suchet ihn noch
heut! eilt ihm euch zu verbinden, noch ist die Gnadenzeit. f. Bs. bringt eifrig hin zum
Ziel. K. X. so laufet. g. Bs. K. S. X. wer Großes will erlangen, der mühet gern.
B. wer da. — 2. Bei Bs. K. X. ausgel. a. b. X. als Kindlein sucht auf Erden den
Herrn so mild und treu. f—h. X. auf der J. Schooß; die ihn im Herzen haben sind
auch so fleckenlos. — 3. Bs. K. S. X. soll er sich zu euch neigen, so sucht ihn in
Geduld; gelassen sein und Schweigen erwirbt euch seine Huld. Soll er sich euch
zeigen, sucht ihn in Niedrigkeit; die hoch zu stehn meinen verfehlen seiner weit.
— 4. c. X. Wollust. a—d. Bs. K. S. drückt euch das Kreuz hienieden sucht
ihn in eurer Pein, leicht sind von ihm geschieden, die mit der Welt sich freun.
e—h. Bs. K. S. X. und kommts mit euch zum Sterben, sucht ihn mit gläubgem
Sinn, er läßt euch nicht verderben, der Tod ist euch Gewinn. — 5. c. d. Bs.
K. S. X. die ihn hier liebend loben sind dort auch nah bei ihm. e—h. Bs. S.
K. sucht ihn im tiefsten Herzen, dies ist sein Heiligthum, so preist ihr, frei von
Schmerzen, auf ewig seinen Ruhm.

Anmerk. Von Angelus Silesius, und gewiß in seinen Gesängen nicht der Kleinste unter den Fürsten Juda. Aenderungen sind nicht
zu meiden: wir haben unten die
nach unsrer Meinung angemessene
kirchliche Form des Gesanges angedeutet.

B) Abgekürzte Lieder und Verse.

Mel. Unerschaffne Lebenssonne.

323. Auf, ihr Streiter, durchgedrungen! auf und folgt dem Heiland nach, der durch Marter, Hohn
und Schmach sich auf Zions Burg
geschwungen. Nach! das Haupt
hat schon gesiegt; weh dem Glied,
das müssig liegt!

2. Fort, mir nach mit Wachen,
Beten! fort, was seid ihr so verzagt? Christus hat den Sieg er-
jagt und der Schlange Kopf zer-
treten. Stimmt nur an des Schlacht-
rufs Ton: Schwert des Herrn und
Gideon!

3. Niemand wird dort oben thronen, der nicht recht mit Jesu kämpft
und der Erde Lüste dämpft weil
wir auf der Erde wohnen. Jesus
ist ein Siegesfürst, Schmach, wenn
du geschlagen wirst!

4. Nun so wachet, kämpft und
ringet, streitet mit Gebet und Flehn,
bis wir auf dem Berge stehn, wo
das Lamm die Fahne schwinget;
nur durch Ringen, Kampf und Streit
geht der Weg zur Herrlichkeit.

Anmerk. Aus dem Liede: Auf,
ihr Streiter, durchgedrungen (wohl von J. J. Rambach).

Mel. Du bist ja Jesu meine Freude.

324. Du hast, Herr Christ, ja
überwunden: gieb uns auch Ueber-
windungskraft und laß uns in den
Kampfesstunden erfahren was dein
Leiden schafft: durch das du hast,
o Held, besieget, das unter deinen Füßen lieget, Welt, Sünde, Tod, des
Teufels Rott'; nun mach sie auch
an uns zu Spott.

2. Wir traun allein auf deinen

Segen den uns dein theures Wort
verspricht; auch unter unsre Füße
legen wirst du den Feind, der uns
ansicht. Du hast uns ja, Herr angenommen als wie sind flehend zu
dir kommen: das hat das Herze
wohl gespürt als es zuerst dein Blick
gerühret.

3. Laß uns nicht falsche Helfer
suchen, besitze du das Herz allein,
laß falsche Lüste uns verfluchen,
dein Sinn soll stets der unsre sein.
Laß uns nur immer stärker ringen
und immer näher zu dir bringen,
bis endlich nach besiegter Pein bei
dir wird lauter Freude sein.

Anmerk. Aus dem Liede: Du bist
ja Jesu meine Freude von E.
J. Koitsch.

Mel. Was Gott thut das ist wohlgethan.

325. Ein Christ, ein tapfrer
Kriegesheld, voll Geist, voll Kraft
und Stärke, verleugnet sich, bezwingt
die Welt, zerstört des Satans Werke.
Wenn wider mich blutdürstiglich auch
Hunderttausend stünden: doch soll
ich überwinden.

2. Das Kleinod ist mir vorge-
steckt, es gilt nur tapfer Kämpfen,
drum bleibt mein Arm stets aus-
gestreckt mit Gott den Feind zu dämpfen. Nur unverzagt und frisch ge-
wagt! ich seh die Krone binden,
drum will ich überwinden!

Anmerk. Aus dem Liede: Ein
Christ ein tapfrer Kriegesheld.

Mel. Valet will ich die geben.

326. Einst folgt' ich in der
Sünde der Welt und ihrem Lauf,
jetzt nahm zu seinem Kinde der treue

Gott mich auf, vergaß im Liebestriebe Untreu' und Sünde mir, und
goß mir seine Liebe ins Herz aus
für und für.

2. Was ward mir denn genommen? ein Stand voll Leid und
Schmerz! was hab' ich drum bekommen? von Gott ein selig Herz!
gings auch durch bittres Sterben,
ich durfte ja dafür ein göttlich Leben erben von meinem Gott schon
hier.

3. Ja reich hast du ohn' Maaßen die Deinen, Herr, gemacht, die
sonst im Finstern saßen, in Sünd'
und Todesnacht; die Schulden, die
vergang'nen, hast du getilget ganz,
und führtest die Gefang'nen zu deines Lichtes Glanz.

4. O daß es Alle wüßten, wie
süß der Tausch doch sei, sie würden auch sich rüsten, und kämen
schnell herbei. Noch Keinen hats
gereuet, wenn er, durch Christi Blut
entsündigt und erneuet, in Jesu Armen ruht.

5. So rühm' ich mich denn fröhlich und sag' es frei und laut: nur
der ist reich und selig, der Jesu sich
vertraut; drum will ich sein und
bleiben nur meinem Herrn geweiht,
und ihm mich einverleiben für Zeit
und Ewigkeit!

Anmerk. In dem zu Erlangen 1838
erschienenen Anhang zu Kanne's
Gesängen findet sich S. 88 der Gesang: Einst folgt ich in der
Sünde unterz. A O. Die Fromme Dichterin (so vermuthen wir)
hatte ihr inniges Lied nicht zum Kirchenliede bestimmt; die von uns ge-
wählten Verse jedoch können neben
so manchen Aehnlichen wohl ihre
Stelle behaupten.

Mel. Eins ist Noth ach Herr dies Eine.

327. Herzog unsrer Seligkeiten, zeuch uns in dein Heiligthum,
da du uns die Stätt bereiten und
zu deines Vaters Ruhm als deine
Erlösten siegprächtig willst führen,
laß unsre Bitte dein Herze jetzt rühren: wir wollen dem Vater zum
Opfer dastehn und mit dir durch
Leiden zur Herrlichkeit gehn.

2. Er hat uns zu dir gezogen
und du wieder zu ihm hin; Liebe
hat uns überwogen, daß an dir
hängt Herz und Sinn. Nun wollen wir gerne mit dir auch absterben dem ganzen unseligen Sünden-
verderben. In deinen Tod, Herr,
laß verpflanzet uns sein, sonst dringen wir nimmer ins Leben hinein.

3. Drum beleb und lieb und labe, in der neuen Kreatur, Lebensfürst, durch deine Gabe, die erstat-
tete Natur! erwecke dein Eden uns
wieder im Grunde der Seelen und
bringe noch näher die Stunde, da
du dich in allen den Deinen ver-
klärst und hier schon das ewige Leben gewährst!

Anmerk. Vs. 1. 2. 6. aus dem
Liede: Herzog unsrer Seligkeiten von Gottfr. Arnold.

Mel. Einer ist König Immanuel sieget.

328. Jesu, hilf siegen, du Fürste des Lebens! sieh, wie die Finsterniß bringet herein, wie sie ihr
höllisches Heer nicht vergebens mächtig aufführet, mir schädlich zu sein.
Wüthet die Sünde von Außen und
Innen laß mir, Herr, niemals die
Hülfe zerrinnen!

2. Jesu, hilf siegen im Wachen
und Beten; Hüter! du schläfst ja
und schlummerst nicht ein; laß dein
Gebet mich unendlich vertreten, willst
ja beim Vater mein Fürsprecher
sein! wenn mich die Nacht mit Er-
müdung will decken, wollst du mich,
Jesu, ermuntern und wecken!

3. Jesu, hilf siegen und laß mir's
gelingen, daß ich das Zeichen des
Sieges erlang, so will ich ewig dir
Lob und Dank singen, Jesu, mein
Heiland, mit frohem Gesang. Je-

fu, mein Alles, dir bleib ich erge=
ben, hilf du mir siegen mein Trost,
Heil und Leben!

Anmerk. Aus dem Liede: Jesu
hilf siegen du Fürste des Le=
bens von J. H. Schröder.

Mel. Von Gott will ich nicht lassen.

329. Kommt Kinder! schickt
auf's Beste euch an, es geht nach
Haus! hier sind wir fremde Gäste
und ziehen bald hinaus. Wir gehn
in's Ewge ein, mit Gott muß un=
ser Handel, im Himmel unser Wan=
del und Herz und Alles sein.

2. Kommt Kinder, laßt uns ge=
hen, der Vater gehet mit, er selbst
will bei uns stehen in jedem sauerm
Tritt: er stärket unsern Muth, mit
süßen Sonnenblicken will er uns
stets erquicken: o seht, wir habens
gut.

3. Ein Jeder munter eile, wir
sind vom Ziel noch fern; schaut auf
die Feuersäule, die Gegenwart des
Herrn. Wir gehen Hand in Hand:
kommt laßt uns muthig wandern,
eins stärket sich am Andern in die=
sem fremden Land.

4. Es wird nicht immer wäh=
ren, drum haltet tapfer aus! es
wird nicht lange währen, so kom=
men wir nach Haus, da wird man
ewig ruhn, wenn wir mit allen
Frommen dahin zum Vater kommen:
wie wohl, wie wohl wird's thun!

Anmerk. Aus dem Liede: Kommt
Kinder laßt uns gehen von
G. Tersteegen.

330. O Durchbrecher al=
ler Bande, der du immer bei
uns bist, rett uns von der Sünde
Schande, schütz uns vor des Fein=
des List! willst ja nichts von dem
verlieren was dir Gott geschenket
hat, nein, es aus dem Elend füh=
ren zu der süßen Ruhestatt.

2. Herrscher, herrsche! Sieger,

siege! König, brauch dein Regiment!
führe deines Reiches Kriege, mach
der Sclaverei ein End! ja, zermal=
me und zerstöre alle Macht der Fin=
sterniß, mach auch uns zu deiner
Ehre bald des frohen Sieg's gewiß.

Anmerk. Aus dem Liede: O Durch=
brecher aller Bande von G.
Arnolt.

331. Ringet recht, wenn
Gottes Gnade euch nun ziehet
und bekehrt, daß der Geist sich recht
entlade von der Last, die ihn be=
schwert.

2. Ringet, denn die Pfort' ist
enge und der Weg zum Heil ist
schmal; drüben geht die große Men=
ge, hier der Treuen kleine Zahl.

3. Kämpfet bis auf's Blut und
Leben dringt hinein in Gottes Reich;
will der Satan widerstreben, greift
zum Glaubensschilde gleich.

4. Nehmt mit Furcht ja eurer
Seele, eures Heils mit Zittern wahr!
hier in dieser Leibeshöhle schwebt
ihr täglich in Gefahr.

5. Wahre Treu führt mit der
Sünde bis ins Grab beständig Krieg,
gleichet nicht dem Rohr im Winde,
sucht in jedem Kampf den Sieg.

6. Dies bedenket wohl ihr Strei=
ter! streitet recht und wappnet euch!
jede, jede Stunde weiter sei ein
Schritt zum Himmelreich!

Anmerk. Aus dem Liede: Ringe
recht wenn Gottes Gnade
(23 Verse) von J. J. Winckler —
hie und da verändert.

Mel. Freu dich sehr o meine Seele.

332. Schaffet, schaffet Men=
schenkinder, schaffet eure Seligkeit!
bauet nicht, wie freche Sünder, nur
auf gegenwärtge Zeit, sondern schauet
über euch, ringet nach dem Him=
melreich, und bemühet euch auf Er=
ben, wie ihr möget selig werden.

2. Selig, wer im Glauben käm=

pfe! selig, wer im Kampf besteht
und die Sünden in sich dämpfet!
selig, wer die Welt verschmäht! unter Christi Kreuzesschmach jaget man
dem Frieden nach; wer den Himmel will erwerben, muß zuvor mit
Christo sterben.

3. Zittern will ich vor der Sünde, und dabei auf Jesum sehn, bis
ich seinen Beistand finde, in der
Gnade zu bestehn. Ach! mein Heiland! geh doch nicht mit mir Armen ins Gericht; gieb mir deines
Geistes Waffen, meine Seligkeit zu
schaffen.

4. Amen, es geschehe Amen!
Gott versiegle dies in mir, auf daß
ich in Jesu Namen so den Glau-
benskampf ausführ! er, er gebe
Kraft und Stärk und regiere selbst
das Werk, daß ich wache, bete, ringe, und also zum Himmel dringe.

Anmerk. Aus dem Liede: Schaffet, schaffet Menschenkinder von L. X. Gotter. Nach dem
in der Vorrede dargelegten Grundsätze über acrostichische Lieder hat es
uns kein Bedenken gemacht, dies Lied
unter die abgekürzten zu stellen und
das Acrostichon zu zerstören. Zwar
erhalten wir Bibelstellen noch gern
als Acrosticha, allein blos deshalb die
zwischenliegenden 6 Verse aufzunehmen, konnten wir uns doch nicht
entschließen.

Mel. Jesus meine Zuversicht.

333. Seele, was ermüdst du
dich, in den Dingen dieser Erden,
die doch bald verzehren sich und zu
Staub und Asche werden? suche
Jesum und sein Licht, alles Andre
hilft dir nicht.

2. Sammle den zerstreuten Sinn,
laß ihn sich zu Gott aufschwingen,
richt ihn stets zum Himmel hin,
laß ihn in die Gnad' eindringen.
Suche Jesum und sein Licht! alles
Andre hilft dir nicht.

3. Schwinge dich fein oft im
Geist über alle Himmelshöhen; laß,

was dich zur Erde reißt, weit ent-
fernet von dir stehen. Suche Jesum und sein Licht! alles Andre
hilft dir nicht.

4. Nahe dich dem lautern Strom,
der vom Thron des Lammes fließet, auf die so da keusch und fromm
sich in reichem Maaß ergießet. Suche Jesum und sein Licht! alles
Andre hilft dir nicht.

5. Laß dir seine Majestät immerdar vor Augen schweben, laß mit
innigem Gebet sich dein Herz zu
ihm erheben. Suche Jesum und
sein Licht! alles Andre hilft dir
nicht.

Anmerk. Vs. 1. 2. 9. 11. aus dem
Liede: Seele was ermüdst du
dich von J. G. Wolf.

Mel. Herr ich habe mißgehandelt.

334. Stärke uns, o liebster Jesu, sei in Finsterniß das Licht, öffne
unsre Herzensaugen, zeig dein freundlich Angesicht! strahl auf uns mit
Lebensblicken, so wird sich das Herz
erquicken.

2. Laß den Geist der Kraft, Herr
Jesu, geben unserm Geiste Kraft,
daß wir brünstig dir nachwandeln
nach der Liebe Eigenschaft; ach,
Herr, mach uns selber tüchtig, so
ist unser Leben richtig.

3. Dann wird Lob und Dank,
Herr Jesu, schallen aus des Her-
zens Grund; dann wird Alles trium-
phiren und dir singen Herz und
Mund. Dort soll besser als auf
Erden Jesus hochgelobet werden.

Anmerk. Aus dem Liede: Ach was
sind wir ohne Jesu von P.
Lackmann.

Mel. Wer nur den lieben Gott läßt walten.

335. Was hinket ihr, betrogne
Seelen, noch immerhin auf beider
Seit'? fällts euch zu schwer das zu
erwählen was euch des Himmels

Ruf anbeut? eilt, eilet denn die Gnadenzeit flieht ohne Halt zur Ewigkeit.

2. Bedenkt, es sind nicht Kaiser-
kronen, nicht Reichthum, Ehr und
Lust der Welt, womit euch Gott
will ewig lohnen, wenn euer Kampf
den Sieg erhält. Gott selbst ist's
und die Ewigkeit voll Lust, voll
Ruh, voll Seligkeit.

3. Drum gilt hier kein zwei Herren dienen, Gott krönet kein ge-
theiltes Herz: wer als getreuer
Knecht erschienen der aushielt auch
in Kampf und Schmerz, der wird
der Krone werth geschätzt und auf
des Königs Stuhl gesetzt.

4. Zerreißt drum die gelegten
Schlingen die euch in diesem heiligen Lauf verhindern und zum Säumen bringen und rafft euch heut
auf's Neue auf. Auf, auf, verlaßt
die falsche Ruh! auf, auf, es geht
dem Himmel zu!

5. Auf, auf, ist dieser Weg schon
enge und geht es über Dorn und
Stein, bringt euch die Welt oft
in's Gedränge, stellt Satan sich
geharnischt ein, erhebt sich sein
ganzes Reich: Immanuel ist auch
bei euch!

6. Eilt, faßt einander bei den
Händen, seht, wie ist unser Ziel
so nah! wie bald wird unser Kampf
sich enden, es steht dann unser König da; der führt uns ein zur stillen Ruh und theilet uns das Kleinod zu.

Anmerk. Aus dem Liede: Was
hinket ihr betrogne Seelen
von L. F. F. Lehr.

Mel. Alle Menschen müssen sterben.

336. Wer das Kleinod will
erlangen, der muß laufen was er
kann, wer die Krone will empfangen, der muß kämpfen als ein
Mann: dazu muß er sich in Zeiten
auf das Beste zubereiten, allem dem
mit Ernst entgehn was ihm kann
im Wege stehn.

2. Mich verlangt von ganzem
Herzen dieses Kleinods Herr zu
sein; ja, ich strebe recht mit Schmerzen jener Krone mich zu freun, aber
Satan macht mich irre, daß ich
kläglich mich verwirre, wo mir deine treue Kraft nicht gewünschte
Hülfe schafft.

3. Drum, mein Jesu, steh mir
Armen in so großer Schwachheit
bei; laß dich meine Noth erbarmen, mache mich von Allem frei,
was mir will mein Ziel verrücken.
Komm, mich selbst recht zuzuschicken,
gieb mir Kraft und Freudigkeit,
fördre meinen Lauf und Streit.

Anmerk. Aus dem Liede: Wer
das Kleinod will erlangen
von Joh. Menzer.

Mel. Alle Menschen müssen sterben.

337. Wir sind dein, Herr:
laß uns immer unter deinen Flügeln ruhn! laß dein Licht und Gna-
denschimmer strahlen über unser
Thun! schaff in uns, was dir be-
liebet, tilge, was dein Werk betrübet! mach, was alt ist von Natur
zur erneuten Creatur!

Anmerk. Vs. 10. aus dem Liede:
Schwinget euch mein Herz
und Sinnen von V. E. Löscher.

XXX.
Von den Früchten des Heil. Geistes.

1) Liebe, Freundlichkeit, Gütigkeit.
A) Vollständige Gesänge.

Mel. Lobe den Herren den mächtigen König der Ehren.

338. Christe, mein Leben, mein Hoffen, mein Glauben, mein Wallen, und das, was Christen kann schmecken und einzig gefallen! richte den Sinn, treuer Weltheiland, dahin, Ruhm zu bringen vor allen.

2. Einiggeliebter! du Wonne, dich will ich erheben, ich will mich gänzlich dir schenken und völlig hingeben: nimmst du mich hin, ist es mein großer Gewinn, keinen wird kränken mein Leben.

3. Eines, das nöthig, laß mächtig vor allen bestehen, Ruhe der Seelen; laß alles, was eitel, vergehen; einzige Lust ist mir nur ferner bewußt, Christus, mit ewig ersehen.

4. Herzog des Lebens! du wollest mich selber regieren, so, daß das Leben ich heilig und selig mag führen: gieb du den Geist, reiche, was göttlich nur heißt, anders die Seele zu zieren.

5. Friedensfürst! laß mich im Glauben dir treulich anhangen: eile, zu stillen dies Wünschen, mein höchstes Verlangen: von dir nichts mehr, Heiland, ich itzo begehr, nimm mich dir selber gefangen.

6. Centnerschwer sind mir die Bürden, wo du nicht willst tragen: alles, was irdisch ist, trachtet, die Christen zu plagen. Laß es denn sein: lebt man nur Christo gemein, er wirds wohl können verjagen.

7. Nun, nun, so will ich auch immer und ewiglich hassen Bürden, die Christum, das Kleinod, nicht in sich einfassen. Er soll mir sein Reichthum und alles allein: Gott, Gott! wer wollte dich lassen?

Anmerk. Von Joh. Wilh. Kellner von Zinnendorf. An folgenden Stellen würden wir ändern: Be. 1. Zl. 2. mit K. Be. 2. Zl.

CCCXXXVIII. 1. a. b. K. im Gl. im H. im W. heiliges Kleinod das Ch. kann. d. S. treuester Freund mir. K. mir o mein Heiland. e. S. dich zu erwählen vor allen. — 2. a. S. will ich in Freuden. B. einzig Gel. K. einzige Quelle der Wonne. b. K. will mich auf ewig zum Eigenthum ganz dir ergeben. d. e. S. wird mir das Sterben Gewinn, denn du bist worden mein Leben. c—e. K. nimm mich dahin, das ist mein höchster Gew. nichts wird dann kr. — 3. a. S. K. laß nur das Eine das (K. was) Noth ist mir mächtig bestehen. d. Bs. B. nun. c—e K. himmlische Lust gießest du mir in die Brust, dies nur hab ich mir erf. — 4. b. B. S. K. mein Leben. d. H. sei. e. B. himmlisch. H. herrlich. c—e. K. laß auch den Geist, den du den Deinen verleihst reichlich im Herzen mich spüren. — 5. b. K. dies W. c. d. K. dies und nichts mehr, Heiland, ist mir ein Begehr. e. K. gänzlich. — 6. b. K. was weltlich vermag mir. d. B. H. Christo allein. c. d. S. laß es denn sein, bist du mein Jesu, nur mein. K. aber laß sein, leb ich in dir Herr allein. e. S. werd ichs wohl können ertragen. K. dann werd ich nimmer verzagen. — 7. a. B. Bs. K. S. denn. K. auf ewig was nichtig ist hassen. b. H. alles was — nicht in sich kann fassen. S. Schätze, die. K. dich nur o Jesu du herrliches Kl. umfassen. c. K. du sollst allein. e. B. S. Heiland wer wollte. K. Herr, Herr, wer.

3—5. mit S. Bs. 4. Zl. 5. mit B. od. H. Vs. 6. Zl. 4. m.t B. H. Vs. 7. Zl. 2. mit H.

339. Herzlich lieb hab ich dich, o Herr, ich bitt, wollst sein von mir nicht fern mit deiner Güt und Gnaden! die ganze Welt nicht freuet mich, nach Himmel und Erd nicht frag ich, wenn ich nur dich kann haben. Und wenn mir gleich mein Herz zerbricht, so bist du doch mein Zuversicht, mein Theil und meines Herzens Trost, der mich durch sein Blut hat erlöst. Herr Jesu Christ, mein Gott und Herr, in Schanden laß mich nimmermehr.

2. Es ist ja Herr, dein G'schenk und Gab, mein Leib und Seel und was ich hab' in diesem armen Leben, damit ich's brauch zum Lobe dein, zu Nutz und Dienst des Nächsten mein, wollst mir dein Gnade geben. Behüt mich, Herr, vor falscher Lehr, des Satans Mord und Lügen wehr, in allem Kreuz erhalte mich, damit ich's trag geduldiglich! Herr Jesu Christ, mein Gott und Herr, in Schanden laß mich nimmermehr.

3. Ach Herr, laß dein Engelein an meinem End mein Seelelein in Abrahams Schooß tragen, der Leib in sein'm Schlafkämmerlein gar sanft ohn einge Qual und Pein ruhe bis am jüngsten Tage. Alsdann vom Tod erwecke mich, daß meine Augen sehen dich in aller Freud o Gottes Sohn, mein Heiland und mein Gnadenthron: Herr Jesu Christ, erhöre mich, ich will dich preisen ewiglich.

Anmerk. Von M. Schalling.

Mel. O du Liebe meiner Liebe.

340. Herz und Herz vereint zusammen, sucht in Gottes Herzen Ruh; lasset eure Liebesflammen lodern auf den Heiland zu! er das Haupt, wir seine Glieder, er das Licht und wir der Schein; er der Meister, wir die Brüder, er ist unser, wir sind sein!

2. Kommt, ach kommt ihr Gotteskinder und erneuert euren Bund!

CCCXXXIX. Der oben gegebene Text ist der bei Wackernagel S. 424, der einen Abdruck von 1571 vor sich hatte. Rambach giebt den Text aus den Jahren 1594 und 1597. Schon sehr alte Gesgbch. weichen von beiden ab. — 1. b. Viele Alten: ich bitt du wollst. K. W. ich bitte sei von mir nicht fern. S. ich bitt allzeit dich zu mir kehr. c. Ramb. und die Gesbch.: mit deiner Hülf. S. H. W. mit deiner Hülf und Gaben. K. mit deiner Gnade Gaben. d. Ramb. und die Gesbch.: erfreut mich nicht. d. K. erfreut mich nicht. e. Ramb. und die Gesbch.: frag ich nicht. g. S. K. H. W. nach Erd und Himmel frag ich nicht. h. Bs. K. W. bist du doch meine Zuv. S. bleibst du doch meine. i. Ramb. Bs, S. H. mein Heil und meines Herzens (S. Lebens) Trost. W. mein T. u. m. H. Theil. K. mein Heiland der mich nicht verstößt. k. Ramb. durch dein Blut. W. deß Blut erworben mir das Heil. — 2. a. Bs. S. K. H. W. es ist ja dein Geschenk. b. Viele alte Gesgbch. um 1660: „mein Leib, Seel und alls was ich hab." f. K. W. wollst du mir Gnade geben. g. Ramb. Bs. K. behüte mich. h. W. Tücken wehr. k. K. auf daß ichs. l. m. Bei Ramb. und in allen alten Gesgbch. die ich gesehen: mein Herr und Gott, tröst mir mein Seel in Todesnoth, so auch unsere Bücher (K. W. tröst meine). Dennoch mag Jenes das Ursprüngliche sein. — 3. a. Ramb. Bs. deine Engel. In sehr vielen alten Büchern: „laß dein lieb' Engelein." a. b. H. W. S. laß einst (S. gieb daß) die Engel dein. b. Viele alte Bücher und unsre Auctoritäten: „am letzten End." Eben so schon sehr alte Lesart: die Seele mein, so bei H. W. S. Bs. a—c. K. ach Herr, verleih, daß meinen Geist, wenn einst dein Mund mich sterben heißt dein Engel zu dir trage. d. Bs. H. W. S. den (S. der) Leib in seinem Kämmerlein. K. den Leib laß im Schlaff. S. K. ohn alle. e. Ramb. die alten und neuen Gesgbch.: „ruhn." f. S. K. H. bis zum. k. W. auf dem Himmelsthron. Einige alte Gesgbch.: „und Genadenthron."

13

schwöret unserm Ueberwinder Lieb
und Treu von Herzensgrund! und
wenn noch der Liebeskette Festigkeit
und Stärke fehlt, o so flehet um die
Wette bis sie Jesus wieder stählt.

3. Legt es unter euch, ihr Glieder, auf so treues Lieben an, daß
ein Jeder für die Brüder auch das
Leben lassen kann. So hat uns der
Herr geliebet, so vergoß er dort
sein Blut: jeder Jünger ihn betrübet der nicht gleich dem Meister
thut.

4. O du treuster Freund vereine selbst die dir geweihte Schaar,
daß sie es so herzlich meine wie's
dein letzter Wille war und daß,
wie du Eins mit ihnen, also sie
auch Eines sein, sich in wahrer
Liebe dienen und sich an einander
freun.

5. Liebe, hast du es geboten, daß
man Liebe üben soll: o so mache
doch die todten, kalten Geister lebensvoll! zünde an die Liebesflamme, daß ein Jeder sehen kann: wir,
als die von einem Stamme, stehen
auch für einen Mann.

6. Laß uns so vereinigt werden,
wie du mit dem Vater bist, bis
schon hier auf dieser Erden kein getrenntes Glied mehr ist und allein
von deinem Brennen nehme unser
Licht den Schein, also wird die
Welt erkennen, daß wir deine Jünger sein.

Anmerk. Nach dem zehnversigen Liebe des G. v. Zinzendorf: Herz
und Herz vereint zusammen
gab das neue Berl. G.sgb. unter
Nro. 674. eine sechsversige Bearbeitung und erwarb sich das große Verdienst, auf das herrliche Lied wieder

mehr aufmerksam gemacht zu haben;
Nro. 430. bei Bunsen folgt dem
Berl. Gesgbch. B. giebt den Grundtext, der aber ohne Veränderungen
nicht zu gebrauchen ist. K. u. W.
geben das Lied ziemlich getreu, doch
mit einem zugedichteten Verse. Wir
haben gleich aus allen diesen Recensionen die für den Kirchengesang
zweckmäßigste zusammen zu stellen
versucht.

341. Ich will dich lieben
meine Stärke, ich will dich lieben, meine Zier, ich will dich lieben
mit dem Werke und immerwährender Begier; ich will dich lieben,
schönstes Licht, bis mir das Herze
bricht.

2. Ich will dich lieben, o mein
Leben, als meinen allerbesten Freund;
ich will dich lieben und erheben, so
lange mich dein Glanz bescheint; ich
will dich lieben Gotteslamm, als
meinen Bräutigam.

3. Ach! daß ich dich so spät erkennet, du hochgelobte Schönheit du!
und dich nicht eher mein genennet,
du höchstes Gut und wahre Ruh;
es ist mir leid und bin betrübt, daß
ich so spät geliebt.

4. Ich lief verirrt und war verblendet, ich suchte dich und fand dich
nicht, ich hatte mich von dir gewendet, ich liebte das geschaffne Licht:
nun aber ists durch dich geschehn,
daß ich dich hab ersehn.

5. Ich danke dir, du wahre Sonne, daß mir dein Glanz hat Licht gebracht; ich danke dir, du Himmelswonne, daß du mich froh und frei
gemacht; ich danke dir, du güldner
Mund, daß du machst mich gesund.

6. Erhalte mich auf deinen Ste-

CCCXLI. Einige Gesangbücher, ältere und neuere (B.) schreiben die Melodie vor: Wer nur den lieben Gott läßt walten, und schieben, allerdings
meist ungezwungen, in die letzte Reihe zwei Silben ein. Wir nehmen indeß auf
die hiedurch entstandenen Varianten keine Rücksicht. — 2. b. K. allertreusten.
e. K. W. du Lieb am Kreuzesstamm — ziehn wir vor. — 3. b. K. W. hochgel.
Liebe. — 4. a. K. ging. d. K. und. — 5. e. Bs. H. süßer Mund, e. s. K. du
treues Herz, du heilest meinen Schmerz: gelungen! — 6. b. K. laß mich nim-

gen, und laß mich nicht mehr irre gehn; laß meinen Fuß in deinen Wegen nicht straucheln oder stille stehn; erleucht mir Leib und Seele ganz, du starker Himmelsglanz.

7. Gieb meinen Augen süße Thränen, gieb meinem Herzen keusche Brunst; laß meine Seele sich gewöhnen, zu üben in der Liebe Kunst; laß meinen Sinn, Geist und Verstand stets sein zu dir gewandt.

8. Ich will dich lieben, meine Krone, ich will dich lieben, meinen Gott, ich will dich lieben ohne Lohne, auch in der allergrößten Noth, ich will dich lieben, schönstes Licht, bis mir das Herze bricht.

Anmerk. Von Angelus Silesius. Einige Verse widersprechen dem Character des Kirchenliedes zu sehr, als daß man sie behalten dürfte, nämlich Vs. 3. (vielleicht auch Vs. 4.) und Vs. 7. Bei Stier fehlt das Lied.

Mel. Gott des Himmels und der Erden.

342. Liebe! die du mich zum Bilde deiner Gottheit erst gemacht; Liebe! die du mich so milde nach dem Fall hast wiederbracht; Liebe! dir ergeb ich mich, dein zu bleiben ewiglich.

2. Liebe! die du mich erkoren, eh als ich geschaffen war; Liebe! die du Mensch geboren und mir gleich warst ganz und gar; Liebe! dir ergeb ich mich, dein zu u. s. w.

3. Liebe! die für mich gelitten, und gestorben in der Zeit; Liebe! die mir hat erstritten ewge Lust und Seligkeit; Liebe! dir ergeb ich mich, dein zu u. s. w.

4. Liebe! die du Kraft und Leben, Licht und Wahrheit, Geist und Wort; Liebe! die sich bloß ergeben mir zum Heil und Seelenhort; Liebe! dir ergeb ich mich, dein zu u. s. w.

5. Liebe! die mich hat gebunden an ihr Joch mit Leib und Sinn; Liebe! die mich überwunden und mein Herze hat dahin; Liebe! dir ergeb ich mich, dein zu u. s. w.

6. Liebe! die mich ewig liebet, die für meine Seele bitt; Liebe! die das Lösgeld giebet und mich kräftiglich vertritt; Liebe! dir ergeb ich mich, dein zu u. s. w.

7. Liebe! die mich wird erwecken aus dem Grab' der Sterblichkeit; Liebe! die mich wird umstecken mit dem Laub der Herrlichkeit; Liebe! dir ergeb ich mich, dein zu bleiben ewiglich.

mer. e. f. K. erleuchte Leib — du reiner. — 7. Bei Bs. ausgel. a. b. B. dem Augen gieb der Buße Thränen und meinem Herzen. b. K. W. gieb meinem H. reine (W. keusche) Glut. d. B. und üben. H. zu üben treu b. L. K. W. zu üben das was Liebe thut. c. d. K. vermehre stets nach dir mein Sehnen du einzig Heil und höchstes Gut. — 8. a. B. Wonne (?). b. W. bis meine Herrn und meinen Gott. c. H. fern vom Lohne (etwas steif). B. ich will ohn Lohn du Gnadensonne. K. dich lieben auch bei Schmach und Hohne und. d. B. dich lieben bis zum größten Noth.

CCCXLII. 1. b. Alle W.: hast g. d. B. S. K. H. W. nach dem Fall mit Heil bedacht; steht schon in einem Gesgbch. vom Jahre 1725. — 2. a. K. die mich hat. b. S. K. eh ich noch. d. S. mir zu gleichen ganz und gar. K. H. wardst. — 4. Bei S. ausgel. a. Bs. Kunst und Leben (auf jeden Fall Druckfehler). a—d. K. Liebe die mit Licht und Leben mich erfüllet durch ihr Wort, L. die den Geist gegeben mir zum Trost und Seelenhort. W. sich dargegeben. — 5. b. H. Herz und Sinn. d. B. H. W. hat ganz dahin. S. nimm das Herz doch völlig hin. K. L. die du überwunden meinen harten stolzen Sinn, L. die du mich gebunden, daß ich ganz dein eigen bin. — 6. b. B. W. litt. b—d. K. die mich führet Schritt, L. die mir Frieden giebet und mich. — 7. c. d. H. mich wird bedecken mit dem Glanz. K. L. die mich wird bedecken in des Grabes Dunkelheit, L. die mich wird erwecken zu dem Glanz der

13 *

Anmerk. Von Angelus Silesius. Aenderungen erscheinen nur Vs. 1. Zl. 4. und Vs. 7. und auch dort nicht einmal absolut nöthig. Der würdige Knapp hat eine böse Stunde gehabt, als er so Vieles in dem Gesange änderte.

343. Meinen Jesum laß ich nicht, weil er sich für mich gegeben, so erfordert meine Pflicht, Klettenweis an ihm zu kleben, er ist meines Lebens Licht, meinen Jesum laß ich nicht.

2. Jesum laß ich nimmer nicht, weil ich soll auf Erden leben; ihm hab ich voll Zuversicht, was ich bin und hab, ergeben; alles ist auf ihn gericht, meinen Jesum laß ich nicht.

3. Laß vergehen das Gesicht, Hören, Schmecken, Fühlen weichen, laß das letzte Tageslicht mich auf dieser Welt erreichen; wenn der Lebensfaden bricht, meinen Jesum laß ich nicht.

4. Ich werd ihn auch lassen nicht, wenn ich nun dahin gelanget, wo vor seinem Angesicht, meiner Aeltern Glaube pranget. Mich erfreut sein Angesicht, meinen Jesum laß ich nicht.

5. Nicht nach Welt, nach Himmel nicht meine Seele wünscht und stöhnet: Jesum wünscht sie und sein Licht, der mich hat mit Gott versöhnet, der mich freiet vom Gericht, meinen Jesum laß ich nicht.

6. Jesum laß ich nicht von mir, geh ihm ewig an der Seiten: Christus läßt mich für und für zu dem Lebensbächlein leiten: selig, wer mit mir so spricht: meinen Jesum laß ich nicht.

Anmerk. Churfürst Johann Georg zu Sachsen starb mit dem Seufzer: meinen Jsum laß ich nicht. Chr. Keymann dichtete danach vorstehendes Lied, das jenen Christenspruch akrostichisch wiederholt, und im letzten Verse die Buchstaben J. G. S. zu S. herausbringt. Besonders das Letzte ist Spielerei und mit Recht haben sich unsere Hymnologen an den manigen Aenderungen nicht daran gekehrt. Uebrigens ist der Gesang unzählige Male nachgeahmt. — Außer der besprochenen Aenderung in Vs. 3. lesen wir Vs. 1. Zl. 3. mit H. Vs. 4. Zl. 4. mit W. Vs. 5. Zl. 2. mit B. K. W. Vs. 6. Zl. 3. 4. mit H.

Herrl. W. L. die mich wird entrücken — L. die mich einst wird schmücken mit dem Laub der Herrl. Diese letzte Variante ziehn wir vor.

CCCXLIII. 1. d. B. als ein Glied. S. nur zu seinem Dienst zu leben. H. ewiglich nur ihm zu leben. W. in ihm und für ihn. c. d. K. sollt ich nicht aus Dank und Pflicht an ihm hangen, in ihm leben. — 2. a. b. K. W. ewig nicht. S. wahrlich nicht. b — d. K. ihm nur leb ich bis zum Grabe, ihm will ich voll Zuversicht geben was ich bin und habe. e. K. W. Herz und Mund mit Freuden spricht. — 3. a. b. S. vergehn mir das G., alle meine Sinne weichen. K. mein G. aller Sinne Kraft entweichen. a. W. wie b. K. Hören, Fühlen mir entweichen. d. K. dem gebrochnen Aug entblicken. e. S. K. H. wenn des Leibes Hütte bricht (als biblisches Bild dem „brechenden Lebensfaden," den W. behielt, vorzuziehn. Doch gestehen wir gern zu, daß die Aenderung keine absolut nöthige ist). 4. d. Sobald das Lied in kirchlichen Brauch überging, mußte natürlich diese specielle Beziehung verwischt werden. Schon ein Gesgbch. von 1663 liest: „frommer Christen Gl. pr." so W. Ein Anderes von 1707: „meiner Freunde Gl. pr." B. S. H. aller Frommen Glaube, K. aller Selgen. e. S. bis mir leucht'. K. ewig glänzt mir dort sein Licht. — 5. b. B. K. W. und frehnt. S. H. meiner Seelen Wunsch sich sehnen. c. B. S. sucht sie. e. S. K. H. W. der mich frei macht. B. mich befreiet. — 6. b. W. steh ihm. K. ewig bleib ich. S. und er bleibt mir auch zur Seiten. c. K. H. Jesus wird. S. wird mich treulich. d. H. Lebensbächen. S. zu der Lebensquelle. K. W. zu den (W. dem) Lebensbrunnen. e. S. K. W. selig wer von Herzen.

Mel. Balet will ich dir geben.

344. Nicht Opfer und nicht Gaben, auch Ruhm und Ehre nicht, noch was sonst Sünder haben, befreit uns vom Gericht. Nur Jesu Liebe bleibet, sie ist von Ewigkeit, was außer ihr uns treibet verschwindet mit der Zeit.

2. Sie giebt uns Kraft und Leben, reißt jeden Bann entzwei, lehrt helfen, trösten, geben, macht von der Lüge frei. Sie muß gerecht uns machen, los von der Sündenlust, zum Beten und zum Wachen bewegen unsre Brust.

3. Sie ist die höchste Zierde, des Christenthumes Kern; sie gilt als schönste Würde und Krone vor dem Herrn. Was hilfts mit Engelzungen hoch reden ohne Herz! wen Liebe nicht durchdrungen, der ist ein todtes Erz.

4. Geheimnißvolle Lehren und starker Glaubenssinn, stehn nicht bei Gott in Ehren, wenn Liebe nicht darin. Der treibt nur arm Geschwätze, wer kalt und liebeleer der größten Weisheit Schätze darleget um sich her.

5. Der Vater ist die Liebe, der Sohn ist Lieb allein, des heilgen Geistes Triebe sind Liebe heiß und rein. Das ist die Lebensquelle vom Vater und vom Sohn. Mach unsre Seelen helle, du Strom von Gottes Thron!

Anmerk. Bei Knapp 2435. und im Neuen Würtemb. Gesgbch. 436. von Joh. Anb. Rothe. Da der ursprüngliche Text uns nicht zugänglich war, so haben wir uns an die erwähnten Text-Recensionen angeschlossen.

Mel. Wie schön leucht uns der Morgenstern.

345. O Jesu, Jesu, Gottes Sohn, mein Bruder und mein Gnadenthron, mein Schatz, mein Freund und Wonne! du weißest, daß ich rede wahr, vor dir ist alles sonnenklar, noch klarer als die Sonne; herzlich lieb ich mit Gefallen dich vor allen, nichts auf Erden kann und mag mir lieber werden.

2. Dies ist mein Schmerz, dies kränket mich, daß ich nicht gnug kann lieben dich, wie ich dich lieben wollte, ich werd von Tag zu Tag entzündt, je mehr ich lieb, je mehr ich find, daß ich dich lieben sollte, von dir laß mir deine Güte ins Gemüthe lieblich fließen, so wird sich die Lieb ergießen.

3. Durch deine Kraft treff ich das Ziel, daß ich, so viel ich soll und will, dich allzeit lieben könne; nichts auf der ganzen weiten Welt, Pracht, Wollust, Ehre, Freud und Geld, wenn ich es recht besinne, kann mich ohn dich genugsam laben, ich muß haben reine Liebe, die tröst, wenn ich mich betrübe.

4. Denn, wer dich liebt, den lie-

CCCXLV. Bei Knapp ist der Gesang fast völlig umgearbeitet, weshalb wir auf seine Varianten diesmal keine Rücksicht nehmen. — 1. b. H. Mittler, alte Var. c. Bs. mein höchste Freud und. H. mein Heil und, b. c. S. der du bevor ich war mich schon geliebt mit heißem Triebe. W. mein Heiland auf dem Himmelsthron, du meine Freud und. d. B. H. du weißt es, e. Bs. H. offenbar, d—f. S. vor dir ist alles sonnenklar, mein Herz ist dir auch offenbar, du weißt, daß ich dich liebe. g—k. W. herzlich such ich dir vor allen zu gefallen. m. S. kann und soll. — 2. a. B. das kränkt. b. H. daß ich nicht ganz, d. e. Bs. täglich zu neuer Lieb entzündt, je mehr ich lieb, je mehr ich find. (Bei S. nur umgestellt.) In Gesgbch. aus der Mitte des vor. Jahrh. öfters: „je mehr ich lieb, je mehr ich find in e. gegen dich entzündt.“ H. je mehr ich dich lieb allbereit (alte Var.) erkenn ich, daß ich allzeit dich mehr noch lieben sollte. W. je mehr mich deine Liebe zieht, je mehr erkennt mein Herz und sieht. l. S. reichlich. — 3. b. c. W. ich kann und will dir allzeit anhangen. c. S. H. lieben möge. f. H. wenn ich es recht

best du, schafft seinem Herzen Fried und Ruh, erfreuest sein Gewissen, es geh ihm, wie es woll auf Erd, wenn ihn gleich ganz das Kreuz verzehrt, soll er doch dein genießen im Glück ewig, nach dem Leide große Freude wird er finden; alles Trauren muß verschwinden.

5. Kein Ohr hat dies jemals gehört, kein Mensch gesehen noch gelehrt, es läßt sich nicht beschreiben (es kanns niemand beschreiben), was denen dort für Herrlichkeit bei dir und von dir ist bereit, die in der Liebe bleiben, gründlich läßt sich nicht erreichen, noch vergleichen den Weltschätzen, dies, was uns dort (was uns alsdann) wird ergötzen.

6. Drum laß ich billig dies allein, o Jesu! meine Freude sein, daß ich dich herzlich liebe, daß ich in dem, was dir gefällt, und mit dein klares Wort vermeld't, aus Liebe mich stets übe, bis ich endlich werd abscheiden und mit Freuden zu dir kommen, aller Trübsal ganz entnommen.

7. Da werd ich deine Süßigkeit, die itzt berühmt ist weit und breit, (das himmlisch Manna allezeit), in reiner Liebe schmecken, und sehn dein liebreich Angesicht mit unverwandtem Augenlicht, ohn alle Furcht und Schrecken, reichlich werd ich sein erquicket und geschmücket vor dein'm Throne mit der schönen Himmelskrone.

Anmerk. Von Joh. Heermann. Wir lesen Vs. 1. Zl. 3. mit Bs. Vs. 2. Zl. 4. 5. mit W.; Vs. 3. mit H.; Vs. 7. Zl. 1. 2. mit W.; ändern also nur an 4 Stellen.

B) Abgekürzte Lieder und Verse.

Mel. Jesus meine Zuversicht.

346. Dennoch bleib ich stets an dir, mein Erlöser, mein Vergnügen! mich verlanget dort und hier nur an deiner Brust zu liegen. Meines Lebens schönste Zier! dennoch bleib ich stets an dir!

2. Suchet die verderbte Welt mich aus deinem Arm zu reißen; will sie was dem Fleisch gefällt mir so

erwäge. S. wenn ich's recht überlege. W. und was ich sonst erlange. k—m. S. H. nur die Gaben deiner Liebe trösten wenn ich mich betr. m. W. Tröstung wenn ich mich betr. — 4. c. S. und tröstest. d. W. wie es geh. e. H. und wenn ihn auch das Kreuz beschwert. W. wenn Kreuz ihn noch so hart beschwert. d. e. S. es geh auf Erden wie es will, es sei des Kreuzes noch so viel: schon in Gesgbch. um 1740 herum. g. h. Bs. H. ewig, selig. S. endlich, ewig. k—m. H. wird er Fr. droben finden, all sein. .g—m. W. endlich wird sich — volle Freude bei dir finden, dann muß alles Trauren schwinden. — 5. a. B. S. W. hat jemals es. b. S. kein Aug gesehn, kein. o. Die oben eingeklammerte Lesart haben B. S. W. und wir treten bei, da sich dieselbe schon im Amsterd. Gesgbch. von 1660, in einem Altdorfer von 1663 u. s. w. vorfindet. a—c. H. kein Ohr hat es gehöret an, kein Aug gesehn, ja es kann kein Mensch es gnug beschr. alte Var. l. Bs. der Welt. H. Erdenschätzen. W. allen Schätzen. m. Mit der eingeschloßnen Lesart verhält es sich wie bei o. g—m. S. was hier von dir wird gegeben unser Leben zu ergötzen ist dagegen nichts zu schätzen. — 6. b. Bs. Sorge sein. e. H. enthält. S. mir — vorhält. W. was mir dein Wort vor Augen hält. — 7. a. b. S. H. deine Gütigkeit, die mich schon hier so hoch (H. die schon hienieden mich) erfreut. W. da werd ich deine Freundlichkeit, die hochgelobt in Ewigkeit. Die bei b. eingeklammerte Lesart, welche wir annehmen, hat dieselben Rechte wie die bei 5. c. und m. i. W. dann erq. l. Bs. vor dem Throne. H. hoch am Throne. l. m. S. W. mit der Krone, Herr, (W. stehn) vor deinem Himmelsthrone.

lockend dann verheißen, o so sprech
ich bald zu ihr: dennoch bleib ich
stets an dir!

3. Bricht des Kreuzes Sturm
herein, überfällt mich Angst und
Leiden, so vermag doch keine Pein
mich von meinem Haupt zu scheiden und ich schreib in mein Panier:
dennoch bleib ich stets an dir!

4. Selbst im finstern Todesthal
bleiben wir noch ungetrennet; ich
empfinde keine Qual, wenn der Lebensfürst mich kennet. Sterbend
ruf ich mit Begier: dennoch bleib
ich stets an dir!

Anmerk. Aus dem Liede von J.
J. Rambach: Dennoch bleib
ich stets an dir.

Mel. Ich ruf zu dir Herr Jesu Christ.

347. O Jesu Christ, mein schönstes Licht, der du in deiner Seelen,
so hoch mich liebst, daß ich es nicht
aussprechen kann, noch zählen, gieb
daß mein Herz dich wiederum mit
Lieben und Verlangen mög umfangen und als dein Eigenthum nur
einzig an dir hangen.

2. Gieb, das sonst nichts in meiner Seel als deine Liebe wohne;
gieb, daß ich deine Lieb' erwähl als
meinen Schatz und Krone. Stoß
alles aus, nimm alles hin, was
mich und dich will trennen und nicht
gönnen, daß all mein Muth und
Sinn in deiner Liebe brennen.

3. Was ist, o Jesu, daß ich nicht
in deiner Liebe habe? sie ist mein
Stern, mein Sonnenlicht, mein Quell
da ich mich labe, mein Himmelsbrod, mein Freudenwein. Dir, Herr
sich ganz ergeben, bringt das Leben
und außer dir ist Pein: wollst mich
drum zu dir heben!

4. Ja wenn ich nach vollbrachter
Zeit mich soll zur Ruhe legen, dann
sei Herr, auch mein Trost im Leid,
in Schwachheit mein Vermögen.
Alsdann laß deine Liebestreu, Herr

Jesu, mir beistehen, Trost zuwehen,
daß ich getrost und frei mög in dein
Reich eingehen.

Anmerk. Aus dem 16verstgen Liede:
O Jesu Christ mein schönstes
Licht von Paul Gerhardt. Vs.
1. 2. 12. (etwas verändert, vgl.
Vs. 10.) 16. (im Anfange umge-
stellt).

Mel. Sollt ich meinem Gott nicht singen.

348. Unter allen großen Gütern, die uns Christus ausgetheilt,
ist die Lieb in den Gemüthern, wie
ein Balsam, der sie heilt, wie ein
Stein, der herrlich funkelt, wie ein
Kleinod, dessen Preis alles Hohe
was man weiß übertrifft und ganz
verdunkelt. Glaub und Hoffnung
bleiben hier, Liebe währet für und
für.

2. O du Geist der reinen Liebe,
der von Gott du gehest aus, laß
uns spüren deine Triebe, fülle unser Herz und Haus. Was in uns
sich selbst nur suchet, es nicht treu
mit andern meint, Haß ist und nur
Liebe scheint laß uns halten für
verfluchet: lenke unsern ganzen Sinn,
Liebesgeist zur Liebe hin!

Anmerk. Aus dem Liede: Unter
denen großen Gütern von E.
Lange.

Mel. Valet will ich dir geben.

349. Von dir will ich nicht
weichen, o weiche nicht von mir!
in aller Welten Reichen gleicht keine Perle dir. Bringt Kronen her
und Güter, bringt was ein Wunsch
nur weiß, dir Labsal der Gemüther,
mein Jesu bleibt der Preis.

2. Geh ich im finstern Thale und
weiß nicht ein noch aus, bei deiner Liebe Strahle verschwindet aller Graus. Soll ich von Erden-
gaben glanzreich umflossen sein, ich
kann es Alles haben, doch lieben dich allein.

3. Von dir will ich nicht wei-

chen, es gehe wie es will; wirft du den Kelch mir reichen, halt ich dir ruhig ftill; denn wird mein Leib erblaffen bift du des Lebens Thür: von dir will ich nicht laffen, o laffe nicht von mir!

Anmerk. Nach dem trefflichen Gefange von J. F. v. Meyer: Von dir will ich nicht weichen. In feiner urfprünglichen Geftalt ift das Gedicht kein Kirchenlied: vielleicht ift es in der obigen Bearbeitung diefer Beftimmung näher gebracht.

2) Glaube.

A) Vollftändiges Lied.

Mel. Chriftus der ift mein Leben.

350. Ich weiß, an wen ich glaube, und mein Erlöfer lebt, der, wird der Leib zu Staube, den Geift zu fich erhebt.

2. Ich weiß, an wem ich hange, wenn alles wankt und weicht, der, wird dem Herzen bange, die Rettungshand mir reicht.

3. Ich weiß, wem ich vertraue, und wenn dieß Auge bricht, daß ich ihn ewig fchaue, ihn felbft, von Angeficht.

4. Er trocknet alle Thränen fo tröftend und fo mild, und mein unendlich Sehnen wird nur durch ihn geftillt.

Anmerk. Bei diefem Liede von I. H. Riemeyer wird man zunächft mit Recht einwenden, daß es zu fubjectiv gehalten fei; allein es giebt wohl viele Lehrlieder über den Glauben und darunter einige gute (Breithaupt: Verfuchet euch u. f. w.), allein unferes Wiffens wenige Kirchenlieder. Dann aber ift der obenftehende Gefang der befte unter Riemeyers Liedern und wir wollten ihn darum nicht vorbeigehn.

B) Abgekürzte Lieder und Verfe.

Mel. Wie fchön leucht uns der Morgenftern.

351. Der Glaub ift eine ftarke Hand und hält dich, Herr, als feftes Band; ach, ftärke meinen Glauben! im Glauben kann dich Niemand mir, im Glauben kann mich Niemand dir, o ftarker Jefu rauben. Drum gieb den Trieb unabwendig und beftändig treu zu bleiben und recht feft an dich zu gläuben.

Anmerk. Aus dem Liede: Mein Jefu, füße Seelenluft von Joach. Neander.

Mel. Wer nur den lieben Gott läßt walten.

352. Ich weiß von keinem andern Grunde, als den der Glaub' in Chrifta hat; ich weiß von keinem andern Bunde, von keinem andern Schluß und Rath als: Gott fieht mich in Chrifto an, wer ift der mich verdammen kann!

2. Ich bin zu meinem Heiland kommen, ach eilt ich ihm ftets beffer zu! Er hat mich huldreich aufgenommen, bei ihm nur find ich wahre Ruh. Er ift mein Kleinod und mein Theil und außer ihm weiß ich kein Heil.

3. Mein Jefu, laß mich in dir bleiben, bleib ewge Gnade bleib in mir! laß deinen guten Geift mich treiben, daß ich im Glauben folge dir! laß ftets mich fromm und wach=

CCCL. 1. b. K. und daß mein Heiland. c. der aus dem Todesftaube. c. d. X. der aus der Erde Staube mich einft zu fich erhebt. — 2. o. K. der wenn dem. d. die Rettershand. — 3. b. wenn mein. — Ein fünfter Vers ift zugedichtet.

sam sein, so reißet nichts den Grund
mir ein.

Anmerk. Aus dem Liede: Ich weiß
von keinem andern Grunde
im Neuen Würtemb. Gesgbch. 312.
Am Schlusse ist bemerkt: „nach dem
Hohenlohischen Gesangbuch."

Mel. Ihr Kinder des Höchsten wie stehts um die
Liebe.

353. Ihr Kinder des Höchsten,
wie stehts mit dem Glauben? laßt
euch nicht vom Satan die Freudigkeit rauben, bleibt treulich im Bunde mit Jesu fest stehn, mag immer
Anfechtung und Trübsal angehn;
wenn euer Gewissen euch selbst will
verdammen, wenn Sünde und Hölle sprühn Feuer und Flammen, so
setzet die Kräfte des Glaubens zusammen.

2. Ja, laßt uns den Glaubens-
kampf ritterlich kämpfen, die feurig-
sten Pfeile kann dieser Schild dämpfen, nichts mache euch zagend, nichts
mache euch weich, es ging auch der
Herr erst durch Leiden ins Reich.
Nur immer im Glauben gebetet, gerungen und näher und näher zu
Christus gedrungen, so ist es noch
allen Mitstreitern gelungen.

3. Seht an die Exempel der Väter und Alten, wie haben sich diese
so tapfer gehalten; es schnaubete um
sie die höllische Macht, sie mußten
oft wandern im Thale der Nacht,
doch haben sie immer geglaubet, gelitten, gerungen, gestehet und tapfer

gestritten, sie liefen die Schranken
mit eilenden Schritten.

4. Und siehe, wie herrlich ists
ihnen gelungen: jetzt jauchzen sie
droben mit himmlischen Zungen, sie
sind nun vom Glauben zum Schauen
gelangt, sie stehen da, wo ihr Haupt
ewiglich prangt mit Kronen der Ehren und Edelgesteinen, die Gott hat
bereitet aus Thränen und Weinen:
wer wollte mit ihnen nicht gern
sich vereinen.

5. Nun darum, ihr Brüder, erweckt euch zum Glauben, laßt Nichts
euch den Muth und die Freudigkeit rauben. Bleibt fest und beständig, seid klug ohne Arg und spart
keine Stunde; bald liegt ihr im
Sarg. Drum müßt ihr die Namen
im Himmel ausschreiben und glaubend an Jesu stets hangen und bleiben, so kann man die Pforten der
Hölle vertreiben.

6. Dann kehrt sich gewiß auch
das Weinen in Freude, wenn ihr
einst gelanget zur seligen Weide, allwo ihr dem Lamme sollt jauchzend
nachgehn, wie's hier ist mit thrä-
nenden Augen geschehn. Kein Aug
hat gesehen, kein Ohr es vernommen; was Gott dann bescheeret den
siegenden Frommen die Glauben gehalten und zu ihm gekommen.

Anmerk. Zusammengezogen aus dem
Liede: Ihr Kinder des Höchsten, wie stehts um den Glauben. Wir halten den so abgekürzten Gesang für das beste Kirchenlied
über den Glauben.

3) Freude.

A) Vollständige Lieder.

Mel. Herzlich thut mich verlangen.

354. Ist Gott für mich, so trete gleich alles wider mich; so oft ich
ruf und bete, weicht alles hinter sich:
hab ich das Haupt zum Freunde,
und bin geliebt bei Gott, was kann
mir thun der Feinde und Widersa-
cher Rott?

CCCLIV. 1. c. B. so oft ich sing. K. so oft ich zu ihm bete. f. K. von
Gott. g. K. was schadet mir der Feinde. h. K. W. Spott. S. Verfolgung,

2. Nun weiß und gläub ich feste, ich rühms auch ohne Scheu, daß Gott, der Höchst und Beste, mein Freund und Vater sei; und daß in allen Fällen er mir zur Rechten steh, und dämpfe Sturm und Wellen und was mir bringet Weh.

3. Der Grund, da ich mich gründe, ist Christus und sein Blut, das machet, daß ich finde das ew'ge wahre Gut. An mir und meinem Leben ist nichts auf dieser Erd: was Christus mir gegeben, das ist der Liebe werth.

4. Mein Jesus ist mein Ehre, mein Glanz und helles Licht, wenn der nicht in mir wäre, so dürft und könnt' ich nicht vor Gottes Augen stehen, und vor dem strengen Sitz; ich müßte stracks vergehen, wie Wachs in Feuershitz.

5. Mein Jesus hat gelöschet, was mit sich führt den Tod; der ists, der mich rein wäschet, macht Schneeweiß was ist roth. In ihm kann ich mich freuen, hab einen Heldenmuth, darf kein Gerichte scheuen, wie sonst ein Sünder thut.

6. Nichts, nichts kann mich verdammen, nichts nimmet mir mein Herz; die Höll und ihre Flammen die sind mir nur ein Scherz, kein Urtheil mich erschrecket, kein Unheil mich betrübt, weil mich mit Flügeln decket mein Heiland, der mich liebt.

7. Sein Geist wohnt mir im Herzen, regieret meinen Sinn, vertreibet Sorg und Schmerzen, nimmt allen Kummer hin, giebt Segen und Gedeihen dem, was er in mir schafft, hilft mir das Abba schreien aus aller meiner Kraft.

8. Und wenn an meinem Orte sich Furcht und Schwachheit find, so seufzt und spricht er Worte, die unaussprechlich sind, mir zwar und meinem Munde; Gott aber wohl bewußt, der an des Herzens Grunde ersiehet-seine Lust.

9. Sein Geist spricht meinem Geiste manch süßes Trostwort zu, wie Gott dem Hülfe leiste, der bei ihm suchet Ruh, und wie er hab erbauet ein edle neue Stadt, da Aug und Herze schauet, was es geglaubet hat.

10. Da ist mein Theil, mein Erbe mir prächtig zugericht, wenn ich gleich fall und sterbe, fällt doch mein Himmel nicht: muß ich auch gleich hier feuchten mit Thränen meine Zeit, mein Jesus und sein Leuchten durchsüßet alles Leid.

11. Wer sich mit dem verbindet,

haß und Spott. — 2. c. K. der Höchste, Beste. d. H. W. mir herzlich günstig sei (anzunehmen). h. S. daß ich nicht untergeh (kräftiger als das Original). — 3. a. B. K. H. W. drauf ich. — 4. Bei Bs. S. ausgel. a. W. er ist mein Ruhm und Ehre. b. K. und meines Lebens Licht. W. schönstes L.: der Feustling: schönes, so H. c. K. wenn er. d. W. könnt ich bestehen nicht. K. fänd ich den Vater nicht. f. H. in seinem hohen Sitz. g. B. gleich. H. schnell. e—h. K. ich könnte nicht bestehen vor seinem heilgen-Stuhl, ich müßt als Sünder gehen hinab zum Feuerpfuhl. W. nimmt als zweite Hälfte des Verses Vs. 5. e—h. herauf. — 5. Bei Bs. S. W. ausgel. a. H. der, der hat ausgel. H. hat versöhnet. b. K. mich verdammt zum T. c. d. K. und mich mit Heil gekrönet nach meiner Sündennoth. d. H. reißt mich aus aller Noth. g. H. darf das Gericht nicht. — 6. Bei Bs. S. ausgel. b. K. raubet. H. nimmt mir meinen Muth. W. macht hinfort mir Schmerz. c. d. H. selbst von der H. F. errettet mich sein Blut. d. K. tilgt Christi Todesschmerz. W. sie ängsten nicht mein Herz. — 7. b. H. regiert mir, ältere Lesart. c. Bei Ebeling: vertreibt mir, so B. g. K. W. und hilft mir. — 8. a. K. an einem Orte. b. B. H. Furcht und Schrecken, z. B. schon in dem alten Breslauer Gesangb. e. f. W. nicht mir und meinem M. doch aber dir bewußt. — 9. g. K. da Herz und Auge. — 10. a. S. H. W. und Erbe. e—h. K. auch oft betrüben — und sein Lieb‥‥ ¶. durchseufz ich auch hienieben mit Thränen manche Zeit — und

ben Satan fleucht und haßt, der wird verfolgt, und findet ein harte schwere Last zu leiden und zu tragen, geräth in Hohn und Spott, das Kreuz und alle Plagen die sind sein täglich Brodt.

12. Das ist mir nicht verborgen; doch bin ich unverzagt. Gott will ich lassen sorgen, dem ich bin zugesagt; es koste Leib und Leben, und alles, was ich hab; an dir will ich fest kleben, und nimmer lassen ab.

13. Die Welt die mag zerbrechen, du stehst mir ewiglich; kein Brennen, Hauen, Stechen soll trennen mich und dich; kein Hunger und kein Dürsten, kein Armuth, keine Pein, kein Zorn der großen Fürsten soll mir ein Hind'rung sein.

14. Kein Engel, keine Freuden, kein Thron, kein Herrlichkeit, kein Lieben und kein Leiden, kein Angst kein Herzeleid, was man nur kann erdenken, es sei klein oder groß, der keines soll mich lenken aus deinem Arm und Schooß.

15. Mein Herze geht in Sprüngen, und kann nicht traurig sein, ist voller Freud und Singen, steht lauter Sonnenschein. Die Sonne, die mir lachet, ist mein Herr Jesus Christ, das, was mich singend machet, ist, was im Himmel ist.

Anmerk. Von Paul Gerhardt.

Wenn über die Vortrefflichkeit des Liedes im Allgemeinen eine Stimme sein kann, so könnten leichter darüber Bedenken entstehen, ob der kirchliche Ton im Ganzen oder wenigstens in einzelnen Stellen festgehalten sei. Wir würden behalten Vs. 1—3. Vs. 5. e—h., dazu aus Vs. 6. a—d. (mit passenden Varianten). Vs. 7. 9. 10. 13. 14. 15.

Mel. Wie schön leucht uns der Morgenstern.

355. Was freut mich noch, wenn du's nicht bist, Herr Gott, der doch mein Alles ist, mein Trost und meine Wonne! bist du nicht Schild, wer decket mich, bist du nicht Licht, wo finde ich im Finstern eine Sonne? keine reine wahre Freude, auch im Leide, auch für Sünden ist Herr außer dir zu finden.

2. Was freut mich noch, wenn du's nicht bist, mein Herr, Erlöser Jesu Christ, mein Friede und mein Leben? heilst du mich nicht wo sind ich Heil, bist du nicht mein wo ist mein Theil, giebst du nicht wer wird geben? meine eine wahre Freude, wahre Weide, wahre Gabe hab ich, wenn ich Jesum habe.

3. Was freut mich noch, wenn du's nicht bist, o Geist, der uns gegeben ist zum Führer der Erlösten? bist du nicht mein was sucht mein Sinn, führst du mich nicht, wo komm ich hin, hilfst du nicht,

sein Frieden. — 11. Bei S. W. ausgel. a. B. K. H. mit ihm. d. H. manch harte, schwere. K. sein Theil von Roth und Last. e. K. er muß den Welthaß trager. g. K. und andre Pl. (?) — 12. Bei S. W. ausgel. c. Ebeling: dich will ich, so H. g. H. dir will ich mich ergeben. — 13. Bei S. ausgel. a. H. mag gleich. Feustking: zubrechen. b. B. du bleibst. c. K. nichts soll die Liebe schwächen, nichts. W. nicht Haß und Qual der Frechen. f. W. nicht Armuth oder Pein. g. Ebeling: der. Feustking: des, so B. Der über die Lesart und die etwanige Beziehung auf die großen Kurfürsten erst neulich zwischen Schulz und Pischon geführte Streit ist bekannt. Wir sind doch noch mehr der Ansicht, daß Gerhardt keine andern Fürsten gemeint hat, als die Röm. 8, 38. erwähnten „Engel und Fürstenthum," um so wahrscheinlicher, als das ganze Lied eine Paraphrase jenes Capitels ist; (doch vgl. die neueste Schrift von D. Schulz über P. G. S. 252 ff.) K. der Erdenfürsten. W. von gr. F. h. K. W. zur Hindrung. — 14. b. W. noch Herrl. a. b. S. kein Schmerz und keine Freuden, nicht Macht noch H. d. Feustking: und Herzeleid. S. nicht Mühsal, Angst und Streit. W. nicht Angst noch Fährlichkeit. H. kein A. u. F. h. S. aus Jesu. — 15a. a. W. beginnt zu springen (üble Besserung). g. K. W. und was. K. H. S. W. singen machet.

wer will trösten? meine eine wahre Freude, Trost im Leide, Heil für Schaden ist in dir, o Geist der Gnaden!

Anmerk. Von Ph. Fr. Hiller. Der Text ist nach K. 112. und W. 24. mitgetheilt. W. liest Vs. 1. Zl. 4: was decket mich.

Mel. Alles ist an Gottes Segen.

356. Weil ich meinen Jesum habe, und an seiner Brust mich labe, fürcht ich keine Noth und Pein; wer ihn liebet, wer ihn kennet, wer weiß, wie sein Herze brennet, der kann niemals traurig sein.

2. Wo ich sitze, wo ich stehe; wo ich liege, wo ich gehe, weicht mein Jesus nicht von mir: er ist mir stets an der Seiten, thut mich überall begleiten, ich bin seine Lust und Zier.

3. Er hat mich zur Braut erkoren; eh ich sollte sein verloren, müßt zergehn die ganze Welt. Ach! was sollt mich denn betrüben, da mich der so hoch thut lieben, der ja alles trägt und hält.

4. Er hat sich mit mir verbunden, nichtes, nichtes wird gefunden, das ihn von mir trennen thut: er mein Bräutgam und mein König, achtet sonstes alles wenig, ich bin ihm sein liebstes Gut.

5. Darum fröhlich, immer fröhlich, weil ich bin in Jesu selig; ich bin sein, und er ist mein; singen, springen, jubiliren, und in Jesu triumphiren, soll nur mein Geschäfte sein.

Anmerk. B. und K. haben das Lied ohne Angabe des Vf. Ein älteres Gesangbuch von 1725, dem wir uns im Texte anschlossen, giebt J. Chr. Lange an.

B) Abgekürzte Lieder und Verse.

357. Schwing dich auf zu deinem Gott du betrübtes Herze! warum quälst du Gott zum Spott dich in trübem Schmerze? merkst du nicht des Satans List? er will durch sein Kämpfen, deinen Trost, den Jesus Christ dir erworben, dämpfen.

2. Weißt ja doch: wir säen zwar traurig und mit Thränen, doch es kommt das Freudenjahr wonach wir uns sehnen. Ja, es kommt die Erndtezeit, da wir Garben machen, da wird unser Gram und Leid lauter Freud und Lachen.

3. Ei so faß, o Christenherz, alle deine Schmerzen, wirf sie fröhlich hinterwärts! laß des Trostes Kerzen dich entzünden mehr und mehr! gieb dem großen Namen deines Gottes Preis und Ehr! er wird helfen. Amen.

Anmerk. Aus dem Liede: Schwing dich auf zu deinem Gott von Paul Gerhardt.

358. Warum sollt ich mich denn grämen? hab ich doch Christum noch, wer will den mir nehmen? laß der Hölle Rotte lachen! Gott mein Heil wird in Eil sie zu Schanden machen.

CCCLVI. 1. b. K. X. Huld mich. — 2. c. B. will mich. d—f. K. er ist immer mir zur Seite, giebt mir treulich das Geleite, hegt und schirmt mich für und für. — 3. a. K. er hat mich für sich. X. in ihm bin ich neugeboren. c. B. vergehn. K. müßte stürzen. d. B. ei, was. e. K. da ich kenne Christi Lieben. — 4. b—f. K. nirgends wird etwas gefunden, das mich von ihm trennen kann, er mein Heiland und mein König, achtet aller Feinde wenig seit sein Blut am Kreuze rann. X. b. und d. wie K. — 5. d. e. K. Jesum loben, Jesum lieben und in seinem Dienst mich üben.

2. Herr, mein Hirt, Brunn aller Freuden! du bist mein, ich bin dein, niemand kann uns scheiden. Ich bin dein, weil du dein Leben und dein Blut mir zu gut in den Tod gegeben.

3. Du bist mein, weil ich dich fasse und dich nicht, o mein Licht! aus dem Herzen lasse. Laß mich, laß mich hingelangen, da du mich und ich dich lieblich werd umfangen.

Anmerk. Aus dem Liede: Warum sollt ich mich denn grämen von Paul Gerhardt, dem Hauptdichter der „christlichen Freude." Denn „obwohl die schweren Trübsalen, in welche er gerathen, ihn eher zum Heulen als zum Singen bringen mögen, ist er doch in seinen Leiden guten Muths gewesen und hat beobachtet den Befehl: „Ist jemand gutes Muths, der singe Psalmen." (Treuner in der Vorrede der Augsburger Ausg. von 1708.

4) Sanftmuth und Demuth.

A) Vollständige Lieder.

Mel. Kommt her zu mir spricht Gottes Sohn.

359. Kommt alle zu mir, kommt zu mir, und fürchtet euch doch nicht, die ihr mit Sünden seid belaben: kommt her, ich bin der gute Hirt, der euer Herz erquicken wird: kein Uebel soll euch schaden.

2. Nehmt in Geduld auf euch mein Joch, seht nur auf mich und lernet doch, wie ihr euch sollt erzeigen: seid fein sanftmüthig, wie ich bin, liebt Demuth, laßt nicht euren Sinn in Hoffarth sich versteigen.

3. So werdet ihr zu jeder Zeit für eure Seel in Freud und Leid Trost und Erquickung finden, mein Joch ist sanft, leicht ist die Last: wer sie geduldig auf sich faßt, dem helf ich überwinden.

4. Ich komm zu dir, o Jesu Christ, der du der Nachfolg Vorbild bist, laß mich das stets betrachten: daß ich mich selbst und was die Welt für Lust betrüglich mir vorstellt, könn gegen dir verachten.

5. Gieb, daß ich wahre Demuth üb', den Nächsten fort mit Sanft-

muth lieb, dein Joch trag bis ans Ende, für meine Seel hier Ruh erlang und dort die Ehrenkron empfang: wann ichs durch dich vollende.

Anmerk. Aus dem Lemgoer Gesgb. von 1707.

Mel. Herzlich thut mich verlangen.

360. O wie so niederträchtig, kommst du, Herr Jesu Christ, wie ist an dir nichts prächtig, ob du schon König bist? und allen Königreichen, wie groß auch ihre Pracht, befehlen kannst zu weichen, noch birgst du deine Macht.

2. Du bist zu uns gekommen in der Erfüllungszeit, und hast an dich genommen des Fleisches Niedrigkeit; damit uns würd' erwecket die herrliche Gewalt, so hast du dich bedecket mit armer Knechtsgestalt.

3. Dein Ansehn wird verachtet, die Welt hält es für schlecht. Und so wird noch betrachtet ein jeder deiner Knecht. Mit Schimpfe wird belohnet von der Vernunft der Welt,

bei welchem Demuth wohnet, und der nach dir sich hält.

4. Dein Geist woll uns entfernen vom äußerlichen Schein: gieb, daß von dir wir lernen von Herzen niedrig sein. Du, Höchster, wirst geringe, und heischest nicht von mir, zu lernen große Dinge, nur sanften Muth von dir.

5. Komm in des Herzens Tempel, und mach uns doch geschickt, zu folgen dem Exempel, das man in dir erblickt. Sonst alles ist vergebens, wo man nicht Demuth liebt, die Richtschnur unsers Lebens ist das, was du geübt.

6. Die Demuth ist die Kerze und überschönes Licht, wodurch uns in das Herze die Selbsterkenntniß bricht; die uns kann unterweisen, wie man die Welt verschmäht, und die uns lehret preisen des Höchsten Majestät.

7. Laß mich, o Jesu, streben nach diesem, wie du mir befohlen hast zu leben, kommt mirs gleich seltsam für. Zwar bin ich viel zu wenig, zu thun, was vor dir gilt. Du, Herr, bist unser König; mach aus mir, was du willst.

Anmerk. Von G. W. Sacer, gewöhnlich unter die Advents-Lieder gestellt, aber von uns für diese Rubrik aufgespart, für die es mit leichten Aenderungen vortrefflich paßt. Die meisten Varianten von S. und K. sind unzeitig.

B) Abgekürzte Lieder und Verse.

Mel. Valet will ich dir geben.

361. Du Ursprung aller Güte, der Sanftmuth Musterbild; holdseligstes Gemüthe, Herr Jesu, du bist mild. Dein Herze wallt von Lieben, in deinem Angesicht steht Freundlichkeit geschrieben, mein Jesus zürnet nicht.

2. Du rechnest mit den Seelen nicht nach dem strengen Bund, du schenkest wenn sie fehlen auch zehntausend Pfund. Ach, lehr mich auch so lieben, wenn gleich die Schuld sich häuft und siebenzigmal sieben mein Bruder sich vergreift.

3. Laß mich nicht wieder fluchen, laß mich mit sanftem Muth auch dessen Bestes suchen der mir was Böses thut: für Fluchen laß mich segnen, für Feinde laß mich flehn und gütig dem begegnen, der mir will widerstehn.

4. Laß deine Liebeskerzen in mir entzündet sein, schließ mein Herz deinem Herzen, Sanftmüthigster, fest ein. Da bin ich frei von Sünden und in dir ewig froh, da kann ich Ruhe finden: ja, es geschehe so!

Anmerk. Aus dem Liede: Du Ursprung aller Güte von J. J. Rambach, gewiß dem ähnlichen Liede von Gellert vorzuziehn.

Mel. Herr nicht schicke deine Rache.

362. Folget mir! ruft uns das Leben, was ihr bittet will ich geben, gehet nur den rechten Steg. Folget! ich bin selbst der Weg; folget mir von ganzem Herzen, ich benehm euch alle Schmerzen, lernet von mir insgemein sanft und reich von Demuth sein.

2. Ja, du bist vorangegangen nicht mit großem Stolz und Pran-

---

wohnet und wer. — 4. K. S. ach laß dein Licht entfernen den falschen Lügenschein — in tiefster Demuth Zier. Was helfen hohe Dinge? gieb deine Demuth mir. — 5. e—h. S. K. das kann uns unterweisen wie man die Welt verschmäht, das lehret recht zu preisen des Höchsten Majestät, — also ziemlich getreu e—h. aus Vs. 6. — 7. a—d. S. K. danach allein zu streben, hilf mir mein höchstes Gut, in meinem ganzen Leben dämpf allen Uebermuth.

zen, nicht mit Hader, Zank und Streit, sondern mit Barmherzigkeit. Gieb, daß wir als Hausgenossen dir auch folgen unverdrossen, wandeln in der Tugend Bahn wie du hast vor uns gethan.

3. Laß uns auch in solchen Schranken christlich laufen ohne Wanken, daß uns Lieb und Freund-

lichkeit fest verknüpf in dieser Zeit. Laß uns gehn der Demuth Pfade, weil nur ihr der Herr giebt Gnade. Christus gehet vor uns her; folget! das ist sein Begehr.

Anmerk. Aus dem Liede: Folget mir ruft uns das Leben von Joh. Rist.

5) Friede.

A) Vollständiges Lied.

Mel. Durch Adams Fall ist ganz verderbt.

363. Ich bin getrost und freue mich, weil ich hab Jesum funden. Ich lieg und schlafe sicherlich in seinem Schooß und Wunden. Dies ist der Ort, allwo mich nicht Sünd, Tod und Hölle schrecket, weil mir in Christo nichts gebricht, und seine Macht mich decket.

2. Er spricht zu mir: ich bin ganz dein, und du bist mein hinwieder. Ich mach dich frei von aller Pein: drum singe Friedenslieder. Ich fülle dich mit meiner Freud, und kröne dich mit Wonne, ich gebe mich dir selbst zum Kleid, du bist schön, wie die Sonne.

3. Wer will mich nun aus Christi Huld verstoßen und vertreiben? Wer mir beimisset eine Schuld, dem halt ich vor sein Leiden. Dies stellet mich in Sicherheit, und stillet mein Gewissen; den Frieden kriege ich zur Beut, zum Schild und sanften Kissen.

4. Hab Dank, o Jesu Gottes Sohn, du Friedenswiederbringer! daß du herab von deinem Thron bist kommen als Bezwinger deß allen, was den Frieden stört: ach! laß mein Herz doch werden zum Tempel, da der Fried einkehrt; sei selbst mein Fried auf Erden.

Anmerk. Ein schönes Lied, was sich etwa seit 1700 selten und ohne Angabe des Vf. in den G.sgb. findet.

B) Abgekürzte Lieder und Verse.

364. Friede von oben, ach göttlicher Friede vom Vater durch Christum im heiligen Geist, welcher der Frommen Herz, Sinn und Gemüthe in Christo zum ewigen Leben aufschleußt, den sollen die gläubigen Seelen erlangen, die Alles verleugnen und Jesu anhangen.

2. Liebe und übe, was Jesus dich lehret und was er dir saget dasselbige thu, hasse und lasse was sein Wort verwehret, so findest du Frieden und ewige Ruh; denn selig,

die also sich Jesu ergeben und gläubig und heilig nach seinem Wort leben.

3. Jesu, du Herzog der Friedensheerschaaren, o König von Salem, ach zieh uns nach dir, daß wir den Friedensbund treulich bewahren, im Wege des Friedens dir folgen allhier. Ach, laß uns doch deinen Geist kräftig regieren und dir nach im Frieden zum Vater hinführen!

Anmerk. Aus dem Liede: Friede,

ach Friede, ach göttlicher Friede von Barth. Crasselius. Bei Vs. 7. Zl. 2. ist an Ev. Joh. 2, 5. zu denken.

Mel. Von Gott will ich nicht lassen.

365. O Christe steur und wende des Satans Bitterkeit, daß er uns nicht behende erwecke Zorn und Streit! du willst daß uns der Geist des Friedens soll regieren und in der Stille führen zu dem was lieblich heißt.

2. Hilf uns ja fleißig halten Eintracht im Geist und Wort, daß über uns mög walten dein Segen fort und fort! daß wir nach deinem Sinn einander mild vertragen und nach dem Frieden jagen, dem köstlichsten Gewinn.

Anmerk. Aus dem Liede: Gott ist ein Gott der Liebe von L. L. Tafinger.

6) Keuschheit.

A) Vollständiges Lied.

Mel. Herr Jesu Christ mein's Lebens Licht.

366. Ein reines Herz, Herr! schaff in mir, schleuß zu der Sünde Thor und Thür, vertreibe sie und laß nicht zu, daß sie in meinem Herzen ruh.

2. Dir öffn ich, Jesu! meine Thür, ach, komm und wohne du bei mir, treib all' Unreinigkeit hinaus aus deinem Tempel und Wohnhaus.

3. Laß deines guten Geistes Licht und dein hellglänzend Angesicht erleuchten mein Herz und Gemüth, o Brunnquell unerschöpfter Güt.

4. Und mache dann mein Herz

zugleich an Himmelsgut und Segen reich, gieb Weisheit, Stärke, Rath, Verstand aus deiner milden Gnadenhand.

5. So will ich deines Namens Ruhm ausbreiten als dein Eigenthum und dieses achten für Gewinn, wenn ich nur dir ergeben bin.

Anmerk. Von H. G. Reuß, nur bei Bs. und B. Das letztere Buch hat in Vs. 2. Zl. 4. und deinem Haus und sonst noch hie und da in der Wortstellung etwas gefügigter Form. Um das Lied der Rubrik noch mehr anzupassen lesen wir Vs. 4. Zl. 2.: du reiner Gott an Unschuld reich.

B) Abgekürzte Lieder und Verse.

Mel. Jesu der du meine Seele.

367. Keuscher Jesu, hoch von Adel, unbeflecktes Gotteslamm, züchtig, heilig, ohne Tadel, reiner Zweig aus Davids Stamm! o du Krone keuscher Jugend, o du Schützer reiner Tugend, ach entziehe mir doch nicht dein holdselig Angesicht!

2. Gieb, daß unverfälschter Glaube mich von Sünden mache rein und dein Geist, die reine Taube, nehm mein Herz zur Wohnung ein. Laß mich stets in Buße kämpfen

und die bösen Lüste dämpfen, laß mich sein ein rein Gefäß deiner Herrlichkeit gemäß.

3. Weil du meinen Leib willst ehren, daß er dir ein Tempel sei, aber den im Grimm verzehren, der ihn gottlos bricht entzwei, o so laß mich dir anhangen und dich inniglich umfangen und was du so hoch geehrt werde nie von mir zerstört.

4. Keuscher Jesu, hoch von Adel, unbeflecktes Gotteslamm, züchtig, heilig, ohne Tadel, reiner Zweig

aus David's Stämm, o du Krone keuscher Jugend, o du Schutzherr reiner Tugend: Alles, Alles bleibe rein was dir soll ein Tempel sein!

Anmerk. Aus dem Liede: Keuscher Jesu, hoch von Adel (21 Verse) von Jac. Baumgarten.

Mel. Wachet auf ruft uns die Stimme.

368. Selig sind die reinen Herzen, die ihre Krone nicht verscherzen, sie werden Gottes Antlitz sehn. Alle Keuschen, Unbefleckten, vom Herrn zum guten Kampf erweckten, die in der Reinigkeit bestehn. Sie sehen einst im Licht sein strahlend Angesicht voller Gnaden! Herr, wir sind dein, behalt uns rein und lehre uns dir ähnlich sein.

Anmerk. Aus dem Liede: Kron und Lohn beherzter Ringer von Nic. Zinzendorf.

7) Geduld und Vertrauen.

A) Vollständige Lieder.

369. Auf meinen lieben Gott trau ich in Angst und Noth, der kann mich allzeit retten aus Trübsal, Angst und Nöthen, mein Unglück kann er wenden, steht all's in seinen Händen.

2. Ob mich mein Sünd anficht, will ich verzagen nicht, auf Christum will ich bauen, und ihm allein vertrauen, ihm thu ich mich ergeben im Tod und auch im Leben.

3. Ob mich der Tod nimmt hin, ist Sterben mein Gewinn, und Christus ist mein Leben, dem thu ich mich ergeben, ich sterb heut oder morgen, mein' Seel' wird er versorgen.

4. O mein Herr Jesu Christ! der du so g'duldig bist für mich am Kreuz gestorben, hast mir das Heil erworben, auch uns allen zugleiche das ew'ge Himmelreiche.

5. Amen zu aller Stund, sprech ich aus Herzengrund du wollest uns thun leiten, Herr Christ, zu allen Zeiten, auf daß wir deinen Namen ewiglich preisen, Amen.

Anmerk. Von Siegmund Weingärtner. Nur Ws. 4. Zl. 5; 6. ist das Aendern unalweisbar.

Mel. Herzlich thut mich verlangen.

370. Befiehl du deine Wege, und was dein Herze kränkt, der al-

CCCLXIX. Der obige Text ist von Rambach aus einem Gesangbuche von 1609 mitgetheilt. — 1. b. S. aller N. c. Bs. S. K. H. er; so fanden wir schon in einem Buche von 1660. e. K. H. es steht. — 2. a. b. K. wenn mich die S. a. verzagt mein Herz doch. e. Bs. S. hab ich. B. will ich. H. ja ihm mich ganz. e. f. K. bei ihm ist Kraft und Leben, ihm will ich mich erg. — 3. a. K. nimmt auch der Tod mich. b. Bs. S. B. sterben ist, diese Stellung der Worte kommt schon früh vor. d. Bs. B. K. H. hab ich; so schon in einem Buche von 1707. K. er wird sein Reich mir geben. f. B. H. Gott verf. K. dafür laß ich G. sorgen. — 4. a. H. du mein. b. Bs. S. so g'd. bist. S. H. so willig bist. K. aus Liebe bist. c. Bs. B. S. am Kreuz für mich. d. K. du hast das Heil. f. H. im ewgen Himm. e. f. Bs. führst nach der Erde Leiden uns zu des Himmels Freuden. S. K. und schaffst auf kurze (K. aus kurzen) Leiden den Deinen ewge Freuden. — 5. b. Bs. B. S. H. Herzensgrund, kommt schon 1660 vor. a. b. K. X. aus Herzensgr. sprech ich zu aller St. c. Bs. S. wollst uns gnädig. B. selbst uns. H. uns nun. d. S. zum Himmel zubereiten. c. d. K. du wollst, Herr Ch., uns leiten, uns stärken, vollbereiten. f. K. ohn Ende. H. einst ewig.

14

lertreusten Pflege deß, der den Himmel lenkt, der Wolken, Luft und
Winden giebt Wege, Lauf und Bahn,
der wird auch Wege finden, da dein
Fuß gehen kann.

2. Dem Herren mußt du trauen,
wenn dirs soll wohlergehn; auf sein
Werk mußt du schauen, wenn dein
Werk soll bestehn, mit Sorgen und
mit Grämen und mit selbsteigner
Pein läßt Gott ihm gar nichts nehmen, es muß erbeten sein.

3. Dein' ew'ge Treu und Gna-
be, o Vater! weiß und sieht, was
gut sei oder schade dem sterblichen
Geblüt; und was du dann erlesen,
das treibst du, starker Held, und
bringst zum Stand und Wesen, was
deinem Rath gefällt.

4. Weg' hast du allerwegen, an
Mitteln fehlt dirs nicht; dein Thun
ist lauter Segen, dein Gang ist lauter Licht; dein Werk kann niemand
hindern, dein' Arbeit darf nicht ruhn,
wenn du, was deinen Kindern er-
sprießlich ist, willt thun.

5. Und ob gleich alle Teufel hie
wollten widerstehn, so wird doch ohne
Zweifel Gott nicht zurücke gehn;
was er ihm vorgenommen, und was
er haben will, das muß doch endlich kommen zu seinem Zweck und
Ziel.

6. Hoff, o du arme Seele, hoff
und sei unverzagt! Gott wird dich
aus der Höhle, da dich der Kummer plagt, mit großen Gnaden

rücken, erwarte nur der Zeit,
wirst du schon erblicken die Son[ne]
der schönsten Freud.

7. Auf! auf! gieb deinem Schmer[ze]
ze und Sorgen gute Nacht! la[ß]
fahren, was das Herze betrüb[t]
und traurig macht! bist du doch
nicht Regente, der alles führen soll:
Gott sitzt im Regimente, und führet alles wohl.

8. Ihn, ihn laß thun und walten, er ist ein weiser Fürst, und wird
sich so verhalten, daß du dich wundern wirst, wenn er, wie ihm gebühret, mit wunderbarem Rath die
Sach hinausgeführet, die dich be-
kümmert hat.

9. Er wird zwar eine Weile mit
seinem Trost verziehn, und thun an
seinem Theile, als hätt' in seinem
Sinn er deiner sich begeben, und
sollst du für und für in Angst und
Nöthen schweben, fragt er doch nichts
nach dir.

10. Wird s aber sich befinden,
daß du ihm treu verbleibst, so wird er
dich entbinden, da bu's am weng'-
sten gläubst: er wird dein Herze
lösen von der so schweren Last, die
du zu keinem Bösen bisher getragen hast.

11. Wohl dir, du Kind der Treue!
du hast und trägst davon mit Ruhm
und Dankgeschreie den Sieg und
Ehrenkron! Gott giebt dir selbst die
Palmen in deine rechte Hand, und

CCCLXX. 2. a. K. Herrn mußt du vertrauen. f. S. K. mit (und) selbstge-
machter. g. S. K. W. sich gar. — 3. b. W. siehet recht — Geschlecht. e. B.
benn, so Frustking. — 4. b. Bs. fehlt's dir, so Feustk. f. H. kann nicht. —
5. e. B. S. K. er sich. — 6. d. Bs. jagt (?). f. B. S. K. H. die Zeit. — 7. a. S.
Schmerzen. b. H. und Kummer. c. d. S. aus dem Herzen, was dich so traurig.
Ebeling: dein Herz. e—h. S. ist dir doch nicht befohlen die Herrschaft aller Welt,
Gott braucht nicht Rath zu holen, er thut was ihm gefällt. — 8. f. B. K. wie's
ihm. g. h. B. K. H. W. das Werk — das dich. — 9. c. K. in seinem, wohl
Druckfehler. f. H. als sollst du. h. Bs. so frag er nichts nach dir, so Feustk.
B. K. und fragt er. S. W. als frag er. H. als fragt er. — 10. d. Bs. B.
S. K. H. W. da bu's (H. wenn bu's) am mindsten gläubst. — 11. a. H. end-
lich deiner Treue. b. S. H. du trägst den Sieg davon. c. W. voll Dank's und
ohne Reue. d. K. des Sieges Ehrenkron. e. d. S. dir ist geholfen, freue dich bei-

du fingst Freudenpfalmen dem, der
dein Leid gewandt.

12. Mach End, o Herr! mach
Ende an aller unfrer Noth! ftärk
unfre Füß und Hände, und laß bis
in den Tod uns allzeit deiner Pflege und Treu empfohlen fein, fo
gehen unfre Wege gewiß zum Himmel ein.

Anmerk. Von Paul Gerhardt.
Wir halten gar keine Aenderungen
für nöthig, Vs. 10. und 11. ausgenommen. Hier genügen uns aber
die vorhandenen nicht; die genannten
Strophen find offenbar die am we-
nigften vollkommenen des Gefanges.
Wir fchlagen vor: Vs. 10. —— fo
wird dein Jammer fchwin-
den, wenn du es gar nicht
gläubft: er wird dein Herz
befreien von der fo fchweren
Laft, und wird dich nie gereuen, was du getragen haft.
Vs. 11. Wohl dir, du Kind der
Treuen, du haft und trägft davon mit Ruhm und taufend
Freuden u. f. w.

Mel. Jefus meine Zuverficht.

371. Gott verläßt die Seinen
nicht, nach dem Seufzen, nach dem
Weinen läffet er das fchöne Licht
der Genadenfonne fcheinen, nur damit ich aufgericht: Gott verläßt die
Seinen nicht.

2. Gott verläßt die Seinen nicht,
follt es gleich auf diefer Erden,
durch den alten Böfewicht, alle Tage fchlimmer werden, ein getröftes
Herze fpricht: Gott verläßt die Seinen nicht.

3. Gott verläßt die Seinen nicht,
ja, er läßts, in allen Dingen, wie
er felber fich verpflicht, uns zur Seligkeit gelingen. Glaube, Hoffnung,
Liebe fpricht: Gott verläßt die Seinen nicht.

Anmerk. Aus dem alten Bresl.
Gefgbch. ohne Angabe des Vf. Wir

ändern: Vs. 1. Zl. 4. 5. feiner
Gnadenf. — und wir werden
aufgericht'. Vs. 2. Zl. 3. 4. wo
die Trübfal uns anficht, bis
zum Tod uns bange werden.

Mel. Herzlich thut mich verlangen.

372. Ich bin bei Gott in Gnaden durch Chrifti Blut und Tod,
was kann mir endlich fchaden? was
acht ich alle Noth? ift er auf meiner Seiten, gleichwie er wahrlich
ift, laß immer mich beftreiten auch
alle Höllenlift.

2. Was wird mich können fcheiden von Gottes Lieb und Treu?
Verfolgung, Armuth, Leiden, und
Trübfal mancherlei? laß Schwert
und Blöße walten! man mag durch
taufend Pein mich für ein Schlacht-
fchaaf halten, der Sieg bleibt dennoch mein.

3. Ich kann um deffentwillen,
der mich geliebet hat, gnug meinen
Unmuth ftillen, und faffen Troft
und Rath! denn das ift mein Vertrauen, der Hoffnung bin ich voll,
die weder Drang noch Grauen mir
ewig rauben foll.

4. Daß weder Tod noch Leben,
und keiner Engel Macht, wie hoch
fie möchte fchweben, kein Fürften-
thum, kein' Pracht, nichts deffen,
was zugegen, nichts, was die Zukunft hegt, nichts, welches hoch gelegen, nichts, was die Tiefe hegt

5. Noch fonft, was je gefchaffen,
von Gottes Liebe mich foll fcheiden
oder raffen; denn diefe gründet fich
auf Jefu Tod und Sterben; ihn
feh ich gläubig an, der mich, fein
Kind und Erben, nicht laffen will
noch kann.

Anmerk. Von Simon Dach. Wir
haben den Text nach einem Gefgbche.
von 1740 mitgetheilt. Von unfern
6 Büchern hat nur B. das Lied mit

ner. H. auf daß dein Herz fich freue fchau auf dic. g. S. Dankespf. — 12.
b. S. H. mit. c. H. unfer Herz und. f. H. befohlen.

folgenden Abweichungen: Vs. 2. Zl. 7. mich für ein Opfer. Vs. 4. Zl. 8. Tiefe trägt. Vs. 5. mich soll von Jesu scheiden, von seiner Lieb und Macht, von jenen ewgen Freuden die mir hervorgebracht sein Leiden und sein Sterben, ihn flieh um Kraft ich an, der mich als Kind. Sie möchten wohl alle zu akceptiren sein.

373. In allen meinen Thaten laß ich den Höchsten rathen, der alles kann und hat, er muß zu allen Dingen, solls anders wohl gelingen, selbst geben Rath und That.

2. Nichts ist es spat und frühe, um alle meine Mühe, mein Sorgen ist umsonst, er mags mit meinen Sachen nach seinem Willen machen, ich stells in seine Gunst.

3. Es kann mir nichts geschehen, als was er hat versehen, und was mir selig ist; ich nehm es, wie ers giebet, was ihm von mir gelieben, das hab ich auch erkiest.

4. Ich traue seiner Gnaden, die mich vor allem Schaden, vor allem Uebel schützt, leb ich nach seinen Sätzen, so wird mich nichts verletzen, nichts fehlen, was mir nützt.

5. Er wolle meiner Sünden in Gnaden mich entbinden, durchstreichen meine Schuld, er wird auf mein Verbrechen nicht stracks das Urtheil sprechen, und haben noch Geduld.

6. Leg ich mich späte nieder, erwach ich frühe wieder, lieg oder zieh ich fort, in Schwachheit und in Banden, und was mir stößt zu Handen, so tröstet mich sein Wort.

CCCLXXIII. Nach Rambachs Texte vom Jahre 1642. Unter den alten Gesangbüchern theilen einige das Ganze in seiner Vollständigkeit gar nicht zum Kirchengesange geeignete Lied mit; meist jedoch deuten sie schon an, daß nur die oben gegebnen Verse zu gebrauchen sind. Bei einigen sind sie gesperrt gedruckt: das Dresdner G. von 1725 fügt dem Liede die Note zu: „Ein schön Reislied, oder auch sonst zu singen, dabei denn 6. 7. 8. 9. 13. 14. zu Hause (das soll heißen wenn man nicht auf Reisen ist) kann wegbleiben.“ Die Melodie anlangend, so ist schon frühe der Versuch gemacht das Lied der Weise: „O Welt ich muß dich lassen“ anzupassen. Die zweisilbigen Einschiebsel in Zl. 6. verrathen sich oft nur zu sehr als Lückenbüßer. Die mitgetheilten 9 Verse bilden in allen unsern 6 Büchern das Lied und finden sich schon so bei den Alten zusammengestellt: das Regensb. Gesgb. von 1705 läßt auch noch von ihnen die Vs. 4. 5. weg, wodurch noch mehr Einheit entsteht. — 1. b. K. W. ich dich, Höchster. d. e. K. W. du mußt in — soll etwas mir (W. mein Helfer sein). Auf die bei Melodie wegen entstandnen Varianten in s. nehmen wir nirgend Rücksicht. — 2. c. S. umsonst ist Sorg und Kunst. K. W. nichts hilft mein Mühn (W. banges) und Sorgen vom Abend bis zum Morgen, nichts meine Ungeduld, du magst's — nach deinem — ich traue deiner Vaterhuld. — 3. b. B. ersehen. H. Gott ausersehen („Gott“ statt „er“ ist sehr alte Var.). K. W. als was dein Rath ersehen. c. W. und dieser mir bestimmt. e. B. S. H beliebt, schon in sehr alten Gesgb. d—f. K. du nehmest oder gebest, ich weiß doch daß du lebest, daß du die Liebe bist. W. mehr will ich nicht begehren und gern auch das entbehrn, was deine Huld mir weislich nimmt. — 4. a. K. deiner Gnade. b. K. die mich auf meinem Pfade. W. wohl mir, daß deine Gnade auf dieses Lebens Pfade mich leitet und beschützt, such ich nur deinen Willen mit Treue zu erfüllen so hab ich Alles was mir nützt. d. K. deinen S. — 5. a. K. du wollst. b. B. durch Christum (gewiß kam es B. bedenklich vor, daß der Heiland in dem ganzen Liede nicht erwähnt wird. Dergleichen Bedenken gehören zu den kleinen Schwächen des Werkes). c. K. austilgen. d. K. du wollst. e. B. ein Urtheil. K. kein Todesurtheil. f. S. hat noch mit mir. W. laß, Vater, meine Sünden Vergebung vor dir finden und tilge meine Schuld, verleih mir Muth und Kräfte zum Heiligungsgeschäfte und habe mit mir noch Geduld. — 6. c. S. es sei hier oder dort. K. W. leg ich zum Schlaf mich nieder, und weckt die Sonne (W. der Morgen) wieder mich zu des Tages Pflicht

7. Hat er es denn beschlossen, so will ich unverdrossen an mein Verhängniß gehn, kein Unfall unter allen wird mir zu harte fallen, ich will ihn überstehn.

8. Ihm hab ich mich ergeben, zu sterben und zu leben, so bald er mir gebeut, es sei heut oder morgen, dafür laß ich ihn sorgen, er weiß die rechte Zeit.

9. So sei nun, Seele, deine, und traue dem alleine, der dich geschaffen hat, es gehe, wie es gehe, dein Vater aus der Höhe, weiß allen Sachen Rath.

> Anmerk. Das berühmte Reiselied von Paul Flemming. K., besonders aber unbegreiflicher Weise W., haben in einem wahren Aenderungsfieber gelegen. Wir lesen mit H., höchstens Bs. 9. Zl. 3. ausgenommen, wo keine Abänderung nöthig ist.

> Mel. Auf meinen lieben Gott.

374. In allen Nöthen ist mein Schutzherr Jesus Christ, er ist in aller Plage mein Schutz bei Nacht und Tage, mein Schutz in jeder Sache, ich schlafe oder wache.

2. Wann Unglück bricht herein, will er mein Schutzherr sein, er will mich nicht verlassen auf allen meinen Straßen, es kann mich nichts anfechten, sein Schutz ist mir zur Rechten.

3. Wann meiner Feinde Schaar nur dichtet auf Gefahr, sein Schutz mich bald umringet, sein Schutz mir Rettung bringet, sein Schutz zu allen Zeiten kann sicher mich begleiten.

4. Wann Kreuzesnoth entspringt, mein Schutzherr zu mir bringt, von ihm kommt mir entgegen Heil, selbsterwünschter Segen: wann Angst mich hinterschleichet, sein Schutz nicht von mir weichet.

5. Wohlan! Herr Jesu Christ, weil du mein Schutzherr bist, dein Schutz sich auch herwende zu mir am letzten Ende, dann will ich deinen Namen ohn Ende preisen, Amen.

> Anmerk. Aus dem Lyngo'er Gesgb. von 1707. Bs. 4. Zl. 5. lesen wir: wenn Tücke mich umschleichet.

> Mel. Helft mir Gott's Güte preisen.

375. Von Gott will ich nicht lassen, denn er läßt nicht von mir, führt mich auf rechter Straßen, da ich ging in der Irr, er reicht mir seine Hand, den Abend und den Morgen thut er mich wohl versorgen, sei wo ich woll im Land.

2. Wenn sich der Menschen Hulde und Wohlthat all verkehrt, so find't sich Gott gar balde, sein' Macht und Gnad' bewährt, hilft mir aus aller Noth, errett't von Sünd und Schanden, von Ketten

(W. der Lebenspflicht); geh ich (W. irr ich) auf dunklem Wege, fühl ich des Kreuzes Schläge, so sei dein Wort mein Trost und Licht. — 7. a–c. K. W. was du für mich beschlossen, dem will ich unverdrossen mit dir (W. voll Muth) entgegengehn. e. H. W. je zu schwer. K. dann zu schwer. f. S. K. ich werd ihn. W. mit dir werd ich. — 8. a. K. dir hab ich mich. c. S. so wie. K. wie mir dein Mund geb. B. er mir's, alte Var. a–c. W. dir will ich selbst mein Leben mit Freuden wiedergeben, wenn es dein Rath geb. e. K. W. ich dich. f. S. die beste Zeit. W. du kennst dazu die beste. K. du weißest ja die beste. — 6. a. Bs. B. S. K. H. sein. c. b. W. so sei im Tod und Leben o Seele Gott ergeben. e. S. B. H. K. W. erschaffen. e. K. in d.

CCCLXXV. Der Text bei Rambach aus dem Jahre 1586. Dazu (A.) alte Gesangbücher verglichen. — 1. b. S. er i. m. nimmermehr. K. er l. von mir auch nicht. c. W. zur r. Str. c. d. K. ich will in Glauben fassen was mir sein Wort verspricht. d. A. sonst irret sehr. Bs. B. S. H. da ich sonst irrte sehr (B. schier). W. sobald ich mich verirr. e. A. reich:t mir. f. B. H. W. den Ab. wie den M. S. am Ab. wie am M. A. als den M. f–h. K. er weiß mich zu versf. am Ab. wie am M. in jedem Werk und Stand. g. S. B. H. wird und von Banden, und wenns auch wär der Tod.

3. Auf ihn will ich vertrauen in meiner schweren Zeit, es kann mich nicht gereuen, er wendet alles Leid, ihm sei es heimgestellt: mein Leib, mein' Seel, mein Leben, sei Gott dem Herrn ergeben, er schaffs, wies ihm gefällt.

4. Es thut ihm nichts gefallen, denn was mir nützlich ist, er meints gut mit uns allen, schenkt uns den Herren Christ, ja seinen lieben Sohn, durch ihn er uns bescheeret, was Leib und Seel ernähret, lobt ihn ins Himmels Thron.

5. Lobt ihn mit Herz und Munde, für das er uns geschenkt, das ist ein' selig Stunde, darin man sein gedenkt; sonst verdirbt alle Zeit, die wir zubring'n auf Erden, wir

sollen selig werden, und bleib'n in Ewigkeit.

6. Auch wenn die Welt verge=het mit ihrem stolzen Pracht, kein Ehr noch Gut bestehet, welch's vor ward groß geacht: wir werden nach dem Tod tief in die Erd begraben, wenn wir geschlafen haben, will uns erwecken Gott.

7. Die Seel' bleibt unverloren, geführt in Abrams Schooß, der Leib wird neugeboren, von aller Sünden los, ganz heilig, rein und zart ein Kind und Erb des Herren, daran muß uns nicht irren des Teu=fels listig Art.

8. Darum, ob ich schon dulde hier Widerwärtigkeit, wie ich auch wohl verschulde, kommt doch die Ewigkeit, ist aller Freuden voll, dieselb ohn einigs Ende, dieweil ich

er. W. will er. h. B. S. H. W. wo ich auch sei (W. bin). A. es woll. — 2. a. S. Menschen Liebe. W. M Treue. b. S. von mir kehrt. c. B. sind ich. S. bleibt Gott voll Vatertriebe. c. d. W. so hat mir schon aufs neue G. seine Huld bewährt. e. B. S. hilft uns. Bs. W. und hilft. H. α hilft, alte Var. A. hilfet aus oder in. f. H. erlöst. W. befreit. g. S. von al=ler Trübsal Bd. h. Bs. W. ja wenn's auch wär der Tod. S. ja endl'ch auch vom Tod. Bei K. lautet der Vers: Wenn Menschenhuld und Lieben in Ungunst sich verkehrt, ist er doch treu geblieben dem der ihn liebt; er hilft aus aller Noth, erlöst aus allen Banden, macht frei von Sünd und Schanden und rettet auch vom Tod. — 3. b. c. K. auch in der schwersten Z., er läßt sein Heil mich schauen. c. S. so kann mir gar nicht grauen. H. es kann mir nim=mer grauen. W. mein Helfer läßt sich schauen. d. K. W. und. f. K. Seele, Gut und Leben. W. und S. und L. h. A. er machs, so alle unsre Bücher. — 4. a. S. B. K. H. W. es kann. b. B. S. K. als was. W. uns nützl. d. K. W. und schenkt uns J. C. e. A. s.in' eingebornen Sohn (so Bs. S. H. und bei W. den eingeb.) oder: sein' allerliebsten S. so B. f—h. W. durch welchen Gott b.sch, was unsre Seelen n. — im Himm. e—h. K. von seinem Himmelsthron hat reichlich er bescheeret, was ewges Heil gewähret in seinem lieben Sohn. — 5. b. A. welch's er uns Beides schenkt. S. H. ihn der uns Beides schenkt. Bs. was er uns Beides. B. W. daß er uns Beides. K. für Alles was er schenkt. c. W. wie selig ist. K. o selig ist. e. A. all die Zeit. e. f. Bs. S. H. verlorn ist alle Zeit ohn ihn verbracht (H. hin=bracht) auf Erden. W. sonst fließet alle Zeit unnütz davon. h. A. und leb'n. S. hier und in Ew. W. und sein in Ew. e—h. K. so nützt man recht die Zeit. — g. — in ihm schon hier auf Erden, noch mehr in Ew. — 6. Bei K. W. ausgel. a. S. wenn einst die Welt. b. A. ihrem Stolz und Pracht, so H. Bei Bs. S. B. ihrer stolzen Pr. c. A. Wed'r. Bs. S. B. nicht Ehr. d. A. das vor ward, so Bs. S. e. f. S. ob man und noch — wird in. — 7. Bei K. W. ausgel. d. A. von allen, so Bs. B. H. Bei S. von aller Schwachheit. g. A. dazu. H. soll uns. e—h. S. ganz heilig, zart und rein, mit Himmelspracht gezieret, drob uns nicht irre führet des T. Trug und Schein. — 8. a. K. ob ich hier. a. b. W. drum muß ich hier erdulden, viel Wid. b. K. viel Noth und bittern Schmerz. c. Bs. S. B. K. H. wie ich's auch. W. nicht ohne mein Versch. d. K. bleibt doch getrost mein Herz. e. S. der lautern Fr. e—g. W. die aller Fr. —

Christum kenne, mir widerfahren soll.

9. Das ist des Vaters Wille, der uns geschaffen hat, sein Sohn hat Guts die Fülle erworben seine Gnad, auch Gott der heil'ge Geist im Glauben uns regieret, zum Reich der Himmel führet, ihm sei Lob, Ehr und Preis.

Anmerk. Von Lud. Helmbold. Vs. 6—8. lassen wir, als einer hier fremdartigen Gedankenreihe angehörig, aus. Die bleibenden Verse lesen wir mit H.

376. Was Gott thut, das ist wohlgethan! es bleibt gerecht sein Wille, wie er fängt meine Sachen an, will ich ihm halten stille: er ist mein Gott, der in der Noth mich wohl weiß zu erhalten, drum laß ich ihn nur walten.

2. Was Gott thut, das ist wohlgethan! er wird mich nicht betrügen, er führet mich auf rechter Bahn; so laß ich mich begnügen an seiner Huld, und hab' Geduld, er wird mein Unglück wenden, es steht in seinen Händen.

3. Was Gott thut, das ist wohlgethan! er wird mich wohl bedenken; er, als mein Arzt und Wundermann, wird mir nicht Gift einschenken für Arzenei, Gott ist getreu; drum will ich auf ihn bauen und seiner Gnade trauen.

4. Was Gott thut, das ist wohlgethan! er ist mein Licht und Leben, der mir nichts Böses gönnen kann; ich will mich ihm ergeben in Freud und Leid: es kommt die Zeit, da öffentlich erscheinet, wie treulich er es meinet.

5. Was Gott thut, das ist wohlgethan! muß ich den Kelch gleich schmecken, der bitter ist nach meinem Wahn; laß ich mich doch nicht schrecken, weil doch zuletzt ich werd ergötzt mit süßem Trost im Herzen, da weichen alle Schmerzen.

6. Was Gott thut, das ist wohlgethan! dabei will ich verbleiben; es mag mich auf die rauhe Bahn Noth, Tod und Elend treiben, so wird Gott mich ganz väterlich in seinen Armen halten; drum laß ich ihn nur walten.

Anmerk. Von Samuel Rodigast, nach dem Rambachschen Texte aus dem Jahre 1686. Vs. 3. lassen wir mit Bs. und S. aus.

377. Was mein Gott will, das g'scheh allzeit, sein Will der ist der beste; zu helfen den'n er

---

und ohne Schrank und Ende durch Christi treue Hände. h. Bs. zu Theil mir werden soll. f—h. S. die, weil ich Ch. kenne und mich von ihm nicht trenne mein Erbtheil werden soll. e—h. K. ich schaue freudenvoll durch Ch. meinen Retter, dorthin wo mich kein Wetter und Sturm mehr treffen soll. — 9. h. Unsere Bücher: erschaffen. d. A. und Genad, so Bs. Bei B. H. uns aus Gnad. c. d. S. aus seines Sohnes Fülle empfahn wir Gnad um Gnad. W. giebt uns die Fülle der Wahrheit und der Gnad. K. macht aus der Fülle der Gnad uns ewig satt. e. B. und Gott. e. f. K. der h. G. mit Fließ im Gl. uns reg. W. daß uns sein h. G. im Gl. wohl regiere. g. Bs. B. H. des Himmels. W. und nach dem Himmel führe. h. S. hoch sei der Herr gepreist. W. deß werd er stets gepreist.

CCCLXXVII. 2. b. K. dein. S. sein Thun kann nimmer trügen. c. Bs. rechte. d. S. H. W. mir genügen. K. drum laß ich mir gen. Schon 1707 finde ich die Lesart: drum laß ich mir begn. — 3. Bei Bs. S. ausgel. o. B. als ein Arzt, kommt schon 1705 vor. c — g. K. mein Arzt der Alles heilen kann, wird mich mit G. nicht tränken, er ist get. und steht mir bei, auf ihn nur will ich. h. B. H. K. W. Güte, auch schon sehr alte Var. — 4. b. H. und L. K. mein Leben. h. K. er's gemeinet. — 5. d. S. gar nicht sch. K. doch nichts. e. f. K. weil er zul. mich doch erg.

ist bereit, die an ihn glauben feste. Er hilft aus Noth, der fromme Gott, er tröst' die Welt mit Maaßen. Wer Gott vertraut, fest auf ihn baut, den will er nicht verlassen.

2. Gott ist mein Trost, mein Zuversicht, mein Hoffnung und mein Leben, was mein Gott will das mir geschicht, will ich nicht widerstreben: Sein Wort ist wahr, denn all mein Haar er selber hat gezählt; er hüt' und wacht, stets für uns tracht auf daß uns gar nichts fehle.

3. Nun muß ich Sünd'r von dieser Welt hinfahren um Gott's willen zu meinem Gott, wenn's ihm gefällt, will ich ihm halten stille. Mein arme Seel ich Gott befehl in meiner letzten Stunden: du frommer Gott, Sünd, Höll und Tod hast du mir überwunden.

4. Noch eins, Herr, will ich bitten dich, du wirst mir's nicht versagen: wenn mich der böse Geist ansicht, laß mich, Herr, nicht verzagen! hilf und auch wehr, ach Gott mein Herr, zu Ehren deinem Namen. Wer das begehrt, der wird gewährt, drauf sprech ich fröhlich: Amen!

Anmerk. Als Vf. wird gewöhnlich Mkgf. Albrecht v. Brandenburg-Culmbach genannt, obwohl von allen äußern Gründen abgesehen, es an sich nicht thunlich ist dem wüsten Raufdegen geistliche Gesänge zuzuschreiben. Wackernagel S. 579 läugnet geradezu seine Autorschaft. Nach einigem Schwanken recipirt; (fehlt bei W.) Vs. 4. muß aber jedenfalls gestrichen werden, denn Vs. 3. endigt kräftig und schön, das „Noch Eins" aber sieht aus wie ein vergessenes Postscript.

378. Wer Gott vertraut, hat wohl gebaut im Himmel und auf Erden, wer sich verläßt auf Jesum Christ, dem muß der Himmel werden, darum auf dich all Hoffnung ich ganz steif und fest thu setzen. Herr Jesu Christ, mein Trost du bist in Todesnoth und Schmerzen.

2. Und wenns gleich wär dem Teufel sehr und aller Welt zuwider, dennoch so bist du, Jesu Christ, der sie all schlägt darnieder, und wenn ich dich nur hab um mich mit deinem Geist und Gnaden, so kann fürwahr mir ganz und gar web't Tod noch Teufel schaden.

3. Dein tröst ich mich ganz sicherlich: denn du kannst mirs wohl geben was mir ist noth, du g'treuer Gott in diesm und jenem Leben,

CCCLXXVII. Der mitgetheilte Text bei Wackernagel S. 579 (vgl. Bemerk. zu dem Liede 681). Für den currenten Kirchentext sind Gesangbücher des 17ten Jahrh. verglichen, deren Lesarten wir mit A. bezeichnen. — 1. a, Bs. B. S. K. gescheh allzeit. b. K. Wille ist. c. Bs. S. all'n er ist. d. K. ist er dem an. g. A. tröst die Welt ohn Maßen; oder auch schon: und züchtiget mit Maßen, so Bs. B. S. H. K. (er züchtiget). k. B. wird er. — 2. a. K. und Zuv. c. d. S. will, dem will ich nicht in Thorheit widerstr. f. S. daß all. i. S. und seine Macht. K. nimmt uns in Acht. k. Bs. B. K. H. fehlet. S. sorgt stets, daß uns nichts fehlet. — 3. a. A. nun muß ich bald von dieser Welt. Bs. B. S. H. drum will ich gern von (S. B. aus) dieser Welt. K. muß ich gleich bald. b. S. B. H. K. hinfarr'n nach Gottes Willen. Bs. scheiden in G. W. d. S. will ich mein Herz auch stillen. g. K. H. meinen letzten. h. Bs. B. S. K. H. o frommer. k. X. du une. — 4. Bei Bs. ausgel. a. b. S. ja diese Bitte wirst du nicht, mein Vater, mir verf. c. K. ja nicht. S. doch nicht. e. A. hilf, steur und wehr, so B. S. H. K. hilf du und wehr. h. A. der wirds gewehrt, oder auch: dem wirds gewährt, B. S. K. H.

CCCLXXVIII. 1. e. f. S brum nur auf dich will hoffen ich. K. barum will ich allein auf dich, g. B. im Glauben fest will. S. mit ganz getrostem Herzen. K. mein Hoffen treulich setzen. — 2. h—k. K. so kann kein Feind, so

gieb wahre Reu, mein Herz erneu, errette Leib und Seele. Ach! höre, Herr, dieß mein Begehr, und laß mein Bitt nicht fehlen.

Anmerk. Text vom J. 1598 bei Rambach. Vf. nicht mit Bestimmtheit anzugeben (Mühlmann, Magdeburg, Kohlroß u. s. w.).

Mel. Es ist das Heil uns kommen her.

379. Wie Gott mich führt, so will ich gehn, ohn alles Eigenwählen; geschieht, was er mir auserfehn, wird mirs an keinem fehlen: wie er mich führt, so geh ich mit, und folge willig Schritt vor Schritt im kindlichen Vertrauen.

2. Wie Gott mich führt, so bin ich still, und folge seinem Leiten, obgleich im Fleisch der Eigenwill will öfters widerstreiten: wie Gott mich führt, bin ich bereit, in Zeit und auch in Ewigkeit, stets seinen Schluß zu ehren.

3. Wie Gott mich führt, bin ich vergnügt, ich ruh in seinen Händen: wie er es schickt und mit mir fügt, wie ers will kehr'n und wenden, sei ihm hiermit ganz heimgestellt, er

mache, wie es ihm gefällt, zum Leben oder Sterben.

4. Wie Gott mich führt, so geb ich mich in seinen Vaterwillen: scheints der Vernunft gleich wunderlich; sein Rath wird doch erfüllen, was er in Liebe hat bedacht, eh er mich an das Licht gebracht; ich bin ja nicht mein eigen.

5. Wie Gott mich führt, so bleib ich treu im Glauben, Hoffen, Leiden: steht er mit seiner Kraft mir bei, was will mich von ihm scheiden? ich fasse in Geduld mich fest, was Gott mir widerfahren läßt, muß mir zum Besten dienen.

6. Wie Gott mich führt, so will ich gehn, es geh durch Dorn und Heden: von vornen läßt sich Gott nicht sehn; doch letzt wird ers aufdecken, wie er, nach seinem Vatersrath, mich treu und wohl geführet hat: dies sei mein Glaubensanker.

Anmerk. Von Lampertus Gedicke, fehlt bei Bs. und W. Aenderungen sind nur Vs. 6. nöthig und wir lesen dort Zl. 2. mit S., Zl. 3. 4. mit B.

schlimm ers meint, je meiner Seele Schaden (matt). k. Bs. B. S. nicht Tod noch. H. X. kein Tod noch. — 3. c. Bs. B. S. H. kannst mir. K. du kannst mir Alles. c. Alle unsere Bücher: du treuer Gott, alte Var. d. Bs. S. für dies und jenes. K. in diesem, jenem. k. S. K. H. daß meine Bitt nicht fehle.

CCCLXXIX. Rambach theilt den Text aus dem Gesgbch. von 1711 mit. Wir stehen aber nicht an mit kurz darauf erschienenem Gesgbch. Vs. 3. Zl. 4. „kehrn und wenden" zu lesen, während Ramb. hat: „wie ers will kehren, wenden." Jenes ist gewiß ursprüngliche Lesart. — 1. b. B. eigne Wählen. d. K. so wird's mir nirgends. B. wirds mir. c—e. S. er hat mein Heil zuvor versehn und das kann mir nicht fehlen, drum wie er. — 2. Ramb. hat, wir wissen nicht weshalb, diese Strophe weggelassen, ihm folgte S. K. seinen Rath. — 3. d. B. wie er es auch mag w. S. und wie er's noch mag w. K. so laß ich's ihn vollenden. e. K. ihm sei mein Alles. f. H. es gehe wie es ihm. S. er mach es ganz wie's ihm. Diesen Vers stellt S. hinter Vs. 4. — 5. e. S. ich hang an seiner Gnade fest. — 6. b. S. durch Freuden und durch Schrecken. K. es geh durch Todesgrauen. c. d. S. B. kann ich's auch anfangs nicht verstehn, doch einst wird er's. H. zum voraus läßt sich Gott nicht sehn, einst wird er mir entdecket. d. K. doch werd ich's endlich schauen. e. Alle: Vaterrath. h. S. das ist mein fester Glaube.

B) Abgekürzte Lieder und Verse.

Mel. Helft mir Gott's Güte preisen.

380. Geduld ist euch vonnöthen, wenn Sorge, Gram und Leid,
und was euch mehr will tödten,
euch in das Herze schneid't! o aus-
erwählte Zahl! soll euch kein Tod
nicht tödten, ist euch Geduld vonnöthen, auch in der tiefsten Qual.

2. Geduld kommt aus dem Glauben, und hängt an Gottes Wort,
das läßt sie ihr nicht rauben, das
ist ihr Heil und Hort, das ist ihr
hoher Wall: da hält sie sich verborgen, läßt Gott den Vater sorgen,
und fürchtet keinen Fall.

3. Geduld dient Gott zu Ehren,
und läßt sich nimmermehr von seiner Liebe kehren; und schlüg er noch
so sehr, so ist sie doch bedacht, sein
heilge Hand zu loben, spricht: Gott,
der hoch erhoben, hat alles wohl
gemacht.

4. Geduld ist mein Verlangen
und meines Herzens Lust, nach der
ich oft gegangen; das ist dir wohl
bewußt, Herr voller Gnad und
Huld, ach! gieb mir und gewähre
mein Bitten, ich begehre nichts anders, als Geduld.

5. Geduld ist meine Bitte, die
ich sehr oft und viel aus dieser
Leibeshütte zu dir, Herr! schicken
will. Kommt denn der letzte Zug,
so gieb durch deine Hände auch ein
geduldigs Ende, so hab ich alles
gnug.

Anmerk. Aus dem Liede: Geduld
ist euch vonnöthen von Paul
Gerhardt.

Mel. Alles ist an Gottes Segen.

381. Meine Seele, laß Gott
walten, der dich kann und will erhalten, der die Seinen gnädig führt.
Was es ist, das dich jetzt plaget,

schad't dir nicht. Sei unverzagt
denn der große Gott regiert.

2. Hat nicht Gott mit seinen
Händen jederzeit an allen Enden
Steu'r und Ruder recht geführt!
Glaube, daß er ferner wisse, wie
er Alles lenken müsse, der die ganze
Welt regiert.

3. Sterben, Leben, Weinen,
Freuen muß zum Besten dem gedeihen, der von Gott geliebet wird.
Weil er ist bei Gott in Gnaden,
kann ihm keine Trübsal schaden;
denn der gute Gott regiert.

4. Drum, mein Herz, sei still
und stehe, tritt auf deines Felsens
Höhe, glaub' und lieb', als sich's
gebührt! so wird Alles wohl gelingen; und du wirst mit Freuden singen, daß der fromme Gott regiert.

Anmerk. Aus dem Liede: Meine
Seele laß Gott walten von
Maur. Kramer.

382. Warum betrübst du
dich mein Herz, bekümmerst dich,
und trägest Schmerz nur um das
zeitlich' Gut? vertrau du deinem
Herren Gott, der alle Ding erschaffen hat.

2. Er kann und will dich lassen
nicht, er weiß gar wohl, was dir
gebricht, Himmel und Erd ist sein,
mein Vater und mein Herre Gott!
der mir beisteht in aller Noth.

3. Weil du mein Gott und Vater bist, dein Kind wirst du verlassen nicht, du väterliches Herz! ich
Erd und Asche habe hier doch keinen Trost als nur in dir.

4. Ach! Gott so reich bist du
noch heut als du es warst von
Ewigkeit, mein Vertraun steht ganz
zu dir, mach mich an meiner Seele

reich, so gilt mir andrer Reichthum gleich.

5. Ich dank dir, Christe, Gottes Sohn, daß du mich dies hier lässest schon erkennen durch dein göttlich Wort, verleih mir auch Beständigkeit, zu meiner Seelen Seligkeit.

6. Lob, Ehr und Preis sei dir gebracht, daß du es immer wohlgemacht und bitt demüthiglich, laß mich nicht von dein'm Angesicht verstoßen werden ewiglich.

Anmerk. Aus dem Liede: Warum betrübst du dich mein Herz von Hans Sachs.

Mel. Was mein Gott will das g'scheh all Zeit.

383. Wie's Gott gefällt, gefällts auch mir und laß mich gar nicht irren, will mich der Feind verschlingen schier und mögen sich verwirren all Sachen gar: ich glaub fürwahr, Gott wird doch Gnad bescheeren! ja, fest ich weiß: soll's sein, so sei's! wer ist, der Gott kann wehren?

2. Wie's Gott gefällt, laß ich's ergehn, gar still ich mich drein schicke; wer seinem Rath will widerstehn, fällt in des Satans Stricke. Die Hoffnung mein setz ich nur drein auf diesen Grund zu bauen, weil fest ich weiß: soll's sein, so sei's! dem Herrn ist gut vertrauen.

3. Wie's Gott gefällt, so nehm ich's an, will um Geduld nur bitten. Er ist allein der helfen kann und wenn ich schon wär mitten in Angst und Noth, läg gar im Tod, kann er mich wohl erretten. Ja, fest ich weiß: soll's sein, so sei's! ich g'winn's wer nur will wetten!

Anmerk. Zusammengezogen aus dem Liede: Wie's Gott gefällt, gefällt mir's auch von Johann Friedrich, Kurf. zu Sachsen. Der Schluß des Liedes ist freilich dem kirchlichen Tone nicht angemessen.

384. Wo Gott der Herr nicht bei uns hält, wenn unsre Feinde toben, wo er nicht unsrer Sach zufällt im Himmel hoch dort oben: wo er der Seinen Schutz nicht ist und selber bricht der Feinde List, so sind wir ganz verloren.

2. Was Menschenwitz und Kraft anfäht, soll billig uns nicht schrekken; er sitzet an der höchsten Stätt, ihr'n Rath wird er aufdecken. Wie Meereswellen einher gehn, so Angst und Trübsal um uns stehn: deß wird sich Gott erbarmen!

3. Ach Herr Gott, wie reich tröstest du, die gänzlich sind verlassen! der Gnaden Thür ist nimmer zu, Vernunft kann das nicht fassen. Und doch steht all's in deiner Hand, dein Aug' geht über alle Land, hilf nur daß wir nicht wanken!

Anmerk. Das kräftige Lied von Justus Jonas: Wo Gott der Herr nicht bei uns hält enthält eine Menge temporärer Beziehungen, welche wir in dem oben stehenden Auszuge wenigstens in Etwas zu verallgemeinern suchten.

XXXI.

Von den Gnadenmitteln.
Vom göttlichen Worte.

A) Vollständige Gesänge.

Mel. Durch Adams Fall ist ganz verderbt.

385. Dein Wort ist ja die rechte Lehr, ein Licht das uns erleuchtet; ein Schild zu unsrer Gegenwehr, ein Thau, der uns befeuchtet; ein Stärkungstrank, wenn wir uns krank an Seel und Geist befinden, ein festes Band, das unsre Hand mit deiner kann verbinden.

2. So führe denn auf rechtem Pfad, durch dies dein Licht, mich Blinden, laß mich durch deinen Schutz und Rath den Satan überwinden: die Süßigkeit laß allezeit von deinem Wort mich schmecken; und deine Gunst in mir die Brunst der Gegenlieb erwecken.

3. Verleih auch deinen guten Geist, der alles das versiegle, worin dein Wort mich unterweist, daß ich mich drin bespiegle, und immerdar dies, was ich war, und was ich bin, erkenne, auch niemals mehr von deiner Lehr in Sünd und Irrthum renne.

4. Gieb meinem Glauben Stärk und Kraft, die alles kann vollbringen, damit durch dessen Eigenschaft ich ritterlich kann ringen, und Kreuz und Noth ja gar den Tod, viel lieber woll erleiden, als daß ich hier vom Wort und dir mich ließ aus Kleinmuth scheiden.

Anmerk. Vf. unbekannt. Wir ha-

ben den Text nach dem Gesangbuch des Gf. von Zinzendorf von 175 mitgetheilt.

Mel. Jesu meine Freude.

386. Herr, du wollest lehren, mich verlangt zu hören deine Recht. Ich will solche deine Gaben stets im Munde haben und nie schweigen still. Fort und fort soll mir dein Wort weil es recht ist und mein Leben auf der Zunge schweben.

2. Beistand deiner Hände sei mir ohne Ende; denn ich hab erwählt was dein Mund befiehlet, mein Verlangen zielet auf dein Heil. Mir fehlt zwar nicht Lust in meiner Brust deiner Satzung nachzubringen, aber das Vollbringen.

3. Nun, du kannst es geben, laß die Seele leben daß sie lobe dich, und hingegen sterben was nur zum Verderben scheidet dich und mich. Deine Zier die blüh in mir, deine Heldenhand, die Rechte helfe deinem Knechte.

4. Suche mit Erbarmen deinen Knecht den Armen, welcher ganz verwirrt: wie in wüster Haiden fern von guter Weiden manches Schäflein irrt. Hie bin ich, ach! finde mich der nicht mehr wird unterlassen dein Gebot zu fassen.

Anmerk. Ein sehr seltnes Lied von Erasm. Francisci, von uns

CCCLXXXV. 1. a. K. dein W., Herr, ist. — 2. b. S. o Herr mein Gott. g. K. in d. W. h. i. K. ja, laß es mich, herzinniglich zur Gegenlieb erw. — 3. a. K. verleih mir. d. S. daß ich darin mich sp. f. S. K. das. — 4. a. K. Gotteskraft. b—f. K. die alles wohl bestehe; daß ich in treuer Ritterschaft mich üb' in Freud und Wehe; damit ich Noth ja selbst den Tod.

aus dem Stettiner Gesgbch. mitgetheilt. Der einzige Fehler ist nach
unserm Bedünken der allzu sehr zer-
hackte Versbau.

Mel. Durch Adams Fall ist ganz verderbt.

387. Herr Zebaoth, dein heilig Wort, welchs du uns hast gegeben, daß wir darnach an allem
Ort solln richten Lehr und Leben,
ist worden kund aus deinem Mund,
und in der Schrift beschrieben rein
schlecht und recht, durch deine Knecht
vom heilgen Geist getrieben.

2. Dies Wort, welchs jetzt in
Schriften steht, ist fest und unbeweglich: zwar Himmel und die Erd
vergeht, Gotts Wort bleibt aber
ewig: kein Höll, kein Plag, noch
jüngster Tag wird es können verrichten; drum denen soll sein ewig
wohl, die sich darnach recht richten.

3. Es ist vollkommen, hell und
klar, ein Richtschnur reiner Lehre:
es zeugt und zeigt uns offenbar
Gott, seinen Dienst und Ehre: und
wie man soll hie leben wohl, Lieb,
Hoffnung, Glauben üben: drum fort
und fort wir dieses Wort von Herzen sollen lieben.

4. Im Kreuz giebts Luft, in Traurigkeit zeigt es die Freudenstelle: den

Sünder, dem sein Sünd sind leid,
führt es zur Gnadenquelle, giebt
Trost an Hand macht auch bekannt,
wie man soll willig sterben, und
wie zugleich das Himmelreich durch
Christum zu ererben.

5. Sieh! solchen Nutz, so große
Kraft, die nimmer ist zu schätzen,
des Herrn Wort in uns wirkt und
schafft, darum wir sollen setzen zurück Gold, Geld, und was die Welt
sonst herrlich pflegt zu achten, und
jederzeit in Lieb und Leid nach dieser Perle trachten.

6. Nun, Herr! erhalt dein heilig Wort, laß uns sein' Kraft empfinden: den Feinden steur an allem Ort, zeuch uns zurück von Sünden, so wollen wir dir für und für
von ganzem Herzen danken. Herr
unser Hort! laß uns dein Wort
fest halten und nicht wanken.

Anmerk. Von Knorr von Ro-
senroth. Unter den Varianten
von K. sind sehr viele unnöthige,
wir lesen mit H. und ändern höchstens Vs. 4. Zl. 1. giebts Trost.

Mel. Freu dich sehr o meine Seele.

388. Rede, liebster Jesus, rede, deine Magd giebt Acht darauf.
Stärke mich denn ich bin blöde, daß

CCCLXXXVII. 1. b. K. das du der Welt g. c. K. H. daß man (K.
soll fort und fort). d. K. einrichten. h. K. gar rein und ächt. — 2.
a. K. das nun in. b. K. wie Gott's Gedanken. c. H. der Himmel.
K. wenn Erd und Himmel untrrgeht. d. H. den W. besteht es ohne
Wanken. e. f. H. l. Feind k. P. kein j. g. H. vermag es zu v. e—k. K.
nicht Erdennoth, nicht Höll' und Tod vermag es zu vernichten; drum allen wohl,
die glaubensvoll, darnach ihr Leben richten. — 3. b. K. H. die N., alte Var.
c. H. es zeigt uns auch ganz o., alte Var. c. d. K. es zeigt uns ganz o., des
Höchsten D. e—k. K. es zeigt getreu was Glauben sei, lehrt Lieb und Hoffnung üb.n, drum solln wir es für und für von ganzem Herzen lieben. — 4.
a. K. Trost. b. K. Freudenquille, alte Var. c. H. dem die Sünd' ist leid,
alte Var. K. dem die Sünde. d. K. entführet es der Hölle, alte Var. e. und
macht bek., alte Var. K. es mißt ihm zu, viel süße Ruh, und lehrt ihn
willig sterben; hilft ihm zugleich das Himmelreich in Christo fröhlich erben. —
5. a. b. K. solchen N. solche K., die nie genug zu schätzen. c. d. K. Allen
denen schafft, die sich darin ergötzen. e. K. weg Gut und Geld. h. K.
laßt uns allzeit. — 6. a. K. erhalt uns H. b. K. Heil. c. d. K. und
hilf uns damit fort u. f., den Argen überwinden. d. H. und zeuch uns ab und
laß es frei verkünden, alte Var. e—k. K. daß wir in Noth und einst im Tod
dein bleiben ohne Wanken, so wollen wir dir täglich hier und droben ewig danken.

ich meines Lebens Lauf dir zu Ehren setze fort. Ach so laß dein heilig Wort in mein Herze sein verschlossen, dir zu folgen unverdrossen.

2. Ach, wer wollte dich nicht hören, dich du liebster Menschenfreund?
sind doch deine Wort und Lehren
alle herzlich wohl gemeint. Sie vertreiben alles Leid, auch des Honigs
Süßigkeit muß vor deinen Worten
weichen, ihnen ist ganz nichts zu
gleichen.

3. Deine Worte sind mein Stecken,
dessen ich mich trösten kann, wenn
der Teufel will mich schrecken auf
der schmalen Lebensbahn; diese führen ohne Qual, mich hin durch das
Todesthal; diese sind mein Schirm
und Stütze, wider alle Kreuzesblitze.

4. Jesus dein Wort soll mich
laben, deine trostgefüllte Lehr' will
ich in mein Herz vergraben. Ach
nimm sie ja nimmermehr hier von
mir in dieser Zeit, bis ich in der
Ewigkeit werde kommen zu den Ehren, dich o Jesu selbst zu hören.

5. Unterdeß vernimm mein Flehen, liebster Jesu, höre mich. Laß
bei dir mich feste stehen; so will
ich dich ewiglich preisen mit Herz,
Sinn und Mund, ich will dir zu
jeder Stund Ehr' und Dank in Demuth bringen und dein hohes Lob
besingen.

Anmerk. Verf. Anna Sophia
Landgräfin v. Hessen = Darm-
stadt, ziemlich selten. B. hat au..
fall..und viele und unnöthige Variant..

Mel. Es ist das Heil uns kommen her.

389. Wir Menschen sind zu dem
o Gott, was geistlich ist, untüchtig;
dein Wesen, Wille und Gebot i..
viel zu hoch und wichtig: wir wis-
sens und verstehens nicht, wo uns..
dein göttlich Wort und Licht der
Weg zu dir nicht weiset.

2. Drum sind vor Zeiten ausge-
sandt Propheten, deine Knechte, daß
durch dieselben würd bekannt dein
heilger Will und Rechte: zum letzten ist dein einger Sohn, o Vater,
von des Himmels Thron selbst kommen uns zu lehren.

3. Für solches Heil sei, Herr, gepreist, laß uns dabei verbleiben:
und gieb uns deinen heilgen Geist,
daß wir dem Worte gläuben; dasselb annehmen jederzeit mit Sanftmuth, Ehre, Lieb und Freud, als
Gottes, nicht der Menschen.

4. Hilf, daß der losen Spötter
Hauf uns nicht vom Wort abwende: denn ihr Gespött sammt ihnen
drauf mit Schrecken nimmt ein Ende. Gieb du selbst deinem Donner
Kraft, daß deine Lehre in uns haft,
auch reichlich bei uns wohne.

CCCLXXXVIII. Der Text nach Rambach aus dem J. 1658. Von unsern
Büchern nur bei B. — 1. b. denn dein Kind. d. meinen. e. zur Ehre. f. g. laß
stets dein h. W. in mein Herz sein eingeschl. — 2. e. selbst des Todes Bitterkeit.
h. nichts ist ihnen zu vergl. — 3 a. b. der — woran ich mich halten kann. e.
sie, sie. f. mich selbst durch bes. g. h. sind mein — meine Stütze unter aller
Kreuzeshitze. — 4. b. trostr. c. eingr. d. doch nimmerm. e. von mir weg.
CCCLXXXIX. 1. b. W. nicht tüchtig. f. W. K. wenn uns. g. S. W.
H. K. zeiget. — 2. a. W. Von jeher haft du ausg. e. H. S. Bs. durch sie würde
wohl b. W. sie machten in der Welt b. K. sie machten deinem Volk b. d. H. Bs. S.
dein Will (K. W. Heil) und deine R. e. K. H. Bs. S. lieber S. W. zuletzt ist selbst dein
eigner. g. W. K. gekommen. — 3. a. b. W. dies Heil, daß unser Danklied preist,
dein Wort laß uns nicht rauben. b. K. laß uns niemand rauber, c. K. S.
W. H. guten G. d. W. von Herzen gl. K. glauben. e—g. W. und alles was
dein Wort gebeut, mit Treue, Lust und Emsigkeit zu deiner Ehre üben. e—g.
K. und es bewahren jederzeit, mit S., Lieb und Freudigkeit, als theure Gottes-
gabe. f. S. Treu und Willigkeit. — 4. a. S. W. Frevler frecher Spott. K.
Zweifler Spott. b. W. nicht unsern Glauben wende. c. d. S. W. denn du bist

5. Oeffn uns die Ohren und das Herz, daß wir das Wort recht fassen, in Lieb und Leid, in Freud und Schmerz es aus der Acht nicht lassen: daß wir nicht Hörer nur allein des Wortes, sondern Thäter sein, Frucht hundertfältig bringen.

6. Am Weg der Saame wird sofort vom Teufel hingenommen: in Fels und Steinen kann das Wort die Wurzel nicht bekommen: der Saam, so in die Dornen fällt, von Sorg und Wollust dieser Welt verdirbet und ersticket.

7. Ach hilf, Herr, daß wir werden gleich dem guten fruchtbarn Lande, und sein an guten Werken reich in unserm Amt und Stande: viel Früchte bringen in Geduld, bewahren deine Lehr und Huld im feinen, guten Herzen.

8. Laß uns, so lang wir leben hier, den Weg der Sünder meiden: Gieb, daß wir halten fest an dir, in Anfechtung und Leiden. Rott aus die Dornen allzumal, hilf uns die Weltsorg überall und böse Lüste dämpfen.

9. Dein Wort, o Herr, laß allweg sein die Leuchte unsern Füßen, erhalt es bei uns klar und rein: hilf, daß wir draus genießen Kraft, Rath und Trost in aller Noth, daß wir im Leben und im Tod beständig darauf trauen.

10. Gott Vater! laß zu deiner Ehr dein Wort sich weit ausbreiten: hilf, Jesu, daß uns deine Lehr erleuchten mög und leiten: o heilger Geist, dein göttlich Wort laß in uns wirken fort und fort Glaub', Lieb, Geduld und Hoffnung.

Anmerk. Von David Denicke, Vs. 4. 6. lassen wir aus und lesen das Uebrige mit H.

Mel. Herzlich thut mich verlangen.

390. Wohl dem der Jesum liebet, und dessen Himmelswort: der wird niemals betrübet von Teufels Höllenmord. Wo Jesus sich befindet, da stehet alles wohl, wes

---

ein gerechter Gott und strafft gewiß am E. c. H. will ihr Gespötte doch darauf. K. wer dich verachtet, großer G. der nimmt ein schrecklich E. e—g. W. erweck uns durch der Wahrheit Kr. und was sie Gutes in uns schafft, das laß uns treu bewahren. e. B. H. Worte Kr. S. Wahrheit Kr. K. zu deinem Zeugniß. l. S. daß sie in unsrer S. g. K. S. und B. in uns w. — 5. Bei W. Vs. 6., bei K. Vs. 7. a b. W. drum öffne Herr Verstand und Herz, daß wir dein W. B. dein W. a. b. K. Eröffne H. uns Ohr u. H. dein Zeugniß recht zu fassen. c. d. W. uns in der Freude wie im S. auf seine Kraft verlassen. K. daß wir's in Freuden und im Schmerz nicht aus der Acht in deinem Herzen l. f. W. H. und auch desselben Thäter sein (H. des Wortes T.). K. laß uns — nein Th. auch des W. f. — 6. Bei W. und K. Vs. 5. a. H. am Wege wird d. S. fort. b. W. vom Satan weggen. K. weggen. c. d. W. K. auf — niemals zum Wurzeln f. (so auch S). e. H. Bs. Saame, so auf D. S. W. K. und wenn es unter D. f. g. W. St bat Sorg — bald seine (S. dessen) Kraft ersticket. K. der S. — so muß es bald ersticken. — 7. B. i K. Vs. 6., bei W. ausg. a. H. allhier dem gutch L. K. dem reichen, g. c—e. K. und an des Geistes Kräften reich, in jedem Amt u. St., daß wir Frucht bringen in G. — 8. Bei K. und W. ausgel. a. H. dieweil wir leben. d. S. im Wohlstand wie im L. H. in Wohlergehn und L. — 9. Bei W. ausgel. a. H. immer sein. K. laß allerwegen sein — unsrer F. c—g. K. daß seine Kraft und milden Schein Geist, Sinn und Herz genieße; daß es uns gebe Trost in Noth und f. l'glich uns aus dem Tod zum ewgen Leben führe. g. B. bauen. — 10. a. b. H. W. S. K. Bs. laß sich dein Wort zu deiner Ehr, Gott Vater, weit ausbreiten (S. Bs. o Gott sehr weit a.). f. W. immerfort: g. H. Bs. Ged., Lieb, H., Glauben. W. K. Trost, Hoffn., Lieb und Gl.

CCCXC. Der Text bei Rambach vom Jahre 1658. — 1. c. d. K. nie, nie wird der betr. von Satans List und Mord. W. wenn diese Welt zerstiebet

sich auf Jesum gründet, der lebet lebensvoll.

2. Bist du vielleicht verirret vom rechten Lebensport, hat dich die Welt verwirret; komm, hier ist Gottes Wort, das wird dir klärlich weisen die rechte echte Bahn, dahin du müssest reisen, wenn du willst himmelan.

3. Bist du vielleicht betrübet; ja, wirst du fort und fort in Kreuz und Noth geübet; komm, hier ist Gottes Wort, dieß wird dich schon erquicken, daß, wenn gleich Höll und Welt dich wollten unterdrücken, du doch behältst das Feld.

4. Hast du dich lassen blenden, so daß bald hier, bald dort du tappest an den Wänden; komm, hier ist Gottes Wort, dies machet, daß die Blinden sich zu dem rechten Ste[ ] hinwieder können finden von ihre[ ] Irrweg.

5. Wirst du gleich auch geführe[ ] durch den stockfinstern Ort, da son[ ] der Tod regieret; komm, hier i[ ] Gottes Wort, dies ist der Stab un[ ] Stecken, mit diesem kannst du di[ ] für Teufels List und Schrecken be[ ]schützen mächtiglich.

6. Hilf, Jesu! daß ich liebe dein seligmachend Wort, daß ich mich stets drin übe; hilf, liebster Seelenhort! daß ich's in meinem Herzen bewahr durch deine Huld, damit in Kreuzesschmerzen es Frucht trag in Geduld.

Anmerk. Verf. Anna Sophia, Landgräfin v. Hessen-Darmstadt.

B) Abgekürzte Lieder und Verse.

Mel. Erhalt uns Herr bei deinem Wort.

391. Ach, bleib bei uns, Herr Jesu Christ, weil es nun Abend worden ist; dein göttlich Wort, das helle Licht, laß ja bei uns auslöschen nicht.

2. Gieb, treuer Gott, zu aller Zeit in unser Herz Beständigkeit, daß wir dein Wort und Sacrament behalten rein bis an das End.

3. Herr Christ, der Kirche Schiff erhalt in aller Wogen Sturmgewalt, gieb der Gemeine Gnad und Huld, Fried, Einigkeit, Muth und Geduld.

4. Dein Wort ist unsres Herzens Trutz und deiner Kirche wahrer Schutz, dabei erhalt uns lieber Herr, daß wir nichts andres suchen mehr.

5. Gieb, daß wir thun nach deinem Wort und darauf einstens fahren fort von hinnen aus dem Jammerthal zu dir in deinen Himmelssaal.

Anmerk. Aus dem Liede: Ach bleib bei uns Herr Jesu Christ von Nic. Selnecker.

Mel. Wer nur den lieben Gott läßt walten.

392. Das Wort, o Herr, das du gegeben soll unsrer Füße Leuchte sein; zu dir soll es das Herz erheben, uns stärken, trösten und er[ ]

so grünt sein Leben fort. d. Bs. B. vons. — 2. b. K. suchst Ruhe hier und dort. l. Bs. B. W. Tugendbahn, alte Bar. K. Lebensbahn. h. K. B. W. darauf, alte Bar. Bs. auf welcher du mußt. — 3. b. K. und wirst. c. K. W. durch. e. K. dein Herz. — 4. Bei Bs. ausgel. b. c. K. suchst Licht am dunkeln Ort, und irrest aller Enden. o. W. du suchest mit den Händen. e—h. K. macht daß auch — zum wahren Lebensteg sich wieder können finden von ihrem finstern Weg. — 5. a. b. K. und wirst du auch gef. im Geist durch einen Ort. b. c. Bs. durch manchen finstern Ort, ba Noth und Tod. c. K. wo nur. g. W. vor Satans. Bs. B. vor'k. e—h. K. damit wirst du besiegen die härtste Seelennoth und nimmermehr erliegen dem letzten Feind dem Tod. — 6. c. d. K. und stets darin mich — hilf o mein Seel. g. K. W. in Kreuz und Schmerzen (zu recipiren). h. K. bring.

eun: im Sterben woll'n wir da-
auf baun, was es verheißt soll Je-
er schaun.

Anmerk. Aus dem Liede: Dein
Wort o Höchster, ist vollkommen.

Mel. Was Gott thut das ist wohlgethan.

393. Dein Wort, o Herr, ist
milder Thau für trostbedürftge See-
en, laß keiner Pflanze deiner Au-
en Himmelsbrunnen fehlen! erquickt durch ihn laß jedes blühn
und in der Zukunft Tagen dir Frucht
und Saamen tragen.

2. Dein Wort ist, Herr, ein
Flammenschwert, ein Hamm'r, der
Felsen spaltet, ein Feuer das im
Herzen zehrt und Mark und Bein
durchschaltet. O laß dein Wort
noch fort und fort der Sünde Macht
zerscheitern und alle Herzen läutern.

3. Dein Wort ist uns der Wunderstern auf unsrer Lebensreise, es
führt die Thoren hin zum Herrn
und macht die Einfalt weise. Dein
Himmelslicht verlösch uns nicht und
leucht in jede Seele, daß keine dich
verfehle.

4. Auf immer gilt dein Segens-
bund, dein Wort ist Ja und Amen.
Nie weich es uns aus Geist und
Mund und nie von unsrem Saamen. Laß immerfort dein' helles
Wort in allen Lebenszeiten uns trösten, warnen, leiten.

5. O sende bald von Ort zu Ort
den Durst nach deinen Lehren, den
Hunger aus, dein Lebenswort und
deinen Geist zu hören und send ein
Heer von Meer zu Meer der Herzen Durst zu stillen und dir dein
Reich zu füllen.

Anmerk. Vs. 1. 2. 3. 6. 7. aus
dem Liede: Dein Wort, o Herr,
ist milder Thau von K. B.
Garve.

Mel. Wie schön leucht uns der Morgenstern.

394. Des Herrn Gesetz ist recht
und gut, erquicket unsre Seel und
Muth, und giebt ihr Kraft und
Speise. Des Herren Zeugniß ist
ganz rein, gewiß, gut, ohne Falsch
und Schein, und macht die Albern'
weise. Richtig, wichtig sind die
Wege, sind die Stege und Befehle,
und erfreuen Herz und Seele.

2. Des Herrn Gebote sind gewiß und bringen uns aus Finsterniß zum wunderbaren Lichte. Die
Furcht des Herrn ist rein und schön,
und wird auch ewiglich bestehn;
des Herrn Recht und Gerichte sind
wahr und klar allen denen, die sich
sehnen und bestreben, zu erlangen
jenes Leben.

3. Sie sind viel köstlicher, denn
Gold, wenn man erst ihnen wird
recht hold, das schönste Gold muß
weichen; viel süßer als des Honigs Kraft, und als der süße Re-
bensaft, nichts, nichts kann ihnen
gleichen. Dein Knecht wird recht
hier erleuchtet und befeuchtet als
vom Thauen; wer sie hält, wird
Wunder schauen.

Anmerk. In einigen wenigen alten
Gesgbch. findet sich eine Paraphrase
des 19ten Psalms: Der Himmel
und der Himmel Heer in 8
Versen. Wir haben die schönen Verse
ausgewählt, welche sich für unsre
Rubrik besonders schicken.

Mel. Gott des Himmels und der Erden.

395. Theures Wort aus Gottes Munde! das mir lauter Rosen
trägt, dich allein hab ich zum Grunde meiner Seligkeit gelegt. In dir
treff ich alles an, was zu Gott
mich führen kann.

2. Du, mein Paradies auf Erden! schleuß mich stets im Glauben
ein; laß mich täglich klüger werden,

15

daß dein heller Gnadenschein mir
bis in die Seele bringt, und die
Frucht des Lebens bringt.

3. Gieb dem Saamkorn einen
Acker, der die Frucht nicht schuldig
bleibt. Mache mir die Augen wa=
cker; und was hier dein Finger
schreibt, präge mir im Herzen ein,
laß den Zweifel ferne sein.

4. Was ich lese, laß **mich** mer=
ken; was du sagest, laß **mich** thun.
Wird dein Wort den Glauben stär=
ken, laß es nicht dabei beruhn; son=
dern gieb, daß auch dabei ihm das
Leben ähnlich sei.

Anmerk. Vs. 1. 3. 6. 7. aus dem
Liede: Theures Wort aus Got=
tes Munde von B. Schmolck.

XXXII.

Allgemeine Gebetslieder.

(Kreuz= und Trostlieder.)

A) Vollständige Gesänge.

Mel. Christus der ist mein Leben.

396. Ach! bleib mit deiner Gna=
be bei uns, Herr Jesu Christ! daß
uns hinfort nicht schade des bösen
Feindes List.

2. Ach! bleib mit deinem Worte
bei uns, Erlöser werth! daß uns
beid, hier und borte, sei Güt' und
Heil bescheert.

3. Ach! bleib mit deinem Glan=
ze bei uns, du werthes Licht! dein
Wahrheit uns umschanze, damit wir
irren nicht.

4. Ach! bleib mit deinem Se=
gen bei uns, du reicher Herr! dein
Gnad und alls Vermögen in uns
reichlich vermehr.

5. Ach! bleib mit deinem Schu=
tze bei uns, du starker Held! daß
uns der Feind nicht trutze, und fäll'
die böse Welt.

6. Ach! bleib mit deiner Treue
bei uns, mein Herr und Gott! Be=
ständigkeit verleihe, hilf uns aus
aller Noth.

Anmerk. Lieblingslied der Gemein=
de, von Jos. Stegmann. Aen=
derungen thun nicht Noth.

Mel. Kommt her zu mir spricht Gottes Sohn.

397. Ach Gott! gieb du uns
deine Gnad, daß wir all Sünd und
Missethat bußfertiglich erkennen, und
gläuben fest an Jesum Christ, der

CCCXCVI. Text bei Rambach aus den Jahren 1630 und 1636. — 2. a—c.
K. W. mit deinen Worten (großer und nicht erfreulicher Unterschied!), auf daß
uns hier und borten. c. S. daß uns so hier als borte. d. S. Trost und Heil,
alte Bar. — 3. Bs. stellt diesen Vers als Vs. 4, den fünften aber als den drit=
ten. a—c. K. W. mit deiner Klarheit — umgürt uns mit der Wahrheit. b. c.
S. helles Licht — in uns pflanze. — 4. c. S. all Verm. H. Allverm. — 5.
d. Alle Bücher: noch fäll, alte Bar. — 6. b. K. W. du Herr und Gott. S. Herr
unser Gott (nehmen wir auf).

CCCXCVII. 1. c. K. bußfertig wohl. e. K. der unser Hirt und Meister
ist. e. f. S. den, wie er es ja wirklich ist, wir unsern Heiland nennen (!). K.
wie ihn dein Wort. — 2. c. K. zur Ehre.

unsre Hülf und Meister ist, wie er ich selbst thut nennen.

2. Hilf, daß wir auch nach deinem Wort gottselig leben immerfort, zu Ehren deinem Namen; daß uns dein guter Geist regier, auf ebner Bahn zum Himmel führ, durch Jesum Christum, Amen!

Anmerk. Von Sam., Zehner.

398. Es wollt uns Gott gnädig sein, und seinen Segen geben; sein Antlitz uns mit hellem Schein erleucht zum ew'gen Leben; daß wir erkennen seine Werk, und was ihm liebt auf Erden: und Jesus Christus Heil und Stärk' bekannt den Heiden werden, und sie zu Gott bekehren.

2. So danken Gott, und loben dich die Heiden überalle, und alle Welt die freue sich, und sing' mit großem Schalle, daß du auf Erden Richter bist, und läßt die Sünd' nicht walten; dein Wort die Hut und Weide ist, die alles Volk erhalten, in rechter Bahn zu wallen.

3. Es danke, Gott! und lobe dich das Volk in guten Thaten: das Land bring' Frucht und bessert sich, dein Wort ist wohl gerathen. Uns segne Vater und der Sohn! uns segne Gott der heil'ge Geist! dem alle Welt die Ehre thu, vor ihm sich fürchte allermeist! nun sprecht von Herzen: Amen!

Anmerk. Von M. Luther, in der Form ziemlich ungefügig. Wir schließen uns an S. an.

399. Gott der Vater wohn uns bei, und laß uns nicht verderben, mach uns aller Sünden frei, und hilf uns selig sterben. Vor dem Teufel uns bewahr, halt uns bei festem Glauben, und auf dich laß uns bauen, aus Herzensgrund vertrauen, dir uns lassen ganz und gar mit allen rechten Christen, entfliehen Teufels Listen, mit Waffen Gotts uns fristen. Amen, Amen, das sei wahr, so singen wir Halleluja.

2. Jesus Christus wohn uns

CCCXCVIII. Text nach Wackernagel. — 1. a. H. woll uns. Bs. S. K. wolle Gott uns gnädig. f. Bs. H. was ihm lieb auf Erden. S. und seinen Weg auf E. g. S. K. H. daß (K. H. und) Jesu Christi Heil und Stärk. h. i. K. werde — bek.hre. — 2. a. S. danken dir. b. Bs. die Völker. S. o Gott die Völker alle. c. S. die ganze Welt erfreue sich. h. S. das wird uns wohl erhalten. i. K. auf. — 2. a. b. S. es danken Gott die Völter dir in guten Glaubensthaten. c. Bs. B. K. H. besse sich, sehr alte Var., eten so in denselben Büchern d. laß wohl. S. gib Frucht dem Lande für und für. f. S. zusammt dem heilgen Geiste. g. K. thut. S. daß alle Welt vor deinem Thron. h. K. euch fürchtet. S. dir Dank und Ehre leiste. i. S. drauf.

CCCXCIX. Der Text nach Wackernagel. — 1. I. Bs. B. K. entfliehn des, alte Var. B. Teufels Lüsten. S. Fleisches Lüsten. m. B. zu rüsten. S. in deiner Kraft uns rüsten. K. W. uns r. — 2. K. W. haben folgende Verse: Jesu Christ, du treuer Hort, führ uns auf rechter Straßen, der du bist des Vaters Wort, darauf wir uns verlassen; du hast uns durch deinen Tod das ewig (W. ewge) Reich erworben. Du bist das Licht und Leben, vom Vater uns gegeben; du bist unser Himmelsbrod, Gerechtigkeit und Weisheit; du bist das Haupt der Christenheit, der Fried, der Weg, die Wahrheit (W. Weg, Leben, Fried' u. W.). Von Maria geboren bist; gelobt seist du Jesu Christ! — 3. Heilger Geist, die dritt' Person der Gottheit, gleicher Ehren mit dem Vater und dem Sohn, wollst uns den Glauben mehren! dich uns Christ beim Vater hat durch seinen Tod erworben; erscheine uns mit Gnaden, so wird das Wort gerathen. Hilf, daß sich zu Christ dem Herrn, die armen Leut (W. Sünder kehren) bekehren, du kannst von Christ recht lehren, dem bösen Satan wehren. Halleluja, singen wir! nun hilf uns heilger Geist zu dir! Knapp fügt folgende Bemerkung hinzu: der 2te und

bei, und laß uns nicht verderben u. s. w.

3. Der Heilige Geist wohn uns bei, und laß uns nicht verderben u. s. w.

Anmerk. Von M. Luther. Die dreimal wiederholte Anrufung ist natürlich auch hier von großer Bedeutung (vgl. zu Nro. 79), doch sind die beiden zugesetzten Verse durch Inhalt als Alter gleich ehrwürdig. Ihr Verfasser ist übrigens Erasmus Alberus: unter seinem Namen kommen sie in dem Frankfurter Gesangbuch von 1570 vor, vorher im Straßburger von 1568. Vgl. Wackernagel S. 230. K. und W. haben die Form hie und da gemildert.

Mel. Erhalt uns Herr bei deinem Wort.

400. Herr Gott, der du mein Vater bist, ich schrei im Namen Jesu Christ zu dir, auf sein Wort, Eid und Tod, hör, Helfer treu in Angst und Noth.

2. Laß uns dein Wort, stärk uns im Geist, hilf, daß wir thun, was du willst, gieb Fried, Schutz, gute Kur und Brod, behüt die Stadt, du treuer Gott.

3. Errett von Sünd, Teufel und Tod, aus Leibes und der Seelen Noth, ein seligs Stündlein uns bescheer, dein ist das Reich, Kraft, Preis und Ehr.

4. Auf dein Wort sprech ich Amen, Herr, aus Gnad mein kleinen Glauben mehr, du bist allein der Vater mein, laß mich dein Kind und Erbe sein.

Anmerk. Von Joh. Matthesius eine Paraphrase des Vater Unsern gedrängt, innig, herzlich.

Mel. Herr Jesu Christ mein's Lebens Licht.

401. Ich armer Mensch doch gar nichts bin, Gott's Sohn allein ist mein Gewinn, daß er Mensch worden ist mein Trost, er hat mich durch sein Blut erlöst.

2. O Gott Vater, regier du mich mit deinem Geist beständiglich, laß deinen Sohn, mein Trost und Leb'n allzeit in meinem Herzen schweb'n.

3. Wenn mein Stündlein vorhanden ist, nimm mich zu dir, Herr Jesu Christ, denn ich bin dein und du bist mein, wie gern wollt ich bald bei dir sein.

4. Herr Jesu Christe, hilf du mir, daß ich ein Zweiglein bleib an dir und nachmals mit dir aufersteh, zu deiner Herrlichkeit eingeh.

Anmerk. Von Joh. Leo nach dem Lateinischen des Melanchthon: Nil sum, nulla miser novi solatia. Die Aenderungen von K. sind nicht absolut nöthig aber meist gelungen und ansprechend.

402. Ich ruf zu dir, Herr Jesu Christ, ich bitt erhör mein Klagen: verleih mir Gnad zu dieser Frist, laß mich doch nicht verzagen;

3te Vers findet sich unter Luthers Namen, als des Verfassers des ganzen Liedes in 3 Versen, in dem an. 1591 gedruckten „Bonnschen Gesangbüchlein."

CCCC. 1. b. X. ruf. — 2. c. Matthesius dichtete in Joachimsthal, daher die Erwähnung der „Kur." H. gut' Freund' und Brod. X. gieb immerdar das täglich B. d. H. behüt uns All', o t. — a. H. Sünde, Teufel, Tod. b. H. aus Seelennoth. c. H. selig — mir. — 4. b. H. aus Gnaden meinen Gl.

CCCCI. 1. b. K. nur Gottes Sohn. c. d. er ward ein Mensch, das macht mir Muth, ich bin erlöst durch sein Blut. — 2. a. Gott Vater, o regire. c. d. laß deines Sohnes Gnadenglanz mein finstres Herz erfüllen ganz. — 3. d. bei dir nur will ich ewig sein. — 4. b. ein Glied verbleib. c. d. in deiner Klarheit aufersteh und zu dir in den Himmel geh.

CCCCII. Text bei Wackernagel aus dem Babstschen Gesgbch. von 1545. —

...en rechten Weg, o Herr, ich mein,
...en wolltest du mir geben, dir zu
...eben, mein'm Nächsten nütz sein,
...ein Wort zu halten eben.

2. Ich bitt noch mehr, o Herre
Gott, du kannst es mir wohl geben:
daß ich nicht wieder werd zu Spott,
die Hoffnung gieb daneben: voraus
wenn ich muß hie davon, daß ich
dir mög vertrauen, und nicht bauen
auf alles mein Thun, sonst wirds
mich ewig reuen.

3. Verleih, daß ich aus Herzen=
grund mein'n Feinden mög verge=
ben, verzeih mir auch zu dieser Stund,
schaff mir ein neues Leben. Dein
Wort mein Speis laß allweg sein,
damit mein Seel zu nähren, mich
zu wehren, wenn Unglück geht da=
her, das mich bald möcht verkehren.

4. Laß mich kein Lust noch Furcht
von dir in dieser Welt abwenden:

beständig sein ins End gieb mir, du
hasts allein in Händen: und wem
du's giebst, der hats umsonst, es mag
niemand ererben, noch erwerben durch
Werk dein Gnad, die uns errett
vom Sterben.

5. Ich lieg im Streit und wi=
derstreb, hilf, o Herr Christ, dem
Schwachen: an deiner Gnad allein
ich kleb, du kannst mich stärker ma=
chen. Kommt nun Anfechtung her,
so wehr, daß sie mich nicht umsto=
ßen, du kannst massen, daß mirs
nicht bring Gefähr: ich weiß, du
wirsts nicht lassen.

Anmerk. Gewöhnlich, aber ohne zu=
reichende Gründe, Paul Spera=
tus zugeschrieben. Die spröde Form
macht Aenderungen zulässig.

403. In dich hab' ich ge=
hoffet, Herr, hilf, daß ich nicht

1. b. K. Flehen. c. S. aller Frist, und laß mich nie. c. d. K. laß gnädiglich
in b. Fr. mich deine Hülfe sehen. e. B. S. K. H. W. Glauben, Herr, alte Var.
e. f. S. präg mir ein, laß ihn mir Kräfte geben. K. W. und daß ich möge stre=
ben. g. S. zum Bestreben. h. B. S. K. H. W. nütz zu sein, alte Var. S. K.
H. W. dem N. i. S. nach deinem Wort zu leben. K. W. das wollest du mir
geben. — 2. a. S. bitte dich mein Herr u. G. K. W. o Herr, mein Gott. c.
d. S. laß mich zu dir bis in den Tod, mein Hoffnung frei erheben. K. nicht sei
der Bösen Spott, die Christo widerstreben. Alte Var.: werd nimmermehr. e. f.
S. gieb, wenn ich endlich muß (W. einst muß hier) davon, daß ich dir mög ver=
trauen. K. und wenn ich scheiden soll mich stärk, daß ich auf dich mög b. u. nicht
trauen. h. B. H. auf all mein eigen T. S. auf eigner Werke Lohn. K. auf mein
Verdienst und Werk. W. auf eignes Werk und T. i. S. sonst kann (K. W. werd)
ich dich nicht schauen. — 3. a. K. von. b. B. S. K. W. den F. d. W. in mir.
e. S. laß mir die Speise sein. e. f. K. meine Sp. — die Seel damit. W. laß m.
S. — um meine Seel zu n. g. S. und zu wehren. K. mich zu lehren. W. und
zu lehren. h. S. bricht (H. geht. W. Trübsal dringt) herein. Das „herein,"
alte Var. h. i. K. wie ich in Freud und Pein, dich kindlich soll verehren, i. B.
abkehren, alte Var. S. michs nicht kann (H. mög) abf. W. mich nicht von dir
zu kehren. — 4. a. S. H. W. nid f. K. weder Lust noch F. mich hier. b.
K. von deiner Liebe wenden. c. B. H. W. aus E., alte Var. S. Ausdauer bis
ans E. K. ausharren bis — hilf mir. f. g. S. ererben noch erw. K. aus
freier Gnade segnest du, es mag Niemand ererben. h. S. H. W. d. Gunst, alte
Var. h. i. K. wahre Ruh, und Seligkeit im Sterben. W. erlöst. — 5. a. b.
S. ich kämpf und will dein Jünger sein. S. K. W. mir Schw. c. B. durch
G. allein ich leb. S. ich trau auf d. G. allein. K. H. in (W. von) — leb. e.
K. Angst und Weh. W. und Gefahr. f. g. K. so wollst du bestermaßen mich
umfassen. H. laß sie mich nicht erfassen über Maaßen. W. wollst du mich nicht
verlassen, fest mich fassen. B. du kannst machen. h. K. damit ich wohl bestes.
W. behüt mich immerdar. e–i. S. in meiner Seelennoth laß mich bei dir Er=
barmung finden, Trost empfinden, und endlich, Herr, durch dich, in allem über=
winden.

CCCCIII. Der Text bei Wackernagel aus dem Jahre 1533. Dazu alte

zu Schanden werd, noch ewiglich zu
Spotte: des bitt ich dich erhalte
mich in beiner Treu, mein Gotte.

2. Dein gnädig Ohr neig her
zu mir, erhör mein Bitt, thu dich
herfür: eil bald mich zu erretten.
In Angst und Weh, ich lieg und
steh, hilf mir in meinen Nöthen.

3. Mein Gott und Schirmer!
steh mir bei, sei mir ein Burg, darin ich frei und ritterlich mög streiten wider mein Feind, der gar viel
feind an mich auf beiden Seiten.

4. Du bist mein Stärk, mein
Fels, mein Hort, mein Schild, mein
Kraft sagt mir dein Wort, mein
Hülf, mein Heil, mein Leben, mein
starker Gott, in aller Noth: wer
mag mir widerstreben?

5. Mir hat die Welt trüglich gericht, mit Lügen und mit falschem
Dicht, viel Netz und heimlich Strik-
ken. Herr, nimm mein wahr in
dieser G'fahr, b'hüt mich vor falschen Tücken.

6. Herr, meinen Geist befehl ii
bir, mein Gott! mein Gott! we
nicht von mir, nimm mich in dein
Hände. O wahrer Gott, aus all
Noth hilf mir am letzten Ende.

7. Glori, Lob, Ehr und Herrlichkeit sei Gott Vater und So
bereit, dem heilgen Geist mit Namen: die göttlich Kraft macht un
sieghaft, durch Jesum Christum,
Amen.

Anmerk. Von Adam Reißne
in allerdings auch sehr ungefügige
Form. Wir lesen mit H.

404. Kyrie,   Eleison!
       Christe,   Eleison!
       Kyrie,   Eleison!
       Christe,   Erhöre uns!
Herr Gott Vater im Himmel,
Erbarm dich über uns!
Herr Gott Sohn, der Welt Heiland,
Erbarm dich über uns!
Herr Gott Heiliger Geist,
Erbarm dich über uns!

Gesgbch. verglichen, die in einigen Stellen fast insgesammt abweichen. — 1. b.
W. Schanden mehr, und nimmer werd' (!). d. B. H. W. das, alte Var. f. B.
H. Herr G., alte Var. W. in dir, als meinem G. — 2. d. H. aus Angst
und Weh. e. B. H. lieg oder steh, alte Var. f. B. H. W. aus meinen N.
alte Var. — 3. b. W. sei meine Burg. c. W. mag. d—f. W. ob mich be-
dräng der Feinde Meng, hier und vor allen Seiten. f. H. an mir, alten Var.
B. bei mir. — 4. a—c. W. stellt so um: Also sagt mir dein heilig Wort:
du seist mein Fels, mein Schirm und Hort, mein Licht, m. Heil, m. Leb. n. f.
B. H. W. dir, alte Var. — 5. a. B. mich hat — mit Trug je. W. voll
Trugs ist dieser Welt Gericht. b. H. G'bicht, alte Var. B. mit falsch' Gedicht.
b. c. W. m. Lüg und fälschlichem Ged., sie spinnt viel Netz und Strucke. e. W.
in der G. f. H. falscher Tücke (so auch in c. der Singular). W. reiß mich aus
ihrer Tücke. — 6. f. W. an meinem E. — 7. a. Lob, Preis u. Ehr u. H.
W. Preis, Ehre, Macht. b. W. sei Vater, Sohn u. Geist ber. c. W. lobt seinen heilgen Namen. e. W. mach.

CCCCIV. Die Grundlage dieser in der lutherischen Kirche am meisten angesehenen Litanei ist die altkatholische. Nur die Anrufung um die Fürbitte der
Heiligen (nach den verschiedenen Diöcesen sehr mannigfaltig) ließ Luther in der
deutschen Bearbeitung weg, änderte im Uebrigen aber nur wenig. Wir geben in
dem obigen Texte die in alten Gesangbch. currente Litanei und verweisen bei wich-
tigeren Abweichungen, die sich hie und da vorfinden. — In dem ersten Theile,
der Anrufung kommen nur unbedeutende Abweichungen in der Form vor. —
2. Bitte. Statt: „vor allem Irrsal" zu Zeiten „Irrthum." Die Bitte: „vor
Feuers- und Wassersnoth" stellt einige Bücher an den Schluß des dritten Ab-
schnitts. Statt Blutvergießen oft nur „Blut." Ein altes Gesgbch.: „durch dein
fröhlich Auferstehn." — 3. Fürbitte. Ein altes Merseb. Gesgbch. hat: „alle
wahren Bischöfe u. s. w.," schiebt auch die Bitte ein: „deine christliche Kirche
wider ihre Feinde schützen." Manche Bücher thun bei den Kirchenbienern auch be

Sei uns gnädig.
Verschon uns, lieber Herre Gott!
Sei uns gnädig.
Hilf uns, lieber Herre Gott!
2. Vor allen Sünden,
Vor allem Irrsal,
Vor allem Uebel,
Vor des Teufels Trug und List,
Vor bösen schnellem Tod,
Vor Pestilenz und theurer Zeit,
Vor Krieg und Blutvergießen,
Vor Aufruhr und Zwietracht,
Vor Hagel und Ungewitter,
Vor Feuer= und Wassersnoth,
Vor dem ewigen Tod.

Behüt uns, lieber Herre Gott.

Durch deine heilige Geburt,
Hilf uns, lieber Herre Gott!
Durch deinen Todeskampf und blutigen Schweiß,
Hilf uns, lieber Herre Gott!
Durch dein Kreuz und Tod,
Hilf uns, lieber Herre Gott!
Durch dein heiligs Auferstehen und Himmelfahrt,
Hilf uns, lieber Herre Gott!
In unser letzten Noth,
Hilf uns, lieber Herre Gott!
Am jüngsten Gericht,
Hilf uns, lieber Herre Gott!
Wir armen Sünder bitten,
Du wollest uns erhören, lieber Herre Gott.
3. Und deine heilige christliche Kirchen regieren und führen:
Alle Bischöfe, Pfarrherren und Kirchendiener im heilsamen Wort und heiligem Leben erhalten.

Erhör uns, lieber Herre Gott.

Allen Rotten und Aergernissen wehren:
Alle Irrige und Verführte wiederbringen:
Den Satan unter unsre Füße treten:
Treue Arbeiter in deine Erndte senden:
Deinen Geist und Kraft zum Wort geben:
Allen Betrübten und Blöden helfen und trösten:
Allen Königen und Fürsten Fried und Eintracht geben:
Unserm Kaiser steten Sieg wider deine Feinde gönnen:
Unsern Landesherrn mit allen seinen Gewaltigen leiten und schützen:
Unsern Rath, Schul und Gemeine segnen und behüten:
Allen, so in Noth und Gefahr sind, mit Hülf erscheinen:
Allen Schwangern und Säugern fröhliche Frucht und Gedeihen geben:
Aller Kinder und Kranken pflegen und warten:
Alle unschuldig Gefangne los und ledig lassen:
Alle Wittwen und Waisen vertheidigen und versorgen:
Aller Menschen dich erbarmen:
Unsern Feinden, Verfolgern und Lästerern vergeben und sie bekehren:
Die Früchte auf dem Lande geben und bewahren:
Und uns gnädiglich erhören:

Erhör uns, lieber Herre Gott.

Schulendiener Erwähnung. Zu den Königen und Fürsten wird sehr häufig auch das Prädicat „christliche" gesetzt; auch kommt die Fürbitte für alle Regenten überhaupt auch in der Form vor: 'Allen christlichen Potentaten, Kaiser, Königen, Chur= und Fürsten die Fried und Eintracht geben. Bis 1806 war die Fürbitte für den Kaiser in allen deutschen Reichslanden üblich; ein altes Eisleber Gesgbch. ist so kühn, dabei einzuschieben: „unserm Kaiser Erkenntniß deines Worts und dabei zu verharren Gnade verleihen." Die Fürbitte für die specielle Landesobrigkeit ist natürlich sehr verschieden, schon in den Litanieen des 17ten Jahrhunt. zeigt sich in den ungebührlich gehäuften Anrufungen für den Landesherrn leidige Fürstendienerei der Kirche. Die „Schule" wird zwischen Rath und Gemeine von einigen weggelassen. Nach der Bitte für die Feinde ist in der alt=lutherischen Li-

4. O Jesu Christe, Gottes Sohn!
O du Gotteslamm, das der Welt
 Sünde trägt,
  Erbarm dich über uns!
O du Gotteslamm, das der Welt
 Sünde trägt,
  Erbarm dich über uns!
O du Gotteslamm, das der Welt
 Sünde trägt,
  Verleih uns steten Fried!

Christe,   Erhöre uns!
Kyrie,   Eleison!
Christe,   Eleison!
Kyrie,   Eleison!
    Amen!

Mel. Valet will ich dir geben.

405. Laß mich dein sein und
bleiben, du treuer Gott und Herr!
von dir laß mich nicht treiben, halt
mich bei deiner Lehr! Herr, laß
mich nur nicht wanken. Gieb mir
Beständigkeit: dafür will ich dir danken in alle Ewigkeit!

Anmerk. Von Nic. Selnecker,
bei vielen kirchlichen Handlungen,
z. B. auch bei Confirmationen äußerst brauchbar. Bei W. ausgel.

Mel. An Wasserflüssen Babylon.

406.*) O Gott, der du in Lie-
besbrunst ganz gegen uns entbren-
nest, und dich, aus großer Huld
und Gunst, selbst unsern Vater nennest: der du im hohen Himmel bist,
und alles siehst, was niedrig ist;

auch uns selbst hast gelehret, wie
man recht kräftig beten soll: gieb,
daß der Mund dich Andachtsvoll,
von ganzem Herzen ehre.

2. Laß uns doch deinen hohen
Ruhm so in der Welt vermehren,
wie dich in deinem Heiligthum die
Auserwählten ehren, damit wir deinen Namen hier, wie dort die Engel thun bei dir, dreiheilig mögen
heißen. Gieb reine Lehr, und hilf
dazu, daß wir uns, großer Gott,
wie du der Heiligkeit befleißen.

3. Vergönn uns, Herr, dein
Gnadenreich auch noch in diesem
Leben, bis daß du uns dein Freudenreich wirst dermaleinsten geben.
Dein werther Geist der wohn uns
bei, daß unser Herz nicht irdisch
sei; er schenk uns seine Gaben, daß
wir aus dieser Eitelkeit uns sehnen
nach der Seligkeit, und deren Vorschmack haben.

4. Herr, was du willst, und dir
gefällt, das laß vollendet werden,
gleich wie in deinem Himmelszelt,
also auch hier auf Erden. Hilf,
daß wir dir gehorsam sein in Lieb
und Leid, in Lust und Pein. Laß
uns, wann du betrübest, bedenken,
daß du, Herr, uns schlägst, und es
also zu machen pflegst, mit denen,
die du liebest.

5. Gieb uns heut unser täglich
Brob, und was den Leib ernähret:
wend Aufruhr ab und Kriegesnoth,

tanei eingeschoben: „und uns vor des Türken und Papsts grausamen Mord und
Lästerung, Wüthen und Toben vät.rlich behüten.‟ In vielen Büchern ist diese
Bitte noch schärfer gewandt und es wird auch noch der Beiden „Gotteslästerung
und Unzucht‟ erwähnt; in andern milder: „dem Papst, Türken und ihrer Macht
steuern und wehrn.‟ Schon in vieln Gesgbch. des 17ten Jahrh. mit Recht weggelassen. Nach den Früchten des Landes wird, wo es sich ziemt, für Bergwerke,
Salzquellen u. dgl. gebetet: hier auch temporäre Bitten um Regen, Sonnenschein
u. s. w. eingeschoben. In dir Schluß-Anrufung finden sich wieder keine er-
heblichen Abweichungen. CCCCV. Text bei Rambach aus dem Jahre 1587. — c. Bs. S. K. H.
nichts, alte Var. d. Bs. S. K. H. reiner, alte Var. e. Bs. S. ach Herr, laß
mich nicht. H. laß mich ja nicht. — In vieln alten Gesgbch. finden sich noch zwei
Verse an Sohn und Geist zugesetzt (auch bei B. und H.) die wir aber nicht recipiren.

*) Varianten in den Nachträgen.

die Leut und Land verheeret: daß
wir gesund in Fried und Ruh dies
arme Leben bringen zu: gesegn' all
unsre Sachen: treib Theurung ab
und Pestgefahr. Hilf, daß wir dir
uns trauen gar, und dich nur las=
sen machen.

6. Daß unser sündlich Fleisch und
Blut, durch große Missethaten, dir,
Herr, so viel zuwider thut, vergieb
uns doch aus Gnaden, gleichwie
auch wir von Herzengrund densel=
ben, die durch That und Mund,
uns Leid anthun, vergeben. Herr,
gieb uns einen sanften Geist, der
auch denselben Guts beweist, die
uns zuwider leben.

7. Verleihe einen Heldenmuth,
wann wir hier sollen kämpfen, mit
Teufel, Welt, auch Fleisch und Blut:
hilf alle Feinde dämpfen. Sei du
der rechte Mittelsmann, und nimm
dich unser treulich an: lehr unsre
Arme kriegen, daß wir behalten
Oberhand, und wann der Feind ist
übermannt, mit großen Freuden
siegen.

8. Als auch in diesem Jammer=
thal nichts Gutes ist zu hoffen, weil
lauter Elend, Müh und Qual, da=
rin wird angetroffen: so steh uns
doch in Gnaden bei, und mach uns
von dem Uebel frei. Ach! laß die
Zeit bald kommen, daß wir zu dei=
ner Herrlichkeit aus dieser schnöden
Eitelkeit ganz werden aufgenommen.

9. Nun dein, Herr, ist die Herr=
lichkeit, das Reich, die Macht ohn
Ende: drum geben wir uns jeder=
zeit in deine treue Hände. Ach!
Herr, was wir gebeten dich, erhöre
ja gnädiglich in Jesu Christi Na=
men! weil der selbst uns so bitten
heißt, und was die Betkunst also
weist, sind wir erhöret. Amen!

Anmerk. Obgleich es uns immer
bedünken will, als hätten selbst die
schönsten Paraphrasen des Vater Un=
ser, des Magnificat und Benedictus

immer Wassertheile bei sich, so sind
wir doch unserer Meinung bei die=
sem Liede von Joh. Frank und
später bei Luthers Umschreibung un=
treu geworden. Aenderungen sind
unnöthig, auch selbst zu Anfange des
Liedes.

Für den Landesherrn.
Mel. Nun danket alle Gott.

407. Preis, Ehr und Lob sei
dir, in dessen Schirm und Schatten
wir bis zur Stund allhier viel Heil
zu schmecken hatten, der auch zu
jeder Frist allmächtig nah und fern
ein Herr und König ist des Kö=
nigs unsers Herrn!

2. Du hast ihm Lebenslang den
Odem treu bewahret, und auf manch
strengem Gang dich huldvoll offen=
baret. Du hast in seiner Hand
das Scepter stark gemacht und un=
ser Vaterland mit reichem Gut bedacht.

3. Du wollest deinen Geist auf
seine Stirne legen, der klar ihn un=
terweist, des hohen Amts zu pfle=
gen. Du wollst Gerechtigkeit und
milder Gnade Lust ihm stellen an die
Seit', ihm pflanzen in die Brust.

4. Du wollest allezeit in deinem
Gleis ihn lenken, und Zucht und
Frömmigkeit in ihm dem Lande schen=
ken: auf daß er Vorbild sei von
jeder Tugendart und Hülf und Schutz
verleih, wo man den Glauben wahrt.

5. Du wollest seine Treu vergel=
ten durch die Treue, womit ihn täg=
lich neu ein gutes Volk erfreue;
daß dein Gebot im Bund von ihm
und uns gescheh' und seines Thro=
nes Grund in unsern Herzen steh'.

6. O segne, was wir flehn an
seinem Jahresfeste und gieb zum
Wohlergehn ihm deiner Gaben be=
ste! gieb daß ers nie vergißt, noch
wir, wie du so gern ein Herr und
König bist des Königs unsers Herrn!

Anmerk. Von Grüneisen, im
Neuen Würt. Gesangbuch Nro. 512.

Mel. Liebster Jesu wir find hier.

408. Sende Vater, deinen Geist, da ich vor dein Antlitz trete, daß, wie du mich selber heißt, ich im Geist und Wahrheit bete: lehre mich dich recht erkennen, und dich Abba, Vater! nennen.

2. Süßer Jesu hilf du mir, daß ich bet in deinem Namen, daß, was Gott verheißt in dir, mir auch werde Ja und Amen: sprich für mich, und laß mich sehen dich zur Rechten Gottes stehen.

3. Heilger Geist, erleuchte mich, und entzünde mein Verlangen, daß ich Gottes Huld durch dich voller Inbrunst mög empfangen: brich die Trägheit, zeuch die Sinnen aus der Welt zu dir von hinnen.

4. Heilige Dreieinigkeit, Ursprung aller guten Gaben, laß mich wahre Freudigkeit und im Herzen Zeugniß haben, daß du stets nach deinem Willen wollest meine Bitt erfüllen.

Anmerk. Von Joh. Herm. Schrader, selten. S. liest Bs. 2. Zl. 1: mein Herr Jesu.

409. Sieh, hier bin ich, Ehrenkönig, lege mich vor deinen Thron; schwache Thränen, kindlich Sehnen, bring ich dir, du Menschensohn! laß dich finden, laß dich finden von mir, der ich Asch und Thon.

2. Sieh doch auf mich, Herr ich bitt dich, lenke mich nach deinem Sinn: dich alleine ich nur meine, dein erkaufter Erb ich bin: laß dich finden, laß dich finden, gieb dich mir, und nimm mich hin.

3. Ich begehre nichts, o Herre! als nur deine freie Gnad, die du giebest, den du liebest, und der dich liebt in der That; laß dich finden, laß dich finden, der hat alles, wer dich hat.

4. Himmelssonne! Seelenwonne! unbeflecktes Gotteslamm! in der Höhle meine Seele suchet dich o Bräutigam! laß dich finden, laß dich finden, starker Held aus Davids Stamm!

5. Hör, wie kläglich, wie beweglich dir die treue Seele singt! wie demüthig und wehmüthig deines Kindes Stimme klingt! laß dich finden, laß dich finden, dann mein Herze zu dir dringt.

6. Dieser Zeiten Eitelkeiten, Reichthum, Wollust, Ehr und Freud sind nur Schmerzen meinem Herzen, welches sucht die Ewigkeit: laß dich finden, laß dich finden, großer Gott! ich bin bereit.

Anmerk. Von Joach. Neander. Bs. 1. Zl. 8. lesen wir mit K.: außer dieser und der bei Bs. 4. angedeuteten Aenderung gestatten wir ne andere und erklären uns auch aus-

CCCCIX. Text bei Rambach aus dem Jahre 1680. 1. c. B. liege da vor de'n.m, alte Var. i. K. meine Armuth kennst du schon. W. bin ich gleich nur X. — 2. f B. erkauftes E. d—f. K. dir vor Allen zu gefallen, dir, des Eigenttum ich bin. f. W. deffen Kind und. — 3. a—c. K. W. Herr erhöre! ich begehre nichts als deine. d—f. K. gieb mir Trübe deiner Liebe dich zu lieben mu b. e. f. W. wo du liebest, und war. — 4. Bs.i Bs. ausgel. f. H. den Br. a f. K. W. rein voll Wonne, wie die Sonne, ist o Seelenfreund d.in Herz! ich nur finde noch der Sünde tödtend Gift in mir mit Schmerz. e. f. X. mein Beginner, all mein Sinnen. i. K. W. schaff in mir ein reines Herz. — 5. Bei Bs. ausgel. c. dir die Seele Seufzer bringt, alte Var. K. W. tief in Nöthen laß mich beten, kindlich beten, Herr, vor dir! ach erscheine, wenn ich weine, bald mit dein r Hülfe mir, laß dich — denn mein Herz verlangt nach dir. — 6. c. W. geben nicht Zufriedenheit. K. ach wie nichtig, arm und flüchtig sind die Freuden dieser Ze t (W.), dich nur wähle meine Seele, dich, mein Theil in Ewigkeit, laß — mach zum Himmel mich bereit (W. großer Gott mach mich).

drücklich gegen das Weglassen von
Vs. 4.

Mel. Gott des Himmels und der Erden.

410. Treuer Vater deinem Kinde reiche deine Gnadenhand, daß ich deine Hülf empfinde, die sei nimmer mir entwandt; deine Treue sorg' für mich, gieb, daß ich stets liebe dich.

2. Liebster Jesu meine Sünden tilge gänzlich aus von mir, laß hingegen mich entzünden Friede, Freude, Trost in dir, daß ja deiner Gnaden Licht bei mir nie verlösche nicht.

3. Heilger Geist mit deinen Gaben komm und schmücke mir mein Herz, thu durch deinen Trost mich laben, wann sich zeiget Angst und Schmerz! Herr in deines Trostes Kraft laß mich finden Seelensanft.

Anmerk. Aus dem Amsterdamer Gesangbuch von 1660.

411. Vater unser im Himmelreich, der du uns alle heißest gleich Brüder sein, und dich rufen an, und willst das Beten von uns han, gieb, daß nicht bet allein der Mund, hilf, daß es geh von Herzengrund.

2. Geheiligt werd der Name dein, dein Wort bei uns hilf halten rein, daß wir auch leben heiliglich nach deinem Namen würdiglich. Behüt

uns, Herr, vor falscher Lehr, das arm verführte Volk bekehr.

3. Es komm dein Reich zu dieser Zeit, und dort hernach in Ewigkeit: der heil'ge Geist uns wohne bei mit seinen Gaben mancherlei: des Satans Zorn und groß Gewalt zerbrich, vor ihm dein Kirch erhalt.

4. Dein Will gescheh, Herr Gott, zugleich auf Erden wie im Himmelreich: gieb uns Geduld in Leidenszeit, gehorsam sein in Lieb und Leid: wehr und steur allem Fleisch und Blut, das wider deinen Willen thut.

5. Gieb uns heut unser täglich Brot, und was man darf zur Leibesnoth: behüt uns, Herr, vor Unfried und Streit, vor Seuchen und vor theurer Zeit: daß wir in gutem Friede stehn, der Sorg und Geizes müßig gehn.

6. All unsre Schuld vergieb uns, Herr, daß sie uns nicht betrüben mehr, wie wir auch unsern Schuldigern ihr Schuld und Fehl vergeben gern: zu dienen mach uns all bereit, in rechter Lieb und Einigkeit.

7. Führ uns, Herr, in Versuchung nicht, wenn uns der böse Geist anficht, zur linken und zur rechten Hand hilf uns thun starken Widerstand, im Glauben fest und wohl gerüst, und durch des heilgen Geistes Trost.

CCCCXI. Text wie bei Wackernagel. — 1. d. Bs. S. von dem wir alles Gut empfah'n. K. daß von uns werd Gebet gethan. f. B. S. aus Herz., alte Var. K. W. geb. — 2. f. Bs. verführet. — 3. e. f. S. zerbrich des Satans groß Gewalt, und vor ihm deine Kirch erhalt. K. die K. — 4. e. K. und st.ure allein. — 5. b. S. braucht. K. was man bedarf. c. Bs. S. H. behüt uns vor Unfr. B. Unfried, Streit. K. Krieg u. Streit. e. f. S. laß uns den werthen Fr. blühn, und hilf uns Geiz und Sorgen fliehn. f. K. den Sorgen u. d. G. entgehn. — 6. b. Bs. B. S. K. H. betrüb. d. K. vergeben ihre Sch. gern. — 7. b. wann uns die böse Lust, alte Var. c. d. f. S. so hilf zur recht und linken Hand uns leisten st. — weil deine Gnade mit uns ist. f. H. und durch den heilgen Geist getröst. — 8. b. B. Zeit'n u. Tage b., alte Var. Tag u. Zeiten, alte Var. S. denn hier sind unsre Tage. c. Bs. B. S. K. H. von dem ew'gen T. alte Var. e. Bs. S. K. Herr, alte Var. H. all'n ein selig. — 9. K. schiebt hier ein: o Vater, dein ist ja das Reich, du bist allmächtig auch zugleich! gieb, daß wir dir gehorsam sei'n und trau'n auf deine Macht allein! gieb, daß wir deine Herz-

8. Von allem Uebel uns erlös',
es sind die Zeit und Tage bös:
erlös uns vom ewigen Tod, und
tröst uns in der letzten Noth, bescheer uns auch ein seligs End, nimm
unsre Seel in deine Händ.

9. Amen, das ist, es werde wahr,
stärk unsern Glauben immerdar, auf
daß wir ja nicht zweifeln dran, was
wir hiemit gebeten han, auf dein
Wort in dem Namen dein, so sprechen wir das Amen fein.

Anmerk. Von M. Luther. Aenderungen sind unnöthig.

413. Wenn wir in höchsten Nöthen sein, und wissen
nicht wo aus noch ein, und finden
weder Hülf noch Rath, ob wir gleich
sorgen früh und spat.

2. So ist dies unser Trost allein, daß wir zusammen ingemein
dich anrufen, o treuer Gott! um
Rettung aus der Angst und Noth.

3. Und heben unsre Aug'n und
Herz zu dir in wahrer Reu und
Schmerz, und suchen der Sünd
Vergebung, und aller Strafen Lin-
berung,

4. Die du verheißest gnädiglich
allen, die darum bitten dich im Na-

men dein's Sohns, Jesu **Christ**, be
unser Heil und Fürsprech ist.

5. Drum kommen wir, o Herr
Gott! und klagen dir all' unsr
Noth, weil wir itzt stehn verlassen
gar in großer Trübsal und Gefahr.

6. Sieh nicht an unsre Sünden
groß, sprich uns derselb aus Gnaden los; steh uns in unserm Elend
bei, mach uns von allen Plagen frei!

7. Auf daß von Herzen können
wir nachmals mit Freuden danken
dir, gehorsam sein nach deinem Wort,
dich allzeit preisen hie und dort.

Anmerk. Von Paul Eberus. Außer wenigen Wort-Umstellungen finden wir keine Aenderungen nöthig.

Mel. O Gott du frommer Gott.

413. Wohlauf mein Herz, zu
Gott dein Andacht fröhlich bringe,
daß dein Wunsch und Gebet durch
alle Wolken bringe, weil dich Gott
beten heißt, weil dich sein lieber
Sohn so freudig treten heißt vor
seinen Gnadenthron.

2. Dein Vater ist's, der dir befohlen hat zu beten, dein Bruder
ist's, der dich vor ihn getrost heißt
treten, der werthe Tröster ist's, der
dir die Wort giebt ein, drum muß

---

lichkeit jetzt preisen und in Ewigkeit. c. Bs. S. damit das H. kein Zweifel spür.
d. Bs. S. daß wir gebeten jetzt allhier. K. es sei also die Bitt gethan. f. S. so
wird's ein rechtes Amen sein.

CCCCXII. Text bei Wackernagel aus dem Jahre 1607. — **1.** a. S. statt
K. stehn. W. höchster Noth und Pein. b. S. und in der Welt sich nirgend statt.
K. und mögen keinen Trost mehr sehn. c. d. S. für unser Elend Hülf v. R. obwohl
wir. — **2.** a. Bs. S. H. das. K. so bleibt dies. b. Bs. B. H. W. insgemein,
alte Bar. K. im Glauben inäg. c. K. du treuer. — **3.** a. S. wir heben. Bs. B.
S. K. H. W. unser Aug, alte Bar. b. K. mit Reue, Scham und Schm. c.
such'n der Sünden V., alte Bar. S. suchen bei dir Begnadigung. K. W. und
bitten um Begn. H. rufen um Begn. d. K. um aller. — **4.** K. W. solch Heil
versprichst du gn. Herr, allen, die drum (W. darum) — durch unsern Heiland J.
E., der unser Heil u. Mittler ist. d. Bs. B. S. H. Fürsprach, Fürsprech'r, alte
Bar. — **5.** a. S. K. W. Herr, unser Gott. c. K. wir stehen nun. — **6.** a.
Bs. B. S. K. H. Sünde, alte Bar. b. Bs. B. H. derselb'n, alte Bar. S. K.
W. davon. d. W. und sprich uns aller Plage. — **7.** a. K. wir dafür. c. K.
werden. W. Alsdann — wollen wir, mit wahren Freuden.

CCCCXIII. **1.** K. du sollst dem Herrn ein Opfer bringen, laß Seufzer und
Gebet hoch durch die Wolken dringen — und du durch seinen Sohn so freudig treten darfst. — **2.** e. f. Bs. der Tröster ist's, der dir die Worte selbst giebt ein.

...uch dein Gebet gewiß erhöret ein.

3. Da siehst du Gottes Herz, das dir nichts kann versagen, sein Mund, ein theures Wort, vertreibt ja alles Zagen, was dich unmöglich deucht, kann seine Vaterhand noch geben, die von dir so viel Noth abgewandt.

4. Komm nur, komm freudig her, in Jesu Christi Namen, sprich: lieber Vater, hilf, ich bin dein Kind. sprich: Amen, ich weiß, es wird geschehn, du wirst mich lassen nicht, du wirst, du willst, du kannst thun, was dein Wort verspricht.

Anmerk. Von Joh. Olearius. Aenderungen finden wir ganz unnöthig.

B) Abgekürzte Lieder und Verse.

Mel. O Gott du frommer Gott.

414. Ach! Gott verlaß mich nicht! gieb mir die Gnadenhände, ach! führe mich dein Kind, daß ich den Lauf vollende, zu meiner Seligkeit, sei du mein Lebenslicht, mein Stab, mein Hort, mein Schutz, ach! Gott verlaß mich nicht!

2. Ach! Gott verlaß mich nicht! regiere du mein Wallen, ach! laß mich nimmermehr in Sünd und Schande fallen, wenn mich Versuchung plagt und meine Seel anficht, so weiche nicht von mir, ach! Gott verlaß mich nicht!

3. Ach! Gott verlaß mich nicht! ich bleibe dir ergeben, hilf mir, o! großer Gott, recht gläuben, christlich leben, und selig scheiden ab, zu sehn dein Angesicht, hilf mir in Noth und Tod, ach! Gott verlaß mich nicht!

Anmerk. Aus dem Liede: Ach Gott verlaß mich nicht von Salomo Franck.

Mel. O Welt ich muß dich lassen.

415. Auf allen unsern Wegen gieb, Herr, uns deinen Segen vom hohen Himmelszelt; in dir strömt ewig helle der Seligkeiten Quelle und überströmt die ganze Welt.

2. Wohl sind wir so geringe, du Vater aller Dinge, den preist der Engel Heer, doch einen Tropfen Leben wirst du, o Herr, uns geben aus deiner Seligkeiten Meer.

3. Gieb du uns, was uns fehlet; nimm du uns, was uns quälet, erleichtre jeden Schmerz: laß du uns, was uns freuet, versage, was gereuet, gieb deinen Frieden in das Herz.

4. Ja, gieb uns deinen Segen auf allen unsern Wegen so lang wir gehen hier. Froh nahn wir dann dem Grabe an unserm Pilgerstabe und danken ewig ewig dir.

Mel. Wer nur den lieben Gott läßt walten.

416. Getreuer Heiland hilf mir beten, ich zünde meinen Weihrauch an, wo du mich wirst bei Gott vertreten, so weiß ich was ich hoffen kann, so wird mein Abba, Flehn und Schrein ein stetig Ja und Amen sein.

2. In Jesu Namen will ich weiter im Beten bis zu Ende gehn, sein Name macht den Himmel heiter, durch ihn eilt Gott uns beizu-

K. giebt die Worte selbst dir ein. f. S. der dich die Worte lehrt. g. K. drum wird. h. S. gewißlich sein erhört. — 4. e—h. K. dünkt — doch geben — schon so viel Noth gewandt. — 4. f—h. K. dein Herz verläßt mich nicht, du weißt, du willst, du kannst: thu was.

stehn: in Jesu Namen halt ich an, weil ich nichts Größers denken kann.

3. In Jesu Namen will ich schließen, denn solches ist der beste Schluß, das Wort von dem die Christen wissen, daß Gottes Herz es brechen muß. Ach ja, nach solcher Seufzer Lauf schleußt Gott sein Herz und Himmel auf.

4. So wird mein Lied nach oben steigen als wenn es Abels Opfer wär, Jehova wird sich gnädig neigen, und freuen sich der Engel Heer, es wird mein Abba, Flehn und Schrein ein stetig Ja und Amen sein.

Anmerk. Aus dem Liede: Getreuer Heiland hilf mir beten im Reichenbacher Gesgb. von 1753, ohn. Angabe des Vf. — etwas verändert.

Um Frieden.

Mel. Freu dich sehr o meine Seele.

417. Gott, gieb Fried in deinem Lande, da du wohnst mit deinem Wort, Glück und Heil zu allem Stande gieb uns auch an unserm Ort. Mach dem Kriege bald ein End, deinen Frieden zu uns wend, streit für uns als deine Freunde, stürze alle deine Feinde.

2. Frieden gieb in der Gemeine, die dich ehrt und recht erkennt, Jesum Christum auch alleine ihren Seligmacher nennt, laß sie Schutz und Frieden han, daß ihr nichts mehr haben an, alle die sie wild bestreiten, steh ihr bei auf allen Seiten.

3. Frieden gieb, den nicht kann geben die gottlose böse Welt, die mit ihrem Krieg will streben nur nach Ehren, Gut und Geld. Jesu Christ, du Friedefürst, weil du Friede schenken wirst, so wolln wir dir Ehr beweisen, dich mit Freuden lob'n und preisen.

Anmerk. Aus dem Liede: Gott

gieb Fried in deinem Land, aus demselben Reichenbacher Gesgb. ohne Angabe des Vf.

Für den Landesherren.

Mel. O Welt ich muß dich lassen.

418. Gott woll uns hoch beglücken mit steten Gnadenblicken auf unsern König sehn! ihn schützen auf dem Throne, auf seinem Haupt die Krone lang uns zum Segen lassen stehn.

2. Gott woll uns hoch beglücken, mit seinen Gaben schmücken das ganze Königshaus, darüber mächtig walten, den theuern Stamm erhalten bis in die fernste Zeit hinaus.

3. Gott woll uns hoch beglücken, mit Fried und Eintracht schmücken den Fürsten und das Land, daß von der Zwietracht Sünde ganz fern uns all umwinde des Gottesgeistes heilig Band.

Anmerk. Nro. 3027. bei Knapp „Gott woll uns hoch beglücken" ist zusammengesetzt aus 3 Versen von Claus Harms und zweien von Alb. Knapp. Die unkirchlichen Elemente versuchten wir auszuscheiden. In oben stehender Recension gehören Vs. 1. 2. Harms an, der dritte, überarbeitete, Knapp.

Mel. Herr Jesu Christ meins Lebens Licht.

419. Herr! aller Weisheit Quell und Grund! dir ist all mein Vermögen kund, wo du nicht hilfst und deine Gunst, ist da mein Werk und Thun umsonst.

2. Gieb mir die Weisheit, die du liebst, und denen, die dich lieben, giebst; die Weisheit, die vor deinem Thron, allstets erscheint in ihrer Kron.

3. Sie ist hochedel, auserkorn, von dir, o Höchster! selbst geborn; sie ist der hellen Sonnen gleich, an Tugend und an Gaben reich.

4. Ach! schütt und geuß sie reichlich aus in meines Herzens armes

Haus, auf daß in allem, was ich thu, in deiner Lieb' ich nehme zu.

Anmerk. Aus dem Liede: Herr aller Weisheit Quell und Grund von Paul Gerhardt.

Mel. O Jesu Christ du höchstes Gut.

420. Herr Gott, ich bete für und für: ach, laß dich doch erbarmen, eröffne mir die Gnadenthür, komm doch, und hilf mir Armen! die Noth ist groß, die mich jetzt drückt; wo mich dein Trost nicht bald erquickt, muß ich vor Angst vergehen.

2. Neig dich herab vom Himmelsthron zu meinem matten Herzen; es seufzet, fleht und wallet schon, und klagt dir seine Schmerzen. Sprich doch ein tröstlich Wort mir zu und setze mein Gemüth in Ruh, so bin ich wohl vergnüget.

3. Nun Herr ich bitte brünstiglich, du wollst dich zu mir kehren; dein Gnadenwort versichert mich, du werdest mich erhören. Und ob mein Herz spricht lauter Nein, dein Wort soll mir gewisser sein, du bist die Wahrheit selber.

Anmerk. Die kräftigsten Verse aus dem Liede: Herr Gott ich bete für und für v. Heinr. Müller.

Mel. Wenn mein Stündlein vorhanden ist.

421. Herr Jesu Christ! ich schrei zu dir aus hochbetrübter Seele, dein Allmacht laß erscheinen mir daß nicht die Angst mich quäle: niemand ist, der mir helfen kann, kein' Kreatur sich mein nimmt an, ich darfs auch niemand klagen.

2. Herr Jesu Christ! du bist allein mein Hoffnung und mein Leben: drum will ich in die Hände dein mich ganz und gar ergeben. O Herr! laß meine Zuversicht, auf dich zu Schanden werden nicht, sonst bin ich ganz verlassen.

3. Herr Jesu Christe! Gottes Sohn! zu dir steht mein Vertrauen, du bist der rechte Gnadenthron, wer nur auf dich thut bauen, dem stehst du bei in aller Noth, hilfst ihm im Leben und im Tod, darauf ich mich verlasse.

4. Herr Jesu Christ! das glaub ich doch aus meines Herzens Grunde, du wirst mich wohl erhören noch zu rechter Zeit und Stunde: in deinen Willen seis gestellt, machs, lieber Gott! wie dirs gefällt, dein bin und will ich bleiben.

Anmerk. Aus dem Liede: Herr Jesu Christ ich schrei zu dir von Joh. Schindler.

Mel. Herr Jesu Christ mein's Lebens Licht.

422. Nach dir, o Gott! verlanget mich, mein Gott, ich denke stets an dich, zieh mich nach dir, nach dir mich wend, aus Zion deine Hülf mir send.

2. Es ist mein Will nach dir gericht, doch das Vollbringen mir gebricht, und wenn ich auch hab Guts gethan, so haft' doch was Unreines dran.

3. Gedenke, daß ich bin dein Kind, vergieb und tilge meine Sünd, daß ich zu dir mit freiem Lauf mich könne schwingen Himmelauf.

4. Den Sinn der Welt reut in mir aus, sei du nur Herr in meinem Haus; den Schild des Glaubens mir verleih, und brich des Feindes Pfeil entzwei.

5. Nach dir, mein Gott, laß stets forthin gerichtet sein den ganzen Sinn, ich eigne dich mir gänzlich zu, und such in dir nur meine Ruh.

Anmerk. Vs. 1. 5. 7. 8. 9. aus dem Liede: Nach dir o Gott verlanget mich von Anton Ulrich, Herzog von Braunschweig.

Mel. Straf mich nicht in deinem Zorn.

423. Weine nicht! Gott lebet noch, der dich herzlich liebet, ob dir gleich das schwere Joch jetzt dein Herz betrübet; ach so sei nur getreu, bis die Trauerstunden männlich überwunden.

2. Weine nicht, und nimm das Joch deines Jesu gerne, wenn Gott schlägt, so liebt er doch, und ist dir nicht ferne. Mag die Qual überall deine Seel' umfassen: Gott wird dich nicht lassen.

3. Weine nicht, wenn dich die Welt lästert und verachtet, wenn der Feind dir Netze stellt, und zu schaden trachtet, klage nicht! zage nicht! folge sanft und milde deines Heilands Bilde.

4. Weine nicht, du hast ja den, der dich auserwählet; laß es, wie es gehet, gehn, bleib nur ungequälet! dieser Zeit kurzes Leid ist das Pfand der Frommen, die zu Jesu kommen.

5. Weine nur um deine Schuld von viel tausend Pfunden. Fleh, daß du durch Christi Huld werdest losgebunden. Weine recht, als ein Knecht, der mit bösen Thaten seinen Herrn verrathen.

6. Weine, traute Tag und Nacht, denn der Sünder Weinen und ihr büßend Seufzen macht Gottes Huld erscheinen. Wenn dein Geist Reu' beweist, wird Gott nach dem Reuen ewig dich erfreuen.

Anmerk. Aus dem Liede: Weine nicht, Gott lebet noch von Amadeus Creutzberg.

Für die Obrigkeit.

Mel. Allein Gott in der Höh sei Ehr.

424. Wir flehn dich, höchster König, an für Alle die regieren, daß sie, mit Weisheit angethan, den Scepter glücklich führen. Laß sie in deiner Vorsicht ruhn und stets nach deinem Willen thun, weil du sie eingesetzet.

2. Laß aber uns auch unsres Theils ein stilles Leben führen, daß wir, o Brunnquell alles Heils, auch deinen Segen spüren. Laß Gottesfurcht im Schwange gehn, laß Gut und Treu beisammen stehn, hilf gnädig allen Ständen!

Anmerk. Vs. 3. 4. aus dem Liede: O Herr der du die Obrigkeit von Joh. Georg Kirchner.

XXXIII.

Taufe und Confirmation.

A) Vollständige Lieder.

Mel. O du Liebe meiner Liebe.

425. Bei dir, Jesu, will ich bleiben, stets in deinem Dienste stehn, nichts soll mich von dir vertreiben, will auf deinen Wegen gehn. Du bist meines Lebens Leben, meiner Seele Trieb und Kraft, wie der Weinstock seinen Reben zuströmt Kraft und Lebenssaft.

2. Könnt' ich's irgend besser haben, als bei dir, der allezeit so viel tausend Gnadengaben für mich Armen hat bereit? könnt' ich je getroster werden, als bei dir, Herr

Jesu Christ, dem im Himmel und auf Erden alle Macht gegeben ist?

3. Wo ist solch ein Herr zu finden, der, was Jesus that, mir thut, mich erkauft von Tod und Sünden mit dem eignen theuren Blut? sollt' ich dem nicht angehören, der sein Leben für mich gab, sollt ich ihm nicht Treue schwören, Treue bis in Tod und Grab?

4. Ja, Herr Jesu, bei dir bleib' ich, so in Freude wie in Leid, bei dir bleib' ich, dir verschreib ich mich für Zeit und Ewigkeit. Deines Winks bin ich gewärtig, auch des Rufs aus dieser Welt; denn der ist zum Sterben fertig, der sich lebend zu dir hält.

5. Bleib' mir nah auf dieser Erden, bleib' auch, wenn mein Tag sich neigt. Wenn es nun will Abend werden und die Nacht hernieder steigt, lege segnend dann die Hände mir auf's müde, schwache Haupt, sprechend: Sohn, hier geht's zu Ende, aber dort lebt, wer hier glaubt.

6. Bleib' mir dann zur Seite stehen, graut mir vor dem kalten Tod, als dem kühlen, scharfen Wehen vor dem Himmelsmorgenroth. Wird mein Auge dunkler, trüber, dann erleuchte meinen Geist, daß ich fröhlich zieh' hinüber, wie man nach der Heimath reis't.

Anmerk. Aus „Psalter und Harfe" von C. J. P. Spitta, als Gesang der Confirmanden gedacht, nicht unpassend. Um möglichst überall kirchlichen Ton zu behalten, würden wir den Gesang schon mit Vs. 5. schließen und noch die letzte Hälfte derselben Strophe ändern, vielleicht: bleib mir dann zur Seite stehen, und daß ich nicht zagen mag laß, Herr Christ, dein Kreuz mich sehen und danach den Ostertag. Bei K. steht das Lied unter Nro. 1709. von der Nachfolge Christi, bei W. Nro. 375. unter dem christlichen Sinn und Wandel. Beide lesen Vs. 4. Zl. 8. der sich liebend, Vs. 5. Zl. 7.

Kind, hier. W. außerdem noch Vs. 1. Zl. 4. deine Wege will ich.

Mel. Komm heiliger Geist Herre Gott.

426. Erhör, o Vater, du das Flehn der Kinder, die hier vor dir stehn! erbarmend blick auf sie hernieder denn sie sind Christi Glieder. Gieb ihnen, Vater, Sohn und Geist den Segen, den dein Wort verheißt, erfülle sie mit deinen Gaben, daß sie mit dir Gemeinschaft haben. Erhör uns Gott, erhör uns Gott!

2. Sie wollen den Bund heut erneun, ihr Herz und Leben dir zu weihn; sie wollen treu am Glauben halten, nicht in der Lieb erkalten, auf Christi hohes Vorbild sehn und fest in ihrer Hoffnung stehn. Dreieiniger, sprich du das Amen zu dem Gelübb auf deinen Namen. Erhör uns Gott, erhör uns Gott!

3. O mache zum Kampf sie bereit, schenk ihnen Kraft und Freudigkeit, daß sie des Bösen Macht bezwingen, des Glaubens Ziel erringen. Auch wir erneun mit Herz und Mund des Glaubens und der Treue Bund, daß alle, die vereint hier stehen auch dort vereint dein Antlitz sehen. Erhör uns Gott, erhör uns Gott!

Anmerk. Von S. C. G. Küster (Neues Berl. Gesgbch. 342). Vs. 2. im Anfange würden wir vorschlagen: den Taufbund wollen sie erneun. Das „Gelübde" ist in den Confirmationsliedern an seiner Stelle und weit passender als die gehäuften Mahnungen zum „Schwören." Manche Lieder neueren Ursprungs über die Confirmation erinnern in dieser Beziehung fast an den „alten Maulwurf" im Hamlet.

Mel. Ein feste Burg ist unser Gott.

427. Gott Lob! daß ich ein Christe bin, so werd ich nicht verloren, die Taufe bleibt mein Gewinn, da ward ich neu geboren; war ich gleich in Noth und in Sünden todt, doch als die Gnade kam und mich in Taufbund nahm, sollt ich mit Jesu leben.

2. Mit Wasser ward mein Haupt besprengt, in Gottes theurem Namen, das Pfand ward mir dazu geschenkt durch ein bewährtes Amen. Was der Vater liebt, was mein Jesus giebt, und was der werthe Geist in seiner Kraft verheißt, das hab ich nun beisammen.

3. Ich bin durch Jesum Gottes Kind, den hab ich angezogen; der Vater der ihn lieb gewinnt, der ist auch mir gewogen. Was mich sonst befleckt, das ist ganz bedeckt, ich steh in lauter Huld, und finde keine Schuld, die mich verdammen könnte.

4. Ich bin schon selig in der Welt, da mag ich Alles hoffen, denn wer sich an den Taufbund hält, dem steht der Himmel offen. Was Gott selbst verspricht, das betrügt mich nicht, der Grund bestehet fest, dieweil Gott ewig läßt die Gnad und Wahrheit walten.

5. Es liegt nicht an der Würdigkeit: denn hier ist lauter Sünde. Gnug, daß ich in der Gnadenzeit mein Heil in Jesu finde, wenn ich nur forthin fromm und dankbar bin. Ich soll nun Gottes Freund und aller Sünden Feind und Christi Liebe heißen.

6. Wenn Höll und Tod viel Schrecken schafft, so beicht ich Gott die Sünde, da zeigt die Taufe ihre Kraft, daß ich Vergebung finde: wenn der Spruch ergeht, daß der Bund besteht, damit muß allermeist Gott Vater, Sohn und Geist auch hier die Hoffnung bleiben.

7. Ach Gott! steh mir in Gnaden bei, daß ich im Geiste wandle, und der versprochnen Bundestreu niemals zuwider handle; gieb den Geist dazu, wenn ich Buße thu, daß dir mein Thun gefällt, bis wir in jener Welt die Buße nicht bedürfen.

Anmerk. Von C. Weise, selten, in unsern Büchern nur bei H. Wir ändern in dem trefflichen Gesange den Anfang und lesen Vs. 6. Zl. 5—9. mit H. Der Text ist von uns nach dem Mersch. Gesgbch. von 1735 mitgetheilt und mit dem Reichenbacher Gesangbuch von 1753 verglichen.

Mel. Helft mir Gott's Güte preisen.

428. Lasset die Kindlein kommen zu mir spricht Gottes Sohn, sie sind mein Freud und Wonne, ich bin ihr Schild und Kron. Auch für die Kinderlein, daß sie nicht wär'n verloren bin ich ein Kind geboren; drum sie mein eigen sein.

2. Der Herr gar freundlich küsset und herzt die Kinderlein, bezeugt mit Worten süße, der Himmel ihr soll sein: dieweil sein theures Blut, das aus sein'n heilgen Wunden am Kreuzesstamm geronnen, auch ihnen kommt zu gut.

3. Drum nach Christi Verlangen

CCCCXXVII. 1. a. X. daß Christi Kind ich bin. h. H. mich in den Taufbund nahm. i. in Jesu. — 2. b. heilgem N. c. d. des Heils — mit theurem Ja und Amen. — 3. c. dem er gleich gesinnt. — 4. h. weil Gott nur ewig läßt. — 5. i. Das Reichenb. Ges: Christi Jünger. H. Liebling. — 6. i. Rchb. Losung haben. e—i. H. mag die Welt vergehn, sein Bund muß bestehn; uns muß, wie er verheißt, Gott Vater, Sohn und Geist Schutz, Heil und Hoffnung bleiben.

CCCCXXVIII. Text nach dem Braunschweiger Gesgbch. von 1686. — 1. f. H. sein verl. B. werd'n, alte Bar. h. H. sie soll'n mein eigen. — 2. e—g. H. denn sein hochtheures, (alte Bar.) das seinen heilgen Wunden am K. entron-

bringet die Kinder her; damit sie
Gnad erlangen, niemand es ihnen
wehr. Führet sie Christo zu, er
will sich ihr'r erbarmen, legt sie
in seine Armen, darin sie haben
Ruh.

4. Ob sie gleich zeitlich sterben,
ihr' Seele Gott gefällt: denn sie
sind Gottes Erben, lassen die schnö=
de Welt; sie sind frei aller G'fahr,
und dürfen hier nicht leiden; sie
loben Gott mit Freuden dort bei
der Engelschaar.

Anmerk. Vf. Corn. Becker (?).
Bei S. K. (die das Lied total un=
geändert haben) und B. unter den
Sterbeliedern.

Mel. Alle Menschen müssen sterben.

429. Lasset mich voll Freuden
sprechen: ich bin ein getaufter Christ,
der bei menschlichen Gebrechen den=
noch ein Kind Gottes ist! was sind
alle Schätze nütze, da ich einen
Schatz besitze der mir alles Heil
gebracht und mich selig macht!

2. Keine Sünde macht mir ban=
ge: ich bin ein getaufter Christ;
denn ich weiß gewiß, so lange die=
ser Trost im Herzen ist, kann ich
mich von Angst der Sünden, Jesu,
durch dein Blut entbinden weil das
theure Wasserbad mich damit be=
sprenget hat.

3. Satan, laß dir dieses sagen:
ich bin ein getaufter Christ! und
damit kann ich dich schlagen, ob du
noch so grausam bist. Da ich bin
zur Taufe kommen, ist dir alle Macht

genommen und von deiner Tyrannei
machet Gottes Bund mich frei.

4. Freudig sag ich, wenn ich
sterbe: ich bin ein getaufter Christ!
denn das bringet mich zum Erbe,
das im Himmel droben ist: lieg ich
gleich im Todesstaube, so versichert
mir der Glaube, daß mir auch
der Taufe Kraft Leib und Leben
wieder schafft.

5. Nun so soll ein solcher Se=
gen mir ein Trost des Lebens sein.
Muß ich mich zu Grabe legen schlaf
ich auch auf solchem ein. Ob mir
Herz und Augen brechen, dennoch
soll die Seele sprechen: ich bin ein
getaufter Christ, der nun ewig se=
lig ist!

Anmerk. Von Erdm. Neumei=
ster, nur bei B. Ein glaubensfreu=
diges Triumphlied was an innige
Ergießungen der ältesten Kirche über
Kraft und Bedeutung der h. Taufe
erinnert.

Mel. Liebster Jesu wir sind hier.

430. Liebster Jesu! hier sind
wir, deinem Worte nachzuleben.
Dieses Kindlein kommt zu dir, weil
du den Befehl gegeben, daß man
sie zu Christo führe, denn das Him=
melreich ist ihre.

2. Ja es schallet allermeist dieses
Wort in unsern Ohren: wer durch
Wasser und durch Geist nicht zuvor
ist neu geboren, wird von dir nicht
aufgenommen, und in Gottes Reich
nicht kommen.

3. Darum eilen wir zu dir, nimm

nen. — 3. b. H. bringt ihm. e. B. H. führt sie nur. g. H. hält sie in sei=
nen A. (vorzuziehn). H. B. finden, alte Var.— 4. d. B. verlass'n die. H. ent=
gehn der, e. H. sind frei aller Gefahr.

CCCCXXIX. Der Text aus dem Eisleber Gesgbch. von 1744. — 2. e. f.
X. vor der — durch des Herrn Blut Ruhe finden. — 4. f. B. mir der.

CCCCXXX. Der Text aus dem Bresl. Gesgbch. von 1745. — 1. a. B. H. W.
wir sind hier, schon in älteren Gesgbch. c. d. S. bringen — dir, wie du hast. d. K. dir
weil du hast. f. B. H. zu dir hinf. e. f. S. wollst nun deine Hand auflegen und
ertheilen deinen Segen K. W. frühe sie zu dir zu weisen denen du dein Reich
verheißen. — 2. a. S. es erschallt jetzt. b. S. W. dies dein. a. b. K. Herr,
daß du sein Heiland seist tönet uns in Herz und Ohren. f. Bs. S. K. wird in.

das Pfand von unsern Armen, tritt
mit deinem Glanz herfür, und er-
zeige dein Erbarmen, daß es dein
Kind hier auf Erden und im Himmel möge werden.

4. Wasch es, Jesu! durch dein
Blut von den angeerbten Flecken;
laß es bald nach dieser Fluth deinen
Purpurmantel decken; schenk ihm
deiner Unschuld Seide, daß es sich
in dich verkleide.

5. Mache Licht aus Finsterniß,
setz es aus dem Zorn zur Gnade,
heil den tiefen Schlangenbiß durch
die Kraft im Wunderbade: laß hier
einen Jordan rinnen, so vergeht der
Aussatz drinnen.

6. Hirte! nimm dein Schäflein
an, Haupt! mach es zu deinem Gliede, Himmelsweg, zeig ihm die Bahn,
Friedefürst! schenk ihm den Friede,
Weinstock! hilf, daß diese Rebe auch
im Glauben dich umgebe.

7. Nun, wir legen an dein Herz,
was vom Herzen ist gegangen, führ
die Seufzer himmelwärts, und erfülle das Verlangen: ja, den Namen, den wir geben, schreib ins Le-
bensbuch zum Leben.

Anmerk. Von Benj. Schmolcke.
Zu Vs. 3. a—d. setzen wir gleich
als e. f. Zl. 5. 6. aus Vs. 5. und
lassen das dazwischen Liegende aus.
Bei Vs. 6. Zl. 4. lesen wir mit S.

Mel. Mein Glaub ist meines Lebens Ruh.

431. Ich bin in dir und du

in mir! nichts soll mich, ew'ge Liebe, dir in dieser Welt entreißen!
auf Erden, wo nur Sünder sind,
nennst du mich freundlich schon dein
Kind, o laß michs ewig heißen, und
treu im Wandel, Herz und Mund
bewahren deinen Friedensbund!

2. Ich bin in dir und du in
mir; dreieinger Gott, du hast zu
dir mich frühe schon berufen. Was
mir, dem Kindlein, war bereit,
ergreif ich heut voll Innigkeit an
des Altares Stufen und sag: o Liebe, du bist mein, ich will dein Kind
auf ewig sein.

3. Ich bin in dir und du in
mir, noch wohn ich völlig nicht
bei dir, weil ich auf Erden walle. Drum führ mich, Jesu, treuer
Hirt, das mich, was locket, schreckt
und irrt, nicht bringe je zu Falle.
O daß, was ich dir heut versprach,
mir gehe tief und ewig nach.

4. Ich bin in dir und du in
mir, komm Herr, mir deine Tu-
gendzier frühzeitig anzulegen, daß
mir des Lebens Glück und Noth,
ja selbst der letzte Feind, der Tod,
nur kommen mög im Segen. Mit
dir will ich durchs Leben gehn, dir
leiden, sterben, auferstehn.

Anmerk. Von A. Knapp, im Neuen
Würtemb. Gesgbch. Nro. 259.

Mel. Straf mich nicht in deinem Zorn.

432. Segne, Vater, Sohn und

e. f. H. wird von mir — kann in's Himmelreich. — 3. a. K. nun so. b. K.
H. W. dies. S. dies Kind. c. B. Geist herf. S. Heil. d. H. und vergönn
ihm de'n Erb. — 4. Bei Bs. K. W. ausgel. d. B. deiner Liebe Flügel. c. d.
S. laß zugleich dieser Fluth deine Unschuld es bedecken. f. B. daß es ganz in
dich sich, e. f. S. ver des heilgen Geistes Wehen laß den Sündenwust vergehen.
— 5. Bei B. S. W. ausgel. e. f. Bs. wie S. in Vs. 4. e. f. Bei K. umgedichtet: Mache Licht aus Dunkelheit, kröne liebend es mit Gnade, daß ihm seine
Sündigkeit und der Fürst der Welt nicht schade, laß durch deines Geistes Wehen
neugeschaffen es erstehen. — 6. c. K. Meister, zeig ihm deine. d. B. H. schenk
du ihm Fr. S. W. sei du sein Fr. K. sein sei dein Fr. f. B. K. W. stets im.
e. f. S. laß die Rebe treiben, aus dir wachsen, an dir bleiben. — 7. Bei S.
ganz verändert: Höre, Jesu, dies Gebet, laß es dir zu Herzen dringen, was wir
für dies Kind erfleht wollst du gnädiglich vollbringen: schreib den Namen, den wir
geben in dein Buch zum ewgen Leben.

Geist, uns und diese Kinder; alle sind wir, Gott, du weißt, fluchbeladne Sünder: feierlich müsse sich dir nun jeder weihen, seinen Bund erneuen.

2. Jesus Christ, wir sind ja dein, dir mit Blut erkaufet; laß in dir uns selig sein, mit dem Geist getaufet: laß uns dir für und für, ja, schon hier auf Erden ganz geheiligt werden.

3. Allen giebst du gern dein Licht, das uns führt zum Leben; o du wirst, wir zweifeln nicht, es auch ihnen geben. Mache neu, dir getreu, die hier vor dir stehen, hör', o hör ihr Flehen!

Anmerk. Von C. A. Döring.

Mel. Jesu meines Lebens Leben.

433. Sieh hernieder auf die Deinen, die zu dir sich jetzt gewandt! fromme Thränen, die sie weinen, zeugen was ihr Herz empfand. Ach, daß keiner jemals fiele! laß sie bis zum Lebensziele ihren Weg unsträflich gehn, wachen und im Glauben stehn.

2. Laß sie treu in deiner Liebe, fest in deiner Lehre sein, und durch deines Geistes Triebe alles Böse standhaft scheun. Stärke sie durch deine Gnade, daß sie auf dem schmalen Pfade, auf dem Weg des Lebens gehn, fest in deinem Worte stehn.

3. Keinen, Vater, ach von Allen, die mit dir den Bund erneun, laß aus deiner Gnade fallen und von dir geschieden sein! und wenn eines doch verirrte, o so nimm dich, guter Hirte, der da retten will und kann, des geknickten Rohres an.

4. Sammle sie einst alle wieder in des Vaters ew'gem Reich, dei=

nes Haupts geweihte Glieder, den Verklärten Gottes gleich. Dann mischt sich in höh're Chöre, Heiland, dir zu Preis und Ehre, wie der Engel Loblied rein, sich ihr Halleluja ein.

Anmerk. Findet sich ohne Angabe des Vf. in der 12ten umg. Auflage des Schulgesangb. von Niemeyer. In Vs. 1. gehören Zl. 3. 4. dem bekannten „Better Weinerlich" an; wir lesen: deiner Kirche sich zu einen in des heilgen Geistes Band.

Mel. Seelenbräutigam.

434. Von des Himmels Thron sende Gottes Sohn, deinen Geist, den Geist der Stärke, gieb uns Kraft zum heil'gen Werke, dir uns ganz zu weihn, ewig dein zu sein.

2. Mach uns selbst bereit, gieb uns Freudigkeit, unsern Glauben zu bekennen, und dich unsern Herrn zu nennen, dessen theures Blut floß auch uns zu gut.

3. Richte Herz und Sinn zu dem Himmel hin, wenn wir unsern Bund erneuern und gerührt vor dir betheuern, deine Bahn zu gehn, Weltlust zu verschmähn.

4. Wenn wir betend nahn, Segen zu empfahn, wollest du auf unsre Bitten uns mit Gnade überschütten, Licht und Kraft und Ruh ströme dann uns zu.

5. Gieb auch daß dein Geist, wie dein Wort verheißt, unauflöslich vereine mit der gläubigen Gemeine, bis wir dort dich sehn und dein Lob erhöhn.

Anmerk. Von Sam. Marot. Neues Berl. Gesgb. Nro. 350, Knapp Nro. 920.

Mel. Christus der ist mein Leben.

435. Wir flehn um deine Gna=
be, nichts sind wir ohne dich; leit'
uns auf ebnem Pfade, die Seele
sehnet sich.

2. Wir flehn um deine Nähe,
noch sind wir dir so fern, daß un=
ser Blick dich sehe, geh auf du Mor=
genstern.

3. Wir flehn um deine Wahr=
heit in unsrer Seele Nacht; durch
dich nur wird uns Klarheit in un=
sern Geist gebracht.

4. Wir flehn um deinen Frieden,

die Sünde bringt uns Angst; u
sei das Heil beschieden das du a
Kreuz errangst.

5. Wir flehn um deine Stä
du weißt wie schwach wir sind,
jedem guten Werke hilf jedem sch
chen Kind.

6. Wir flehn um deinen Seg
zum großen Bundestag: laß
auf allen Wegen uns treu dir
gen nach.

Anmerk. Von C. A. Döring. S
5. lassen wir aus.

B) Abgekürzte Lieder und Verse.

Mel. Dir dir Jehova will ich singen.

436. Dir ew'ge Treue zu ge=
loben, sind wir versammelt hier im
Heiligthum; das Herz, zu dir, o
Herr, erhoben, bringt dir gerührt
Anbetung, Preis und Ruhm: o
Heiland, nimm dich unsrer Schwach=
heit an, führ' uns zum Licht, leit'
uns auf ebner Bahn!

2. Wir haben deinen Ruf ver=
nommen, du ludst zu dir voll Freund=
lichkeit uns ein; mit Sehnsucht sind
wir nun gekommen, und flehen:
Herr, mach unsre Herzen rein!
Schenk' uns des Glaubens hohe
Zuversicht, und wende nicht von
uns dein Angesicht.

3. Dir schmücken heut sich unsre
Herzen; zeuch ein, du König voller
Herrlichkeit! von Erdenfreuden, Er=
denschmerzen zeuch uns hinauf zum
Glanz der Ewigkeit. Nimm unser
Herz! wir bringen es dir dar; wir
opfern es dir selbst jetzt am Altar.

Anmerk. Aus dem Liede: Dir ew=
ge Treue zu geloben von C.
C. G. Langbecker.

Mel. Wer nur den lieben Gott läßt walten

437. Ich bin getauft auf te
nem Namen, Gott Vater! So
und heilger Geist! ich bin getau
zu deinem Saamen, zum Volk, da
dir geheiligt heißt; ich bin in Chri
stum eingesenkt, ich bin mit seine
Geist beschenkt.

2. Du hast zu deinem Kind un
Erben, mein lieber Vater, mi
erklärt; du hast die Frucht von de
nem Sterben, mein treuer Heiland
mir gewährt. Du willst in alle
Noth und Pein, o guter Geist, mein
Tröster sein.

3. Mein treuer Gott, auf dei
ner Seiten bleibt dieser Bund wohl
feste stehn; laß mich nur nicht ihn
überschreiten und auf des Bösen We
gen gehn; weich eitle Welt, du Sün
de weich: Gott hört es: ich ent
sage euch.

4. Heut geb ich dir, mein Gott,
aufs neue Leib, Seel und Herz zum
Opfer hin. Erwecke mich zu neuer
Treue; und nimm Besitz von mei

CCCCXXXV. Bei Bunsen Nro. 615. — 1. c. d. S. K. W. rechtem
Pfade und schütz uns mächtiglich. — 2. Bei S. K. W. ausgel. — 3. b. S. K.
W. unsres Irrthums N. — 4. c. K. W. dein Heil sei uns. — 6. b. S. K.
W. zum heilgen B. Ob der „Bundestag" anstößig? c. d. K. W. gieb, daß
auf deinen Wegen dir Jedes folgen mag.

nem Sinn. Es sei in mir kein Tropfen Blut, der nicht, Herr, deinen Willen thut.

5. Laß diesen Vorsatz nimmer wanken, Gott Vater, Sohn und heilger Geist! halt mich in deines Bundes Schranken, bis mich dein Wille sterben heißt, so leb ich dir, so sterb ich dir, so lob ich dich dort für und für.

Anmerk. Aus dem Liede: Ich bin getauft auf deinen Namen von J. J. Rambach.

Mel. Es ist gewißlich an der Zeit.

438. O Jesu Christ! ich preise dich mit fröhlichem Gemüthe, daß du mich einst so gnädiglich nach deiner großen Güte durch deine Tauf errettet hast von aller meiner Sündenlast, und mir dein Heil geschenket.

2. So stelletest du heilig dar vor deines Vaters Throne, und vor der Auserwählten Schaar, mich in der schönen Krone der göttlichen Gerechtigkeit, du wurdest selbst mein Ehrenkleid, darin ich konnte prangen.

3. Da ward mir auch zugleich das Recht zu deinem Reich gegeben; ich ward von göttlichem Geschlecht: du wurdest selbst mein Leben, weil ich an deinem Leibe ward ein Glied, und nun nach deiner Art mein Leben konnte führen.

4. Drum bleib ich ja dein Eigenthum, daß du dir nicht läßt nehmen; der Sünden Macht wird wiederum mich nimmermehr beschämen; du willst und kannst den lassen nicht, der auf dich seine Zuversicht von ganzem Herzen setzet.

5. Gieb nun, daß deine Lieb in mir stets treibe mein Gemüthe, daß ich mich sehne stets nach dir, und mich für Sünden hüte. Du Liebe! thust mir viel zu gut; gieb, daß ein jeder Tropfen Blut von deiner Liebe walle.

Anmerk. Vs. 1. 4. 6. 12. 16. aus dem Liede: O Jesu Christ, ich preise dich von C. J. Koitsch.

Mel. Sei gegrüßet Jesu gütig.

439. Welch ein Glück ward uns zu Theile, als zu unserm ewgen Heile in der ersten Kindheit Blüthe uns des Herren Wundergüte durch das Wasserbad im Worte eingeführt zur Gnadenpforte.

2. Die drei göttlichen Personen waren da mit Millionen Engeln gnädiglich zugegen und bekrönten uns mit Segen, daß wir würden ganz erneute und in Gott gepflanzte Leute.

3. Gott der Vater, voll Erbarmen, sprach mit Worten und Umarmen; ihr sollt meine Kinder heißen, ich will Vaterstreu erweisen: ich befrei euch vom Verderben und setz euch zu meinen Erben.

4. Gott der Sohn sprach: meine Brüder, meine Jünger! alle Güter, die ich theuer hab erworben, da ich bin für euch gestorben, sollen hiemit euch, ihr Lieben, sammt mir selbst sein zugeschrieben.

5. Gott der heilge Geist ingleichen sprach: ich will nie von euch weichen, ich hab euch zum Sitz erkoren und dazu jetzt neu geboren. Laßt euch nur von mir regieren und mit meinen Gaben zieren.

6. Schaut, so hat in diesem Bade Gott so überaus viel Gnade, hat als treuer Hirt und Hüter so viel tausend Segensgüter reichlich über uns ergossen und uns ganz in sich verschlossen.

7. Laß uns solche Huld ermessen, solcher Wohlthat nie vergessen, sondern vielmehr täglich streben, Gott mit Herzen, Mund und Leben, nach Vermögen Dank zu bringen, und dies Wunder zu besingen.

8. Gott! ach Gott! nimm für das Sollen gnädig an das Gerne=wollen, laß doch deiner Kinder Lal=len dir, o Vater! wohlgefallen, und erhör ihr Halleluja! Halleluja, Hal=leluja!

Anmerk. Auszug aus dem Liede:

Zu fihr Christen werdet mun=ter von Mich. Hörnlein. Die Bedenken, welche bei diesem Gesan=ge obwalten könnten, blieben uns nicht verborgen, allein andrerseits schien uns sonst nirgends die ortho=doxe Lehre von der Taufe auf so naiv kindliche Weise exponirt zu sein.

XXXIV.

Vom Heil. Abendmahl.

A) Vollständige Lieder.

Mel. Ich dank dir schon durch deinen Sohn.

440. Als Jesus Christus in der Nacht, darin er ward verrathen, auf unser Heil ganz war bedacht, dasselb uns zu erstatten;

2. Da nahm er in die Hand das Brot, und brachs mit seinen Fin=gern, sah auf gen Himmel, dankte Gott, und sprach zu seinen Jüngern:

3. Nehmt hin und eßt, das ist mein Leib, der für euch wird gege=ben und denket, daß ich euer bleib im Tod und auch im Leben.

4. Desgleichen nahm er auch den Wein im Kelch, und sprach zu allen: nehmt hin und trinket insgemein, wollt ihr Gott recht gefallen.

5. Hier geb ich euch mein theu=res Blut im Kelche zu genießen, das ich für euch und euch zu gut am Kreuz itzt werd vergießen.

6. Hier wird ein neuer Bund gemacht in meinem eignen Blute; im alten ward nur Vieh geschlacht, geholet von der Hute.

7. Hier ist der Körper, der bin ich, dort war Figur und Schatten; dort war ein Lamm, hier laß ich mich in heißer Liebe braten.

8. Das macht euch aller Sünden frei, daß sie euch nicht mehr krän=ken, so oft ihrs thut, sollt ihr dabei an meinen Tod gedenken.

9. O Jesu! dir sei ewig Dank für deine Treu und Gaben, ach! laß durch diese Speis und Trank auch mich das Leben haben.

Anmerk. Von Joh. Heermann, einfach=schlichte und doch ergreifende Paraphrase der Einsetzungsworte. Der allzu historische Character wird überall durch paränetische Andeutun=gen gemildert. Vs. 6. 7. lassen auch wir aus, ändern aber in den übrigen Versen nichts.

CCCCXL. Der Text nach alten Gesgbch. zusammengestellt. — 1. c. K. auf unser aller. d. B. K. dasselbe zu erstatten, schon bei älteren. — 2. K. über Tisch das Br. — seinen Händen — sein Werk wollt er vollenden. — 3. c. d. K. daß ihr in mir, ich in euch bleib und habt das ewge Leben. — 4. d. B. wohl=gefallen. K. dann nahm er auch den Kelch mit Wein, sprach drüber seinen Se=gen: das ist mein Blut, gedenket mein, vergossen euretwegen. — 5. Bei K. aus=gel. — 6. 7. Bei B. K. ausgel. — 8. Bei K. ausgel. — 9. b—d. K. Ga=be! hilf, daß —auch ich das Leben habe.

Mel. Mein Herze schicke dich.

441. Auf, Seele! sei gerüst;
dein Heiland, Jesus Christ brennt
von Verlangen! sein Herze sehnet
sich, noch vor dem Leiden dich recht
zu empfangen.

2. O Liebe ohne Zahl! das Bild
muß dieses mal dem Wesen weichen:
er selbst, der Bräutigam, schenkt
sich zum Osterlamm uns ganz zu
eigen.

3. Er hat ein Denkmal itzt der
Wunder eingesetzt, uns zu verbinden
zu seinem Tod, den wir, bis er
kömmt, für und für sollen verkünden.

4. Drum, liebes Israel! auf!
stärke deine Seel, ergreif dies Siegel: Gott führt durch's Lammes Blut
die Seinen durch die Fluth zum
Freudenhügel.

5. O Jesu! dir sei Dank: lehr
uns den Lobgesang nun also singen,
daß wir dann können drauf den
Oelberg gehn hinauf, und tapfer
ringen.

6. Die Zeit eilt ja heran, da
wir die Leidensbahn sollen betreten.
Ach! hilf, daß uns die Nacht nicht
träg' und schläfrig macht, eifrig zu
beten.

7. Nimm unsern Willen hin;
schaff einen neuen Sinn nach deinem Willen, daß wir, was dir gefällt, in dieser Kreuzeswelt mögen
erfüllen.

8. Laß deines Todes Kraft den
edlen Lebenssaft in uns ausfließen:
stärk uns aus deiner Höh, wenn
du die letzten Weh nun wirst aus-
gießen.

9. Sieh, Babel merkets schier,

daß dein Volk, Herr! bei dir findt
Hülf und Segen: drum machet es
sich auf, uns unsrer Waffen Lauf
niederzulegen.

10. Du aber, Jesu! hilf, daß
wir nicht wie das Schilf hin und
her wanken: gieb uns Beständigkeit
in Trübsal, Angst und Leid dir stets
zu danken!

11. Auf daß wir unsern Muth
in keiner Hitz und Glut nicht lassen sinken: sondern den Myrrhen-
wein, den du uns schenkest ein, ganz
willig trinken.

12. Die Zeit ja bald hinschleicht,
da uns drauf wird gereicht der
Kelch der Freuden: o Trostesüber-
fluß! der dann ersetzen muß das
kleine Leiden.

13. Da wird die Traurigkeit von
Freud und Herrlichkeit werden verschlungen, wenn Gott das weiße
Kleid giebt denen nach dem Streit,
die hier gerungen.

14. Hiernach das Herze wallt,
Herr Jesu! komm, komm bald, uns
zu vollenden; hilf, weil itzt Babel
schnaubt, damit es dich nicht raubt
uns aus den Händen.

15. Laß unsre Waffen doch im
Segen ferner noch stets siegend
gehen; verblende Babylon, daß es
mit Spott und Hohn nur muß bestehen.

16. Und geuß, Immanuel! in
unser Herz und Seel Einfalt und
Wahrheit; gieb uns Weisheit in
dir, und schenk uns für und für
Klugheit und Klarheit.

17. Herr! dir ist ja der Ruhm:
ach! hör im Heiligthum dies unser

CCCCXLI. Ein sehr seltenes Lied. Wir haben es aus dem Darmst. Gesgb. von
1698 abdrucken lassen. Von unsern Auctoritäten nur bei Bunsen, der es auch
hernach in seine Liturgie der Leidenswoche aufgenommen hat. — 1. c. Bs. vor B.,
schon bei Aelteren. 1. Bs. umfangen, alte Lesart. Vielleicht das Obige Druckfehler. —
2. Bei Bs. ausgel. — 4. c. Bs. die Siegel, schon in Aelteren. — 5. Bei Bs. ausge-
gel. — 6. b. Bs. Himmelsbahn. — Bs. 8—11. bei Bs. ausgel. — 12. b. Bs.
darnach uns wird. — Bs. 14. u. 15. bei Bs. ausgel. — 16. a. Bs. o geuß. —
Bs. 17. bei Bs. ausgel. — 18. d. e. Bs. Triumph, Triumph, der —Triumph.

Lallen; hier klingt: Halleluja! laß,
Jesu! ja, ja, ja, doch wiederschallen.
18. Mach uns in dir bereit, durch
Leiden in die Freud so einzudringen,
daß wir Victoria! Triumph! der
Herr ist da! bald fröhlich singen.

Anmerk. Wir behalten aus Georg
Heine's trefflichem Gesange folgende Verse: Vs. 1. 3. 5. 7. 10.
(starker Held selber hilf, daß
u. s. w.) 12. (die Zeit gar bald
verfliegt, dann trinken die
gesiegt, den u. s. w.) 13. 14.
(St. 5 — 7. laß uns umgürtet
stehn, und dir entgegengehn,
Lampen in Händen) 16. 18.
mit Bs.

Mel. Jesu meines Lebens Leben.

442. Danket, danket Gott mit
Freuden, danket ihm mit Herz und
Mund, macht die großen Seligkeiten dieses heil'gen Mahles kund,
was der Herr für Gnade schenkt,
da er selbst uns speist und tränket;
danket ihm vor dem Altar, daß er
uns so freundlich war.
2. Ja, wir preisen Gottes Güte,
denn sie währet ewiglich! o es freut
sich das Gemüthe, daß der Herr so
gnädig sich gegen uns auch jetzt erwiesen; immerdar sei er gepriesen;
groß ist seine Huld und Treu, sie
war dieses mal auch neu.
3. Heilig, heilig, heilig werde,
Gott, dein Ram uns mehr und mehr!
alle Himmel sammt der Erde zeugen laut von deiner Ehr. Dir Herr,
singen Seraphinen dreimal: Heilig! — die dir dienen; droben in

dem Heiligthum schallet deines Namens Ruhm.
4. Gott, der Herr und Vater,
segne uns in seinem lieben Sohn:
und der Herr, der Heiland, segne
uns von seinem Gnadenthron. Und
der Herr, der Geist, bereite uns zur
Herrlichkeit und leite uns zu seinem Frieden. Ja! Amen! sprecht:
Halleluja!

Anmerk. Von Nic. Kaiser, bei
Knapp Nro. 1000.

Mel. Wachet auf ruft uns die Stimme.

443. Herr, du wollst sie vollbereiten, zu deines Mahles Seligkeiten, sei mitten unter ihnen Gott!
Leben, Leben zu empfahen; laß sie,
o Sohn, sich würdig nahen, durch
dich vergessen Sünd und Tod! denn
sie sind sündenrein! sind Mittler Gottes, dein, sind unsterblich, laß, laß
sie sehn, in deinen Höhn, von fern
der Ueberwinder Lohn.
2. Nehmt und eßt zum ewgen
Leben, nehmt hin und trinkt zum
ewgen Leben, der Friede Christi sei
mit euch! nehmt und eßt zum ewgen Leben, nehmt hin und trinkt
zum ewgen Leben, ererbt, ererbt des
Mittlers Reich! wacht, eure Seele
sei bis in den Tod getreu! Amen,
Amen! der Weg ist schmal, klein ist
die Zahl der Sieger, die der Richter krönt.
3. Die dein Kreuz in jenen Tagen der Märtyrer, dir nachgetra-
gen, verließen oft des Bundes Mahl,
um vorm Blutgericht zu stehen, mit

CCCCXLIII. 1. a. K. W. uns vorher. c. K. W. unter uns o Gott.
d—f. K. W. laß uns Leben zu empfahen mit glaubensvollem Herzen nahen und
sprich uns frei (W. los) von Sünd und Tod. d. S. Heil u. L. f. Bs. S. durch
dich befreit von Sünd und Tod. g. h. Bs. S. sie sind erlöst und rein, sind, Jesu
Christe dein. g—i. K. wir sind o Jesu dein, dein laß uns ewig sein, Amen,
Amen. k. K. W. Anbetung dir. l. m. K. gieb uns wie hier einst dort dein Ab.
bei dir. W. einst feiern wir das große Ab. bei dir. — 2. b. S. K. W. das
Brod das euch der Herr (S. K. will geben) gegeben. c. Bs. S. K. W. die Gnade Jesu. d. e. K. W. nehmt hin und trinkt — den Kelch des Heils auch
euch gegeben. f. K. W. ererbt, erringt. m. K. W. die dort eingeht zum Abendmahl. — 3. Bei Bs. S. K. W. ausgel.

dir bis in den Tod zu gehen, voll
Freud in vieler Tode Qual! sei,
Herr, der Deinen Licht und Kraft,
damit sie nicht deines Mahles hoch=
heilig's Pfand entweihn! gewandt
von dir, umkehren in die Welt.

Anmerk. Unter Klopstocks geist=
lichen Liedern findet sich ein Abend=
mahlsgesang, bestehend aus den oben
mitgetheilten, vom Chor zu singen=
den Versen und einem dazwischen
eingestreuten Gemeindegesange, den
wir unten abgekürzt mittheilen. Die
öftere Wiederholung der Distribu=
tionsformel giebt dem Liede bei der
Abendmahlsfeier etwas Ergreifendes
und Erhebendes. Hätte Bs. 3. ei=
nen kräftigern Schluß, so würden
wir ihn nicht verschmähen.

Mel. Wie schön leucht uns der Morgenstern.

444. Herr Jesu! dir sei Preis
und Dank für diese Seelenspeis und
Trank, damit du uns begabet: in
Brodt und Wein dein wahrhaftig
Leib und Blut kommt uns wohl
zu gut, und unsre Herzen labet,
daß wir in dir, und nach allem
Wohlgefallen heilig leben: solches
wollest du uns geben.

2. Du kehrest, o Immanuel! ja
selber ein in unsre Seel, und willst
da Wohnung machen: drum uns ein
solches Herz verleih, o Gott das
frei und ledig sei, von allen eiteln
Sachen: bleibe, treibe unsre Sinnen
und Beginnen, daß wir trachten,
alle Weltlust zu verachten.

3. Ach Herr! laß uns doch neh=
men nicht dein werthes Nachtmahl
zum Gericht: ein jeder recht beden=
ke, daß wir mit diesem Lebensbrodt
im Glauben stillen unsre Noth; der
Fels des Heils uns tränke: züch=
tig, tüchtig, dich dort oben stets zu
loben, bis wir werden zu dir kom=
men von der Erden.

4. O! daß wir solcher Seligkeit
erwarten möchten allezeit in Hoff=
nung und Vertrauen; und folgends
aus dem Jammerthal eingehen in
den Himmelssaal, da wir Gott wer=
den schauen: tröstlich, köstlich, uns
als Gäste auf das beste bei ihm
laben, und ganz volle Gnüge haben.

5. Das gieb du uns von deinem
Thron, o Jesu Christe! Gottes Sohn!
giebs durch dein bitter Leiden: das=
selbe, weil wir leben hier, laß uns
betrachten für und für, und alles
Böse meiden. Amen! Amen! hilf
uns kämpfen, hilf uns dämpfen alle
Sünden: hilf uns fröhlich über=
winden!

Anmerk. Von Bernh. v. Der
schau, nach dem Lüneb. Gesangb.
von 1660 abgedruckt. Aenderungen
finden wir unnöthig.

Mel. Herr Christ der einge Gott's John.

445. Herr Jesu, wahres Le=
ben! du hast dich in den Tod für
uns dahin gegeben und uns erlöst
aus Noth, daß durch dein bittres

CCCCXLIV. 1. d. e. B. S. H. dein L. u. W. kommt uns, alte Lesart. d—f.
K. mit seiner Kraft kommt uns zu gut, im W. u. W. dein L. u. W., daß unser
Herz sich. i. B. und nach deinem. g—m. K. Jesu Christus, laß uns streben dir
zu leben, dir zu wallen, dir in allem zu gefallen. — 2. b c. K. heut silber —
um W. da zu finden. c. B. S. H. dir W. da, alte L. f. B. S. K. H. das von der
Weltlieb — und, alte L. K. von Eitelkeit und Sünden. m. K. was nicht dein ist
zu verachten. B. S. H. alles Jrdsche, alte L. — 3. b. K. theure. c. K. wohl bed.
d. B. S. durch dieses. d. e. K. daß dieses heilge Bro. soll stillen unsres Herzens Noth.
f. S. und deine Kraft uns tränke — g—k. S. treuer, freier in dein Leben und zu he=
ben. k—m. K. einst zu loben laß uns werden weil wir wandeln hier auf Erden. —
4. a. H. solche. K. jener. b. S. doch warten. c. K. in Wachen und Wart. d. B.
folglich, alte Lesart. S. und endlich. H. und dann. K. bis wir aus diesem. e.
K. in des. m. B. voll Genüge. g—m. K. da wir voll Zier — werden setzen
und an deinem Tisch ergötzen. — 5. e. f. K. dies muß uns stets zum Antrieb
sein, daß wir uns freun in dir allein. f. B. S. all Böses darum.

Leiden uns zu den Himmelsfreuden
der Weg sei wohlbereit't.

2. Dein heilger Leib soll Speise
für deine Sünder sein; du schenkst
uns gleicher Weise dein theures Blut
im Wein, daß uns kein Tod soll
schaden, das ist der Tisch der Gnaden, den du bereitet hast.

3. Da hast du aufgerichtet den
neuen Gnadenbund, der unsern Zwie-
spalt schlichtet, da werden wir gesund. Hier kann ein Christ nun
finden Vergebung seiner Sünden
und reine Seligkeit.

4. Ach sieh! wir armen Sünder,
die wir vor dir nichts sein, als eitel Todeskinder, wir treten zu dir
ein; von dir, dem Lebensbronnen
kommt Heil und Trost geronnen,
drum kommen wir zu dir.

5. Wir bitten deine Güte, wasch
uns vom Fluche rein, und läutre
das Gemüthe, damit wir heilig sein,
und Freiheit von den Sünden fortan im Geist empfinden durch deines Todes Kraft.

6. Du wollest, Herr, erquicken
das Herz mit Freudigkeit, wollst es
zum Himmel rücken aus allem Sün-
denleid; in Glaub und Hoffnung
gründen, und ganz mit dir verbinden in Lieb und Kindessinn.

7. Du wollst in uns vermehren
des Geistes edle Frucht, daß wir
von dem uns kehren, was sonst die
Welt nur sucht, die ganz im Argen
lieget, und sich und die betrüget,
die ihr sind zugethan.

8. Nun, Jesu, Freund des Lebens! wir glauben allerseits: dein
Blut kann nicht vergebens geflossen
sein am Kreuz! o hilf uns voll Verlangen, daraus das Heil empfangen, das ewig, ewig bleibt.

9. Dir Heiland sei die Ehre, dir

Vater, Sohn und Geist! hilf, daß
sich einst sie mehre, dort, wo dein
Volk dich preist, wann du im Him-
melssaale beim ewgen Abendmahle
dereinst die Deinen speis'st.

Anmerk. Ohne Angabe des Vf. bei
Knapp Nro. 955. Wir lesen Vs.
1. Zl. 4. dahin in die tiefste
Noth. Vs. 2. Zl. 2. für, alle.
Vs. 3. Zl. 5—7. hier kann ein
jeder finden — und Heil und
S. Vs. 7. lassen wir aus.

446. Mein Herze! schicke
dich, denn Jesus zeiget sich mit seinen Schätzen, im schönen Kirchen-
saal, mit seinem Abendmahl dich zu
ergötzen.

2. Des Herren Leib und Blut,
der Seelen höchstes Gut wird dir
gegeben, daß du durch deren Kraft in
Christi Eigenschaft sollst ewig leben.

3. O! welch ein theures Pfand
reicht dir des Höchsten Hand zu deinem Besten? hier wird der Seele
wohl, hier wirst du Trostes voll mit
andern Gästen.

4. Das werthe Gotteslamm, das
an dem Kreuzesstamm sein Blut vergossen, wird unter Brot und Wein,
zu Stillung unsrer Pein, von uns
genossen.

5. O süße Himmelskost! o reiner
Lebensmost! o Seelenweide! wie
gerne schmeck ich dich, o wie erquickst
du mich in meinem Leide!

6. O Jesu! Gottes Sohn! du
schöner Gnadenthron, du Himmels-
gabe! o in dir ist mir bereit, was ich
zur Seligkeit vonnöthen habe.

7. Du bist mir lauter Heil, mein
allerliebstes Theil, die Lebensspeise,
die meine Seel erhält, wenn ich aus
dieser Welt gen Himmel reise.

8 Mein Jesu! bleib in mir, damit auch ich mit dir vereinigt bleibe,

CCCCXLVI. Aus dem Breslauer Gesgbch. von 1745.— 1. c. X. mit
Gütern ohne Zahl (?). — 3. f. mit Brudergästen. — 5. auszulassen. — 6.
b. du werther. — 7. b. mein allerbestes.

daß ich von Sünden frei ein wahres Gliedmaß sei an deinem Leibe.

9. Laß in Gewissensqual aus deinem Abendmahl mir Trost zufließen; so werd ich hoch erfreut, bei Endung meiner Zeit, die Augen schließen.

Anmerk. Von Zach. Hermann, ein Gesang, der mit wenigen Aenderungen überall die Rubrik der Abendmahlslieder zieren kann. Fehlt in allen 6 Büchern.

Mel. Halt will ich dir geben.

447. Mit fröhlichem Gemüthe, Herr Jesu preis ich dich, und danke deiner Güte, der du gelabet mich mit deinem Fleisch und Blute, daß ich vereinigt bin mit dir dem höchsten Gute: o heiliger Gewinn!

2. Ich habe nun empfangen das theure Liebespfand, wonach ich trug Verlangen, das mich im guten Stand wird immer mehr erhalten, auch meine Seel erquickt: nun laß ich den es walten, der mich mit Lieb anblickt.

3. O schönster, meine Wonne! wie freundlich bist du mir? o schönste Lebenssonne, was schenk ich dir dafür? mein Heil, mein Licht, mein Leben! ich bin ohndem ganz dein: du hast dich mir ergeben, willst ewig meine sein.

4. Laß doch im Herzen schweben die Gegenliebespflicht, daß ich hinfort mein Leben zu deinen Ehren richt, und meinen Nächsten liebe, im Kreuz geduldig sei, auch mich im Guten übe, ohn alle Heuchelei.

5. O Himmelbrod und Freude! entweiche mir doch nicht, ich finde meine Weide in Glaubenszuversicht. All mein Thun sei gerichtet zu deines Namens Ehr, ich bleibe dir verpflichtet, dich laß ich nimmermehr.

6. Hier kann ich schon empfinden des Himmels Wonn und Freud, du wirst mich auch entbinden, von dieser Eitelkeit: laß mich das Ziel erlangen, da, Jesu, ich und du in Freuden uns umfangen, in süßer Seelenruh.

7. Dir will ich mich vertrauen, will warten auch der Zeit, dein Antlitz dort zu schauen in auserwählter Freud: da will ich rüstig stehen und singen Lob und Ruhm und deinen Preis erhöhen in deinem Heiligthum.

Anmerk. Aus dem Merseburger Gesangb. von 1735 ohne Angabe des Vf. Vs. 3. Zl. 1. lesen wir: o Jesu meine W.

Mel. Allein zu dir Herr Jesu Christ.

448. O großes Werk, geheimnißvoll! das höchlich zu verehren. O Werk! das stündlich in uns soll durch seine Kraft vermehren Bereuung unsrer schweren Schuld, Furcht, Glauben, Hoffnung und Geduld, Zucht, Lieb und aller Tugend Zahl. O Himmelssaal! o hochgepries'nes Abendmahl.

2. Hier ist des Lebens Baum gesetzt; desselben Blätter heilen, was durch den Satan war verletzt, mit so viel Sündenpfeilen. Hier ist das Holz ganz voller Saft, von Früchten süß, sehr groß von Kraft; ja dessen edle Lieblichkeit zu aller Zeit vertreibt des Todes Bitterkeit.

3. Hier ist das rechte Himmelbrod, von Gott uns selbst gegeben, das für den wohlverdienten Tod uns wieder bringt das Leben. Dies ist der Christen Unterhalt, dies macht die Seelen wohlgestalt, dies ist der Engel Speis und Trank, dafür ich Dank Gott singen will mein Lebenlang.

4. Hier ist die rechte Bundeslad, hier ist der Leib des Herren, voll Weisheit, Güt und großer Gnad; hier schau ich gleich von fernen die wunderschöne Himmelsschul, den Tempel, sammt dem Gnadenstuhl; hier find ich ja das höchste Gut,

das theure Blut, so mir erquicket
Seel und Muth.

5. Hier ist die rechte Himmels=
pfort, hier steht der Engel Leiter;
Israels auserwählter Ort, und sei=
ner Lust Bereiter: hier steigen wir
mit vollem Lauf in Christo stracks
zum Himmel auf, der uns durch ihn
ist zuerkannt. O herrlichs Pfand,
o allerliebstes Vaterland.

6. Ach schauet, wie der Herr uns
liebt, wie hoch er uns verehret, in=
dem er sich uns selber giebt, und
freundlich zu uns kehret. Bedenket,
wie er uns gemacht zu Bürgern sei=
ner großen Pracht; ja, wie er un=
ser Fleisch ergötzt, das er zuletzt zu
seiner Rechten hat gesetzt.

7. Das Fleisch, das nun erhöhet
ist in Gottes Stadt zu leben, das
wird uns hier zu dieser Frist durch
Christum selbst gegeben: so wird sein
Wesen uns zu Theil, so finden wir
der Seelen Heil, so bleiben wir in
Gottes Huld; und unsre Schuld
wird übersehen mit Geduld.

8. Wie kann der uns zuwider sein,
der uns so freundlich reichet sein
Fleisch und Blut im Brod und Wein,
der nimmer von uns weichet? wie
kann uns lassen aus der Acht, der
uns so trefflich hat bedacht, indem er
unsre Missethat, o Gottes Rath! durch
seinen Sohn vertilget hat.

9. Wie kann hinfort des Satans
Stärk uns Christen überwinden, die=
weil durch dieses Gnadenwerk wir
große Kraft empfinden? hat doch dies
Mahl uns so erquickt, daß uns kein
Feind mehr unterdrückt; drum, Sa=
tan! komme nur zum Streit, wir
sind bereit, zu spotten deiner Grau=
samkeit.

10. Was achten wir des Leibes
Tod, der kranken Glieder Schmer=

zen? hier ist Arznei in aller Noth,
ein edler Trank im Herzen, ja Chri=
stus Fleisch ist solcher Art, da alles
durch geheilet ward: hier ist sein
Seitenwasser feil, dadurch in Eil
gelöschet wird der Höllenpfeil.

11. O Gottesfleisch, o heilges
Blut! das auch die Engel ehren.
O Himmelspeis, o höchstes Gut!
wozu in Furcht sich kehren die Krä=
und Thronen wundervoll: Herr,
meiner Seelen ist so wohl, es trifft
sie schon in dieser Qual ein Freu=
denstrahl. O hochgepries'nes Abend=
mahl.

Anmerk. Von Joh. Rist, nach dem
Texte eines Gesgbch. von 1694 mitge=
theilt. Wir sind der Ansicht, daß
mit Auslassungen und Modificatio=
nen ein ausgezeichneter Gesang sich
bilden läßt. Zu dem Ende lesen wir
Bs. 1. Zl. 8. 9. o heilig Mahl,
das Christ zu halten uns be=
fahl. Bs. 2. 4. lassen wir aus.
Bs. 5. Zl. 2. hier ragt. Zl. 3.
4. hier öffnet sich der Sünder
Port, hier winkt der Lohn
dem Streiter. Zl. 5. 6. mit
selgem Lauf — hoch zum. Zl.
9. o theuer werthes Vat. Zl.
Bs. 6. Zl. 1—4. setzen wir Zl. 5—9.
aus Bs. 7. Bs. 8. Zl. 1—4
setzen wir Zl. 5—9. aus Bs. 9. und
beginnen: ja dies Mahl hat uns
so. Bs. 10. auszulassen. Bs. 11.
Zl. 1. o heilig Brod, o heilig
Blut. Zl. 4. wozu sich feiernd.

Mel. Allein Gott in der Höh sei Ehr.

449. O Jesu dir sei ewig Dank
für deine Treu und Gaben! und laß
durch diese Speis' und Trank mich
auch das Leben haben. Bis mir
willkomm'n, du edler Gast, den Sün=
der nicht verschmähet hast; wie soll
ich Dank dir sagen.

2. Herr Jesu Christ, du kannst
allein mein Leib und Seele laben;
nun bin ich dein, und du bist mein

CCCCXLIX. 1. e—g. K. sei mir willkommen, edler — der du mich — wie
soll ich's dir verdanken. — 2. b. K. mir. e—g. K. ich hab was Sünd und Tod
besiegt, den Gnadenquell der nie versiegt, wo Trost und Leben quillet. — 3. d.

mit allen deinen Gaben. Hier hab ich, was ich haben soll, dein Gnadenbrünnlein ist stets voll, hier find ich Trost und Leben.

3. Laß mich auch ewig sein in dir, laß dir allein mich leben; und bleib du ewig auch in mir. Mein Gott, du wirst mirs geben, daß ich kraft dieser Speis' und Trank stark bleib wenn ich bin schwach und krank und fahr zu dir mit Freuden.

Anmerk. Von Joh. Olearius, nach einem Texte aus dem J. 1694.

Mel. Helft mir Gottes Güte preisen.

450. O Jesu! mein Verlangen! was thust du mir zu gut? ich habe nun empfangen dein eigen Fleisch und Blut Deß freut sich Leib und Seel; denn bin ich wieder deine, und du bist auch noch meine: o mein Immanuel!

2. Das Opfer unsrer Sünden wird mir zur Speis und Trank. Nun werd ich Hülfe finden, wenn mein Gewissen krank: ich halt ihm Jesum für, den kann mir niemand nehmen, der Teufel muß sich schämen, der Tod hat nichts an mir.

3. O! was ist das für Freude, mit Gott verbunden sein! ich weiß von keinem Leide, mich schrecket keine Pein. Ja, nehmet alles hin im Himmel und auf Erden; doch muß ich selig werden, weil ich in Jesu bin.

4. Hier ist von seiner Liebe mein allerbestes Pfand, das er aus eignem Triebe mir Armen zugewandt. Hier ist mein Lösegeld: hier ist mein

Brod des Lebens, das eß ich nicht vergebens, den Tisch hat Gott bestellt.

5. Ach Herr! das sind ja Dinge, die ohne Maaß und Ziel! bin ich nicht zu geringe? ist dir es nicht zu viel? doch, mein Herr Jesu! nein! denn ich soll das genießen, daß du hast sterben müssen, dein Tod soll meine sein.

6. Die Welt war dir gehässig, und suchte deinen Tod; da kriegst du Gall und Essig auch in der letzten Noth: das war dein Labsal gar, und mir willst du das Leben in deinem Blute geben, was schon verloren war.

7. Ich preise dich von Herzen, mein Heiland und mein Gott! für alle deine Schmerzen und den so bittern Tod. Hab' Dank, mein Osterlamm! daß du, was ich verschuldet, so willig hast erduldet an deines Kreuzes Stamm.

8. An dich will ich gedenken, so lang ich denken kann. Die Welt mit ihren Ränken ist bei mir ausgethan. Mein Aufenthalt bist du: drum schick ich Herz und Seele zu deiner Wundenhöhle, daselbst ist meine Ruh.

Anmerk. Von Kaspar Neumann, selten.

451. Schmücke dich, o liebe Seele! laß die dunkle Sündenhöhle, komm ans helle Licht gegangen, fange herrlich an zu prangen: denn der Herr voll Heil und Gnaden will dich itzt zu Gaste la-

---

K. mein Heil. e—g. K. durch diese Sp. — genese, der ich matt und krank nur dir hinfort zu dienen.

CCCCL. Text nach dem Bresl. Gesgbch. von 1745. — 1. f. g. K. ich bin jetzt wieder b. — der meine. — 2. e. ich habe J. hier. g. die Hölle. — 3. a. o welche hohe Fr. g. ich werde. — 4. b. das all. — 5. 6. Bei K. ausgel. — 7. d. für deinen bittern. e. erwürgtes Lamm. — 8. c—h. die Welt kann mir nichts schenken, ihr Glück ist nur ein Wahn. Mein Heil und Schirm bist du, darum ich meine Seele in deine Huld befehle, darin ist meine Ruh.

CCCCLI. Text bei Rambach aus dem Jahre 1653. Dazu alte Gesgbch. bis 1700 vergl. (A.) — 1. b. S. Trauerhöhle. d. S. froh und festlich sollst du

den; der den Himmel kann verwalten, will itzt Herberg in dir halten.

2. Eile, wie Verlobte pflegen, deinem Bräutigam entgegen, der da mit dem Gnadenhammer klopft an deine Herzenskammer; öffn' ihm bald die Geistes Pforten, red' ihn an mit schönen Worten: komm, mein Liebster, laß dich küssen, laß mich deiner nicht mehr missen.

3. Zwar in Kaufung theurer Waaren pflegt man sonst kein Geld zu sparen; aber du willst für die Gaben deiner Huld kein Geld nicht haben, weil in allen Bergwerksgründen, kein solch Kleinod ist zu finden, das die Blutgefüllten Schaalen und dies Manna kann bezahlen.

4. Ach! wie hungert mein Gemüthe, Menschenfreund! nach deiner Güte: ach! wie pfleg ich oft mit Thränen mich nach dieser Kost zu sehnen! ach! wie pfleget mich zu dürsten nach dem Trank des Lebensfürsten! wünsche stets, daß mein'

Gebeine sich durch Gott mit Gott vereine.

5. Beides, Lachen und auch Zittern, lässet sich in mir itzt wittern. Das Geheimniß dieser Speise, und die unerforschte Weise machet, daß ich früh vermerke, Herr! die Größe deiner Stärke. Ist auch wohl ein Mensch zu finden, der dein' Allmacht sollt ergründen?

6. Nein! Vernunft die muß hier weichen, kann dies Wunder nicht erreichen, daß dies Brod nie wird verzehret, ob es gleich viel tausend nähret; und daß mit dem Saft der Reben uns wird Christus Blut gegeben. O der großen Heimlichkeiten, die nur Gottes Geist kann deuten!

7. Jesu! meine Lebenssonne! Jesu! meine Freud und Wonne! Jesu! du mein ganz Beginnen! Lebensquell und Licht der Sinnen! hie fall ich zu deinen Füßen, laß mich würdiglich genießen dieser de-

prangen. f. S. K. will zu seinem Tisch dich. h. S. H. Einkehr bei dir. K. Wohnung in. — 2. Bei W. ausgel. a. b. K. Eil, wie Gottverlobte — deinem Seelenfreund entg. c. d. Bs. S. der mit süßen Gnadenworten klopft an deines Herzenspf. K. der mit seinen Gnadengaben nun dein armes Herz will laben. H. komm getrost, es ist sein Wille, schöpf aus seiner Gnadenfülle. e. f. Bs. eile sie ihm aufzuschließen. wirf dich hin zu seinen Füßen. e. B. A. des Geistespforten. H. des Herzens Pf. e. f. S. thu ihm auf, er will dich laben mit den höchsten Liebesgaben. K. schnell die G. — sprich zu ihm mit frohen W. f. H. süßen W. g. h. Bs. S. sprich, o Herr, laß dich umfassen, von dir will ich nimmer lassen. g. B. Herr, dich gläubig zu genießen. g. h. K. komm ich will dich mit Verlangen, als den liebsten Gast empfangen. H. mein Heil laß im Gewissen, deinen Trost mich. — 3. Bei Bs. und W. ausgel. a. K. edler. H. beim Kaufe. b. K. Gold. c. d. S. aber deine Wundergaben sollen ganz umsonst wir haben. K. doch für seine theuern Gaben will er irdisch Gut. f. S. doch der Schatz nicht. e. f. K. in der Berge tiefsten Gründen ist kein solcher Schatz. e. H. weil in aller Berge Gr. g. h. S. der das Labsal dieser Schaalen, der. K. den man könnt als Zahlung reichen für dies Kleinod sonder gleichen. H. das den Trank in diesen S. — 4. c. d. S. ach wen sollte nicht verlangen, solche Speise zu empfangen. d. K. deinem Mahl d. A. deiner. e. f. S. ach wen sollte wohl nicht dürsten nach. f. g. S. Herr hier willst du mit den Deinen dich nach Leib und Seel vereinen. K. H. meine Seele, sich durch dich mit Gott vermähle. W. daß in diesem Brod und Weine sich mein Herr mit mir vereine. A. sein Geb. mich durch. — 5. Bei W. ausg. Bs. Hohe Wonn und heilges Bangen fühl ich jetzt mein Herz umfangen. S. hohe Lust und banges Zittern will mir jetzt das Herz durchschüttern. e. f. Bs. S. weil voll Staunen ich vermerke, Herr, im Geb. dieser Sp. in (S. und) der unerforschten W. ist — könnt. S. doch wer darf sich unterwinden deine A. zu. a. b. B. Freude und. e. B. machen (A.). f. B. Werke. g. h. Bs. (A.). h. B. kann (A.). K. Herr, ich freue mich mit Beben, daß du mir dich

ner Himmelsspeise, mir zum Heil, und dir zum Preise.

8. Herr! es hat dein treues Lieben dich vom Himmel abgetrieben, daß du willig haſt dein Leben in den Tod für uns gegeben, und darzu ganz unverdroſſen, Herr! dein Blut für uns vergoſſen, das uns itzt kann kräftig tränken, deiner Liebe zu gedenken.

9. Jeſu! wahres Brod des Lebens! hilf, daß ich doch nicht vergebens, oder mir vielleicht zum Schaden, ſei zu deinem Tiſch geladen! laß mich durch dies Seeleneſſen deine Liebe recht ermeſſen, daß ich auch, wie itzt auf Erden, mag dein Gaſt im Himmel werden.

Anmerk. Von Joh. Franck. Wir conſtituiren das Lied mit W., behalten alſo Vs. 1. 4. 7—9. und halten außer in Vs. 8. Zl. 2. keine Aenderung für nöthig.

Mel. Straf mich nicht in deinem Zorn.

452. Tretet her zum Tiſch des Herrn, ihr Communicanten! eure

Herzen ſein nicht fern, Gottes Anverwandten! mit Andacht nehmt in Acht, was euch Gott wird geben zu ew'gen Leben.

2. Kommt in wahrer Reu und Leid über eure Sünden; Demuth und Gottſeligkeit laſſet bei euch finden. Schlagt die Bruſt, der bewußt, was ihr habt verbrochen, eh es wird gerochen.

3. Geht heran, ſchön angethan mit dem Glaubenskleide; ſolche Gäſte ſtehn Gott an, er hat ſeine Freude. Nehmt die Speis; gleicher Weis trinkt ſein Blut vergoſſen, o ihr Tiſchgenoſſen.

4. So ihr würdig eßt und trinkt von dem Brod und Weine, ſolches Sacrament euch bringt Lebenstroſt alleine: danket Gott, liebt in Noth, lebt als fromme Kinder, werdet nicht mehr Sünder.

5. Jeſu! Jeſu! höchſtes Gut! König aller Frommen! laß doch deinen Leib und Blut in mein Herze kommen ſeliglich! das bitt ich,

ſelbſt willſt geben, mir dein Leben zu gewähren und mich mit dir ſelbſt zu nähren. Unerforſchlich heilge Weiſe! wunderbare Seelenſpeiſe; o wer darf ſich unterwinden, dies Geheimniß zu ergr. a. b. H. hohe Freud und heilges 3. muß jetzt meine Seel' erſchüttern. e. H. ſtaunend merke. f. H. Werke. — 6. Bei Bs. W. ausgel. 8. zieht dieſen Vers mit dem folgenden zuſammen: laß mir allen Zweifel weichen, nur der Glaube kanns erreichen, Jeſu laß mich würdig nahen, hier dein Leben zu empfahen, hie fall ich zu b. F. ach laß würdig mich g. dieſe deine H. a. b. K. hier mußt du — kannſt das. b. H. kann das. c. K. wie dieß. f. B. K. H. Chriſti (A.). — 7. c. d. K. du, du biſts, den ich erwähle, Lebensquell und Heil der Seele. — 8. Bei Bs. ausgel. a. A. theures. b. B. A. h'rabgetrieben. S. K. H. W. hergetrieben. d. B. S. mich. W. für mich in den. e. f. S. und den Himmel mir erſchloſſen durch dein Blut am Kreuz verg. e. K. H. daß du haſt. f. H. ſelbſt. g. h. S. das mich jetzt ſoll. — 9. b. A. ja. c. K. gar zu meinem. S. H. wohl gar. d. H. komme zu dem Mahl der Gnaden. A. geh zu deinem. e. f. W. laß bei dieſem Trank und Eſſen mich dein Lieben. g. h. Bs. W. mög. B. H. mög ein (A.). K. einſt — mög bein.

CCCCLII. 1. b. Bs. Jeſu Mahls Genoſſen. H. zu dem Mahl der Gnaben. S. K. Jeſu Tiſchgen. Schade daß die „Communicanten" im Singen ſo viel Anſtoß bieten! c. d. K. haltet eure Herzen gern ihm nun aufgeſchloſſen. S. ſeien gern ihm jetzt aufg. d. Bs. Kleine wie die Großen (!). H. ihm der euch geladen. e. K. betet, wacht: ein altes Geſangbuch mit Bedacht. g. K. will. — 2. e. f. S. K. ſuchet Gnab, Hülf und Rath (warum nur das ſchöne bibliſche Bild verwiſcht?). f. H. euch her. g. h. S. K. laßt euch balde (K. zeitig) heilen eh die Strafen eilen. h. X. eh' der Spruch geſprochen. — 3. a. K. kommt herbei. c. d. S. K. nimmt — zu der Hochzeits-

17

Herr! in deinem Namen, hochgelobet, Amen!

Anmerk. Von J. G. Müller, und darum besonders in den alten churfächf. Gesgb. (nach dem Dresdner von 1725 ist der Text abgedruckt:) in neuern ziemlich selten (fehlt auch, was zu verwundern, bei B. und W.). Der hohe Vorzug dieses Gesanges besteht darin, sich mit Fernhaltung aller dogmatischen Reflexien oder sentimentalen Ueberschwenglichkeit in kindlich einfacher Weise an den Verlauf der heiligen Handlung plastisch anzuschließen. Nur muß man nicht solche Aenderungen treffen wie sie K. S. und in Vs. 1. auch Bs. vorgenommen.

Mel. Valet will ich dir geben.

453. Wen hast du dir geladen, mein Heiland mild und gut, zu deinem Tisch der Gnaden? nicht die voll Kraft und Muth, die Reichen nicht und Satten sind dir willkommen dran, die Kranken und die Matten rufst du voll Huld heran.

2. Da dürfen wir es wagen und treten mit heran, wir müßten wohl verzagen, gings nur die Starken an. Zu dir dem guten Hirten, stell'n wir voll Muth uns ein: du willst ja den Verirrten von Herzen gnädig sein.

3. Es sei dir unsern Fürsten, fortan das Herz geweiht, mit Hungern und mit Dürsten nach der Gerechtigkeit. Ach, laß uns doch genießen das wahre Himmelsbrod und Lebensbäche fließen von uns bis in den Tod.

4. Laß uns danieder sinken an deinem Sühnaltar und reiche uns zu trinken den Kelch des Lebens bar. Wenn auf der Pilgerreise das Herz so matt und krank, ist das

die rechte Speise, ist das der rechte Trank.

5. Wer glaubensvoll genossen den Leib, dazu das Blut für unsre Schuld vergossen, der hat es ewig gut. Der ist vom Fluch entbunden, der jedem Sünder droht, hat Trost in schweren Stunden und in der letzten Noth.

Anmerk. Der Hinblick auf Weise der ältesten lutherischen Kirche würde uns rechtfertigen, wenn man es zum Vorwurfe machen sollte, daß vorstehendes Lied aus den Gedichten zweier Verfasser zusammengesetzt ist. Vs. 1. und Vs. 2. Zl. 1—4. sind aus dem Liebe: Wen hast du dir geladen von Tholuck (Stunden der Andacht S. 605), das Uebrige aus dem Liede: Mühselig und beladen von Tietz. Man sehe auf, was geliefert ist; wir wenigstens sind der Meinung die Rubrik der Abendmahlsgesänge auf diese Weise um ein recht tüchtiges Lied bereichert zu haben.

Mel. Herzlich thut mich verlangen.

454. Wie könnt ich sein vergessen, der mein noch nie vergaß, wie seine Lieb ermessen, dadurch mein Herz genaß? ich lag in tiefstern Schmerzen: er kömmt und macht mich frei, und stets quillt aus dem Herzen ihm neue Lieb und Treu.

2. Wie sollt' ich ihn nicht lieben, der mir so hold sich zeigt? wie jemals ihn betrüben, der so zu mir sich neigt? was soll ich als ihn loben, ihn lieben und umfahn, den man ans Kreuz gehoben, eh' er ging himmelan.

3. Ich darf, ich darf ihn lieben, der mir aus Todesnacht, von meinem Schmerz getrieben, Unsterblichkeit gebracht; der noch zur letzten Stunde mir reicht die treue Hand,

freude. d. Bs. sind des Herren Fr. H. X. die sind. h. S. K. Jesu Tischg. H. für euch X. — 4. a. K. wenn ihr. — 5. Dieser Vers kommt nach Bunsen zuerst im Chemnitzer Gesgb. von 1705 vor: noch später bezeichnen ihn die Bücher als Zusatz oder als überaus schönen Schlußvers für die Abendmahlsfeier. e. K. H. segne mich.

daß mich kein Feind verwunde, im Lauf zum Heimathland.

4. Er giebt zum heilgen Pfande mir selbst sein Fleisch und Blut, hebt mich aus Nacht und Schande, füllt mich mit Himmelsmuth, will selber in mir thronen mit süßem Gnadenschein: sollt ich bei ihm nicht wohnen, in ihm nicht selig sein?

5. Bei Freuden und bei Schmerzen durchleuchte mich dein Bild, wie du, o Herz der Herzen, geblutet hast so mild! mein Lieben und mein Hoffen, mein Dulden weih ich dir; laß mir die Heimath offen, und dein Herz für und für.

Anmerk. Von G. Chr. Kern (Knapp. 966), für ein Kirchenlied fast zu subjectiv, jedoch in nicht hö-

berem Grade als etwa: Wie soll ich dich empfangen.

Mel. Ich dank dir schon durch deinen Sohn.

455. Wir liegen, Jesu, höchstes Gut, allhier zu deinen Füßen, und wollen deinen Leib und Blut in Brod und Wein genießen.

2. So nimm nun weg die schwere Schuld, die das Gewissen drücket, daß unser Herz durch deine Huld werd inniglich erquicket.

3. Laß uns hinfort dein eigen sein, auf deinen Wegen wallen, so soll dein Nam und Ruhm allein in Mund und Herzen schallen.

Anmerk. Aus der ersten Auflage des Berliner Lieberschatzes. In der zweiten weggelassen.

B) Abgekürzte Lieder und Verse.

Mel. Lasset uns den Herren preisen.

456. Christen, die in Christo leben, preiset euern guten Herrn! euch wird Brod und Wein gegeben, eßt und trinkt, er sieht es gern. In der Nacht der bittern Leiden gab er euch das Mahl der Freuden zum Gedächtniß seiner That, daß er euch erlöset hat. Nehmt seinen Leib zur Speise, er nährt wunderbarer Weise! nehmt das Blut des neuen Bundes zur Erquickung eures Mundes!

Anmerk. Der erste Vers aus dem Catechismus-Liede: Christen die in Christo leben; kirchlich vielleicht unmittelbar vor der Austheilung des Heil. Abendmahls zu gebrauchen.

Mel. O daß ich tausend Zungen hätte.

457. Dank, ewig Dank sei deiner Liebe, erhöhter Mittler, Jesu Christ: gieb, daß ich deinen Willen übe, der du für mich gestorben bist, und laß die Größe deiner Pein mir immer in Gedanken sein.

2. Heil mir! mir ward das Brod gebrochen, ich trank von deines Bun-

des Wein; voll Freude hab ich dir versprochen: dir, treufter Jesu, treu zu sein, noch einmal, Herr, gelob ich dir, schenk du nur deinen Segen mir.

Anmerk. Aus dem Liede: Dank, ewig Dank sei deiner Liebe von J. C. Lavater.

Mel. Jesus meine Zuversicht.

458. Die ihr Jesu Jünger seid, theure miterlöste Brüder, alle seinem Dienst geweiht, alle seines Leibes Glieder, kommt, Erlöste, kommt, erneut euren Bund der Seligkeit.

2. Nehmet hin und eßt sein Brod! Jesus Christus ward gegeben für die Sünder in den Tod. Nehmt und trinkt, ihr trinkt das Leben. Jesus Christ, mit Preis gekrönt, hat uns Staub mit Gott versöhnt.

Anmerk. Aus dem Liede: Die ihr seine Laufbahn lauft von Klopstock, vergl. zu Nro. 398. Ebenfalls als unmittelbar zur Distribution überleitender Vers zu gebrauchen.

17 *

Mel. Nun freut euch liebe Christeng'mein.

459. Du Lebensbrod! Herr Jesu Christ! mag dich ein Sünder haben, der nach dem Himmel hungrig ist, und sich mit dir will laben, so bitt ich dich demüthiglich, du wollest recht bereiten mich, daß ich recht würdig werde.

2. Auf grünen Auen wollest du mich diesen Tag, Herr! leiten, den frischen Wassern führen zu, den Tisch für mich bereiten. Ich bin zwar sündlich, matt und krank; doch laß mich deinen Gnadentrank aus deinem Becher schmecken.

3. Ja ich bin deiner Gunst nicht werth, als der ich itzt erscheine mit Sünden ach so sehr beschwert, die schmerzlich ich beweine: in solcher Trübsal tröstet mich, Herr Jesu! daß du gnädiglich der Sünder dich erbarmest.

4. Du Lebensbrod! Herr Jesu Christ! komm, selbst dich mir zu schenken: o Blut! das du vergossen bist, komm, gnädig mich zu tränken. Ich bleib in dir, du bleibst in mir, drum wirst du, goldne Himmelsthür! auch mich dort auferwecken.

Anmerk. Aus dem Gesange: Du Lebensbrod Herr Jesu Christ von Joh. Rist.

Mel. Wenn wir in höchsten Nöthen sein.

460. Herr, der du als ein stilles Lamm am martervollen Kreuzesstamm zu sühnen meiner Sündenlast dich auch für mich geopfert hast:

2. Hier feir ich deinen Mittlertod, du schenkst dich mir in Wein und Brod; o Liebe, welcher keine gleicht! o Wunder das kein Sinn erreicht!

3. Hier schau ich deine Mildigkeit, hier schmeck ich deine Freundlichkeit, du reichst das Pfand der Seligkeit, das Siegel der Gerechtigkeit.

4. Ich Erd und Asche bin's nicht werth, daß so viel Heil mir widerfährt. Du willst, Erhabner, nicht verschmähn zu meinem Herzen einzugehn.

5. Du kommst: gesegnet seist du mir! du bleibst in mir und ich in dir; mein Herz umfängt dich, richte du dir's selbst zu deiner Wohnung zu.

6. Stärk mich durch deines Mahles Kraft zur immer treuen Ritterschaft, die Feinde muthig anzugehn, die mir nach meiner Seele stehn.

7. Wenn du mich dann, du Lebensfürst, zur Seligkeit vollenden wirst, ergötzt mit Freuden ohne Zahl mich dort dein ewig Abendmahl.

Anmerk. Aus dem 20versig n Liede: Herr der du als ein stilles Lamm v. Joh. Adolf Schlegel.

Mel. O daß ich tausend Zungen hätte.

461. Ich komm zu deinem Abendmahle, weil mein Herz voll Verlangen ist, mit deiner Kraft, Herr, mich durchstrahle, der du der Seele Speise bist: mein Jesu! laß dein Fleisch und Blut sein meiner Seelen höchstes Gut.

2. Gieb, daß ich würdiglich erscheine bei deiner Himmelstafel hier, daß meine Seele nur alleine mit ihrer Andacht sei bei dir: mein Jesu! laß dein Fleisch u. s. w.

3. Unwürdig bin ich zwar zu nennen, weil ich in Sünden mich verirrt; doch wirst du noch die Deinen kennen, du bist ja mein getreuer Hirt: mein Jesu! laß dein Fleisch u. s. w.

4. Dein Herz ist stets voll von Verlangen, und brennt von sehnlicher Begier, die armen Sünder zu umfangen; drum komm ich Sünder auch zu dir: mein Jesu! laß dein Fleisch u. s. w.

5. Du wirst ein solches Herze finden, das dir zu deinen Füßen fällt, das da beweinet seine Sün-

eu; doch sich an dein Verdienst auch hält: mein Jesu! laß dein Fleisch u. s. w.

6. Ich kann dein Abendmahl wohl rennen nur deiner Liebe Testament; denn ach! hier kann ich recht erkennen, wie sehr dein Herz vor Liebe brennt: mein Jesu! laß dein Fleisch und Blut u. s. w.

7. Der Leib den du für mich gegeben, das Blut, das du vergossen hast, giebt meiner Seelen Kraft und Leben, und meinem Herzen Ruh und Rast: mein Jesu! laß dein Fleisch u. s. w.

8. Ich bin mit dir nun ganz vereint: du lebst in mir und ich in dir; drum meine Seele nicht mehr weinet, es lacht nur lauter Lust bei ihr: mein Jesu! laß dein Fleisch u. s. w.

9. Wer ist, der mich nun will verdammen? der mich gerecht macht, der ist hie: ich fürchte nicht der Höllen Flammen, mit Jesu ich im Himmel zieh! mein Jesu! laß dein Fleisch u. s. w.

10. Kommt gleich der Tod auf mich gedrungen, so bin ich dennoch wohl vergnügt, weil der, so längst den Tod verschlungen, mir mitten in dem Herzen liegt: mein Jesu! laß dein Fleisch u. s. w.

11. Dein Fleisch wird mich einst auferwecken, und bringen aus dem Grab hervor; drum kann kein finster Grab mich schrecken, das seine Beute schon verlor: mein Jesu! laß dein Fleisch u. s. w.

12. Drum ist nun aller Schmerz verschwunden, nachdem mein Herz die Süßigkeit der Liebe Jesu hat empfunden, die mir verwandelt alles Leid: mein Jesu! laß dein Fleisch und Blut u. s. w.

13. Nun ist mein Herz ein Wohnhaus worden der heiligen Dreieinigkeit; nun steh ich in der Engel Orden, und lebe ewiglich erfreut: mein Jesu! laß dein Fleisch und

Blut sein meiner Seelen höchstes Gut.

Anmerk. Aus dem 28versigen Liede von Fr. Ch. Heider: Ich komm zu deinem Abendmahle.

Mel. Schmücke dich o liebe Seele.

462. Jesu, Freund der Menschenkinder, Heiland der verlornen Sünder der zur Sühnung unsrer Schulden Kreuzesschmach hat wollen dulden. Wer kann fassen das Erbarmen, das du trägest mit uns Armen! in der Schaar erlöster Brüder fall ich dankend vor dir nieder.

2. Ja auch mir strömt Heil und Segen, aus deiner Füll entgegen; in dem Elend meiner Sünden soll bei dir ich Hülfe finden. Meine Schulden willst du decken, mich befrein von Furcht und Schrecken, willst ein ewig selig Leben als des Glaubens Frucht mir geben.

3. Herr, du kommst dich mit den Deinen in dem Nachtmahl zu vereinen; du, der Weinstock giebst den Reben neue Kraft zum neuen Leben. Hilf, daß ich die Lust der Sünde stark von nun an überwinde: ja durch dich muß es gelingen Frucht der Heiligung zu bringen.

4. Nun so sei der Bund erneuet, unser Herz dir ganz geweihet! auf dein Vorbild woll'n wir sehen und dir nach, mein Heiland, gehen. Schaff ein neues Herz uns Sündern, mache uns zu deinen Kindern, die dir leben, leiden, sterben, deine Herrlichkeit zu erben.

Anmerk. Aus dem Liede: Jesu Freund der Menschenkinder von J. C. Lavater.

Mel. Jesus meine Zuversicht.

463. Meinen Jesum laß ich nicht, meine Seel ist nun genesen: selig ist das heutige Licht, da ich Jesu Gast gewesen; darum ruft mein

Herz und spricht: meinen Jesum
laß ich nicht.

2. Meinen Jesum laß ich nicht,
weil er mich so brünstig liebet, und
sich in mein Herze flicht, ja, sich mir
zu eigen giebet, und sich ewig mir
verspricht. Meinen u. s. w.

3. Herr, dein Leib und theures
Blut, Jesu, das ich jetzt genossen,
stärkt mich und macht alles gut, daß
ich hinfort nicht verstoßen bin von
Gottes Angesicht. Meinen u. s. w.

4. Meinen Jesum laß ich nicht,
er ist nun mein Bruder worden,
trotz, daß Welt und Satan spricht,
ich sei noch in ihren Orden. Nein,
mein Jesus ist mein Licht: dich,
mein Bruder u. s. w.

5. Laß mich auch, mein Jesu,
nicht, wenn es mit mir kommt zum
Ende: wenn mir Sinn und Herze
bricht. Jesu, nimm in deine Hän=
de meinen Geist, mein Lebenslicht.
Meinen u. s. w.

6. Und deß bin ich auch gewiß,
weil mein Jesus mir verheißen, aus
des Todes Finsterniß mich mit star=
ker Hand zu reißen. Drum auch
meine Seele spricht: meinen Jesum
laß ich nicht.

Anmerk. Aus dem Liede: Meinen
Jesum laß ich nicht von J. F.
Mayer.

Mel. Erquicke mich du Heil der Sünder.

464. **Mein** Jesu, der du vor
dem Scheiden, in deiner letzten
Trauernacht, uns hast die Früchte
deiner Leiden in einem Testament
vermacht: es preisen gläubige Ge=
müther dich, Stifter dieser hohen
Güter.

2. So oft wir dieses Mahl ge=
nießen, wird dein Gedächtniß bei
uns neu, und neue Lebensströme
fließen uns zu von deiner Lieb und
Treu, dein Blut, dein Tod und dei=
ne Schmerzen verneuern sich in un=
sern Herzen.

3. Es wird dem zitternden G[e]=
wissen ein neues Siegel aufgedrü[ckt]
daß unser Schuldbrief sei zerriss[en]
daß unsre Handschrift sei zerstör[t]
daß wir Vergebung unsrer Sünde[n]
in deinen blutgen Wunden finden.

4. Das Band wird inniger ge=
schlungen, das dich und uns zusam=
men fügt, die Liebe, die uns sch[..]
durchdrungen fühlt, wie sie neue[s]
Leben kriegt, wir werden neu i[n]
solchen Stunden mit dir zu eine[m]
Geist verbunden.

5. O theures Lamm! so er[..]
Gaben hast du in dieses Mahl ge=
legt, da wir dich selbst zur Spei[se]
haben, wie wohl ist unser Geist ge[..]
pflegt! dieß Mahl ist unter alle[n]
Leiden ein wahrer Vorschmack jene[r]
Freuden.

6. Dir sei Lob, Ehr und Prei[s]
gesungen, ein solcher hoher Liebes=
schein verdient, daß aller Engel Zun=
gen zu seinem Ruhm geschäftig sei[n].
Einst wollen wir, zu dir erhob[en],
von Angesicht dich ewig loben.

Anmerk. Aus dem Liede: Mei[n]
Jesu der du von dem Sche[i]=
den von J. J. Rambach.

Mel. Nun laßt uns Gott dem Herren.

465. **O** Jesu, meine Wonne!
du meiner Seelen Sonne! du Freund=
lichster auf Erden! laß mich dir
dankbar werden.

2. Wie kann ich gnugsam schä[t]=
zen dieß himmlische Ergötzen, und
diese theure Gaben, so uns gestär=
ket haben?

3. Wie soll ich dirs verdanken,
o Herr! daß du mich Kranken ge=
speiset und getränket, ja selbst dich
mir geschenket?

4. Ich lobe dich von Herzen für
alle deine Schmerzen, für Martern
und für Wunden, die du für mich
empfunden.

5. Dir dank ich für dein Leiden,
den Ursprung meiner Freuden; dir

ank ich für bein Sehnen und heiß ergoßne Thränen.

6. Dir dank ich für bein Lieben, as standhaft ist geblieben; dir bank ch für bein Sterben, das mich dein Reich läßt erben.

7. Nun bin ich losgezählet von Sünden, und vermählet mit dir, nein liebstes Leben, was kannst du werthers geben?

8. Laß, Treuster! meine Seele mit der ich dich erwähle mit heißerem Verlangen an deiner Liebe hangen.

9. Laß mich die Sünde meiden, laß mich gebuldig leiden, laß mich mit Andacht beten, und von der Welt abtreten.

10. Dann kann ich nicht verberben, brauf will ich selig sterben, und freudig auferstehen, o Jesu! bich zu sehen.

Anmerk. Aus dem Liebe: O Jesu meine Wonne von Joh. Rist.

Mel. Valet will ich dir geben.

468. Voll Inbrunst, Dank und Freude, Herr Jesu, beten wir, gebenken beines Todes und singen, Heiland, dir. Erweckt bei deinem Mahle zu neuer, festrer Treu empfinden wir, wie selig, wer bir sich opfert sei.

2. Wie heilig war die Stunde, wie feierlich der Tag, da beine Hand den Jüngern das Brod des Segens brach! wie heilig ist die Stunbe, da wir auch zu dir nahn, dies Denkmal deiner Liebe anbetend zu empfahn.

3. Da brennet unsre Seele von froher Dankbegier und unsre Herzen schlagen voll heißer Liebe dir. Dir unserm Herrn geloben wir ewig treu zu sein und uns und unser Leben ganz deinem Dienst zu weihn.

4. Zwar sehen unsre Augen dich unsern Heiland nicht, nicht deine Huld und Liebe in deinem Angesicht, sehn nicht das Brod dich reichen, des Bundes Kelch nicht weihn, uns schallt nicht deine Stimme: nehmt und gedenket mein.

5. Doch gegenwärtig fühlen wir dich, du guter Hirt, wenn uns das Pfand der Liebe an deinem Altar wird. Zu deinen Herrlichkeiten hebt sich der Blick empor, wir schauen dich, umgeben von deiner Engel Chor.

6. Wo in des Vaters Reiche, ein ewig Mahl erquickt, nicht mehr in Brod und Weine, dich selbst das Aug' erblickt, wo wir zu dir versammelt, all eine Brüderschaar, dir danken der uns liebte und einst auch sterblich war.

7. O laß den Tag des Segens uns freudig wiedersehn, uns voll des heißen Dankes bei deinem Mahle stehn; und was wir dir gelobten, dazu, Herr, gieb uns Kraft: so enden wir einst freudig des Lebens Pilgerschaft.

Anmerk. Das Lied: Voll Inbrunst, Dank und Freude von X. H. Niemeyer, mit Auslassung eines Verses und einigen Veränderungen.

XXXV.

Vom Tode.

(Sterbe= und Begräbnißlieder.)

A) Vollständige Gesänge.

467. Alle Menschen müs=
sen sterben, alles Fleisch vergeht
wie Heu; was da lebet, muß ver=
derben, soll es anders werden neu.
Dieser Leib, der muß verwesen,
wenn er anders soll genesen der so
großen Herrlichkeit, die den From=
men ist bereit.

2. Drum so will ich dieses Le=
ben, weil es meinem Gott beliebt,
auch ganz willig von mir geben,
bin darüber nicht betrübt: denn in
meines Jesu Wunden hab ich schon
Erlösung funden, und mein Trost
in Todesnoth ist des Herren Jesu
Tod.

3. Jesus ist für mich gestorben,
und sein Tod ist mein Gewinn, er
hat mir das Heil erworben, drum
fahr ich mit Freuden hin, hin aus
diesem Weltgetümmel in den schö=
nen Freudenhimmel, da ich werde
allezeit schauen die Dreifaltigkeit.

4. Da wird sein das Freuden=
leben, da viel tausend Seelen schie=
sind mit Himmelsglanz umgeben,
dienen Gott vor, seinem Thron;
da die Seraphinen prangen, und
das hohe Lied anfangen: Heilig,
Heilig, Heilig heißt Gott der Va=
ter, Sohn und Geist.

5. Da die Patriarchen wohnen,
die Propheten allzumal; wo auf
ihren Ehrenthronen sitzet die zwölf=
te Zahl; wo in so viel tau=
send Jahren alle Fromme hingefah=
ren, da wir unserm Gott zu Ehr'n
ewig Halleluja hör'n.

6. O Jerusalem du Schöne, ach!
wie helle glänzest du! ach! wie lieb=
lich Lobgetöne hört man da in san=
ter Ruh! o der großen Freud und
Wonne! jetzund gehet an die Son=
ne, jetzund gehet an der Tag, der
kein Ende nehmen mag.

7. Ach! ich habe schon erblickt

CCCCLXVII. Text bei Rambach aus dem Jahre 1672. Dazu alte Gesgb.
bis 1740 verglichen (A.). — 1. b. S. verblüht (ganz mißlungen!). e. S. muß ver=
f. A. B. K. ewig soll. S. nachmals soll. g. A. S. K. zu der. — 2. b. A. B. S. K.
W. wenn ob. wann. c. A, H. gar willig. f. A. Bs. mein Erl. A. nuh Erl=
3. a. A. S. W. Christus ist. d. A. Bs. S. mit Freud dahin. e. A. B. K. H. hier aus.
f. A. S. in des großen (Bs. B. K. H. in den schönen) Gottes Him. h. A. B. K. H.
Dreieinigkeit. B. sehen. S. W. schauen Gottes Herrlichkeit. — 4. b. H. wo
viel. d. B. dienen da vor G. Thr. A. H. W. stehen da vor G. Thr. e. H. wo
wo die. — 5. a. H. wo die. d. S. sitzt der zwölf Ap. Zahl. K. H. sitzet der
Apostel Zahl. W. sitzet der zwölf Boten Zahl. f. A. alle Väter. g. h. S. und
nun ihrem Gott zum Dank singen ewgen Lobgesang. K. W. da (W. wo) dem
Herrn, der uns versöhnt, ewig Hall. tönt. — 6. b. K. H. o wie. c. K. ach welch.
H. welch ein. d. A. W. in stolzer Ruh. A. steht man. f. A. und alle Bücher.
gehet auf. S. immer heller strahlt die Sonne. f. g. K. W. jetzo gehet auf.
jetzo. g. S. immer schöner wird der Tag. — 7. a. S. nun ich. b. B. K. H.
diese große. c. S. bald, gar bald werd ich. a—c. W. laß mein Herz sich fründ=
lich schicken Herr, zu jener. W. daß du mich kannst droben schm. f. A. Bs. B. S.
K. steh ich da. W. daß ich steh. h. A. die ich nicht beschreiben kann. — Ja
sehr wenigen alten Gesangb. (von unsern Büchern nur bei B.) findet sich der ei=

alle diese Herrlichkeit, jetzo werd
ich schön geschmücket mit dem wei=
ßen Himmelskleid; mit der güldnen
Ehrenkrone stehe da vor Gottes
Throne, schaue solche Freude an,
die kein Ende nehmen kann.

Anmerk. Von Joh. G. Albinus.
Der Anstoß, welchen dieses Lied in
manchen Versen dem modernen Ge=
schmacke gegeben hat, ist nicht sei=
ne Schuld. Wir halten nirgends
eine Aenderung für unbedingt nöthig.

468. Christus der ist mein
Leben, Sterben ist mein Gewinn;
dem thu ich mich ergeben, mit Fried'
fahr ich dahin.

2. Mit Freud' fahr ich von dan=
nen, zu Christ, dem Bruder mein,
auf daß ich zu ihm komme, und
ewig bei ihm sei.

3. Ich hab nun überwunden Kreuz

Leiden, Angst und Noth, durch sein
heilig' fünf Wunden bin ich ver=
söhnt mit Gott.

4. Wenn meine Kräfte brechen,
mein Athem geht schwer aus, und
kann kein Wort mehr sprechen, Herr!
nimm mein Seufzen auf.

5. Wenn mein Herz und Gedan=
ken zergehn als wie ein Licht, das
hin und her thut wanken, wenn
ihm die Flamm' gebricht:

6. Alsdann fein sanft und stille,
Herr! laß mich schlafen ein, nach
deinem Rath und Willen, wenn
kömmt mein Stündelein.

7. Und laß mich an dir kleben,
wie eine Klett am Kleid, und ewig
bei dir leben, in himml'scher Wonn
und Freud.

Anmerk. Der Verf. streitig. Die
größte Schwierigkeit bereitet „die

gentliche Schlußvers des Gesanges der auch bei Rambach ausgelassen und auf je=
den Fall unkirchlich ist: Nun, hier will ich ewig wohnen, liebster Schatz, zu guter
Nacht, eure Treu wird Gott belohnen, die ihr habt an mir verbracht. Liebsten
Freunde und Verwandten, Schwäger, Freunde und Bekannten, lebet wohl zu guter
Nacht: Gott sei Dank, es ist vollbracht!
CCCCLXVIII. Text bei Rambach aus dem Jahre 1609. Dazu alte Gesgb.
bis 1720 vergl. (A.) — 1. b. K. und Sterben mein. c. S. B. H. dem hab
ich. K. ihm hab ich. W. ihm will ich. d. A. (fast einstimmig) mit Freud: so
alle Bücher, außer K.: im Frieden fahr ich hin. — 2. c. d. Bs. zu seinem Thron
zu kommen, ewig bei ihm zu sein. d. B. sein. c. d. K. W. daß ich mag (W.
mög) zu ihm kommen und ewig bei ihm sein. S. ändert den ganzen Vers: Ich
fahr dahin mit Frieden zu dir, Herr Jesu Christ, von dir stets ungeschieden, der
du mein Bruder bist. — 3. a. A. nun hab ich, K. B. S. K. H. c. Bs. B.
K. H. W. durch seine heilgen W. S. durch deine h. W. — 4. a. A. meine
Augen, ob. mein Kraft beginnt zu br. b. S mein Athem schwerer wird. c. B.
K. und ich kein Wort kann. d. S. mein Geist sich schon
verirrt. — 5. a. Bs. wenn mir. B. K. wenn Sinnen und Gedanken. b. Alle Bücher
(außer S.): vergehen. W. als ein. A. wie ein, so B. K. H. c. B. K. W. muß
wanken. d. K. weil ihm. S. ändert den ganzen Vers: wenn Sinnen und Ge=
danken, wie ein verlöschend Licht, noch hin und wieder wanken, ach dann verlaß
mich nicht! — 6. Ist bei einigen Alten Bs. 7. d. K. und unverletzet sein. c.
d. S. es ist dein Rath und Wille, daß ich soll selig sein (!). In einem alten Bu=
che lautet der Vers: fein sanft, fein leicht, fein stille, gleich als im süßen Ton,
schlaf ich in Gottes Wille; mein Trost ist Gottes Sohn. — 7. a. A. ach laß,
ob. hilf, daß ich an dir kl. A. lebe. d. B. in deiner Herrlichkeit. A. Bs. H.
in Himmelswonn und Fr. S. nur laß mich dir Herr leben in dieser Sterblichkeit,
daß ich mög ewig schweben in deiner Herrl. K. ach laß mich an dir kl., der Reb
am Weinstock gleich und ewig bei dir leben in deinem Freudenreich. W. ach laß
mich gleich den Reben anhangen dir allzeit und ewig bei dir leben in deiner Him=
melsfreud. — Ein achter Vers findet sich in vielen alten Gesgb., auch bei Bs.
S. H. B.: Wohl in des Himmels Throne sing ich Lob, Ehr und Preis Gott Va=
ter und dem Sohne und auch dem heilgen Geist. Der Varianten in diesem, wohl
apocryphischen, Verse sind mancherlei.

Kleit am Kleid." Die Lesart von W. ist nicht unpassend, theils wegen der Beziehung auf den „rechten Weinstock," theils weil auch die Weinranken sich eng anschließen und umfangen.

Mel. Valet will ich dir geben.

469. Die auf der Erde wallen, die Sterblichen sind Staub. Sie blühen auf und fallen, des Todes sichrer Raub. Verborgen ist die Stunde, da Gottes Stimme ruft, doch jede, jede Stunde bringt näher uns der Gruft.

2. Getrost gehn Gottes Kinder die öde, dunkle Bahn, zu der verstockte Sünder verzweiflungsvoll sich nahn, wo selbst der freche Spötter nicht mehr zu spotten wagt, vor dir, Gott, seinem Retter erzittert und verzagt.

3. Wenn diese Bahn zu gehen dein Will einst mir gebeut; wenn nahe vor mir stehen Gericht und Ewigkeit; wenn meine Kräfte beben und schon das Herz mir bricht: Herr über Tod und Leben, o dann verlaß mich nicht!

4. Hilf, Todesüberwinder, hilf dem in solcher Angst, für den du, Heil der Sünder, selbst mit dem Tode rangst. Und wenn des Kampfes Ende gewaltiger mich faßt; nimm mich in deine Hände den du erlöset hast.

5. Des Himmels Wonn und Freuden ermißt kein sterblich Herz. O Trost für kurze Leiden, für kurzen Todesschmerz! dem Sündenüberwinder sei ewig Preis und Dank! Preis ihm, der für uns Sünder den Kelch des Todes trank.

6. Heil denen, die auf Erden sich schon dem Himmel weihn, die aufgelöst zu werden mit heilger Furcht sich freun! bereit, es ihm zu geben, wenn Gott, ihr Gott gebeut gehn sie getrost durchs Leben hin zur Unsterblichkeit.

Anmerk. Von G. B. Funk, ein im nördlichen Deutschland bei der Gemeinde beliebt gewordenes Lied, was auch mit Unrecht bei Bs. B. S. K. W. ausgelassen ist.

Mel. Christus der uns selig macht.

470. Einen guten Kampf hab ich auf der Welt gekämpfet, denn Gott hat gnädiglich all mein Leid gedämpfet, daß ich meinen Lebenslauf seliglich vollendet, und die Seele himmelauf Christo zugesendet.

2. Forthin ist mir beigelegt der Gerechten Krone, die mir wahre Freud erregt in des Himmels Throne; forthin meines Lebens Licht, dem ich hier vertrauet, nämlich Gottes Angesicht, meine Seele schauet.

3. Diese gar verhaßte Welt ist was meinem Leben nunmehr gänz=

CCCCLXIX. Text bei Rambach aus dem 1767 erschienenen Basedowschen Privatgesangbuche. Viele von den nun anzugebenden Varianten von H. rühren schon von dem Verf. her und manche verdienen offenbar den Vorzug vor dem Texte. — 1. h. zur Gruft. — 2. b. die finstre Todesbahn. g. und vor dem Gott der Götter. — 3. c. wenn vor mir offen. f. und nun das. — 4. b. hilf mir. — 5. und 6. umgestellt. 5. e. dem Todesüberw. g. daß er für uns die S. — 6. d. in Heiligkeit sich. g. fließt dies ihr irdisch Leben.

CCCCLXX. Grundtext: Wilhelm Müller D. D. V. p. 209. — 1. c. S. Gott hat nun sehr gnädiglich. B. denn Gott hat sehr gn. K. denn Gott hat nun gn. H. denn Gott hat nun. d. S. B. H. meine Noth. e. S. K. meines Leb., alte Lesart. f. H. selig hab. g. K. und mein arme Seel hinauf, alte Lesart. h. B. H. Gott dem Herrn gesendet. — 2. a. K. ewge — vor des. e. f. K. ist der Herr mein Licht, dem ich mich. g. S. meinen Gott von Ang. K. weil ihn nun von Ang. — 3. a. b. B. S. dieser bösen, schnöden Welt jämmerliches Leben. H. eiteln Welt mühevolles. K. hier in dieser argen Welt ist kein wah=

ich nicht gefällt; drum ich mich er=
geben meinem Jesu, da ich bin
itzt in lauter Freuden, denn sein
Tod ist mein Gewinn, mein Ver=
dienst sein Leiden.

4. Gute Nacht, ihr meine Freund!
ihr o meine Lieben, alle, die ihr
um mich weint, laßt euch nicht be=
trüben, diesen Abtritt, den ich thu
in die Erde nieder; schaut, die Son=
ne geht zur Ruh, kommt doch mor=
gen wieder.

Anmerk. Von Heinr. Albert
1632 auf Joh. Ernst Adersbach's
Tod gedichtet und kirchlich sehr paf=
fend bei Begräbnissen solcher zu ge=
brauchen, die in dem Herren lebten
und starben. Aenderungen find nur
Vs. 3. Zl. 1. und besonders Vs. 4.
Zl. 5. zuläffig.

471. Herr Gott! nun
schleuß den Himmel auf, mein
Zeit zum End sich neiget; ich hab
vollendet meinen Lauf, deß sich mein
Seel sehr freuet. Hab gnug gelit=
ten, mich müd gestritten, schick mich
fein zu zur ewgen Ruh. Laß fah=
ren was auf Erden, will lieber se=
lig werden.

2. Wie du mir, Herr! befohlen
haft, hab ich mit wahrem Glauben
mein'n lieben Heiland aufgefaßt in
mein Arm, dich zu schauen. Hoff
zu bestehen, will frisch eingehen,

aus'm Thränenthal in Freudensaal.
Laß fahren, was auf Erden, will
lieber selig werden.

3. Laß mich nur, Herr! wie Si=
meon, im Friede zu dir fahren, be=
fiehl mich Christo, deinem Sohn,
der wird mich wohl bewahren, wird
mich recht führen, im Himmel zie=
ren mit Ehr und Kron, fahr drauf
davon. Laß fahren, was auf Er=
den, will lieber selig werden.

Anmerk. Von Tob. Kiel, steht in
manchen Gesgbch. unter der Rubrik:
„Auf Mariä Reinigung" wo es
auch ganz gut zu gebrauchen ist.
Paffend bei Begräbnissen bejahrter,
frommer Personen.

Mel, Vater unser im Himmelreich.

472. Herr Jesu Christ, wahr'r
Mensch und Gott, der du littst Mar=
ter, Angst und Spott, für mich am
Kreuz auch endlich starbst und mir
dein's Vaters Huld erwarbst. Ich
bitt durchs bittre Leiden dein, du
wollst mir Sünder gnädig sein.

2. Wann ich nun komm in Ster=
bensnoth, und ringen werde mit
dem Tod: wann mir vergeht all
mein Gesicht, und meine Ohren hö=
ren nicht, und meine Zunge nicht
mehr spricht, und mir vor Angst
mein Herz zerbricht.

3. Wann mein Verstand sich nichts
versinnt, und mir all menschlich Hülf

res Leben. c. B. H. mir nun länger nicht gefällt, alte Lesart. S. mir schon
längst nicht mehr gef. c—f. K. dem der einzig mir gef. hab ich mich ergeben,
Jesu, der mich führet hin in das Reich der Freuden. h. S. und mein Trost. —
4. b. B. K. H. alle meine, alte L. d. K. euch's nicht. e. B. meinen Heim=
gang. S. meinen Weggang. H. diesen Hingang. e. f. K. hier thu ich die Augen
zu, leg ins Grab mich nieder. g. H. seht.

CCCCLXXI. Text bei Rambach aus dem Jahre 1651. — 2. c. d. K.
hier meinen Heiland aufgefaßt in's Herz um dich zu schauen. g. h. K. vom
zum. — 3. h. K. drauf wag ich's schon.

CCCCLXXII. Der Text bei Rambach aus dem Jahre 1565. Dazu ver=
glichen der Text bei Wackernagel aus dem J. 1569 (Wk.) und alte Gesgbch. bis
1700 (A.). In Hinsicht der Melodie bemerkt Wackernagel: „Die Unart aus den
8 sechszeiligen Strophen 12 vierzeilige zu machen, findet sich zuerst in den Kirchen=
gesängen der Böhmischen Brüder 1566, und danach in Joh. Kuchenthals Kirchen=
gesängen, Wittenb. 1573." Von unsern Büchern schreiben Bs. B. S. K. (der dies=
mal wegen völliger Umarbeitung in den Varianten nicht zu berücksichtigen war)

zerrinnt, so komm, o Herr Christ, mir behend zu Hülf an meinem letzten End, und führ mich aus dem Jammerthal, verkürz mir auch des Todes Qual.

4. Die bösen Geister von mir treib, mit deinem Geist stets bei mir bleib, bis sich die Seel vom Leib abwend, so nimm sie Herr, in deine Händ, der Leib hab in der Erd sein Ruh, bis sich der jüngst Tag naht herzu.

5. Ein fröhlich Urständ mir verleih, am jüngsten G'richt mein Fürsprech sei, und meiner Sünd nicht mehr gedenk, aus Gnaden mir das Leben schenk: wie du hast zugesaget mir in deinem Wort, das trau ich dir:

6. Fürwahr, fürwahr euch sage ich, wer mein Wort hält, und glaubt an mich, der wird nicht kommen ins Gericht, und den Tod ewig schmecken nicht, und ob er gleich hie zeitlich stirbt, mit nichten er drum gar verdirbt.

7. Sondern ich will mit starker Hand, ihn reißen aus des Todes Band, und zu mir nehmen in mein Reich, da soll er dann mit mir zugleich, in Freuden leben ewiglich, dazu hilf uns ja gnädiglich.

8. Ach, Herr, vergieb all unser Schuld! hilf, daß wir warten mit Geduld, bis unser Stündlein kommt herbei, auch unser Glaub stets wakker sei, dein'm Wort zu trauen festiglich bis wir entschlafen seliglich.

Anmerk. Von Paul Eberus. Der kindlich-gläubige Charakter des Gesanges verträgt nur leichte Aenderungen in der Form.

Mel. Aus tiefer Noth schrei ich zu dir.

473. Herr! wie du willst, so schick's mit mir im Leben und im Sterben; allein zu dir steht mein Begier, laß mich, Herr! nicht verderben: erhalt mich nur in deiner Huld, sonst wie du willst, gieb mir Geduld, denn dein Will ist der beste.

2. Zucht, Ehr und Treu verleih mir, Herr! und Lieb zu deinem Worte; behüt mich, Herr! vor falscher Lehr, und gieb mir hier und dorte, was mir dienet zur Seligkeit, wend ab all Ungerechtigkeit in meinem ganzen Leben.

3. Soll ich denn einmal nach dein'm Rath von dieser Welt abscheiden, verleih, mir Herr! nur deine Gnad, daß es gescheh mit Freuden. Mein Leib und Seel befehl

eigene Melodie ro:. — 1. c. Bs. und. d. Bs. S. des. — 2. c. d. S. all me'n Gesicht vergeht und auch mein Ohr kein Wort versteht. e. A. Wk. wenn (wann) — nichts. Bs. B. S. H. wenn. — 3. a. Wk. sich nichts mehr b'sinnt. A. Bs. B. S. H. nicht besinnt. b. H. Menschenhülf. S. und Menschenhülfe ganz z. c. Wk. Herr Christe. B. so komme, o Herr Chr. behend, zu Hülfe mir am l. S. Herr Jesu. f. S. verkürze mir des. — 4. b. S. Geiste bei mir. c. Bs. B. S. H. wenn. B. vom Leibe wend't. S. H. Leibe trennt. e. S. Erde Ruh. f. Bs. B. S. H. bis naht der jüngste Tag herzu. — 5. a. A. B. Aufersteh'n. a. b. Bs. S. froh Auferstehung (S. fröhlich Aufsteh'n) mir v. — Tag — Fürsprach. B. H. Fürsprach. f. H. deß. — 6. d. Bs. S. den Tod auch; e. Wk. schon. f. A. ganz. — 7. a. S. vielmehr will ich. c. Wk. ihn mit. d. — f. Bs. S. daß er dort leb mit mir zugleich. In Freuden laß uns gnädiglich mit dir dort leben ewiglich. — 8. b. c. Bs. S. laß dein uns warten — wenn. d. Bs. S. hilf daß der Gl. e. S. aufs Wort. B. stetiglich. f. B. S. H. einschlafen.

CCCCLXXIII. Text bei Rambach aus dem Jahre 1597, dazu alte Gesangb. bis 1700 verglichen (A.). — 1. c. K. mein Herz verlangt allein nach dir. f. B. nur. g. A. Bs. W. dein Will der ist. S. dein Will ist doch. B. K. H. dein Wille ist dir. — 2. a. A. verleihe mir Zucht, Treu und Ehr. b. S. Lust. W. Worten (fatale Aenderungsgewohnheit, vgl. zu 398, 2. a.). K. zu deinen Worten Liebe.

ich dir, o Herr! ein seligs End gieb mir, durch Jesum Christum, Amen!

Anmerk. Von K. Bienemann (Melissander). In Hinsicht der Melodie herrscht große Verwirrung. Einige alte Gesgb. schreiben eigene Melodie vor, andere: „Wenn mein Stündlein vorhanden ist u. s. f."

Mel. Jesus meine Zuversicht.

474. Heute mir, und morgen dir! so hört man die Glocken klingen, wenn wir die Verstorbnen hier auf den Gottesacker bringen. Der Begrabne ruft herfür: heute mir, und morgen dir!

2. Heute roth und morgen todt; unser Leben eilt auf Flügeln: und wir habens täglich noth, daß wir uns an andern spiegeln. Wie bald ißt man Aschenbrod, heute roth und morgen todt.

3. Eines folgt dem andern nach; niemand findet einen Bürgen: und die Frucht, die Adam brach, wird uns alle noch erwürgen. Jeder findt sein Schlafgemach: eines folgt dem andern nach.

4. Mensch! es ist der alte Bund: für den Tod ist gar kein Mittel; bist du heute noch gesund, denk an deinen Sterbekittel. Morgen fällt, der heute stund: Mensch! es ist der alte Bund.

5. Ach! wer weiß, wie nah mein Tod? ich will sterben, eh ich sterbe; so wird mir die letzte Noth, wenn sie kommet, nicht so herbe. Rüste mich dazu, mein Gott! ach! wer weiß, wie nah mein Tod?

6. Selig, wer in Christo stirbt! dessen Tod wird mir zum Leben: wer sich um sein Blut bewirbt, kann den Geist getrost aufgeben: weil er nicht also verdirbt. Selig, wer in Christo stirbt!

Anmerk. Von Benj. Schmolcke, ein „volksmäßiges, derbes, aufrüttelndes Begräbnißlied." B.sonders bei unerwarteten und plötzlichen Todesfällen gut zu gebrauchen.

Mel. Herzlich thut mich verlangen.

475. Ich hab mich Gott ergeben, dem liebsten Vater mein, hier ist kein immer leben, es muß geschieden sein. Der Tod kann mir nicht schaden, er ist nur mein Gewinn, in Gottes Fried und Gnaden fahr ich mit Freud dahin.

2. Mein Weg geht itzt vorüber,

c. A. S. K. behüte mich. d. W. dorten. K. und hilf daß ich mich übe. A. B. S. H. W. was dient zu meiner Seligk. K. in Werken wahrer Frömmigkeit. — 3. a. A. B. K. H. wenn ich einmal nach deinem. Bs. denn einst. S. W. soll ich einmal. b. A. B. K. H. von dieser Welt soll scheiden. c. A. B. verleih, o Herr, mir. S. ach so v. m. K. o so verleihe mir die. H. Herr, so verleih. e. f. K. Herr, Seel und Leib befehl ich, ach gieb ein selges Ende mir.

CCCCLXXIV. Text aus dem Bresl. Gesgbch. von 1745. — 1. e. S. K. aus den Gräbern rufts. — 2. c. S. ist's nicht der Vernunft Gebot; besser K. ist es nicht ein klug Gebot (Ps. 90, 12), Der Fragesatz noch besser zu vermeiden. e. S. ach es thut uns wahrlich noth. K. o solch Denken thut uns noth. — 3. b. S. gleich vom Wind getriebnen Wellen. K. wie der Wind bewegt die Wellen. c. d. S. K. was die Hoffnung auch versprach, kann sie einen Bürgen stillen. e. X. und was Adam einst verbrach. — 4. b—d. S. K. und der Tod zählt keine Jahre, ob du (K. bist du) heute bist gesund, denke doch (K. dennoch denk) an deine Bahre. e. S. jedem kommt die letzte Stund. K. jeder sinkt einst in den Grund (der Grundtext in e. weit schöner und kräftiger). f. S. K. Mensch das. — 5. c. d. S. K. dann — kommt sie einst doch. — 6. b—d. S. K. denn ihm wird der Tod zum Leben, der das Leben hier erwirbt, dem nur wird es dort gegeben. b. X. Jesu Tod wird ihm zum Leben. e. S. K. wer nicht lebet der verdirbt.

CCCCLXXV. Text bei Rambach aus dem Jahre 1627. Die dritte schöne Strophe ist weggelassen. — 1. c. B. K. H. kein ewig. e. H. der Tod bringt mir o Welt! was acht ich dein? der Himmel ist mir lieber, da muß ich trachten ein, ich muß nicht zu sehr beladen, weil ich wegfertig bin, in Gottes Fried und Gnaden fahr ich mit Freud dahin.

3. Ach! selge Freud und Wonne hat mir der Herr bereit, da Christus ist die Sonne, Leben und Seligkeit. Was kann mir doch nun schaden, weil ich bei Christo bin? in Gottes Fried und Gnaden fahr ich mit Freud dahin.

4. Gesegn euch Gott, ihr Meinen, ihr Liebsten allzumal, um mich sollt ihr nicht weinen, ich weiß von keiner Qual: den rechten Port noch heute nehmt fleißig ja in acht, in Gottes Fried und Freude fahrt mir bald alle nach.

Anmerk. Von Joh. Siegfried. In Vs. 4. Zl. 5—8. halten wir keine Aenderung für nöthig.

Mel. Herzlich thut mich verlangen.

476. In Christo will ich sterben, wanns meinem Gott gefällt: hier ist nichts zu erwerben in dieser argen Welt. Es ist ein elend Leben in dieser schnöden Zeit: dort wird ein bessers geben Gott in der Ewigkeit.

2. Mit Christo will ich scheiden von dieser Erdenqual, der wird mich selber leiten durchs finstre Todtenthal. Drum laß ich mir nicht grauen vor diesem Augenblick; bald

werd ich ewig schauen mein bestes Theil und Stück.

3. Zu Christo will ich fahren in das gelobte Land, der wird mich wohl bewahren in seiner starken Hand. Trotz sei dem Feind geboten, daß er mich reiß' heraus; dort will ich seiner spotten im schönen Friedenhaus.

4. Bei Christo will ich bleiben in alle Ewigkeit, und ohn Aufhören treiben sein Lob mit höchster Freud: mit Jauchzen und mit Singen will ich ihm dankbar sein. Nun laß mir's, Herr, gelingen zu deinem Preis allein.

Anmerk. Von Peter Franck. In Vs. 1. Zl. 3—6. lesen wir: und fliehn aus dem Verderben das hier uns Netze stellt. Es haftet diesem Leben stets an der Erde Leib. Vs. 2. Zl. 8. mein einzig wahres Glück.

477. Mitten wir im Leben sind mit dem Tod umfangen, wen such'n wir, der Hülfe thu, daß wir Gnad erlangen? das bist du, Herr, alleine. Uns reuet unsre Missethat, die dich, Herr, erzürnet hat. Heiliger Herre Gott; heiliger starker Gott, heiliger barmherziger Heiland, du ewiger Gott, laß uns nicht versinken in des bittern Todes Noth, Kyrie eleison.

2. Mitten in dem Tod ansicht uns der Höllen Rachen, wer will uns aus solcher Noth frei und le-

kein' Schaden. alte Var. h. K. mit Freuden hin. — 2. d. K. fliehn hinein. H. gehn hinein. e. B. H. mit Sünd, alte Var. K. mit Schuld. S. und mich nicht mehr. f. S. K. daß ich. h. K. mit Freuden. — 3. a. K. ewge Fr. b. K. hält mir. S. hat mir mein Gott. c. K. H. wo. d. K. und Quell der Sel. S. der ewgen Sel. H. Licht, Leben, Sel. e. B. S. K. denn nun. f. K. H. wenn. h. K. mit Freuden. — 4. a. S. so segn' euch. b. K. ihr Lieben. e—h. B. den Herren Jesum Christum laßt nicht aus eurem Sinn, in Gottes Fried und Gnaden fahr ich mit Freud dahin. S. laßt euch von Gott nicht scheiden des Lebens Ungemach und fahrt zu ewgen Freuden in Gottes Fried mir nach. K. H. was Christus euch beschieden laßt euch auerm Sinn, so fahrt ihr auch in Frieden aus dieser Welt dahin. H. in Gottes Gnad und Frieden fahrt dann auch ihr dahin.

CCCCLXXVII. Text bei Wackernagel, dazu alte Gesangb. bis 1700 vergl. (A.) — 1. b. K. von. c. Vs. S. wem flehn wir. K. wer ist, der uns H. A.

dig machen? das thust du, Herr, alleine. Es jammert dein' Barmherzigkeit unsre Sünd und großes Leid. Heiliger Herre Gott, heiliger starker Gott, heiliger barmherziger Heiland, du ewiger Gott, laß uns nicht verzagen vor der tiefen Höllenglut, Kyrie eleison.

3. Mitten in der Höllenangst unsre Sünd uns treiben, wo solln wir denn fliehen hin, da wir mögen bleiben? zu dir, Herr Christ,

alleine. Vergossen ist dein theures Blut, das gnug für die Sünde thut. Heiliger Herre Gott, heiliger starker Gott, heiliger barmherziger Heiland, du ewiger Gott, laß uns nicht entfallen von des rechten Glaubens Trost, Kyrie. eleison.

Anmerk. Das deutsche Media vita in morte sumus von M. Luther, herzinniger Seufzer einer von den Schrecken des Todes umrungenen Seele.

Antwort des Verstorbenen.

So b'grabet mich nun immer hin, da ich so lang verwahret bin, bis Gott, mein treuer Seelenhirt, mich wieder auferwecken wird.

2. Ja freilich werd ich durch den Tod zu Asche, Erdenstaub und Koth, doch wird das schwache Fleisch und Bein von meinem Gott verwahret sein.

3. Mein Leib wird hier der Würmer Spott; die Seele lebt bei meinem Gott, der durch seins Sohns Tods Bitterkeit sie hat erlöst zur Seligkeit.

4. Was hier für Trübsal hat verletzt, wird jetzt mit Himmelslust ersetzt, die Welt ist doch ein Jammerthal, dort ist der rechte Freudensaal.

478. Nun laßt uns den Leib begraben, bei dem wir kein'n Zweifel haben, er wird am letzten Tag aufstehn, und unverrücklich herfür gehn.

2. Erd ist er, und von der Erden, wird auch wieder zur Erd' werden, und von der Erd' wieder aufstehn, wenn Gottes Posaun' wird angehn.

3. Seine Seel lebt ewig in Gott, der sie allhie aus seiner Gnad von aller Sünd und Missethat durch seinen Bund gefeget hat.

4. Sein Arbeit, Trübsal und Elend ist kommen zu ein'm guten End: er hat getragen Christi Joch; ist gestorben, und lebet noch.

W. thut. e. A. thust. h. S. Herr und Gott (so auch in Bs. 2 u. 3). o. K. W. Erbarm dich unser (so auch in Bs. 2 u. 3). — 2. g. A. unsre Klag. — 3. b. S. uns die Sünden.

CCCCLXXVIII. Nun laßt uns den Leib u. s. w. Text bei Wackernagel aus dem Bapstschen Gesangbch. Dazu Gesangb. bis 1700 vergl. (A.) — Bei W. fehlt der Gesang, in K. ist er umgearbeitet. — 1. a. S. begraben laßt uns nun den Leib. b. A. Bs. B. H. daran. S. doch nicht daß er im Grabe bleib. c. d. A. Bs. B. H. wird am jüngsten — unverweslich. S. fest glauben wir, er werd erstehn und in ein neues Leben gehn. — 2. a. H. Er ist Erd. d. B. Gottes Posaune. H. wenn Gottes Stimme wird ergehn. S. Gleichwie er von der Erden war wird er zur Erden offenbar, doch herrlich soll er auferstehn wenn Gottes Stimme wird ergehn. — 3. a. A. Bs. B. H. sein Seele. S. die Seel auf ewig lebt. b. A. Bs. B. H. lauter Gnad. S. der sie von aller Sündennoth. c. S. aus lauter väterlicher Gnad. d. A. Bs. B. S. H. durch seinen Sohn erlöset hat. — 4. a. A. Bs. B. S. H. sein Jammer, Tr. b. A. Bs. B. selgen. H. ist kommen nun zum s. E. S. jetzt kommen ist zum sel'gen. d. S. hier starb er und dort lebt er noch. A. die Seel lebt noch. — 5. a. A. Bs. B. S. H. die Seele lebt ohn. b. A. Bs. B. S. H. jüngsten. Bs. B. S. H. bis zum. d. A. Bs. B. und ew:

5. Die Seel die lebt ohn alle Klag, der Leib schläft bis an letzten Tag, an welchem Gott ihn verklären, und der Freuden wird gewähren.

6. Hier ist er in Angst gewesen, dort aber wird er genesen, in ew'ger Freud und Wonne leuchten, wie die schöne Sonne.

7. Nun lassen wir ihn hie schlafen, und gehn allsammt unsre Straßen, schicken uns auch mit allem Fleiß: denn der Tod kommt uns gleicher Weis.

(Das helf uns Christus, unser Trost, der uns durch sein Blut hat erlöst von Teufels G'walt und ewger Pein, ihm sei Lob, Preis und Ehr allein!)

Anmerk. Das älteste Begräbnißlied der Evangel. Kirche von Mich. Weiß; in sehr spröder und selbst oft der Melodie ganz widerstrebender Form. Die Bearbeitung von Stier dürfte nicht zu verschmähen sein. Das zweite Lied ist von Georg Neumarck und wurde sonst bei Begräbnissen, als Antwort des Verstorbenen auf: Nun laßt uns den Leib, sehr häufig gesungen, so daß die Verse beider Gesänge alternirten. Von unsern Büchern so bei B.

479. O wie selig seid ihr doch, ihr Frommen! die ihr durch den Tod zu Gott gekommen; ihr seid entgangen aller Noth, die uns noch hält gefangen.

2. Muß man hier doch wie im Kerker leben, da nur Sorge, Furcht und Schrecken schweben: was wir hier kennen, ist nur Müh und Herzeleid zu nennen.

3. Ihr hergegen ruht in eurer Kammer sicher und befreit von allem Jammer, kein Kreuz und Leiden ist euch hinderlich in euren Freuden.

4. Christus wischet ab all eure

5. Wenn alle Welt durchs Feu'r zerbricht, und Gott wird halten sein Gericht, so wird mein Leib verkläret stehn, und in das Himmelreich eingehn.

6. Wie manche Widerwärtigkeit betraf mich in der Lebenszeit? nun aber ist mir nichts bewußt, denn ewigliche Himmelslust.

7. So laßt mich nun in sanfter Ruh, und geht nach euren Häusern zu; ein jeder denke Nacht und Tag, wie er auch selig sterben mag.

---

ger Freud wird. c. d. S. H. an welchem Gott ihn schön verklärt und ihm die Herrlichkeit (H. ewge Freude ihm) gewährt. — 6. a. b. S. hier war er in der Angst und Pein dort wird er ganz genesen sein. d. A. Bs. B. helle S. A. als die. c. d. S. in ewger Himmelsfreud und Wonn beim Vater leuchten als die Sonn. H. und in ewger Freud und Wonn leuchten als wie die helle Sonn. — 7. b. A. B. H. all heim. a. b. Bs. S. drum (S. nun) lassen wir ihn seiner Ruh (S. hier in Ruh) und gehn (S. gehn wieder) unsern Häusern zu. Aus dem Liede von Neumarck herübergenommen. c. d. S. und schicken uns mit allem Fleiß, der A. kommt uns auf gleiche Weis. — Der Vers: Das helf uns Christus findet sich schon in sehr alten Gesangb. angehängt.

So b'grabet mich nun immerhin u. s. w. Wir geben die Abweichungen von B. welche meistens schon alte Varianten sind. — 1. a. begrabet mich nun. — 2. Dies ist die Saat von Gott gesät, der Staub so künftig auferstcht. Zwar irdisch wird er ausgestreut, doch blüht er auf zur Herrlichkeit. — 3. c. der durch sein's Todes Bitterkeit. — 4. a. die Tr. b. wird nun. — 7. a. in meiner.

CCCCLXXIX. Grundtext bei W. Müller D. D. V. S. 123. — 1. d. W. umfangen. — 2. b. H. und in Sorgen (Sorgen, alte Lesart). K. da nur Angst und Sorgen uns umschweben (!). — 3. a. Alle: hingegen, alte Var. c. S. noch

Thränen, habt das schon, wornach wir uns erst sehnen: euch wird gesungen, was durch keines Ohr allhier gedrungen.

5. Ach! wer wollte denn nicht gerne sterben, und den Himmel für die Welt ererben? wer wollt' hier bleiben, sich den Jammer länger lassen treiben?

6. Komm, o Christe! komm uns auszuspannen, lös' uns auf, und führ uns bald von dannen! bei dir, o Sonne! ist der frommen Seelen Freud und Wonne.

Anmerk. Beliebtes Lied von Simon Dach. Von Jac. Baumgarten hat man (ähnlich wie bei 478.) einen Zwischengesang: Ja höchst selig u. s. w. Dieser findet sich ganz bei B. und bei H. ein Schlußvers: Nun wir wollen u. s. w.

480. Wenn mein Stündlein vorhanden ist, und soll hinfahr'n mein Straße; so g'leit du mich, Herr Jesu Christ, mit Hülf mich nicht verlasse. Mein Seel an

meinem letzten End, befehl ich dir in deine Händ, du wirst sie wohl bewahren.

2. Mein' Sünd'n mich werden kränken sehr, mein G'wissen wird mich nagen, denn ihr'r sind viel, wie Sand am Meer, doch will ich nicht verzagen, gedenken will ich an dein Tod, Herr Jesu, und dein Wunden roth, die werden mich erhalten.

3. Ich bin ein Glied an deinem Leib, deß tröst ich mich von Herzen, von dir ich ungeschieden bleib in Todesnöthn und Schmerzen; wenn ich gleich sterb, so sterb ich dir, ein ewigs Leben hast du mir mit deinem Tod erworben.

4. Weil du vom Tod erstanden bist, werd ich im Grab nicht bleiben; mein höchster Trost dein' Auffahrt ist, Todsfurcht kann sie vertreiben; denn wo du bist, da komm ich hin, daß ich stets bei dir leb und bin. Drum fahr ich hin mit Freuden.

Anmerk. Von Nic. Hermann

Leiden. d. K. störet eure Ruh und Freuden. — 4. b. S. und ihr habt schon, wonach wir uns. K. ihr habt schon wonach. d. B. S. was durch keines Menschen, alte Var. H. was in keines M. O. d. K. was ihr hört und sehet was hier keines Menschen Geist verstehet (!). — 5. c. d. K. wer hier noch weilen und nicht freudig in die Heimath eilen. — 6. a. W. o Herr uns aus dem Joch zu spannen. a. b. K. komm o Christe, komm uns zu erlösen von der Erde Last und allem Bösen (ziehn wir vor). d. K. Herrlichkeit und Wonne.

CCCCLXXX. Text bei Wackernagel aus dem Jahre 1563, dazu Gesgbch. bis 1708 vergl. — 1. b. A. Bs. B. K. H. und ich soll fahr'n mein Str. W. zu fahren meine Str. S. daß ich von hier soll scheiden. d. B. H. geleit du mich. W. so leit du mich. c. d. S. so wollst du mich Herr Jesu Christ mit deinem Trost geleiten. e. K. mein Leib und Seel an meinem. W. Herr meine S. an meinem. f. A. B. befehl ich, Herr. — 2. a. b. Bs. S. ob mich mein Sünden kränken sehr und mein Gew. nagen. W. die Sünde wird mich — und das Gewissen. c. Bs. S. weil ihr sind viel wie. W. denn sie ist viel wie. f. A. Bs. B. K. H. Jesu deine Wunden. e—g. W. will denken an den letzten Noth, Herr Jesu Christ, an deinen Tod, der wird mich wohl erh. S. ich halt mich Herr an deinen Tod, das wird durch alle Angst und Noth mich unverdammet bringen. — 3. d. A. Bs. B. K. H. W. in Todesnoth. S. in Todesqual (ganz unnütz). g. Alle Bücher: durch deinen. — 4. d. A. Bs. B. K. H. kannst du. o. d. W. mein Trost Herr, deine Auffahrt ist, kann Todesf. vertreiben. d. S. das wird die Furcht vertr. g. S. so fahr ich hin. — In den meisten Gesangbüchern, auch in unsern 6 Büchern findet sich folgender fünfter Vers, der zwar auch Nic. Hermann zum Vf. hat, aber eigentlich nicht zu diesem Liede gehört, was ja auch schön und kräftig endigt. Er lautet: So fahr ich hin zu Jesu Christ, mein Arm

18

nur in der Form hie und da leicht zu ändern. Ein Muster würdiger und ergreifender Einfachheit.

Mel. Ich hab mein Sach Gott heimgestellt.

481. Wie fleugt dahin der Menschen Zeit, wie eilet man zur Ewigkeit! wie wenig denken an die Stund von Herzensgrund, wie schweigt hievon der träge Mund!

2. Das Leben ist gleich wie ein Traum, ein nichteswerther Wasserschaum; im Augenblick es bald vergeht und nicht besteht, gleichwie ihr dieses täglich seht.

3. Nur du, Jehova, bleibest mir das, was du bist; ich traue dir. Laß Berg und Hügel fallen hin: mir ist Gewinn, wenn ich allein bei Jesu bin.

4. So lang ich in der Hütten wohn, ei lehre mich, o Gottessohn! gieb daß ich zähle meine Tag und munter wach, daß, eh ich sterbe, sterben mag.

5. Was hilft die Welt in letzter Noth, Lust, Ehr und Reichthum in dem Tod? o Mensch, du läuffst

dem Schatten zu, bedenk es nu, du kommst sonst nicht zu wahrer Ruh.

6. Weg Eitelkeit, der Narren Lust, mir ist das höchste Gut bewußt. Das such ich nur, das bleibet mir; o mein Begier, Herr Jesu, zeuch mein Herz nach dir.

7. Was wird das sein, wenn ich dich seh, und bald vor deinem Throne steh? du unterdessen lehre mich, daß stetig ich mit klugem Herzen suche dich.

Anmerk. Von Joach. Neander. Vs. 4. lassen wir aus, ändern aber in den übrigen nur den „nichteswerthen" Wasserschaum.

Mel. Warum betrübst du dich mein Herz.

482. Wie selig ist ein frommer Christ, der in dem Herrn gestorben ist! ihn hat der kühle Tod geführet aus dem Jammerthal, entzogen aller Angst und Qual.

2. Er ist der Sünd und bösen Welt entgangen, die uns Arme hält gefangen, leider, noch. Er hat vollendet seinen Krieg, er hat den lang gewünschten Sieg.

will ich ausstrecken; so schlaf ich ein und ruhe sein, kein Mensch kann mich aufwecken, denn Jesus Christus Gottes Sohn, der wird die Himmelsthür aufthun, mich führ'n zum ewgen Leben.

- CCCCLXXXI. Text bei Rambach aus dem Jahre 1680. — 1. a. b. K. wie flieht — eilen wir. c. S. wer denkt wohl an die Todesstund. W. wen'ge. — 2. a. B. W. gleich einem. K. der Meisten L. ist ein T. b. Bs. K. nicht'ger, leerer W. S. gleich einem leichten (W. nicht'gen). c. d. K. ein eitles Spiel, das nicht besteht und bald vergeht. W. dem Grase gleich, das heute steht und schnell verg. e. Bs. dem Winde gleich vorbei euch weht. S. wie uns der Wind vorüberweht. K. wie Luft, die leicht vorüberweht. W. sobald nur Wind darüber weht. — 3. b. Bs. S. K. was du mir bist. d. Bs. B. S. K. W. iste. e. S. durch Jesum bei ich. K. nur Jesu eigen. — 4. b. Bs. B. so. S. sei du mein Licht. K. umfasse mich. c. G. W. so lang lehr mich. c. S. hilf. K. und laß an jedem Tage mich umfassen dich. d. W. der Welt entsag. e. Bs. B. S. W. ich sterb, ich sterben. K. so leb und sterb ich seliglich. — 5. a. b. K. nützt — was hilft Lust, Ehr und Geld im. c. d. S. bedenk's, o Mensch, was eilst du dem Schatten zu. K. ach, armer M. wie wankest du dem T. zu. e. K. steh still, bitt um die ewge Ruh. S. so. — 6. a. Bs. S. Thoren. B. W. weg Thorenlust. K. du Thorenlust. e. B. zieh. K. das schaffet mir Trost, Ehr und Zier — zu dir. W. so dort wie hier — zieh. — 7. a. Bs. B. da. K. wie wirds mir sein, wenn. W. wirds da. b. Bs. B. S. K. W. dort. c—e. K. o lehr mich folgen immerfort, bir, meinem Hort, daß ich dein Antlitz schaue dort.

CCCCLXXXII. Text aus dem Braunschweiger Gesangbuche von 1686. — 1. c. S. der Liebe (?). e. K. entnommen. — 2. b. S. uns Andre. c. K. X. und

3. Wir andre müssen seufzen noch hier unter einem harten Joch, im Kerker unsres Leib's, da Sorge, Furcht und Schrecken wohnt und Trübsal unser nie verschont.

4. Er aber ruht ohn Weh und Ach in seinem sanften Schlafgemach, von allen Sorgen frei. Kein Kummer ist ihm mehr bewußt, er lebt in steter Freud und Lust.

5. Sein Geist, der ist in Gottes Hand und schauet das gelobte Land dahin kein Tod nicht kommt, er lebet in dem Paradeis zu seines Gottes Ehr und Preis.

6. Ihm wischt mit süßer Freundlichkeit der Herr das thränennasse Leid selbst von den Wangen ab; er hat was uns noch jetzt gebricht, und siehet Gott in seinem Licht.

7. Er hört, was der beredtste Mann in dieser Welt nicht sagen kann; kein sterblich Aug und Ohr hat solche Ruh und Freudenstand vernommen, wie ihm wird bekannt.

8. Wer wollte denn nicht herzlich gern auch also sterben in dem Herrn! wer wollt hie bleiben doch und nicht im Himmel lieber sein als hier in so viel Angst und Pein?

9. Komm, Christe, komm und spann mich aus, führ mich doch in dein Himmelshaus, bring mich zu deiner Ruh; daß ich sammt allen Engeln dich, dort fröhlich rühme ewiglich!

Anmerk. Vf. unbekannt, selten. Wir lassen höchstens Vs. 3. und 7. aus, und lesen dann Ve. 4. Z'. 1. er ruhet ohne. Vs. 9. lesen wir mit K.

B) Abgekürzte Lieder und Verse.

Mel. Wenn mein Stündlein vorhanden ist.

483. Ach Gott, laß mir ein' Leuchte sein dein Wort zum ewgen Leben; ein selges Ende mir verleih, ich will mich dir ergeben, ich will dir traun, mein Herr und Gott! denn du verläßt in keiner Noth die deiner Hülfe warten.

2. Drauf will ich nun befehlen dir mein Seel in deine Hände; ach treuer Gott! steh fest bei mir, dein' Geist nicht von mir wende; und wenn ich nicht mehr reden kann, so nimm mein letztes Seufzen an durch Jesum Christum, Amen!

Anmerk. Aus dem Liede: Ein Würmlein bin ich arm und klein von Barth. Fröhlich.

Mel. Wer nur den lieben Gott läßt walten.

484. Auf meinen Jesum will ich sterben, der neues Leben mir gebracht und mich zu Gottes Kind und Erben durch sein unschuldig Blut gemacht. Mein Jesus ist mein Trost allein, auf Jesum schlaf ich selig ein.

2. Auf meinen Jesum will ich sterben, er kommt wenn Alles mich verläßt. Er starb, das Leben zu erwerben, an ihn hält sich mein Glaube fest. Mein Jesus u. s. w.

3. Auf meinen Jesum will ich sterben, durch ihn wird Sterben mein Gewinn: den ganzen Himmel soll ich erben; nimm Herr, nimm meine Seele hin. Mein Jesus u. s. w.

---

vielfach ängstet noch. e. S. errungen den gew. K. erhalten den erw. — 3. Bei S. ausgel. — 4. a. b. S. er ruht nun — stillen. — 5. a. S. die Seel ist schon. c. S. K. dahin der Tod. d. e. K. Paradies (K. in Gottes P.), dahin ihn hier sein Glaube wies. — 6. Bei S. ausgel. (der schönste Vers!) b. K. thränenfeuchte. — 7. Bei S. K. ausgel. — 8. b. K. hinscheiden auf den treuen Herrn. c. S. K. wer wollte bleiben hier. e. S. K. als auf der Erd in Angst (S. Roth) und Pein. — 9. a. b. K. Komm Jesu komm und fähr uns aus, geleit uns in. c. K. bring uns. d. e. K. daß wir — mögen rühmen. Bei S. ist ohne Noth der schöne Vers ganz umgedichtet.

18*

4. Auf meinen Jesum will ich sterben; wenn mir das Auge einstens bricht und meine Lippen sich entfärben, so bleibt er meines Lebens Licht. Mein Jesus u. s. w.

5. Auf dich, Herr Jesu, will ich sterben, ach hilf mir aus der letzten Noth! Herr Jesu, laß mich nicht verderben, versüße mir den bittern Tod. Du bist mein höchster Trost allein; auf dich nur schlaf ich selig ein.

Anmerk. Aus dem Liede: Auf meinen Jesum will ich sterben von Sal. Frank.

Mel. Christus der uns selig macht.

485. Christus, Christus, Christus ist, dem ich leb und sterbe, in dem ich zu jeder Frist süßen Trost erwerbe: hat mich dann umringen hier Todeskampf und Beben, spricht mein Herz doch für und für: Christus ist mein Leben!

2. Soll mein Leib im dunkeln Grab Staub und Asche werden, doch ich nicht zu klagen hab; Erde wird zur Erden. Aber meine Seele dort wie am Stock die Reben grünet, blühet immerfort, Christus ist mein Leben!

3. Hält mir gleich der Satan für alle meine Sünden, will mit Zweifelsbanden mir Herz und Sinne binden, daß ich ewig nach dem Tod in der Pein soll schweben, sag ich doch zu seinem Spott: Christus ist mein Leben!

4. Nun wohlan, so mag der Tod mich danieder strecken, er und alle Teufelsrott sollen mich nicht schrecken; mag es sein, ich sterb dahin, doch merk ich daneben: Sterben ist mir nur Gewinn, Christus ist mein Leben!

Anmerk. Auszug aus dem Liede: Christus, Christus, Christus ist von Peter Frank.

Mel. Helft mir Gotts Güte preisen.

486. Dich krönte Gott mit Freuden, Herr Jesu, nach dem Streit, du gingst durch Schmach und Leiden zu deiner Herrlichkeit: Triumph ward dir der Tod, der Kampf war ausgekämpfet, des Feindes Macht gedämpfet, du fuhrest auf zu Gott.

2. Wie du des Todes Schrecken allmächtig überwandst, als du, ihn ganz zu schmecken, Herr, im Gerichte standst, so stärke du auch mich durch's finstre Thal zu gehen, denn deine Frommen sehen im finstern Thale dich.

3. Drum harr ich hier und streite bis meine Stund erscheint und du stehst mir zur Seite, mein Retter und mein Freund. Sinkt in dem Kampfe mir mein Arm ermüdet nieder, dies hebt und stärkt ihn wieder: dein Herr ist ja bereit!

4. Mit dir steh ich im Bunde, Herr meines Lebens Fürst, der du mir einst die Stunde des Todes senden wirst. Du hast mich ja erklärt zu deines Reiches Erben, was fürcht ich mich zu sterben, da solches mir gewährt.

5. Der letzte meiner Tage ist mir vielleicht nicht fern, o dann wird alle Klage ein Lobgesang dem Herrn. Vollbracht ist ganz mein Lauf, ich trete zu dem Throne und Gott setzt mir die Krone der Ueberwinder auf.

Anmerk. Zusammengesetzt aus den zwei Gesängen: Dich krönte Gott mit Freuden und: Der letzte meiner Tage von Balth. Münter.

487. Herr Jesu Christ, mein's Lebens Licht, mein höchster Trost und Zuversicht, ach, stärk mich durch das Leiden dein in meiner letzten Todespein.

2. Dein letztes Wort laß sein mein Licht, wenn mir im Tod das Herze bricht, dein Kreuz laß sein

mein Wanderstab, mein Ruh und Rast dein heilig Grab.

3. Auf deinen Abschied, Herr, ich trau, darauf ich meine Heimfahrt bau; thu mir die Thür des Himmels auf, wenn ich beschließe meinen Lauf.

4. Am jüngsten Tag erweck' den Leib; hilf, daß ich dir zur Rechten bleib; daß mich nicht treffe dein Gericht, das aller Welt ihr Urtheil spricht.

5. Auch meinen Leib verneure ganz, daß gleich er sei dem Sonnenglanz, und ähnlich sei dein'm klaren Leib, auch gleich den lieben Engeln bleib.

6. Wie werd ich dann so fröhlich sein, werd singen mit den Engeln dein, und mit der auserwählten Schaar, dein Antlitz ewig schauen klar!

Anmerk. Aus dem Liede: Herr Jesu Christ meins Lebens Licht von M. Bohemus.

Mel. O du Liebe meiner Liebe.

488. Herr mein Gott, du wirst es machen, daß ich fröhlich sterben kann. Dir befehl ich meine Sachen, nimm dich meiner Seele an. Herrscher über Tod und Leben, mach einmal mein Ende gut! laß mich einst den Geist aufgeben mit recht wohlgefaßtem Muth!

Anmerk. Worte aus den Liedern: Ach Herr lehre mich bedenken von Benj. Schmolcke und Liebster Gott wann werd ich sterben von Casp. Neumann.

489. Herzlich thut mich verlangen nach einem selgen End, weil ich bin hier umfangen von Trübsal ohne End. Ich habe Lust zu scheiden, daheim bei Gott zu sein, sehn mich nach ewgen Freuden; o Jesu führ mich ein.

2. Du hast mich ja erlöset von Sünde, Tod und Höll, es hat dein Blut gekostet, drauf ich mein' Hoffnung stell. Wie sollte mir denn grauen, wenn meine Kraft zerrinnt? weil ich auf dich kann bauen bin ich ein selig Kind.

3. Obgleich so süß das Leben, der Tod sehr bitter mir, will ich mich doch ergeben zu sterben willig dir: ich weiß ein besser Leben, da meine Seel fährt hin, mein Jesus wird mirs geben, daß Sterben wird Gewinn.

4. Drum ich mich gläubig wende zu dir, Herr Christ allein; gieb mir ein selig Ende, send mir die Engel dein! führ mich ins ewge Leben, das du erworben hast, weil du dich hingegeben für meine Sündenlast.

5. Hilf, daß ich ja nicht wanke von dir, Herr Jesu Christ! den schwachen Glauben stärke in mir zur letzten Frist! hilf ritterlich mir ringen, nimm, Heiland, mich in Acht, daß ich mag fröhlich singen: Gott Lob, es ist vollbracht!

Anmerk. Vs. 1—3. 10. 11. aus dem Liede: Herzlich thut mich verlangen von Christoph Knoll. Die oben stehenden Verse sollten in keinem Gesangbuche fehlen.

Mel. Herzlich thut mich verlangen.

490. Ich bin ein Gast auf Erden, und hab hier keinen Stand, der Himmel soll mir werden, da ist mein Vaterland, das ich vor Augen habe; dort in der ewgen Ruh ist Gottes Gnadengabe, die schleußt all Arbeit zu.

2. Mein Heimath ist dort oben, da aller Engel Schaar den großen Herrscher loben, der alles ganz und gar in seinen Händen träget und für und für erhält, auch alles hebt und leget, nach dems ihm wohlgefällt.

3. O Jesu, meine Freude! du meines Lebens Licht! du zeuchst mich

wenn ich scheide, dort vor dein An=
gesicht, ins Haus der ew'gen Won=
ne, da ich stets freudenvoll, gleich
als die helle Sonne, mit andern
leuchten soll.

4. Da will ich immer wohnen,
und nicht nur als ein Gast, bei
denen, die mit Kronen du ausge=
schmücket hast: da will ich herrlich
singen von deinem großen Thun,
und frei von schnöden Dingen, in
meinem Erbtheil ruhn.

Anmerk. Bs. 1. 9. 13. 14. aus dem
Liede: Ich bin ein Gast auf Er=
den von Paul Gerhardt.

491. Ruhet wohl, ihr Tod=
tenbeine, in der stillen Einsam=
keit, ruhet bis das End erscheine,
da der Herr euch zu der Freud ru=
fen wird aus euren Grüften zu den
freien Himmelslüften.

2. Nur getrost ihr werdet leben;
weil das Leben euer Hort, die Ver=
heißung hat gegeben durch sein theuer
werthes Wort: die in seinem Na=
men sterben, sollen nicht im Tod
verderben.

3. Nein, die kann der Tod nicht
halten, die des Herren Glieder sind:
muß der Leib im Grab erkalten, da
man nichts als Asche findt; wird
von Gott was modernd lieget, doch
zusammen einst gefüget.

4. Jesus wird, wie er erstanden
auch die Seinen einst mit Macht
führen aus des Todes Banden, füh=
ren aus des Grabes Nacht zu dem
ewgen Himmelsfrieden, den er sei=
nem Volk beschieden.

5. Ruhet wohl, ihr Todtenbeine
in der stillen Einsamkeit! ruhet, bis
der Herr erscheine an dem Ende
dieser Zeit, da sollt ihr mit neuem
Leben herrlich ihm entgegenschweben.

Anmerk. Das Lied: Ruhet wohl
ihr Todtenbeine v. Fr. Conr.
Hiller, mit Auslassung eines Ver=
ses und in Bs. 5. 6. mit den Aen=
derungen von K. W.

Mel. Valet will ich dir geben.

492. So hab ich obgesieget,
mein Lauf ist nun vollbracht, zu
meinen Füßen lieget des grimmen
Todes Macht. Ihr Aeltern und
ihr Lieben, klagt nicht so ängstiglich,
was wollt ihr euch betrüben? es
steht sehr wohl um mich.

2. Zum Schmucke bringt mir
Kränze, auf daß mein Sarg noch
prangt: aus jenem Himmelslenze
hat meine Seel erlangt die ewig
grüne Krone; die werthe Sieges=
pracht rührt her von Gottes Soh=
ne, der hat mich wohl bedacht.

3. Noch netzet ihr die Wangen,
ihr Aeltern, über mir; euch hat das
Leid umfangen, das Herz zerbricht
euch schier. Des Vaters treue Lie=
be sieht sehnlich in mein Grab,
die Mutter siehet trübe und kehrt
die Augen ab.

4. Ich war euch nur geliehen
auf eine kurze Zeit; Gott will mich
zu sich ziehen drum werfet hin das
Leid und sprecht: Gott hat's gege=
ben, Gott hat zu nehmen Macht;
er nimmts zum ewgen Leben, er
hat es wohlgemacht.

Anmerk. Ein treffliches Lied zu Kin=
derbegräbnissen von G. W. Sacer.
Ein Vers ausgelassen. So rührend
schön unser dritter Vers ist (wes=
halb wir ihn noch aufnehmen) so
sehr sind wir im Zweifel, ob er den
Ton des Kirchenliedes halte.

Mel. Ich bin je Herr in deiner Macht.

493. Wen hab ich, Herr, als
dich allein, der mir in meiner letz=
ten Pein mit Trost und Rath weiß
beizuspringen? wer nimmt sich mei=
ner Seele an, wenn nun mein Le=
ben nichts mehr kann und ich muß
mit dem Tode ringen, wenn aller
Sinnen Kraft gebricht, thust du es,
Gott mein Heiland, nicht?

2. Du thust es, du mein Trost
und Heil, ich nehm an deiner Won=
ne Theil und darf zu dir mich froh

erheben. Nun steig ich über Angst und Noth, nun mag Gesetz und Höll und Tod mich schrecken, ich will nicht erbeben. Dieweil ich lebte war ich dein, jetzt kann ich keines Andern sein.

Anmerk. Vs. 2. und 8. aus dem Liede: Ich bin ja Herr in deiner Macht von Sim. Dach, Vs. 8. meist nach der Bearbeitung von Diterich.

Mel. O Welt ich muß dich lassen.

494. Wenn kleine Himmelserben in ihrer Unschuld sterben, so büßt man sie nicht ein; sie werden nur dort oben vom Vater aufgehoben, damit sie unverloren sein.

2. Sie sind ja in der Taufe zu ihrem Christenlaufe, Herr Jesu! dir geweiht. Sie sind bei Gott in Gnaden; was sollt' es ihnen schaden, wenn er nun über sie gebeut?

3. Ist einer alt an Jahren, hat er oft viel erfahren, das ihn noch heute kränkt und unter so viel Stunden kaum etliche gefunden, daran er mit Vergnügen denkt.

4. O, wohl auch diesem Kinde; es stirbt nicht zu geschwinde: zieh' hin, du liebes Kind! du gehest ja zum Schlummer und weilest ohne Kummer wo alle lieben Engel sind.

Anmerk. Aus dem Liede: Wenn kleine Himmelserben von Andr. Rothe.

Mel. Wer nur den lieben Gott läßt walten.

495. Wer weiß, wie nahe mir mein Ende? hin geht die Zeit, her kommt der Tod. Ach wie geschwinde und behende kann kommen meine Todesnoth! mein Gott, ich bitt' durch Christi Blut, mach's nur mit meinem Ende gut.

2. Es kann vor Abend anders werden, als es am frühen Morgen war: dieweil ich leb' auf dieser Erden, schweb' ich in steter Tod'sgefahr. Mein Gott u. s. w.

3. Erwecke Sehnsucht nach dem Himmel und zeige mir das Nichts der Welt. Gieb, daß mir in dem Weltgetümmel die Ewigkeit sei vorgestellt. Mein Gott u. s. w.

4. Ach, Vater, deck all meine Sünde mit dem Verdienste Jesu zu, darin ich dein Erbarmen finde und meines Herzens ganze Ruh. Mein Gott u. s. w.

5. Ich habe Jesu Leib gegessen, ich hab sein Blut getrunken hier: nun kannst du meiner nicht vergessen, ich bleib in ihm und er in mir. Mein Gott u. s. w.

6. Nun laß mich früh mein Haus bestellen, daß ich bereit sei für und für, und sage stets in allen Fällen: Herr, wie du willst, so schick's mit mir! Mein Gott u. s. w.

7. Ich leb' indeß in dir vergnüget, und sterb' ohn' alle Kümmerniß! es gehe, wie mein Gott es füget; ich glaub' und bin es ganz gewiß: durch deine Gnad' und Christi Blut machst du's mit meinem Ende gut.

Anmerk. Das Lied: Wer weiß wie nahe mir mein Ende abgekürzt. Als Verfasserin wird gewöhnlich Gräfin Ludämilia Schwarzburg genannt, aber diese Angabe unterliegt gar vielen Zweifeln.

Mel. Valet will ich dir geben.

496. Zu dir, du Fürst des Lebens! Herr Jesu! ruft mein Herz, ach! laß mich nicht vergebens erzählen meinen Schmerz; reiß meine matte Seele aus dieser schnöden Welt, und aus der Marterhöhle, die mich gefangen hält.

2. In meinem größten Zagen soll, Jesu! deine Pein, die du für mich getragen, mein größtes Labsal sein: laß mich dein Blut erblicken, das du vergossen hast, dein Kreuz laß mich erquicken, wenn Mund und Herz erblaßt.

3. Ach! stärke meinen Glauben,

und nimm mich wohl in Acht; will
mich die Hölle rauben, so sprich:
es ist vollbracht! ich hab es aus=
gestanden, was dieser leiden soll;
hier ist mein Blut vorhanden, hier
ist die Zahlung voll.

4. Herr Jesu! deinen Händen
befehl ich meinen Geist, du wirst
dein' Engel senden, wenn er von
bannen reißt, die werden ihn be=
gleiten in deinen Ehrensaal, da wirst
du mir bereiten ein süßes Ehrenmahl.

5. Mein irdisch Theil und We=
sen mag sanft im Grabe ruhn, kein
Moder, kein Verwesen soll ihm was
Schaden thun; denn, Herr! durch

dein Begraben und siegreich Aufer=
stehn soll ich es wieder haben, und
bald in Himmel gehn.

6. Nun will ich gerne sterben,
mein Jesus ging voran; wie soll
ich denn verderben, ich bin ihm zu=
gethan? er hat sich mir verbunden,
sein Bund soll feste stehn, durch
seine offne Wunden soll ich zum
Himmel gehn.

Anmerk. Auszug aus dem schönen
Liede: Zu dir du Fürst des
Lebens. Seine 11 Verse bilden
in ihren Anfängen den Namen des
Vf. Zacharias Hermann, was
uns nichts angeht.

XXXVI.

Von Auferstehung und Weltgericht.

A) Vollständige Gesänge.

497. Bedenke, Mensch!
das Ende, bedenke deinen Tod,
der Tod kommt oft behende, der
heute frisch und roth, kann morgen
und geschwinder hinweg gestorben
sein: drum bilde dir, o Sünder!
ein täglich Sterben ein.

2. Bedenke, Mensch! das Ende,
bedenke das Gericht, es müssen alle
Stände vor Jesu Angesicht; kein
Mensch ist ausgenommen, hier muß
ein jeder dran, und wird den Lohn
bekommen, nachdem er hat gethan.

3. Bedenke, Mensch! das Ende,
der Höllen Angst und Leid, daß dich
nicht Satan blende mit seiner Ei=

telkeit: hier ist ein kurzes Freuen,
dort aber ewiglich einkläglich Schmer=
zensschreien. Ach, Sünder, hüte
dich.

4. Bedenke, Mensch! das Ende,
bedenke doch die Zeit, daß dich ja
nichts abwende von jener Herrlich=
keit, damit vor Gottes Throne die
Seele wird gepflegt, dort ist die
Lebenskrone den Frommen beigelegt.

5. Herr! lehre mich bedenken der
Zeiten letzte Zeit, daß sich nach dir
zu lenken, mein Herze sei bereit:
laß mich den Tod betrachten, und
deinen Richterstuhl, laß mich auch
nicht verachten der Höllen Feuerpfuhl.

CCCCXCVII. Text bei Rambach aus dem Jahre 1686. — 1. a. H. be=
denk o Mensch, so in allen Versen. d. H. wer. c—f. K. wie kommt oft so be=
hende die bittre Sterbensnoth, schon morgen — kannst. — 2. f. K. dort muß ein
jeder nahn. — 3. e. d. H. daß dich die Welt nicht blende mit ihrer. e. K. ihre
und nur kurze Freuden — im Feuerpfuhle Leiden. X. nur Heulen, Angst und
Schreien. — 4. b. H. stets. c. K. damit kein Tand dich wende. e. f. H.
womit — verpflegt. c—h. K. dort wird vor Gottes Throne der Glaube nur be=

6. Hilf, Gott! daß ich in Zeiten, auf meinen letzten Tag, mit Buße mich bereiten, und täglich sterben mag: im Tod, und vor Gerichte steh mir, o Jesu! bei, daß ich im Himmelslichte zu wohnen würdig sei.

> Anmerk. Die gewöhnliche Angabe, daß Sam. Liscov Verfasser des eindringlichen Liedes sei, wird von Rambach bezweifelt. Fehlt bei Bs. B. S. W. Bs. 1. u. 2. lesen wir mit K. Im Anfange ist das „Bedenke" beizubehalten, weil es eben so in der zweiten Zeile wiederkehrt und der Rhythmus fließender bleibt.

> Mel. Jesus meine Zuversicht.

498. Christi Leben tröstet mich, mir ist's ein gewünschtes Leben, denn ich glaube sicherlich, er sei mir von Gott gegeben, daß er mich vom Tod befrei, und mein ewges Leben sei.

2. Mit ihm hat es keine Noth, er hat Tod mit Tod bezwungen; so bin ich auch durch den Tod schon zum Leben durchgedrungen. Tod! ich frage nichts nach dir, ich will leben für und für.

3. Gott sei Lob! ich weiß, ich weiß: mein Erlöser ist am Leben, der selbst wird zu seinem Preis mir das Leben wieder geben; ich werd fröhlich auferstehn, meinen Gott mit Augen sehn.

4. Ziehe meine Seel in dich, Jesu! daß sie lebend bleibe, und dich liebe brünstiglich, ihr den Sündenschlaf vertreibe; wer in Sündenschläfet ein, wird des ewgen Todes sein.

5. Lebe mit mir, Jesu! nun mehr als brüderlich verbunden; all dein Leben, Leiden, Thun, werd an meiner Seel gefunden; was ich hab, ist alles dein, was du hast, ist alles mein.

> Anmerk. Findet sich ohne Angabe des Verf. im Rudolstädter Gesgbch. von 1734, auch im Merseb. von 1735. In unsern Büchern nur bei S. mit folgenden Varianten: Bs. 1. Zl. 2. wird mich in den Himmel heben. Bs. 2. Zl. 6. leb in Christo. Bs. 3. Zl. 3. der wird noch mit großem Preis. Bs. 4. Zl. 2. daß in dir sie bleibe. Zl. 4. allen. Wir halten sie allesammt für unnöthig.

A.

499. Es ist gewißlich an der Zeit, daß Christ der Herr wird kommen in seiner großen Herrlichkeit zu richten Bös' und Fromme. Da wird das Lachen werden theur, wenn alles wird vergehn durchs Feu'r, wie Petrus davon zeuget.

B.

Es ist gewißlich an der Zeit, daß Gottes Sohn wird kommen in seiner großen Herrlichkeit, zu richten Bös' und Frommen; dann wird das Lachen werden theur, wenn alles wird vergehn im Feur, wie Petrus davon schreibet.

stehn, dort wird die Lebenskrone nur der Gerechte sehn. 5. a—d. K. erwägen des Lebens letzte-Zeit, daß ich zum ewgen Segen mich mache früh bereit (ganz mißlungen). g. H. nic. — 6. c. K. durch.

CCCCXCIX. Der Text unter A. ist der von Rambach aus Liesten's Buche von 1588 genommene und mit Olearius Liederschatz verglichene. Die ausgelassene vierte Strophe ist beigefügt; überdem findet sich in den sehr wenigen Gesangb., welche dieser Text-Recension folgen, auch noch zwischen Vers 5. und 6. (bei Rambach 4. 5) der Vers: Wenn ich Herr meine Sünd bedenk. Die bei weitem meisten Bücher folgen der Recension unter B., welche nach dem Lüneburger und Amsterdamer Gesangbuch von 1660 abgedruckt ist. Dazu alte Gesangb. bis 1700

2. Posaunen wird man hören
gahn, bis an der Werlet Ende: dann
Gott wird fordern vor sein Thron,
all Menschen gar behende. Da wird
der Tod erschrecken sehr, wenn er
wird hören neue Mähr, daß alles
Fleisch soll leben.

3. Ein Buch wird da gelesen
bald, darin so steht geschrieben, wie
Gott wird richten jung und alt,
nichts wird verborgen bleiben, da
wird ein'm jeden komm'n zu Haus
was er hier hat gerichtet aus in
seinem ganzen Leben.

4. Hilf du, heilig Dreifaltigkeit!
daß mein Nam werd gefunden im
Buch des Lebens allezeit: an meiner letzten Stunden weich nicht von
mir, Herr Jesu Christ! der du allein mein Helfer bist, du woll'st von
mir nicht scheiden.

5. Was werd' ich armer Sünder dann vor deinem Richtstuhl sagen? was werd ich für ein'n Fürsprech han, der meine Sach austra-
ge? das wirst du thun, Herr Jesu
Christ! dieweil daß du gekommen
bist all Sünder zu erlösen.

2. Posaunen wird man hören
gehn, an aller Werlet Ende, darauf bald werden auferstehn all' Todten gar behende; die aber noch das
Leben han, die wird der Herr von
Stunden an verwandeln und ver-
neuen.

3. Darnach wird man ablesen
bald ein Buch, darin geschrieben,
was alle Menschen, jung und alt,
auf Erden han getrieben, da denn
gewiß ein jedermann wird hören,
was er hat gethan in seinem ganzen Leben.

4. O weh demselben, welcher
hat des Herren Wort verachtet,
und nur auf Erden früh und spat
nach Lust, Geld, Ehr getrachtet, er
wird fürwahr gar kahl bestehn, und
mit dem Satan müssen gehn von
Christo in die Hölle.

5. O Jesu! hilf zur selben Zeit,
von wegen deiner Wunden, daß
ich im Buch der Seligkeit werd an-
gezeichnet funden; daran ich denn
auch zweifle nicht, denn du hast ja
den Feind gericht, und meine Schuld
bezahlet.

---

verglichen (A.). Auch B. K. H. welche das Lied haben, folgen dem Texte B. Wir
geben bei diesem Verse die am Ende eines jeden Verses die nach unserer Ansicht am
meisten passende Förm. — 1. a. K. es trifft gew. ein die. X. Es wird gewiß am End der Zeit des Menschen Sohn einst kommen mit Engeln seiner Herrlichkeit, wie er sich vorgenommen. Der Himmel mag auch nicht bestehn, in Feuer
soll die Erd zergehn, die Wasser werden brausen. — 2. b. A. B. H. Welt ihr.
K. ausgehen wird Posaunenton ringsum wo Todte modern, da wird der Herr vor
seinen Thron all Menschenkinder fodern, da wird erzittern Erd und Tod, wenn sie
vernehmen das Gebot daß alles Fleisch soll leben. X. Posaunen wird man hören
gehn an aller Welt ihr Ende, darauf bald werden auferstehn die Todten gar behende. Da wird der Tod erschrecken sehr wenn er wird hören neue Mähr, daß
alles Fleisch soll leben. — 3. a. b. K. ein Buch wird aufgeschl. bald darinnen steht
gesch. c. K. in dieser Welt. e. A. gewißlich jedermann. e. f. K. da wird erstaunend jedermann anhören. X. Ein Buch wird dann gelesen bald, darinnen steht
geschrieben, was alle Menschen jung und alt auf Erden hier getrieben; da wird ein
jeder seinen Lohn empfangen wie er hat gethan bei dieses Leibes Leben. — 4. a.
K. dem Menschen welcher hat. c. K. und hier auf. d. A. B. H. nach großem Gut.
e. B. der. H. gar schlecht. K. fürwahr, er wird gar schlecht. f. K. mit Satans
Rotten müssen gehn. X. was werd ich armer Sünder dann vor deinem Richtstuhl
sagen, wer ist der mich vertreten kann, für mich zu bitten wagen? Das wirst du
thun, Herr Jesu Christ, weil du zuvor gekommen bist die Sünder zu erlösen. —
5. a. b. K. zu jener Zeit, hilf mir durch deine. d. A. B. H. eingez. c. d.
K. daß in dem Buch der Seligkeit mein Name werd gef. f. g. K. der Feind
muß weichen im Gericht, du hast die Schuld bez. X. o Jesu hilf zur selben Zeit

6. Wenn ich, Herr! meine Sünd bedenk, mein' Augen die thun weinen: wenn ich die ewig Freud bedenk, mein Herz thut sich erfreuen. Herr! hilf, daß ich dein Angesicht mög sehen mit mein'm Augenlicht in dem ewigen Leben.

7. Herr Jesu Christ! du machst es lang in diesen bösen Tagen! den Leuten wird auf Erden bang, laß sie doch nicht verzagen! schick' ihn'n den Tröst'r, den heil'gen Geist, der sie in alle Wahrheit leit, durch Jesum Christum, Amen!

6. Derhalben mein Erbarmer sei, wenn du nun wirst erscheinen, und lies mich aus dem Buche frei, darinnen stehn die deinen; auf daß ich sammt den Brüdern mein mit dir geh in den Himmel ein, den du uns hast erworben.

7. O Jesu Christ! du machst es lang mit deinem jüngsten Tage; den Menschen wird auf Erden bang von wegen vieler Plage. Komm doch, komm doch, du Richter groß, und mach uns bald in Gnaden los, von allem Uebel, Amen.

Anmerk. Gewöhnlich wird Barth. Ringwald als Verf. genannt, aber schon vor Zeiten der Reformation waren alte Uebersetzungen des Dies irae vorhanden. In welchem Verhältnisse die beiden Text-Recensionen zu einander stehen, können wir zur Zeit nicht aufklären.

Mel. Wachet auf ruft uns die Stimme.

500. Wachet auf! ruft uns die Stimme des Sohnes Gottes Allmachtsstimme, verlaßt, ihr Todten! eure Gruft. Wachet auf, erlöste Sünder! versammlet euch, ihr Gottes Kinder! der Welten Herr ists, der euch ruft. Des Todes stille Nacht ist nun vorbei, erwacht! Halleluja! macht euch bereit zur Ewigkeit! sein Tag, sein großer Tag ist da!

2. Erd und Meer und Hölle beben, die Frommen stehen auf zum Leben, zum neuen Leben stehn sie auf. Ihr Versöhner kömmt voll Klarheit, vor ihm ist Gnade, Treu und Wahrheit, des Glaubens Lohn krönt ihren Lauf. Licht ist um deinen Thron und Leben, Gottessohn! Hosianna! Erlöser! dir, dir folgen wir zu deines Vaters Herrlichkeit.

3. Ewges Lob sei dir gesungen! wir sind zum Leben durchgedrungen! am Ziel sind wir beim großen Lohn! Christus strömt der Freuden Fülle auf uns! wir schaun ihn ohne Hülle, ihn, unsern Freund und Gottes Sohn! kein Auge sahe sie, dem Ohr erscholl sie nie diese Wonne! in Ewigkeit sei dir geweiht, Herr! unser Dank und Lob und Preis!

Anmerk. Aus dem Bremer Domgesangbuch von 1778. Von unsern Büchern bei S., der folgende Abweichungen hat. Vs. 1. Zl. 1. so ruft. Vs. 2. Zl. 7. ff. jetzt

durch deine heilgen Wunden, daß ich im Buch der Seligkeit werd eingezeichnet funden. Weich dann nicht von mir, Jesu Christ der du allein mein Helfer bist, du wollst von mir nicht scheiden. — 6. a. A. B. H. Fürsprecher. K. vor Gottes Thron mein Beistand fei. d. K. worin nur stehn. e. f. K. laß mich mit ihnen selig sein mit dir gehn. X. Herr, wenn ich meine Sünd bedenk muß ich so angstvoll weinen, doch wenn an deine Gnad ich denk, muß mir die Sonne scheinen. Herr hilf, daß ich dein Angesicht mög sehn mit meinem Augenlicht, dort in dem ewgen Leben. — 7. f. A. B. in Gnaden. A. in der Gnade. K. Herr Jesu Christ, es wird uns lang — bei ihrer vielen, komm R. deine Macht ist groß — aus Gnaden los. — Viele ältere Gesangbücher, das Unpassende dieses Verses empfindend, theilen ihn nochmals in der Form der Bitte mit: O Jesu Christe, machs nicht lang mit meinem jüngsten Tage, mir Armen wird auf Erden bang, von wegen Sünd und Plage — mich in Gnaden los.

krönt er seiner Streiter Lauf. Licht, Heil und Leben ist um dich Herr Jesu Christ, Hosianna! ja dein sind wir und folgen dir. Bs. 3. Zl. 4. ff. ströme deiner Freuden Fülle auf uns und zeig dich ohne Hülle als unsern Freund auf Gottes Thron — ohn alle Zeit in Ewigkeit tönt unser Dank und Lobgesang.

501. Wachet auf! ruft uns die Stimme der Wächter sehr hoch auf der Zinne: wach auf, du Stadt Jerusalem! Mitternacht heißt diese Stunde. Sie rufen uns mit hellem Munde: wo seid ihr klugen Jungfrauen? wohlauf! der Bräutigam kömmt: steht auf, die Lampen nehmt: Halleluja! macht euch bereit zu der Hochzeit: ihr müſſet ihm entgegen gehn.

2. Zion hört die Wächter singen, das Herz thut ihr vor Freuden springen, sie wachet und steht eilend auf. Ihr Freund kömmt vom Himmel prächtig, von Gnaden stark, von Wahrheit mächtig, ihr Licht wird hell, ihr Stern geht auf. Nun komm, du werthe Kron, Herr Jesu, Gottes Sohn! Hosianna! wir folgen all zum Freudensaal, und halten mit das Abendmahl.

3. Gloria sei dir gesungen mit Menschen- und mit Englischen Zungen, mit Harfen und mit Cymbeln schön! von zwölf Perlen sind die Pforten an deiner Stadt, wir sind Consorten der Engel hoch um deinen Thron: kein Aug hat je gespürt, kein Ohr hat je gehört solche Freude; deß sind wir froh, jo! jo! ewig in dulci jubilo.

Anmerk. Von Philipp Nicolai. Wir lesen mit H., Bs. 3. Zl. 4. mit S.

B) Abgekürzte Lieder und Verse.

Mel. Mein Herze schicke dich.

502. Auf, Mensch, mach dich bereit, vergiß der Eitelkeit die dich umgeben; bedenk nach deiner Pflicht den Tod und das Gericht und jenes Leben.

2. Die Zeit verfliegt wie Rauch, dein Leben ist ein Hauch, ein Traum und Schatten. Du wirst hinweggerafft dem Richter Rechenschaft dort abzustatten.

3. Da gilt nicht falsche Kunst, nicht Freundschaft oder Gunst, kein frech Verneinen: was man hier noch versteckt wird dort ganz aufgedeckt im Licht erscheinen.

4. Wer sich zu Gott gewandt wird ihm zur rechten Hand mit Eh-

DI. Text bei Rambach aus dem Jahre 1604. Dazu Gesangbücher bis 1700 vergl. (A.). — 1. a. A. Wacht auf. b. A. an der Zinne. S. der treuen W. auf. K. der W. von der hohen. c. K. W. dein Herr o Zion kommt zu dir. d. A. heißet die. e. K. W. zu rufen sie. B. S. mit frohem. f. K. W. ihr klugen Z. wo seid ihr. k. Bs. S. H. zur Hochzeitsfreud. K. W. im Hochzeitkleir. m. S. K. W. gebt ihm entgegen es ist Zeit. — 2. b. S. K. H. W. will ihr vor. c. K. sie wacht und stehet. e. S. in G., in W. (unbegreiflich!) g. h. K. nun komm von deinem Thron, Herr Jesu, Gottes Sohn. — 3. a. Bs. S. Ehr und Preis. K. ewges Lob. H. Lob und Ehr (das „Gloria" kann allenfalls bleiben). b. Bs. B. S. H. mit Engelszungen. K. W. von M. u. von Engeln. c. A. B. schön. S. mit neuer Harfen hellem Ton. K. H. W. mit Cymbeln und mit Harfenton. d. e. Bs. B. K. H. W. sind die Thore — wir stehn im Chore. S. prächtig sind die Perlenthore an deiner St. wir stehn im Chore. g. B. gesehn. h. A. Bs. Ohr hat mehr. g. h. K. W. kein Auge sahe sie (W. erblickte sie), ein Ohr vernahm sie nie. k—m. Bs. B. S. H. W. beß (B. W. drum) jauchzen wir und singen dir das Halleluja für und für. K. im ewgen Chor schallts nun empor: Heil unserm Gott der uns erkr!

ren stehen; wer aber von ihm wird muß nun und ewiglich zur Linken gehen.

5. Ihr sichern Sünder wacht, denkt an die grause Nacht voll Höllenschrecken! laßt euch die Gnadenzeit, die Gott euch täglich beut zur Buß erwecken.

6. Der Erde weiter Kreis wird zu der Erndte weiß, die Sicheln blinken, sie sind zum Schnitt gewetzt schon an die Saat gesetzt, Gott darf nur winken.

7. So schnell ein Blitz verstreicht, ein Pfeil das Ziel erreicht, ein Adler eilet: so schnell kommt Gottes Sohn, wenn er den letzten Lohn der Welt ertheilet.

8. Drum kauft euch in der Zeit das Oel der Frömmigkeit und guter Werke; füllt eure Lampen an, daß an euch Jedermann den Glauben merke.

9. Wacht, daß ihr würdig seid dem großen Herzeleid noch zu entgehen und vor des Menschen Sohn auf seinem Richterthron beherzt zu stehen.

Anmerk. Aus dem Liede: Auf Mensch mach dich bereit von D. W. Triller.

Mel. Wenn mein Stündlein vorhanden ist.
503. Ich weiß, daß mein Erlöser lebt, das soll mir niemand nehmen, er lebt, und was ihm widerstrebt, das muß sich endlich schämen. Er lebt fürwahr, der starke Held, sein Arm, der alle Feinde fällt, hat auch den Tod bezwungen.

2. Mein Heiland lebt, ob ich nun werd ins Todes Staub mich strecken, so wird er mich doch aus der Erd hernachmals auferwecken, was Tod und Grab hat ganz verheert, und die Verwesung aufgezehrt, wird alles wieder kommen.

3. Ich selber werd in seinem Licht ihn sehn und mich erquicken; mein Auge wird sein Angesicht mit großer Lust erblicken; ich werd ihn mir sehn, mir zur Freud, und werd ihm dienen ohne Zeit, ich selber, und kein Fremder.

4. Trotz sei nun allem, was mir will mein Herze zittern machen, wärs noch so mächtig, groß und viel, kann ich doch fröhlich lachen, und dräuen Tod und Hölle noch, Triumph, Triumph es bleibet doch Gott, mein Erlöser! leben.

Anmerk. Aus dem Liede: Ich weiß daß mein Erlöser lebt von Paul Gerhardt.

Mel. Lasset uns den Herren preisen.
504. Laß mich Baum des Lebens, bleiben an dir einen frischen Zweig, der wenn ihn die Stürme treiben, stärker werd und höher steig, auch im Glauben Früchte bringe und versetz mich nach der Zeit in das Feld der Ewigkeit, da ich mich in dir verjünge, wenn des Leibes welkes Laub wieder grünt aus seinem Staub.

Anmerk. Vs. 6. aus dem Gesange: Oeffne mit den Perlenthoren von W. Ch. Deßler.

505. Wach auf, wach auf du sichre Welt, der letzte Tag wird wahrlich kommen, was Gottes Wort hat festgestellt wird durch die Zeit nicht hingenommen. Ja, was der Heiland selbst geschworen soll endlich allzumal geschehn, obwohl die Welt muß untergehn, so wird sein Spruch doch nicht verloren.

2. Wach auf, der Herr kommt zum Gericht, er wird sehr prächtig lassen schauen sein majestätisch Angesicht, das den Verdammten wecket Grauen. Seht, den der Vater läßet sitzen zu seiner Rechten, der die Welt zu seinen Füßen hat gestellt, der kommt mit Donnern und mit Blitzen.

3. Wach auf, wach auf du sichre Welt, sehr schnell wird dieser Tag anbrechen, wer weiß wie bald es Gott gefällt, kein's Menschen Mund kann das aussprechen. Es wird der Tag mit seinem Bangen wie Blitze zucken in den Höhn, ein Dieb zur Nachtzeit sich läßt sehn, so rasch wird er die Welt umfangen.

4. Wohlan wir wollen Tag und Nacht im Geist und unabläsig be-ten, wir wollen immer geben Ac auf unsern Herrn und vor ihn t ten. Kommt, lasset uns entgeg gehen dem Bräutigam zu recht Zeit, damit wir in der Ewigkeit m allen Engeln vor ihm stehen.

Anmerk. Das Lied: Wach auf wach auf du sichre Welt vo Joh. Rist, abgekürzt und hie un da, besonders in Vs. 8. Zl. 4—a (Vs. 3. Zl. 4—8) geändert.

XXXVII.

Von der seligen und unseligen Ewigkeit.

A) Vollständige Lieder.

506. Der Gerechten See-len sind in Gottes Hand, nichts mehr kann sie quälen, selig ist ihr Stand.

2. Ohne Klage stehen sie vor sei-nem Thron wo sie ewig sehen Gott und seinen Sohn.

3. Auf den Kelch der Leiden schenkt er ihnen Wein seiner ewgen Freu-den in dem Himmel ein.

4. Durch den Kreuzesorden sind sie wohlgeübt Freunde Gottes wor-den, Seelen die er liebt.

5. Amen, Siegespalmen tragen sie allda, singen Lobespsalmen und Halleluja.

Anmerk. Von Ch. K. L. v. Pfeil, wie bei B.

Mel. Valet will ich dir geben.

507. Ein Tröpflein von den Reben der süßen Ewigkeit kann mehr Erquickung geben, als dieser eitlen Zeit gesammte Wollustflüsse und wer nach jenen strebt, tritt unter seine Füße, was hier die Welt erhebt.

2. Wer von dir möchte sehen nur einen Blick, o Gott! wie wohl würd ihm geschehen! die Welt wär ihm ein Spott mit allem ihren We-sen; so herrlich und so rein, so lieb-lich, so erlesen ist deiner Augen Schein.

3. Den wahren Gott zu schauen, das ist die Seligkeit, und aller Him-melsauen ihr schönstes Blumenkleid: wie war nach seinen Blicken der

DVII. Text bei Rambach aus dem Jahre 1675: die vorher fehlenden vier Verse sind nach dem Darmst. Gesgbch. von 1698 abgedruckt. — 1. a. X. ein Tropfen von, d. e. H. als wenn in dieser Zeit ich alle Lust genieß. f. Bs. drum wer nach jenen. H. ach wer nach jenem. K. und wer nach jener. S. drum wer zum Himmel strebt. — 2. e—h. K. o du erhabnes Wesen so herrlich mild und rein, wie würd er ganz genesen in deiner Augen Schein. — 3. Bei Bs. S. K. ausgel. b. H. ist höchste Seligkeit. c. H. da ist der Himm. f. H. einst Ab. — 4. Bei Bs. S. K. ausgel. H. mit wie erfreutem Triebe sprach Jacob hört von dir: ich habe Gottes Liebe und Angesicht schon hier — und ihn so nah geschaut. — 5. a. H. o seligste Wel. d. e. H. da sich der—so off. g. h. der nimmermehr sich neiget, dem kein Tag gleichen mag. — 6. c. K. keine Nebel. f. K. Menschen. h. K. verherrlicht werden. — 7. a. K. Eintracht br. H. die Liebe Gottes br. d. K. endlose. H.

Abraham so froh, wie wünscht er zu erquicken sich an dir, A und O!

4. Sprach mit Triumph und Prangen der liebe Jacob nicht: ich habe Gottes Wangen und klares Angesicht gesehn, und bin genesen! wie glänzte Mosis Haut, als er bei Gott gewesen und seinen Mund geschaut!

5. Du reichlichste Belohnung der Auserwählten Zahl, wie lieblich ist die Wohnung, da deiner Gottheit Strahl sich offenbarlich zeiget, o herrlich edler Tag! dem diese Sonne steiget, und ihn erleuchten mag.

6. O Licht! das ewig brennet, dem keine Nacht bewußt, daß keinen Nebel kennet, Gesellschaft reich an Lust! da Gott und Engel kommen mit Menschheit überein, und ewiglich die Frommen gesegnet werden sein.

7. Vollkommne Liebe bringet dort immer neue Freud, aus ew'ger Lieb entspringet ein ew'ge Fröhlichkeit; Gott selbst ist solche Wonne, ist solcher Liebe Preis, ist seiner Blumen Sonne im bunten Paradeis.

8. Sein Licht wird in uns leuchten, sein Oel und Honigsaft soll unsre Lippen feuchten von seiner Stärke Kraft, mit Weis- und Schönheit werden wir ganz erfüllet sein, und spiegeln die Geberden in seinem hellen Schein.

9. Was wünschest du für Gaben? du wirst sie finden dort, und in dir selbsten haben den Reichthum fort und fort: denn Gott, vor welchem Kronen und Perlen Staub und Spott, wird selbsten in uns wohnen, und wir in unserm Gott.

10. Wenn werd ich einmal kommen zu solcher Freudenquell? wär ich doch aufgenommen, und schon bei dir zu Stell! Herr Christe! nimm mein Flehen so lang indessen an, bis ich dich selbst ersehen, und recht beschauen kann.

Anmerk. Von Erasm. Francisci. Wir behalten Bs. 1. 2. 5. 7. 9. 10. und gestatten in diesen Strophen, welche Zusammenhang nicht vermissen lassen, nur leichte Aenderungen der Form.

Mel. Herzlich thut mich verlangen.

508. Im Himmel ist gut wohnen, wo Jesus sich verklärt, dort, wo mit güldnen Kronen der Glaube wird beehrt. Hier ist gut Hütten bauen, da man von aller Pein befreit kann Jesum schauen, im Himmel ist gut sein.

2. Im Himmel ist gut wohnen, dies ist das Freudenhaus, wo Seraphinen thronen, da theilt man Palmen aus: wenn diese Hütt zerbrochen, der Lebensbau fällt ein, ist dort das Haus versprochen, im Himmel ist gut sein.

3. Im Himmel ist gut wohnen, da hat das Leid ein End, das Kreuz muß mein verschonen, es ist in

auch ewge. e. f. S. ist solcher W. ist solcher Liebe Quell. K. ist solcher W. unendlich süßer Quell. g. h. H. er selbst ist unsre Sonne in jenem Par. S. im Himmelsgarten hell. K. im Par. so hell. — 8. Bei Bs. S. K. ausgel. H. sein Licht wird in uns glänzen, Gott wird sein Bild und Kraft erneuern und ergänzen, der Alles in uns schafft. Mit Himmelsklarheit werden wir ganz erfüllet sein, da spiegeln die Geb. sich in der Gottheit Schein. — 9. b. H. die du dort fändest nicht. c. Bs. S. K. in dir selber. c. d. H. da du von Gott wirst haben Heil, Leben, Kraft und Licht. e. H. dein Gott. g. Bs. S. K. wird selber. H. selbst dann. — 10. Bei Bs. S. ausgel. H. ach wann werd ich doch k. zu solchem — wann werd ich aufgen. zu sehn Gott klar und hell. Sieh doch indeß mein Flehen o Gott mit Gnaden an, bis ich dich selbst dort sehen und ewig schauen kann. K. jenem Freudenmeer, o daß ich aufgenommen und schon bei Jesu wär! nimm unterdeß mein Flehen, Herr Jesu, gnädig an, bis ich in jenen Höhen dein Antlitz schauen kann.

Freud verwendt: wer hier viel Angst erlitten, erlangt dort Sonnenschein, wohnt in den Himmelshütten, im Himmel ist gut sein.

4. Im Himmel ist gut wohnen, wo mit dem Ehrenkleid mein Jesus wird belohnen der Frommen Herzenleid: da glänzt der Leib und funkelt vielmehr als Edelstein, das Licht wird nicht verdunkelt, im Himmel ist gut sein.

5. Im Himmel ist gut wohnen, wo nichts als tausend Lust, wo so viel Engel frohnen, wo kein Verdruß bewußt: dahin steht mein Begehren! der Himmel bleibet mein, ach Jesu, wollst's gewähren! im Himmel ist gut sein.

Anmerk. Von Joh. Balth. Beyschlag, aus Dan. Ringmachers Singübung, Ulm 1761. Wir lesen Bs. 2. Zl. 2. da ist des Höchsten Haus, und zu Bs. 4. Zl. 1—4. setzen wir Bs. 5. Zl. 5—8.

Mel. Wachet auf ruft uns die Stimme.

509. Selig sind des Himmels Erben, die Todten, die im Herren sterben zur Auferstehung eingeweiht. Nach den letzten Augenblicken des Todesschlummers folgt Entzücken, folgt Wonne der Unsterblichkeit! in Frieden ruhen sie los von der Erde Müh, Hosianna! vor Gottes Thron zu seinem Sohn begleiten ihre Werke sie.

2. Dank, Anbetung, Preis und Ehre, Macht, Weisheit, ewig, ewig Ehre sei dir, Versöhner Jesu Christ! ihr der Ueberwinder Chöre, bringt Dank, Anbetung, Preis und Ehre dem Lamme, das geopfert ist! er sank wie wir ins Grab, wischt unsre Thränen ab, alle Thränen! hats vollbracht, nicht Tag nich Nacht wird an des Lammes Thro ne sein.

3. Nicht der Mond, nicht mehr die Sonne scheint uns alsdann. Er ist uns Sonne, der Sohn, die Herrlichkeit des Herrn. Heil! nach dem wir weinend rangen, nun bist du, Heil! uns aufgegangen nicht mehr im Dunkeln, nicht von fern! nun weinen wir nicht mehr, das Alt ist nun nicht mehr, Halleluja! er sank hinab, wie wir ins Grab, er ging zu Gott, wir folgen ihm!

Anmerk. Von F. G. Klopstock.

Mel. Alle Menschen müssen sterben.

510. Uebergroße Himmelsfreude, wie vergnügst du meinen Geist! der in solcher Hoffnung heute sich schon überselig preist, und mit herzlichem Verlangen wartet, bis er wird gelangen in den güldnen Himmelssaal, zu des Lammes Abendmahl.

2. Gott leucht't hie selbst als die Sonne, und wie Sternen ohne Zahl glänzen in der höchsten Wonne die Propheten allzumal; der Apostel helles Scheinen macht mich froh in Mark und Beinen? ja die ganze Christenschaar leuchtet helle, rein und klar.

3. Was für himmelssüßes Singen hört man hier im heilgen Licht! was für Jauchzen, was für Springen! da der Chor der Engel spricht: Heilig, heilig, heilig heißet, der uns so viel Guts beweiset, Gott der Vater, sammt dem Sohn, und dem Geist im Himmelsthron.

4. Was für Liebe, was für Friede

DIX. 1. b. K. in Christo. b. c. B. Christo sterben (Bibelstelle nicht gehalten!) sie gehen ein zur Herrlichkeit. f. B. und Wonne. h—k. B. von aller Sorg und Müh, Lob dem Höchsten, vor seinem Thron. K. folgt ihnen ihrer W. Lohn. — 2. b. B. Herrlichkeit und Ehre. b. c. K. sei dir durch all Himmelsheere o Weltversöhner J. Ch. h—l. K. laßt nun vom Weinen ab, ihr Erlösten, nicht Schmerz, nicht Pein nur Wonn allein. — 3. g. B. K. W. das alte ist nicht mehr. k—m. K. er ging voran des Todes Bahn, wir folgen ihm einst himmelan.

errschet hier in stiller Ruh, da
man hört dem neuen Liede mit ent-
zückten Ohren zu; alles lachet, alles herzet, nichts betrübet, nichts
mehr schmerzet; alles giebt den Frommen Lust, nichts bekränkt ihre Brust.

5. Jesu! dem ich mich ergeben,
führe mich doch bald heraus, aus
dem schnöden Lasterleben in dies
schöne Himmelshaus! laß mich auch
an deiner Seite fühlen solche Himmelsfreude, und in dieser Wollust
mich nun ergötzen ewiglich.

Anmerk. Von Val. E. Löscher,
abgedruckt aus dem Rudolstädter
Gesgbch. von 1734. Wir lesen Vs.
2. Zl. 5. 6. die Apostel, hoch
von Ehre und der Märtrer
heilge Chöre. Vs. 5. Zl. 5. 6.
abgewischt sind alle Thränen und gestillt ist alles Sehnen. Vs. 5. Zl. 7. in dieser
Wonne mich. Das Lied ist ein
schönes Seitenstück zu: Alle Menschen müssen sterben, und übertrifft dasselbe noch nach mehreren
Seiten hin.

Mel. Wachet auf ruft uns die Stimme.

511. Es mag dies Haus, das
aus der Erden, nur immerhin zerbrochen werden, ein andres Haus
wird uns erbaut; Gott selbst will
diesen Bau vollführen, mit ew'ger
Himmelsklarheit zieren, dran man
nichts unvollkommnes schaut. Hinweg, was irdisch heißt! mein Herz
und ganzer Geist fleucht von hinnen, ergreift dies Wort, und ist
schon dort an jenem sel'gen Freudenort.

2. Da wird kein Vorhang angetroffen, das Allerheiligste steht offen: o seligste Zufriedenheit! hier

giebt sich inniglich zu küssen, mit
süßer Wonne zu genießen die heiligste Dreieinigkeit. Es schenkt sich
uns allhier der Engel schöne Zier;
alle Frommen umfassen sich recht
brüderlich: o Herz und Seele,
freue dich.

3. Hier ist nur lauter Licht und
Freude, hier kleidet uns nur weiße
Seide der allerreinsten Heiligkeit.
Wir tragen lauter güldne Kronen,
wir sitzen hier auf güldnen Thronen, hier wechselt sich gar keine
Zeit. Hör auf, mein blöder Sinn,
wo willst du endlich hin? stille,
stille! geh ruhig ein, wo Gott allein
wird alles und in allem sein.

Anmerk. Ein vortrefflicher Gesang
von Jac. Baumgarten, nur bei
Bs., K., H.

Mel. Gott des Himmels und der Erden.

512. Wer sind die vor Gottes
Throne, was ist das für eine Schaar?
träget jeder eine Krone, glänzen wie
die Sterne klar; Halleluja singen
all, loben Gott mit hohem Schall.

2. Wer sind die, so Palmen tragen, wie ein Sieger in der Hand,
wenn er seinen Feind geschlagen,
hingestrecket in den Sand? welcher
Streit und welcher Krieg hat ge-
zeuget diesen Sieg?

3. Wer sind die in reiner Seide göttlicher Gerechtigkeit, angethan
mit weißem Kleide, das bestäubet
keine Zeit, das veraltet nimmermehr,
wo sind diese kommen her?

4. Es sind die, so wohl gerungen für des großen Gottes Ehr,
haben Welt und Tod bezwungen,

DXI. Original in Freylinghausens G. Gesgb. — 1. a. H. wird gleich dieses Haus
aus Erden (der Melodie wegen verändert). b. Bs. nun. h. K. mein Herz, mein Sinn
und Geist. — 2. H. ohne Vorhang offen, das A. getroffen, daran uns Gott zu Priestern
weiht. Das Vergangne zu versüßen, giebt sich uns hier ganz zu genießen, hier schenkt
sich uns stets mehr, der Engel heilges Heer. d. Bs. K. hier giebt sich hier der Anbetung Grüßen (gelungen!) — 3. b. K. kleidet uns die weiße S. b. Bs. die Seele prangt im
weißen Kleide der all. (ziehn wir vor). d. Bs. alle goldne. K. wir tragen frische Lebenskr. e. H. bei Jesu sitzen wir auf Thronen, ganz selig ohne Maaß und Zeit. f. K.
nimmer Tag und Zeit. g. H. halt ein, m. bl. Sinn. h. K. wo willst du streben

19

folgend nicht dem sündgen Heer;
die erlanget auf den Krieg durch
des Lammes Blut den Sieg.

5. Es sind die, so viel erlitten,
Trübsal, Schmerzen, Angst und
Noth, im Gebet auch oft gestritten
mit dem hochgelobten Gott. Nun
hat dieser Kampf ein End, Gott
hat all ihr Leid gewend't.

6. Es sind Zweige eines Stam-
mes, der uns Huld und Heil gebracht; haben in dem Blut des
Lammes ihre Kleider hell gemacht,
sind geschmückt mit Heiligkeit, prangen nun im Ehrenkleid.

7. Es sind die, so stets erschienen hier als Priester vor dem Herrn,
Tag und Nacht bereit zu dienen,
Leib und Seel geopfert gern. Nun
sie stehen all herum vor dem Stuhl
im Heiligthum.

8. Wie ein Hirsch am Mittag
lechzet nach dem Strom, der frisch
und hell, so hat ihre Seel geäch-
zet nach der rechten Lebensquell.
Nun ihr Durst gestillet ist, da sie
sind bei Jesu Christ.

9. Auf dem Zionsberg sie wei-
det Gottes Lamm, die Lebenssonn
mitten in dem Stuhl sie leitet zu
dem rechten Lebensbronn. Hirt und
Lamm, das ewge Gut lieblich sie
erquicken thut.

10. Dahin streck auch ich die
Hände, o Herr Jesu, zu dir aus;
mein Gebet ich zu dir wende, der
ich noch in deinem Haus hier auf
Erden steh im Streit: treibe, Herr,
die Feinde weit.

11. Hilf mir in dem Kampfe
siegen wider Sünde, Höll und Welt;
laß mich nicht danieder liegen, wenn
ein Sturm mich überfällt: führe
mich aus aller Noth, Herr, mein
Fels, mein treuer Gott.

12. Gieb, daß ich sei neuge[]
ren; an dir als ein grünes R[]
wachse und sei auserkoren, du[]
dein Blut gewaschen weiß: mein[]
Kleider wahre rein, meide allen f[]
schen Schein.

13. Daß mein Theil sei bei de[]
Frommen, welche, Herr, dir ähnli[]
sind und auch ich, der Noth en[]
nommen, als dein dir getreues K[]
dann, genahet zu dem Thron ne[]
me den verheißnen Sohn.

14. Welches Wort faßt di[]
Wonne, wenn ich mit der heil[]
Schaar in dem Strahl der rein[]
Sonne leucht auch wie die Ster[]
klar. Amen, Lob sei dir ber[]
Dank und Preis in Ewigkeit.

Anmerk. Dies überaus selt[]
von Theodor Schenk konnte[]
nur nach dem Texte bei Bu[]
mittheilen. Stier Nro. 274. [] []
es mit folgenden Varianten: V[]
Zl. 4. folgten nicht dem Sü[]
derheer. Vs. 8. ausgel. B[]
Zl. 5. 6. und ihr Hirt, da[]
ewge Gut ewig ihnen Gut[]
thut. Knapp 3567. hat das h[]
völlig überarbeitet. Wir benu[]
jedoch manches von ihm Ausgegang[]
ne bei unsrer Construction des []
des, das namentlich der Verkürz[]
bedarf. Vs. 1. 2. (Zl. 4. und b[]
halten seinen Stand.) 4. (Zl.
4. wie bei S.) 6. 7. (Zl. 5. 6[]
nun hat dieser Kampf ein
End, Gott hat all ihr Leid
gewendt.) 9. (Er der ihnen
Heil erworben, da er als da[]
rechte Lamm für die ganz[]
Welt gestorben an dem ho[]
hen Kreuzesstamm führt sie
hier und will allein ihr[]
Herzens Weide sein. Vs. 6.
bei K.) 10. (Zl. 4—6. hilf z[]
deinem Reich mir aus! hier
bin ich im Kampf und Streit[]
froher Tag der mich befreit[]
11. 13. 14. Zusammen 10 Verse.

513. Wird das nicht Freu[]

bin. g—l. X. hinweg was irdisch heißt, mein Herz und ganzer Geist fleucht von
hinnen, sehnt sich hinein.
   DXIII. Text bei Rambach aus dem Schweidnitzer Kirchen- und Hausgesangbuch von 1727. — 1. c. K. in Salems goldnem Schein. d. K. an seinen

de sein, nach gläubigem Vertrauen dort selbst den Heiland schauen in unserm Fleisch und Bein, mit seinen holden Blicken und Worten sich erquicken? wird das nicht Freude sein?

2. Wird das nicht Freude sein, wenn, was der Tod entnommen, uns wird entgegen kommen, und jauchzend holen ein, wenn man wird froh umfassen, was thränend man verlassen? wird das nicht Freude sein?

3. Wird das nicht Freude sein, sehn untern Füßen liegen, womit man hier muß kriegen, Gott dienen engelrein, von Schmerzen, Leid,

Verdrüssen nicht das geringste wissen? wird das nicht Freude sein?

4. Wird das nicht Freude sein, was unaussprechlich, hören, des Höchsten Lob vermehren, die Engel stimmen ein, wenn sie mit süßem Klingen ihr dreimal Heilig! singen? wird das nicht Freude sein?

5. O das wird Freude sein! weg Güter dieser Erden, ihr Ehren voll Beschwerden, ihr Freuden auf den Schein! gehabt euch wohl, ihr Lieben! muß ich euch jetzt betrüben, denkt, dort wird Freude sein!

Anmerk. Von H. Chr. v. Schweinitz.

B) Abgekürzte Lieder und Verse.

Mel. Wie wohl ist mir o Freund der Seelen.

514. Es ist noch eine Ruh vorhanden; auf, müdes Herz, und werde Licht! du seufzest hier in deinen Banden und deine Sonne scheinet nicht. Sieh auf das Lamm, das dich mit Freuden dort wird vor seinem Stuhle weiden, wirf hin die Last und eil herzu. Bald ist der gute Kampf geendet, bald, bald der schwere Lauf vollendet, so gehst du ein zu deiner Ruh.

2. Da wird man Freudengarben bringen denn unsre Thränensaat ist aus. O welch ein Jubel wird erklingen und süßer Ton in's Vaters Haus. Ach Flügel her! wir müssen eilen und uns nicht länger hier verweilen, dort wartet schon die frohe Schaar, dort sollst du Siegespalmen führen, auf, auf mein Geist zum Triumphiren, auf, auf es kommt das Ruhejahr!

Anmerk. Zusammengezogen aus dem Liede: Es ist noch eine Ruh

vorhanden von Joh. Siegm. Kunth.

Mel. Von Gott will ich nicht lassen.

515. Herr Christ, thu mir verleihen, zu singen deinen Geist: mich thut herzlich erfreuen, was himmlisch ist und heißt. Fahr hin all Traurigkeit, mein Gott, dem ich getrauet, ein himmlisch Haus gebauet mir hat in Ewigkeit.

2. Er wird freundlich umfangen und trösten meine Seel: darnach steht mein Verlangen, das ist mein Trost und Heil. Da wird sein lieber Sohn abwischen alle Thränen, von denen, die hie weinen und leiden Schmach und Hohn.

3. Mein Seel alsdann verkläret, soll leuchten wie die Sonn, und was mein Herz begehret wird kommen ihm zu Lohn: dann dort in jenem Reich, an Wesen und Gebehrden, wir alle sollen werden den lieben Engeln gleich.

e. B. uns erq. — 2. b. c. K. die uns Gott gen. uns dort — wenn liebend wir umschließen was thränend wir verließen. — 3. e. f. K. von Schmerzen, Kümmernissen und Sorgen nichts mehr. — 4. d. B. K. mit E. — 5. d. K. du eitler Freudenschein. f. K. will euch mein Tod betrüben.

4. Da werden wir mit Freuden den Heiland schauen an, der durch sein Blut und Leiden den Himmel aufgethan. In seiner Ewigkeit wird Gott mit Freud und Wonne erscheinen wie die Sonne der ganzen Christenheit.

5. Da findet sich beisammen, was scheidet hier der Tod; die nur auf Christi Namen entschlafen sind in Gott. Die frommen Geisterreihn uns werden mit Verlangen ganz brüderlich umfangen, und nehmen mitten ein.

6. Recht mit den Engeln fröhlich, wir werden singen Gott das Heilig, Heilig, Heilig ist der Herr Zebaoth! ein neues Freudenlied: Macht, Ruhm, Lob, Ehr und Weisheit, Kraft, Reichthum, Heil und Klarheit sei Gott in Ewigkeit.

Anmerk. Zusammengezogen aus dem Liede: Herr Christ thu mir verleihen von Jerem. Nicolai.

Mel. Wie schön leuchtet der Morgenstern.

516. Mein ganzer Geist wird, Herr, entzückt, wenn er hinauf zum Himmel blickt, der Glaube sieht ihn offen, er schauet Gottes Königsthron, zur Rechten Jesum Gottes Sohn, auf den wir alle hoffen. Mächtig fühl ich mich erhoben, dich zu loben, der zum Leben, das dort ist, mich will erheben.

2. Was sind die Freuden dieser Zeit, Herr! gegen jene Herrlichkeit, die dort bei dir zu finden? du stellst uns hier auf Erden zwar viel Wunder deiner Güte dar, zum fröhlichen Empfinden. Doch hier sind wir bei den Freuden noch mit Leiden stets umgeben, dort nur ist vollkommnes Leben.

3. Kein Tod ist da mehr und kein Grab, dort wischest du die Thränen ab von deiner Kinder Wangen. Da ist kein Leid mehr, kein Geschrei, denn du, o Herr, machst

alles neu; das alte ist vergangen. Hinfort sind dort von gerechten Gottesknechten keine Plagen mehr zur Prüfung zu ertragen.

4. In unsers Gottes Heiligthum schallt seines Namens hoher Ruhm von lauter frohen Zungen. Hier strahlt die Herrlichkeit des Herrn; hier schaut man sie nicht mehr von fern; hier wird sie ganz besungen. Völlig giebt sich den Erlösten, sie zu trösten, der zu kennen, den sie hier schon Vater nennen.

5. Wo ist mein Freund, des Höchsten Sohn, der mich geliebt! wo glänzt sein Thron? in jenen Himmelshöhen. Da werd ich dich, Herr Jesu Christ! so menschenfreundlich, als du bist, auch mit Entzücken sehen. Da wird, mein Hirt, von den Freuden nichts mich scheiden, die du droben deinen Freunden aufgehoben.

6. Wie herrlich ist die neue Welt, die Gott den Frommen vorbehält, kein Mensch kann sie erwerben. O Jesu, Herr der Herrlichkeit! du hast die Stätt auch mir bereit't, hilf sie mir auch ererben. Laß mich eifrig darnach streben, und mein Leben hier so führen, daß ich dort kann triumphiren!

Anmerk. J. S. Diterich bearbeitete das Lied von Th. Fritsch: Ists oder ist mein Geist entzückt in seinem Gesange: Mein ganzer Geist, Gott wird entzückt. Daraus die obigen Verse, nur ist in einigen Stellen auf den Grundtext zurück gegangen.

517. O Ewigkeit, du Donnerwort, o Schwert, das durch die Seele bohrt, o Anfang sonder Ende! o Ewigkeit, Zeit ohne Zeit, vielleicht schon morgen oder heut fall ich in deine Hände. Das ganz erschrockne Herz erbebt, wenn dies Wort mir im Sinne schwebt.

2. Kein Unglück ist in dieser Welt,

das ohne Maßen drückt und quält, das niemals wird gelindert, allein der Hölle Ewigkeit ist ohne Schranken, Ziel und Zeit, wird nie durch Trost gemindert; ja, wie der Heiland selber spricht: ihr Wurm und Feuer stirbet nicht.

3. So lang ein Gott im Himmel lebt und über alle Wolken schwebt wird solche Marter währen. Wie brennt der wilden Flamme Strahl, so plaget sie die ewge Qual, und kann sie nicht verzehren. Dann wird sich enden diese Pein, wenn Gott nicht mehr wird ewig sein.

4. Gott, du bist heilig und gerecht, wenn du dereinst den bösen Knecht dort strafst mit ewgen Schmerzen. Auf kurze Sünden dieser Welt hast du so lange Pein bestellt; o nimm es Mensch zu Herzen. Hier, hier ist deine Gnadenzeit, dort strafet Gott wie er gedräut.

5. Ach, sichrer Mensch wach auf, wach auf, halt ein in deiner Sünden Lauf, auf, wandle um dein Leben! wach auf, denn es ist hohe Zeit, dich übereilt die Ewigkeit dir deinen Lohn zu geben. Vielleicht ist heut der letzte Tag, wer weiß doch wann er sterben mag.

6. O Ewigkeit, du Donnerwort, du Schwert, das durch die Seele bohrt dem, den die Sünde locket! Wer denkt es ganz das ewge Leid, das Gott dem Sünder hat gedräut, der freventlich verstocket? gedenkt, was der Heiland spricht: ihr Wurm und Feuer stirbet nicht.

Anmerk. Der älteren Lieder, welche über die Höllenstrafen handeln, sind gerade nicht wenige. Zu gebrauchen sind sie aber fast allesammt nicht. Weit über die Bibel hinausgehend erschöpfen sie sich in gräulichen Topographien und Localitätsschilderungen, in der Ausmalung der scheußlichsten Tormente. So heißt es in einem zu seiner Zeit verbreiteten Liede vom Teufel: „Dies ist das große Wunderthier, aus welches Augen gehn herfür viel tausend heißer Flammen: die harte Schuppen, welch er trägt, die glitzen schrecklich, wann er schlägt die Klauen stark zusammen: aus seiner Nasen geht ein Dampf, viel dicker, als wann hier ein Kampf mit Schießen wird gehalten. Dies Ungeheuer wird ewiglich, o frecher Sünder! über dich im Höllenpfuhle walten. Mehr finden sich dort in der Qual viel andre Teufel, welcher Zahl ist schwerlich zu beschreiben; theils dieser sind den Schlangen gleich, von Farben schwarz, blau, gelb und bleich, welch alle Bosheit treiben. Theils sehen wie die Scorpion, ihr Schreien ist ein solcher Ton, der Mark und Blut macht zittern; so schrecklich sind sie von Gestalt, daß, wer sie schauet, den muß bald sein ganzer Leib zersplittern. Und diese Teufel rüsten sich, zu peinigen gang grausamlich die Sünder in der Höllen. Kein einzig Glied bleibt ungeplagt, man Leib wird durch und durch genagt von diesen Mordgesellen. O Mensch! es ist ein harter Strauß, sie reißen gar die Därmer aus, kein Henker kanns so machen. Dies ist der Lohn, du böser Christ, daß du so treu gewesen bist allhier dem alten Drachen.‟ Und solche Beispiele giebt es unzählige. Aus der genannten Verlegenheit mag es mit zu erklären sein, daß manche Gesangbücher gar kein Lied über die Hölle darbieten, was aber auch nicht gut zu heißen ist. Wir glauben, daß das Lied: O Ewigkeit du Donnerwort von Joh. Rist in der obigen Gestalt recht wohl unsere Gesangbücher zieren kann.

Anhang.

518. Alles ist an Gottes Segen und an seiner Gnad gelegen, über alles Geld und Gut. Wer auf Gott sein Hoffnung setzet, der behält ganz unverletzet einen freien Heldenmuth.

2. Der mich hat bisher ernähret, und so manches Glück bescheeret, ist und bleibet ewig mein; der mich wunderlich geführet, und noch leitet und regieret, wird forthin mein Helfer sein.

3. Viel bemühen sich um Sachen, die nur Sorg und Unruh machen und ganz unbeständig sind, ich begehr nach dem zu ringen, was Vergnügen pflegt zu bringen, und man itzt gar selten find't.

4. Hoffnung kann das Herz erquicken, was ich wünsche, wird sich schicken, so es anders Gott gefällt; meine Seele, Leib und Leben hab ich seiner Gnad ergeben, und ihm alles heimgestellt.

5. Er weiß schon nach seinem Willen mein Verlangen zu erfüllen, es hat alles seine Zeit, ich hab ihm nichts vorzuschreiben, wie Gott will so muß es bleiben, wann Gott will, bin ich bereit.

6. Soll ich länger allhier leben, will ich ihm nicht widerstreben, ich verlasse mich auf ihn, ist doch nichts, das lang' bestehet, alles Irdische vergehet und fährt wie ein Strom dahin.

Anmerk. Vf. unbekannt. Wir hätten an dem Liede nur zu rügen, daß es nicht genug Gemeindegesang ist, würden es jedoch ohne große Scrupel aufnehmen, wenn nicht die Rubrik: Vertrauen auf Gott, Geduld u. dgl. durch andere und bedeutendere classische Lieder so reich besetzt wäre. Sie aber, wie in man-

---

DXVIII. Der Text nach Rambach, der ihn aus einem Gesangb. vom Jahr 1676 nahm. Damit ist das Ellricher Gesgbch. von 1697 vergl. (Ellr.) — 1. b. Ellr. H. Huld. d. S. H. Hoffen. K. W. die Hoffnung. — 2. b. Ellr. Bs. B. S. K. H. mir. B. K. W. manches Gut. H. gewähret. d. S. K. W. wunderbar. e. W. und. Ellr. H. wird wie er mich noch reg. auch. f. Bs. B. S. K. H. W. hinfort, ältere Lesart. — 3. a. Bs. S. K. W. sollt ich mich bemühn. H. viele mühen sich. b. Bs. Müh, ältere Lesart. Ellr. Unglück. d. S. nein ich will nach dem nur. K. W. nein ich will nach Gütern ringen. H. ich will aber danach. f. Ellr. H. was der Seelen Ruh kann bringen, spätere auch: was mir kann Vergn. (B.) e. Bs. S. was mir wahre Ruh kann bringen. f. Bs. was man in der Welt nicht f. K. W. die mir wahre Ruhe br., die man. S. die man. f. H. die man sonst. — 4. c. H. wo. d—f. S. ihm hab ich mich ganz ergeben, Glück und Unglück, Tod und Leben, Alles sei ihm. — 5. S. Ist mein Wunsch nach seinem Willen, weiß er schon ihn zu erfüllen und gewiß zur rechten Zeit — was Gott will ist Seligkeit. f. Bs. B. K. wenn, ältere Lesart. — 6. Ellr. B. S. K. H. W. soll ich hier noch länger. S. Herr, so wollst du Kraft mir geben, mich um das nur zu bemühn, was in Ewigkeit bestehet, alles J. v. und fährt. f. H. Gott; mein Gut ist mein Gewinn.

chen Büchern, ein förmliches Uebergewicht gewinnen zu lassen, finden wir aus manchen Gründen bedenklich.

Mel. Nun danket alle Gott.

519. Anbetungswürdger Gott, mit Ehrfurcht stets zu nennen! du bist unendlich mehr, als wir begreifen können. O flöße meinem Geist die tiefste Demuth ein, und laß mich stets vor dir voll Ehrerbietung sein.

2. Du bist das höchste Gut, du weißt von keinem Leide; stets ruhig in dir selbst, schmeckst du vollkommne Freude. Dein ist die Herrlichkeit, auch ohne Kreatur bist du dir selbst genug, du Schöpfer der Natur.

3. Du riefst dem, das nicht war, um Lust und Seligkeiten aufs mannigfaltigste um dich her auszubreiten. Die Liebe bist du selbst, Verstand und Rath sind dein, und du gebrauchst sie gern, zu segnen, zu erfreun.

4. Du sprichst, und es geschieht; auf dein allmächtig: Werde! entstand dein großes Werk, der Himmel und die Erde. Mit deinem kräftgen Wort trägst du die ganze Welt, und deine Macht vollführt, was uns unmöglich fällt.

5. Du bist der Herren Herr, der Erde Majestäten sind, Höchster! vor dir der Staub. Auch geistig kannst du tödten. Wen du erniedrigest, Gott! wer kann den erhöhn? wen du erhöhen willst, deß Hoheit muß bestehn.

6. Du bist es, der allein Unsterblichkeit besitzet, der Leben giebt und nimmt, der unsern Odem schützet. Den Geist, der in uns lebt, empfingen wir von dir. Willst du, so wird er nichts; du bleibest für und für.

7. Wer hat dich je gesehn? wer kann im Fleisch dich sehen? kein sterblich Auge reicht bis zu des Lichtes Höhen, wo du voll Majestät auf deinem Stuhle thronst, und unterm frohen Lob der Himmelsheere wohnst.

8. Was wir, Unendlicher! von deinem Wesen wissen, das hast du selbst zuvor uns offenbaren müssen. Die Schöpfung zeugt von dir; und deines Sohnes Mund macht uns noch deutlicher, Gott, deinen Namen kund.

9. Doch hier erkennen wir dich noch gar unvollkommen; wird aber dermaleinst der Vorhang weggenommen, der jetzt das Heiligste noch unserm Blick verschließt, dann sehen wir dich, Gott, so herrlich, wie du bist.

10. Indeß sei auch schon jetzt dein Ruhm von uns besungen; verschmähe nicht ein Lob von unsren schwachen Zungen: dort soll, wenn wir dereinst vor dir verherrlicht stehn, ein Lied im höhern Chor dich, großer Gott, erhöhn.

Anmerk. Von J. S. Diterich, nach Rambachs: Verklärte Majestät ist nichts als ein leidliches Lehrlied über Gottes Unbegreiflichkeit, das in manchen Versen bloß gereimte Dogmatik aus dem locus de Deo ist.

DXIX. Text aus dem Bremer Domgesangb. von 1778. — 1. K. mit Majestät geschmücket, vor dem sich ehrfurchtsvoll das Heer der Engel bücket — flöß' auch m. — voll Dank und Ehrfurcht. f. W. wie K. — 2. d. K. W. lebst du in ewger. — 3. c. K. in ungezähltem Maaß. g. K. nur. — 5. Bi Bs. S. ausgel. c. d. W. nichts vor dir, wenn sie dich nicht anbeten. d. B. K. Geister. f. W. f err. — 6. Bei Bs. ausgel. e. f. K. W. den Geist — den haben wir von dir. B. der G. — den. S. nimmt aus Bs. 5. o m H. herauf. — 7. d. K. zu jeren Strahlenhöhen. W. lichten H. g. K. Lobgesang. — 8. e. B. zeigt s(wohl Druckf.) — 10. a. K. W. indessen sei schen. d. Bs. B. K. W. lallend schwachen Z. S. ungeübten.

Mel. Nun bitten wir den heil'gen Geist.

520. Die Kirche Christi, die er geweiht zu seinem Hause ist weit und breit in der Welt zerstreuet, in Nord und Süden, in Ost und West und doch so hienieden als droben, Eins.

2. Die Glieder sind sich meist unbekannt, und doch einander gar nah verwandt, Einer ist ihr Heiland, ihr Vater einer, ein Geist regiert sie, und ihrer keiner lebt mehr sich selbst.

3. Sie leb'n dem, der sie mit Blut erkauft und mit dem heiligen Geiste tauft, und im wahren Glauben und treuer Liebe gehn ihrer Hoffnung lebendige Triebe aufs Ewige.

4. Wie stehts mit ihrer Versammlung aus? hier sind sie fremde und nicht zu Haus; unter so verschiednen Religionen, Kirchenverfassung und Secten wohnen sie hie und da.

5. Die unumschränkte Hand des Herrn besorgt sie all in der Näh' und Fern', und zuweilen sammelt er sich auch Haufen, die er mit seinem Geist pflegt zu taufen zu Einem Leib.

6. Das werd'n Gemeinen d Lamms genennt, worin das Fe des Herren brennt: unser Gotte lämmlein wohnt in der Mitte Gnade und Wahrheit füllt sol Hütten und Fried und Freud.

7. Mit solchen Kirchlein ist un Zeit reichlich gesegnet; wir si erfreut über Jesu Gnade, und t ten: mehre du Geist des Herr seine Gnadenheere an Zahl un Kraft.

Anmerk. Von Aug. Gottl. Spa genberg. Wenn wir diesen G fang, von dem viele Verse sich g radezu als Prosa drucken ließen, i allen 5 Büchern vorfinden, so kan man wohl kaum ein: Die eur hie! unterdrücken. Er verdient unter besseren Liedern Platz zu machen.

521. Dir, dir, Jehova, will ich singen, denn wo i doch ein solcher Gott, wie du? dir will ich meine Lieder bringen, ach! gieb mir deines Geistes Kraft dazu, daß ich es thu im Namen Jesu Christ, so wie es dir durch ihn ge fällig ist.

2. Zeuch mich, o Vater! zu dem Sohne, damit dein Sohn mich wie

DXX. Text bei B. — 1. S. die geweiht ist zu Gottes Haus — zerstreut — West, doch so. — 2. a. S. sind sich unbekannt. c. S. Herr. — 3. b. Bs. K. ge tauft. e. Bs. Ewge hin. W. ew'ge Gut. S. sie leben dem, der sie erkauft, mit dem heilgen G. auch hat get., — treuer L., sind gewandt der H. Lebenstriebe zum Ewgen hin. — Die folgenden Verse fehlen bei Bs. — 4. Bei W. ausgel. S. Wie steht es aber sichtbar aus? in der Welt hier sind sie nicht zu Haus, und bevor die Heimath ist erstritten, sind noch gar verschiedne Pilgerhütten ihr Auf enthalt. — 5. a. K. die ganz unumschränkte. W. die allgenugsame Hand des. S. unumschränkte. b. S. die versorgt sie alle nah und fern. c. d. W. und wenn in der Demuth sie ihn nur meinen, eilt er im Geiste sie zu vereinen. S. und sie bitten allzeit: Heiland, mehre deinem Volk zur Freud und dir zur Ehre der Gläubigen Schaar. — 6. 7. fehlt bei S. — 6. b. K. Heiland. c. K. Lamm wohnet. W. schließt mit folgenden beiden Versen: So wandelt er durch die Ge meinden hin, die schau'n, wie Stern um die Sonn auf ihn; und wo Glaube wohnet, da steht er mitten, und füllt die Seinen in Pilgerhütten, mit Gnad und Licht. O Geist des Herrn, der das Leben schafft, walt in der Kirche mit deiner Kraft, daß die Gotteskinder geboren werden, gleichwie der Morgenthau, auf Er den zu Christi Preis.

DXXI. Text in Freylinghausens geistreichem Gesangbuch. — 1. b. D. so. c. S. vor dich will ich mein Bitten bringen. f. S. allein gef. — 2. a. B. K. zieh. d. S. mein Gemüth mit seiner Kraft. K. und leuchte mir in

ber zieh zu dir: dein Geist in meinem Herzen wohne und meine Sinnen und Verstand regier, daß ich den Frieden Gottes schmeck und fühl, und dir darob im Herzen sing und spiel.

3. Verleih mir, Höchster! solche Güte, so wird gewiß mein Singen recht gethan, so klingt es schön in meinem Liede, und ich bet dich im Geist und Wahrheit an, so hebt dein Geist mein Herz zu dir empor, daß ich dir Psalmen sing im höhern Chor.

4. Denn der kann mich bei dir vertreten mit Seufzern, die ganz unaussprechlich sind; der lehret mich recht gläubig beten, giebt Zeugniß meinem Geist, daß ich dein Kind und ein Miterbe Jesu Christi sei, daher ich Abba, lieber Vater! schrei.

5. Wenn dies aus meinem Herzen schallet durch deines heil'gen Geistes Kraft und Trieb, so bricht dein Vaterherz und wallet ganz brünstig gegen mich vor heißer Lieb, daß mirs die Bitte nicht versagen kann, die ich nach deinem Willen hab gethan.

6. Was mich dein Geist selbst bitten lehret, das ist nach deinem Willen eingericht, und wird gewiß von dir erhöret, weil es im Namen deines Sohns geschicht, durch welchen ich dein Kind und Erbe

bin, und nehme von dir Gnad um Gnade hin.

7. Wohl mir! daß ich dies Zeugniß habe, drum bin ich voller Trost und Freudigkeit, und weiß, daß alle gute Gabe, die ich von dir verlanget jederzeit, die giebst du und thust überschwenglich mehr, als ich verstehe, bitte und begehr.

8. Wohl mir! ich bitt in Jesu Namen, der mich zu deiner Rechten selbst vertritt; in ihm ist alles Ja und Amen, was ich von dir im Geist und Glauben bitt: wohl mir! Lob dir! itzt und in Ewigkeit, daß du mir schenkest solche Seligkeit.

Anmerk. Von Barth. Crasselius. Obgleich bei W. dies Lied ausgelassen ist, so haben wir doch hier (wie in zwei andern Fällen) uns eine Ausnahme erlaubt. Wir schwankten nämlich selbst lange Zeit über Aufnahme oder Ausschließung, können aber doch am Ende den Gesang für ein gutes Lehrlied über das Gebet im Namen Jesu gelten lassen.

Mel. O Gott du frommer Gott.

522. Du wesentliches Wort, vom Anfang her gewesen; du Gott, von Gott gezeugt, von Ewigkeit erlesen zum Heil der ganzen Welt, o mein Herr Jesu Christ! willkommen, der du mir zum Heil geboren bist.

allen Dingen für, so hebt er auch mein Herz zu dir empor, daß (aus Vs 3.). — 3. a. H. deine. d. H. so bet ich dich in. 8. so bet ich dich im Geist und Wahrheit an, so preist aus dankendem Gemüthe, mein Mund, wie viel du hast an mir gethan — empor zu dir, so hab ich schon des Himmels Vorschmack hier. — 4. a. S. K. dein Geist kann. c. S. er. K. er — im Glauben. e. f. K. dann ruf ich als Miterbe deines Sohns, das Abba zu den Höhen deines Throns. — 5. Bei S. ausgel. d. D. mir. H. von h. f. K. wenn sie nach deinem W. ist. — 6. b—d. K. dem neigt sich dein Gotteswille zu, das wird — weil ichs im Namen deines S. thu. d. S. weil dein Sohn Jesus Christus für mich spricht. f. K. so nehm ich Gn. um Gnade von dir hin. — 7. a—c. S. wenn ich — dann — (K.) und weiß es alle. b. c. H. nun — ich weiß ja, alle. d. D. H. verlange. — 8. b—d. K. der mich vertritt in deiner Himmelshöh' — sieh.

DXXII. Text nach dem Gesangbuch des Grafen v. Zinzendorf von 1725. — 1. b. Bs. S. von Anfang an. — 2. a. S. uranfänglich. b. B.

2. Komm, o selbſtſtändigs Wort! und ſprich in meiner Seelen, daß mirs in Ewigkeit an Troſt nicht ſolle fehlen: im Glauben wohn in mir, und weiche nimmer nicht, laß mich auch nicht von dir abweichen, ſchönſtes Licht!

3. Du weſentliches Wort! warſt bei Gott, eh geleget der Grund der großen Welt, da ſich dein Herz beweget zur Liebe gegen mir; ja, du warſt ſelber Gott, damit du machſt im Fleiſch Sünd, Höll und Tod zu Spott.

4. Was hat, o Jeſu! dich von Anfang doch bewogen? was ſtand von Himmels Thron dich in die Welt gezogen? ach, deine große Lieb, und meine große Noth hat deine Glut entflammt, die ſtärker als der Tod.

5. Du biſt das Wort, woburch die ganze Welt formiret, denn alle Dinge ſind burch dich ans Licht geführet; ach, ſo bin ich, mein Heil! auch dein Geſchöpf und Gab, der alles, was ich bin, von dir empfangen hab.

6. Gieb, daß ich dir zum Dienſt mein ganzes Herz ergebe, auch dir allein zum Preis auf dieſer Erden lebe; ja, Jeſu! laß mein Herz ganz neu geſchaffen ſein, und dir bis in den Tod gewidmet ſein allein.

7. Laß nichtes in mir ſein, was du nicht haſt geſchaffen, reut alle Unkraut aus, und brich des Feindes Waffen; was bös, iſt nicht von dir, das hat der Feind gethan; aber führ mein Herz und Fuß auf ebner Bahn.

8. Das Leben iſt in dir, und alles Licht des Lebens, ach laß mir dein'n Glanz, mein Gott, nicht ſein vergebens: weil du das Licht der Welt, ſo ſei mein Lebenslicht, o Jeſu! bis mir dort dein Sonnenlicht anbricht.

Anmerk. Die **Verbreitung** dieſes Geſanges von Laur. Laurenti läßt ſich aus dem Umſtande erklären, daß es den Prolog des Johannes-Evangeliums, alſo eine dogmatiſch äußerſt wichtige Stelle paraphraſirt. Die „eigenthümlich tiefe Aneignung des für uns Gebornen," welche Stier, Geſangbuch S. 149, in dieſem Liede findet, können wir übrigens nicht zugeben. Mehrere Verſe ſind ſo dogmatiſch endeminirend, und das Ganze könnte überhaupt erſt bei dem Mangel ſchöner Weihnachtslieder in Betracht kommen.

Mel. Jeſus meine Zuverſicht.

523. Eine Heerde und ein Hirt! wie wird dann dir ſein, o Erde, wenn ſein Tag erſcheinen wird; freue dich, du kleine Heerde, mach dich auf und werde Licht: Jeſus hält, was er verſpricht.

2. Hüter, iſt der Tag noch fern?

zu. K. W. Seele. d. B. nie. K. an Freuden niemals fehle. W. am Troſte nimmer fehle. e. B. durch. f. K. W. von mir nicht. — 3. Bei Bs. S. ausgel. c. K. der ganzen. e. B. W. H. mich. f. W. und weil du ſelber Gott. g. K. ſo macheſt du. W. ſo machſt du in dem. — 4. c. B. K. H. W. vom Himmelsthron. g. K. Lieb. — 5. Bei Bs. S. ausgel. b—d. W. vorhanden — zum Licht erſtanden. c. K. W. und. f—h. K. deine Kreatur, die was ſie iſt und hat von dir empf. nur. g. B. was ich auch bin. H. der ich das, was. W. der ich ja, was. — 6. c. S. K. und. g. h. K. und bis zum Tode dir geheiligt. h. H. gew. nur allein. — 7. a, Bs. S. gar nichts. B. ja nichts. W. nichts mehr. c. S. rott. K. laß nichts beſteh'n in mir, was du nicht ſelbſt g. reiß — zerbrich — iſt nicht von mir — führe mich auf deiner Lebensbahn. H. ach laß nichts in mir — zerbrich — führe du mein Herz zum Himmel an. b. W. nicht ſelbſt. e. B. W. das. f. W. es hat's der F. — 8. c. B. an mir laß deinen G. S. laß doch deinen Gl. an mir nicht. K. H. W. laß deinen Gl. in mir (H. an mir). f. K. W. ſei meines L. h. K. Sonnenglanz.

on ergrünt es auf den Weiden,
..d die Herrlichkeit des Herrn na=
t dämmernd sich den Heiden;
..inde Pilger flehn um Licht; Je=
.s hält, was er verspricht.

3. Komm, o komm, getreuer Hirt,
..ß die Nacht zum Tage werde!
..h, wie manches Schäflein irrt fern
..n dir und deiner Heerde: kleine
..eerde zage nicht; Jesus hält, was
.. verspricht.

4. Sieh, das Heer der Nebel
..ieht vor des Morgenrothes Helle,
..nd der Sohn der Wüste kniet dür=
..tend an der Lebensquelle; ihn um=
..euchtet Morgenlicht: Jesus hält,
..vas er verspricht.

5. Gräber harten aufgethan:
..auscht, verdorrte Gebeine! macht
..em Bundesengel Bahn, großer Tag
..es Herrn, erscheine! Jesus ruft:
..es werde Licht! Jesus hält, was
..er verspricht.

6. O des Tags der Herrlichkeit!
Jesus Christus, du die Sonne, und
auf Erden weit und breit Licht und
Wahrheit, Fried und Wonne! mach
dich auf, es werde Licht! Jesus hält,
was er verspricht.

Anmerk. Von Fr. Ad. Krum=
macher, ein schönes Lied, aber nicht
im Kirchenton und da die Mission
nur als unmittelbar von der Kirche
ausgehend, richtig aufgefaßt und
ausgeführt werden kann, so ist der
bemerkte Umstand auch für Missions=
Lieder entscheidend.

Mel. Allein Gott in der Höh sei Ehr.

524. Erhebe dich, o meine Seel!
die Finsterniß vergehet: der Herr
erscheint in Israel, sein Licht am
Himmel stehet. Erhebe dich aus
deinem Schlaf, daß er was Gutes
in dir schaff, indem er dich erleuchtet.

2. Im Licht muß alles rege sein,
und sich zur Arbeit wenden; im
Licht singt früh das Vögelein, im
Licht will es vollenden: so soll der
Mensch in Gottes Licht aufheben
billig sein Gesicht zu dem, der ihn
erleuchtet.

3. Laßt uns an unsre Arbeit
gehn, den Herren zu erheben; laßt
uns, indem wir auferstehn, bewei=
sen, daß wir leben; laßt uns in die=
sem Gnadenschein nicht eine Stun=
de müßig sein: Gott ists, der uns
erleuchtet.

4. Ein Tag geht nach dem an=
dern fort, und unser Werk bleibt
liegen. Ach, hilf uns, Herr, du
treuster Hort! daß wir uns nicht
betrügen; gieb, daß wir greifen an
das Werk, gieb Gnade, Segen,
Kraft und Stärk, im Licht, das uns
erleuchtet.

5. Du zeigst, was zu verrichten
sei auf unsern Glaubenswegen, so
hilf uns nun und steh uns bei,
verleihe deinen Segen, daß das Ge=
schäft von deiner Hand vollführet
werd in alle Land, wozu du uns
erleuchtet.

DXXIII. 2. e. S. blinde Völker. — 4. c. S. mancher Sohn der. — 5.
a. K. W. stehen. c. S. Lebensodem weh sie an. — 6. b. S. Jesu
Christe. e. S. und.

DXXIV. Text nach dem Gesangbuche des Grafen v. Zinzendorf. — 1. K.
W. erheb o meine Seele dich — schon zeigt der Glanz des Tages sich, die Sonn
am Himmel stehet. Zu Gott erhebe deinen Sinn, daß er dein Werk in dir beginn
und gnädig dich erleuchte. f. B. auf daß er Gutes. — 2. b—d. K. kehren, der
Vogel singt im Morgenschein zu seines Schöpfers Ehren. W. kehren — im Licht
zu Gottes Ehren. e. B. es soll. f. Bs. W. heilig. K. aufheben Herz und Ange=
sicht. — 3. Bei Bs. S. ausgel. K. W. nun laßt uns an die — und froh den
Herren erheben, in Christo laßt uns auf. und zeigen, daß — seinem Gnab. —
4. Bei Bs. S. ausgel. b. K. W. doch Gottes W. — weil ohne That, mit lee=
rem Wort so Viele sich betrügen. Herr, laß uns freudig gehn ans Werk, verleih
uns Gn., Kraft u. S. — 5. Bei Bs. S. ausgel. d. K. mit deinem theuer=

6. Ich flehe, Herr! mach uns be=
reit zu dem, das dir gefällig, daß
ich recht brauch die Gnadenzeit; so
flehen auch einhellig die Kinder, die
im Geist gebor'n, und die sich fürch=
ten vor dem Zorn, nachdem du sie
erleuchtet.

7. Das Licht des Glaubens sei
in mir ein Licht der Kraft und Stär=
ke! es sei die Demuth meine Zier,
die Lieb das Werk der Werke! die
Weisheit fließt in diesen Grund, und
öffnet beides Herz und Mund, die=
weil die Seel' erleuchtet.

8. Herr! bleib bei mir, du ew'=
ges Licht! daß ich stets gehe rich=
tig: erfreu mich durch dein Ange=
sicht, mach mich zum Guten tüchtig,
bis ich erreich die güldne Stadt,
die deine Hand gegründet hat und
ewiglich erleuchtet.

    Anmerk. Von Peter Lackmann.
    Wir verweisen auf die Anmerkung
    S. 108. Aber selbst wenn man
    Haus= Morgenlieder sammelte, käme

nach unserer Ansicht oben ste[..]
Lied erst in dritter und vierter S[..]

525. Es ist das Heil u[..]
kommen her, von Gnad und [..]
ter Güte, die Werke helfen nim=
mermehr, sie mögen nicht beh[..]
der Glaub sieht Jesum Christum [..]
der hat gnug für uns all get[..]
er ist der Mittler worden.

2. Was Gott im G'setz geb[..]
hat, da man es nicht kann halt[..]
erhub sich Zorn und große A[..]
für Gott so mannigfalt. D[..]
Fleisch wollt nicht heraus der Gei[..]
vom G'setz erfordert allermeist; [..]
war mit uns verloren.

3. Es war ein falscher Wahn [..]
bei, Gott hätt sein G'setz drum
geben, als ob wir möchten [..]
frei nach seinem Willen leben: [..]
ist es nur ein Spiegel zart, [..]
uns anzeigt die sündig' Art, in [..]
serm Fleisch verborgen.

4. Nicht möglich war dieselb[..]

Segen. e—g. K. so geht dein Wille, Werk und Wort, von Land zu Land, [..]
Ort zu Ort, soweit dein Licht nur leuchtet. f. B. W. allem Land. — 6. [..]
Bs. S. ausgel. a, b. B. mich — was dir. b—d. K. zu deinem Wohlgefall[..]
laß uns in Zucht und Frömmigkeit, vor deinen Augen wallen. W. mich [..]
beinem Wohlgef. im rechten Brauch der Gnadenzeit laß deine Kinder [..]
e—g. K. gieb Gottesfurcht, die ihren Pfad hält von Sünd und Miss[..]
und die dein Geist erl. W. sie fürchten Tod und Sünde nicht, geboren aus [..]
ewgen Licht, das allweg ihnen leuchtet. — 7. K. die Demuth werde meine Z[..]
jedem Liebeswerke (W.), die Weish. sprech aus meinem Mund, und wohn in mein[..]
Herzens Grund, so bin ich recht erl. e. f. B. fließ'—öffne. B. S. diesem. [..]
weil Gott die S. erl. — 8. a. W. ewig. K. erheb auf mich dein Angesicht, [..]
Vater aus der Höhe, erhalte mir dein heilges Licht, daß deinen Weg ich geh[..]

DXXV. Text bei Wackernagel und Rambach aus dem Jahre 1524. W[..]
geben bei diesem Gesange unter X. die Varianten eines alten Gesangbuchs zwische[..]
1550—1570. Näheres ist wegen defecten Zustandes nicht anzugeben, auch na[..]
dem Gesangbuchs=Register bei Wackernagel konnten wir es nicht unterbring[..]
Dazu die Varianten des Amsterdamer Gesgb. von 1660 (A.) und den Text [..]
Gesenius und Denicke, denen schon dieses Lied allerhand Bedenken machte (G. —
1. b. X. B. aus Gnad. G. K. von Gut und lauter Gnaden. c. X. A. die Werk
die. G. Werk vermögen. K. taugen n. d. G. K. zu heilen unsern Schaden.
Bs. und schaffen nimmer Friede. S. in ihnen ist kein Friede. f. K. der hat für
alle gnug gethan. g. A. ein Mittler. — 2. a. b. G. da man was Gott gebo=
ten hat im G'setze nicht kann halten. K. was das Ges. geboten hat, da man's
nicht kann erfüllen. a—e. Bs. S. niemand was das Gesetz gebot vermochte zu
erfüllen, drum sich erhob gar große Noth die kein Mensch konnte stillen, vom
Fleisch kam nicht hervor der Geist (sehr geschickt!). d. K. die niemand konnt
stillen. f. Bs. den das G. erfordert meist. S. doch fordert meist. K. drauf das
G. bringt allermeist. g. Bs. ganz war's mit uns verloren. — 3. a. b. Bs. ein

aus eignen Kräften laſſen, wie=
...l es oft verſuchet ward, noch
...rt ſich Sünd ohn Maßen. Wann
...isnerswerk er hoch verdammt,
...je dem Fleiſch der Sünde Schand
...eit ward angeboren.

.. Noch mußt das G'ſetz erfüllet
..., ſonſt wärn wir all verdorben:
...um ſchickt Gott ſein'n Sohn her=
..., der ſelber Menſch iſt worden.
..s ganz Geſetz hat er erfüllt, da=
..: ſeins Vaters Zorn geſtillt, der
...r uns ging alle.

6. Und wenn es nun erfüllet iſt,
...ch den, der es konnt halten; ſo
...ne jetzt ein frommer Chriſt, des
...aubens recht Geſtalte: nicht mehr
...nn, lieber Herre mein, dein Tod
...rd mir das Leben ſein: du haſt
...: mich bezahlet.

7. Daran ich keinen Zweifel trag,
dein Wort kann nicht betrügen: nun
ſagſt du, daß kein Menſch verzag,
das wirſt du nimmer lügen. Wer
glaubt an mich und wird getauft,
demſelben iſt der Himm'l erkauft,
daß er nicht wird verloren.

8. Er iſt gerecht vor Gott al=
lein, der dieſen Glauben faſſet: der
Glaub giebt aus von ihm den
Schein, ſo er die Werk' nicht laſ=
ſet. Mit Gott der Glaub iſt wohl
daran, dem Nächſten wird die Lieb
guts thun, biſt du aus Gott ge=
boren.

9. Es wird die Sünd durchs G'ſetz
erkannt, und ſchlägt das G'wiſſen
nieder. Das Evangelium kömmt zu
Hand und ſtärkt den Sünder wie=
der; und ſpricht: nur kreuch zum

---

ahn war vom Geſetz dabei, es ſei darum gegeben. b. K. Gott hab's darum
geben. c. K. H. wir könnten. c. d. Bs. wir ſelbſt vermöchten — nach Gottes
illen. d. G. K. banach vollkommlich (K. vollkommen) leben. a—d. S. ein fal-
er Wahn war noch dabei, das Herrn Geſetz zu üben ſei unſer eigner Wille frei und
rf genug geblieben. e. H. doch iſt. e—g. S. ſo iſt es ja ein Spiegel nur, der uns
ſündliche Natur und Fleiſchesart ſoll zeigen. — 4. Bei Bs. ausgel. a. G. K.
ſelb Unart. B. war's dieſelbe. b. K. aus eigner Kraft zu laſſen. d. X. A. G.
. H. doch mehrt. e. X. A. B. H. denn — Gott. H. verbannt. f. H. und
dem. e—g. G. K. ſie nahm Urſache (K. denn ſie nahm Urſach) am Gebot, das
äute mir den ewgen Tod weil ich der Sünde (K. den Sünden) diente. S. Nein,
s Geſetz gibt keine Kraft in Heiligkeit zu handeln, zu tief die Sünde in uns
ſt, wer mag ſein Herz verwandeln? mit Gleisnerei iſt nichts gethan, Gott ſieht
n Grund der Thaten an ſteckt unſre Schande. — muß's Geſetz. Bs. noch mußte es erfüllet ſein. b. H. war'n wir all verlo-
n. c. G. B. K. drum ſchickt G. ſeinen Sohn. Bs. darum ſchickt G. den
Sohn. d. K. der für uns iſt geſtorben. H. der ſelbſt iſt Menſch geboren. e.
s. der des Geſetzes Laſt erfüllt. f. K. damit den großen Zorn. g. Bs. ſo über
ns. S. Doch muß geſchehn was Gott gebeut, ſonſt blieben wir verloren: drum
ird zu Gottes rechter Zeit ſein Sohn als Menſch geboren, der das Geſetz für
ns erfüllt, damit all unſern Jammer ſtillt und uns die Kindſchaft bringet.
. a. b. Bs. da es nun — der's konnte halten. d. G. B. Geſtalten. a—d. K. und
eil es nun erfüllet iſt durch den, den Gott erlöſen — des Glaubens rechtes Weſen
, und da es nun erfüllet iſt durch den, der uns erlöſte — wie ſich der Glaube trö-
e. e. Bs. denn dieß: o Heiland mein. K. der ſpricht: du lieber Herre mein. —
. Bei Bs. S. ausgel. d. K. beß. f. K. dem iſt der H. ſchon. H. dem iſt der H.
um. g. A. B. K. H. werd. — 8. B. wer. b. B. wer. e. B. uns Gott.
. G. muß die. H. aus Nächſtenlieb wird Gut's gethan. a—f. Bs. S. gerecht vor Gott iſt, der allein ſich dieſes Glaubens freuet, vom Glauben fließt der
ſelle Schein, der alle Werk erneuet. Bei Gott erwirbt er Gnad und Fried, dem
Nächſten wirkt er nichts als Lieb (S. der Glaub ſetzt dich bei Gott in Gnad und
ür den Nächſten Liebe hat). K. Gerecht vor Gott ſind die allein, die dieſes Glaubens leben; doch wird des Glaubens heller Schein durch Werke kund ſich geben,
er Glaub iſt wohl mit Gott daran und an der Liebe ſiehet man, daß du aus.
ſehr gelungen). — 9. Bei Bs. S. ausgel. a. b. K. die Sünde durchs G. er-

Kreuz herzu: im G'setz ist weder Rast noch Ruh mit allen seinen Werken.

10. Die Werk' die kommen g'wißlich her aus einem rechten Glauben: wenn das nicht rechter Glaube wär', wollst ihn der Werk berauben. Doch macht allein der Glaub gerecht, die Werk' die sind des Nächsten Knecht, dabei wir'n Glauben merken.

11. Die Hoffnung wart der rechten Zeit, was Gottes Wort zu sagen: wenn das geschehen soll zur Freud, setzt Gott kein gwisse Tage. Er weiß wohl wenns am besten ist, und braucht an uns kein arge List: das solln wir ihm vertrauen.

12. Ob sichs anließ' als wollt er nicht, laß dich es nicht erschrecken, dann wo er ist am Besten mit, da will ers nicht entdecken. Sein Wort laß dir gewisser sein, und ob dein Fleisch spräch lauter nein, so laß doch dir nicht grauen.

13. Sei Lob und Ehr mit hohem Preis um dieser Gutthat willen: Gott Vater, Sohn, heiligem Geist, der woll mit Gnad erfüllen, was er in uns ang'fangen hat, zu Ehren seiner Majestät, daß heilig werd sein Name.

14. Sein Reich zukomm, sein Will auf Erd scheh wie ins Himmelsthrone, das täglich Brod noch heut uns werd, woll' unsrer Schuld verschonen, als wir auch unsern Schuldnern thun, laß uns nicht in Versuchung stahn, lös' uns vom Uebel; Amen.

Anmerk. Es ist bekannt genug wie das Lied des Paul Speratus in der Reformationszeit zündend und aufweckend durch die deutschen Lande

kannt, schlägt das Gew. H. die Sünd wird durch G. erkannt, schlägt das. e. X. A. B. K. H. das Evangelium kommt zur Hand. X. A. G. B. K. H. es spricht. e. H. fleuch nur (gut). e—g. K. eil nur zum K. herzu, du findest doch nicht Rast noch Ruh in des Ges. Werken. — 10. Bei Bs. ausgel. a. K. B. die Wert gewißlich. G. H. die Werke kommen g'wißlich. S. es kommen sicher Werke her. c. d. G. B. K. H. denn das kein (S. B. H. nicht) rechter Glaube wär, dem man die Werk wollt rauben. f. S. B. K. Werke sind. g. S. K. H. dran wir den Gl. merken. — Hier schieben Gesenius und Denicke 5 zugedichtete Verse ein um vor Mißverständnissen der Rechtfertigungslehre zu bewahren, welche allerdings aus unserm Gesange entstehen können. — 11. a. K. H. harrt. S. wartet still der Zeit. b. G. Bs. B. S. K. H. zusaget. d. K. setzt Gott kein Ziel noch Tage. c. d. Bs. das wird geschehen uns zur Freud, wenn (S. ob) Gott es auch vertaget. f. K. nicht arge. S. und seiner Kinder nicht vergißt. B. er br. q. Alle: deß. — 12. a. c. Bs. und zögert er, sei sichs betrübt — dem welche am meisten liebt. b. Bs. und wenn er nicht zu helfen scheint — denn wo ers oft am Besten meint. b. Bs. und laß dich nicht. S. H. laß dich nur nicht. K. so laß dich's nicht. c. d. H. denn wo sein Rath ist hingericht, das will er nicht. d. Bs. den will er's nicht. S. will er's nicht gleich. f. X. A. G. Bs. B. S. K. H. und ob dein Herz. — Wackernagel: „Vor der Str. 13. steht im großen Straßburger Kirchengesbch. von 1560. Nota: Volgende zwei Gesetze, eigentlich zuo reden, gehören nicht an das vorgehende Liede, das sie müsten daran hangen, sondern mögen zuom beschluß einer Predig seer komgesungen werden, oder aber ganz allein für sich selb, wie es sich gibt. Alsdann pfleget man sie für das wort diser gemeinlich aller zuo singen.‟ Auch im Amsterdamer Gesgb steht vor den beiden Versen eine Hand. — 13. b. Alle Bücher: um dieser Wohlthat. c. G. Bs. B. K. H. und heilsem Geist. a—c. S. mit Lob und Ehr sei hochgepreist — und heilger Geist. e. Bs. S. K. H. was er in uns begonnen hat. f. Bs. durch seine eigne Gottesthat. S. nach seinem ewgen Liebesrath. K. durch seine süße Wunderthat. g. A. G. B. H. daß heilig werd sein Name. K. geheiligt sei sein Name. Bs. S. (welche hier das Lied schließen) zu Ehren seines Namens. — 14. b. X. A. G. B. K. H. g'scheh. K. H. im Himmelsth. c. A. G. B. ja heut. K. uns heute werd. H. auch teut uns werd. d. B. wollst. d. e. K. und unsrer Schuld verschone, wie wir. f. K. H. in Versuchung nun.

ging. Seine historische Bedeutsam=
keit steht auf ewig fest. Eine ganz
andere Frage ist aber ob damit dem
Liede auf immerdar auch eine Stelle
in unsern kirchlichen Gesangbüchern
anzuweisen ist, wie auch Rambach
meint, ob nicht manche Factoren
seiner damaligen Wirksamkeit für
heute unwirksam sind; und so ist es
in der That. Für den Durst jener
Zeiten nach der Lehre von der Ge=
rechtigkeit die vor Gott gilt, für den
Durst nach Lehre überhaupt, floß
in diesem Liede ein Bronnen, der
in's ewge Leben quoll. Hernach ist
Gleiches, zwar nicht mit größerer
kindlicher Herzlichkeit aber mit bei
weitem mehr Poesie, in bei weitem
mehr gelungener Form und ohne je=
nen didactisch=dogmatischen Character
geliefert, welcher dem Kirchengesange
einmal nicht ansteht. Das Lied des
Speratus ist hoher Ehre werth als
ein tüchtiger alter Flamberg des
göttlichen Geistes, als eine ehrwür=
dige Reliquie; aber ein Gesangbuch
ist keine Rüstkammer und kein Re=
liquienschrein. W. hat das Lied nicht
aufgenommen; wir machten zu sei=
nen Gunsten eine Ausnahme.

Mel. O Gott du frommer Gott.

526. Gott ist die Liebe selbst,
von dem die Liebesgaben, als aus
dem schönsten Quell, den ersten Ur=
sprung haben: der bleibet fest in
Gott, wer in der Liebe bleibt und
welchen keine Macht aus Jesu Wun=
den treibt.

2. Der Vater liebt die Welt,
sein väterlich Erbarmen schickt den
geliebten Sohn zu uns verlaßnen
Armen, und dieser liebet uns, drum
scheut er keine Noth, er träget wil=
liglich sogar den Kreuzestod.

3. Wie reiche Ströme sind von
dieser Huld geflossen! die Liebe Got=
tes ist in unser Herz=gegossen; der
werthe heilge Geist nimmt selbst die
Seele ein, so daß wir nun sein
Haus und Tempel worden sein.

4. Nun, wer den Heiland liebt,
der hält sein Wort in Ehren und
so verspricht der Herr bei ihm selbst
einzukehren. Was muß für Freud
und Lust, die göttlich ist, entstehn,
wenn Vater, Sohn und Geist in
eine Seele gehn.

5. Gott, heilger Geist, lehr uns
die Liebe Jesu kennen, laß unsre
Herzen stets in reiner Liebe bren=
nen und endlich führ uns dort in
jenes Leben ein, wo unsre Liebe wird
in dir vollkommen sein.

Anmerk. Der Vf. ist nirgends an=
gegeben. Ein gutes Lehrlied über
einzelne Stellen des ersten Johan=
nes=Briefes, vielen andern der Art
vorzuziehn.

Mel. Jesu der du meine Seele.

527. Großer Mittler, der zur
Rechten seines großen Vaters sitzt,
und die Schaar von seinen Knech=
ten in dem Reich der Gnaden schützt,
den auf dem erhabnen Throne, in
der königlichen Krone, alles Heer
der Ewigkeit mit verhülltem Antlitz
scheut.

2. Dein Geschäft auf dieser Er=
den und dein Opfer ist vollbracht,
was vollendet sollen werden, das
ist gänzlich ausgemacht: da du bist
für uns gestorben, ist uns Gnad
und Heil erworben, und dein sieg=

DXXVI. Das Würtemb. Gesgbch. unterschreibt das Lied: „um 1700." Wir
haben es zuerst in dem Eisleber Gesgbch. von 1721 gefunden und theilen danach
den Text mit. — 1. c. B. S. W. dem reinsten. f. Bs. K. ter in. S. der red=
lich an ihn glaubt (?). g. S. so daß ihn. h. K. W. von Jesu Herzen. S. aus
Gottes Liebe treibt. — 2. g. K. erträget. — 3. c. S. wird. d. W. ergossen.
g. S. dann sein Haus. h. S. mögen. K. sollen. W. können. — 4. a. b. S.
den Glauben hat hält Gottes Wort (?). — 5. a. W. o heilger. b. S. die Gna=
be (?). c. d. S. daß — in Gottes Liebe.

DXXVII. Text in Rambachs Hausgesangbuch. — 1. b. S. des allmäch=
gen. e. B. K. dem — aller Ewigkeiten (K. weiten Himmel) Heer bringt

reich Auferstehn läßt uns in die Frei=
, heit gehn.

3. Nun ist dieses dein Geschäfte
in dem obern Heiligthum, die er=
worbnen Segenskräfte durch dein
Evangelium allen denen mitzuthei=
len, die zum Thron der Gnaden ei=
len; nun wird uns durch deine Hand
Heil und Segen zugewandt.

4. Deines Volkes werthe Na=
men trägest du auf deiner Brust,
und an den .gerechten Saamen den=
kest du mit vieler Lust, du vertritt'st
die an dich gläuben, daß sie dir ver=
einigt bleiben, und bitt'st in des Va=
ters Haus ihnen eine Wohnung.
aus.

5. Doch vergißt du auch der Ar=
men, die der Welt noch dienen,
nicht, weil dein Herz dir vor Er=
barmen über ihrem Elend bricht,
daß dein Vater ihrer schone, daß
er nicht nach Werken lohne, daß er
ändre ihren Sinn, ach! da zielt dein
Bitten hin.

6. Zwar in deines Fleisches Ta=

gen, da die Sünden aller Welt t[...]
auf deinen Schultern lagen, ha[...]
du dich vor Gott gestellt, bald m[...]
Seufzen, bald mit Weinen, für d[...]
Sünder zu erscheinen, o[...] mit we[...]
cher Niedrigkeit batest du zur selb[...]
Zeit!

7. Aber nun wird deine Bitt[...]
von der Allmacht unterstützt, da [...]
der vollkommnen Hütte die verklä[...]
Menschheit sitzt; nun kannst du de[...]
Satans Klagen majestätisch niede[...]
schlagen, und nun macht dein t[...]
bend Blut unsre böse Sache gut.

8. Die Verdienste deiner Leiden
stellest du dem Vater dar, und
machst liebreich und bescheiden dein
Verlangen offenbar, daß er wolle
Kraft und Leben deinem Volk auf
Erden geben, und die Seelen zu
dir ziehn, die noch deine Freund=
schaft fliehn.

9. Großer Mittler! sei gepriesen,
daß du in dem Heiligthum so viel
Treu an uns bewiesen, dir sei Eh=
re, Dank und Ruhm; laß uns dein

---

in Demuth Preis und Ehr. — 2. a. K. W. dein Erlösungswerk auf Erden. b.
S. wie es Gottes Rath bedacht. c. d. S. daß es sollt erfüllet werden, Herr, dein
Opfer ist vollbr. Bs. B. K. W. sollte. d. K. ist geschehn durch deine Macht.
B. W. das vollführtest du mit Macht. e. f. K. Gnad und Fried ist uns erwor=
ben, da du für die Welt gestorben. h. B. der. — 3. a. K. nunmehr ist es dein
Geschäfte. b. B. des Himmels Heiligth. c. S. Lebenskräfte. K. zu verbreiten
Lebenskr. e — h. K. allen willst du Gnade spenden, die zum Gnadenthron sich
wenden, Geist und Leben, Heil und Ruh fließt auf sie mit Strömen zu. — 4. K.
W. Alle Namen deiner Frommen trägst du stets auf deiner B., all, die gläubig zu
dir kommen, sind und bleiben deine Lust — glauben — daß sie nichts dir möge
rauben, bittest. g. alle Bücher: bittest. — 5. a. K. W. vergissest
du der A. c. K. das H. dir. B. aus. K. W. von. b. H. darauf. — 6. a. b.
B. Einst in deiner Menschheit Tagen, als. b. K. W. als. c. K. W. noch. e. K.
Flehen. g. K. W. in. B. Innigkeit. h. Bs. S. zu solcher Zeit. K. H. jener.
B. in jener. — 7. B. Immer noch wird unser Flehen durch den Heiland unterstützt,
da er in des Himmels Höhen zu des Vaters Rechten sitzt, nun Herr kannst du —
theures. K. das Begehren — dort wo unser Himmelschören — Feindes. W. Frein=
bes. — 8. Bei Bs. S. W. ausgel. K. dichtet einen neuen Vers: So vertritt
du so regierest du dein Volk, bis du dereinst ganz dein großes Werk vollführest,
wenn du zum Gericht erscheinst. Ach dann wird sich offenbaren, wie viel Strafen
und Gefahren auf dein gnadenvolles Fleh'n mußten vor uns übergehn. B. stellst
du deinem — und vertrittst nunmehr mit Freuden deine theur erlöste Schaar —
möge — deinem treuen B. — 9. S. erhoben, weil wir leben wollen wir dich mit
Herz und Munde loben, D. u. R. und Preis sei dir. b. c. K. hier und dort im
H. für die Treu, die du. g. h. K. W. schließt die Lippen uns der Tod, sprich
für uns in letzter Noth.

Verdienst vertreten, wenn wir zu
dem Vater beten, sprich für uns in
letzter Noth, wenn den Mund verschließt der Tod.

Anmerk. Von Joh. Jac. Rambach, dogmatisches Lehrlied.

Mel. Nun ruhen alle Wälder.

528. Herr, der du mir das Leben bis diesen Tag gegeben, dich
bet ich kindlich an; ich bin viel zu
geringe der Treu, die ich besinge,
und die du heut an mir gethan.

2. Mit dankendem Gemüthe freu
ich mich deiner Güte, ich freue mich
in dir; du giebst mir Kraft und
Stärke, Gedeihn zu meinem Werke
und schaffst ein reines Herz in mir.

3. Gott, welche Ruh der Seelen,
nach deines Worts Befehlen, einher
im Leben gehn; auf deine Güte hoffen, im Geist den Himmel offen
und dort den Preis des Glaubens
sehn.

4. Ich weiß an wen ich glaube
und nahe mich im Staube zu dir,
o Gott, mein Heil! ich bin der
Schuld entladen, ich bin bei dir in
Gnaden und in dem Himmel ist
mein Theil.

5. Bedeckt mit deinem Segen eil
ich der Ruh entgegen, dein Name
sei gepreist; mein Leben und mein
Ende ist dein; in deine Hände befehl ich, Vater, meinen Geist!

Anmerk. Abendlied von C. F. Gellert.

Mel. Nun komm der Heiden Heiland.

529. Himmel, Erde, Luft und
Meer, zeugen von des Schöpfers
Ehr! meine Seele, singe du, bring
auch jetzt dein Lob herzu!

2. Seht, das große Sonnenlicht
an dem Tag die Wolken bricht; auch
der Mond und Sternen Pracht jauchzet, Gott, bei stiller Nacht.

3. Seht, der Erde runden Ball
Gott gezieret hat überall; Wälder,
Felder mit dem Vieh zeigen Got-
tes Finger hie.

4. Seht, wie fleugt der Vögel
Schaar in den Lüften Paar bei
Paar; Donner, Blitz, Dampf, Hagel, Wind seines Willens Diener
sind.

5. Seht der Wasserwellen Lauf,
wie sie steigen ab und auf; durch
ihr Rauschen sie auch noch preisen
ihren Herren hoch.

6. Ach, mein Gott! wie wunderlich spüret meine Seele dich!
drücke stets in meinen Sinn, was
du bist, und was ich bin.

Anmerk. Obgleich bei B. dies Lied
von Joach. Neander vermißt

DXXVIII. 1. e. Bs. S. W. Treue, die ich singe. — 2. 3. bei Bs. ausgel.
a—c. S. das ist die Ruh der Seelen, sich dir, o Gott befehlen und deine Wege
geh'n. — 4. d. S. wollst mich. e. f. S. bin ich bei dir — so bleibt im H. auch.
— 5. a S. wohlan mit deinem Segen geh.

DXXIX. Text bei Rambach aus dem Jahre 1680. — 1. b. c. K. aller
Welten zahllos Heer jauchzen Gott dem Schöpfer zu. S. jauchzen ihrem Gotte zu.
d. S. K W. meine Seele sing auch du. W. und bring ihm dein L. — 2. a. b. K.
ihn erhebt das S. wenn es durch die W. b. W. wie es durch. c. S. K. W.
Mondesglanz und Sternenpracht. d. S. H. jauchzen. K. W. loben — in. —
3. S. W. seht wie Gott den Erdenball (W. der Erde B.) hat gezieret. K. seht
wie er das Land erquickt und mit Lust und Segen schmückt. c. d. K. W. Flur
und jedes Thier — hier. H. Thier — hier. S. Kraut und Thier — hier. —
4. a. b. S. seht der Vögel muntres Chor, fliegt und singt zu ihm empor. b. K.
froh und klar. W. wie durch die Lüfte hin frisch und froh die Vögel zieh'n. —
5. c. d. K. W. von der Quelle bis zum Meer rauschen sie des Schöpfers Ehr. —
6. a. S. mächtiglich. K. W. wunderbar, stellst du dich der Seele dar. c. W. tief.

wird, nahmen wir es doch in den
Anhang auf, da wir lange gezwei-
felt hatten ob es nicht seinen Platz
in der betreffenden Rubrik über die
Werke Gottes selbst verdiene. Es
erschien uns doch zu sehr als indivi-
dualisirendes Naturbild.

Mel. Wer nur den lieben Gott läßt walten.

530. Ich habe nun den Grund
gefunden, der meinen Anker ewig
hält: wo anders, als in Jesu Wunden? da lag er vor der Zeit der
Welt: der Grund, der unbeweglich steht, wenn Erd und Himmel
untergeht.

2. Es ist das ewige Erbarmen,
das alles Denken übersteigt; es sind
die offnen Liebesarmen des, der sich
zu dem Sünder neigt, dem allemal
das Herze bricht, wir kommen oder
kommen nicht.

3. Wir sollen nicht verloren werden, Gott will uns soll geholfen
sein, deswegen kam sein Sohn auf
Erden und nahm hernach den Himmel ein; deßwegen klopft er für und
für so stark an unsres Herzens Thür.

4. O Abgrund, welcher alle Sünden durch Christi Tod verschlungen
hat! das heißt die Wunde recht verbinden, hier findet kein Verdammen
statt, weil Christi Blut beständig
schreit: Barmherzigkeit, Barmherzigkeit.

5. Darein will ich mich gläub
senken, dem will ich mich getreu
vertrau'n, und wenn mich mein
Sünden kränken, nur bald nach
Gottes Herzen schau'n: da findet
sich zu aller Zeit unendliche Barmherzigkeit.

6. Wird alles Andre wegger-
sen, was Seel und Leib erquick:
kann; darf ich von keinem Tro
wissen und scheine völlig ausgethan;
ist die Errettung noch so weit; mir
bleibet doch Barmherzigkeit.

7. Beginnt das Irdische zu drücken,
ja häuft sich Kummer und Verdruß,
daß ich mich noch in vielen Stücken
mit eitlen Dingen mühen muß;
werd ich dadurch oft sehr zerstreut,
so hoff ich doch Barmherzigkeit.

8. Muß ich an meinen besten
Werken, darinnen ich gewandelt
bin, viel Unvollkommenheit bemerken, so fällt wohl alles Rühmen hin.
Doch ist auch dieser Trost bereit, ich
hoffe auf Barmherzigkeit.

9. Es gehe mir nach dessen Willen, bei dem so viel Erbarmen ist;
er wolle selbst mein Herze stillen,
damit es dies nur nicht vergißt.
So stehet es in Lieb und Leid, in,
durch und auf Barmherzigkeit.

10. Bei diesem Grunde will ich
bleiben so lange mich die Erde trägt.
Das will ich denken, thun und tre-

DXXX. Text wie bei B. — 2. S. indem mit — sich G. herab zum — weil ihm
das Herz vor Mitleid bricht. d. e. K. W. den Sündern; dem stets das H. vor Mitleid.
c. W. daß der mit off. — sich nieder zu den G. b. d. K. W. für uns. f. K. W. unsre Herzenthür. 3. c. Bs. H. der. K. W. zur Er-
din. d. Bs. S. da. — 5. K. W. an diesen Ruf will ich gedenken, will ihm getrost und
gläubig trau'n — nach Gottes Vaterherzen schau'n; da finde ich. — 6. Bei Bs.
S. ausgel. c — f. K. W. muß ich der Erde Freuden missen, nimmt auch kein
Freund sich meiner an, ich habe was mich mehr erfreut, Vergebung und Barm.
— 7. Bei Bs. ausgel. S. nimmt Vers 8. herauf. a. K. W. der Erde Last. b. S.
K. W. und häuft. c. d. K. W. in doch vielen — um Eitles stets bemühen. e. f.
S. fühl ich der Welt Vergänglichkeit, doch bleibt mir die. K. W. werd ich beäng-
stigt und zerstreut, so hoff ich auf. H. wohl wird dadurch mein Sinn z. doch
hoff ich auf. — 8. Bei Bs. ausgel. K. W. in m. — womit ich hier beschäftigt
bin, viel Schwachheit und Befleckung merken, — (S.) zwar alles R. e. S. auch
da der. K. W. mir noch ein. H. mir auch ein. — 9. Bei Bs. ausgel. a. S.
Gottes. c. K. W. mein Herz mir. d. S. seiner. K. das. H. sein nur nicht. W.
das nur nicht. e. S. so steht es fest. K. W. dann hoffe ich in Freud und Leid auf

n, so lange sich mein Herz noch regt. So sing ich einst in Ewigkeit: o Abgrund der Barmherzigkeit!

Anmerk. Von Joh. Andr. Rothe, nach unserm Erachten ein trefliches Hauslied, das dann gar keine Aenderungen zuläßt.

Mel. An Wasserflüssen Babylon.

531. Ich komme, Herr! und suche dich, mühselig und beladen; Gott, mein Erbarmer, würdge mich des Wunders deiner Gnaden! ich liege hier vor deinem Thron, Sohn Gottes und des Menschen Sohn, mich deiner zu getrösten. Ich fühle meiner Sünden Müh: ich suche Ruh, und finde sie im Glauben der Erlösten.

2. Dich bet ich zuversichtlich an: du bist das Heil der Sünder, du hast die Handschrift abgethan, und wir sind Gottes Kinder. Ich denk an deines Leidens Macht, und an dein Wort: es ist vollbracht! du hast mein Heil verdienet. Du hast für mich dich dargestellt. Gott war in dir, und hat die Welt in dir mit sich versöhnet.

3. So freue dich, mein Herz, in mir! er tilgt deine Sünden, und läßt an seinem Tische hier dich Gnad um Gnade finden. Du rufst: und er erhört dich schon, spricht liebreich: sei getrost, mein Sohn! die Schuld ist dir vergeben. Du bist in meinen Tod getauft, und du wirst dem der dich erkauft, von ganzem Herzen leben.

4. Dein ist das Glück der Seligkeit; bewahr es hier im Glauben, und laß durch keine Sicherheit dir deine Krone rauben. Sieh, ich vereine mich mit dir, ich bin der Weinstock, bleib an mir: so wirst du Früchte bringen. Ich helfe dir, ich stärke dich, und durch die Liebe gegen mich wird dir der Sieg gelingen.

5. Ja, Herr! mein Glück ist dein Gebot: ich will es treu erfüllen; und bitte dich durch deinen Tod, um Kraft zu meinem Willen. Laß mich von nun an würdig sein, mein ganzes Herz, dir, Herr, zu weihn, und deinen Tod zu preisen! laß mich den Ernst der Heiligung durch eine wahre Besserung mir und der Welt beweisen!

Anmerk. Von C. F. Gellert. Wir würden zu diesem Liede, obwohl wir es unbedingt zu den gelungensten des Verf. rechnen, erst bei dem Mangel vorzüglicherer Abendmahlsgesänge unsere Zuflucht nehmen.

Mel. Verzage nicht o frommer Christ.

532. Ich weiß, mein Gott! daß all mein Thun und Werk auf deinen Willen ruhn, von dir kommt Glück und Segen; was du regierst, das geht und steht auf rechten guten Wegen.

2. Es steht in keines Menschen Macht, daß sein Rath werd ins Werk gebracht, und seines Gangs

Gnade und Barmh. H. dann steht es fest. — 10. d. Bs. S. K. H. W. sich ein Glied bewegt. e. Bs. S. dann — einstens hoch erfreut. K. W. ewig hocherfreut. H. dann.

DXXXI. 1. d. S. des Siegels deiner Gnaden. h. Bs. meine Sündenmüh. — 2. c. S. hast unsre Schulden abg. g. H. mir. — 3. c. Bs. H. B. S. H. W. seiner Tafel. g. Bs. S. Sünd. i. K. mir. — e-k. H. du rufst empor zum höchsten Thron, und liebevoll spricht Gottes Sohn, die Schuld — vergiß nicht dem, der — zu Ehren stets zu leben. — 4. a. b. H. dein, spricht er, ist die E. bewahr sie. — 5. c. K. ich. d. K. und vollen W. H. zum guten. e. H. tüchtig. W. eifrig. f. H. stets.

DXXXII. 1. b. Bs. B. S. in deinem, so Feustking. K. beinem. — 2. Bei Bs. ausgel. c. S. er seines Gangs. W. und ihn sein Gang erfreue. d. S. dein Rath, o Höchster. — 3. Bei Bs. W. ausgel. a. S. mit sicherm. 4. Bei Bs. W. ausgel. b. K. gar. c. B. S. mit Freuden, so Feustking.

sich freue; des Höchsten Rath der
machts allein, daß Menschenrath
gedeihe.

3. Oft denkt der Mensch in seinem Muth, dies oder jenes sei ihm
gut, und ist doch weit gefehlet; oft
sieht er auch für schädlich an, was
doch Gott selbst erwählet.

4. So fängt auch oft ein weiser Mann ein gutes Werk zwar
fröhlich an, und bringts doch nicht
zu Stande; er baut ein Schloß
und festes Haus, doch nur auf lau-
term Sande.

5. Wie mancher ist in seinem
Sinn fast über Berg und Spitzen
hin, und eh' er sichs versiehet, so
liegt er da, und hat sein Fuß vergeblich sich bemühet.

6. Drum, lieber Vater! der du
Kron und Scepter trägst im Himmelsthron und aus den Wolken
blitzest, vernimm mein Wort und höre mich vom Stuhle, da du sitzest.

7. Verleihe mir das edle Licht,
das sich von deinem Angesicht in
fromme Seelen strecket, und da der
rechten Weisheit Kraft durch deine
Kraft erwecket.

8. Gieb mir Verstand aus deiner Höh, auf daß ich ja nicht ruh
und steh auf meinem eignen Willen.
Sei du mein Freund und treuer
Rath, was gut ist, zu erfüllen.

9. Prüf alles wohl, und was
mir gut, das gieb mir ein; was

Fleisch und Blut erwählet, das ve
wehre: der höchste Zweck, das be
Theil sei deine Lieb und Ehre.

10. Was dir gefällt, das laß au
mir, o meiner Seelen Sonn u
Zier! gefallen und belieben; wa
dir zuwider, laß mich nicht im We
und That verüben!

11. Ists Werk von dir, so b
zu Glück: ists Menschenthun,
treibs zurück, und ändre meine Sin
nen. Was du nicht wirkst, pfle
von ihm selbst in kurzem zu zerrinnen

12. Sollt aber dein und un
Feind an dem, was dein Herz ge
gemeint, beginnen sich zu rächen;
ist das mein Trost, daß seinen Zer
du leichtlich könnest brechen.

13. Tritt du zu mir, und mach
leicht, was mir sonst fast unmöglic
däucht, und bring zum guten End
was du selbst angefangen hast durc
Weisheit deiner Hände.

14. Ist gleich der Anfang etwa
schwer, und muß ich auch ins tief
Meer der bittern Sorgen treten, s
treib mich nur ohn Unterlaß zu seuf
zen und zu beten.

15. Wer fleißig betet und di
traut, wird alles, da ihm sonst vo
graut, mit tapferm Muth bezwingen;
sein Sorgenstein wird in der Eil
in tausend Stücken springen.

16. Der Weg zum Guten ist fast
wild, mit Dorn und Hecken ausge-
füllt; doch wer ihn freudig gehet,

---

bau ein festes Haus, und baut auf losem Sande. e. H. lauter. — 5. Bei Bs. W.
ausgel. b. S. schon über alle Berge hin. H. weit — Klippen hin. d. S. so fällt
er hin. K. H. es hat. — 6. Bei Bs. S. W. ausgel. b. B. ins, so F.usst. —
7. Bei S. K. W. ausgel. d. H. und das in uns d.r Wahrheit Kraft. — 8. a. S.
S. Drum gieb mir Weisheit aus der H. o Vater daß ich nicht bestch. K. gieb
Licht und Wahrheit aus d. H., damit ich ja. — 9. d. S. H. mein — mein. —
10. b. S. zu meiner S. Rut m. d. H. mißfällt das laß. e. S. je wünschen noch
verüben. B. in Wort. — 11. a. K. W. zum. e. S. doch von selbst. K. W. von
sich. — 12. Bei Bs. S. K. ausgel. d. H. dieß mein. — 13. Bei Bs. ausgel.
H. was du ja selbst gefangen an. e. H. Almacht. — 14. Bei Bs. ausgel. b. K.
W. gleich. c. S. der bangen. e. B. S. K. W. zum Seufzen und zum Beten. — 15.
Bei Bs. ausgel. a. S. dir vertraut. b. B. S. H. W. davor ihm sonst gr. d. e.
S. du nimmst ihm alle Sorgen ab und hilfst zum Ziele bringen. — 16. Bei Bs.
ausgel. a. S. gar. d. B. S. Disteln angefüllt. H. angefüllt. d. K. H. hin

kommt endlich, Herr! durch deinen Geist, wo Freud und Wonne stehet.

17. Du bist mein Vater, ich dein Kind, was ich bei mir nicht hab und find, hast du zu aller Gnüge: so hilf nun, daß ich meinen Stand wohl halt und herrlich siege.

18. Dein soll sein aller Ruhm und Ehr, ich will dein Thun je mehr und mehr aus hocherfreuter Seelen vor deinem Volk und aller Welt, so lang ich leb, erzählen.

Anmerk. Von Paul Gerhardt. Daß in diesem Liede immer nur wenige Verse für den Kirchengesang sich eignen, läugnet Niemand; aber selbst diese wenigen enthalten nichts, was man nicht in Flemmings Liede ursprünglicher und schöner hätte.

Mel. Aus tiefer Noth schrei ich zu dir.

A.

533. Ich will von meiner Missethat zum Herren mich bekehren, du wollest selbst mir Hülf und Rath hierzu, o Gott! bescheeren, und deines guten Geistes Kraft, der neue Herzen in uns schafft, aus Gnaden mir gewähren.

2. Natürlich kann ein Mensch doch nicht sein Elend selbst empfinden; er ist ohn deines Wortes Licht blind, taub und todt in Sünden: verkehrt ist Will, Verstand und Thun: des großen Jammers komm, mich nun, o Vater! zu entbinden.

3. Klopf durch Erkenntniß bei mir an, und führ mir wohl zu Sinnen, was Böses ich vor dir gethan, du kannst mein Herz gewinnen, daß ich aus Kummer und Beschwer laß

B.

Ich will von meiner Missethat zum Herren mich bekehren, du wollest selbst mir Hülf und Rath hiezu, o Gott! bescheeren, und deines guten Geistes Kraft, der neue Herzen in uns schafft, aus Gnaden mir gewähren.

2. Natürlich kann ein Mensch doch nicht sein Elend selbst empfinden; er ist ohn deines Wortes Licht blind, taub, ja todt in Sünden. Verkehret ist Sinn, Will und Thun: des großen Jammers wollst du nun, o Vater mich entbinden.

3. Herr klopf in Gnaden bei mir an und laß mich wohl besinnen, was Böses ich vor dir gethan, du kannst mein Herz gewinnen, daß

durch. c. e. K. ziehet — blühet. e. S. dahin wo Wonne stehet. — 17. Bei Bs. ausgel. d. H. hilf, daß ich auch meinen St. — 18. Bei Bs. ausgel.

DXXXIII. Der Text unter A. ist der von Rambach, die ausgelassenen Verse aus dem Bresl. Gesangbuche von 1745 herübergenommen. Der Text B. ist nach dem Braunschw. Gesangbuch von 1686. Die meisten Gesangbücher folgen dem letzteren Texte, manche allen beiden; die Verwirrung bei diesem Liede ist überhaupt ohne Gränzen. Eben deßhalb verlassen wir bei dem Gesange unsre gewohnte Methode und nehmen die Bücher einzeln vor. — Bunsen. 2. (sowohl A. als B. angeh.) Der Mensch kann von Natur doch nicht sein Elend selbst empfinden, er ist ohn deines Geistes L. d. A. e—g. B. — 3. (aus B.) a. B. — 4. (aus B.) e. mit manchem Gut nebst Kleid und Brod. g. bisher hat. — 5. (aus B.) a—d. B. e. zuweilen. f. leb. — 6. (aus B.) a. nun. d. Herz und mein G. — 7. (aus A. u. B.) a. wie A. g. B. — 8. (von A. u. B.) bei Bs. ausgel. — 9. (aus B.) f. er hat. — 10. (aus A. u. B.) a. A. d. und F. — 11. u. 12. bei A. u. B. von Bs. ausgel. — 13. (aus B.) — 14. (aus B.) b. er. c. wieder kehr. d. Sonne ben. — 15. (aus B.) a. nun jeb. c. schnöden. e. mit Willen. g. von hinnen schelde. — Berliner Liederschatz. 2. (aus A. B.) a—e. wie A. f. g. B. — 3. (aus A.) — 4. (aus A. B.) a. an mich. b. c. wie A. B. d. wie B. e—g. wie A. — 5. (aus A.) — 6. (aus A.) f. g. das tausend Sünden alle Stund zum Abgrund hingerissen. — 7. (aus A. B.) a—f.

über meine Wangen her viel heiße
Thränen rinnen.

4. Wie haft du doch auf mich ge=
wandt den Reichthum deiner Gna=
ben! mein Leben dank ich deiner
Hand, die hat mich überladen mit
Ruh, Gesundheit, Ehr und Brod,
du machst, daß mir noch keine Noth
bis hieher können schaben.

5. Haft auch in Christo mich er=
wählt tief aus der Höllen Fluthen,
daß niemals mir es hat gefehlt an
irgend einem Guten, und daß ich
ja dein eigen sei, haft du mich auch
aus großer Treu gestäupt mit Va=
terruthen.

6. Wer giebt den Kindern, was
du mir gegeben, zu genießen? schenk'
aber ich Gehorsam dir? das zeu=
get mein Gewissen, mein Herz, in
welchem nichts gesund, das tausend
Sündenwürme wund bis auf den
Tod gebissen.

7. Die Thorheit meiner jungen
Jahr, und alle schnöden Sachen,
verklagen mich zu offenbar, was
soll ich Armer machen? sie stellen,
Herr! mir vors Gesicht dein uner=
träglich Zorngericht und deiner Höl=
len Rachen.

8. Ach! meine Gräuel allzumal
schäm ich mich zu bekennen: es ist
ihr weder Maaß noch Zahl, ich

ich aus Kummer und Beschwer l⸗
über meine Wangen her, viel h⸗
ßer Thränen rinnen.

4. Wie haft du doch auf mich ⸗
wandt den Reichthum deiner Gn⸗
ben? mein Leben dank ich dein⸗
Hand, du haft mich überladen ⸗
Gunft, Gesundheit, Ehr und Br⸗
du machst daß mir noch keine R⸗
bishero können schaben.

5. Du haft in Christo mich ⸗
wählt tief aus der Höllen Fluth⸗
es hat mir sonft auch nicht ges⸗
an irgends einem Guten, bisw⸗
len bin ich auch dabei, daß ich ni⸗
sicher lebt und frei, gestäupt ⸗
Vaterruthen.

6. Hab ich denn nicht auch ge⸗
gen dir Gehorsams mich besliss⸗
ach nein, ein Andres saget mir m⸗
Herze und Gewissen, darin ist l⸗
der nichts gesund, an allen O⸗
ten ist es wund, vom Sündenwur⸗
gebissen.

7. Die Thorheit meiner jung⸗
Jahr, und alle schnöden Sach⸗
verklagen mich zu offenbar, w⸗
soll ich Armer machen? Sie stell⸗
Herr mir vors Gesicht dein uner⸗
träglich Zorngericht, der Höllen o⸗
nen Rachen.

wie A. g. wie B. — 8. (aus A.) — 9. (aus A. B.) a. A. B. b. B. c—f.
A. g. B. — 10. (aus B.) — 11. (aus A. B.) a—d. A. e. B. f. g. A. —
12. (nach A.) und nur umsonst ich könnt ich gleich mich in den H. schwingen,
und wieder zu der Hölle Reich mich zu verbergen bringen, dein Auge blickt auch
dort hinein, auch dort wird meine Schande sein vor dir Herr aufgedeckt. — 13.
(aus A.) f. hie. — 14. (aus A.) b. und durch dein bittres Leiden. — 15.
(aus A.) — 16. (aus A.) e. g. daß er von aller Sündenlist — helf ewig. —
Stier. 1. b—d. mich zu dem Herrn bekehren, du wollest selbst durch deinen
Rath, o Gott mich Buße lehren. — 2. a—e. ich kann doch von mir selber nicht
mein Elend recht empfinden, bleib ohne deines Geistes Licht blind, taub und tot
in Sünden, verkehrt ist leider Will' und Thun. f. g. wie B. — 3. (nach B.)
b. und führ mir wohl zu Sinnen. e—g. so hilf daß ich entschlossen sei mit
ganzem Ernst und wahrer Reu der Sünde zu entrinnen. — 4. (nach B.)
e—g. mit Gut und Gaben, Kleid und Brod, du halfst daß mir noch keine Noth
bisher hat mögen. — 5. (nach A B.) du haft von Anfang mich erwählt in
Christi theurem Blute, es hat mir sonft auch nicht gefehlt an irgend einem Gute,
und daß ich ja dein eigen sei hat mich dazu mit großer Treu gestäupt die Vater=
ruthe. — 6. (nach A.) b. d. wie A. wer zählt o Vater was du mir — doch

weiß sie nicht zu nennen, und ist
ihr keiner doch so klein, um wel=
ches willen nicht allein ich ewig
müßte brennen.

9. Bisher hab ich in Sicherheit
sein unbesorgt geschlafen, gesagt:
es hat noch lange Zeit, Gott pflegt
nicht bald zu strafen, er fähret nicht
mit unsrer Schuld so strenge fort,
es hat Geduld der Herr mit seinen
Schaafen.

10. Dies alles itzt zugleich er=
wacht, mein Herz will mir zersprin=
gen, ich sehe deines Donners Macht,
dein Feuer auf mich bringen; du
regest wider mich zugleich des To=
des und der Höllen Reich; die wol=
len mich verschlingen.

11. Die mich verfolgt die große
Noth, fährt schnell ohn Zaum und
Zügel, wo flieh ich hin? du Morgen=
roth! ertheil mir deine Flügel; ver=
birg mich wo, du fernes Meer! stürzt
hoch herab, fallt auf mich her, ihr
Klippen, Thürm und Hügel!

12. Ach, nur umsonst; und könnt
ich auch bis in den Himmel steigen,
und wieder in der Höllen Bauch
mich zu verkriechen neigen; dein Au=
ge drängt durch alles sich, du wirst
da meine Schand und mich der lich=
ten Sonnen zeigen.

13. Herr Jesu! nimm mich zu

8. Ach meine Gräuel allzumal
schäm ich mich zu bekennen, ihr ist
auch weder Maaß noch Zahl, ich
weiß sie kaum zu nennen, und ist
ihr keiner noch so klein, um welches
willen nicht allein ich ewig müßte
brennen.

9. Bisher hab ich in Sicherheit
fast unbesorgt geschlafen, gedacht,
es hat noch lange Zeit, Gott pflegt
nicht bald zu strafen: er fährt nicht
mit unser Schuld so strenge fort,
es hat Geduld der Hirte mit den
Schaafen.

10. Dies Alles nun zugleich er=
wacht, mein Herz will mir zersprin=
gen, ich sehe deines Donners Macht,
dein Feuer auf mich bringen; du
regest wider mich zugleich des To=
des und der Höllen Reich, die wol=
len mich verschlingen.

11. Wo bleib ich denn in solcher
Noth? nichts helfen Thor und Rie=
gel, wo flieh ich hin, o Morgenroth!
hätt ich doch deine Flügel; verbir=
ge mich, o fernes Meer, bedecket
mich, fallt auf mich her, ihr Klip=
pen, Berg und Hügel!

12. Ach es ist nichts, wenn ich
gleich gar könnt in den Himmel stei=
gen, und wieder in die Höll allda,

---

war ich ungehorsam dir — mein Herz, in welchem nichts gesund, das sich in Sün=
den alle Stund zum Abgrund hingerissen. — 7. 8. bei S. ausgel. 9. (nach B.)
b. gar unb. e. f. er nimmt es ja mit unsrer Schuld nicht so genau, es hat Ge=
duld. — 10. Wie häuft nun alle Sünde sich o Gott vor mir zusammen, wie
drauen, wie erschrecken mich nun deines Zornes Flammen, dein Wort und Schel=
ten klagt mich an, dem ich nicht widersprechen kann, ich muß mich selbst verdam=
men. — 11. Mein Gott, wo flieh ich vor dir hin, seit du mein Herz erwecket;
wo ich mich berg und wo ich bin, dein Angesicht mich schrecket, dein Aug' blickt
überall hinein, und stets muß meine Schande sein vor dir Herr aufgedecket. —
12. Bei S. ausgel. — 13. (nach A.) o—g. die du o treuer Heiland mein am
Kreuz für mich empfunden, da aller Menschen Sündenlast Lamm Gottes du ge=
tragen hast, so werd ich noch gesunden. — 14. (aus A.) b. und durch dein bitt=
res. d. in deiner. e. f. erquicke nun mein Heiland mich, der du für mich gege=
ben dich. — 15. Bei S. ausgel. — 16. (nach B.) f. B. hilf daß ich drauf auch
jederzeit mit Ernst und Sorgfalt meide der schnöden Lüste Eitelkeit und lieber
Alles leide, denn daß ich Sünd mit Willen thu — bis ich von hinnen scheide. —
B.i Knapp ganz umgearbeitet. — Hallisches Stadtgesangbuch: 2. (aus
B.) — 3. (aus A.) — 4. (aus B.) e. mit Ehr, Gesundheit, Ruh u. f. g. du

dir ein, ich flieh in deine Wunden, die du, o Heiland! wegen mein am Kreuze hast empfunden, als aller unsrer Sünden Müh dir, o du Gotteslamm! ward sie zu tragen aufgebunden.

14. Wasch mich durch deinen Todesschweiß und purpurrothes Leiden; und laß mich sauber sein und weiß durch deiner Unschuld Seiden. Von wegen deiner Kreuzeslast erquick, was zu zermalmet hast, mit deines Trostes Freuden.

15. So angethan, will ich mich hin vor deinen Vater machen; ich weiß, er lenket seinen Sinn, und schaffet Rath mir Schwachen: er weiß, was Fleischeslust und Welt und Satan uns für Netze stellt, die uns zu stürzen, wachen.

16. Wie werd ich mich mein Lebenlang vor solcher Plage scheuen, durch deines großen Geistes Zwang, den du mir wollst verleihen, der mir von aller Sündenlist, und dem, was dir zuwider ist, helf ewig mich befreien.

mich zu verkriechen neigen, so wir[d] be mich doch deine Hand da finde[n] und von meiner Schand und gro[ß]en Sünden zeugen.

13. Herr Jesu Christ, ich fli... allein zu deinen tiefen Wunden, la[ß] mich da eingeschlossen sein und ble... ben alle Stunden. Dir ist ja, ... du Gotteslamm, der Menschen Sün... am Kreuzesstamm zu tragen aufge... bunden.

14. Dies stelle deinem Vater für, daß es sein Herze lenke, und gnädig sich kehr her zu mir, nicht meiner Sünden denke, auf daß e[r] meiner Sünden Last, die du auf dich genommen hast, ins tiefe Meer versenke.

15. Hierauf will ich zu jeder Zeit mit Ernst und Sorgfalt meiden der bösen Lüste Eitelkeit, und lieber alles leiden, denn daß ich Sünd aus Vorsatz thu. Ach, Herr! gieb du stets Kraft darzu, bis ich einst werd abscheiden.

Anmerk. Als Vf. wird gewöhnlich Kurf. Louise Henriette von Brandenburg angegeben. Wir läugnen durchaus, daß außer dem ersten Verse (zur Eröffnung der Beichte recht, passend zu gebrauchen) andere Strophen Aufnahme verdienen. Der Gesang ist völlig subjectiv, geht in vielen Ausdrücken und Bildern weit über alles Biblische hinaus und eben damit in das Gebiet des Geschmacklosen und Unästhetischen. An guten und trefflichen Bußliedern ist kein Mangel und so mögen dies Lied nur diejenigen vertheidigen, welche die Verirrungen desselben irgend wie theilen.

---

machtest, daß mir keine Noth bisher hat können schaden. — 5. (aus B.) e. ward ich auch. — 6. (aus B.) a. nun auch gegen dich. c. d. zeiget mich mein Herz u. mein, g. von Sündenschuld zerrissen. — 7. (aus B.) b. und viele. — 8. (aus A. B.) a. meine Sünden. e. f. und ihrer keine ist so klein, daß ihretwegen nicht allein. — 9. (aus A. B.) a. wie A. B. b. ganz unb. c. f. wie A. g. wie B. — 10. (aus A.) — 11. (aus B.) d. verleih mir. e. verbirg mich, o du. — 12. (nach A.) a–d. und wenn ich gleich könnt in den Himmel steigen, und wieder in der Hölle Reich der Rache auszubeugen. f. g. du würdest meine Schand und mein der lichten Sonne zeigen. — 13. (aus A. B.) a. wie A. b. ich flieh zu deinen Wunden. e. wie B. f. all meine Schuld am Kreuzesstamm. 14. (aus B.) a. stell du. c. daß er sich gnädig kehr. e. und wegen dieser Straf und Last. g. Meer sie alle senke. — 15. (aus B.) c. die böse Lust und Eitelkeit. g. bis ich ihn werd scheiden. — Neues Würtemberger Gesangbuch. 2. (aus A. B.) a. dir Mensch kann von Natur doch nicht. c. deines Geistes. d. wie A. e. verkehret ist Sinn, Will und Thun. f. g. wie B. — 3. (aus A. B.) a. aus B. b. aus A. — 4. (aus A. B.) d. e. du gabst auf allen Pfaden mir manches Gut nebst Kleid und Brod. f. g. du machtest daß mir

Mel. Jesus meine Zuversicht.

534. Jesus lebt, mit ihm auch ich, Tod, wo sind nun deine Schrecken? er, er lebt, und wird auch mich von den Todten auferwecken. Er verklärt mich in sein Licht; dies ist meine Zuversicht.

2. Jesus lebt, ihm ist das Reich über alle Welt gegeben; mit ihm werd auch ich zugleich ewig herrschen, ewig leben. Gott erfüllt, was er verspricht; dies ist meine Zuversicht.

3. Jesus lebt, wer nun verzagt, lästert ihn und Gottes Ehre. Gnade hat er zugesagt, daß der Sünder ich bekehre. Gott verstößt in Christo nicht; dies ist meine Zuversicht.

4. Jesus lebt, sein Heil ist mein; sein sei auch mein ganzes Leben. Reines Herzens will ich sein, und den Lüsten widerstreben. Er verläßt den Schwachen nicht; dies ist meine Zuversicht.

5. Jesus lebt, ich bin gewiß; nichts soll mich von Jesu scheiden, keine Macht der Finsterniß, keine Herrlichkeit, kein Leiden. Er giebt Kraft zu dieser Pflicht; dies ist meine Zuversicht.

6. Jesus lebt, nun ist der Tod mir der Eingang in das Leben. Welchen Trost in Todesnoth wird es meiner Seele geben, wenn sie gläubig zu ihm spricht: Herr, Herr, meine Zuversicht!.

Anmerk. Von C. F. Gellert. So beliebt dieser Gesang auch ist, so wiederholen wir doch auch hier: er ist nur Aushülfe in Ermangelung besserer Speise. Es ist wahr, die Worte: Jesus lebt! und: das ist meine Zuversicht! geben dem Liede etwas für das gläubige Herz Ansprechendes, aber dazwischen liegt doch viel Prosaisches und Ordinäres, was man ungern mit in Kauf nimmt.

535. Jesus meine Zuversicht und mein Heiland ist im Leben: dieses weiß ich, sollt ich nicht darum mich zufrieden geben, was die lange Todesnacht mir auch für Gedanken macht?

2. Jesus, er mein Heiland lebt, ich werd auch das Leben schauen, sein, wo mein Erlöser schwebt, warum sollte mir denn grauen? läßet auch ein Haupt sein Glied, welches es nicht nach sich zieht?

3. Ich bin durch der Hoffnung Band zu genau mit ihm verbunden, meine starke Glaubenshand wird in

keine — bisher hat. — 5. (aus B.) b. tief aus der Weltlust Fluthen. e. zuweilen ward ich auch. — 6—8. bei W. ausgel. — 9. (aus B.) a. zwar oft hab ich. — 10. (aus A.) c. deines Wetters. d. und Feuer. e. es regt sich. — 11. (aus B.) e. verbirg du mich, o. — 12. (aus B.) a—d. ach nur umsonst und könnt ich gleich mich in den Himmel schwingen, und wieder zu der Hölle Reich mich zu verbergen dringen. — 13. (nach B.) Ich fliehe Herr zu dir allein, du hast mein Heil erfunden, laß mich in dir verborgen sein und bleiben alle Stunden; du tilgtest ja du Gotteslamm der Menschen Sünd am Kreuzesstamm mit deinen heilgen Wunden. — Als Vers 11. fügt W. eine aus der Knapp'schen Text-Recension genommene Strophe zu: „hier ist mein Herz, o mach es rein," die aber im Texte keinen Boden hat.

DXXXIV. 1. c. B. S. K. W. H. Jesus lebt, er (B. W. und). d. B. dem Tode. — 3. b. S. l. seines Heilands C. K. fündigt an den Mittlers. W. kränket ihn. c. S. Gott. — 4. c. d. S. Herz und Wandel werde rein, das wird er aus Gnaden geben. e. K. die Seinen. — 5. a. K. bin's. e. f. S. und wenn Alles fällt und bricht, bleibt er meine Z. e. B. jeder Pf. — 6. b. B. K. W. ein. d. B. S. das. Bs. H. er.

DXXXV. Text bei Rambach aus dem Rungischen Gesangb. von 1653, mit einigen späteren Varianten der Ausgaben von 1667 und 1664. Dazu Gesgbch.

ihm belegt befunden, daß mich auch
kein Todesbann ewig von ihm tren=
nen kann.

4. Ich bin Fleisch, und muß da=
her auch einmal zu Asche werden,
das gesteh ich; doch wird er mich
erwecken aus der Erden, daß ich
in der Herrlichkeit um ihn sein mög
allezeit.

5. Dann wird eben diese Haut
mich umgeben, wie ich gläube, Gott
wird werden angeschaut dann von
mir in diesem Leibe, und in die=
sem Fleisch werd ich Jesum sehen
ewiglich.

6. Dieser meiner Augen Licht
wird ihn, meinen Heiland, kennen,
ich, ich selbst, kein Fremder nicht,
werd in seiner Liebe brennen; nur
die Schwachheit um und an wird
von mir sein abgethan.

7. Was hier kranket, seufzt und
ächt, wird dort frisch und herrlich
gehen, irdisch werd ich ausgesät,
himmlisch werd ich auferstehen; hier
geh ich natürlich ein, dort da werd
ich geistlich sein.

8. Seid getrost und hoch erfreut,
Jesus trägt euch, meine Glieder,
geht nicht Statt der Traurigkeit, stirbt

ihr, Christus ruft euch wieder, we
die letzte Tromp't erklingt, die a
durch die Gräber bringt.

9. Lacht der finstren Erdenh[..]
lacht des Todes und der Höll[.]
denn ihr sollt euch durch die [..]
eurem Heiland zugesellen, dann[..]
Schwachheit und Verdruß liegen a[.]
ter eurem Fuß.

10. Nur, daß ihr den Geist [..]
hebt von den Lüsten dieser Er[..]
und euch dem schon jetzt erg[..]
dem ihr beigefügt sollt werde[.]
schickt das Herze da hinein, wo [..]
ewig wünscht zu sein.

Anmerk. Als Verf. gilt gewöh[..]
Kurf. Louise Henriette [..]
Brandenburg. Bei den gre[..]
Lobpreisungen, welche dies Lied [.]
fahren hat und erfährt, bei se[..]
Geltung und Beliebtheit in der G[..]
meinde, welche es der Gewoh[..]
und in den Preußischen Landen au[.]
dem Patriotismus zu danken ha[..]
gehen wir mit einigem Zagen an d[.]
Erklärung, daß wir in die herrli[..]
liche Bewunderung des Gesang[.]
nicht einstimmen können. Von d[.]
völlig subjectiven Character abg[..]
hen, steht der Gesang dem Inh[..]
nach andern Oster= und Aufer[..]
hungs=Gesängen durchaus nicht [..]
voran, ja er enthält Ve. 5. ein u[.]
biblisches Dogma (weshalb auch [..]

---

bis 1700 vergl. (A.) — 1. c. B. S. H. W. sollte. K. sollte nicht sich me[..]
e. Bs. bange. — 2. e. H. A. das Gl. — 3. c. d. S. werd; ihm selber an[..]
wandt durch sein Fleisch und Blut erfunden. K. halt ihn mit des Gl. Hand b[.]
in meinen letzten Stunden. d. H. W. A. in ihn gelegt. B. gelegt gefunden. e. [..]
man. — 4. Bei Bs. ausgel. — a. b. S. Staub — wiederum zu Staube. K. Staub
zu Staube. c. d. S. erkenn ich, aber er weckt mich wieder. o. K. dieses weiß ich[..]
5. Bei Bs. H. ausgel. b. B. ichs. a. b. S. meines Leibes H. voller Klar[..]
mich. K. einen Leib, von Gott erbaut, wird die neue Welt mir geben. H. m[..]
statt dieser H. ein verklärter Leib umg. c. d. S. dann wird G. von mir gesch[..]
in des Fleisches neuem Leben. K. dann wird der von mir geschaut, der mich zu [.]
zu sich erheben. d. H. im neuen Leben. e. f. S. ja verklärt wie er werd ich
Jesum. K. im verklärten Leib werd ich. H. solchem Leib. f. A. schauen. —
6. c. B. S. in. e. K. und die S. — 7. a. K. W. kränkelt. A. kränkt. b
B. H. W. A. nachmals. e. f. S. K.=hier verweset mein Gebein, dort wirds un[.]
verwe[s]lich sein (K. werd ich unsterblich sein). W. sink. — 8. b. S. seine. c
K. H. Raum. d H. W. Jesus. e. f. Bs. A. letzt Drommet erkl. B. letzt
Posaun. S. die Richtposaune kl. K. wann einst die Posaune kl. — alle Gr. H.
das Feldg[e]schrei erkl., so auch durch die. W. wenn einst die Posaun' erkl. A.
letzt' Trompet' umb: letzte Trompet kl. — 9. a. A. Erdengruft. c. d. K. sieg[.]
reich sollt ihr aus der Gruft euch dem H. d. W. aus der Gruft. — 10. c
d. K. dem zeugen gebt, dem ihr wollt vereinigt. e. K. bort. W. Herz
nur da.

Welt dort ändert), und Vf. 9. 3t. 3. 4. eine jedenfalls auch für d.n Volksgesang mißliche Aeußerung. In der Form sind die vielen Fragsätze anstößig, und solche Wendungen wie „dieses weiß ich" oder gar „dies ge-steh ich" sind doch, wenn man auf-richtig sein will, erzprosaisch. Wir würden nur Vs. 1. (mit Aenderun-gen) 2. 8—10. in ein Kirchengesang-buch aufnehmen.

536. Komm, o komm, du Geist des Lebens! wahrer Gott von Ewigkeit! deine Kraft sei nicht vergebens, sie erfüll uns jederzeit; so wird Geist und Licht und Schein in den dunklen Herzen sein.

2. Gieb in unser Herz und Sin-nen Weisheit, Rath, Verstand und Zucht, daß wir anders nichts begin-nen, denn was nur dein Wille sucht; dein Erkenntniß werde groß, und mach uns vom Irrthum los.

3. Zeige, Herr! die Wohlfahrt-stege; das, was hinter uns gethan, räume ferner aus dem Wege, schlecht und recht sei um und an: wirke Reu an Sünden Statt, wenn der Fuß gestrauchelt hat.

4. Laß uns stets dein Zeugniß fühlen, daß wir Gottes Kinder sind, die auf ihn alleine zielen, wenn sich Noth und Drangsal findt; denn des Vaters liebe Ruth ist uns al-lewege gut.

5. Reiz uns, daß wir zu ihm treten, frei mit aller Freudigkeit; seufz auch in uns, wenn wir beten, und vertritt uns allezeit: so wird unsre Bitt erhört, und die Zuver-sicht vermehrt.

6. Wird uns auch nach Troste bange, daß das Herz oft rufen muß: Ach, mein Gott, mein Gott! wie lange? ei, so mach uns den Beschluß; sprich der Seelen tröstlich zu, und gieb Muth, Geduld und Ruh.

7. O du Geist der Kraft und Stärke, du gewisser neuer Geist! fördre in uns deine Werke, wenn der Satan auf uns scheußt, schenk uns Waffen in den Krieg, und er-halt in uns den Sieg.

8. Herr! bewahr auch unsern Glauben, daß kein Teufel, Tod, noch Spott uns denselben möge rauben, du bist unser Schutz und Gott: sagt das Fleisch gleich immer nein, laß dein Wort gewisser sein.

9. Wenn wir endlich sollen ster-ben, so versichre uns je mehr, als

DXXXVI. Text bei Rambach aus dem Jahre 1692. — 1. e. K. Erben, Licht. f. Bs. B. S. K. H W. dem. — 2. d.B. S. K. als nur was. — 3. a. S. K. H. zeig uns Herr. b. Bs. S. führ uns auf des Heils Bahn. K. führ uns stets auf ebner Bahn. c. Bs. räume alles aus d. S. und räum Alles. d. Bs. S. K. was im Lauf uns hin-ern kann. b. d. H. das was Böses ist gethan — sei unsre Bahn. H. führ uns Herr die W. die dein Wort uns kundgethan — was den Lauf verhindern kann. e. S. K. W. nach der That. — 4. a—c. S. haben — stärke uns mit deinen Gaben. W. stets als unser Herz empfinden — Kinder sein, die bei ihm nur Hülfe finden in der Noth und Seelenpein. e. f. S. K. W. lehr uns, daß des Vaters Zucht einzig unser Bestes sucht. — 5. c. W. seufze in. f. H. W. ge-mehrt. — 6. b. S. ruft das Herz voll Traurigkeit. W. wird uns dann nach Trost auch bange, seufzt das H. voll Traurigkeit. d. Bs. o so mache den Beschluß. B. ei so mache. S. o so wende du das Leid. K. o so mach uns. H. o so mache du den Schluß. W. ei so wende unser Leid. — 7. b. W. der allein das Gute schafft. d. Bs. wider Satan Hülfe leist. B. wenn der Satan Macht beweist. S. und wenn S. Macht bew. K. leit uns, wie der Herr verheißt. H. wenn uns S. nach sich reißt. W und zum Kämpfen gieb uns Kraft. e. f. S. zu dem Kr., daß uns nicht entgeht h. S. B. K. dem. W. und gewinn in uns den S. — 8. b. Bs. S. H. und. — 9. a. K. wann. e. f. Bs. die du unser Gott erkiest und die unaussprechlich ist. S. die du uns o Gott bestimmt und die nie ein Ende nimmt. K. W. die Gott giebt durch Jesum Christ und die unaussprechlich ist. f. H. und die unaussprechlich ist.

des Himmelreiches Erben, jener
Herrlichkeit und Ehr, die uns un=
ser Gott erkiest, und nicht auszu=
sprechen ist.

Anmerk. Wird ohne Grund Joach.
Neander zugeschrieben, erscheint
uns, gegen viele andere Pfingstlieder
gehalten, etwas matt und gewöhnlich.

Mel. Straf mich nicht in deinem Zorn.

537. Wache dich, mein Geist!
bereit, wache, fleh und bete, daß
dich nicht die böse Zeit unverhofft
betrete: denn es ist Satans List
über viele Frommen zur Versuchung
kommen.

2. Aber, wache erst recht auf
von dem Sündenschlafe; denn es
folget sonst darauf eine lange Stra=
fe; und die Noth, sammt dem Tod
möchte dich in Sünden unvermu=
thet finden.

3. Wache auf! sonst kann dich
nicht unser Herr erleuchten: wache!
sonsten wird dein Licht dir noch fer=
ne däuchten; denn Gott will für die
Füll' seiner Gnadengaben offne Au=
gen haben.

4. Wache! daß dich Satans List
nicht im Schlaf antreffe; weil er
sonst behende ist, daß er dich be=
äffe; und Gott giebt, die er liebt,

oft in seine Strafen, wenn sie sicher
schlafen.

5. Wache! daß dich nicht die
Welt durch Gewalt bezwinge, oder,
wenn sie sich verstellt, wieder an
sich bringe; wach und fleh, damit
nie vor falschen Brüdern un=
ter deinen Gliedern.

6. Wache dazu auch für dich, für
dein Fleisch und Herze, damit es
nicht liederlich Gottes Gnad' ver=
scherze; denn es ist voller List, und
kann sich bald heucheln und in Hof=
fahrt schmeicheln.

7. Bete aber auch dabei mitten
in dem Wachen; denn der Herre
muß dich frei von dem allen ma=
chen, was dich drückt und bestrickt,
daß du schläfrig bleibest, und sein
Werk nicht treibest.

8. Ja, er will gebeten sein, wenn
er soll was geben; er verlanget un=
ser Schrei'n, wenn wir wollen le=
ben und durch ihn unsern Sinn,
Feind, Welt, Fleisch und Sünden
kräftig überwinden.

9. Doch wohl gut, es muß uns
schon alles glücklich gehen, wenn
wir ihn durch seinen Sohn im Ge=
bet anflehen; denn er will uns mit
Füll' seiner Gunst beschütten, wenn
wir glaubend bitten.

DXXXVII. Text nach Rambach aus dem Jahre 1697. Vers 8 u. 9. nach
dem Halberst. Gesangb. von dem Jahre 1699. — 1. h. K. plötzlich oft gekom=
men. W. denn es ist oft mit List — die Versuchung kommen. — 2. a. S. auf
dann! wache. K. auch recht auf. c. B. bald. g. K. könnte. — 3. b. S. be=
kehren. K. W. sonst kannst du nicht Christi Gnade sehen (W. Chr. Klarheit).
c. B. H. sein. c. d. S. und dir der Erleuchtung Licht nimmermehr gewähren.
K. sein Licht stets dir ferne stehen. W. wache, weil sonst wird sein L. stets dir
ferne stehen. — 4. Bei W. ausgel. a. b. Bs. S. laß — finden. K. betrüge.
H. mag finden. c. d. Bs. S. nur wer stetig wachsam ist, kann ihn überwinden.
K. denn sobald du sorglos bist hilfst du ihm zum Siege. H. weil's ihm sonst ein
Leichtes ist, dich zu überwinden. c—h. H. Gott läßt zu, daß auch du, wenn du
sicher wallest leicht in Sünden fallest. — 5 b. K. mit. c. S. wach—es fehlt nie
hier an falschen Brüdern unter Christi Gliedern. K. W. daß du nie falsche Brüder
hörest, Weltgunst nie begehrest. H. wach und flieh alle die, so von falschen Br. —
6. c. Bs. H. freventlich. a—d. S. wache fleißig über dich, trau nicht deinem
Herzen, denn es möchte frevenlich — verscherzen. K. W. nimm dich wohl in
Acht, trau nicht deinem H. leichtlich stürzt, wer's nicht bewacht in Gefahr und
Schmerzen. W. leichtlich kann, wers — Gottes Huld verscherzen. e. S. ach es
ist. g. h. K. W. kann bald Schwachheit heuch. bald in Stolz sich schm. — 7.

10. Drum so laßt uns immerdar wachen, flehen, beten; weil die Angst, Noth und Gefahr immer nä= er treten; denn die Zeit ist nicht weit, da uns Gott wird richten, und die Welt vernichten.

Anmerk. Von J. B. Freystein, ein nicht unbeliebtes Lied, das auch in seiner ersten Hälfte, schon wegen des oft wiederholten: Wache! etwas Erregendes hat. Wir glauben nur, daß es von andern Liedern über die christliche Wachsamkeit bei weitem übertroffen werde.

Mel. Nun ruhen alle Wälder.

538. Mein Herz! gieb dich zu= rieden, und bleibe ganz geschieden von Sorge, Furcht und Gram: die Noth, die dich itzt drücket, hat Gott dir zugeschicket, sei still und halt dich wie ein Lamm.

2. Mit Sorgen und mit Zagen und unmuthsvollem Klagen häufst du nur deine Pein; durch Stille= sein und Hoffen wird, was dich itzt betroffen, erträglich, sanft und lieb= lich sein.

3. Kanns doch nicht ewig wäh= ren, oft hat Gott unsre Zähren, eh mans meint abgewischt; wenns bei uns heißt: wie lange wird mir so angst und bange, so hat er Leib und Seel erfrischt.

4. Gott pflegt es so zu machen, nach Weinen schafft er Lachen, nach

Regen Sonnenschein; nach rauhen Wintertagen muß uns der Lenz be= hagen, er führt in Höll und Him= mel ein.

5. Indeß ist abgemessen die Last, die uns soll pressen, auf daß wir werden klein: was aber nicht zu tragen, darf sich nicht an uns wa= gen, und solls auch nur ein Quent= lein sein.

6. Denn es sind Liebesschläge, wenn ich es recht erwäge, womit er uns belegt: nicht Schwerter, son= dern Ruthen sinds, damit Gott zum Guten auf uns, die Seinen, hier zuschlägt.

7. Er will uns dadurch ziehen zu Kindern, die da fliehen das was ihm mißbehagt; den alten Men= schen schwächen, den Eigenwillen brechen, die Lust ertödten, die uns plagt.

8. Er will uns dadurch lehren, wie wir ihn sollen ehren mit Glau= ben und Geduld; und sollt er uns in Nöthen auch lassen, ja gar töd= ten, uns doch getrösten seiner Huld.

9. Denn was will uns auch scheiden von Gott und seinen Freu= den, dazu er uns versehn? man le= be oder sterbe, so bleibet uns das Erbe des Himmels ewiglich doch stehn.

10. Ist Christus unser Leben, so muß uns, seinen Reben, der Tod

a. b. K. Aber bet auch stets dabei, (S.) bete bei dem W. c. S. denn Gott selber. K. denn der Herr nur. d. K. von der Trägheit. H. denn der Höchste muß dich fr. W. denn der Herr muß selbst dich. e—h. K. seine Kraft wirkt und schafft, daß du wacker bl. und s. W. betreibest. — 8. a. H. Gott will angerufen sein. c. W. er verl. Flehn und Schrein. e—g. K. nur Gebet, früh und spät, hilft Fleisch, Welt und Sünden. — 9. a. K. wohlan. c. d. K. in seinem — inniglich anfle= hen. g. h. K. Huld — gläubig. Bs. B. gläubig. H. W. alle Füll seiner Huld (W. Gunst) ausschütten — gläubig (W. glaubend). — 10. g. K. der Herr.

DXXXVIII. Text aus dem 2ten Theile des Freylinghausenschen Gsgb. von 1714. — 1. f. Alle: wie Jesus Gottes Lamm, muß wohl eine bald allgemein gewordene Variante geworden sein. Ein Gesgb. von 1721 liest noch wie der Text. — 2. b. B. K. W. mit unm. e. S. hat betr. — 3. d. B. S. K. W. uns hieß. — 4. Bei Bs. S. ausgel. f. K. aus Höll in. — 5. Bei Bs. S. ausgel. c. K. da= mit wir. f. B. K. W. und sollt's auch noch so wenig sein. H. und sollt es noch so. — 6. Bei W. ausgel. a. Bs. B. S. es sind ja Liebesschläge. c. S. womit

sein ein Gewinn: er mag wohl
diese Höhle zerbrechen, doch die
Seele fliegt auf zum Bau des Him=
mels hin.

11. Drum gieb dich ganz zufrie=
den, mein Herz, und bleib geschie=
den von Sorge, Furcht und Gram:
vielleicht wird Gott bald senden, die
dich auf ihren Händen hintragen
zu dem Bräutigam.

> Anmerk. Von Joh. Anast. Frey=
> linghausen. Das Lied gehört
> einer reichen, trefflich besetzten Ru=
> brik an und bewegt sich meist in Re=
> miniscenzen aus Gerhardt, Neumarck
> u. A.

Mel. Wer nur den lieben Gott läßt walten.

539. Nach einer Prüfung kur=
zer Tage erwartet uns die Ewig=
keit, dort, dort verwandelt sich die
Klage in göttliche Zufriedenheit,
hier übt die Tugend ihren Fleiß,
und jene Welt reicht ihr den Preis.

2. Wahr ists, der Fromme
schmeckt auf Erden schon manchen
selgen Augenblick, doch alle Freu=
den, die ihm werden, sind ihm ein
unvollkommnes Glück. Er bleibt ein
Mensch und seine Ruh nimmt in
der Seele ab und zu.

3. Bald stören ihn des Körpers
Schmerzen, bald das Geräusche die=
ser Welt. Bald kämpft in seinem
eignen Herzen ein Feind, der öfter
siegt, als fällt; bald sinkt er durch
des Nächsten Schuld in Kummer
und in Ungeduld.

4. Hier, wo die Tugend öfters
leidet, das Laster öfters glücklich ist,
wo man den Glücklichen beneidet,
und des Bekümmerten vergißt: hier
kann der Mensch nie frei von Pein,
nie frei von eigner Schwachheit sein.

5. Hier such ichs nur, dort werd
ichs finden, dort werd ich heilig
und verklärt, der Tugend ganzen
Werth empfinden, den unaussprech=
lich großen Werth. Den Gott der
Liebe werd ich sehn, ihn lieben,
ewig ihn erhöhn.

6. Da wird der Vorsicht heilger
Wille mein Will und meine Wohl=
fahrt sein, und lieblich Wesen, Heil
die Fülle, am Throne Gottes mich
erfreun; dann läßt Gewinn stets
auf Gewinn mich fühlen, daß ich
ewig bin.

7. Da werd ich das im Licht
erkennen, was ich auf Erden dun=
kel sah, das wunderbar und heilig

---

der Vater schlägt. f. B. die Seinen züchtiget und schlägt. K. H. die Seinen
hier zu Zeiten schlägt. d—f. S. es will sein treues Lieben in allem Guten üben
ein Kind, das er mit Leid beladt. — 7. a. S. so will uns G. erziehn. W. der
Herr will uns nur. c. Bs. B. W. was ihm nicht behagt, kommt auch schon um 1740
vor. S. das was ihm nicht gefällt. d. B. S. K. W. er will das Fleisch nur. f.
S. H. uns reißen von der eiteln Welt. H. sammt aller Lust der eiteln. — 8. Bei
Bs. S. ausgel. d. e. B. K. W. und sollt er auch in Nöthen uns lassen gar er=
tödten (durch falsche Interpunction entsteht hier ein ganz abweichender Sinn). f.
K. soll uns doch trösten seine Huld. — 9. a. S. was mag mich denn nun. c. B.
K. W. erschn. S. die er mir ausersehn. f. K. ewig dennoch. d—f. S. ich lebe
ob. st. so bleibt mein ewig Erbe im Himmel mir doch fest bestehn. — 10. Bei
Bs. S. ausgel. (?) d. B. K. W. die Leibeshöhle. f. B. W. schwingt froh sich auf
zum Himmel. d—f. H. den Leib mag er zerstören, uns die Gott angehören, uns
führt der Tod zum Vater hin.

DXXXIX. 1. c. S. dort wandelt sich die Erdenklage. d. S. himmlische. K.
selige. e, f. S. der Kämpfer — ihm. — 2. Bei Bs.
S. K. ausgel. d. H. nur ein. — 3. 4. Bei Bs. S. K. ausgel. f. W. aller. —
5. a—d. S. noch — erlöst aus aller Noth der Sünden, den preisen, der mir Heil
gewährt. K. bin ich heil. und verkl. dann werd ich ihn erst ganz empfinden, der
wahren Tugend hohen Werth. f. S. und er wird mich zu sich erhöhn. — 6. a.
B. S. K. Vaters. H. des Höchsten. b. K. Freude. c. S. Trosts die. F. e. S.
da. K. dann läßt ein ewiger G. — selig. — 7. e. f. K. schau ich im Zusam=

nennen, was unerforschlich hier ge=
schah, da denkt mein Geist mit
Preis und Dank die Schickung im
Zusammenhang.

8. Da werd ich zu dem Thro=
ne bringen, wo Gott, mein Heil,
sich offenbart: ein Heilig, Heilig,
Heilig singen dem Lamme, das er=
würget ward, und Cherubim und
Seraphim und alle Himmel jauch=
zen ihm.

9. Da werd ich in der Engel
Schaaren mich ihnen gleich und hei=
lich sehn, das nie gestörte Glück
erfahren, mit Frommen stets fromm
umzugehn. Da wird durch jeden
Augenblick ihr Heil mein Heil, mein
Glück ihr Glück.

10. Da werd ich dem den Dank
bezahlen, der Gottes Weg mich ge=
hen hieß, und ihn zu Millionen
Malen noch segnen, daß er mir
ihn wies, da sind ich in des Höch=
sten Hand den Freund, den ich auf
Erden fand.

11. Da ruft: o möchte Gott es
geben! vielleicht auch mir ein Sel=
ger zu: Heil sei dir! denn du hast
mein Leben, die Seele mir gerettet,
du! o Gott! wie muß dies Glück
erfreun, der Retter einer Seele sein.

12. Was seid ihr, Leiden dieser
Erden, doch gegen jene Herrlichkeit,
die an uns offenbart soll werden

von Ewigkeit zu Ewigkeit? wie
nichts, wie gar nichts gegen sie, ist
doch ein Augenblick voll Müh!

Anmerk. Obgleich dies Li.d von E.
F. Gellert gegen das Ende hin ei=
nige Strophen enthält, die sich treff=
lich für ein Hausgesangbuch eignen
würden, so begreifen wir doch nach
der Mehrzahl kaum wie es auch in
diesen 5 Büchern eine Stelle finden
konnte. Wer die seicht=moralisirende
Teinture einer Opern=Classe gegen
das Ende des vorigen Jahrhunderts
kennt, wird den Anfang förmlich arien=
artig finden.

540. Nun bitten wir den
heiligen Geist um den rechten
Glauben allermeist, daß er uns be=
hüte an unserm Ende, wenn wir
heimfahrn aus diesem Elende. Ky=
rieleison!

2. Du werthes Licht, gieb uns
deinen Schein, lehr uns Jesum Christ
kennen allein, daß wir an ihm blei=
ben, dem treuen Heiland, der uns
bracht hat zum rechten Vaterland.
Kyrieleison!

3. Du süße Liebe, schenk uns dei=
ne Gunst, laß uns empfinden der
Liebe Brunst, daß wir uns von
Herzen einander lieben, und im
Friede auf einem Sinn bleiben. Ky=
rieleison!

4. Du höchster Tröster in aller
Noth, hilf, daß wir nicht fürchten

menhang des Höchsten Rath mit Preis und Dank. — 8. b. S. mein Gott. e.
B. S. wo. H. und aller Himmel selges Herr jauchzt ihm lobsingend Preis und
Ehr. — 9. a. H. dort. d. S. mit Reinen rein. K. mit Frommen heilig. e. f.
S. da wird in ung meßner Zeit ihr Heil auch meine Seligkeit. — 10. S. auch=
ber mir den Weg zum Himmel wies, da wird die Liebe herrlich strahlen, die in
Geduld den Herren pries, da findet sich im Vaterland, was jemals hier in Gott
sich fand. e. K. da giebt mir wieder Gottes Hand. — 11. Bei S. ausgel.
e. K. H. das. — 12. c. Bs. S. offenbar.
DXL. Text nach Wackernagel, dazu alte Gesangbücher verglichen bis 1700
(A.). — 1. c. S. einst am Ende. e. W. Herr erbarme dich unser (so in den
übrigen Versen). — 2. b. A. Bs. H. W. erkennen. S. und uns Jesum kennen
lehr allein. c. d. S. daß wir fest am treuen Heiland bleiben, und uns nimmer
lassen von ihm treiben. d. B. g'bracht. A. H. zu dem. — 3. b — d. S. in
uns gieße deine Himmelsbrunst — alle lieben, und im Frieden nur, was recht
ist, üben. d. B. K. Fried' — Sinne. — 4. a. S. du Tröster werth in. b. S.
K. und Tod. c. B. nicht gar. K. W. doch nicht.

Schand noch Tod, daß in uns die Sinne nicht verzagen, wenn der Feind wird das Leben verklagen. Kyrieleison!

Anmerk. Von M. Luther, würden wir ohne Bedenken aufnehmen, sobald sich irgend ein Mangel an allseitig vollkommnen Anrufsliedern des Heil. Geistes verspüren ließe.

Mel. O Welt ich muß dich lassen.

541. Nun ruhen alle Wälder, Vieh, Menschen, Städt und Felder; es schläft die ganze Welt: ihr aber meine Sinnen, auf, auf! ihr sollt beginnen, was eurem Schöpfer wohlgefällt.

2. Wo bist du, Sonne, blieben, die Nacht hat dich vertrieben, die Nacht, des Tages Feind: fahr hin, ein andre Sonne, mein Jesus, meine Wonne, gar hell in meinem Herzen scheint.

3. Der Tag ist nun vergangen, die goldnen Sternlein prangen am blauen Himmelssaal: so, so, werd' ich auch stehen, wann mich wird heißen gehen mein Gott aus diesem Jammerthal.

4. Der Leib der eilt zur Ruhe, legt ab das Kleid und Schuhe, das Bild der Sterblichkeit; die zieh ich aus, dagegen wird Christus mir

anlegen den Rock der Ehr und Herrlichkeit.

5. Das Haupt, die Füß' und Hände sind froh, daß nun zum Ende die Arbeit kommen sei; Herz! freu dich, du sollst werden vom Elend dieser Erden und von der Sünden Arbeit frei.

6. Nun geht, ihr matten Glieder! geht, geht und legt euch nieder, der Betten ihr begehrt: es kommen Stund und Zeiten, da man euch wird bereiten zur Ruh ein Bettlein in der Erd.

7. Mein Augen stehn verdrossen, im Huy sind sie verschlossen, wo bleibt denn Leib und Seel? nimm sie zu deinen Gnaden, sei gut vor allen Schaden, du Aug' und Wächter Israel.

8. Breit' aus die Flügel beide, o Jesu! meine Freude, und nimm dein Küchlein ein: will Satan mich verschlingen, so laß die Englein singen: dies Kind soll unverletzet sein.

9. Auch euch, ihr meine Lieben, soll heunte nicht betrüben kein Unfall noch Gefahr: Gott laß euch ruhig' schlafen, stell' euch die goldnen Waffen ums Bett und seiner Helden Schaar.

DXLI. 1. b. c. S. nun schläft durch Städt und Felder die vor bewegte Welt. c. K. H. die müde W. e. S. K. W. ihr sollt noch beg. — 2. a. B. Sonn geblieben. S. Der Sonne Licht und Glänzen entwich von unsern Gränzen, uns deckt die finstre Nacht: fahr hin du Erdensonne, mein Jesus, meine Wonne, hat ewges Himmelslicht gebracht. d—f. K. fahr hin du Erdens. wenn Jes. meine Wonne nur hell in meinem. — 3. a. S. Ich schaue mit Verlangen — Sterne. b. K. H. W. Sterne. d. Bs. B. K. W. also. S. bort werd ich vor ihm stehen. H. also werd ich einst. — 4. a. Bs. B. S. K. H. W. eilt nun. b. K. H. W. legt Kleider ab u. Sch. f. K. W. das Kleid. — 5. b. c. K. zu Ende des Tages Arbeit sei. — 6. b. Bs. S. K. H. W. geht hin. c. S. des Lagers. K. des Bettes. d. K. andre Zeiten. f. S. Ruhbettlein. — 7. a. S. K. W. die Augen. b. Bs. B. K. W. Ru — geschlossen. S. H. wer wacht wenn sie verschl. c. S. H. wer sorgt für Leib und Seel. K. nun. d. S. deck sie mit. K. du sie hin in. — 8. d. e. S. will S. Noth mir bringen — Engel. K. steh du zu meiner Seite, die Flügel um mich breite und hülle mich darein (W.) will mich der Feind — Enge'. H. versetzt a. u. b. d. e. umschlingen — Engel. — 9. a. Bs. B. K. H. W. ein. S. soll treffen kein Betrüben, kein U. d. W. B. selig. e. S. stell seine mächt'gen Waff. ums Bett euch. H. und stell euch seine Waffen. K. euch Fernen und euch Nahen woll unser Gott umfahen mit seiner lichten Engelschaar. f. B. S. H. W. Engel.

Anmerk. Das bekannte herrliche Abendlied von Paul Gerhardt; gegen eine Aenderung in Vs. 1. Zl. 2. ſtreiten wir *πὺξ καὶ λάξ.* Wer bei dem Singen oder Leſen dieſes Geſanges an die im regen Wachen handthierenden Amerikaner denken kann, der möge nur lieber gleich das Geſangbuch zuklappen: für ihn hat kein Dichter geſungen. Auch der von Stier vorgebrachte Scrupel, daß doch der Eine Singende auch zur „ganzen Welt" gehöre u. ſ. w. kann uns nicht erheblich erſcheinen.

542. O Gott, du frommer Gott! du Brunnquell guter Gaben, ohn' den nichts iſt, was iſt, von dem wir alles haben; geſunden Leib gieb mir und daß in ſolchem Leib ein' unverletzte Seel' und rein Gewiſſen bleib.

2. Gieb, daß ich thu mit Fleiß, was mir zu thun gebühret, wozu mich dein Befehl in meinem Stande führet; gieb, daß ichs thue bald, zu der Zeit da ich ſoll, und wann ichs thu ſo gieb, daß es gerathe wohl.

3. Hilf, daß ich rede ſtets, womit ich kann beſtehen; laß kein unnützlich Wort aus meinem Munde gehen, und wenn in meinem Amt ich reden ſoll und muß, ſo gieb den Worten Kraft und Nachdruck ohn Verdruß.

4. Find't ſich Gefährlichkeit, ſo laß mich nicht verzagen, gieb einen Heldenmuth, das Kreuz hilf ſelber tragen. Gieb, daß ich meinen Feind mit Sanftmuth überwind und wenn ich Rath bedarf, auch guten Rath erfind.

5. Laß mich mit Jedermann in Fried' und Freundſchaft leben, ſo weit es chriſtlich iſt; willſt du mir etwas geben an Reichthum, Gut und Geld, ſo gieb auch dies dabei, daß von unrechtem Gut nichts untermenget ſei.

6. Soll ich auf dieſer Welt mein Leben höher bringen, durch manchen ſauren Tritt hindurch ins Alter dringen; ſo gieb Geduld, vor Sünd und Schanden mich bewahr, auf daß ich tragen mag mit Ehren graues Haar.

7. Laß mich an meinem End auf Chriſti Tod abſcheiden; die Seele nimm zu dir hinauf zu deinen Freuden, dem Leib ein Räumlein gönn bei ſeiner Aeltern Grab, auf daß er ſeine Ruh an ihrer Seiten hab.

8. Wenn du die Todten wirſt an jenem Tag erwecken, ſo thu auch deine Hand zu meinem Grab ausſtrecken; laß hören deine Stimm und meinen Leib weck auf, und

---

DXLII. Text aus Rambach vom Jahre 1636 (devota musica cordis). — 1. b. B. S. K. H. W. aller Gaben. f–h. K. dieſem — (W.) die Seele unverletzt, rein das G. — 2. a. H. hilf. e–h. S. gieb daß ichs jedesmal thu, wann und wie ichs ſoll, und ſo gerath es mir durch deinen Segen wohl. g. h. W. und dann gerathe mirs durch deinen Segen wohl. — 3. c. B. S. K. H. W. unnützes. e. S. H. nach meiner Pflicht. — 4. c. H. verleih mir Heldenm. e. A. B. H. meine. g. h. B. Raths — bei dir den Rath erf. S. und ſende Hülf und Rath, wenn ſie mir nöthig ſind. K. W. gieb Freunde, die mit Rath und That mir nützlich ſind. — 5. c. A. als chriſtl. e. K. Hab und Gut. g. h. A. kein unrechtes G. mit. S. nichts drein g. K. daß ungerechtes G. nicht. — 6. e. f. A. K. gieb o Herr (K. mir H.) Geb., vor Sünd und Schand bew. g. h. A. daß ich mit Ehren trag alsdann die grauen H. — 7. a. b. K. laß mich auf Chriſti Tod einſt froh von hinnen ſcheiden. d. K. in deine. f. Bs. ſeiner Aeltern. A. B. K. H. W. frommer Chriſten. S. meiner Väter. S. H. in deinem Frieden hab. — 8. a. b. A. S. H. an jenem Tag die T. c. d. S. K. W. wollſt du zu meinem Grab auch d. H. ausſtr. e–h. S. laß Herr durch deine Stimm dann meinen Leib aufſtehn und ſchön verklärt zur Schaar der Auserw. gehn. K. durch deiner Allmacht Wort ruf meinen Leib hervor — zu deiner Engel Chor. W. ruf

führ ihn schön verklärt zum auserwählten Hauf.

Anmerk. Von Joh. Heermann,
etwas matt und ordinär.

Mel. Vater unser im Himmelreich.

543. O Lehrer, dem kein andrer gleich, an Eifer, Lieb und Klugheit reich, des ewgen Vaters höchster Rath, Prophet, berühmt durch
Wort und That, den Gott zu unserm Heil gesandt, und ihn gesalbt
mit eigner Hand.

2. Du kamst aus deines Vaters
Schooß, und machtest alle Siegel
los, damit sein Rath umgeben war,
durch dich ward alles offenbar und
an das helle Licht gestellt, was Finsterniß umschlossen hält.

3. Du wiesest uns die wahre
Spur zu Gott, dem Schöpfer der
Natur; du hast den Weg uns recht
gezeigt, auf welchem man zum Himmel steigt, was du vom Vater selbst
gehört, das hast du unverfälscht
gelehrt.

4. Du sahest in der Gottheit Licht
mit aufgeklärtem Angesicht, was
nach des Himmels weisen Rath man

künftig zu erwarten hat. Du sagst
es deutlicher zuvor, als jemals der
Propheten Chor.

5. Die Lehre, die du hast geführt, hast du mit Heiligkeit geziert, und mit viel Wundern oft
bestärkt, daraus man deine Allmacht merkt; ja endlich, als es
Gott geschickt, ein blutig Siegel
drauf gedrückt.

6. Nachdem du hingegangen bist,
wo aller Weisheit Ursprung ist, so
setzest du an jedem Ort dein Lehramt durch die Knechte fort, die dein
Beruf herbei geführt und sie mit
Gaben ausgeziert.

7. Du aber sendest deinen Geist,
den du den Gläubigen verheiß'st,
der denen Seelen, die er liebt, Erkenntniß, Licht und Weisheit giebt,
und der, wo man ihn nicht vertreibt, dein Wort in Herz und Sinnen schreibt.

8. Ach laß, o himmlischer Prophet, mich scheuen deine Majestät,
mach mich von eignem Dünkel frei,
damit ich dir gehorsam sei. Du
sollst mein höchster Lehrer sein, führ'
mich in deine Schule ein.

---

meinen Leib hervor — zum auserwählten Chor. — Bei K. H. W. ist noch ein
neunter Vers hinzugefügt, der sich schon bei den Aeltesten findet: Gott Vater dir
sei Preis hier und im Himmel oben! Gott Sohn, Herr Jesu Christ, ich will dich
allzeit loben! Gott, heilger Geist, dein Ruhm erschalle mehr und mehr, o Herr,
dreiein'ger Gott, dir sei Lob, Preis und Ehr!

DXLIII. (H. hat das Lied nach der Bruhnschen Bearbeitung.) — 1. a. K.
W. dem kein Lehrer. b. S. K. W. Weisheit. c—e. S. Prophet, berühmt durch
W. u. T. den Gott nach seinem Gnadenrath zu aller Menschen Heil gesandt. K.
W. gefallner Sünder durch sein Rath — gesalbet des Vaters Hand, und uns
zum Seelenheil (W. zu unserm H.) ges. — 2. c. K. womit sein Rath versiegelt
war. W. worin s. R. verborgen war. d. B. S. durch dich wird. e. f. K. in
das hellste — Dunkelheit. W. Dunkelheit. — 3. a. B. weisest. d. W. darauf.
— 4. Bei S. ausgel. b. Bs. K. aufgedecktem. W. von Angesicht zu Angesicht. c. K. W. nach der ewgen Liebe Rath. d. K. der Mensch noch z. erw.
e. f. K. W. du machtest Alles klarer kund, als jemals der Propheten Mund. —
5. a. c. K. W. Lehramt welches du g. — mit Wundern hast du es bestärkt. d.
K. die deine Feinde selbst bemerkt. W. woraus. e. K. und als die Zeit heran-
ge rückt. — 6. c. K. W. so allem. K. W. so s. (K. setztest) du, du ewges Wort. e.
W. dir zug. f. K. und mit viel Gaben. — 7. c. d. Bs. der allen Seelen, die
— Wahrheit. S. der uns im rechten Glauben übt — Wahrheit. K. W. allen S.
e . f. K. dein Wort in Herz und Sinne schreibt und edle Frucht der Liebe treibt.
f. W. und bei den Deinen ewig bleibt. — 8. b. Bs. S. W. schauen. K. ehren.
c. K. W. Eigendünkel.

Anmerk. Ein vortreffliches Lehrlied von J. J. Rambach.

544. Seelenbräutigam, Jesu, Gotteslamm, habe Dank für deine Liebe, die mich zieht aus reinem Triebe von der Sünden Schlamm, Jesu, Gotteslamm!

2. Deine Liebesglut stärket Muth und Blut: wenn du freundlich mich anblickest, und an deine Brust mich drückest, macht mich wohlgemuth deiner Liebe Glut.

3. Wahrer Mensch und Gott! Trost in Noth und Tod: du bist darum Mensch geboren, zu ersetzen, was verloren, durch dein Blut so roth, wahrer Mensch und Gott!

4. Meines Glaubens Licht laß verlöschen nicht; salbe mich mit Freudenöle, daß hinfort in meiner Seele ja verlösche nicht meines Glaubens Licht.

5. So werd ich in dir bleiben für und für: deine Liebe will ich ehren, und in dir dein Lob vermehren, weil ich für und für bleiben werd in dir.

6. Held aus Davids Stamm! deine Liebesflamm' mich ernähre, und verwehre, daß die Welt mich nicht versehre, ob sie mir gleich gram, Held aus Davids Stamm!

7. Großer Friedefürst! wie hast du gedürst't nach der Menschen Heil und Leben? und dich in den Tod gegeben, wie du riefst: mich dürst't, großer Friedefürst!

8. Deinen Frieden gieb, aus so großer Lieb, uns den Deinen, die dich kennen, und nach dir sich Christen nennen, denen du bist lieb, deinen Frieden gieb.

9. Wer der Welt abstirbt, emsig sich bewirbt um den lebendgen Glauben, der wird bald empfindlich schauen, daß niemand verdirbt, der der Welt abstirbt.

10. Nun ergreif ich dich, du mein ganzes Ich! ich will nimmermehr dich lassen, sondern gläubig dich umfassen, weil im Glauben ich nun ergreife dich.

11. Wenn ich weinen muß, wird dein Thränenguß nun die meinen auch begleiten, und zu deinen Wunden leiten, daß mein Thränenfluß sich bald stillen muß.

12. Wenn ich mich aufs neu wiederum erfreu, freuest du dich auch zugleiche, bis ich dort in deinem Reiche ewiglich erfreu mich mit dir aufs neu.

13. Hier durch Spott und Hohn, dort die Ehrenkron: hier im Hoffen und im Glauben, dort im Haben

DXLIV. Text aus Rambach vom Jahre 1697. — 1. c—e. S. daß bis zum Sterben du um mich hast wollen werben an des Kreuzes Stamm. d. K. mit. e. K. aus. B. dem Sündenschlamm. W. Dir ergeb ich mich, Jesu ewiglich, habe Dank — Jesu ewiglich, dir ergeb ich mich. — 2. Bei S. ausgel. a. Bs. W. deiner Liebe Glut. b. W. stärkt mir. d. W. und mit deinem Geist erquickest. f. B. H. deine Liebesglut. — 3. Bei W. ausgel. b. S. Trost in aller Noth. e. S. durch dein eignen Tod. K. H. durch dein Blut und Tod. — 4. b—d. W. erlöschen — heile mich von Sünd und Schmerzen, daß hinfort in meinem Herzen. — 5. a. i S. ausgel. b. K. werd. d. K. W. dein hohes Lob. H. und in mir dein. f. H. bleibe Herr in dir. — 6. Bei S. K. W. ausgel. — 7. Bei K. W. ausgel. e. Bs. S. H. ba. — 8. b. K. uns aus gr. — 9. b. c. S. sich mit Ernst bewirbt um des Glaubens fest Vertrauen. K. und sich treu bew. dir zu leben und zu trauen, der wird bald mit Wonne schauen, daß kein Herz — das. H. dir zu leben, dir zu trauen. — untrüglich. W. auf den Glauben fest zu bauen, der — mit Freuden schauen. — 10. Bei S. ausgel. e. f. K. Herr sei du mein Ich, ich ergr. — 11. Bei S. W. ausgel. b. K. Friedensgruß. b. c. B. H. Thränenfluß — den meinen. c. Bs. K. meine Thränen auch. e. K. wo. — 12. Bei S. W. ausgel. K. Bin ich freudig hier, freust du dich mit mir, zeigt im Geist mir Zions

21 *

und im Schauen; denn die Ehren=
kron folgt auf Spott und Hohn.

14. Jesu, hilf, daß ich allhier rit=
terlich alles durch dich überwinde,
und in deinem Sieg empfinde, wie
so ritterlich du gekämpft für mich.

15. Du mein Preis und Ruhm,
werthe Saronöilum, in mir soll nun
nichts erschallen, als was dir nur
kann gefallen, werthe Saronsblum,
du mein Preis und Ruhm.

> Anmerk. Von Adam Drese. Wir
> sind der Ansicht, daß Freylinghau=
> sens sanft-inniger Gesang: Wer ist
> wohl wie du mit dem obigen in
> einer so entschiednen Weise Grund=
> anschauung, Anlage, Tonart gemein=
> sam hat, daß man in ein Gesang=
> buch immer nur eins von beiden Lie=
> dern aufnehmen sollte. Und da ge=
> ben wir denn doch aus vielen Grün=
> den Freylinghausen den Vorzug.

Mel. O Gott du frommer Gott.

545. Versuchet euch doch selbst,
ob ihr im Glauben stehet? ob Chri=
stus in euch ist? ob ihr auch ihm
nachgehet in Demuth und Geduld,
in Sanftmuth, Freundlichkeit, in
Lieb dem Nächsten stets zu dienen
seid bereit?

2. Der Glaube ist ein Licht i[m]
Herzen tief verborgen, bricht als e[i]
Glanz herfür, scheint als der he[ll]
Morgen, erweiset seine Kraft, mac[ht]
Christo gleich gesinnt, verneuert Her[z]
und Muth, macht uns zu Gotte[s]
Kind.

3. Er schöpft aus Christo Hei[l]
Gerechtigkeit und Leben, und th[ut]
es in Einfalt dem Nächsten wieder=
geben; dieweil er überreich in Chri=
sto worden ist, preist er die Gnade
hoch, bekennet Jesum Christ.

4. Er hofft in Zuversicht, was
Gott im Wort gesaget, drum muß
der Zweifel fort, die Schwermu[th]
wird verjaget. Sieh, wie der Glau=
be bringt die Hoffnung an den Ta[g],
hält Sturm und Wetter aus, be=
steht in Ungemach.

5. Aus Hoffnung wächst die Lieb[e],
weil man aus Gottes Händen nimm[t]
alle Dinge an, nicht zürnet, thu[t]
nicht schänden, denn alles uns zu
Nutz und Besten ist gemeint, drum
bringt die Liebe durch auf Freunde
und auf Feind.

6. Wir waren Gottes Feind',
er giebt uns seinen Sohne, sein
eingebornes Kind, zu einem Gna=

Höhe, wo ich ohne Furcht und Wehe wohnen darf bei dir Jesu für und für. e. l.
Bs. B. H. ewiglich aufs neu mich mit dir erfreu. — 13. a, W. Kampf. c.
S. durch — durch Trauen. K. H. W. und Vertrauen. f. W. Kampf. — 14.
d. H. Dienst. — 15. Bei S. ausgel. K. W. Jesu meine Ruh, ewg. Liebe du!
nichts als du soll mir gefallen, dein ist all mein Thun und Wallen, Jesu meine
Ruh, ewge Liebe du! b — f. H. als dein Eigenthum will ich durch dies Leben
wallen dir zu Ehr und Wohlgefallen, ja dein Eigenthum bleib ich zu mein Ruhm.

DXLV. Text in Freylinghausens Geistr. Gesgbch. — 1. a. K. versucht und prüft
euch. c—f. K. ob ihr auf Christum nur und auf sein Vorbild sehet (1) fragt ob
ihr in Geduld in Dem. Fr. H. ob ihr dem Nächsten gern. K. dem Nächsten ohne
Falsch — 2. g. S. W. erneuet. B. erneuert. h. H. macht mich. W. macht dich.
g. h. K. und wer ein Sünder war, wird durch ihn Gottes Kind. — 3. a. S.
in Chr. c. S. wills in E. drauf. H. wills in E. dann. W. wills in E. auch.
c. d. K. und will was er empfing gern andern wiedergeben. — 4. Bei S. aus=
gel. b. B. W. zusaget. H. ihm zugesaget. K. er nimmt mit Freuden an,
was Gott im Wort verkündet, der Zweifel muß entfliehn, die Hoffnung wird be=
gründet: die hält in jeder Noth sich an dem Worte fest, daß Gott uns alle Ding
zum Besten dienen läßt. — 5. Bei S. W. ausgel. b. K. man nimmt'. d. B.
nicht zürnen thut, nicht. H. nie was er thut wird schänden. c—f. K. sein Loos
an ohne Trotz wie er's beschließt zu wenden, und weil ins Herz so hell die Hoff=
nungssonne scheint. g. h. H. so bringt die Liebe auch hindurch auf Freund und

denthrone, setzt Liebe gegen Haß.
Wer gläubig. dies erkennt, wird
bald in Lieb entzündt, die allen Haß
verbrennt.

7. Wie uns nun Gott gethan,
thun wir dem Nächsten eben, droht
er uns mit dem Tod, wir zeigen
ihm das Leben, flucht er, so segnen
wir, in Schande, Spott und Hohn
ist unser bester Trost des Himmels
Ehrenkron.

8. Setzt uns Gott auf die Prob,
ein schweres Kreuz zu tragen, der
Glaube bringt Geduld, macht leich=
te alle Plagen, statt Murren, Un=
gebärd wird das Gebet erweckt,
weil aller Angst und Noth von Gott
ein Ziel gesteckt.

9. Man lernet nur dadurch sein
Elend recht verstehen, wie auch des
Höchsten Güt, hält an mit Bitten,
Flehen, verzaget an sich selbst und
trauet Christi Kraft, vernichtet sich
zu Grund, saugt nur aus Jesu
Saft.

10. Hält sich an sein Verdienst,
erlanget Geist und Stärke, in sol=
cher Zuversicht zu üben gute Wer=
ke, steht ab vom Eigensinn, flieht
die Vermessenheit, hält sich in Got=
tesfurcht, im Glück und schwerer
Zeit.

11. So prüfe dich denn wohl,
ob Christus in dir lebet; denn Chri=
sti Leben ist's, wonach der Glaube
strebet, erst machet er gerecht, dann
heilig, wirket Lust zu allem guten
Werk. Sieh, ob du auch so thust.

12. O Herr! so mehre doch in
mir den wahren Glauben, so kann
mich keine Macht der guten Werk
berauben. Wo Licht ist, geht der
Schein freiwillig davon aus, du bist
mein Gott und Herr, bewahr mich
als dein Haus.

Anmerk. Von J. J. Breit=
haupt, (?) eins der gelungensten
Lehrlieder die wir kennen.

Mel. Nun laßt uns Gott dem Herren.

546. Wach auf mein Herz und
singe dem Schöpfer aller Dinge,

F. K. so neigt sich auch das Herz mild gegen Freund und F. — 6. b. Bs. S.
H. in seinem Sohne. B. giebt zum Gnadenthrone. W. vom Himmelsthrone. d.
B. W. er liebt uns in dem Sohne. H. uns dar zum Gnadenthrone. c. d Bs.
S. in seinem liebsten Kind von seinem Himmelsthrone. e. Bs. S. uns Liebe ge=
gen Haß. f. H. W. erkannt. h. H. W. verbannt. K: Wir waren ohne Gott,
er giebt uns in dem Sohne Erbarmung ohne Maaß und ladet uns zum Throne,
wer solche Wunderlieb in Jesu hat erkannt, fürwahr, des Herz wird auch von
Gegenlieb entbrannt. — 7. d. H. wir gönnen ihm (!?). f. K. Kreuz und
Hohn. g. S. ist dann der. g. h. K. ist Jesus unser Trost und unser Schild und
Lohn. — 8. a. H. stellt Gott. d. Bs. macht leichter. B. S. H. W. erleichtert.
e. W. Ungeduld. g. h. S. zu Gott der aller Angst und Noth ein Ziel gest. K.
Prüft, läutert uns der Herr, giebt er ein Kreuz zu tragen, so tragen's wir ge=
trost und ohne zu verzagen: statt finstrer Ungeduld — weil Gott schon aller Noth
ein festes Ziel. — 9. a. K. da lernet unser Herz. o. H. höchsten Huld. K. lernt
nur auf Gnade baun. g. b. Bs. vernichtet sich vor ihm, saugt nur aus Jesu Saft.
f—h. H. vertrauet — baut nicht auf eignen Grund, saugt nur aus J. Saft. K.
vertraut nur — die auch im tiefsten Tod noch neues Leben schafft. S. B. W.
erkennet sich für (W. als) nichts, sucht bloß in Christo Kraft, der Quelle alles
Lichts. — 10. a. K. da ehrt man Christi Blut. o. K. H. zu meiden böse Lust.
d. H. zur Uebung guter. e. K. tritt ab. g. K. bewahrt G. H. hält an der
G. — 11. f. K. und füllt mit Kraft die Brust. g. h. H. zu jedem — sieh ob
du also. K. o. frage: glaub ich fest, hab ich am Guten Lust. — 12. a—d. K.
W. Gieb, Jesu, daß wir dich durch wahren Glauben ehren, so wirst du auch in
uns des Glaubens Früchte mehren. e—h. K. wo Lebensfeuer ist, strahlt auch des
Lebens Schein und wo der Glaube wirkt, da müssen Werke sein.

DXLVI. 2. a. B. S. K. W. heut. b. Bs. B. S. K. H. W. umgeben.

dem Geber aller Güter, dem frommen Menschenhüter!

2. Heunt, als die dunkeln Schatten mich ganz umfangen hatten, hat Satan mein begehret, Gott aber hat's verwehret.

3. Ja, Vater, als er suchte, daß er mich treffen möchte, war ich in deinem Schooße, dein Flügel mich beschloße.

4. Du sprachst: mein Kind nun liege, Trotz dem, der dich betrüge, schlaf wohl, laß dir nicht grauen, du sollst die Sonne schauen.

5. Dein Wort, das ist geschehen, ich kann das Licht noch sehen; von Noth bin ich befreiet, dein Schutz hat mich verneuet.

6. Du willst ein Opfer haben: hier bring ich meine Gaben, mein Weihrauch, Farr und Widder sind mein Gebet und Lieder.

7. Die wirst du nicht verschmähen, du kannst ins Herze sehen, du weißest, daß zur Gabe ich ja nicht Beffers habe.

8. So wollst du nun vollenden dein Werk an mir und senden, der

mich an diesem Tage auf sei[nen] Händen trage.

9. Sprich Ja zu meinen Thate[n,] hilf selbst das Beste rathen; d[en] Anfang, Mittel und Ende, ach, He[rr] zum Besten wende.

10. Mit Segen mich beschüm[men,] mein Herz sei deine Hütte, de[in] Wort sei meine Speise, bis ich ge[n] Himmel reise.

Anmerk. Von Paul Gerhardt. für den Kirchengesang zu subjecti[v] gehalten.

Mel. Was Gott thut das ist wohlgethan.

547. Was Gott thut, das ist wohl gethan! so denken Gottes Kinder, er stehet sie oft sauer an, und liebt sie doch nicht minder; er zieht ihr Herz nur himmelwärts, wenn er sie läßt auf Erden ein Ziel der Plagen werden.

2. Was Gott thut, das ist wohl gethan! giebt er, so kann man nehmen, nimmt er, wir sind nicht übler dran, wenn wir uns nur beque[men.] Die Linke schmerzt, die Rech[te]

---

d. Bs. S. W. nehmen aus Vs. 3. c. d. herauf: bedecktest du mich Armen mit göttlichem Erbarmen. d. B. gewehret. K. du aber hast's gew. H. da konnten tausend Schrecken schnell aus der Ruh mich wecken. — 3. Bei K. W. ausgel. b.—B. wie er mir schaden m., lag. H. doch da so viel Gefahren nah um mein Lager waren, lag ich — umschloße. — 4. a. K. W. schlafe. b. S. Trotz, wer dir Leid zufüge. K. W. ich hüte meine Schaafe. — 5. a. Bs. K. Herr. H. ist nun. d. alle außer H.: erneuet. — 6. c. d. Bs. Weihrauch und mein Widder. S. mein dankendes Gemüthe lobsinget deiner Güte. K. W. in Demuth fall ich nieder und bringe Flehn und Lieder (W. bring Gebet u. L.). H. nicht bloß Gebet und Lieder, mich selbst opfr' ich dir wieder. — 7. a. b. S. das — kannst ja. H. bies. K. W. ins Herz mir. c. d. Bs. B. H. W. und weißt wohl — nichts. S. weißt, daß ich dir zur Gabe mich selbst gropfert habe. K. und w. — nichts. — 8. a. b. H. du w. dein Werk vollenden und deinen Engel senden. — 9. c. Bs. K. Mittel, Ende. S. W. Mitt und Ende. — 10. a. W. den Segen auf.

DXLVII. Nur bei B. unverändert und vollständig. — 1. c. d. Bs. K. W. wer auch nicht reichlich erndten kann, den liebet G. (K. W. den liebt er doch.) S. ob man auch wenig erndten kann, liebt er uns doch. e. g. Bs. S. K. W. das — be'm Mangel traurig w. f. S. ob wir gleich oft auf S. K. W. er es läßt. — 2. b. Bs. S. im Nehmen und im Geben. K. sei's Nehmen oder G. W. im N. oder Geben. c. B. übel. c. d. Bs. W. was wir aus seiner Hand empfahn genüget uns zum Leben. S. sind wir bei ihm stets wohl daran und können ruhig leben, K. was wir aus seiner H. empf. ist ja genug zum Leben. e—g. Bs. W. er nimmt und giebt, weil er uns liebt, laßt uns in Demuth schweigen und vor dem Herrn uns

herzt, und beide Hände müssen wir doch in Demuth küssen.

3. Was Gott thut, das ist wohl gethan! er weist uns oft den Se= gen, und eh er noch gedeihen kann, muß sich die Hoffnung legen, weil er allein der Schatz will sein, so macht er andre Güter durch den Verlust uns bitter.

4. Was Gott thut, das ist wohl gethan! wenn man nach reichem Säen doch wenig Garben erndten kann, so ists vielleicht geschehen, weil Gott auch Frucht bei uns gesucht, und dennoch müssen klagen, daß wir so schlecht getragen.

5. Was Gott thut, das ist wohl gethan! wir müssen besser werden, man baue nur die Herzen an, so folgt die Frucht der Erden. Dem Mangel muß ein Ueberfluß zu and= rer Zeit ersetzen, und Feld und Herz ergötzen.

6. Was Gott thut, das ist wohl gethan! laß ihm nur seinen Willen, hängt er den Brodkorb höher an, er wird ihn wieder füllen. Wer so viel nimmt, als ihm bestimmt, der kann auch bei den Brocken vergnügt sein und frohlocken.

7. Was Gott thut, das ist wohl gethan! das Feld mag ledig stehen, wir gehn getrost auf Zions Bahn, und wollen Gott erhöhen. Sein Wort ist Brod, so hats nicht Noth, die Welt muß eh verderben, als wir vor Hunger sterben.

8. Was Gott thut, das ist wohl gethan! so wollen wir stets schlie= ßen, und ist bei uns kein Canaan, wo Milch und Honig fließen, doch ists genug zur Sättigung, wenn Gott den Löffel segnet, obs gleich nicht Scheffel regnet.

9. Was Gott thut, das ist wohl gethan! wie er es nun gefüget, so nehmen wir es billig an, und sind dabei vergnüget. Wenn gleich der Kad sehr wenig hat, doch wird ein jeder Bissen im Munde quellen müssen.

Anmerk. Von Benj. Schmolcke für das Erndtefest nach sparsamen Erndten gedichtet. Wir billigen sol= che Specialisirungen durchaus nicht.

Mel. Es ist das Heil uns kommen her.

548. Wenn ich, o Schöpfer! deine Macht, die Weisheit deiner Wege, die Liebe, die für alle wacht, anbetend überlege: so weiß ich, von Bewundrung voll, nicht, wie ich

beugen. e. S. K. wie Bs. f. g. er übt uns im Entbehren und will uns Dem. lehren (K. übt auch im Entb.). — 3. b—d. Bs. S. K. W. wer darf sein Wal= ten richten, wenn er eh' man noch erndten kann, den Segen will vernichten. f. g. Bs. K. W. nimmt er uns andre Güter zum Heile der Gemüther. S. so nimmt er andre Güter und bessert die Gemüther. — 4. 5. ausgel. bei Bs. S. K. W. — 6. b—d. Bs. S. K. W. es geh nach seinem Willen, läßt es sich auch zum Mangel an (Bs. läßt er uns auch den Mangel nahn), er weiß das Herz zu stillen (S. weiß er ihn doch). e—g. Bs. wer wie ein Christ genügsam ist kann auch an wenig Gaben mit Dankbarkeit sich laben. K. W. wer als ein Ch. genügsam ist der kann bei kleinern Gaben doch Freud und Nahrung haben. S. obgleich das Feld nicht viel enthält, man kann bei wenig Brocken satt werden und frohl. — Bs. schließt das Lied mit folgendem Verse: Laßt in Geduld uns fassen er nimmt sich unser gnädig an und wird uns nicht verlassen, er unser Gott, weiß was den Noth und wird es gern uns geben. Kommt laßt uns ihn erheben. — 7. S. K. W. das Feld mag traurig stehen — auf seiner Bahn, was gut ist, wird geschehen. Sein Wort verschafft uns Lebenskraft, es nennt uns Gottes Erben, wie können wir verderben. — 8. S. ist gleich — so wird von Gott doch unser Brod zur Nothdurft uns bescheeret, wenn man ihn gläubig ehret. K. W. haben denselben Schlußvers als Bs. nur f. g. K. und wird es uns bescheeren, laßt uns ihn gläu= big ehren.

dich erheben soll, mein Gott, mein Herr und Vater!

2. Mein Auge steht, wohin es blickt, die Wunder deiner Werke. Der Himmel, prächtig ausgeschmückt, preist dich, du Gott der Stärke! wer hat die Sonn an ihm erhöht? wer kleidet sie mit Majestät? wer ruft dem Heer der Sterne?

3. Wer mißt dem Winde seinen Lauf? wer heißt die Himmel regnen? wer schließt den Schooß der Erden auf, mit Vorrath uns zu segnen? o Gott der Macht und Herrlichkeit, Gott, deine Güte reicht so weit, so weit die Wolken reichen.

4. Dich predigt Sonnenschein und Sturm, dich preist der Sand am Meere. Bringt, ruft auch der geringste Wurm, bringt meinem Schöpfer Ehre! mich, ruft der Baum in seiner Pracht, mich, ruft die Saat, hat Gott gemacht; bringt unserm Schöpfer Ehre!

5. Der Mensch, ein Leib, den deine Hand so wunderbar bereitet; der Mensch, ein Geist, den sein Verstand, dich zu erkennen, leitet; der Mensch, der Schöpfung Ruhm und Preis, ist sich ein täglicher Beweis von deiner Güt und Größe.

6. Erheb ihn ewig, o mein Geist! erhebe seinen Namen! Gott, unser Vater, sei gepreist, und alle Welt sag Amen! und alle Welt fürcht ihren Herrn, und hoff auf ihn und dien ihm gern! wer wollte Gott nicht dienen?

Anmerk. Mag dies Lied von C. F. Gellert immerhin in unsern Schulen auswendig gelernt und zur Erbauung privatim gelesen werden: in die Kirche gehört es nicht.

Mel. Mach's mit mir Gott nach deiner Güt.

549. Wer Gottes Wort nicht hält, und spricht: ich kenne Gott, der lüget: in solchem ist die Wahrheit nicht, die durch den Glauben sieget. Wer aber sein Wort gläubt und hält, der ist von Gott nicht von der Welt.

2. Der Glaube, den sein Wort erzeugt, muß auch die Liebe zeugen. Je höher dein Erkenntniß steigt, je mehr wird diese steigen; der Glaub erleuchtet nicht allein, er stärkt das Herz und macht es rein.

3. Durch Jesum rein von Missethat, sind wir nun Gottes Kinder. Wer solche Hoffnung zu ihm hat, der flieht den Rath der Sünder, folgt Christi Beispiel als ein Christ, und reinigt sich, wie er rein ist.

4. Alsdann bin ich Gott angenehm, wenn ich Gehorsam übe. Wer die Gebote hält, in dem ist wahrlich Gottes Liebe. Ein täglich thätig Christenthum, das ist des Glaubens Frucht und Ruhm.

5. Der bleibt in Gott und Gott in ihm, wer in der Liebe bleibet. Die Lieb ist's, die die Cherubim Gott zu gehorchen, treibet. Gott ist die Lieb, an seinem Heil hat ohne Liebe niemand Theil.

Anmerk. Von C. F. Gellert, scheint uns wegen seines trocknen exponirenden Tones sich gar nicht für ein Gesangbuch zu eignen.

550. Wer nur den lieben Gott läßt walten, und hoffet auf ihn allezeit, den wird er wunderlich erhalten in aller Noth und Traurigkeit: wer Gott dem Aller-

---

DXLVIII. 1. c. K. Alles. g. B. K. W. mein Vater. — 3. a. B. weist. b. K. den H. g. H. gehen. — 4. g. K. meinem. — 6. e. B. ehr Gott den H.
DXLIX. 1. b. Bs. S. W. trüget. — 3. d. K. Noth. e. K. Vorbild.

DL. Text nach Rambach aus dem Jahre 1657, dazu alte Gesangbücher vor 1700 (A.) verglichen. — 1. c. S. K. W. wunderbar. A. der wird ihn. d. A. B. H. Kreuz und Traurigkeit. — 3. b. S. zufrieden und vergnügt. K. W. zu Gott

höchsten traut, der hat auf keinen
Sand gebaut.

2. Was helfen uns die schweren
Sorgen? was hilft uns unser Weh
und Ach? was hilft es, daß wir alle
Morgen beseufzen unser Ungemach?
wir machen unser Kreuz und Leid
nur größer durch die Traurigkeit.

3. Man halte nur ein wenig stille,
und sei doch in sich selbst vergnügt,
wie unsers Gottes Gnadenwille, wie
sein Allwissenheit es fügt. Gott, der
uns ihm hat auserwählt, der weiß
auch sehr wohl, was uns fehlt.

4. Er kennt die rechten Freuden-
stunden, er weiß wohl, wenn es nützlich sei, wenn er uns nur hat treu
erfunden, und merket keine Heuchelei, so kommt Gott, eh wir uns versehn, und lässet uns viel Guts
geschehn.

5. Denk nicht in deiner Drang-
salshitze, daß du von Gott verlassen
seist, und daß Gott der im Schooße
sitze, der sich mit stetem Glücke speist.
Die Folgezeit verändert viel, und
setzet jeglichem sein Ziel.

6. Es sind ja Gott sehr schlechte
Sachen und ist dem Höchsten alles
gleich, den Reichen klein und arm
zu machen, den Armen aber groß
und reich. Gott ist der rechte Wundermann, der bald erhöhn bald stürzen kann.

7. Sing, bet und geh auf Gottes Wegen, verricht das Deine nur
getreu, und trau des Himmels reichem Segen, so wird er bei dir

werden neu: denn welcher seine Zuversicht auf Gott setzt, den verläßt
er nicht.

Anmerk. Von Georg Neumark.
Möge nie die Zeit kommen, wo die
erbaulichen Worte des frommen Dichters aus unsern Schulen und Häusern verschwinden! Daß aber der in
den meisten Versen angestimmte Ton
sich zu der Erhabenheit und Objec-
tivität der Kirchenpoesie erhebe, müssen wir bestimmt läugnen.

551. Wie groß ist des Allmächtgen Güte! ist der ein
Mensch, den sie nicht rührt, der mit
verhärtetem Gemüthe den Dank erstickt, der ihr gebührt? nein, seine
Liebe zu ermessen, sei ewig meine
größte Pflicht. Der Herr hat mein
noch nie vergessen; vergiß, mein
Herz, auch seiner nicht.

2. Wer hat mich wunderbar bereitet? der Gott, der meiner nicht
bedarf. Wer hat mit Langmuth mich
geleitet? er, dessen Rath ich oft ver-
warf. Wer stärkt den Frieden im Gewissen? wer giebt dem Geiste neue
Kraft? wer läßt mich so viel Glück
genießen? ists nicht sein Arm, der
Alles schafft?

3. Schau, o mein Geist! in jenes
Leben, zu welchem du erschaffen bist,
wo du mit Herrlichkeit umgeben,
Gott ewig sehn wirst, wie er ist. Du
hast ein Recht zu diesen Freuden;
durch Gottes Güte sind sie dein.
Sieh! darum mußte Christus leiden,
damit du könntest selig sein.

sei deine Seele stille und stets mit seinem Rath vergnügt. c. B. gnädger. c. d.
K. W. erwarte wie sein Gnadenwille zu deinem Wohlergehn es fügt (W. guter
Wille). f. S. K. H. W. auch am besten. B. gar wohl was uns fehlt. — 4. b.
K. H. W. was uns nützl. d. W. aufrichtig ohne Heuch. e. A. B. S. wirs.
K. H. W. kömmt er eh' wirs. — 5. c. S. ihm der. A. dem. b. d. K. W.
verlassen bist — der reich und groß und mächtig ist. e. f. W. die Zukunft ändert oft. — 6. a. Bs. S. K. leichte. W. geringe. b. S. gilt. K. W. und seiner Allmacht gilt es. e. f. W. er ists der Wunder stets gethan und stürzen und
erhöhen. — 7. b. c. W. verrichte deine Pflicht getreu, trau ihm und seinem reichen S. d. e. K. W. wird er täglich bei dir — wer nur.

DLI. 1. d. Bs. B. K. W. ihm. g. K. meiner. — 2. g. B. S. K. W. Guts.—
3. a. K. W. blick. — 5. c. Bs. S. wenn ich im Glauben dies erfülle. d. S. stellt er.

4. Und diesen Gott sollt ich nicht ehren? und seine Güte nicht verstehn? er sollte rufen, ich nicht hören? den Weg, den er mir zeigt, nicht gehn? sein Will ist mir ins Herz geschrieben; sein Wort bestärkt ihn ewiglich, Gott soll ich über alles lieben, und meinen Nächsten gleich als mich.

5. Dies ist mein Dank; dies ist sein Wille: ich soll vollkommen sein, wie er. So lang ich dies Gebot erfülle, stell ich sein Bildniß in mir her. Lebt seine Lieb in meiner Seele, so treibt sie mich zu jeder Pflicht, und ob ich schon aus Schwachheit fehle, herrscht doch in mir die Sünde nicht.

6. O Gott! laß deine Güt und Liebe, mir immerdar vor Augen sein! sie stärk in mir die guten Triebe, mein ganzes Leben dir zu weihn. Sie tröste mich zur Zeit der Schmerzen; sie leite mich zur Zeit des Glücks; und sie besieg in meinem Herzen die Furcht des letzten Augenblicks.

Anmerk. Ein treffliches Hauslied von C. F. Gellert.

552. Wir gläuben all' an einen Gott, Schöpfer Himmels und der Erden; der sich zum Vater geben hat, daß wir seine Kinder werden. Er will uns allezeit ernäh-ren, Leib und Seel auch wohl bewahren; allem Unfall will er wehren, kein Leid soll uns widerfahren. Er sorget für uns, hüt't und wacht, es steht alles in seiner Macht.

2. Wir gläuben auch an Jesum Christ, seinen Sohn und unsern Herren, der ewig bei dem Vater ist, gleicher Gott von Macht und Ehren, von Maria der Jungfrauen, ist ein wahrer Mensch geboren, durch den heilgen Geist, im Glauben, für uns, die wir waren verloren, am Kreuz gestorben, und vom Tod wieder auferstanden durch Gott.

3. Wir gläuben an den heiligen Geist, Gott mit Vater und dem Sohne, der aller Blöden Tröster heißt, und mit Gaben zieret schöne, die ganz Christenheit auf Erden hält in einem Sinn gar eben hie all Sünd vergeben werden; das Fleisch soll auch wieder leben. Nach diesem Elend ist bereit uns ein Leben in Ewigkeit. Amen.

Anmerk. Passend schließt sich unser Werk mit diesem durch M. Luther in Verse gebrachten Credo. Unsere Abneigung gegen alle hymnischen Paraphrasen des Vaterunser, Credo, Benedictus u. s. w. haben wir schon öfters aufrichtig bekannt; vielleicht ist es eine subjective Idiosyncrasie. Nach unserer Ansicht muß das Credo ipsissimis verbis, wie es die preuß. Agende vorschreibt, vom Geistlichen oder von dem Chore gesungen werden.

DLII. Text nach Wackernagel, dazu Gesangbücher vor 1700 vergl. (A.). — 1. c. A. B. gegeben. f. S. Seele. g. A. Unglück. i. K. W. hütet, wacht. k. S. denn Alles steht. — 2. f. H. ist er. S. ist er als ein M. g. S. dann wie wir darauf vertrauen. i. A. H. Kreuze g'storben. k. A. H. ist durch G. S. erstanden, aufgefahren zu Gott. — 3. b. d. S. und ihn als den Dritten ehren — und uns herrlich will verklären. c. A. ein Tröster. d. A. Bs. schöne. K. uns. W. und uns mit G. e—h. S. der die Chr. auf E. — Sünde kann vergeben werden, und das Fleisch soll wieder leben. g. Bs. Sünd'n all hie. h. B. H. uns.

Nachträge und Berichtigungen *).

I. Der Grundtext unter andern bei Wilh. Müller Bibl. deutscher Dichter, Bd. 8. S. 158. Mit dem bei uns gegebnen Texte verglichen, ergeben sich folgende Abweichungen. 1. b. eur. 5. c. die Weg, also wie B. H. Vs. 6. ist bei Müller ausgelassen. Wir bemerken nur nach Einsicht noch einiger Bücher, daß Zl. 6. ursprünglicher Text zu sein scheint: die Kinder uns genommen. 11. f. ja K. — Außerdem ist nachzutragen: 6. g. B. wohlan. 9. f. Bs. S. hinfort. 12. b. S. wirst selbst drum. e. Bs. wollen wir dir allein.

III. Der Text nach dem Nürnberger Gesgbch. von 1690 und dem Lüneb. von 1694. nur lies Vs. 1. Zl. 4.: follt.

IV. Text bei Rambach aus dem Jahre 1664, von unserm in Folgendem abweichend: 1. d. hergewendet. 2. b. Sehnung, so Bs. 5. d. aller Sünden. 7. d. für mir. — Nachzutragen: 6. a. S. Ankunft. c. S. sei noch. 7. a. K. stärk. c. K. wenn dee. 8. c. K. dir auf rechter. 9. b. K. herrlich.

V. Text nach dem Breslauer Gesangbuch von 1745. 5. e. K. o so kennt dich.

VI. Text nach dem Dresdner Gesangb. von 1725.

VII. 1. f. 2. f. Bs. deshalben. 4. f. S. Friedensreich.

VIII. Text bei Rambach aus dem Jahre 1650 mit folgenden Abweichungen von den unsrigen: 1. c. bald wird das. d. der wunderstarke. g. h. versprochen hat zu geben bei allen kehren ein. Eben so liest das Regensburger Gesangbuch von 170. — Nachzutragen: 1. h. Bs. bei allen. 4. h. W. ewig blüh.

IX. Text nach dem Dresdner Gesangb. von 1725.

X. 2. c. Bs. S. mit Psalmen.

XXIV. Text nach dem Nürnb. Gesgbch. von 1690.

XXV. 1. f. K. W. soll. 2. c. K. W. liegt gef.

XXVI. 4. d. K. wirst unser Heil.

XXVII. Text bei Rambach aus dem Jahre 1695, doch siehe zu 4. b. — 1. c. S. das. 3. b. K. den sich ein Pfad zur H. 4. b. B. Lebenslicht, steht so im Texte bei Rambach. 5. e. K. itrem.

XXVIII. Das Nürnberger Gesgbch. von 1690 hat folgende Abweichungen: 4. c. segne. f. neues Jahr. 3. c. B. ach laß. 4. d. K. und erquicke.

XXIX. Text bei Wackernagel. 1. e. W. Halleluja. b. d. K. W. und giebt der Welt. 5. c. W. er. d. W. und. 7. b. K. sein' große Liebe.

XXX. Ein älterer Text im Lüneb. Gesgb. von 1660 mit folgenden Varianten: 1. a. ihr Christen. c. eur Heiland. e. freuen. 5. c. herab von oben. f. bleibe für und für. g. weder Glück noch. h. uns trennen ab. — In dem Nürnb. Gesgb. von 1690 stehen nur 4 Verse mit wieder andern Varianten.

XXXI. Text nach Weimar. Gesgb. von 1690, nur Vs. 2. lies: zu dieser St. — 2. b. B. K. Teufel, Sünde, Welt und Tod.

XXXII. Text bei Wackernagel aus dem Jahre 1560, weicht von dem unsrigen ab: 5. a. entsprießen, so B. — 1. a. Bs. allzugleich. 4. b. B. ist

---

feine Speis. d. Bs. das edle Davidsreis. 5. b. S. zu der gesetzten Zeit. 7. c. B. es.

XXXIII. Text bei Wackernagel. 4. a. K. euch schaden Sünd. 5. c. d. K. laßt euch anfechten noch so viel, Trotz dem der euch nun schaden will.

XXXIV. Text bei Rambach von 1594 weicht in folgenden ab: 1. f. gläubets fest. 3. f. ist der jetzt uns. — 2. a. S. o W. 5. a. S. das singen wir aus. c—e. S. schenkt heut uns solche Fr. daß wir's.

XXXV. Bei Bs. eigne Melodie, die nach einer altlateinischen Weise (in majestatis solio) im Anhange mitgetheilt ist. — 2. a. S. mit. K. der Engel Heer b. K. von Herzen dir. 3. a. K. seit. 10. c. zu der Lesart von W. „Heer" ist zu fügen, was D. Schulz in seinem Werke über Paul Gerhardt S. 277 sagt: In dem Ratzeburger Gesgbch. steht: Herodis Heer. Der Herausgeber hat vermuthlich an die Erzählung Luc. 23, 11. also an Herodes Antipas gedacht. 20. d. K. soll schallen.

XLVI. Text wie bei B.

XLVIII. Der Grundtext in dem: Lustigen Sabbath in der Stille u. s. w. Leipz. 1728. giebt mit unserem Texte verglichen folgende Abweichungen: 1. b. Heil u s. f. du Jac. 5. d. den H. 6. f. es ist. 8. a. in Gen. — Nachzutr. 7. d. S. solchen W.

XLIX. Ein älterer Text im Eisleber Gesgbch. von 1721 mit folgender Variante: 1. c. diesem. Der Text im Braunschw. Gesgb. von 1686 hat folgende Abweichungen: 1. g. mög. 2. o. die Knie vor du beugen. 4. d. und deine Ger. — Nachzutr. 1. g. K. dein Nam. 4. c. K. dein Reich.

LVIII. Der Text des Amsterdamer Gesgbch. von 1660 hat folgende Abweichungen: 2. a. beinem Gnadenschein, so B. 3. o. sein. — Nachzutr. 1. a. K. Christ du w. L. 2. a. b. K. laß alle die noch irre gehn die Klarheit deines Wortes sehn. c. K. sicht noch an. 3. a. B. K. verirret. c. Bs. ihr arm verwundt. 4. c. K. auf daß sie alle. h. K. hilf allen die in Zweifeln.

LX. Ein älterer Text im Lüneb. Gesgbch. von 1694 hat folgende Abweichungen: 2. h. der alte Greis, so Bs. 3. a. Glanz in Wonne. 4. e. mein Augen, so Bs. 6. b. so scheel und schwül mich an. d. kennen. — Nachzutr.: 2. e. K. noch alle T. h. K. wie dort. 4. b. K. fließt.

LXIII. Bs. 5. e. hat der Grundtext: in der S. O. Bs. 7. h. bewahret, so W. — Nachzutr.: 1. d. K. der Verlornen. 2. a. K. beweinen. g. B. W. Triebe. 3. h. K. zu ertheilen. 4. f. B. W. zu dir. 5. a. S. und wie hoch. h. K. uns das. 6. a. K. klagen. h. B. und die Mörder. 7. f. B. war ohn Falsch. 8. b. B. meiner Sünden. d. B. W. des Gesetzes Fluch.

LXIV. Text nach dem Gesangb. der Gf. von Zinzendorf 1725. In Bs. 1. f. liest dies Buch aber: gegen dir. — 4. a. W. o! 5. c. B. Rache. 7. a. H. o! ausgel. 7. f. B. voll von lauter. 9. d. S. deine Kraft mich.

LXV. Text bei Rambach aus dem Jahre 1653. — Nachzutr.: 2. e. B. machet L. e. K. W. bringt Heil u. Wonne. f. S. tröstet. 3. b. K. mehrt unserm Tod. f. B. dem st. h. K. in sein Himmelreich erheben (in der angegebnen Var. ist statt K. vielmehr W. zu lesen). 4. e. S. beines. i. k. K. W. dir o Jesu leb ich hier, dort auch ewig einst bei dir.

LXVI. Mit dem Texte bei Rambach verglichen: 7. b. mit unserm Kreuz. d. in allen Erden, so in beiden Fällen W. — Die Varianten bei K. blieben wegen zu freier Ueberarbeitung unberücksichtigt. — Nachzutr.: 4. d. Bs. B. W. zu reinigen und zu.

LXVII. Text bei Rambach. 3. d. ist jedoch „versenket" zu lesen, so Bs. B. W. — 8. e. K. denn vor Gott nichts gilt.

LXXI. Text nach dem Lüneb. Gesgbch. von 1694. — 2. d. K. und in bes. 3. c. S. H. der L.

LXXII. Text bei Rambach aus der Devota musica cordis 1636. Der unsrige, nach altem Gesangb. zusammengestellt, differirt in folgenden Stellen: 3. c. ach Herr Jesu, ich hab dies. 6. b. der Sch. 14. c. zu Gnaden. 15. a. b. Wann Herre Jesu, dort vor d. Th. wird stehn auf. — 8. b. W. beine. c. Bs. B. K. S. kein menschlich Herz vermag es auszudenken (Bs. mag ihm dies ausd.). W. t-in Menschenherz vermag es aus. 9. b. B. S. K. W. dein Erbarmen. 12. b. W. wie Bs. 13. b. B. keine Schmach noch.

LXXIII. Ein älterer Text im Nürnberger Gesgbch. von 1690 hat folgende Abweichungen: 2. a. mach. c. Schläg v. Schmach. 3. a. so laß mach. 4. h. so großem. 5. g. sein lieber Sohn. 6. e. Lieb um Lieb. — 2. c. B. Spreichel, Schläge, Hohn und Schmach.

LXXIV. Grundtext bei Rambach aus Homburgs Liedersammlung 1659. — 2. e. B. mich Elenden. 3. d. B. und zu. K. um zu bringen. f. S. lassen mit. 4. c. B. wie K. H.. 8. f. K. für die tausendfachen.

LXXVI. Nachzutr.: 2. f. K. für die. 3. f. ich nichte. 5. g. laß mich Lebensquell nach dir. 8. a. riefst du.

LXXVII. Ein älterer kirchlicher Text im Darmst. Gesangb. von 1698 hat folgende Abweichungen: 1. c. der du. 2. h. dein Sterben. 3. d. auch der. 5. b. gegen mir. 6. c. an des. g. in den, so K. B. S. 7. h. nimm mich ewig liebend an. — Nachzutr.: 2. c. W. Sorg und Sehnen. 3. f. K. die sich sterbend. 4. f. W. die noch sterbend. 5. h. K. von dir. 6. d. S. dank ich deinem B. f. W. schmerzenreiche. b. W. in deinen Armen. 7. a. Die Variante ist von S. nicht von K. b. W. nimm mich ewig liebend an.

LXXVIII. Nachzutr.: 1. b. W. voll Schmerzen. 2. b. W. erschrickt. c. Bs. Weltgerichte. 8. g. B. und wenn ich einst. K. daß wenn ich einst. 9. d. K. du selbst. 10. g. S. ins Herz mir.

LXXIX. Der Text bei Wackernagel von 1540 hat folgende Abweichung: allzeit gefunden. — W. du warest.

LXXX. Nachzutr.: 1. d. K. Herr. 6. f. S. ist der. 7. c. W. von diesem U. 9. f. B. zu deinem. 10. a. K. ich kann dir nicht. 11. f. W. aus diesem. 12. a. b. S. die Verbrechen Gott wird an denen rächen. 13. e. Bs. B. so sehr. 14. S. K. nie will ich wieder schelten, n'e Spott mit Spott vergelten, nie wenn ich leide bräun, das Unrecht will ich dulden (K. wie du gelassen dulden), dem Feinde — wie du von Herzensgrund verzeihn. 15. b. S. die Lüste. f. K. gefiel es auch der ganzen Welt. 16. b. W. so viel tausend.

LXXXI. Der Text bei Rambach von 1648 hat folgende Abweichungen: 2. b. wer es betrachtet. d. seine. 7. e. Heuchlerschein. 8. c. meinen letzten, so Bs. — Nachzutr.: 3. a. K. was kann mir denn nun schaden. 4. e. K. dein Angstgeschrei. g. W. Huld. 5. e. K. W. mirs nie. 6. b. S. und wärs auch.

LXXXII. Ein älterer Text im Amsterd. Gesgbch. von 1660 liest 2. c. erlös uns vom ewigen. 4. b. werdst, so B. — 2. b. S. wie Bs. c. Bs. B. S. von dem ewgen. 8. b. Bs. S. K. und reich uns. B. deine allmächtge.

XCII. Text nach dem Braunschw. Gesgbch. von 1686. — 2. a. S. K. Kraft. d. K. den Eingang.

XCIII. Text bei Rambach aus dem Jahre 1644, doch lies 7. f. versenket; von den eingeklammerten Lesearten sind 4. d. 7. b. der Grundtext.

XCV. Wir geben zur Vergleichung den Text bei Wackernagel von 1537: Christ ist erstanden von der Marter allen, des sollen wir alle froh sein, Christ soll unser Trost sein, Kyrioleis. Wär er nit erstanden, die Welt die wär zergangen. Seit daß er erstanden ist, so loben wir den Herren Jesum Christ, Kyrioleis. All. All.! des sollen wir alle froh sein, Christ soll unser Trost sein. Kyrioleis.

XCVI. Der Text nach dem Breslauer Gesgbch. von 1745, nur lies 2. d. Sündenheer.

XCVII. Nachzutr.: 4. a. S. Macht, Preis, Anbetung. 8. a. K. Herr, der. 13. a. b. bei S. transponirt. d. K. der du — bist.

XCIX. Text wie bei B.

C. Das Amsterd. Gesgbch. von 1650 weicht von unserm jüngern Texte also ab: 1. b. der vom Tod ist erst., so K. c. mit großer Macht. 2. d. mit Listen fällt. Bs. 4. ist ausgel. 5. b. murret ohn Gefähr. 6. a. danken wir ihm allzugleich. 7. b. seinem eingebornen Sohn. c. dem heiligen Geist gleicher Weis. d. Lob und Preis in Ewigkeit. — Nachzutr.: 2. a. B. K. wie H. 4. a. B. K. denn Angst.

CI. Text nach dem Bresl. Gesgbch. von 1745. — Nachzutr.: 1. b. W. wie B. f. W. wie B. 2. W. wie S. K. nur „wenn einst mein Stündlein." 3. a. d. W. wie B. e. wie K. 4. a. d. W. wie B. g. B. bist. g. h. K. drum — vom Tod erweckt. h. S. der mich zum Leben. 5. c. W. einmal. d.

B. W. we. e. W. K. da ift. f. W. unb. g. W. wie B. 6. d. W. wie K.
e—h. W. wie K. 7. Bei W. ausgel.

CII. Text bei Rambach vom Jahr 1708 (b. c. des Gl., fo Bs. 10. f.
der Sünden Macht?); die dort ausgelaffenen Verfe nach dem Gefgbch. des Grf. v.
Zinzendorf von 1725. — Nachzutr.: 4. e. f. S. der Sünde Nacht, des Todes
Macht. 5. d. K. lebendig möchte. 11. a. B. Ehr, Wolluft, Sorge. 14. a. K.
ja laß. c. K. wie H.

CIII. Text nach dem Alten Halb. Gefgbch. von 1699.

CXIX. Text bei Rambach aus Homburgs Lieberfammlung von 1659, hat
folgende Abweichungen: 1. m. bir ift Alles untergeben. 2. c. bich großen Siegs-
mann. f. zur Glori. 3. m. bir als Siegsherrn. — Nachzutr.: 1. e. K. wie
S. nur „und fährft." 3. b. S. K. W. find deine Glieder. e. B. wie S. h. S.
bringe. 4. a. W. zu bir. b. B. künftig. K. W. wir. e. B. mit Demuth. 5.
f. W. Anfechtung ohne Maaßen. 6. W. wie K.

CXX. Der urfprüngliche und veränderte Text bei Rambach (2. b. lieft
Ramb. „Gab'"). — Bs. 2. g. ift hinfort.

CXXI. In einem um 1550 gedruckten Buche lautet der erfte Vers: Chrift
fuhr gen Himmel, da fandt er uns hernieber u. f. w.

CXXII. Text nach dem Bithuberfchen gloffirten Würtemb. Gefgbch.
von 1731.

CXXIII. Text nach dem Amfterdamer Gefgbch. von 1660.

CXXIV. Text bei Rambach aus dem Jahre 1665 (nur in 1. a. „gen"
zu lefen); die beiden dort ausgelaffenen Verfe nach dem Lüneb. Gefgbch. von 1694;
lies jedoch 5. a. zum Himmel. h. unfres Hauptes Kron. — Nachzutr.: 2. e. f.
S. Seraphinen — Chor. 3. h. B. macht. 4. b. B. S. der Herr macht felbft.

CXXV. Der Text im Lüneb. Gefgbch. von 1694 (wo der Gefang unter
den Ofterliedern fteht) hat folgende Abweichungen: 1. d. an Tag. e. fchrei (fo
in allen Verfen). 3. c. erweifet mit. 5. c. wie bic. 7. a. brum. — Das Gefangb. giebt nicht Scheffler fondern einen Anonymus als Vf. an.

CXXVI. Text nach dem Nürnberger Gefgbch. von 1690, nur lies 12. d.
in den ewigen Himmelsfaal. — Nachzutr.: 1. a. K. wir freuen uns. d. K. bewahr v. ftärk uns L. u. S. 2. Bei K. ausgel. 3. a. S. Himmel ift gefahren
hoch. 4. a. S. der ewig mit dem Vater lebt. 5. d. S. und Marien-Sohn. 7.
a. K. der feinen Willen thut. 9. a. K. von. 12. a. K. wenn es Z. 13. b. K.
und fehnen.

CXXVII. Ein älterer Text im Lüneburg. Gefgbch. von 1694 lieft 1. b.
kommen. 3. b. ach führ. 5. b. nur. Als Vf. wird auch hier F. F. angeführt.
— Nachzutr.: 1. e. S. Herr J. C. 5. a. K. nur.

CXXXVI. Das alte Magdeb. Gefgbch. von 1699 lieft 2. c. die wir Thoren. 4. c. wenn uns drückt. — Nachzutr.: 2. a. B. es läffet off. Gott unfer.
4. c. B. ftärke.

CXXXVIII. Der Text bei Wackernagel lieft (einige Differenzen in der
Wortftellung abgerechnet) 3. d. bein Kräft. 5. b. den Fried. 7. d. in Ewigkeit
alle Stund. — 3. b. S. geuß uns ins Herz. 4. a. B. mannigfalt. 5. b. B.
den Frieden fchaff — uns beine Gnad. d. B. unfrer. 7. d. S. zufammt dem
werthen heilg. Geift.

CXL. Der Text bei Wackernagel lieft 1. e. W. Glanz. In den Nachträgen
ift bemerkt: „Die Gefangb. von 1525 und 27, auch das Joh. Waltherfche von
1537 noch Glaft, das Jof. Klugfche von 1535 hat fchon Glanz." 2. g. denn
Jefum mit rechtem Gl. — Nachzutr.: 1. d. S. und deine Lieb. 2. g. S. W.
Jefum Chrift. 3. d. K. daß T. g. S. auf daß wir ritterlich hier ringer.

CXLI. Der Text nach dem Gefgbch. des Gf. von Zinzendorf von 1725,
nur lies 1. b. vom hohen, fo S. B. K. — Nachzutr.: 2. c. S. laß es in mich.
4. c. K. du kannft es ganz. 5. b. S. vom Vater und vom Sohn. c. S. und
meinen Geift erhöheft. e. B. gnädig. h. S. in Wahrheit. 7. d. B. und feine.
8. g. S. fei du nur meine Freude. h. B. mein Troft bis.

CXLII. Der Text bei Rambach aus dem J. 1653, lieft 6. f. treuer Liebe
und giebt „reiner" nur als Variante an. Der bei Rambach ausge-. Vers: „Du
Quell" aus dem Ellricher Gefgbch. von 1697. In Bezug auf Vf. 2. findet ein
dreifaches Verhältniß ftatt. 1) Vf. 2. fehlt und dagegen Vf. 6. (dann als Vf. 5.)

ba, fo z. B. Darmft. G. 1698. Halberft. 1699. Regensb. 1705. Eisler. 1721. u. f. w. 2) Bs. 2. ist ba, und Bs. 6. fehlt ganz, fo z. B. Lüneb. 1660 u. 1694. Braunschw. 1686. Eller. 1697. Lemg. 1707. Dresdn. 1725 v. f. w. Wir vermuthen, daß diefe Construction des Gefanges von Gefenius und Denicke herrührt. 3) Der allerfeltenfte Fall ift, daß Bs. 2 u. 6. zufammen ba find und der Gefang wirklich 8 Verfe hat, fo z. B. im Magdeb. Gefgbch. von 1690. — Nachzutr.: 1. e. K. in unfren Seelen kr. 3. a. K. daraus die W. 4. a. K. Herr turch. b. W. auf r. Pf. 5. b. S. laß ftets. 6. k. K. himmlifch füßes. f. B. deines. 7. a. K. Friedens fenke. e. W. wie S.

CXLIII. Text nach dem Weimarifchen Gefangb. von 1690. 2. d. ift die Form: allefamm, wie bei Bs., die ältere. — Nachzutr.: 1. c. K. dich hat gefandt vom — der Vater. 5. c. K. hilf.

CXLIV. Der Grundtext lieft 2. f. unfer Advocat. 3. f. fprich uns felbften vor. 4. e. f. bein M. entzücke bis zum.

CXLV. Gleich im Anfange haben wir uns an die Ausgabe von Feußtking angefchloffen, weil fie durchaus die kirchliche geworden ift. Ebeling lieft: zu meinen Thoren, fo B. — 3. a. S. ich glich dem wilden Reben. 6. h. K. Himmelsfaal. 7. d. K. Zorn, Hader, Haß u. Neid. 12. b. B. Herzeleid auf Erd. g. S. verftöret. 16. c. K. daß wir es willig. g. K. das ewge Vaterhaus.

CLV. Text nach dem Amfterd. Gefgbch. von 1660. — 1. b. B. mit H. und Rettung eilends. 3. b. S. gewähre. c. S. den Ger.

CLVI. Nach dem Texte bei Wackernagel ift zu bemerken, daß in 3. b. „wollt" urfprüngliche Lesart ift, fo Bs., und in 3. g. „nicht" in 4. e. „nehmen fie den Leib." Ueber die Schwankungen der 5ten Zeile bemerkt Wacker. S. 870: „Die fpätere fehlerhafte Verlängerung der fünften Zeile hat die 1fte u. 4te Strophe fchon in den Joh. Spangenbergfchen Gefgbch. von 1545, der alte böfe Feind (fo auch das Magdeb. Gefgbch. von 1540) und, nehmen fie aus den Leib."

CLVII. Der Text im Nürnb. Gefgbch. von 1690 ftimmt im Wefentlichen mit unferem Texte, in welchen fich nur gleich 1. g. ein Druckfehler eingefchlichen hat. Es ift zu lefen: „laß uns dein Wort nicht rauben." 4. h. verfchwindet wohl das neue Wort Wüftenheit in „der wüften Hait." 5. c. lieft jenes Buch: „zureiß, zufchmeiß." 6. a. erhalt und laß uns, fo K. — Nachzutr.: 1. f. Bs. Strahl. 2. c. K. W. erleuchte und bekehre. g. K. W. dein Licht gegönnet. 4. f. Bs. guter.

CLVIII. In der britten Zeile des erften Verfes lieft das Gefangb. von Jofeph Klug: „von deinem;" bei Wackernagel, der Loffius Pfalmodie folgte: „von feinem." Daffelbe Verhältniß tritt ein in 3. d. zwifchen den Lesarten „gleit" und „leit." — Nachzutr.: 1. d. B. wollten. 2. a. S. zeig beine Macht. 3. d. W. leit uns.

CLIX. Nachzutr.: 4. d. S. wird uns mit Schuß. e. B. der ftarke Gott. K. Herr Gott Zeb. i. S. will uns ba.

CLXII. Text bei Wackernagel aus dem Jahre 1540, doch lies 4. f. bazu wir. — Nachzutr.: 4. c. Bs. Macht.

CLXIV. Das Regensb. Gefangb. von 1705. lieft: 2. b. mein Leben, fo S. B. K. 4. c. d. den alles lobt und ehrt, was in den Lüften fchwebet. h. der heilge Geift. — Nachzutr.: 3. h. S. ftets Rath und Hülfe.

CLXV. Text nach dem Gefangbuch des Gf. von Zinzendorf 1725. — Nachzutr.: 3. g. h. Bs. mich, daß ich hier — mich vom Tand der Zeit. 5. b. B. nun.

CLXVI. Das Amfterd. Gefgbch. von 1660 lieft 1. d. und erhält durch. 2. d. und den Himmel uns erworben. 3. b—d. der uns durch fein Gnad allermeift, die Wahrheit woll machen bekannt.

CLXVIII. Text nach dem Dresbner Gefangbuch von 1725.

CLXXII. Text nach dem Halberft. Gefangb. von 1699, nur lies am Schluß: gen Himmel.

CLXXIII. Bei S. 1. d. zu aller Zeit. 3. d. und bleibe bu der treufte Freund.

CLXXIV. Der Text in dem Gefangb. der Böhmifchen Brüder von 1566, Anh. p. XVIII. lieft 1. e. der Engel. (In 2. d. hat fich ein häßlicher Fehler

eingeschlichen; es muß heißen: voll g. W.) 3. b. gar dahin. (7. b. hat Wackernagel „folget.") 7. c. d. schützet — wehret. 11. d. preiset. — Nachzutr.: 1.
d. K. die dich umgeben hell und klar. 2. b. S. und sehen. 5. c. B. all. 7. d.
B. und wehr'n. 10. a. K. so schirmet Gott.

CLXXXII. Der ältere Text im Nürnberger Gesgbch. von 1690 liest 1. f.
mit frohem Halse. 3. f. die Wunder. 5. b. gehört. 9. c. verfallen. 10. a—c.
die andre — müssen ihr Gesang, ja gar wohl manche, wir singen da nach. f. der
Lauten und der Geigen. 11. a. das nun. b. und hier jetzund. c. laß dich mit
Rühmen. 12. b. wird. 13. a. o Herr noch Eines bitten wir. 1. um die
Gaben.

CLXXXIV. Text nach dem Nürnberger Gesgbch. von 1690. — Nachzutr.: 1. d. K. und Jes. 3. a. K. Jubeltag.

CLXXXV. Text wie bei B. — Nachzutr.: 2. d. K. Zeit die du geheiligt bist. 6. c. S. heut sammle ich. 7. d. K. schall. 9. e. K. an dem T.

CXCI. Der Text bei Rambach aus dem J. 1655 liest 1. c. mit Lieb und
Gnad. 3. d. in ewgem Heil. 4. d. Dreieinigkeit. — 1. c. B. mit Hülf und
Gnad uns Herr.

CXCII. Text nach dem Nürnb. Gesgbch. von 1690, das 2. c. liest: das
mein. — 2. b. Bs. S. K. durchs Wort zu dir.

CXCIV. Wir haben dies Lied auch in ältern Gesangbüchern vorgefunden
und geben die Abweichungen des um 1690 üblichen Textes: 1. a. heiliger Geist.
c. mit deinem göttlich'n Glanze. e. dein' Geist und Wort. 2. a. b. der Weisheit schön, das Leben und die Ehrenkron. d—f. von dir o Gott was Odem hat
durch deinen Geist muß haben. 3. a. auch zu dieser Stund. b. unsern Verstand,
Herz, Ohren. c. dein göttlich Flamm. d. e. damit Trübsal uns ja niemal. 4.
c. mit Geigen und Schalmeien. d—f. in diesem Fest aufs allerbest uns deiner
Gnaden freuen. — Das Lied steht in jenen Büchern unter den Pfingstliedern.

CXCVI. Text bei Rambach aus dem J. 1676 liest 2. b. verhüllet. —
1. c. W. Sinne.

CXCVII. Text nach dem Bresl. Gesgb. von 1745.

CXCVIII. Der ältere Text im Lüneb. Gesgbch. von 1661 liest 2. d. sein
Leben. 3. d. auf gute, so Bs. S. 4. a. die ihr bei ihm wollet sein. b. zu sei-
nem Thor herein, so Bs. 5. c. und danket, so Bs. S. 6. b. voll Treu und
Liebe. c. dort währt seine Gnad u. hier. 7. b. sein einger Sohn.

CC. Text wie bei Bs. — 2. b. B. S. an Seel.

CCI. Ein älterer Text im Weim. Gesgbch. von 1690 und ein noch älterer
im Braunschw. Ges. von 1686 liefern noch folgende Aufschlüsse: 1. f. Br. welcher
uns (Wm. weil er uns) so herrlich speiset. 2. b. Wm. wie unser Text, Br.
mitgetheilet auch der Segen. 2. f. Br. Wm. und uns alle wohl bereite. 3. e.
Br. Wm. segne uns mit selgem St. — 1. f. K. erweiset.

CCIII. Text bei Rambach von 1697.

CCIV. Zunächst ist 1. c. zu lesen „heint." Der Text bei Wackernagel
aus dem J. 1560 liest 1. b. behüt hat vor. 3. d. da wir heben an. 4. b.
ausrichten soll, so B. d. zu dein'm Lob und Ehr und Preis.

CCV. Wir vergleichen nachträglich den Text des Brüdergesangbuches von
1566 selbst. — 1. a. es geht. c. d. dem gütigen und milden Gott, der uns
diese Nacht bewahret hat. 2. Laßt uns Gott bitten diese Stund, herzlich singen
mit gleichem Mund, begehren daß er uns auch wollt bewahren heut in seiner
Huld. 3. a. sprechend: o Gott von Ewigkeit. d. bewahret hast. 4. du wollest
uns durch deinen Sohn an diesem Tag auch Hülfe thun, die uns nicht lassen
fällen, so unsren Seelen nachstellen. 5. a. o H. G. b. bleib. c. d. unser Schutzherr und Regierer ja auch König und Heerführer. 6. Wir opfern uns dir Herre
Gott, daß du unser Herz, Wort und That wollest leiten nach deinem Muth,
daß man dir sei ausbündig gut. 7. Das sei dir heut in deinem Sohn zum
Frühopfer vor deinem Thron, darauf wir nun zu deinem Lob mögen geniessen
deiner Gab.

CCVI. Text nach dem Grundtexte bei Wilh. Müller D. D. V. S. 227.
— Nachzutr.: 2. e. W. ach, bei. 3. b. W. heut mit.

CCVII. Der Anfang des Liedes ist von uns nach Feußking gegeben; bei
Ebeling „alle die ihn fürchten." — Nachzutr.: c. K. Huld.

CCVIII. Text bei Rambach vom J. 1684, die drei dort ausgelassnen Verse nach dem Halberst. Gesgbch. von 1699. — Nachzutr.: 4. d. Bs. K. W. erstand= ner. f. S. erstehn. 7. e. W. wo.

CCIX. Der Text noch vergl. mit dem Nürnb. und Weim. Gesangb. von 1690 (Im ersten steht darüber: Insert. Huctor.). 3. a. N. Wm. Macht, so B. 4. b. N. Wm. hilf mir frei, so Bs. B. S. K. — Nachzutr.: 1. c. B. S. K. H. und heilger. In 2. a. ist der Leib irrthümlich vor die Seele gekommen. 4. c. K. du Tr. 5. b. Bs. B. S. K. erleuchte mich Herr.

CCX. Grundtext bei Wilh. Müller D. D. I. S. 186. Die angegebnen Varianten von Bs. K. gehören demselben an.

CCXIX. Text nach dem Nürnb. Gesgbch. von 1690, in Vs. 1. liest er: behütet hast lang Zeit und Jahr. — Nachzutr.: 2. a. Bs. und bitten. K. den ewgen Sohn. 3. b. B. höchsten Hort. K. einzgen (W. hat das Lied gar nicht!). 6. d. K. und etwas.

CCXX. Text bei Rambach aus den geistlichen Gesängen und Liedern von Mudre.

CCXXI. Nachzutr.: 1. c. B. W. erschafft es. 5. d. W. Brüder. 6. f. Bs. S. W. lieber Vater.

CCXXII. Text nach dem Weimar. Gesgbch. von 1690, nur ist 1. e. ver= druckt und zu lesen „dies" für „das," überdem f. zu lesen: und andre, und 4. d. tilg unser Sünd genädiglich.

CCXXIX. Ein etwa um 1560 erschienenes Gesangbuch giebt einen über= aus verschiednen Text dieses Liedes, der mit dem bei Wackernagel aus dem Bapstschen Gesangb. übereinstimmt. Merkwürdig ist auch die verschiedne Stro= phentheilung. Wir geben die Varianten. 1. e. dem M. (Wk. den). 2. a. ach lieber. b. und preisen dich mit ganzer Gier. c. auch kniend wir. f. deiner gro= ßen (Wk. deine große). 3. a. Herr Gott im Himmel König du bist. f. ein Sohn aus Gottes Vaters Stmm. 4. d. unser Witt. 5. a. du bist und bleibst heilig allein. b. über alles der Herr allein. f. in göttlicher Majestät gleich. 6. b. das bekennt. d. e. von Anfang bis in Ewigkeit, rühmt deine Gnad und Gütigkeit. Wk. schließt das Lied schon mit der Zeile: von Anfang bis in Ewigkeit.

CCXXX. Das Lüneb. Gesgbch. von 1661 liest 1. f. kommt mit Lust und Freud heran. 2. c. unsre Leib. 4. d. hilf uns selber allermeist. — Nachzutr.: 1. e. f. B. diene — komm.

CCXXXI. Text bei Rambach aus den „Heiligen Flammen u. s. w. Strie= gau 1704."

CCXXXII. Nach dem Texte des Bresl. Gesgbch. von 1745, doch lies Vs. 3. dir schmecken und Vs. 5. fordre deines Namens Preis.

CCXXXIII. Text nach dem Halberst. Gesgbch. von 1740 und dem Bresl. von 1745. Das erstere liest 6. e. vorgestellt. — Nachzutr.: 3. e. K. uns t. 4. c. S. des ew. K. 5. d. B. K. uns stärket. 6. a. S. das. b. S. das in.

CCXXXIV. Text nach dem Darmst. Gesgbch. von 1698, das übrigens in Vs. 4. aus Versehen das „klinget, singet" ausgel. hat.

CCXXXV. Der ursprüngliche und erste Text im Wittenb. Gesangb. von 1533 (Wackernagel S. 145) hat folgende Abweichungen. 1. dich Vater in — ehrt die. 3. zur lösen das — das todt, so S.

CCXXXVIII. Ein älterer Text im Nürnb. Gesgbch. von 1690 liest 5. d. zubrochen. g. mit Herz und Mund. 7. c. der frommen. — Nach= zutr.: 3. d. S. der Kr. 8. f. S. hilf uns.

CCXXXIX. Nachzutr.: 2. d. B. S. und Segen. 8. b. Bs. herzlich. 10. d. K. zum Preis gereicht. Bs. Ehr ger. a. S. Christ hier.

CCXL. Text bei Rambach nach der Ausgabe von 1680, liest 1. d. wacht auf. — 5. b. K. lob ihn mit.

CCXLI. Der Text im Bresl. Gesangb. von 1745 liest 2. f. um Hülfe an, so auch B. 8. f. Vater, Sohn u. h. — Nachzutr.: 3. e. K. benn. 5. f. K. seiner. 6. e. K. W. des Fremdlings.

CCXLII. Text bei Rambach aus dem J. 1654 liest: 1. du starker Ze= baoth. 3. dich hier mein Gott. — 2. c. Bs. dir.

CCXLIII. Text bei Rambach aus dem J. 1653. 2. h. ia uns. 3. e. dem dreimal einen.

22

CCXLIV. Rambach theilt einen Text aus dem J. 1557 mit, Wackernagel dagegen einen auf der Münchner Bibl. befindlichen von 1540. Er weicht von dem gegebenen Texte in Folgendem ab: 1. i. mit rechtem Trost. l. die Leidenden im Reich. 2. b. herrlich Recht. d. an Erbarmung nicht. l. Sünd dahin. 3. a. b. ein Mann erbarmet über seine jungen Kindelein. e. und weiß. f. der Wind nur drüber. 4. b. bleibt stet und fest. g. waltend. l. an allem Ort. Ueber die in diesem Gesange so bestrittene Lesart „Rechte" bemerkt Wackernagel in den Nachträgen S. 876: Was nun das Wort rechte betrifft, wofür man die Lesart rechen findet, so sprechen vielerlei Zeugnisse dafür: erstens verlangt es der Reim, zweitens fordert es der Sinn, drittens hat es der Dichter so gesetzt und viertens findet es sich in allen alten Gesangbüchern; für das Wort rechen streitet nichts als ein langes Gerede J. S. Wetzels Hymnopoeogr. II. 1721. 8. S. 310. ff. und ein Versehen des J M. Schamelius, der in seinem Evangel. Lieder=Comm. 2te Aufl. Leipz. 1787. 8. I. S. 446, diese Lesart als die richtige anführt und die entgegengesetzte Meinung dadurch beseitigt daß er sagt: Unsern Orts lassen wir dem Autori seinen Text — gerade als hätte er denselben gesehen und als fände sich darin die falsche Lesart. Seitdem aber steht das Wort rechen in neuen Gesangb., man sucht so gut es geht zu erklären, etwa dadurch, daß man noch weiter ändert und vom rechen setzt." — Nachzutr.: 1. e. Bs. vergeben heilt deine. f. S. heilt deine. 2. m. B. Sünd dahin. 3. b. B. über seine junge Kinderlein. d. S. wenn wir nur. e. S. er kennet. i. B. nur drüber. 4. m. Bs. B. S. W. allem.

CCXLV. Text nach dem Lüneb. Gesgbch. von 1694. — Nachzutr.: 1. K. lobt. 4. K. allzumal. B. giebet. 5. B. Preis und Ehre.

CCXLVI. Der Text bei Rambach aus dem Geistr. Gesgbch. u. s. w. von 1708 liest 2. a. Stimme schallte. — Nachzutr.: 1. d. S. aus al. 8. a. W. Lob. e. Bs. durch mich. 11. a. W. habe ja. b. W. es schon. Bs. verspürt. d. K. doch. e. Bs. ja. f. W. auch gew. 12. c. W. wollt. 14. f. W. noch.

CCXLVII. Der Text bei Rambach aus dem Mindener Gesgbch. v. 1689 liest 3. f. ist alles gleich. 4. b. o Gott. 6. c. und hilft. 7. f. mein Seel und Leib. 8. b. jauchzenvollem Sprüngen, so B. — Nachzutr.: 3. a. Bs. geschaffen. 4. b. B. Gott. 5. a. W. nun und. 6. c. S. und hilft. 9. b. W. mit Jauchzen Dank zu bringen.

CCXLVIII. Nachzutr.: 1. f. K. Herz bewegt. W. was. 2. d. K. bedeckt. 3. e. Bs. ungegründter. h. S. diese B. 4. g. B. K. Todes Macht. 6. e. B. K. Thiere Kr. 7. h. K. von so. 8. a. K. zugeführt. d. K. gerührt. f. K. so. 9. f. W. treuer. 10. c. S. K. Sind noch. g. K. mich. 11. b. B. Sinne gehn. 12. c. K. o so heb. S. Herz und Hände.

CCXLIX. Der Text im Darmstädter Gesgbch. von 1698 liest 1. i. k. Zunge — Stimme. — Nachzutr.: 1. f. S. verließen. 2. b. c. S. beines u. s. w. g. S. lobt den Herrn, k. S. K. ihn.

CCLVII. Der Text im Lüneb. Gesgbch. von 1661 (wohl der ursprüngliche) hat mancherlei Abweichungen: 1. b. kein Mensche kann es würdiglich vorbringen. 2. b. was darinnen lassen. 3. a. auch sehr wunderlich. 4. a. in deinem Worte lehren. 7. a. uns oftmals. 11. a. ohn Ende hoch gepreiset.

CCLXI. Der Text bei Rambach aus Clauderi Psalmodia 1627 liest 1. f. auf. 2. b. c. zu solcher — an der Werlet. f. des Elends mein. 4. f. mich ja jetzt. 5. a. auch Geduld. 6. b. wies wohlgefällt dir. c. durch deine Gnad. f. abgeschieden.

CCLXII. Wir haben noch zu diesem Gesange mehrere Gesangbücher von 1660—1690 verglichen. In der Recension der Gesenius und Denice ist schon Manches geändert und gemildert. Das Nürnberger und Weim. Gesgbch. v. 1690 lesen 5. e. mein weinend Stimme. g. all die sind meine Feinde; damit ist das gegen H. gesagte zu cassiren. Unser sechster Vers findet sich in den meisten Büchern nicht vor, sondern an dessen Statt: Drum dank ich dir von Herzen, o Gott, im höchsten Thron! du wirst mir meine Schmerzen und Leiden lindern schon, auch mir all Gnad erweisen wie ich gebeten dich, darum will ich dich preisen immer und ewiglich. Im Weimar. Gesgbch. findet sich unser Schlußvers, aber als Vs. 9. Zwei Strophen sind noch in das Lied eingeschoben, die wir sonst nicht vorgefunden haben.

CCLXIII. Der Text bei Wackernagel aus dem Baptschen Gesgbch. von 1545 liest 2. der Sünden los. 3. des Teufels List von mir wend. 4. und Jesu Christ sein'm liebsten Sohn — folgend zu der Ew.

CCLXIV. Das Brüdergesangbuch von 1566 liest 3. f. g. werbest — mit. 4. o. ererb. 6. a. vors. 8. b. erfreu unsre Gewissen. 9. f. also der Freud und Herrlichkeit.

CCLXV. Text bei Wackernagel vom J. 1524. Wie steht es aber mit 2. f.? In den Nachträgen S. 870 sagt der Her.: lies dich für ich. In dem Druckfehlerregister: lies sich für ich. Dich ist wohl ursprüngliche Lesart, die andre kommt aber auch schon früh vor, z. B. im Brüdergesangb. von 1566.

CCLXVII. Aus dem Eisenberger Communion=Buche.

CCKXIX. Text wie im Halberst. Gesangb. von 1740.

CCLXX. Text bei Rambach aus dem J. 1692, die dort fehlenden 11 Strophen aus dem Darmst. Gesgbch. von 1698. 5. d. liest D. davons zuvor. In Vs. 23. d. ist ein Druckfehler eingeschlichen und ist zu lesen: Schlangenhaut.

CCLXXI. Text nach dem Halberst. Gesgbch. von 1699, nur lies 4. d. denn Gerechtigkeit.

CCLXXII. Ein älterer Text im Nürnb. Gesgbch. von 1690 liest 2. d. dies ja mag.

CCLXXIII. Text nach dem Dresbner Gesgbch. von 1725.

CCLXXIV. Text bei Rambach aus dem Braunschw. Gesgbch. v. 1648.

CCLXXVI. Text aus dem Gesgbch. des Gf. von Zinzendorf von 1725. — Im Anfange lies: „der Sünden.“

CCXC. Nach dem Eisleber Gesgbch. von 1744.

CCXCI. Text im Leipz. Universalgesgbch. und Freylinghausens Geistr. Gesgbch., beide von 1697. Vs. 9. e. ist jedoch bei uns zu lesen: Nichts süßes.

CCXCII. Text bei Rambach aus dem Evangel. Gesgbch. Amst. 1716.

CCXCIII. Text bei Rambach aus H. Müllers Geistl. Seelenmusik vom J. 1669, vergl. mit J. Francks Geistl. Sion von 1674. 2. e. liest jener Text die von uns eingeklammerten Worte, dasselbe findet 5. i. statt.

CCXCV. Text aus Rambachs Hausgesangbuche.

CCXCVI. Text in Freylinghausens Geistr. Gesgbch. von 1708, nur ist 2. b. verdruckt das statt dein. In Vs. 7. liest schon das Dresdn. Gesgbch. von 1725: „und laß es deinen Tempel sein.“

CCXCVII. Text bei Wackernagel, 3. a. lies aber: „golten nicht.“

CCXCVIII. In Freylinghausens Geistr. Gesgbch.

CCXCIX. Text bei Rambach aus dem Nürnb. Gesgbch. v. 1676. Die dort ausgelassene 4te Strophe aus dem Nürnb. Gesgbch. von 1690.

CCC. Vs. 1—3. bei Rambach aus dem neuen preuß. Gesangb. von 1650. Vs. 4. 5. aus dem Braunschw. Gesgbch. von 1686.

CCCI. Ein älterer Text im Lüneb. Gesgbch. von 1661 liest 1. c. als ich. 4. b. komm her zu dir. c. ich suche Gnad und hoff auf dich.

CCCII. Der Text bei Rambach aus dem Melodeien=Gesgbch. u. s. w. von 1604 liest 1. a. leuchtet. c. du.

CCCXII. Text aus dem Gesgbch. des Gf. v. Zinzendorf von 1725.

CCCXIII. Im Darmst. Gesgbch. von 1698 findet sich das Lied (ohne unsere Schlußzeile) mit der Ueberschrift „ad arma fideleo“ vor. 2. e. liest jenes Buch: wie ein, und hat dann statt unsres siebenten Verses zwei andere Strophen, die sich auch sonst finden.

CCCXIV. Text aus dem alten Halberst. Gesgbch. von 1699.

CCCXVII. Original in Freylinghausens Geistr. Gesangbuch.

CCCXVIII. Der Text im Darmst. Gesgbch. von 1698 liest 3. d. daß ich mich künftig hin. 4. d. geheilgt Wort.

CCCXIX. Zuerst in der „kleinen Harfe von zweimal zehn Saiten u. s. w. 1732.“ Vs. 5. e. liest der Grundtext: wenn ich; und zwischen 6. u. 7. steht noch die Strophe: Himmelan zieht der Magnet, der im Kreuz verborgen lieget, wenn mein Fuß auf Dornen geht und die Hoffnung mich vergnüget, daß des Himmels Rosenpfad keinen sauern Tritt mehr hat.

CCCXX. Text bei Rambach vom Jahre 1717.

22*

CCXXII. Text nach dem Gesgbch. des Gf. von Zinzendorf v. 1725.

CCCXXXVIII. Text nach dem Darmst. Gesgbch. von 1698. In Vs. 3. ist ein Druckfehler; es ist zu lesen: ist mir nun ferner u. s. w.

CCCXXXIX. Nachzutr.: 1. c. Bs. B. mit diner Hülf. d. Bs. B. S. W. erfreut mich nicht. e. Bs. B. Himm'l und Erde. 2. g. S. behüte mich. K. wie der Text. B. S. W. auf daß iche. 3. a. B. dein lieb' Engelein.

CCCXLI. Grundtext bei Wilh. Müller D. D. IX. S. 145. mit Auslassung der dritten Strophe. Vs. 6. a. ist zu lesen: „auf beinen Wegen." — Nachzutr.: 3. b. B. hochg. Liebe. 4. e. B. K. ich. 6. c. K. auf. d. K. nie. e. W. erleuchten mir. 8. c. W. dich lieben auch bei Schmach und Hohne.

CCCXLII. In 1. b. ist „erst" zwar eine sehr alte Variante, aber nicht der Grundtext (Wilh. Müller D. D. IX. S. 150, wo übrigens nicht eine Strophe ausgelassen ist, wie angegeben, sondern zwei fehlen). — Nachzutr.: 2. d. Bs. B. W. warbst. 4. c. B. K. Schritt für Schritt.

CCCXLIII. Text bei Rambach vom J. 1666. Vs. 6. d. ist der Plural anzunehmen. — Nachzutr.: 2. a. B. ewig nicht. 4. b. S. bis. e. W. ewig glänzt mir bort sein Licht. 6. b. K. ihm zur Seiten.

CCCXLV. Zuerst ist der Druckfehler „Freund" in 1. c. in „Freud" zu ändern. Der Grundtext bei Rambach aus der Devota Musica cordis liest 1. f. und klärer. 6. b. meine Sorge seir. — Nachzutr.: 1. c. S. aus reinem Triebe. f. W. ja. g — k. S. herzlich such ich dir vor allen zu gef. m. W. kann und soll. 2. a. B. das ist m. S. 3. c. W. anhange. e. S. Gut und Geld. 7. c. S. Fälle.

CCCL. Text aus dem Niemeyerschen Schulgesangbuche.

CCCLIV. In dem über die bekannte Stelle 13. g. geführten Streite ist Hr. Schulrath Schulz gewiß damit in Unrecht, daß er so bestimmt abläugnet und es geradezu absurd findet, daß P. Gerhardt den Satan „den großen Fürsten" genannt haben könne. Der Ausdruck wäre ganz biblisch und leicht ließen sich Parallelen aus andern Gesängen beibringen. Manches Andre ist aber allerdings, wie wir zugestehn, von mehr Gewicht. Besonders wird das Hauptargument der Gegenpartei: „der Dichter paraphrasire ja nur die bekannte Stelle Röm. 8." dadurch nicht wenig erschüttert, daß Schulz auf Folgendes aufmerksam macht: „Ich bitte, daß man P. G. Lied und die Stelle Röm. 8, 32—38. aufgeschlagen vor sich hinlege, so wird man sehen, daß Engel und Fürstenthum und Gewalt (Vs. 38 der Bibelstelle) erst im Anfange des 14ten Verses wörtlich wiedergegeben werden:

> Kein Engel, keine Freuden,
> Kein Thron, kein Herrlichkeit,

und daß der Zorn des großen Fürsten (Vs. 13 des Liedes) genau „dem Schwert" d. i. der weltlichen Obrigkeit (Vs. 37 der Bibelstelle) entspricht." Wie Schulz noch angiebt liest das Ratzeburger Gesgbch. von 1725 „kein Zorn der größten Fürsten." — Nachzutr.: 5. b. B. mit sich bringt. 8. f. W. aber dem bewußt. 9. g. W. da Herz und Auge. 10. a. B. K. und Erbe. 12. d. Bs. B. K. ich mich z.

CCCLV. Der dritte Vers ist von Knapp zugedichtet.

CCCLVI. Nachzutr.: 2. e. K. sein Geleite. 3. d. K. soll.

CCCLIX. Ein älterer Text im Lüneb. Gesgbch. von 1694 liest 1. f. kein Teufel. 4. Ich bitte dich, Herr Jesu Christ, der du mein süßer Heiland bist, laß mich doch wohl betrachten — vor nichtes lerne achten. 5. b. in Sanftmuth meinen N. c. und dein Joch trag an's. f. indem ichs wohl vollende. — Die älteren Lesarten verdienen den Vorzug.

CCCLX. Text nach dem Dresdner Gesgbch. von 1725. — Nachzutr.: 2. f. S. K. herrlichste. 3. b. S. K. ee. h. K. zu dir. 5. g. S. K. uns preisen. 7. g. K. doch du Herr bist mein König.

CCCLXIII. Der Text im Halberst. Gesgbch. von 1740 liest 1. b. der Sünden. 3. d. o Brunnen.

CCCLXXIV. Ein älterer Text im Lüneb. Gesgbch. von 1694 stimmt völlig mit dem von uns überlieferten überein.

CCCLXXXIX. Text bei Rambach aus dem Hannöv. Gesgbch. von 1659. Die dort weggelassene 10te Strophe giebt das Lüneb. Gesgbch. v. 1661 also: laß sich dein Wort zu deiner Ehr, o Gott — Geduld, Lieb, Hoffnung, Glauben.

CCCXCVII. Das Gesgbch. des Gf. von Zinzendorf von 1725 liest in Vs. 7. der zu helfen ein Meister ist.

CCCC. Text bei Wackernagel aus dem Jahre 1565.

CCCCI. Text nach dem Braunschw. Gesgbch. von 1686. Hier ist aber noch eine fünfte Strophe zugefügt: Mit deinen Engeln in dein'm Reich dich lob und preise ewiglich, das bitt ich dich demüthiglich, Amen, Amen erhöre mich.

CCCCIV. Wir bemerken nur noch, daß bei der Fürbitte für die Kirche auch die Bitte vorkommt: bei deinem reinen Worte und heil. Sacramenten uns väterlich erhalten — und daß in der Bitte für den Kaiser mehrfach seine katholische Confession angedeutet wird, z. B.: unserem Kaiser ein geneigtes Herz zur wahren evangelischen Religion und dero Bekennern verleihen u. A. Im ersten Absatz wohl auch, statt: in der letzten Noth — in unsrer letzten Stunde.

CCCCVI. Ein älterer Text im Braunschw. Gesgbch. von 1686 liest: 1. k. ehret. In Vs. 9. i. ist ein Druckfehler, zu lesen ist: uns die. — Von unsern Büchern bei H. deren Varianten aus Versehen im Texte übergangen sind: 1. a. in Lieb und Huld. e. d. selbst gegen Sünder voll Geduld dich Vater Aller nennest. g. auch zeigst in Christi Lehre. 2. c. im höhern Heiligthum. 3. a. b. Ach zeuch uns in dein Gnadenreich schon hier zum wahren. d. bei dir dereinst n ivst. e. dein Geist wohn immerdar. 4. e. wie dort in jener Himmelswelt. 5. f. so lang du's willst erhalten. h. i. dir vertrauen gar und dich nur lassen walten. 6. i. der Gutes benen auch erweist. 7. a. Verleih uns einen. c. und Fleisch und Blut. 8. a—d. In dieser Welt ist überall kein bleibend Glück zu — so manches Elend. g. ja laß die Zeit. 9. f. gewähr uns alles gnädiglich. i. und uns im Beten unterweist. (Wir halten bei Weitem die meisten der aufgeführten Varianten für unnöthig.)

CCCCVIII. Text wie bei B.

CCCCXIII. Text wie bei B.

CCCCXL. Das Nürnb. Gesgbch. von 1690 liest 7. c dort ward.

CCCCXLIX. Nachzutr. die Varianten von H. — 1. e. f. sei mir willkommen, edler, der du mich nicht. 2. b. mir Leib und Seele. f. g. nun bin ich Trost und Segens voll in meinem ganzen L. 3. b. laß dr mich ewig. c. verbleib du ewig. d. mir geben. e. f. daß ich durch diese Speis' und Trank auch stark sei wenn ich werde krank.

I. Register der Lieder*).

*) Die mit * bezeichneten Gesänge sind nur abgekürzt oder verändert in der Sammlung enthalten. Stimmt die Anfangszeile des verkürzten Liedes nicht mit dem Anfange des Originals, so ist sie (außer ihrer alphabetischen Stelle) auch doch dem angeführten Original-Liede beigefügt.

23

Biographische Nachrichten

über

die Verfasser

der vorstehenden Kirchenlieder.

———————

Der Kürze wegen sind nachstehende in diesem Verzeichniß häufig an-
geführte Werke:

(O. F. Hörner's) Nachr. v. Liederdichtern des Augsburg. Gesangbuchs. Schwabach 1775. 8.

J. G. Kirchner's Nachricht von ältern und neuern Liederverfassern,
anfangs von J. H. Grischow in Druck ertheilet nunmehr aber
verbessert und vermehrt herausgegeben. Halle 1771. 8. (Die Liederdichter des Freylinghausenschen Gesangbuchs enthaltend.)

J. C. Olearius Evangelischer Liederschatz. 4 Thle. Jena 1707. 8.

A. J. Rambach's Anthologie christlicher Gesänge aus allen Jahr-
hunderten der Kirche. Altona 1817—1833. 6 Bde. 8.

G. L. Richter's Biograph. Lexikon alter und neuer geistlicher Liederdichter. Leipz. 1804. 8.

J. M. Schamelius Evangelischer Lieder-Commentarius, nebst einer kurzgefaßten, doch gründlichen Hymnopoeographie. 2e Aufl.
2 Thle. Leipz. 1737. 8.

K. E. P. Wackernagel das deutsche Kirchenlied von M. Luther
bis auf N. Herman und A. Blaurer. Stuttg. 1841. 4.

J. C. Wetzel's Hymnopoeographia oder Lebensbeschr. der berühmtesten Liederdichter. Herrnstadt 1719—1728. 4 Bde. 8.

Dess. Analecta hymnica oder Nachlesen zur Liederhistorie. Gotha
1752 u. 53. 2 Bde. 8.

nur mit dem Namen der Verfasser citirt, weshalb hiermit ein für allemal
auf den vollständigen Titel verwiesen wird.

Adolph, Mag. Gottlob, geb. 30. Oct. 1685 zu Niederwiese in der Ober-lausitz, war Pastor zu Groß Hennersdorf bei Zittau und nachher Archidiaconus und Senior zu Hirschberg. Er wurde am 1. Aug. 1745 (Dom. VII. p. Trin.) während der Nachmittagspredigt auf der Kanzel vom Blitz erschlagen. Man hat von ihm 3 Gesänge, welche zuerst durch das Reibersdorfer Gesgbch. oder Evan-gel. Psalter von zehn Saiten (Zittau und Leipzig 1726) bekannt geworden sind, darunter ist

283. **Schaffet eure Seligkeit.**

Aemilie Juliane, Tochter des Grafen Albert Friedrich von Barby, und der letzte Sproß dieses Hauses, war geb. 19. Aug. 1637, vermählte sich 7. Jun. 1665 mit Albrecht Anton, Grafen von Schwarzburg Rudolstadt, und starb zu Rudolstadt den 2. Dec. 1706. Ihre zahlreichen Lieder erschienen erst nach ihrem Tode gesam-melt u. d. T.: der Freundin des Lammes geistl. Brautschmuck. Rudolst. 1714 und noch vollständiger 1742. 2 Thle. In dieser Sammlung befindet sich auch das Lied

495. **Wer weiß wie nahe mir mein Ende,**

dessen Autorschaft jedoch zugleich auch M. Georg Michael Pfefferkorn, Superint. in Gräfentonna, (st. 1732) öffentlich in Anspruch nahm und hartnäckig behauptete. Der hierüber geführte Streit ist mit den von beiden Seiten aufgestellten Gründen von Wetzel I. S. 4 rc. II. S. 294 rc. III. S. 156 rc. vgl. Anal. II. S. 115 rc. ausführlich referirt; der Streitpunkt selbst bleibt jedoch wohl für immer unent-schieden, denn wenn auch allerdings die für die Gräfin angeführten Beweisgründe zu überwiegen scheinen, so ist doch auf der andern Seite den feierlichen Versiche-rungen Pfefferkerns, der bis an seinen Tod nicht aufgehört hat, sich dieses Lied zu vindiciren, ein bedeutendes Gegengewicht nicht abzusprechen.

Albert, Heinrich, (so, und nicht Alberti, nennt ihn der Titel seiner Schriften) geb. zu Lobenstein im Voigtlande 28. Jun. 1604, studirte zu Leipzig die Rechte, widmete sich aber bald ausschließlich der Musik, für welche er sich in Dresden weiter ausbildete, und begab sich 1626 nach Königsberg, wo er 1631 die St.lle eines Organisten an der Domkirche erhielt. Als Dichter und Musiker gleich ausgezeichnet, machte er sich durch seine Lieder und Melodien, deren viele in den Volks- und Kirchengesang übergingen, bei Hohen und Niedern weit und breit be-kannt und beliebt, wie denn auch viele Lieder seiner Zeitgenossen, Dach, Roberthin u. a., mit denen er in vertrauter Freundschaft lebte, zum Theil seinen dazu geseß-ten Melodien ihre allgemeinere Verbreitung zu verdanken hatten. Die vollständig-ste Sammlung derselben sind die von 1640 an von ihm herausgegebenen und vielfäl-tig wieder aufgelegten Acht Theile Arien rc. Er st. 6. Oct. 1668. (vgl. Biblioth. deutscher Dichter des 17. Jahrh. v. Wilh. Müller Bd. V. S. XVI.) Er ist Vf. und Componist von

470. **Einen guten Kampf hab ich.**

206. **Gott des Himmels und der Erden.**

Alberus, Dr. Erasmus, geb. in der Wetterau, Freund und Schüler Lu-thers. Ueber seine Lebensumstände finden sich mancherlei abweichende Angaben. Nachdem er in häufigem Wechsel an verschiedenen Orten in der Wetterau, in Bran-denburg, in Magdeburg rc. das Predigtamt verwaltet und zur Einführung und Befestigung der Reformation mitgewirkt hatte, dabei auch um des Glaubens willen, aber vielleicht auch wohl wegen seines nicht immer besonnenen Eifers, siebenmal vom Amte entsetzt oder verjagt worden war, wurde er zuletzt Superintendent zu Neu-Brandenburg in Mecklenburg, wo er 5. Mai 1553 starb. Von ihm ist

132. **Nun freut euch Gottes Kinder all** (Orig. nach Wackernagel S. 221. Freut euch ihr ꝛc.)

Albinus, Johann Georg, geb. zu Unternessa bei Weißenfels 6. März 1624, wurde 1653 Rector der Domschule zu Naumburg und 1657 Pastor zu St. Othmar daselbst, st. 25. Mai 1679. (J. B. Liebler Nachricht von des J. G. Albini Leben und Liedern. Naumb. 1728) Er ist Verf. von 4 Liedern, darunter

467. **Alle Menschen müssen sterben** (1652 gedichtet, und noch bis 1713 im Originalaufsatz vorhanden, s. Schamel. 1. p. 677)

285. **Straf mich nicht in deinem Zorn** (für Joh. Rosenmüller, Musikdir. zu Leipzig, der wegen einer Sünde gegen das 6te Gebot hatte flüchtig werden müssen, gedichtet, und von diesem mit der von ihm componirten Melodie anstatt einer Supplik in Dresden eingereicht. Schamel. hymnop. 71).

Albrecht, Markgraf von Brandenburg fränkischer Linie, geb. zu Ansbach 18. März 1522, der bekannte unruhige, streitlustige Fürst, der als Parteigänger in allen Händeln seiner Zeit seine Dienste verkaufte, bald für, bald gegen die Sache der Protestanten zu Felde zog, und durch seine kriegerischen Raubzüge besonders bei den geistlichen Fürsten und Reichsstädten seinen Namen übel berüchtigt machte, endlich aber von Land und Leuten vertrieben und mit der Acht belegt (1554) als Flüchtling umherirren mußte, bis er am Hofe seines Schwagers, des Markgrafen von Baden in Pforzheim eine Zuflucht fand., wo er 8. Jan. 1557 starb. Viele alte Gesgb., z. B. schon ein Lübecker von 1577 (Rambach II. S. 111.) schreiben ihm das Lied zu

377. **Was mein Gott will, das g'scheh allzeit,** welches er in seinem Exil gedichtet haben soll. Wackernagel (S. 579) erklärt zwar diese Angabe für grundlos, fügt jedoch seiner Behauptung keinen Beweis hinzu, und wenn auch allerdings Leben und Charakter des Markgrafen seine Autorschaft an sich schon sehr zweifelhaft zu machen scheinen, so möchte doch andererseits grade bei so bewandten Umständen die Entstehung und Verbreitung einer Angabe von so geringer innerer Wahrscheinlichkeit ohne das Vorhandensein äußerer Zeugnisse kaum zu erklären sein; auch dürften hierbei die Nachrichten über die Sinnesänderung des Markgrafen in der letzten Zeit seines Lebens (Schamel. hymnop. S. 69) doch wohl der Beachtung nicht unwerth sein.

Allendorf, Johann Ludwig Conrad, geb. zu Josbach bei Marburg 9. Febr. 1693, war zuerst Hofprediger in Köthen, dann Pastor und Consistorialrath zu Wernigerode und seit 1759 Pastor zu St. Ulrich in Halle, wo er am 3. Jun. 1773 (nicht 5. Jun. 1774, wie öfter angegeben wird) starb. Schon in Köthen fing er an die kleinen Liedersammlungen herauszugeben, die unter dem Namen der Köthnischen Lieder bekannt sind und nachher in vollständiger Sammlung Halle 1768 in 3 Theilen erschienen. In dieser Sammlung stehen von ihm 132 Lieder; darunter -

305. **Einer ist König, Immanuel sieget.**

Altenburg, M. Michael, geb. zu Tröchtelborn in Thüringen 1583, war zuerst von 1609—11 Pfarrer zu Jlversgehoven bei Erfurt, dann bis 1621 in Tröchtelborn, hierauf zu Großen Sommern (Sömmerda) bei Erfurt und zuletzt Pastor

zu St. Andreä in Erfurt, wo er 12. Febr. 1640 (nicht 1638, wie Olear. u. Weßel angeben) ſtarb. Schon in Jerem. Webers Geſgb. Leipz. 1638 wird ihm das Lied
161. Verzage nicht du Häuflein klein
zugeſchrieben, mit der Angabe, daß es auf das Loſungswort der evangel. Armee in der Schlacht bei Leipzig, (7. Sept. 1631) „Gott mit uns" gedichtet ſei, und man hat ihn deshalb auf dieſer ſehr wahrſcheinlichen Nachricht ziemlich allgemein als Verf. dieſes Liedes angenommen. S. jedoch unter Guſtav Adolph. (Vgl. Mohnike's Abhandlung über den Vf. dieſes Liedes in deſſen hymnol. Forſchungen 2r Thl. S. 55 u. f.)

Angelus, Johann, ſiehe Scheffler.

Anna Sophia, Landgräfin von Heſſen Darmſtadt, Tochter des Landgrafen Georg II., geb. zu Marburg 17. Dec. 1638, wurde 1680 Aebtiſſin von Quedlinburg und ſt. 13. Dec. 1683. Gab heraus: der treue Seelenfreund Chriſtus Jeſus ꝛc. Jena 1658. 8. worin 32 Lieder von ihr ſtehen, darunter
388. Rede liebſter Jeſus rede. — 390. Wohl dem, der Jeſum liebet.

Anton Ulrich, Herzog von Braunſchweig Wolfenbüttel, zweiter Sohn des Herzogs Auguſt, geb. zu Hitzacker 4. Oct. 1633, erzogen von Siegmund von Birken, wurde in ſeinem 10. Jahre Coadjutor von Halberſtadt, wofür ihn der Weſtphäl. Friede durch eine Pfründe zu Straßburg entſchädigte. Durch den Tod ſeines Vaters 1666 erhielt er einige Landestheile, 1685 aber ernannte ihn ſein älterer Bruder, Herzog Rudolph Auguſt, zum Mitregenten der geſammten Wolfenbüttelſchen Lande, welche nach deſſen Tode 1704 ihm ganz zufielen. Schon 77 Jahr alt, trat er 1710 in Bamberg zur kathol. Kirche über, wobei er jedoch ſeinem Lande die Gewiſſensfreiheit ausdrücklich reſervirte. St. zu Salzdahlum 27. März 1714. Er war ein talentvoller, vielſeitig gebildeter Fürſt und begabter Dichter. Seine geiſtl. Lieder, lange vor ſeinem Uebertritt gedichtet, ſtehen in ſ. Chriſtfürſtlichem Davids-Harpfen-Spiel. Nürnberg 1667 u. ö.
422. Nach bir o Gott verlanget mich.

Arends, Wilhelm Erasmus, war Paſtor zu Crottorf im Halberſtädtiſchen und zuletzt Paſtor zu St. Petri u. Pauli in Halberſtadt, wo er 1721 ſtarb. In dem vom Grafen Chriſtian Ernſt v. Wernigerode hinterlaſſenen Verzeichniß der Liederdichter des Freylingh. Geſgb. wird ihm das Lied
320. Rüſtet euch ihr Chriſtenleute
zugeſchrieben, welches jedoch Kirchners Verzeichniß anonym läßt.

Arndt, Ernſt Moritz, geb. 26. Dec. 1769 zu Schoritz auf Rügen, 1806 Prof. der Philoſophie zu Greifswalde, während der franzöſiſchen Herrſchaft nach Schweden geflüchtet, nach Deutſchlands Befreiung, zu der er durch begeiſternde Schriften und vaterländiſche Lieder kräftig mitgeholfen, ſeit 1818 als Prof. der Geſchichte in Bonn angeſtellt, und nach langer unfreiwilliger Muße 1840 durch Friedrich Wilhelm IV. zu neuer Thätigkeit berufen; hochverdient um den heiligen Geſang durch ſein treffliches Buch: Vom Wort und vom Kirchenliede. Bonn 1819, in welchem auch viele ſeiner geiſtlichen Lieder ſich finden. (M. ſ. ſeine Erinnerungen aus dem äußern Leben. Leipz. 1841.)
289. Aus irdiſchem Getümmel (nach Goßners Bearbeitung.)
25. Der heilge Chriſt iſt kommen.

Arnold, M. Chriſtoph, geb. zu Herſbruck bei Nürnberg 13. Apr. 1627, Profeſſor der Eloquenz, Poeſie und griech. Sprache am Gymnaſium Aegidianum, wie auch Diaconus zu St. Marien in Nürnberg, ſt. 30. Jun. 1685. Von ihm
22. Willkomm'n mein Heiland, Troſt und Hort.

Arnold, Gottfried, geb. zu Annaberg 5. Sept. 1666, studirte zu Witten=berg, erhielt 1697 die Professur der Kirchengeschichte zu Gießen, die er 1698 durch Gewissensscrupel veranlaßt wieder aufgab, privatisirte in Quedlinburg, war eine Zeitlang Hofprediger der verwittweten Herzogin von Eisenach zu Allstädt, wurde 1705 Pastor und Inspector zu Werben in der Altmark und 1707 Pastor und In=spector zu Perleberg in der Priegnitz, auch königl. Preuß. Historiograph. St. 30. Mai 1714 in Folge eines heftigen Schreckens, den ihm preußische Werber, welche am Pfingsttage während des Gottesdienstes in die Kirche eindrangen, verursacht hatten. Ein Mann von Talent und Gelehrsamkeit, aber nicht frei von mystischen und separatistischen Verirrungen, und deshalb vielfach angefochten; Verfasser der bekannten und viel verketzerten Unparteiischen Kirchen= und Ketzerhistorie. Von ihm

327. Herzog unsrer Seligkeiten.

330. O Durchbrecher aller Bande,

welche zuerst in seinen Göttlichen Liebesfunken aus dem großen Feuer der Liebe Gottes in J. Chr. Frankf. 1697 erschienen sind.

Arnschwanger, M. Johann Christoph, geb. zu Nürnberg 28. Dec. 1625, studirte von 1644—49 zu Altdorf, Jena, Leipzig und Helmstädt, wurde in seiner Vaterstadt 1651 Adjunctus Ministerii, 1652 Diaconus zu St. Aegidien, 1659 Diaconus zu St. Lorenz, 1679 Senior und 1690 Schaffer oder Archidiaconus zu St. Lorenz. Seit 1675 war er Mitglied der fruchtbringenden Gesellschaft und st. 10. Dec. 1696. Seine zahlreichen Lieder erschienen in den beiden Sammlungen: Neue geistl. Lieder und Gesänge. Nürnb. 1659 und Heilige Palmen und christliche Psalmen. Ebd. 1680. Er ist Verf. von

182. Kommt her ihr Christen voller Freud.

87. Meine Seele nimm zu Herzen. (oben im Gesgb. ohne Angabe des Vf.)

Baumgarten, Jacob (der Vater des berühmten Hallischen Theologen Siegism. Jacob B.), geb. zu Wolmirstädt bei Magdeburg 30. Aug. 1668, stu=birte in Leipzig und Erfurt, und kam von da mit A. H. Francke nach Halle, wo er 1697 Inspector des Pädagogiums wurde. 1701 bis 1713 war er Pastor in Wolmirstädt, kam dann als Garnisonprediger nach Berlin und wurde 1717 da=selbst Prediger an der Friedrichswerderschen Kirche. St. 29. Jun. 1722. In Frey=linghausens Gesgb. stehen 4 Lieder von ihm, darunter

511. Es mag dies Haus, das aus der Erden.

367. Keuscher Jesu hoch von Adel.

Becker, Dr. Cornelius, geb. zu Leipzig 24. Oct. 1561, wurde 1588 Dia=conus zu Rochlitz, kam 1592 wieder nach Leipzig als Diaconus zu St. Nicolai, wurde 1594 an dieser Kirche Pastor und 1599 auch Doctor und Professor der Theol. St. 24. Mai 1604. Wegen zu scharfer Predigten gegen die Cryptocalvinisten längere Zeit (1601—2) vom Amte suspendirt, bearbeitete er während dieser Zeit die sämmtlichen Psalmen zu Kirchenliedern, (Psalter Davids Gesangsweise. Leipz. 1602) deren viele in die Gesgb. übergegangen sind; daß auch das Lied

428. Lasset die Kindlein kommen

von ihm verfaßt sei, wie viele Gesgb. angeben, ist nicht mit Sicherheit nachzuweisen.

Behemb, Martin, oder Böhme, gewöhnlich Bohemus, geb. zu Lauban 16. Sept. 1557, wurde 1581 Schullehrer und noch in demselben J. Diaconus in seiner Vaterstadt und 1586 Pastor primarius daselbst. St. 5. Febr. 1622. Er gab heraus: Centuriae tres precationum rhythmicarum oder andächtige Reim=gebetlein. Lauban 1606. 1608. 1614. Ihm gehören, wie Kirchner p. 5. nachweist

487. Herr Jesu Christ meins Lebens Licht (Orig. O Jesu Christ rc.)

209. O heilige Dreifaltigkeit, mit Unrecht und wahrscheinlich nur durch Verwechselung mit einem Liede ähnlichen Anfangs öfters dem J. Gesenius zugeschrieben. — 50. O König aller Ehren.

Betulius, siehe Birken.

Weyschlag, M. Johann Balthasar, geb. 4. Nov. 1669 zu Schwäbisch Hall, studirte zu Wittenberg und wurde daselbst 1692 Adjunct der philosophischen Facultät; worauf er 1694 in seine Vaterstadt zum Predigtamt berufen, dort nach und nach bis zum Oberpfarrer und Antistes des dortigen Kirchenwesens aufrückte. St. 14. Sept. 1717. Man hat von ihm 100 Lieder, welche Wetzel IV. 39. anführt; darunter

508. Im Himmel ist gut wohnen.

Bienemann, Dr. Kaspar, oder Melissander, geb. zu Nürnberg 1540 oder 1541, studirte zu Jena und Tübingen, und erwarb sich besonders eine ausgezeichnete Kenntniß der Griechischen Sprache, weshalb er einer Gesandtschaft, welche Kaiser Maximilian II. nach Griechenland schickte, als Dolmetscher beigeordnet wurde. Nachher soll er Professor zu Lauingen, dann Abt zu Bahr und Generalsuperintendent in Pfalz Neuburg gewesen und von hier durch Verfolgungen vertrieben sein. 1571 wurde er zu Jena Dr. Theol. und darauf zum Prinzenerzieher am Weimarschen Hofe berufen, aber 1573 wegen Verdachts der Ketzerei wieder entfernt. Er kam endlich 1578 als Generalsuperintendent nach Altenburg, wo er 12. Sept. 1591 starb. Sein Leben beschrieb Joh. Heinr. Acker, Rector zu Rudolstadt 1717. Er gab heraus: Christl. Reimgebete und Symbola durchlauchtiger Personen. Erf. 1589. 12. Daraus ist besonders bekannt geworden

473. Herr wie du willst, so schicks mit mir,

gedichtet für die Herzogin Maria von Weimar, deren Erzieher er gewesen war, und deshalb häufig in den Gesgb. mit dem Namen derselben bezeichnet.

Birken, Siegmund von (eigentlich Betulius, welchen Namen er bei seiner Erhebung in den Adelstand in den deutschen Birken übersetzte), geb. 24. Apr. 1626 zu Wildenstein bei Eger, wo sein Vater Pfarrer war, der aber schon 1629 der Religion wegen von da vertrieben, nach Nürnberg flüchten mußte und dort später Diaconus wurde. Er studirte 1643 in Jena die Rechte, mußte jedoch seiner beschränkten Verhältnisse wegen, da er schon 1642 seinen Vater verloren hatte, bereits im zweiten Jahre wieder nach Nürnberg zurückkehren. Bald darauf wurde er vom Herzog August v. Braunschweig zum Lehrer seiner beiden Söhne berufen, nahm aber nach einiger Zeit des Hoflebens müde seine Entlassung, und wurde dann Erzieher einer Mecklenburgischen Prinzessin zu Danneberg. Von 1649 an privatisirte er in Nürnberg und beschäftigte sich mit dem Unterricht junger Patriciersöhne. Während des zur Vollziehung des Westphäl. Friedens zu Nürnberg gehaltenen Congresses erwarb er sich durch öffentliche Reden, sowie durch die Leitung der bei dieser Gelegenheit stattfindenden Festlichkeiten, welche er durch ein von ihm gedichtetes Schauspiel verherrlichte, großen Ruhm und kam dadurch bei dem kaiserl. Hofe in solche Gunst, daß er von Kaiser Ferdinand III. 1654 in den Adelstand erhoben, zum kaiserl. Pfalzgrafen ernannt und mit einer goldnen Ehrenkette beschenkt wurde. Dasselbe Geschenk empfing er 1668 von Kaiser Leopold I. für die Abfassung seines Oesterreichischen Ehrenspiegels. Seit 1645 gehörte er zu dem von Harsdörfer und Klai gestifteten Orden der Pegnitzschäfer, und wurde nach Harsdörfers Tode 1662 der zweite Präses dieses Ordens. Er starb im 55 Jahre seines Alters, den 12. Jun. 1681. Seine zahlreichen geistl. Lieder sind in mehreren seiner Schriften zerstreut.

73. Jesu deine Passion. — 65. Lasset uns mit Jesu ziehen.

Böhmer, Dr. Just Henning, geb. zu Hannover 29. Jan. 1674, studirte die Rechte zu Jena und nachher zu Halle, wurde hier 1701 als außerordentl. Prof. angestellt, und starb endlich als Königl. Preuß. Geheimer Rath und Regierungskanzler des Herzogth. Magdeburg, Director der Friedrichsuniversität, Ordinarius der Juristenfacultät und Professor Juris primarius am 23. Aug. 1749. Seine Verdienste um die Rechtswissenschaft, besonders um das Kirchenrecht, sind bekannt. (R. vgl. v. Dreyhaupt Lebensbeschr. Hallischer Gelehrten in dessen Beschr. des Saalkreises Th. II. S. 589) In Freylinghausens Gesgb. finden sich von ihm 3 Lieder, darunter

102. O auferstandner Siegesfürst.

Böhmische Brüder, siehe unter Michael Weiß.

Bogatzky, Karl Heinrich von, geb. 7. Sept. 1690 zu Jankowe in Niederschlesien, studirte von 1713 an die Rechte zuerst in Jena und dann in Halle, wo er mit Francke, Breithaupt ꝛc. nahe befreundet wurde, und an den Vorlesungen derselben Theil nahm, auch endlich 1716 sich ganz der Theologie widmete. Er kehrte hierauf nach Schlesien zurück, wo er, da seine Schwächlichkeit ihm nicht gestattete, ein Predigtamt anzunehmen, an verschiedenen Orten privatisirte, und durch Schriften, Erbauungsstunden u. a. für ein lebendiges Christenthum zu wirken bemüht war. Von 1740 an lebte er mehrere Jahre an den dem Pietismus sehr ergebenen Höfen von Köstritz und Saalfeld, und seit 1746 in Halle, wo er bei seinen beschränkten Vermögensumständen auf dem Waisenhause freie Wohnung genoß, und in frommer Thätigkeit und erbaulichem Umgang, namentlich mit Studirenden, seine übrigen Lebensjahre zubrachte. St. das. 15. Juni 1774. (S. seinen Lebenslauf von ihm selbst beschrieben, herausg. v. Dr. Knapp. Halle 1801). Seine zahlreichen und weitverbreiteten ascetischen Schriften (Schatzkästlein, Hausbuch ꝛc.) erhalten noch immer seinen Namen in gesegnetem Andenken. Seine geistlichen Lieder gab er selbst unter d. Titel: Uebung der Gottseligkeit in allerlei geistl. Liedern Halle 1749 heraus. Die 3. vermehrte Aufl. (H. 1771, 12.) enthält 411 Gesänge. Von ihm

352. Ich weiß von keinem andern Grunde (oben ohne Angabe des Vf. aus W. aufgenommen, wo das Original mehrfach verändert ist.)

59. Wach auf du Geist der ersten Zeugen (sehr häufig, auch bei Bs. verwechselt mit A. H. Francke's Liede: Wach auf du Geist der treuen Zeugen).

Bohemus, siehe Behemb.

Breitenau, siehe Gensch.

Breithaupt, Dr. Joachim Justus, geb. im Februar 1658 zu Nordheim, wo sein Vater Pastor und Superint. war, studirte 1676 u. f. zu Helmstädt und wurde 1680 Conrector zu Wolfenbüttel, ging aber im folgenden Jahre, da bei Annäherung der Pest die Schule sich auflöste, nach Kiel, wo er anfing Collegia zu lesen, und erhielt dort, nachdem er inzwischen eine Zeitlang in Frankfurt bei Spener sich aufgehalten hatte, die Professur der Homiletik. 1685 wurde er von da als Hofprediger und Consistorialrath nach Meiningen berufen, ging aber schon 1687 als Pastor, Senior des Ministerii und Prof. d. Theol. nach Erfurt, und von da 1691 als Consistorialrath und Professor d. Theol. an der neuzuerrichtenden Universität nach Halle, wo er die ersten theolog. Vorlesungen eröffnete, und als einer der bedeutendsten Anhänger und Nachfolger Speners, im Verein mit gleichgesinnten Kollegen, Francke, Anton ꝛc. vorzüglich dazu beitrug, die neue theol. Facultät zum Mittelpunkt der für die evangel. Kirche so einflußreichen pietistischen Richtung zu machen. Mit Beibehaltung seines Hallischen Lehramtes wurde er

später auch Abt vom Kloster Bergen und Generalsuperint. des Herzogth. Magdeburg und starb im Kloster Bergen 16. März 1732. (M. f. C. P. Leporin's
Memoria Caplatoniana 1725. und v. Dreyhaupt Beschr. des Saalkreises Th.
II. S. 594). Aus Freylingh. Gesgb. find 4 Lieder von ihm bekannt; außerdem
wird ihm gewöhnlich auch noch das Lied

545. Versuchet euch doch selbst

zugeschrieben; da aber Br. selbst auf Wetzels Anfrage „sich bessen, daß er Autor
davon sein solle, nicht hat entsinnen wollen" (Wetzel Anal. Stück 2. p. 25) so ist
diese Angabe wohl ohne Zweifel unrichtig und ein anderer unbekannter Vf. dieses
Liedes anzunehmen.

Buchner, August, geb. zu Dresden 2. Nov. 1591, in Schulpforte erzogen, studirte in Wittenberg, wurde daselbst 1616 Professor der Poesie und 1631
der Eloquenz, und st. 12. Febr. 1661. Ihm gehört nach Wetzel

203. Der schöne Tag bricht an.

Clausnitzer, Lic. Tobias, geb. 1619 (nicht 1618, wie sonst angegeben
wird) zu Thum, einem Flecken bei Annaberg, studirte 1642 in Leipzig, wurde
1644 Feldprediger bei einem schwedischen Regiment und erhielt 1649 die Stelle eines Churpfälzischen Kirchenrathes, Stadtpfarrers und Inspectors zu Weiden in
der Oberpfalz, wo er 7. Mai 1684 starb (So Hörner S. 69). Es sind von ihm
3 Lieder bekannt, darunter das allverbreitete

196. Liebster Jesu wir sind hier.

Cramer, Dr. Johann Andreas, geb. 29. Januar. 1723 zu Jöhstadt im Erzgebirge, wo sein Vater Prediger war, besuchte die Fürstenschule zu Grimma und stu-
birte von 1742 an in Leipzig Theologie, wobei er, da sein Vater bereits gestorben
war, durch Nebenarbeiten seinen Unterhalt erwerben mußte. Hier mit Gellert,
Klopstock, Rabener ꝛc. innig befreundet, nahm er schon damals an den Bestrebungen derselben zur Veredlung der deutschen Literatur lebhaften Antheil, und erwarb
sich als Mitarbeiter an den von jenem Verein herausgegebenen und für jene Zeit
so einflußreichen Bremischen Beiträgen Namen und Anerkennung. 1748 wurde er
Pfarrer im Dorfe Cröllwitz (nicht bei Halle, sondern im Stift Merseburg, zwischen
Merseburg und Lützen gelegen), kam aber schon 1750 als Oberhofprediger nach
Quedlinburg, von wo er nach 4 Jahren auf Klopstocks Empfehlung als deutscher
Hofprediger nach Kopenhagen berufen wurde. Seine Predigten und seine schrift-
stellerischen Arbeiten erwarben ihm hier großes Ansehn, auch stand er bei dem König Friedrich V. in besonderer Gunst und wurde von ihm, nach Ablehnung eines
Rufes nach Deutschland, 1765 zum Prof. der Theol. ernannt. Da aber nach dem
Tode dieses Königs am Hofe Verhältnisse eintraten, welche ihm seine Stellung durchaus verleideten, so ging er 1771 als Superintendent nach Lübeck,
folgte aber 1774 wieder dem Rufe der dänischen Regierung als Prokanzler
und erster Professor der Theologie zu Kiel, wo er für seine ausgezeichneten Gaben den weitesten Wirkungskreis gewann und sich durch seine unermüdete Thätigkeit sowohl um Kirche und Schule, als um die Universität und ihre Institute
hochverdient machte. 1784 wurde er zum wirklichen Kanzler und Curator der Universität ernannt und starb 12. Juni 1788. Seine zahlreichen geistl. Lieder stehen
meistens in dem von ihm herausgegebenen Schleswig-Holsteinschen Gesgb. Altona
1780; vollständig in s. sämmtl. Gedichten. Leipz. 1782—83. 3 Theile.

280. Ich soll zum Leben dringen.

Cramer, Mauritius, s. Kramer.

Crasselius, Bartholomäus, war luther. Prediger in Düsseldorf. Seine

Lebensumstände sind nicht bekannt, ebenso sein Todesjahr. (Das in den meisten biograph. Verzeichnissen angegebene Datum seines Todes, 8. Sept. 1724, ist ein bloßes Mißverständniß der Angabe Wetzel's, welche nicht auf den obigen, sondern auf den durch einige Schriften bekannteren Bruder desselben, Johannes Cr., sich bezieht.) Man hat von ihm 9 Lieder in Freylinghausens Gesgb. darunter

521. Dir dir Jehova will ich singen. — 268. Erwach o Mensch erwache (oben im Gesangbuche irrig den Böhmischen Brüdern zugeschrieben). — 364. Friede, ach Friede ach göttlicher Friede. — 64. Heiligster Jesu, Heilgungsquelle (laut des Zeugnisses seiner Verwandten bei Kirchner S. 9. Die Angabe, daß Arnold Vf. sei, scheint nur daher entstanden, daß das Lied in seiner „göttlichen Sophia" abgedruckt ist, wo es aber unter den Gesängen steht, welche der Unterschrift nach meist von andern aufgesetzt sind). — 317. Herr Jesu ewges Licht.

Crentzberg, Amadeus, siehe von Schütz.

Czepko, Daniel von, geb. d. 23. Sept. 1605 zu Coschwitz bei Liegnitz, war Röm. kaiserl. wie auch fürstl. Liegnitzischer Regierungsrath zu Wohlau, wo er 8. Sept. 1660 starb. Mehrere geistl. Lieder von ihm sind durch die schlesischen Gesgbb. bekannt geworden; dazu gehört nach Angabe des Burgschen Breslauer Gesgb.

197. Mein Herz ist froh, mein Geist ist frei.

Dach, M. Simon, geb. 29. Jul. 1605 zu Memel, wo sein Vater Dolmetscher der litthauischen Sprache war. Früh schon durch Fähigkeiten ausgezeichnet, besonders durch ein Talent zur Musik, die er fast ohne Anleitung erlernte, bildete er sich später in den Schulen zu Königsberg, Wittenberg und zuletzt auf der Domschule in Magdeburg, wo er eine Disputation in griech. Sprache vertheidigte. Von da durch Pest und Kriegsunruhen vertrieben, studirte er von 1626 an in Königsberg Theologie und Philosophie, und wurde dort 1633 Collaborator und 1636 Conrector der Domschule. Hier von Kränklichkeit und Dürftigkeit gedrückt, fand er an Roberthin einen Freund und Gönner, dessen Umgang vielfach anregend und fördernd auf sein poetisches Talent einwirkte, und der ihn bewog sich fortan vorzugsweise der Dichtkunst zu widmen, wofür ihm 1639 durch seine Ernennung zum Professor der Dichtkunst an der Universität zu Königsberg eine erwünschte sorgenfreie Muße vergönnt wurde. In inniger Freundschaft mit Roberthin, Albert und andern Geistesverwandten, hochgefeiert als Dichter, mehrmals durch akademische Ehrenämter ausgezeichnet und durch die besondere Gunst des großen Churfürsten geehrt, verlebte er seitdem glückliche Jahre, bis in Folge früherer überhäufter Arbeiten eine gänzliche Erschöpfung seiner Kräfte, die zuletzt in Schwindsucht überging, nach zwölfmonatlichem Krankenlager am 15. April 1659 sein Leben im 54. Jahre endete. Seine Gedichte sind noch nicht vollständig herausgegeben. Seine geistlichen Lieder wurden besonders durch Albert's Arien und die Königsberger Gesangbücher bekannt, sind aber nicht so zahlreich und allgemein in kirchlichen Gebrauch gekommen, als sie verdienten. M. vgl. A. Gebauer Simon Dach und seine Freunde als Kirchenliederdichter Tüb. 1828 und W. Müllers Bibl. deutscher Dichter des 17. Jahrhunderts Bd. V. Von ihm

372. Ich bin bei Gott in Gnaden.
Ich bin ja Herr in deiner Macht (1648 bei Roberthins Tode erschienen)
daraus Nr. 493. Wen hab ich sonst als dich allein.
439. O wie selig seid ihr doch ihr Frommen.

Decius, Nicolaus, war zur Zeit der Reformation Mönch und nachher Propſt
des Kloſters Steterburg im Braunſchweigſchen, trat zur Reformation über und wurde
Schullehrer in Braunſchweig. Zuletzt ſoll er Prediger in Stettin geweſen und da
ſelbſt 1529 an Gift geſtorben ſein; dies iſt jedoch noch ſehr zweifelhaft, da er bei
keinem Stettiner Chroniſten unter den dortigen Predigern vorkommt. (S. Mohnike Liederdichter des Neuvorpommerſchen Geſgb. S. 32. in deſſen hymnol. Forſchungen Th. 1.) Nach einem in handſchriftlichen Nachrichten überlieferten Zeugniß
ſeiner Freunde, deſſen in Rethmeyer's Braunſchw. Kirchenhiſt. Th. 3. S. 19.
Erwähnung geſchieht (abgedruckt bei Wetzel I. p. 99) ſoll er der wahre Verfaſſer
der beiden bekannten Lieder

162. **Allein Gott in der Höh ſei Ehr** (das deutſche Gloria in excelsis)
79. **O Lamm Gottes unſchuldig** (das deutſche Agnus Dei).
ſein und zu beiden auch die Melodien geſetzt haben.

Denicke, David, geb. 31. Jan. 1603 zu Zittau, wo ſein Vater Stadt-
richter war, ſtudirte von 1619 an in Wittenberg, Jena und Königsberg die Rechte,
reiſte mehrere Jahre in Holland, England und Frankreich, wurde dann 1629 Erzieher eines Braunſchweigſchen Prinzen, und nachher 1642 als Hof- und Conſiſto-
rialrath zu Hannover angeſtellt, wo er 1. April 1680 ſtarb. Um den Kirchengeſang hat er ſich durch ein in Gemeinſchaft mit ſeinem Freunde Dr. Juſtus Geſenius (ſ. d.) bearbeitetes Geſangbuch verdient gemacht, zu welchem er ſelbſt viele
theils neugedichtete Lieder, theils Bearbeitungen älterer Originale lieferte, die ſich
jedoch, da ſie nicht namentlich bezeichnet ſind, nicht immer mit Sicherheit von den
Beiträgen ſeines Freundes unterſcheiden laſſen. Wetzel (Anal. St. 2. p. 37) führt
20 Lieder an, die nach der gewöhnlichen Meinung von Denicke herrühren, es dürften jedoch wohl noch mehrere andere ihm zuzuſchreiben ſein. Zu den a. a. O. ihm
zugeſchriebenen gehören:

359. **Kommt alle zu mir kommt zu mir** (oben ohne Angabe des Vf.) —
198. **Nun jauchzt dem Herren alle Welt.** (Bearbeitung des Liedes von
Corn. Becker: Jauchzet dem Herren alle Welt.)
274. **O Vater der Barmherzigkeit.**
389. **Wir Menſchen ſind zu dem o Gott.**

Derſchau, Dr. Bernhard von, geb. zu Königsberg 17. Jul. 1591 wurde
daſelbſt 1621 Pastor primar. in der Altſtadt und nachher auch Prof. der Theol.
und Beiſitzer des Conſiſtoriums und ſt. 13. März 1639. Er iſt Verf. von

444. **Herr Jeſu dir ſei Preis und Dank.**

Deßler, Wolfgang Chriſtoph, geb. zu Nürnberg 11. Febr. 1660, Sohn
eines Goldarbeiters, erlernte anfangs das Geſchäft ſeines Vaters, beſtimmte ſich
aber ſpäter aus beſonderer Luſt zum Studiren, beſuchte die Schule zum h. Geiſt
und ſtudirte dann in Altdorf, wo er ſich beſonders auf Sprachen und Alterthums-
wiſſenſchaften legte. Da er ſeiner Schwächlichkeit wegen nicht predigen konnte,
beſchäftigte er ſich mit literariſchen Arbeiten, war auch längere Zeit Amanuenſis
des Erasmus Franciſci (ſ. d.) dem er bei Herausgabe ſeiner Schriften half,
bis er 1705 die Stelle eines Conrectors der Schule zum h. Geiſt erhielt, welche
er unter häufigen körperlichen Leiden bis zwei Jahre vor ſeinem Tode, wo ihn ein
Schlagfluß lähmte, verwaltete. St. 11. März 1722. Seine geiſtl. Lieder (zuſammen 66) ſtehen in ſeiner Himmliſchen Seelenluſt unter den Blumen göttlichen
Wortes Nürnb. 1692. Funken der Liebe Jeſu 1712. und Blut- und Liebesroſe
2. Aufl. von Dr. Marperger. Nürnb. 1723. Von ihm

296. **Mein Jeſu dem die Seraphinen.**

Oeffne mit den Perlenthoren, daraus 504. Laß mich Baum des Le=
bens bleiben.

Dilherr, Johann Michael, geb. 14. Oct. 1604 zu Themar im Henneberg=
schen. Schon als Kind von seiner sterbenden Mutter zum Theologen bestimmt, besuchte
er das Gymnasium zu Schleusingen, studirte von 1623 an in großer Dürftigkeit
zu Leipzig und begab sich nachher nach Wittenberg, Altdorf und 1629 nach Jena,
wo er 1631 zum Professor Eloquentiae ernannt wurde, und dann 1633 die Pro=
fessur der Geschichte und Poesie und 1640 nach Joh. Gerhards Tode eine außer=
ordentl. Professur der Theologie erhielt. Erst als Professor, im J. 1635, versuchte
er zum erstenmal zu predigen, was er dann fleißig fortsetzte. Mehrere Anträge
zu ansehnlichen geistlichen Aemtern lehnte er ab, wollte auch aus Bescheidenheit
nicht Dr. theol. werden. Im Begriff nach Italien zu reisen um den Kriegsun=
ruhen zu entgehen, kam er 1642 nach Nürnberg und erhielt dort nach einer von
ihm gehaltenen Predigt die Berufung zum Director und ersten Prof. der Theol.
und Philos. am Gymnasio Aegidiano und Aufseher sämmtlicher Schulen, welche
er annahm, worauf er dann 1646 Prediger oder Oberpfarrer zu St. Sebald, Se=
nior Ministerii und Aufseher der Bibliothek wurde, in welchem Amte er ungeach=
tet vieler ehrenvoller auswärtiger Anträge bis an seinen Tod verblieb. St. 8.
April 1669. Er hat zahlreiche gelehrte und ascetische Schriften verfaßt; in letz=
tern stehen seine geistl. Lieder zerstreut. Von ihm ist nach dem Zeugniß des Nürn=
berg. Gesgb. von 1690 das oben ohne Angabe des Verf. aufgenommene Lied

272. O Mensch der Herre Jesus weint.

Sehr zweifelhaft dagegen ist, ob er auch Verfasser von

275. Vor G'richt Herr Jesu steh ich hier

sei, welches ursprünglich als Zusatz zu dem Liede: Herzlich lieb hab ich dich o
Herr vorkommt, und zwar in mehreren ältern Gesangbüchern mit seinen Namens=
buchstaben bezeichnet, anderwärts jedoch anderen Verfassern zugeschrieben wird.

Diterich, Johann Samuel, geb. 15. Dec. 1721 zu Berlin, wo sein Vater
erster Prediger an der Marienkirche war, besuchte das graue Kloster und die Uni=
versitäten Frankfurt a. O. und Halle, wo besonders Baumgarten auf ihn Einfluß
hatte, kehrte 1744 als Hauslehrer nach Berlin zurück und wurde 1748 daselbst 3r
Prediger an der Marienkirche, 1751 rückte er nach dem Tode seines Vaters in die
2te und 1754 in die erste Stelle ein, wurde 1763 Beichtvater der Königin Elisa=
beth Christine, 1770 Oberconsistorialrath und starb 14. Jan. 1797. Er ist einer
der ersten und thätigsten Beförderer der Gesangbuchsverbesserung und der Verän=
derung der alten Kirchenlieder nach den Resultaten der damaligen „Aufklärung,“
wozu er durch die von ihm herausgegebenen, und allerdings von den groben Ver=
irrungen vieler seiner Nachfolger noch größtentheils frei gebliebenen Liedersammlun=
gen (Lieder für den öffentlichen Gottesdienst. Berlin 1765 [von D. mit seinen Col=
legen Bruhn und Kirchhof besorgt]. — Gesangbuch zum gottesdienstl. Gebrauch in
den kgl. preuß. Landen Berl. 1780 [in Gemeinschaft mit Spalding und Teller re=
digirt]. — Gesangbuch für die häusliche Andacht Berl. 1787) den Weg zeigte. In
diesen finden sich auch seine eignen zahlreichen Arbeiten, größtentheils Umarbeitungen
und Nachbildungen älterer und neuerer Originale.

519. Anbetungswürdger Gott, Bearbeitung des Liedes „Verklärte Ma=
jestät“ von J. J. Rambach.

516. Mein ganzer Geist, Gott, wird entzückt, eine mit Ausnahme des
ersten und letzten Verses fast ganz selbstständige Bearbeitung des Liedes:
„Ists oder ist mein Geist entzückt“ von Ahasv. Fritsch

Auch wird ihm in vielen Liederverzeichnissen das Lied

2. Der Heiland kommt lobsinget ihm.

zugeschrieben, welches jedoch in dieser Gestalt in keiner seiner Liedersammlungen sich findet und nur in einigen Versen mit dem Diterichschen Liede: O stimm auch du mit frohem Dank (Hausgesangb. Nr. 77) übereinstimmt, nach welchem es vielleicht von den Herausgebern des Bremer Domgesangbuchs, wo es zuerst vorzukommen scheint, bearbeitet ist, wenn nicht etwa Diterich selbst sein eigener Bearbeiter war.

Döring, Karl August, geb. zu Markalvensleben im Magdeb. 22. Jan. 1783, seit 1816 Prediger in Elberfeld, vorher seit 1810 Archidiaconus in Eisleben. Seine zahlreichen Lieder stehen in seinem Christlichen Hausgesangbuch. 2 Thle. Elberf. 1821 u. 1830; daraus

153. **Pfingsten feiert hocherfreut.**

432. **Segne Vater Sohn und Geist** (Original: Vater, Sohn und heiliger Geist).

435. **Wir flehn um deine Gnade.**

Drese, Adam, geb. um 1630, war anfangs Kapellmeister des Herzogs Bernhard von Sachsen Weimar, der zu Jena residirte, und erhielt nach dessen Tode dieselbe Stellung beim Fürsten Günther v. Schwarzburg zu Arnstadt, wo er nach Gerbers Tonkünstlerlexicon 1718 starb. Früher sehr den Freuden der Welt ergeben, wurde er durch Speners Schriften zu einem ernsten Christenthum erweckt, hielt in seinem Hause Andachtsstunden, in denen auch seine Lieder zuerst gesungen wurden, und schrieb einen Tractat: Prüfung des wahren Glaubens, den Spener mit einer rühmlichen Vorrede begleitete. Wegen seines Pietismus hat er bei Olearius schlechtes Lob, wogegen ihn jedoch Wetzel in Schutz nimmt (Anal. Stück 4. p. 28). Es sind von ihm 3 Lieder nebst ihren Melodien bekannt geworden, darunter

544. **Seelenbräutigam.**

Eber, oder **Eberus,** Dr. Paul, geb. 8. Nov. 1511 zu Kitzingen in Franken, besuchte die Schulen zu Ansbach und Nürnberg und studirte von 1532 an in Wittenberg unter Luther und Melanchthon, wurde daselbst 1536 Magister, 1537 Adjunct der philos. Facultät und 1544 Professor der lateinischen Sprache, als welcher er Grammatik, Geschichte und Philosophie mit großem Beifall lehrte. Auf die Empfehlung der gesammten Universität erhielt er 1557 nach Joh. Forster's Tode eine theologische Professur und wurde auch Propst an der Schloßkirche, 1558 aber, nach Bugenhagen's Tode, dessen Nachfolger als Generalsuperintendent und Pastor an der Stadtkirche. Erst 1559 erwarb er auch die theolog. Doctorwürde. Er war einer der ausgezeichnetsten unter den nächsten Nachfolgern der Reformatoren, besonders mit Melanchthon befreundet, der ihn früherhin bei seinen Arbeiten vielfach benützte, und dessen theologische Richtung später besonders durch ihn in der Facultät entscheidenden Einfluß gewann. Schon als Kind war er in Folge eines unglücklichen Falles verwachsen, und hatte davon sein Lebenlang mancherlei Beschwerden zu dulden, starb auch schon in seinem 58. Jahre 10. Dec. 1569. Seine geistl. Lieder waren schon bei seinen Lebzeiten bekannt und verbreitet. Dazu gehören:

174. **Herr Gott dich loben alle wir,** nach Melanchthons Hymnus: Dicimus grates tibi summe rerum Conditor ic.

472. **Herr Jesu Christ wahr'r Mensch und Gott,** in einem Hamburger Gesgb. von 1565 mit dem Beisatz: „filiolis suis faciebat 1557", in einem kathol. Gesgb. Bambkrg 1606 mit der Ueberschrift: „ein uralt

cattolisch Gebet um ein christlich Ende"; ursprünglich in sechszeiligen Strophen, aber schon in den Kirchengesängen der Böhm. Brüder von 1566 und 1580 und in vielen späteren G.sgbb. in vierzeilige umgestellt; von Melch. Vulpius und von J. H. Schein mit Melodien versehen.

412. Wenn wir in höchsten Nöthen sein, nach den Distichen des Joachim Camerarius: In tenebris nostrae et densa caligine mentis x. s. bei Olearius 1. S. 89.

'**Edelmann**, M. Gottfried, geb. zu Marklissa in der Oberlausitz 20. Dec. 1660, studirte in Leipzig, wo er Magister wurde, war anfangs Pfarrer zu Holzkirch in der Lausitz, dann zu Seilsdorf bei Lauban, wurde 1696 Diaconus u. Lauban und 1707 daselbst Pastor Primarius. St. 1724. Er ist der Verf. des oben anonym vorkommenden Liedes

417. Gott gieb Fried in deinem Lande.

Fabricius, Dr. Friedrich, geb. 20. Apr. 1642 zu Stettin, studirte zu Leipzig, Jena, Utrecht und Leyden, wurde 1669 Diaconus und 1690 Pastor an der Nicolaikirche zu Stettin, 1691 zu Wittenberg Dr. theol. und starb 11. Nov. 1703. Höchst wahrscheinlich ist er Verf. des Liedes

127. Zeuch uns nach dir,

welches im Stettiner u. a. älteren Gesgb. mit den Namensbuchstaben **F. F.** bezeichnet ist. Der Gräfin Ludämilia v. Schwarzburg gehört nicht dieses, sondern ein anderes Lied gleichen Anfangs, und ein drittes dem Johann Angelus (s. unten).

Fabricius, Dr. Jacob, geb. 19. Jul. 1593 zu Cöslin, Feldsuperintendent der schwedischen Armee in Deutschland und Beichtvater des Königs Gustav Adolph bis an dessen Tod, nachher Generalsuperintendent über Vorpommern, Pastor an der Hauptkirche und Professor d. Theol. zu Stettin, gest. 11. Aug. 1654, soll das Lied

161. Verzage nicht du Häuflein klein,

welches Gustav Adolph in Prosa verfaßt, in Verse gebracht haben. S. unten Gustav Adolph.

Falckner, Justus, gebürtig aus Zwickau, war luth. Prediger zu Neu York, wo er nach einer in den Unschuldigen Nachrichten 1726. S. 416. vorkommenden Notiz 1723 oder 1724 gestorben sein muß. Aus Freylinghausens Gesgb. ist von ihm das Lied bekannt

314. Auf ihr Christen, Christi Glieder.

Finx, siehe Francisci.

Fischer, Johannes, siehe Vischer.

Flemming, Dr. Paul, geb. 17. Oct. 1606 zu Hartenstein im Schönburgischen, wo sein Vater, der bald nachher nach Wechselburg versetzt wurde, Prediger war, besuchte die Fürstenschule zu Meißen und studirte zu Leipzig Medicin. Um den Kriegsdrangsalen auszuweichen, ging er 1633 nach Holstein, wo grade der Herzog Friedrich eine Gesandtschaft an den russischen Czaar Michael Feodorowitsch, seinen Schwager, abgehen ließ, um für eine später an den Schach von Persien abzuordnende Gesandtschaft freien Durchzug nachzusuchen. Fl. suchte und erhielt die Stelle eines Hofjunkers und Truchseß beim Gesandten und reiste den 22. Oct. 1633 mit demselben von Gottorf ab. Nach Erreichung ihres Zwecks traf die Gesandtschaft am 6. Apr. 1635 wieder in Gottorf ein, um noch in demselben Jahre wieder nach Ispahan abzugehen. Auch den zweiten Zug begleitete Fl. in seiner früheren Stellung.' Sie schifften sich 27. Oct. 1635 in Travemünde ein, und kamen nach zweimaligem Schiffbruch und vielen andern Fährlichkeiten am 3. Aug. 1637

in Jſpahan an, wo ſie bis 21 Dec. verweilten, und dann auf einem andern Wege
wieder zurückkehrten.   Flemming traf am 1. Aug. 1639 wieder in Gottorf ein,
nachdem er auf der Rückreiſe in Reval ſich verlobt hatte.   Er gedachte nun ſich
als prakt. Arzt in Hamburg niederzulaſſen und erwarb ſich deshalb zu Leyden mit
großem Ruhm die medicin. Doctorwürde, aber kaum war er nach Hamburg zurückgekehrt, als ihn in ſeinem 31. Jahre am 2. Apr. 1640 ein früher Tod abrief,
den wahrſcheinlich die aufreibenden Beſchwerden der Reiſe ihm zugezogen hatten.
Er iſt anerkannt einer der bedeutendſten deutſchen Dichter jenes Jahrhunderts.
Seine Gedichte wurden zuerſt von dem Vater ſ.iner Verlobten, Heinrich Rieh au-
ſen, Lübeck 1642. 8. vollſtändig herausgegeben. M. ſ. über ihn G. Schw.ab:
Paul Flemmings auserl. Gedichte nebſt einer Lebensbeſchreibung. Stuttg. 1820
und W. Müllers Bibl. deutſcher Dichter Bd. III. Allgemein bekannt iſt ſein Lied
    373. In allen meinen Thaten,
gedichtet 1633 vor Antritt ſeiner Reiſe.   Das Original hat eigentlich 15 Verſe,
von denen aber mehrere, die nur perſönliche Beziehungen enthalten, nicht in die
Geſgbb. gekommen ſind.

    Förtſch, Baſilius, geb. zu Roßla im Stolbergſchen, war zuerſt Rector in
Kahla bei Jena und wurde 1612 Pfarrer zu Gumperta bei Orlamünde, wo er
1619 ſtarb. Gab heraus: geiſtliche Waſſerquelle, Halle 1609, worin neben vielen
fremden auch eigene Lieder ſich finden.   Das häufig ihm zugeſchriebene Lied
    100. Heut triumphiret Gottes Sohn
iſt jedoch nach andern Angaben wahrſcheinlich dem Barthol. Geſius zuzueignen.

    Franciſci, Erasmus, nach ſeinem eigentlichen Familiennamen Finx, geb.
19. Nov. 1627 zu Lübeck, wo ſein Vater, Franciscus Finx, als Braunſchw. Rath
lebte, widmete ſich der Jurisprudenz, nahm jedoch ſeiner Kränklichkeit wegen, die
ihm beſonders ein doppelter Beinbruch zugezogen hatte, nie ein öffentliches Amt
an, ſondern privatiſirte in Nürnberg und erhielt ſich durch literariſche Arbeiten,
beſonders ascetiſche Schriften, deren er viele geſchrieben hat, und in denen
auch ſeine Lieder zerſtreut ſind.   St. 20. Dec. 1694.   Die folgenden finden ſich in
ſeiner „Geiſtlichen Goldkammer der bußfertigen Seelen." Nürnb. 1675. 8.
    507. Ein Tröpflein von den Reben.
    386. Herr du wolleſt lehren.

    Franck, Johannes, (ſo, und nicht Francke ſchreibt ſelbſt er ſeinen Namen)
geb. zu Guben in der Niederlauſitz 1. Jun. 1618, wurde in ſeiner Vaterſtadt 1648
Rathsherr, 1661 Bürgermeiſter und 1670 auch Landesälteſter des Markgrafthums
Niederlauſitz, und ſtarb 18. Jun. 1677.   Seine Lieder gehören zu den beſten des 17.
Jahrhunderts, und haben mit Recht allgemeine Aufnahme in den Geſgbb. gefunden.   Sie ſtehen zuſammen, 110 an der Zahl, in ſeinem Geiſtlichen Sion, d. i.
neue geiſtl. Lieder und Pſalmen. Guben 1674.   Von ihm iſt
    230. Alle Welt was lebt und webet (Orig. — kreucht und webet).
    107. Dieſes iſt der Tag der Wonne.
    238. Herr Gott dich loben wir, regier Herr.
    60. Herr Jeſu Licht der Heiden.
    Heut iſt uns der Tag erſchienen, daraus **19. O des Tages voller
        Wonne.**
    293. Jeſu meine Freude.
    150. Komm komm o Himmelstaube.
    406. O Gott der du in Liebesbrunſt.
    451. Schmücke dich o liebe Seele.

Franck, Melchior, zu Anfang des 17. Jahrhunderts Capellmeister in Co
burg, ist nach Angabe des Coburger Gesgb. von 1649 Verf. von

123. **Gen Himmel aufgefahren ist.**

Franck, Petrus, geb. zu Schleusingen 27. Sept. 1616, war erst Pastor
zu Thüngen in Franken, dann zu Roßfeld, hierauf Diaconus zu Rodach bei Co
burg, und zuletzt Pastor zu Gleußen zwischen Coburg und Bamberg, wo er 1675
starb. Wetzel nennt von ihm 9 Lieder, darunter

485. **Christus, Christus, Christus ist,** 1657 zum Begräbniß des Pfar
rers Joh. Schultheß im Coburgschen gedichtet und einzeln gedruckt.

476. **In Christo will ich sterben.**

Franck, Salomo, geb. 6. März 1659 zu Weimar, war daselbst Obercon
sistorialsecretair und starb 11. Jun. 1725; einer der fruchtbarsten Liederdichter sei
ner Zeit. Seine geistl. und weltl. Poesien 2 Thle. Jena 1711 und 1716 enthalten
an 300 geistl. Lieder, darunter

414. **Ach Gott verlaß mich nicht.**

484. **Auf meinen Jesum will ich sterben** (nach des sonst zuverlässigen
Baetge Nachricht von den Liederdichtern des Lüneburger Gesgb. S. 63.
Sonst haben wir das Lied nur anonym gefunden, auch wird es von Wet
zel unter S. Francks Liedern nicht angeführt. Uebrigens ist der oben
vorkommende Text des Liedes nur eine moderne Bearbeitung des Ori
ginals.)

94. **So ruhest du.**

Freylinghausen, Johann Anastasius, geb. 2. Dec. 1670 zu Ganders
heim im Braunschweigschen, wo sein Vater Kaufmann und Bürgermeister war.
Er besuchte bis in sein 12. Jahr die Schule seiner Vaterstadt und dann unter der
Leitung seines Großvaters mütterlicher Seite, eines Predigers zu Eimbeck, das
dortige Gymnasium. Früh schon für das Predigtamt entschieden, ging er 1689
nach Jena und von da 1692 nach Erfurt, wo er sich besonders an Breithaupt
und Francke anschloß, denen er auch 1691 nach Halle folgte. 1693 kehrte er nach
Hause zurück und beschäftigte sich mit Unterrichten, aber schon zu Ende des fol
genden Jahres rief ihn Francke wieder nach Halle, um ihn als Gehülfen in seinem
Predigtamt an der Glauchaischen Kirche zu gebrauchen, er konnte jedoch, da die
Gemeinde Schwierigkeiten erhob, erst im Januar 1696 diese Stelle wirklich an
treten. 1715 folgte er Francke'n als Pastor Adjunctus an die St. Ulrichskirche,
wurde auch 1723 von demselben zum Gehülfen in der Direction der von ihm gestif
teten Anstalten angenommen, worauf er 1727 bei Francke's Tode selbst in das Pa
storat zu St. Ulrich einrückte, und in Gemeinschaft mit dessen Sohne die Direction
der Franckeschen Stiftungen übernahm. In der letzten Zeit seines Lebens öfter
von einer Lähmung der Sprache befallen, konnte er schon 2 Jahr vor seinem Tode
keine Amtsverrichtung mehr vornehmen, bis er endlich am 12. Febr. 1739 sanft
entschlief. Er war mit A. H. Franckes einziger Tochter, die er auch aus der
Taufe gehoben hatte, verheirathet (S. seine Lebensbeschr. in v. Dreyhaupts Be
schr. des Saalkreises Th. II. S. 616). Als Liederdichter einer der ausgezeichnet
sten und für den Kirchengesang leicht der bedeutendste bey aus dem Pietismus her
vorgegangenen Dichterschule, hat er sich zugleich noch besonders durch das von
ihm herausgegebene Gesangbuch verdient gemacht, das, allerdings nicht durch
aus frei von krankhaft pietistischen Erzeugnissen, und deshalb anfangs vielfältig an
gefochten, auch sogar durch ein Bedenken der Wittenbergischen Orthodoxie verur
theilt, dennoch auch jetzt noch anerkannt zu den gediegensten und reichhaltigsten

Sammlungen unserer Liederschätze gehört. (Geistreiches Gesgb. den Kern alter und neuer Lieder in sich haltend. 1r Th. zuerst 1704. 2r Th. 1714. längl. 12., nachher in einem Bande zusammengestellt und herausg. von Dr. Ghlf. Aug. Francke, zuerst 1741. 8. Ein von Freyl. selbst besorgter und in Glaucha eingeführter Auszug für den kirchl. Gebrauch erschien zuerst 1718. 8.). Von ihm selbst finden sich darin 44 eigne und 2 verbesserte Lieder; darunter:

37. **Den die Engel droben,** welches mit dem oben im Gesgb. erwähnten älteren Original (von Kaspar Ziegler, bei Rambach Th. 3. S. XXV.) außer dem Anfang nichts gemein hat, und daher als selbstständige Arbeit Freylinghausens zu betrachten ist.

538. **Mein Herz gieb dich zufrieden.**

Unveränderliches Wesen, daraus 86. **Lamm du hast dich mir ergeben.**

67. **Wer ist wohl wie du.**

Wir Menschen sind in Adam schon, daraus 307. **Es ist in keinem andern Heil.**

276. **Zu dir Herr Jesu komme ich.**

Mit Unrecht wird ihm aber oben auch noch das Lied

16. **Jesus ist kommen Grund ewiger Freude**

zugeschrieben, wofür um so weniger Grund vorhanden ist, da das Lied nicht einmal in seinem Gesgb. sich findet.

Freystein, Dr. Johann Burchard. Es ist von ihm nichts weiter bekannt, als daß er Hof= und Justizrath in Dresden war und um 1720 starb. Er ist nach Angabe des Merseb. Gesgb. von 1736 Verf. der beiden Lieder

193. **Herr wir sind allhier beisammen.**

527. **Mache dich mein Geist bereit,**

welches letztere auch von Wetzel u. a. ihm zugeschrieben wird.

Fritsch, Dr. Ahasverus, geb. 16. Dec. 1629 zu Mücheln, einem Städtchen zwischen Halle und Naumburg, wo sein Vater, den er früh verlor, Bürgermeister war, besuchte das Gymnasium zu Halle, und studirte in großer Dürftigkeit 1650 zu Jena die Rechte, wurde 1657 Lehrer der jungen Grafen von Rudolstadt, 1661 daselbst gräfl. Hofrath, 1679 Kanzleidirector und Consistorialpräsident, und endlich 1682 Kanzler. St. 24. Aug. 1701. Unter vielen ascetischen Schriften hat er 2 Liedersammlungen: Neue himmelsüße Jesuslieder. 1668. 12. und: Himmelslust und Welt Unlust. 1670. 8. herausgegeben, worin neben mehreren von bekannten Verfassern eine große Anzahl anonymer Lieder sich findet, die gewöhnlich ihm zugeschrieben werden, bei denen aber seine Autorschaft noch sehr ungewiß ist, da mehrere derselben schon in älteren Sammlungen vorkommen. Zu diesen Jesusliedern gehört auch das Lied

Ists oder ist mein Geist entzückt,

welches dem Liede von Diterich 516 Mein ganzer Geist, Gott, wird entzückt zu Grunde liegt.

Fröhlich, Bartholomäus, Pfarrer zu Perleberg in der Priegnitz, gest. um 1587, ist nach den Angaben alter Gesgb. Verf. von

Ein Würmlein bin ich arm und klein, daraus 483. Ach Herr laß mir ein' Leuchte sein.

Jäger oder **Juger,** M. Kaspar, geb. zu Dresden, war daselbst Conrector und hernach Diaconus und st. 24. Jul. 1617. Er wird gewöhnlich angegeben als Verf. des Liedes

34. Wir Christenleut,

welches jedoch in den meisten alten Gesgbb. anonym vorkommt, auch im Dresdner Gesgb. von 1608, wo ein andres Lied von ihm namentlich bezeichnet ist, ohne seinen Namen steht, und nach Kirchners Vermuthung (S. 15) vielleicht einem älteren Kaspar Füger gehört, der bei der Wittwe Herzog Heinrichs v. Sachsen Hofprediger war und ein Hirtengespräch vom Abendmahl reimweise, Dresda 1592, herausgab.

Funk, Dr. Gottfried Benedict, geb. 29. Nov. 1734 zu Hartenstein im Schönburgischen, wo sein Vater Prediger war. Zum Theologen bestimmt und dazu auf dem Gymnasium zu Freiberg vorbereitet, wurde er durch Bedenklichkeit über manche an das Predigtamt geknüpfte Verpflichtungen bewogen, auf Anrathen J. A. Cramer's, dem er sich schriftlich eröffnet hatte, das Studium der Rechte zu wählen. Er ging 1755 nach Leipzig, aber schon im folgenden Jahre rief ihn Cramer, damals in Kopenhagen, als Erzieher in sein Haus, mit dem Versprechen, ihn zugleich zum theol. Studium anzuleiten. In diesem eben so angenehmen als bildenden Verhältnisse zu Cramer, durch diesen auch mit Klopstock nahe befreundet und von ihnen zur geistlichen Liederdichtung aufgemuntert, verlebte er 13 Jahre und folgte dann 1769 dem Antrag zu einer Lehrerstelle an der Domschule zu Magdeburg, wo er schon 1772 Rector und 1785 auch Consistorialrath wurde. Hochverdient um die Schule, der er über 40 Jahre lang vorstand, wie um das Unterrichts- und Erziehungswesen überhaupt, und von seinen zahlreichen Schülern in seltenem Grade geehrt und geliebt, starb er 80 Jahr alt, am 18. Jun. 1814. Die Liebe seiner Schüler und Fr.unde errichtete im Dom zu Magdeburg seine Büste mit der Inschrift: Scholae, ecclesiae, patriae decus. — Seine geistl. Lieder, zum Theil schon im Kopenhagener deutschen Gesgb. von 1760 erschienen, stehen zusammen in seinen Schriften nach seinem Tode herausgegeben, Berlin 1820. 2 Thle.

469. Die auf der Erde wallen.

Garve, Karl Bernhard, geb. bei Hannover 24. Jan. 1763, in der Brüdergemeinde erzogen, verwaltete in derselben an verschiedenen Orten, namentlich 1810—1816 in Berlin, das Predigtamt, und lebte nachher zu Neusalz an der Oder und starb 1841 zu Herrnhut. Seine Lieder erschienen in den beiden Sammlungen: Christliche Gesäng:. Görlitz 1825 und: Brüdergesänge. Gnadau 1827.

393. Dein Wort o Herr ist milder Thau.

180. Seht ihr vor dem Stuhle Gottes.

Gedicke, Lampertus, geb. zu Gardelegen in der Altmark 6. Jan. 1683, studirte von 1701 an in Halle, unterrichtete dann eine Zeitlang am Waisenhause, übernahm 1709 eine Hofmeisterstelle in Berlin und wurde noch in demselben Jahr Prediger beim Garderegiment, mit welchem er nach Brabant ging. 1713 wurde er Feldprediger beim Regiment von Wartensleben und zugleich Garnisonprediger in Berlin, und endlich 1717 Feldpropst und Inspector aller Garnison- und Feldprediger. St. 21. Febr. 1735. Man hat 2 Lieder von ihm, die zuerst durch das Berliner Gesgb. von 1711 in kirchlichen Gebrauch kamen.

371. Wie Gott mich führt so will ich gehn.

Gellert, M. Christian Fürchtegott, geb. 4. Jul. 1715 zu Haynichen im sächs. Erzgebirge, wo sein Vater Prediger war, besuchte von 1729 an die Fürstenschule zu Meißen, und studirte seit 1734 in Leipzig Theologie. Wegen sei-

ner großen Aengstlichkeit und Schwachheit seiner Brust zum Prediger nicht geeig-
net, übernahm er 1739 die Erziehung zweier jungen Edelleute bei Dresden, und
bereitete dann den Sohn seiner Schwester zur Universität vor, mit dem er 1741
nach Leipzig zurückkehrte. Hier gehörte er zu dem damals dort versammelten, in
der Geschichte der neueren deutschen Literatur so bedeutenden Dichterbunde, Klopstock, Rabener, Cramer ꝛc. und nahm thätigen Antheil an der Herausgabe der
Bremischen Beiträge, in denen seine Arbeiten schon damals allgemeinen Beifall
fanden. Da seine schwächliche Gesundheit ihm eine regelmäßige Berufsarbeit nicht
gestattete, widmete er sich dem Unterricht der akademischen Jugend, wurde 1744
Magister und hielt seit 1745 Privatvorlesungen über Poesie und deutschen Styl,
während er zugleich durch seine nach und nach erscheinenden Fabeln, Lieder u. a. seinen Namen weit und breit bei Hohen und Niedern rühmlich bekannt machte. 1751 wurde
er zum außerordentl. Professor der Philosophie mit 100 Thlr. Gehalt ernannt und
hielt seitdem zahlreich besuchte Vorlesungen über Poesie und Beredsamkeit, später aber,
nachdem ihn seine Hypochondrie bewogen hatte sich ganz von der Poesie zurückzuziehen,
die mit dem größten Beifall aufgenommenen Vorträge über Moral, bei denen sich
Zuhörer aus den verschiedensten Ständen um ihn versammelten. Unter den Stu-
dierenden genoß er eine seltene Liebe und Achtung und übte durch sein Vorbild und
seine Ermahnungen den wohlthätigsten Einfluß aus; nicht minder empfing er aus
allen Gegenden Deutschlands fortwährend Beweise der größten Hochachtung, und
viele seiner Verehrer wetteiferten, durch ansehnliche Geschenke ihm eine sorgenfreie
Lage zu bereiten. In Anerkennung seiner Verdienste wurde ihm auch von seinem
Hofe 1761 eine ordentliche Professur angetragen, und da er sie ausschlug, weil er
wegen seiner Kränklichkeit den Pflichten dieses Amtes nicht genügen zu können
meinte, so wurde ihm wenigstens eine Pension ausgesetzt, welcher der Kurfürst, der
ihn sehr hochachtete, noch öfters außerordentliche Geschenke hinzufügte. Indessen
nahm die Kränklichkeit und Hypochondrie, mit der er von Jugend an zu kämpfen
gehabt hatte, immer mehr zu; es bildete sich ein Unterleibsübel, das ihm die letzten Jahre seines Lebens ein ununterbrochenes Leiden verursachte und endlich unter
großen Schmerzen seinen Tod herbeiführte. Er starb, wie er gelebt hatte, in
christlicher Gelassenheit und freudigem Glauben am 13. Dec. 1769, 54 Jahr alt.
(Sein Leben von J. A. Cramer. Leipz. 1774. 8.) Seine geistl. Lieder, die schon
bei seinem Leben die allgemeinste Verbreitung fanden, und in alle neueren Gesgb.
übergingen, erschienen zuerst Leipz. 1757. Ihre Zahl beträgt 54, wozu noch einige
von Dietrich aus Gellerts Lehrgedichten bearbeitete hinzukommen.

26. Dies ist der Tag, den Gott gemacht. — 97. Erinnre dich mein
Geist erfreut. — 221. Gott ruft der Sonn und schafft den
Mond. — 528. Herr der du mir das Leben. — 531. Ich komme
Herr und suche dich. — 534. Jesus lebt, mit ihm auch ich. — 539.
Nach einer Prüfung kurzer Tage. — 159. Wenn Christus seine
Kirche schützt. — 548. Wenn ich o Schöpfer deine Macht. — 549.
Wer Gottes Wort nicht hält und spricht. — 351. Wie groß ist
des Allmächtgen Güte.

Gensch, Christoph, Edler von Breitenau, geb. 12. August 1638 zu
Naumburg, wo sein Vater Amtmann des Stifts Naumburg-Zeitz war, besuchte die
Schule zu Naumburg und Schulpforte, studirte von 1655 an in Leipzig die Rechte,
wurde dann Führer eines Holsteinischen Prinzen und 1667 Hofrath des Herzogs
von Holstein Ploen, dem er in den Streitigkeiten mit dem dänischen Hofe über
die Erbfolge in Oldenburg wichtige Dienste leistete. 1678 trat er nach dem Tode

des Herzogs als Rath in dänische Dienste, wurde 1681 unter dem Namen von Breitenau geadelt, 1682 Kanzler der Grafschaft Oldenburg, 1693 Conferenzrath, 1694 Landdrost im Budjadingerlande, 1700 königl. geheimer Rath und 1701 Ritter vom Danebrog. 1706 trat er aus dem Staatsdienst und privatisirte seitdem in gelehrter Muße zu Lübeck, wo er 93 Jahr alt, 11 Jan. 1732 starb. Ausgezeichnet als Staatsmann und Gelehrter hat er sich auch um den Kirchengesang verdient gemacht durch das 1674 von ihm herausgegebene, für die damalige Zeit vorzügliche, Gesgb. der Stadt Ploen, in welchem sich von ihm selbst etliche 20 theils neugedichtete, theils bearbeitete Lieder finden, darunter

Gott mein Vater sei gepriesen woraus 259. Heilig, heilig, heilig werde (oben ohne Angabe des Verf.).

Gerhardt, Paul, geb. wahrscheinlich 1606 zu Gräfenhainichen unweit Wittenberg, wo sein Vater Christian G. Bürgermeister war. Ueber seine Jugendgeschichte ist nichts bekannt. Wahrscheinlich verzögerten die Unruhen des 30jähr. Krieges seine Anstellung, denn bis zu seinem 45. Lebensjahre lebte er als Kandidat im Hause seines nachherigen Schwiegervaters, des Kammergerichts Advokaten Bertholdt als Erzieher, hatte sich jedoch bereits durch seine geistlichen Gaben vortheilhaft bekannt gemacht, so daß ihn das Berlinische Ministerium 1651 dem Magistrat zu Mittenwalde zum Propst und ersten Prediger an der dortigen Kirche mit einem rühmlichen Zeugnisse empfahl. Er trat diese Stelle 1652 an und verwaltete sie bis in die Mitte des Jahres 1657, wo er vom Magistrat zu Berlin zum dritten Diaconat an der St. Nicolaikirche berufen wurde. Hier erwarb er sich bald in hohem Grade die Liebe seiner Gemeinde und erfreute sich einer reichgesegneten Wirksamkeit, bis die unglücklichen Differenzen der Berliner lutherischen Geistlichen mit den großen Kurfürsten über die zwar wohlgemeinten aber doch nicht ohne Einseitigkeit getroffenen Veranstaltungen desselben zur Herstellung des Friedens zwischen den Lutheranern und Reformirten auch für ihn schwere Kämpfe und endlich Entfernung vom Amte herbeiführten. Obwohl selbst zum Frieden geneigt, glaubte er doch Gewissenshalber den der Geistlichkeit abgeforderten Revers, die zwischen beiden Confessionen streitigen Lehren nicht öffentlich zur Sprache zu bringen, nicht ausstellen zu können, worauf ihm unter dem 16. Febr. 1666 die Amtsentsetzung angekündigt wurde. Durch die lebhaften Verwendungen der Stände, des Magistrats und der Gemeinde zu Gerhardts Gunsten bewogen, nahm der Kurfürst zwar diese zurück und erklärte unter dem 9. Jan. 1667, daß er Gerhardt ohne Unterschrift des Reverses in seinem Amte belassen wolle, in der Zuversicht, derselbe werde auch ohnedem den Verordnungen des Kurfürsten sich gemäß bezeigen; aber Gerhardts zartes Gewissen fand auch in diesem Zugeständniß die gewünschte Beruhigung nicht, indem er durch den Wiederantritt seines Amtes stillschweigend dasselbe Versprechen zu leisten meinte, welches schriftlich auszustellen seine Bedenklichkeit ihm nicht gestattete, und da weder der Kurfürst noch mehr nachgeben, noch auch Gerhardts bekümmertes Gemüth, ungeachtet der Bemühungen des Magistrats und vieler Gemeindeglieder, zur Uebernahme des Amtes sich entschließen konnte, so mußte endlich der Magistrat auf kurfürstl. Befehl im Sommer 1667 die Stelle anderweitig besetzen. Inzwischen blieb Gerhardt noch in Berlin, wo er um Ostern 1668 seine Frau verlor, bis er im Sept. 1668 den Ruf zum Archidiaconat in Lübben erhielt, welches er jedoch wegen des verzögerten Ausbaues seiner Amtswohnung erst am Trinitatisfest 1669 antrat und dann bis an sein Ende verwaltete. Daß ihn später der Kurfürst wieder habe zurückrufen wollen, ist ganz unerweislich. Ebenso ist die bekannte Erzählung von der Entstehung des Liedes: Befiehl du teine Wege, durchaus nur eine Fabel, da das Lied längst vor G's. Entfernung von Berlin bekant war, überhaupt keines unter seinen Liedern sich findet, das nicht erweislich schon vor 1668 gedruckt vorhanden wäre. Er starb zu Lübben 7. Juni 1676. (Näheres über sein Leben s. in C. G. Roth Paul Gerhardt nach seinem Leben und Wirken. Leipz. 1829. Leben und Lieder von Paulus Gerhardt herausg. von E. E. G. Langbecker. Berl. 1841. Paul Gerhardts geistliche Andachten in 120 Liedern, mit einer geschichtlichen Einleitung und Urkunden herausg. v. O. Schulz. Berl. 1842.) Seine Lieder gingen sehr früh in die Gesangbücher über; schon das auf Befehl des großen Kurfürsten 1658 veranstaltete Märkische Gesgb. enthält deren 24. Die erste vollständige Sammlung wurde von Joh. Georg Ebeling, damals Musikdirector der Berliner Hauptkirche, mit Melodien Berlin 1666 in 10 Heften Fol. herausgegeben, der nachher viele andere folgten. Nach dieser Ebelingschen Ausgabe sind die oben angeführten neusten Ausgaben der Gerhardtschen Lieder von Langbecker und Schulz veranstaltet worden. — Die oben vorkommenden Lieder sind:

104. Auf auf mein Herz mit Freuden. — 370. Befiehl du deine Wege. — 215. Die goldne Sonne. — 84. Ein Lämmlein geht und trägt die Schuld. — 40. Fröhlich soll mein Herze springen. — 380. Geduld ist euch vonnöthen. — 419. Herr aller Weisheit Quell und Grund. — 490. Ich bin ein Gast auf Erden. — 239. Ich singe dir mit Herz und Mund. — 503. Ich weiß daß mein Erlöser lebt. — 532. Ich weiß mein Gott, daß all mein Thun. — 354. Ist Gott für mich so trete. — 207. Lobet den Herren alle die ihn ehren. — 252. Nun banket all und bringet Ehr. — 227. Nun laßt uns gehn und treten. — 541. Nun ruhen alle Wälder. — 151. O du allersüße Freude. — 78. O Haupt voll Blut und Wunden. — 347. O Jesu Christ mein schönstes Licht. — 80. O Welt sieh hier dein Leben. — Schaut schaut was ist für Wunder dar, daraus 38. Dies ist die rechte Freudenzeit. — 357. Schwing dich auf zu deinem Gott. — 248. Sollt ich meinem Gott nicht singen. — 546. Wach auf mein Herz und singe. — 358. Warum sollt ich mich denn grämen. — 10. Wie soll ich dich empfangen. — 35. Wir singen dir Immanuel. — 321. Wohl dem Menschen der nicht wandelt. — 145. Zeuch ein zu deinen Thoren.

Gesenius, Dr. Justus, geb. 6. Juli 1601 zu Eßbeck im hannöverschen Amte Lauenstein, wo sein Vater Prediger war, besuchte die Schule zu Hildesheim, studirte von 1618 an in Helmstädt, ging dann 1626 nach Jena, wo er Magister wurde, war zuerst 1629 Prediger zu Braunschweig, wurde dann 1636 Hofprediger bei dem Herzog Georg v. Braunschweig zu Hildesheim, und endlich Oberhofprediger, Kirchenrath und Generalsuperintendent zu Hannover, weshalb er 1643 zu Helmstädt die theol. Doctorwürde annahm. St. 70 Jahr alt 18. Sept. 1671. In Gemeinschaft mit seinem Freunde Denicke besorgte er zunächst zur Privatandacht 1647 eine Liedersammlung, welche die Grundlage des neuen hannöverschen Gesgb. von 1659 wurde, und wegen der von ihnen vorgenommenen Veränderungen und Umarbeitungen älterer Lieder besondere Bedeutung hat. Hierin befinden sich auch seine eigenen Arbeiten, die jedoch von denen seines Freundes Denicke bei der unter ihnen stattfindenden Verwandtschaft nicht immer mit Sicherheit zu unterscheiden sind. Nach der gewöhnlichen Meinung gehören ihm in unserm Gesgb.

115. O Tod wo ist dein Stachel nun, welches sonst öfter, jedoch ohne allen Grund, dem Lucas Bacmeister, Superint. in Güstrow, st. 1638, zugeschrieben wird, aller Wahrscheinlichkeit nach aber aus dem Hannöv. Gesgb. herstammt, und also von Gesenius oder von Denicke herrührt.

257. Was Lobes soll man dir o Vater singen, zu unterscheiden von einem älteren Liede gleichen Anfangs und gleichen Metrums, das aber sonst mit diesem nichts gemein hat. Man vgl. beide neben einander im Hallischen Gesgb. von Struensee Nr. 771 u. 772, wo das gewöhnlich Gesenius zugeschriebene Lied den Anfang hat: Was kann ich doch für Lob dir Vater singen.

81. Wenn meine Sünd mich kränken, sicher von Gesenius, dessen Original noch zu Wetzels Zeiten vorhanden war (Anal. II. S. 19.).

Gesius, Bartholomäus, war zu Anfang des 17. Jahrhunderts Cantor zu Frankfurt a. O. und gab daselbst 1601 ein Gesangbuch heraus. Nach mehreren Zeugnissen ist wahrscheinlich er Verf. des sonst dem Bassl. Förtsch zugeschriebenen Liedes

100. Heut triumphiret Gottes Sohn.

Gotter, Ludwig Andreas, geb. 26. Mai 1661 zu Gotha, war daselbst Geheimsecretair und zuletzt Hof- und Assistenzrath und starb 19. Sept. 1735. Seine Lieder wurden besonders durch das Freyling. Gesgb. bekannt, welches deren nach Kirchners Verzeichniß 24 enthält. Eine vollständige Sammlung derselben befindet sich im Manuscript auf der gräflichen Bibliothek zu Wernigerode. Ihm gehören:

318. Herr Jesu Gnadensonne.

332. Schaffet schaffet Menschenkinder.

255. Womit soll ich dich wohl loben.

Gramann, Dr. Johannes, gewöhnlich Poliander, geb. zu Neustadt in Baiern 5. Jul. 1487, studirte zu Leipzig, wo er Magister und Baccalaureus der Theologie wurde und eine Zeitlang Schullehrer war, wohnte 1519 als Amanuensis des Dr. Eck der Leipziger Disputation bei, trat nachher auf Luthers Seite und ging auf dessen Anrathen 1525 nach Preußen, wo er Pfarrer in der Altstadt Königsberg wurde, und mit Paulus Speratus und Johann Brißmann die Einführung der Reformation in Preußen bewirken half. St. 29. Apr. 1541. (Nachrichten über sein Leben zuerst in dem Erläuterten Preußen. Königsb. 1724 u. 25. und daraus in den Unschuld. Nachrichten 1725. S. 1031; vollständiger in W. K. Rost Memoria J. Poliandri. Lips. 1808. 8.) Nach sichern Zeugnissen (Olearius III. S. 124. Rambach III. S. XII.) ist er, und nicht P. Speratus, wie zuweilen angegeben wird, Verf. von

244. Nun lob mein Seel den Herren,

welches, wie Rambach a. a. O. aus der Rigischen Kirchenordnung von 1530 nachweist, schon vor diesem Jahre bekannt gewesen sein muß.

Grammlich, Johann Andreas (nicht Grämlich, oder Gramlich, wie der Name gewöhnlich geschrieben wird), geb. 1. Jul. 1689 (nicht 1690 wie Richter angiebt) zu Stuttgart, studirte zu Tübingen und Halle, war eine zeitlang Lehrer im Kloster Bebenhausen, worauf ihn der Herzog in Deutschland, Holland und Frankreich reisen ließ, wurde 1716 Hofcaplan und nachher Hofprediger zu Stuttgart und starb als solcher 7. Apr. 1728, nachdem er kurz zuvor einen Ruf zum Professor der Theol. nach Gießen erhalten hatte. Sein Leben war an vielen und zum Theil sehr seltsamen Unglücksfällen reich, z. B. bekam er als Knabe eine Bohne ins Ohr, die nur dadurch, daß sie aus dem Ohr herauswuchs, mit höchster Lebensgefahr wieder entfernt werden konnte; als Student bekam er im Munde ein großes Gewächs, das ihn zu ersticken drohte, und nur durch Ausbrennen mit glühenden Eisen, das ein Vierteljahr lang täglich zweimal wiederholt werden mußte, endlich geheilt wurde, worauf er denn das Gelübde that, seinen Mund ganz besonders der Ehre Gottes zu heiligen. (Näheres über ihn in Unschuld. Nachrichten 1725. p. 641. u. 1732. p. 71.) Er gab heraus: 40 Betrachtungen auf Christi Leiden und Tod. Stuttg. 1722. 8. denen in der 2. Aufl. Stuttg. 1727. eben so viele Lieder hinzugefügt sind. Unter diesen ist auch:

75. Kommt an der Tod, da ich soll ringen (im Original: der Tod kommt an da ich ꝛc.)

Gretgen, Adam, Advokat zu Sorau, st. 1660, wird in Crüger's praxis pietatis melica u. a. alten Sammlungen als Verf. des Liedes

157. Erhalt uns deine Lehre genannt, das zuweilen irrig, wahrscheinlich in Folge einer falschen Deutung der Namensbuchstaben A. G., dem Andreas Gryphius zugeschrieben wird.

Grosser, M. Samuel, geb. zu Paschkerwitz im Fürstenth. Oels, 8. Febr. 1664, studirte zu Leipzig und wurde daselbst 1690 Conrector an der Nicolaischule, kam 1691 als Rector nach Altenburg, und wurde 1695 Rector des Gymnasiums zu Görlitz, dem er 41 Jahr vorstand, und das unter ihm großen Ruf und bedeutende Frequenz erlangte. Durch seine gelehrten Arbeiten rühmlich bekannt, wurde er 1712 auch in die königl. preuß. Akademie der Wissenschaften aufgenommen. St. 24. Juni 1736. Seine Lieder befinden sich in seiner Bet- und Singschule für die studirende Jugend. Leipz. 1707. und Vorbereitung zur Reise nach dem Himmel. Wittenb. 1730.

Liebster Jesu sei willkommen, daraus 21. Sieh mein Herze steht dir offen.

Grüneisen, Dr. Karl, geb. 17. Jan. 1802 zu Stuttgart, wo sein Vater Oberregierungsrath war, studirte von 1819 an in Tübingen und Berlin, wurde 1825 Hofcaplan in Stuttgart, 1831 zugleich Inspector der Volksschulen, und ist seit 1835 Hofprediger, Oberconsistorialrath und Feldpropst. 1836 erhielt er von der theol. Facultät zu Leipzig die Doctorwürde. Selbst ein ausgezeichneter Dichter, hat er auch an den neueren Bestrebungen zur Verbesserung des Gesangbuchwesens durch seine gediegene Abhandlung: Ueber Gesangbuchsreform. Stuttg. 1838. thätigen Antheil genommen; auch ist er Mitherausgeber des neuen Würtemberg. Gesangbuchs, aus welchem sein Lied

407. Preis Ehr und Lob sei dir hier aufgenommen ist.

Günther, Cyriacus, geb. 1649 oder 1650 zu Goldbach bei Gotha, war dritter Lehrer am Gymnasium zu Gotha und st. daselbst, 55 Jahr alt, im Oct. 1704. Er hat einige 30 Lieder im Manuscript hinterlassen, von denen 10 in Freylinghausens Gesgb. aufgenommen sind, darunter

233. Bringt her dem Herren Lob und Ehr.

292. Halt im Gedächtniß Jesum Christ.

Gustav Adolph, König v. Schweden, geb. zu Stockholm 9. Dec. 1594, gefallen als Streiter für den evangelischen Glauben in der Schlacht bei Lützen 6. Nov. 1632. Schon bei einigen älteren schwedischen Schriftstellern findet sich die auch von deutschen Historikern öfters wiederholte Angabe, daß das Lied

Verzage nicht du Häuflein klein, daraus 161. So wahr Gott Gott ist und sein Wort.

welches in vielen Gesgbb. die Ueberschrift: „Gustav Adolphs Feldliedlein" führt, und nach einigen Nachrichten noch in der letzten Betstunde vor der Lützner Schlacht von dem ganzen Heere soll gesungen worden sein, den König selbst zum Verfasser habe. Obwohl das für die Autorschaft des Michael Altenburg (s. d.) vorhandene gleichzeitige Zeugniß diese aller näheren Begründung ermangelnden Angaben an Glaubwürdigkeit bei weitem zu überwiegen scheint, denselben auch viele erhebliche Bedenken entgegen stehen, wie z. B. daß grade in den schwedischen und schwedisch deutschen Gesgbb. das Lied bis auf die neueste Zeit nur sehr selten und nur unter Mich. Altenburgs Namen vorkommt, so haben doch neuerdings diese Angaben eine unerwartete Unterstützung gefunden durch eine sonst in Leipzig vorhandene handschriftliche Sammlung historischer Nachrichten aus dem 17. u. 18. Jahrhundert, in denen der ehemalige Prof. der Rechte zu Leipzig, Dr. Born, selbst verzeichnet hat, wie ihm in Wittenberg in B.lfein Dr. Hülsemanns der Beichtvater des Königs, Dr. J. Fabricius, gesagt habe, daß das Lied von dem Könige selbst in Prosa aufgesetzt, von ihm aber auf des Königs Verlangen in Reime gebracht worden sei; und in denen fernerhin glaubhaft versichert wird, daß der Hofprediger Carls XII., Dr. Nordberg, dem bekannten Theologen Dr. Rechenberg in einer am 2. Jan. 1707 zu Leipzig stattgefundenen Unterredung eine Urkunde vorgezeigt habe, aus welcher dieselbe Nachricht unzweifelhaft hervorgegangen sei. M. s. das Nähere hierüber in Mohnike's hymnol. Forschungen. Stralf. 1831. Thl. 2. S. 55—98.

Haucke, M. Martin, geb. 15. Febr. 1633 zu Borna, einem Dorfe in der Nähe von Breslau, studirte in Jena, wo er 1656 Magister wurde, kam 1658 als Lehrer an das Gymnasium zu Gotha, wurde dann 1661 Professor der Geschichte und Beredsamkeit am Gymnasium Elisabethanum zu Breslau, 1670 Bibliothekar, 1681 Prorector und endlich 1688 Rector dieser Schule. Durch seine ausgebreitete Gelehrsamkeit rühmlich bekannt, wurde er 1679 nach Wien berufen, um die kaiserl. Bibliothek zu ordnen, wofür ihn Kaiser Leopold I. mit einer goldenen Ehrenkette beschenkte. Die zugleich ihm eröffnete Aussicht auf die Stelle eines kaiserl. Bibliothekars lehnte er jedoch ab, da er die daran geknüpfte Bedingung einer Glaubensänderung nicht erfüllen konnte. Er starb 24. Apr. 1709. Seine geistl. Lieder sind gesammelt in seinen 5 Büchern deutscher Lieder. Bresl. 1696. 8.

211. Ach Herr und Gott du Lebenslicht.

Harms, Dr. Claus, geb. zu Fahrstedt in Süder-Dithmarschen, den 25. Mai 1778, in seiner Jugend zum Müllerhandwerk bestimmt, und erst vom 19. Jahre an auf der Gelehrtenschule zu Meldorf für die Wissenschaft vorbereitet, studirte von 1799 — 1802 in Kiel, war dann einige Jahre Hauslehrer, wurde 1806 Diaconus zu Lunden, einem Flecken in Norder-Dithmarschen, kam 1816 als Archidiaconus nach Kiel, und ist gegenwärtig daselbst Oberconsistorialrath, Kirchenpropst und Hauptpastor. Von ihm

418. Gott woll uns hoch beglücken (Vs. 1 u. 2; das übrige Zusatz von A. Knapp.)

Harsdörffer, (so schreibt er selbst seinen Namen) Georg Philipp, geb. 1. Nov. 1607 zu Nürnberg, aus einer angesehenen dortigen Patricierfamilie, studirte nach einer sorgfältigen häuslichen Erziehung schon von seinem 16. Jahre an zu Altdorf und dann zu Straßburg Jura und Humaniora, bereiste dann 5 Jahre

lang Frankreich, Italien, England und Holland, und kehrte endlich 1631 vielseitig
gebildet und besonders mit einer ausgezeichneten Kenntniß der Sprachen jener Länder bereichert, in seine Vaterstadt zurück, wo er bald zu ansehnlichen bürgerlichen
Aemtern und endlich 1655 auch in den Rath berufen wurde. Hier durch glückliche
äußere Verhältnisse begünstigt, verwendete er seine Muße- und seine vielseitigen
Kenntnisse zu zahlreichen literarischen Arbeiten, durch welche er seiner Gelehrsamkeit und seiner Dichtkunst den ausgebreitetsten Ruhm erwarb. Besonders war er
eifrig bemüht um die Ausbildung der deutschen Sprache und Poesie, wozu
er besonders auch durch den in Verbindung mit seinem Freunde Johann Klaj
1644 gestifteten Hirten- und Blumen-Orden an der Pegnitz, dem er als erster Präses bis an seinen Tod mit regem Eifer vorstand, zu wirken suchte,
auch ist seinen Bestrebungen, wie sehr sie auch die niedere Stufe des damals
herrschenden Geschmacks beurkunden, doch für jene Zeit ihre Verdienstlichkeit
nicht abzusprechen. Er starb, hochgeehrt und bewundert, 22. Sept. 1658. (S.
W. Müllers Biblioth. deutscher Dichter des 17. Jahrh. Bd. IX.) Seine
zahlreichen geistl. Lieder, von denen nur wenige noch in den Gesgbb. sich erhalten
haben, stehen in seinen Herzerweglichen Sonntagsandachten. 2 Thle. Nürnb. 1649
u. 52. und Nathan und Jotham, d. i. geistl. und weltl. Lehrgedichte. 2 Thle.
Nürnb. 1650—51.

216. **Die Morgensonne gehet auf.**

Heermann, Johannes, geb. 11. Oct. 1585 zu Rauden im Fürstenthum
Liegnitz, Sohn eines armen Kürschners, und schon als Kind während einer gefähr-
lichen Krankheit durch ein Gelübde seiner Mutter dem Dienste der Kirche geweiht,
besuchte die Schule zu Wohlau, die er wegen seiner Kränklichkeit wieder verlassen
mußte, kam dann auf die Schule nach Fraustadt, wo ihn der fromme Valerius
Herberger in sein Haus aufnahm, nachher auf das Elisabethanum nach Breslau
und 1604 nach Brieg, wo er am 8. Oct. 1608 zum Dichter gekrönt wurde. Als
Führer zweier jungen Herren von Rothkirch ging er 1609 nach Leipzig und Jena
und dann nach Straßburg, von wo er seiner Gesundheit wegen 1610 wieder nach
Hause zurückkehren mußte. Hier erhielt er im März 1611 den Ruf zum Diaconat nach Köben im Fürstenthum Glogau, wo er auch noch in demselben Jahre
zum Pastorat befördert wurde. Er hatte in diesem Amte durch die Kriegsunruhen, besonders während der gewaltsamen militairischen Bekehrungen im J. 1629,
große Drangsale und Gefahren zu bestehen, mußte auch viel häusliche Trübsal erleben und hatte dabei mit ununterbrochenen körperlichen Leiden zu kämpfen, die
ihn schon 13 Jahre vor seinem Ende nöthigten sich gänzlich von der Kanzel zurückzuziehen. Er begab sich zuletzt 1638, um seine letzten Tage in Ruhe zuzubrin-
gen, nach Lissa in Polen, aber nach 1640 den Schmerz erleben, daß sein
Sohn zur kathol. Kirche übertrat, den er jedoch durch ein ernstliches Abmahnungs-
schreiben wieder zur Rückkehr bewog. Er starb zu Lissa 27. Febr. 1647. (Näheres über ihn in: Ehrengedächtniß des Schles. Liederdichters Joh. Heermann von
J. D. Heermann. Glogau 1759) Seine zahlreichen Lieder, deren viele zu den
trefflichsten des evangelischen Liederschatzes gehören, finden sich außer einigen einzeln in die Gesgbb. aufgenommenen, in den beiden Sammlungen: Devoti Musica
Cordis oder Haus- und Herzmusica, zuerst 1630. 12. u. ö. und Sonntags- und
Festtagsevangelia 1630. 12. u. ö. Von ihm:

440 Als Jesus Christus in der Nacht. — 110. Frühmorgens da
die Sonn aufgeht. — 72. Herzliebster Jesu was hast du verbrochen. — 542. O Gott du frommer Gott. — 282. O Herr mein

Gott ich hab zwar dich. — 58. O Jesu Christe wahres Licht. — 345. O Jesu Gottes Sohn. — 284. So wahr ich lebe spricht dein Gott. — 301. Wenn dein herzliebster Sohn o Gott.

Helder, M. Friedrich Christian (nicht Heyder, wie Richter u. a. schreiben), geb. 30. Aug. 1677 zu Merseburg, wo sein Vater damals Domdiaconus war, studirte zu Halle und Leipzig, wo er 1697 Magister wurde, erhielt 1699 das Diaconat zu Zörbig unweit Halle, wohin sein Vater inzwischen als Pastor versetzt worden war, wurde 1702 dessen Adjunctus, und nach dessen Tode 1705 Pastor und starb 25. April 1754. Es sind von ihm 3 Abendmahlsgesänge bekannt, darunter

461. Ich komm zu deinem Abendmahle.

Heine, M. Georg, geb. zu Halle, wurde daselbst 1670 Adjunctus zu St. Moritz und 1672 Diaconus, ging aber, wie v. Dreyhaupt Beschr. des Saalkreises I. p. 1087 angiebt, weil er eines Ehebruchs beschuldigt wurde, 1685 von dort weg, und wurde nachher Prediger in Pommern. Gab heraus: Christerbauliche Lieder. Amsterd. Frankf. u. Leipz. 1693. 8. daraus einige in die Gesgbb. übergegangen sind; darunter

441. Auf Seele sei gerüst.

Held, Lic. Heinrich, soll Sachwalter zu Guhrau in Schlesien gewesen sein, und ist von ihm weiter nichts bekannt, als daß er einen Vortrab teutscher Gedichte, Frankf. a. O. 1643. 8. herausgegeben hat. Es werden ihm in älteren Gesgbb., z. B. schon in Crügers praxis pietatis melica von 1661 mehrere Kirchenlieder zugeschrieben, unter denen

4. Gott sei Dank durch alle Welt am bekanntesten geworden ist.

Helder, Bartholomäus, gebürtig aus Gotha, wo sein Vater Superintendent war, wurde 1616 Pfarrer zu Remstädt im Gothaischen und starb an der Pest 28. Oct. 1635. Daß das Lied

143. O heiliger Geist o heiliger Gott

von ihm herrühre, ist sehr zweifelhaft, da das Lied in allen älteren Gesgbb., auch im Gothaischen, in welchem die anderen von ihm herrührenden Lieder alle namentlich bezeichnet sind, nur anonym vorkommt. Vielleicht beruht die Angabe nur auf Verwechselung dieses Liedes mit dem von Helder gedichteten: O heiliger Geist ewiger Gott. (S. Huhn's Gotha. Gesgb. Nr. 178.)

Helmbold, M. Ludwig, geb. 13. Jan. 1532 zu Mühlhausen, studirte zu Leipzig und Erfurt, war dann Lehrer in Mühlhausen und ging hierauf wieder nach Erfurt, wo er 1554 Magister und 1561 Conrector an der Augustinerschule wurde, erhielt 1566 von Maximilian II. auf dem Reichstage zu Augsburg den poetischen Lorbeerkranz, wurde 1570 Rector in seiner Vaterstadt, 1572 daselbst Diaconus und endlich 1586 Pastor und Superintendent. St. 12. Apr. 1598. Er hat in lateinischer und deutscher Sprache sehr viele Gedichte verfaßt, die jedoch meistens von keiner hohen Bedeutung sind. Die b.kannteren seiner Kirchenlieder finden sich in den beiden Sammlungen: Geistl. Lieder über etliche Psalmen 2c. Mühlh. 1572 u. ö. und: Dreißig geistl. Lieder auf die Feste 2c. in Melodien gebracht von Joachim v. Burk, Cantor zu Mühlhausen. Ebdas. 1594. Darunter sind:

146. Der heilig Geist vom Himmel kam.

375. Von Gott will ich nicht lassen; nach dem von J. Ch. Olearius Arnstadt 1719 herausg. Originalabdruck 1563 für eine gewisse Regina Helbich in Erfurt verfertigt.

Hermann, Nicolaus, Cantor zu Joachimsthal in Böhmen, wo er mit seinem Freunde, dem Pfarrer Joh. Matthesius für Beförderung des deutschen Kirchengesanges eifrig mitwirkte, unter den Liederdichtern des Reformationszeitalters einer der bedeutendsten, st. in hohem Alter 3. Mai 1561. Man hat von ihm: Evangelia auf alle Sonn= und Festtage, in Gesängen aufgestellt ꝛc. zuerst Wittenb. 1560. 8. mit Vorr. von Paulus Eberus; und: die Historien von der Sündfluth ꝛc. auch etliche Psalmen und geistl. Lieder in Reime gefaßt ꝛc. zuerst Leipz. 1563. 8. mit Vorrede von Joh. Matthesius.

204. Die helle Sonn leucht jetzt herfür.

109. Erschienen ist der herrlich Tag.

32. Lobt Gott ihr Christen alle gleich.

480. Wenn mein Stündlein vorhanden ist.

Herrmann, M. Zacharias, geb. 3. Oct. 1643 zu Ramslau bei Breslau, besuchte von 1656 an das Gymnasium zu St. Marien Magdalenen in Breslau und 1664 — 69 die Universität Jena, wurde gleich darauf Diaconus zu Lissa und 1681 daselbst Pastor und Inspector, nachher auch Senior der luther. Gemeinden in Groß=Polen, und starb, nachdem er durch Kriegsdrangsale, Pestzeiten und Brandunglück vielfältig zu leiden gehabt, am 10. Dec. 1716. Es erschien von ihm, von seinem Sohne herausgegeben, Frommer Christen seufzende Seele und singender Mund, Leip. 1722, worin 40 Lieder von ihm stehen, darunter

446. Mein Herze schicke dich.

496. Zu dir du Fürst des Lebens.

Herrnschmid, Dr. Johann Daniel (unrichtig von Richter u. a. Herrnschmidt geschrieben), geb. 11. Apr. 1675 zu Bopfingen in Schwaben, wo sein Vater Diaconus war, studirte in Altdorf, wo er Magister wurde, und ging dann 1700 nach Halle, wo er Francke's Hausgenosse war und am Pädagogium unterrichtete, auch 1701 Adjunct der theol. Facultät wurde. 1702 erhielt er den Ruf als Pastor adjunctus in seiner Vaterstadt, und wurde bald nachher, da sein Vater in das Pastorat aufrückte, Diaconus. Von da berief ihn 1712 der Fürst von Nassau Jestein zum Consistorialrath, Superintendenten und Hofprediger, weshalb er zu Halle die theol. Doctorwürde annahm; 1715 aber wurde er auf Francke's Betrieb zum Professor der Theologie nach Halle berufen, und zugleich, da Francke in diesem Jahre von der Glauchaischen an die Ulrichskirche versetzt wurde, von diesem 1716 zum Subdirector des Waisenhauses und Pädagogiums angenommen. (Daß er im Pastorat zu Glaucha Francke's Nachfolger geworden, wie Wetzel angiebt, ist unrichtig.) Er starb, erst 48 Jahr alt, 5. Febr. 1723. Aus Freylinghausens Gsgb. sind von ihm 17 Lieder bekannt, unter denen

241. Lobe den Herren o meine Seele.

Heyder, siehe Heider.

Hiller, Friedrich Conrad, geb. 1662, war Kanzleiadvocat in Stuttgart und starb 1726. Gab heraus: Geistliche Gedichte. Stuttg. 1711. Von ihm ist

491. Ruhet wohl ihr Todtenbeine.

Hiller, M. Philipp Friedrich, geb. 6. Jan. 1699 zu Mühlhausen an der Enz, wo sein Vater Pfarrer war, den er schon in seinem 2. Lebensjahre verlor. Von einem sorgsamen Stiefvater erzogen und zum Studiren bestimmt, kam er 1713 in das Kloster Denkendorf, wo Bengel sein Aufseher war, 1716 nach Maulbronn und 1719 in das theol. Stift zu Tübingen, wo er 1720 Magister wurde. Nachdem er 1724 sein Examen bestanden, war er die folgenden Jahre an verschiedenen Orten Vicar, bis er 1732 die Pfarrei zu Neckargröningen erhielt, von wo

25

er vier Jahr später als Pfarrer an seinen Geburtsort kam. Endlich wurde er 1748 Pfarrer zu Steinheim, verlor aber im dritten Jahre seine Stimme, so daß er seitdem der öffentlichen Amtsthätigkeit gänzlich entsagen mußte. Um so eifriger suchte er durch Privatseelsorge und durch erbauliche Schriften für das Reich Gottes zu wirken, bis in seinem 70. Jahre am 24. April ein Schlagfluß sanft und schnell sein Leben endete. S. seinen von ihm selbst aufgesetzten Lebenslauf bei Hörner S. 119. Seine Lieder, deren mehr als tausend sind, und in denen neben inniger Frömmigkeit auch poetisches Talent nicht zu verkennen ist, stehen in vielen nach und nach erschienenen Sammlungen, als: J. Arndts Paradiesgärtlein in Liedern. Nürnb. 1730. 12. Gottgeheiligte Morgenstunden. Tüb. 1748. 8. Gedächtnißreime der evange. Geschichten. Tüb. 1752. 8. Geistl. Liederkästlein zum Lobe Gottes. Stuttg. 1764. 8. Beiträge zur Anbetung Gottes im Geist und in der Wahrheit. Stuttg. 1785. 8. u. a. m.

83. Denk ich der Dornenkrone. — 308. Jesus Christus herrscht als König. — 355. Was freut mich noch, wenn du's nicht bist. (St. 3. Zusatz von A. Knapp.)

Hörnlein, Dr. Michael, geb. 1. März 1643 zu Rudolstadt, war daselbst Hofprediger, Generalsuperintendent und Assessor des Consistoriums und starb 29. März 1703. (S. Jöchers Gel. Lexikon) Im Rudolst. Gesgb. von 1734 findet sich unter seinem Namen

Auf ihr Christen werdet munter daraus 439. Welch ein Glück ward mir zu Theile.

Hoffmann, M. Gottfried, geb. 5. Dec. 1658 zu Löwenberg in Schlesien, wurde 1688 Conrector am Gymnasium zu Lauban und 1695 Rector desselben, und kam 1708 als Rector nach Zittau, wo er 1. Oct. 1712 starb. Mehrere Lieder von ihm sind in die Gesgbb. übergegangen; das oben ihm zugeschriebene

281. Jesus nimmt die Sünder an

ist jedoch nicht von ihm, sondern von Erdmann Neumeister.

Homburg, Ernst Christoph, geb. 1605 zu Mühla bei Eisenach. Man weiß von ihm nur, daß er Gerichtsactuarius und Rechtsconsulent zu Naumburg war und 2. Juni 1681 starb. Er hatte zu seiner Zeit als Dichter großen Ruf. Mit der geistl. Poesie beschäftigte er sich erst in spätern Jahren, und wie er selbst sagt, auf Veranlassung eines schweren Hauskreuzes. Außer einer Sammlung weltlicher Gedichte hat man von ihm Geistliche Lieder, Jena 1659. 2 Thle. 8. (an der Zahl 148). Er ist Verf. von:

119. Ach wundergroßer Siegesheld.
74. Jesu meines Lebens Leben.

Job, Johannes, geb. zu Frankfurt a. M. 2. Oct. 1664, wurde 1711 Rathsherr und Syndicus und später Baumeister zu Leipzig und starb das. 5. Febr. 1736. In Freylinghausens G.sgb. finden sich 5 Lieder von ihm, unter denen

113. O allerhöchster Freudentag. (Orig. O allerschönster c.)

Johann Friedrich, Kurfürst von Sachsen, der Großmüthige genannt, geb. zu Torgau 30. Jun. 1503, folgte seinem Vater Johann dem Beständigen 16. Aug. 1532, als Haupt des Schmalkaldischen Bundes 24. Apr. 1547 bei Mühlberg gefangen, darauf der Kurwürde und des größten Theils seiner Länder beraubt und selbst mit dem Tode bedroht, erst nach 5jähriger Haft 1552 befreit, und darauf 3. März 1554 zu Weimar verstorben. Nach der übereinstimmenden Angabe der alten Gesgbb. soll er während seiner Gefangenschaft das Lied

383. Wie's Gott gefällt, gefällt mir's auch

verfertigt haben, welches schon in einer Nürnberger Liedersammlung von 1551 vorkommt. Dagegen berichtet Wackernagel S. 470, daß das Lied in einer a. b. Jahr 1562 herrührenden handschriftlichen Sammlung der Lieder des A m b r o s i u s B l a u r e r auf der Bibliothek zu Zürich sich finde, und will es demnach als dessen Arbeit betrachtet wissen.

Jonas, Dr. Justus, geb. 5. Juni 1493 zu Nordhausen, soll der Sohn eines dortigen Bürgermeisters gewesen sein und eigentlich Jodocus Koch geheißen haben. In der Schule seiner Vaterstadt gebildet, ging er schon in seinem 13. Jahre nach Erfurt, um Jura und Philosophie zu studiren, und wurde dort in seinem 17. Jahre 1510 Magister. Von 1511—1515 war er in Wittenberg, wurde dann in Erfurt Licentiat der Rechte und gleich darauf Professor. Auf Erasmus Anrathen fing er seit 1519 an sich mit Theologie zu beschäftigen, wandte sich aber zugleich auch entschieden der Sache Luthers zu, den er 1521 nach Worms begleitete. Da ihm deshalb in Erfurt seine Einkünfte entzogen wurden, so kehrte er nicht wieder dahin zurück, sondern ging nach Wittenberg, wo er Propst des dortigen Collegiatstiftes wurde und die mit dieser Stelle verbundene Professur des canonischen Rechts erhielt, welche aber der Kurfürst gleich darauf auf seine Bitte in ein theol. Lehramt verwandelte, worauf er noch in demselben Jahre, 14. Oct. 1521, die theol. Doctorwürde annahm. Seitdem als Prediger und Professor ein kräftiger Zeuge der evangelischen Wahrheit, leistete er zugleich als treuer Beistand Luthers und Melanchthons bei den wichtigsten Angelegenheiten, z. B. der sächsischen Kirchenvisitation, dem Marburger Gespräch, dem Reichstage zu Augsburg, dem Convent zu Schmalkalden ꝛc., der Sache der Reformation die wesentlichsten Dienste. 1541 wurde er als der erste evangelische Superintendent und Oberpfarrer zu U. L. Frauen nach Halle berufen, wo er, nicht ohne mancherlei Kämpfe und Gefahren, die Reformation einführte. 1546 reiste er mit Luther nach Eisleben, war bei dessen Tode gegenwärtig und hielt ihm die Leichenpredigt. Nach der Schlacht bei Mühlberg durch Herzog Moritz von Sachsen aus Halle vertrieben, hielt er sich anfangs in Nordhausen auf, folgte dann im Juli 1547 einem Rufe nach Hildesheim, wo er das dortige Kirchenwesen in Ordnung brachte, ging aber schon um Ostern 1548 wieder hinweg und nach Halle zurück, wo er jedoch, da der Rath die Ungunst des Kaisers fürchtete, sein Predigtamt nicht öffentlich verwalten durfte. Erst 1551 verließ er Halle gänzlich, und ging als Superint. und Hofprediger des Herzogs Johann Ernst von Sachsen nach Coburg. 1552 erbat ihn die Stadt Regensburg von dem Herzog, um ihre durch das Interim zerrütteten kirchlichen Angelegenheiten zu ordnen, was er in 10 Wochen glücklich bewerkstelligte. 1553 veranlaßte ihn der Tod seines Fürsten nach Jena zu gehen, um der Universität seine Dienste zu widmen, er folgte aber noch im Aug. d. J. einem Rufe nach Eisfeld an der Werra als Oberpfarrer und Superint. der fränkischen Kirchen im Fürstenthum Coburg, und starb dort 63 Jahr alt am 9. Oct. 1555. (Die genauesten und vollständigsten Nachrichten über sein Leben findet man in K. E. L. Franke's Geschichte der hallischen Reformation. Halle 1841. 8. S. 253—289). Auch als Liederdichter hat er an den Bemühungen Luthers um den deutschen Kirchengesang Theil genommen. Wackernagel S. 156 führt von ihm 3 Lieder an, unter denen am bekanntesten geworden ist:

    384. Wo Gott der Herr nicht bei uns hält, schon in dem Erfurter Enchiridion von 1524 gedruckt.

    Kaiser, Nicolaus, war in den letzten Decennien des vorigen Jahrhunderts Prediger in Hof (Vater des Oberconsistorialraths Dr. K. in München und

des Professors Dr. K. in Erlangen) und gab eine Schrift über das heil. Abendmahl heraus, aus welcher mehrere Lieder über diesen Gegenstand von Knapp in
seinen Liederschatz aufgenommen sind; darunter

442. **Danket danket Gott mit Freuden.**

Keimann oder **Keymann**, M. Christian, geb. zu Pancraz (nach Hörner zu Kratschau) in Böhmen 27. Febr. 1607, studirte zu Wittenberg, wurde
daselbst 1634 Magister, in demselben Jahre Conrector am Gymnasium zu Zittau
und 1638 Rector daselbst; st. 13. Jan. 1662. Von seinen Kirchenliedern haben
mehrere allgemeine Verbreitung gefunden, besonders:

28. **Freuet euch ihr Christen alle.**

15. **Hosianna Davids Sohne.**

343. **Meinen Jesum laß ich nicht,** veranlaßt durch die Worte welche
Kurfürst Johann Georg I. von Sachsen auf dem Sterbebette (st. 1656)
auf die Frage seines Beichtvaters Dr. Weller: „ob kurfürstl. Durch.
Jesum im Herzen hätten?" erwiderte.

Kellner von Zinnendorf, Johann Wilhelm, aus einer altadeligen aber
verarmten Familie, geb. 15. Jan. 1665 zu Akendorf, wo sein Vater Schullehrer
war, studirte von 1688 an zu Leipzig Theologie, wo er an den damals entstehenden collegiis pietatis lebhaften Antheil nahm, war zuerst einige Zeit sächsischer
Feldprediger und wurde 1696 Prediger zu Kießlingswalde in der Lausitz, wo er
aber, da ihm das Beichtsitzen und Krankenbesuchen sehr lästig war, und er das
Tanzen unbedingt für Sünde erklärte, auch sogar denen, welche es nicht lassen
wollten, die Absolution verweigerte, vielerlei Unannehmlichkeiten hatte, und 1709
deshalb von seinem Patron des Amtes entlassen wurde. Er privatisirte später
mit dem Titel eines kgl. preuß. Hofraths in Halle, und st. im Nov. 1738.

338. **Christe mein Leben, mein Glauben, mein Hoffen, mein
Wallen.**

Kern, M. Gottlob Christian, geb. 13. Jan. 1792 zu Söhnstetten in
Würtemberg, wo sein Vater Pfarrer war, studirte im Tübinger Stift, wurde
1817 Repetent in Tübingen, 1820 Diaconus in Besigheim, nachher Professor im
Seminar zu Schönthal und zuletzt Pfarrer zu Dürrmenz und Mühlacker an der
Enz, wo er 5. Aug. 1835 starb. Mehrere Lieder von ihm, früher zum Theil in
der Christoterpe erschienen, stehen in Knapps Liederschatze.

454. **Wie könnt ich Sein vergessen.**

Kiel, Tobias, geb. 1584 zu Ballstädt bei Gotha, war Prediger zu
Eschenberge im Gothaischen und nachher in seinem Geburtsort, wo er 1627 starb.
Das oben ihm beigelegte Lied

471. **Herr Gott nun schleuß den Himmel auf,**

wird vielfältig, auch von Wetzel und Schamelius, dem Michael Altenburg zugeschrieben, der es in seinen Kirchen- und Hausgesängen, Erfurt 1620, die jedoch
nicht alle von ihm selbst verfaßt sind, zuerst bekannt machte; nach der ausdrücklichen Angabe des Gothaischen Gesgb. von 1651 ist aber Kiel der Verfasser des
Liedes und Altenburg nur der Componist der Melodie (Rambach 2. S. 234).

Kirchner, Johann Georg, geb. zu Halle 5. März 1710, besuchte das
Gymnasium und die Universität seiner Vaterstadt, wurde daselbst 1736 College
am Gymnasium, 1745 Adjunctus zu U. L. Frauen, 1767 Diaconus und noch in
demselben Jahre des jüngeren Francke Adjunct im Archidiaconat, nach dessen Tode
1769 Archidiaconus und st. 11. Mai 1772. Um die Hymnologie hat er sich als
fleißiger Litterator durch seine sehr sorgfältigen und genauen Nachrichten über die

Liederverfasser des Freylinghausenschen Gesgb. (Halle 1771. 8.), so wie durch die in den wöchentl. Hallischen Anzeigen von 1759 mitgetheilten Angaben der Lieberdichter des Hallischen Gesangbuchs von Struensee sehr verdient gemacht. In letzterem, dessen erste Ausgabe von 1756 größtentheils sein Werk war, stehen auch 11 Lieder von ihm, unter denen

O Herr, der du die Obrigkeit, daraus 424. Wir flehn dich höchster König an.

Klopstock, Friedrich Gottlieb, der Sänger des Messias, geb. 2. Jul. 1724 zu Quedlinburg, in Schulpforte gebildet, studirte 1745 zu Jena Theologie, ging 1746 nach Leipzig, wo er bereits durch die in den Bremischen Beiträgen veröffentlichten ersten Gesänge des Messias seinen Namen bekannt machte, lebte seit 1748 in Langensalze, reiste 1750 nach der Schweiz, erhielt 1751 vom dänischen Hofe durch den Minister Bernstorff ein Jahrgehalt um den Messias zu vollenden, und lebte seitdem anfangs in Kopenhagen, dann in Hamburg, wo er 1754 sich mit der in seinen Gedichten viel gefeierten Meta (Margarethe Moller) vermählte, die er aber 1758 schon wieder verlor, nachher meistens wieder in Kopenhagen, bis er sich nach dem Abgange seines Gönners und Freundes Bernstorff 1771 ganz nach Hamburg zurückzog, wo er auch von dem Markgrafen von Baden eine Pension genoß und seinen Messias vollendete. Er starb hier 14. März 1803 und wurde im Dorfe Ottensen begraben. (Vgl. u. a. Klopstocks Leben v. Heinr. Döring. Weimar 1825.) Seine geistlichen Lieder erschienen zuerst in 2 Thlen. Kopenh. u. Leipz. 1758 u. 1769, und bestehen aus 65 eigenen und 29 Bearbeitungen älterer Originale.

Die ihr seine Laufbahn lauft, daraus 458. Die ihr Jesu Jünger seid.

443. Herr du wollst sie vollbereiten.

509. Selig sind des Himmels Erben.

500. Wachet auf ruft einst die Stimme (oben ohne Angabe des Verf.).

Knapp, M. Albert, geb. 25. Jul. 1798 zu Tübingen, wo sein Vater Oberjustizrath war, war früher Diaconus zu Kirchheim unter Teck im Königreich Würtemberg, und ist gegenwärtig Archidiaconus an der Stiftskirche zu Stuttgart; Mitherausgeber des neuen Würtemb. Gesgb. Seine Lieder stehen in seinen christlichen Gedichten, 4 Bde. Basel 1829 u. 1834, spätere auch in dem seit 1833 von ihm herausgegebenen Taschenbuche Christoterpe; viele derselben hat er in seinen Evangelischen Liederschatz für Kirche und Haus, Stuttg. u. Tüb. 2 Bde. gr. 8. aufgenommen. In unserm Gesgb. befinden sich von ihm:

55. Der du zum Heil erschienen.

181. Gott Vater aller Dinge Grund.

431. Ich bin in dir und du in mir (zuerst im W. Gesgb.),

auch ist in dem Liede 418. Gott woll uns hoch beglücken von Harms besgleichen in dem Liede 355. Was freut mich wol wenn du's nicht bist von Hiller der dritte Vers ein von ihm herrührender Zusatz.

Knoll, Christoph, öfters auch Cnollius genannt, geb. zu Bunzlau 1563, war etliche 30 Jahr Diaconus zu Sprottau in Schlesien, und starb 1621. Er ist nach seinem eigenen Geständniß und nach dem Zeugniß seiner Leichenpredigt (Schamel. hymnop. S. 79.) der wahre Verf. des mehreren anderen ●●ge-schriebenen Liedes

489. Herzlich thut mich verlangen

und soll dasselbe 1599 während einer Pestepidemie gedichtet haben.

Knorr von Rosenroth, Christian, aus einer von Kaiser Maximilian I.
geadelten und später in den Freiherrnstand erhobenen Familie, geb. **15. Jul. 1636**
zu Altrauben, einem Dorfe im Fürstenthum Wohlau, wo sein Vater Pastor war,
studirte in Leipzig und dann in Wittenberg, wo er Magister wurde, und machte
sodann Reisen durch Frankreich, England und Holland, auf denen er sich besonders in den orientalischen Sprachen ausbildete und zugleich auch mit den soge-
nannten kabbalistischen Wissenschaften sehr vertraut machte. Nach seiner Rückkehr
gewann er die Gunst des diesen Wissenschaften sehr ergebenen Pfalzgrafen Christian August von Sulzbach, der ihn 1668 zu seinem geheimen Rath und Canzlei-
director ernannte, welches Amt er bis an seinen Tod bekleidete. Er starb, wie
Hörner aus dem Kirchenbuche zu Sulzbach ermittelt hat, nicht, wie gewöhnlich angegeben wird, 1688, sondern den 4. Mai 1689. Er hat viele theologische und ka-
balistische Schriften verfaßt, auch mehrere Werke der rabbinischen Literatur herausgegeben. Seine Lieder erschienen unter dem Titel: Neuer Helicon oder geistliche Sittenlieder. Nürnb. 1684. 12. Von ihm

208. Morgenglanz der Ewigkeit.
387. Herr Zebaoth dein heilig Wort. (Wird ihm von Heerwagen
Liter. Gesch. der Kirchenlieder I. p. 89. und von Richter p. 172. zugeschrieben; da jedoch diese Behauptung durch nichts unterstützt wird und
das Lied so ist durchgängig anonym vorkommt, so dürfte diese Angabe noch
sehr zu bezweifeln sein.)

Kohlros, Johannes, ein unbekannter Dichter der Reformationszeit, der
nach Schamelius 1558 gestorben sein soll, wahrscheinlich eine Person mit dem Johannes Rhobanthracius, der als Lehrer der deutschen Sprache zu Basel und ge-
schickter Dichter erwähnt wird, ist ohne allen Grund zuweilen als Verf. von

378. Wer Gott vertraut hat wohl gebaut
angegeben.

Koitsch, Christian Jacob, aus Meißen gebürtig, war von 1700—1705
Inspector des königl. Pädagogiums zu Halle, und wurde dann Rector des Gym-
nasiums zu Elbing, wo er 1735 starb. In Freylingh. Gesgb. befinden sich 10
Lieder von ihm (Kirchner führt 11 an, darunter aber eines, welches einem andern
Verfasser gehört).

Du bist ja Jesu meine Freude, daraus 324. Du hast Herr Christ ja
überwunden.
Liebes Herz bedenke doch, daraus 13. Halleluja Dank sei Gott.
438. O Jesu Christ ich preise dich.
298. O Ursprung des Lebens.

Kramer, Mauritius (die gewöhnliche Schreibart seines Namens, Cramer,
ist unrichtig), geb. 27. Febr. 1646 zu Ammerswort bei Meldorf in Holstein, war
in Meldorf auf der Schule, studirte 1666—69 in Jena, wurde 1670 Diaconus zu
Marne in Süderdithmarschen und 1679 Pastor daselbst und st. 22. Juni 1702. Man
hat von ihm: Heilige Andachten in etlichen geistlichen Liedern. Glückst. 1683. 8. worin
89 Gesänge, von denen jedoch nur wenige bekannt geworden sind. Unter diesen sind:

Gott gieb einen milden Regen, daraus 147. Heilger Geist du Kraft
der Frommen.
381. Meine Seele laß Gott walten.

Krause, M. Jonathan, geb. zu Hirschberg in Schlesien 5. Apr. 1701,
studirte 1718 u. f. zu Leipzig, ging 1723 nach Wittenberg, wo er Magister
wurde, war darauf mehrere Jahre im Hause eines schlesischen Freiherrn Erzieher,

wurde 1733 Diaconus zu Probsthayn im Liegnitzischen, 1739 Pastor an der Hauptkirche in Liegnitz und 1741 auch Superintendent und Assessor des dortigen Consistoriums, st. —? Seine Lieder stehen in: Die besungene Gnade und Wahrheit in Christo Jesu, in heil. Liedern über die Evangelien und Episteln. Lauban 1739. 8.

185. **Halleluja schöner Morgen** (irrig zuweilen Schmolck zugeschrieben).

Krummacher, Dr. Friedrich Adolph, geb. 13. Jul. 1768 zu Tecklenburg
in Westphalen, wo sein Vater Bürgermeister und Advokat war, studirte in Halle,
wurde 1790 Conrector am Gymnasium zu Hamm, 1794 Rector des Gymnasiums
zu Meurs, 1801 Prof. der Theol. zu Duisburg, 1807 Pfarrer zu Kettwig an
der Ruhr, war dann bis 1824 Consistorialrath, Superint. und Oberprediger zu
Bernburg, und ist seitdem Pastor zu St. Ansgarii in Bremen. Seine gemüth-
vollen Schriften z. B. Parabeln, Festbüchlein zc. sind allgemein bekannt.

523. **Eine Heerde und ein Hirt.**

Küster, Elieser Gottlieb, geb. 11. Nov. 1732 zu Watzen im Braunschweigschen, studirte in Göttingen, wurde 1762 Pastor zu Volkenrode im Braunschweigschen, 1772 zweiter Prediger zu St. Andreä in Braunschweig, 1779 Superintendent, 1782 erster Prediger und 1791 Generalsuperintendent und st. 10.
Apr. 1799. Er war einer der Bearbeiter des neuen Braunschw. Gesgb. von
1779, zu welchem er außer mehreren veränderten, 8 neue Lieder beigetragen hat.
Unter diesen ist

426. **Erhör o Vater du das Flehn** (Orig.: Erhör o Gott das heiße
Flehn),

als dessen Verf. oben fälschlich Samuel Christian Gottfried Küster (Superintendent und erster Prediger an der Friedrichswerderschen Kirche zu Berlin, Mitherausgeber des neuen Berliner Gesgb. von 1829, geb. zu Havelberg 18. Aug. 1762,
gest. zu Neustadt Eberswalde 22. Aug. 1838) angegeben ist.

Kunth, M. Johann Siegismund, geb. 3. Oct. 1700 zu Liegnitz, studirte
von 1723 an in Jena und Leipzig, wurde 1730 Pastor zu Pölzig im Altenburgi-
schen, kam von da 1737 als Pastor nach Löwen im Fürstenthum Brieg, und wurde
endlich 1743 Pastor und Superintendent zu Baruth in der Oberlausitz, wo e
1779 starb. Sein Lied

514. **Es ist noch eine Ruh vorhanden**
erschien zuerst in den Köthnischen Liedern 1733.

Lackmann, Peter, war Pastor zu Wenningen im Lauenburgischen und
dann Pastor Primarius zu Oldenburg im Holsteinischen, wo er 1713 starb. In
Freylinghausens Gesgb. befinden sich von ihm nach dessen eigener Angabe (Kirchner
S. 26) 8 Lieder, die auch in den von seinem Sohne Adam Heinrich L. (Prof.
der Geschichte in Kiel st. 1753) herausgegebenen: Geistreichen Gedichten zur Er-
weckung heiliger Regungen, Hamb. 1730 vorkommen, und deshalb öfters fälschlich
diesem zugeeignet worden sind, während anderwärts eben so unrichtig Johannes
Langemack oder Langemar (geb. zu Neustadt in Holstein 7. Apr. 1655, gest.
als Diaconus zu Colmar (?) 27. Sept. 1712) als Verf. genannt wird. Darunter ist:

Ach was sind wir ohne Jesu, woraus 334. Stärke uns o liebster
Jesu.

524. **Erhebe dich o meine Seel.**

Langbecker, Emanuel Christian Gottlieb, geb. 31. Aug. 1792 zu Ber-

lin, wo er gegenwärtig als Hofstaatsecretair angestellt ist, einer der H. rausgeber
des Geistlichen Liederschatzes, Berl. 1832, 2. Aufl. 1840, in welchen viele seiner
Lieder aufgenommen sind, die früher in den beiden Sammlungen seiner Gedichte,
Berl. 1824 u. 1829 erschienen waren.

436. Dir ewge Treue zu geloben.

Lange, Ernst, geb. zu Danzig 1650, war daselbst Rathsherr und starb
1727. Er gab heraus LXI. Gott geheiligte Stunden, Danzig 1711. 8. und: Die
Psalmen in deutsche Reime gebracht, Danzig 1713. 8. In Freylingh. Gesgb. stehen von ihm 25 Lieder, darunter 7, welche in jenen Sammlungen nicht vorkommen, aber von Freylinghausen selbst als die seinen bezeichnet sind. (Kirchner S. 27)

348. Unter allen großen Gütern. (Orig.: Unter denen)
    Wer recht die Pfingsten feiern will, daraus 152. O heilger Geist
        der alles regt.

Lange, Dr. Johann Christian, geb. 24 Dec. 1669 zu Leipzig, studirte
daselbst 1687 Philosophie und wurde 1689 Magister, worauf er sich zur Theologie
wandte und ein eifriger Anhänger der eben entstehenden pietistischen Richtung wurde.
Nachdem er eine Zeitlang in Lüneburg bei dem bekannten Dr. Petersen Hauslehrer
gewesen, hielt er von 1694 an in Leipzig Vorlesungen, bis er 1697 auf Speners
Empfehlung als Professor der Moral nach Gießen berufen wurde. 1707 erhielt
er dort die Professur der Logik und Metaphysik, folgte aber 1716 dem Rufe des
Fürsten von Nassau Idstein zum Superintendenten, Hofprediger und Kirchenrath
als J. D. Herrnschmids Nachfolger nach Idstein, wo er 1722 nach Vereinigung
der Idsteinischen und Saarbrückischen Lande Generalsuperintendent wurde und 17.
Dec. 1756, 87 Jahr alt, starb. Er ist nach seiner eigenen Angabe bei Wetzel
Anal 2. p. 477. Verf. von 14 Liedern. Darunter ist das oben fälschlich Joachim
Neander zugeschriebene

    Mein Jesu süße Seelenlust, daraus 351. Der Glaub ist eine starke
        Hand.
Dagegen ist das oben ihm zugeeignete
356. Weil ich meinen Jesum habe
sicher nicht von ihm, da es nicht nur in dem Verzeichniß bei Wetzel fehlt, sondern
auch bei Kirchner, der die in Freyingh. Gesgb. vorkommenden 4 Lieder Lange's
nach dessen eigener Angabe aufzählt, nicht mitgenannt wird.

Laurenti, Laurentius, geb. 8. Jun. 1660 zu Husum in Schleswig, wurde 1684 Cantor und Musikdirector am Dom zu Bremen und starb daselbst 29.
Mai 1722, nachdem er kurz vorher wegen Kränklichkeit seine Stelle niedergelegt
hatte. Seine Evangelia Melodica, d. i. geistl. Lieder und Lobgesänge nach den
Sonn- und Festtagsevangelien, Bremen 1700. 12. enthalten 150 Lieder (nicht
126, wie Rambach angiebt), die zu den ausgezeichneteren jener Zeit gehören.
Darunter:

    Ach wie erschrickt die böse Welt, daraus 52. Herr Jesu, der du
        wunderbar. — 522. Du wesentliches Wort. — 12. Ermuntert
        euch ihr Frommen. — 141. Komm Tröster komm hernieder. —
        88. Nun ist es alles wohlgemacht. — 116. Wach auf, mein Herz,
        die Nacht ist hin. — 53. Wer im Herzen will erfahren.

Lavater, Johann Kaspar, geb. 15. Nov. 1741 zu Zürich, wo sein Vater
Arzt war, besuchte die Bildungsanstalten seiner Vaterstadt, und reiste darauf nach
Deutschland, wo er in Spaldings Nähe längere Zeit verweilte, um durch den Um-
gang mit diesem seine theologische Bildung zu vollenden. Nachdem er bereits

durch Predigten, Privatseelsorge und poetische Arbeiten einen Kreis zahlreicher Verehrer um sich gesammelt hatte, wurde er 1769 Diaconus an der Waisenhauskirche in Zürich, 1775 Pfarrer derselben, 1778 Diaconus an der Peterskirche und 1786 Pfarrer. Als am 26. Sept. 1799 die Franzosen Zürich einnahmen, wurde er, als er eben auf der Straße beschäftigt war den Verwundeten beizustehen, von einem Soldaten in die Seite geschossen, und starb an dieser Wunde nach langen, schweren Leiden, die er mit christlicher Freudigkeit ertrug, am 2. Jan. 1801. Anerkannt einer der bedeutendsten und edelsten Menschen seiner Zeit, voll kindlichen Glauben und glühenden Eifer, hat er durch seine Schriften wie durch seine Persönlichkeit, ungeachtet mancher Schwächen und Sonderbarkeiten, im weitesten Umfang anregend und fördernd auf das religiöse Leben seiner Zeit eingewirkt, und von einem großen Theile seiner Zeitgenossen eine Verehrung erfahren, die durch ihr Uebermaaß gewiß viel dazu beigetragen hat, daß er andrerseits ebensooft über die Gebühr herabgesetzt worden ist. Seine sehr zahlreichen geistl. Lieder (ohngefähr **700**) deren Viele durch Innigkeit und Wärme christlichen Glaubens sich auszeichnen, sind in vielen einzelnen Sammlungen erschienen. Von ihm:

462. **Jesu Freund der Menschenkinder.**
Das oben ihm zugeschriebene Lied
457. **Dank ewig Dank sei deiner Liebe**
ist nicht von ihm, sondern von G. I. Zollikofer.

Im Register wird ihm noch das Lied
Dein Wort o Höchster ist vollkommen,
beigelegt, das in der Gestalt, wie es gewöhnlich vorkommt, von Diterich aus einem Lavaterschen und einem Cramerschen Liede zusammengesetzt ist. Der unter 392 aufgenommene Vers

Das Wort o Herr, das du gegeben
ist uns jedoch nur in der Bearbeitung dieses Liedes, welche sich im Berliner Gesangbuch findet, vorgekommen, und scheint diesem eigenthümlich zu sein.

Lehr, Leopold Franz Friedrich, geb. 3. Sept. 1709 zu Kronenberg bei Frankfurt a. M., studirte 1729 in Jena und 1730 in Halle, wo er Freylinghausens Kinder unterrichtete, wurde 1731 Erzieher der Prinzessin von Köthen, und 1740 Diaconus an der lutherischen Kirche daselbst. Er starb 27. Jan. 1744 zu Magdeburg, wohin er zum Besuche seines Schwiegervaters gereist war. Seine Lieder, deren 20 zuerst in den Köthnischen Liedern sich finden, erschienen vollständiger (28) mit seinen andern Gedichten u. d. T.: Himmlisches Vergnügen in Gott und Christo in geistl. Liedern zusammengetragen von Sam. Helmich. Halle 1757. 8. und in: Lehrs Leben und Lieder von G. E. Giese. Görlitz und Leipzig 1746. 8.

335. **Was hinkt ihr betrogne Seelen.**

Leo oder **Leon,** Johannes, zu Anfang des 17 Jahrh. Pfarrer zu Wölfis unweit Ohrdruf in Thüringen. Unter mehreren ihm zugeeigneten Liedern ist:
401. **Ich armer Mensch doch gar nichts bin.** Nach dem Latein. des Melanchthon: Nil sum, nulla miser novi solatia.

Liebich, Ehrenfried, geb. 13. Jun. 1713 zu Probsthayn im Fürstenthum Liegnitz, war zuerst für das Geschäft seines Vaters, eines Müllers, bestimmt, kam dann in seinem 16. Jahre auf die Schule nach Schweidnitz und nachher auf das Elisabethanum zu Breslau, studirte von 1738 an in Leipzig, und wurde 1742 Pastor zu Lomnitz und Erdmannsdorf bei Hirschberg, wo er 23. Dec. 1780 starb. Als Liederdichter zeichnet er sich in jener für das Kirchenlied nicht eben günstigen

Periode rühmlich auf. Seine geistl. Lieder und Oden, 1r Thl. Hirschb. und Leipz. 1768. 2r Thl. Liegnitz 1774. enthalten 236 Lieder.

108. **Er lebt, o frohes Wort er lebt.**

Lindemann, Johannes, ein Blutsverwandter Luthers, dessen Mutter eine geborne Lindemann war, gebürtig aus Gotha, war daselbst über 50 Jahr Cantor und starb 1630. Er wird gewöhnlich als Verf. des Liedes

31. **In dir ist Freude**

angegeben, jedoch ist diese Angabe noch sehr ungewiß. (S. Rambach Tl. V. S. XIII.)

Liscov, oder wie er selbst sich nennt Liscovius, M. Salome, geb. 25. Oct. 1640 zu Niemitzsch in der Niederlausitz, wo sein Vater Prediger war, studirte in Wittenberg, wo er Magister und gekrönter Dichter wurde, kam 1664 als Pfarrer nach Oiterwisch unweit Leipzig und 1685 als Diaconus nach Wurzen, wo er 5. Dec. 1689 starb. Seine Lieder finden sich in mehreren seiner Erbauungsschriften; die meisten zu Wittenberg in: Des christlichen Frauenzimmers Tugendspiegel. Leipz. 1672. 12. Unter diesen ist:

299. **Schatz über alle Schätze.**

Auch wird ihm vielfältig das Lied

497. **Bedenke Mensch das Ende**

zugeeignet, welches zwar in seinem Tugendspiegel nicht vorkommt, aber vielleicht in einer andern seiner Schriften sich finden mag.

Löscher, Dr. Valentin Ernst, geb. 29. Dec. 1673 zu Sondershausen, wo sein Vater, Dr. Kaspar Löscher nachher Prof. der Theol. zu Wittenberg, damals Superintendent war. Er studirte zu Wittenberg, wo er 1692 Magister und 1695 Adjunct der philos. Facultät wurde, reiste dann durch Holland und Dänemark, und wurde nach seiner Rückkehr 1698 Pastor und Superintendent zu Jüterbock, worauf er 1700 zu Wittenberg die theol. Doctorwürde erwarb. 1702 kam er als Superintendent nach Delitzsch, wurde 1707 Professor der Theologie zu Wittenberg und ging 1709 als Superintendent, Assessor des Oberconsistoriums und Pastor an der Kreuzkirche nach Dresden. Hier feierte er am ersten Adventssonntage 1748 sein 50jähriges Predigtamtsjubiläum und starb bald darauf 12. Febr. 1749. (S. seine ausführl. Lebensbeschr. in der unparteiischen Kirchenhist. alten und neuen Test. Jena 1754. Th. 3 p. 995 u. f.) Seine gelehrten Verdienste sind bekannt. Seine geistl.-Lieder stehen in mehreren seiner ascetischen Schriften, z. B.: Edle Andachtsfrüchte, Frankf. 1701. und Evangel. Zehenden gottgeheiligter Amtssorgen. 6 Thle. Magdeb. 1704—10. Von ihm:

273. **O König dessen Majestät.**

Schwinget euch mein Herz und Sinnen, daraus 837. **Wir sind
dein Herr, laß uns immer.**

Seid stille Sinn und Geist, daraus 184. **Komm heute in mein Herz.**
510. **Uebergroße Himmelsfreude.**

Löwenstern, Matthäus Apelles von, geb. 20. Apr. 1594 zu Polnisch Neustadt im Fürstenthum Oppeln, wo sein Vater Sattler war, erwarb durch sein musikalisches Talent die Gunst des Herzogs Heinrich Wenzel von Bernstadt, der ihn 1625 zum Musikdirector und zugleich zum Rentmeister machte. Nach mehreren anderen Aemtern wurde er zuletzt kaiserlicher Rath und von Ferdinand III. in den Adelstand erhoben, auch ernannte ihn der Herzog Karl Friedrich von Oels und Münsterberg zu seinem Staatsrath. Er starb zu Breslau 11. Apr. 1648. Seine geistl. Lieder stehen u. d. T.: Symbola oder Gedenksprüche erlauch-

ter Personen, vor dem alten Breslauer Gesgb., sind auch u. d. T.: Frühlings=
Meyen von J. D. Major Kiel 1678. aufs neue herausgegeben.

155. Christe du Beistand deiner Kreuzgemeine.

245. Nun preiset alle Gottes Barmherzigkeit.

Ludämilie Elisabeth, Tochter des Grafen Ludwig Günther von
Schwarzburg Rudolstadt, geb. zu Rudolstadt 7. Apr. 1640, gest. daselbst als Ver=
lobte ihres Vetters, des Grafen Christian Wilhelm von Schwarzburg Sonders=
hausen. den 12. März 1672. Ihre Lieder erschienen vollständig (215) erst nach ih=
rem Tode u. d. T.: Die Stimme der Freundin. Rudolst. 1687. 12. waren aber
zum Theil schon früher bekannt geworden. Von ihr ist:

Greif zu greif meine Seele zu, daraus 62. Mensch schaue wie an
beiner Statt. (oben ohne Angabe des Verf.)

Irrig wird ihr oben das Lied

495. Wer weiß wie nahe mir mein Ende

zugeeignet, welches der Gräfin Aemilie Juliane (s. d.) gehört.

Luise Henriette, Tochter des Prinzen Heinrich Friedrich von Oranien,
geb. im Haag 17. Nov. 1627, vermählt mit dem Kurfürsten Friedrich Wilhelm
von Brandenburg 27. Nov. 1646, gest. zu Berlin 8. Juni 1667. Sie gilt als
Verfasserin von vier Liedern, unter denen

533. Ich will von meiner Missethat.

535. Jesus meine Zuversicht.

seitdem durch Kirchners Nachrichten bekannt geworden ist, daß der Berliner
Buchdrucker Christoph Runge in einem auf Befehl der Kurfürstin 1653 von
ihm gedruckten Gesangbuch diese Lieder in der Dedication an die Kurfürstin als
„Dero eigene Lieder" bezeichnet. Zwar ist diese Angabe fast ohne Widerspruch
in alle Liederregister übergegangen, und hat für um so glaublicher gegolten, da
man in mehreren jener Lieder Beziehungen auf die persönlichen Verhältnisse der
Kurfürstin nicht verkennen konnte. Indessen dürften dagegen doch wohl noch man=
che Zweifel zu erheben sein, zumal noch neuerlich erst in r. Orlich's Gesch. des
Preuß. Staats im 17. Jahrhundert, Berl. 1838 — 89. Th. 1. S. 546. nachge=
wiesen ist, daß die Kurfürstin nur sehr selten deutsch geschrieben habe, und der
deutschen Sprache nicht so mächtig gewesen sei, um in derselben poetische Gedanken
ausdrücken zu können. Ebendaselbst findet sich aber zugleich auch die Nachricht,
daß der Minister des Kurfürsten, Otto von Schwerin (geb. zu Stettin 8.
März 1616, gest. zu Berlin 4. Nov. 1679. vgl. a. a. O. Th. 1. p. 247), der ganz
besonders das Vertrauen der Kurfürstin besaß, Gebete und Lieder für sie auf=
gesetzt habe, und daß „unbezweifelt" auch die der Kurfürstin zugeschriebenen Lieder
von ihm für dieselbe verfaßt seien. Zwar hat der genannte Verf. diese zuversicht=
liche Behauptung nicht näher begründet, indessen hat dieselbe, wenn man annehmen
darf, daß Runge die von der Kurfürstin ihm zugesandten Lieder nur irrigerweise
für deren eigene Arbeit gehalten habe, wohl einige Wahrscheinlichkeit für sich, und
die Vergleichung der a. a. O. Th. 3. S. 391 u. f. mitgetheilten Lieder des O.
v. Schwerin mit den unter dem Namen der Kurfürstin verbreiteten, spricht we=
nigstens durchaus nicht dagegen. Hoffentlich werden weitere Untersuchungen noch
zu einem sichern Resultate führen.

Luther, Dr. Martin, geb. zu Eisleben den 10. Nov. 1483, gest. zu Eis=
leben 18. Febr. 1546, der Schöpfer des deutschen evangelischen Kirchenliedes und
Gemeindegesangs. (M. sehe A. J. Rambach Luthers Verdienste um den Kirchen=
gesang. Hamb. 1813. 8.) Die Zahl seiner Lieder beträgt 37, darunter 19 neuge=

dichtete, 9 Bearbeitungen älterer deutscher Originale, 9 Uebersetzungen aus dem Lateinischen. Sie erschienen nach und nach in den seit 1524 herausgegebenen Liedersammlungen. (S. die Beschreibung derselben bei Wackernagel Anhang I.) 265. **Aus tiefer Noth schrei ich zu dir** (1524). — 105. **Christus in Todesbanden lag** (1524). Orig. **Christ lag in Todes Banden.** — 156 **Ein feste Burg ist unser Gott** (1530). — 158. **Erhalt uns Herr bei deinem Wort** (1542). — 398. **Es wollt uns Gott gnä-dig sein** (1524). — 29. **Gelobet seist du Jesu Christ** (1524). — 399. **Gott der Vater wohn uns bei** (1525). — 235. **Herr Gott dich lo-ben wir** (1533). — 138. **Komm Gott Schöpfer heiliger Geist** (1524). — 140. **Komm heiliger Geist Herre Gott** (1524). — 477. **Mitten wir im Leben sind** (1524). — 540. **Nun bitten wir den heiligen Geist** (1525). — 297. **Nun freut euch lieben Christen g'mein** (1523). — 411. **Vater unser im Himmelreich** (1539). — 33. **Vom Himmel kam der Engel Schaar** (1543). — 552. **Wir gläuben all an einen Gott** (1525).

Magdeburg, Joachim, soll aus Salzwedel 1552 zum Diaconat an der Petrikirche nach Hamburg berufen worden und 1558 als Prediger nach Magdeburg gekommen sein. Wackernagel, der ihn Johannes nennt, schreibt ihm (S. 420) 4 Gesänge zu; sonst wird ihm öfters auch

378. **Wer Gott vertraut hat wohl gebaut** zugeeignet, was jedoch nur unbegründete Vermuthung scheint.

Marot, Samuel, geb. 11. Dec. 1770 zu Magdeburg, wurde 1798 Pre-diger am Waisenhause zu Berlin, 1808 Prediger an der neuen Kirche, 1816 Su-perintendent und 1830 Consistorialrath. Er ist einer der Herausgeber des neuen Berl. Gsgb. in welchem sich von ihm das Lied

434. **Von des Himmels Thron** befindet.

Matthesius, Johannes, geb. 24. Jun. 1504 zu Rochlitz, war in Nürn-berg auf der Schule, studirte in Ingelstadt, mußte aber bald seiner Armuth we-gen in einem adligen Hause Informator werden. Hier seit 1526 mit Luthers Schriften bekannt geworden und dadurch zum evangelischen Glauben geführt, ging er 1529 nach Wittenberg, wo er einige Jahre Luthers Tischgenosse war; darauf war er eine Zeitlang Lehrer in Altenburg und wurde dann 1532 als Rector nach Joachimsthal in Böhmen berufen, von wo er, nach einigen Nachrichten, später wie-der nach Wittenberg zurückgekehrt sein soll. 1541 wurde er in Joachimsthal Dia-conus und 1545 Pastor, und starb daselbst, nachdem er kurz zuvor eine Zeit schwerer innerer Anfechtungen hatte überstehen müssen, am 8. Oct. 1565. Sein Leben hat einer seiner Nachkommen, M. Joh. Balth. Matthesius, Pastor in Brack-witz, Dresden 1705 beschrieben. Seine Schriften, besonders seine vielfältig gedruck-ten Predigten über Luthers Leben, sind bekannt. In mehreren derselben, z. B. den Leichenpredigten, Predigten von der Rechtfertigung, Sarepta u. a., finden sich seine geistlichen Lieder, deren Wackernagel S. 384 u. f. 15 verzeichnet hat. Unter diesen ist auch:

400. **Herr Gott der du mein Vater bist.**

Mayer, Dr. Johann Friedrich, geb. 6. Dec. 1650 zu Leipzig, studirte auf der dortigen Universität, wo er schon in seinem 17. Jahre Magister wurde, und ging dann nach Straßburg, worauf er 1672 zu Leipzig Sonnabendsprediger und schon im folgenden Jahre Superintendent zu Leißnig wurde. 1674 nahm er zu Leipzig die theol. Doctorwürde an, wurde 1679 Superintendent in Grimma, 1681 Prof. der Theologie zu Wittenberg und ging von da 1686 als Pastor zu St. Jacobi nach Hamburg. Als solcher wurde er 1688 auch Professor Honorarius in Kiel und 1691 Schwedischer Oberkirchenrath in den deutschen Provinzen, und ging endlich 1701 als Generalsuperintendent über Pommern und Rügen, Präsident des Consistoriums, erster Prof. der Theologie und Prokanzler der Universität nach Greifswalde. Während des nordischen Krieges mußte er, von den Russen wegen einer gegen die Feinde Schwedens gerichteten Stelle des Kirchengebetes gedrängt, sich nach Stettin begeben, wo er 30. Mai (nicht März, wie Wetzel angiebt) 1712 an der Wassersucht starb. Er ist aus der Geschichte der pietistischen Streitigkeiten als eifriger Verfechter der lutherischen Orthodoxie und entschiedener Gegner der Spenerschen Schule bekannt. Von ihm ist

463. Meinen Jesum laß ich nicht, meine Seel 2c.

Menzer, Johannes, geb. 1658 zu Jahma in der Oberlausitz, war Pfarrer zu Kemnitz bei Bernstadt in der Oberlausitz, wo er 1734 gestorben ist. Er gab heraus: Evangelischer Psalter von zehn Saiten. 1726, (gewöhnlich das Reibersdorfer Gesgb. genannt) worin etliche dreißig Lieder von ihm stehen. Zu diesen gehören:

246. O daß ich tausend Zungen hätte.
336. Wer das Kleinod will erlangen.

Meyer, Dr. Johann Friedrich von, geb. zu Frankfurt a. M. 12. Sept. 1772, ist gegenwärtig daselbst Präsident der gesetzgebenden Versammlung, bekannt als Verf. der berichtigten Luther. Bibelübersetzung, der Blätter für höhere Wahrheit u. a. Von ihm

236. Herr Gott dich loben wir.
349. Von dir will ich nicht weichen.

Molanus, Dr. Gerhard Wolter, geb. zu Hameln 22. Oct. 1633, wurde 1660 Prof. der Mathematik zu Rinteln, hernach daselbst Prof. der Theologie, und kam 1674 als Abt zu Lokkum, erster Consistorialrath und Generalsuperintendent des Kurfürstenth. Braunschweig Lüneburg nach Hannover, wo er 90 Jahr alt 7. Sept. 1722 starb. (J. J. von Einem merkwürdiges Leben des G. W. Molani. Magdeb. 1734.) Bekannt ist seine Theilnahme an den von Bossuet und Spinola angeregten Versuchen zur Vereinigung der katholischen und evangelischen Kirchen, die ihn vielfältig in den Verdacht des Cryptokatholicismus brachte. 4 Lieder von ihm sind in dem Rintelnschen Gesgb. von 1680 erschienen, darunter

76. Laß mir alle Wochen sein.

Moller, Martin, öfters auch Möller genannt, geb. zu Kropstädt bei Wittenberg 11. Nov. 1547, besuchte die Schulen zu Wittenberg und Görlitz, wurde dann 1568 Cantor zu Löwenberg in Schlesien, hierauf 1572 Pfarrer zu Kesselsdorf, 1575 Pfarrer zu Sprottau, und kam endlich 1600 als Pastor Primarius nach Görlitz, wo er zwar 1605 sein Gesicht verlor, aber ohnungeachtet sein Amt bis an seinen Tod, 2. März 1606, verwaltete. Er schrieb: Meditationes SS. patrum. Görlitz 1584. und Manuale de praeparatione ad mortem. Görlitz 1593, worin die ihm zugeschriebenen, zum Theil sehr bekannt gewordenen Lieder enthalten sind. Bei mehreren derselben ist seine Autorschaft mehr als zweifelhaft, doch ist er wahrscheinlich Verf. von

309. O Jesu süß wer dein gedenkt, nach dem Hymnus des heil. Bernhard Jesu dulcis memoria.

welches, weil es in Joh. Arndt's Paradiesgärtlein vorkommt, mit Unrecht zuweilen diesem zugeschrieben wird.

Mudre, M. Johann Friedrich, geb. 26. Dec. 1736 zu Lübben in der Niederlausitz, wo sein Vater Weber war, studirte von 1757 an in Leipzig und wurde 1771 Pastor zu Bubendorf bei Borna, von wo er 1773 als Pastor nach Mittelsaida bei Freyberg kam. Nach seiner Emeritirung 1807 lebte er in Marienberg, wo er 30. Mai 1810 starb. Seine geistl. Lieder und Gedichte erschienen Friedrichsstadt bei Dresden. 1770.

220. Erhebt Bewohner dieser Welt.

Mühlmann, Lic. Johannes, geb. zu Pegau 28. Jul. 1573, wurde 1599 Diaconus zu St. Wenceslai in Naumburg, 1604 Pastor zu Laucha bei Naumburg, 1605 Archidiaconus zu St. Nicolai in Leipzig und 1607 auch Professor der Theologie daselbst. St. 14. Nov. 1613. Man hat von ihm mehrere Lieder; daß er auch das Lied

378. Wer Gott vertraut hat wohl gebaut

verfaßt habe, wie einige angeben, ist jedoch durchaus unerweislich.

Müller, Dr. Heinrich, geb. 18. Oct. 1631 zu Lübeck, wo seine Eltern, vorher in Rostock wohnhaft, während der Occupation Mecklenburgs durch Tilly und Wallenstein, eine Zuflucht gesucht hatten. Auf der Schule zu Lübeck vorbereitet, bezog er nach der Rückkehr seiner Eltern nach Rostock schon in seinem 13. Jahre die dortige Universität, studirte dann noch eine Zeitlang in Greifswalde, und wurde in seinem 17. Jahre 1648 zu Rostock Magister. Von 1651 an hielt er dort Vorlesungen und erwarb sich zugleich durch seine Predigten so viel Beifall, daß er, erst 20 Jahr alt, zum Archidiaconus an der Marienkirche berufen wurde. Als Prediger und Seelsorger mit großem Eifer wirksam, setzte er zugleich seine akademische Thätigkeit mit ausgezeichnetem Erfolge fort. Eine 1655 vom S.-rathe ihm angetragene außerordentliche Professur der Theologie trat er nicht an, da dem Rathe von Seiten des Landesherrn das Recht der Berufung streitig gemacht wurde; dagegen erhielt er 1659 die Professur der griech. Sprache, und nachdem er an der Universität Helmstädt die theol. Doctorwürde erlangt hatte, wurde er 1662 ordentl. Professor der Theologie und Pastor zu St. Marien, und 1671 auch Superintendent. Als gelehrter Theolog, b.sonders aber als geistvoller Prediger und trefflicher Seelsorger ausgezeichnet, überhaupt einer der ehrwürdigsten Gottesgelehrten seiner Zeit, starb er, erst 44 Jahr alt, am 23. Sept. 1675. (S. seine Lebensbeschr. von Rußwurm vor dessen Ausgabe seiner geistl. Erquickstunden, Lüneburg 1832.) Seine weitverbreiteten Erbauungsschriften sind auch jetzt noch Vielen zum Segen. Seine geistl. Lieder stehen in seiner Geistl. Seelenmusik, Rostock 1659 u. ö. und: Kreuz- Buß- und Betschule. Frankf. a. M. 1661. Mehrere der gewöhnlich unter seinem Namen vorkommenden werden ihm jedoch mit Unrecht beigelegt. Dies gilt namentlich von

304. Der Herr hat alles wohlgemacht, welches wie Rambach Th. 3.

S. 133. nachweist, von Christoph Runge ist.

Das andere oben ihm beigelegte Lied

420. Herr Gott ich bete für und für

wird ihm von Kirchner in dem in den wöchentl. Hallischen Anzeigen von 1759 mitgetheilten Verzeichniß der Liederdichter des Hallischen Gesgb. von Struensee zugeschrieben; sonst wird dasselbe weder von Wetzel noch auch von Rußwurm a. a. O. unter seinen Liedern genannt.

Müller, M. Johann Georg, gebürtig aus Jauer, war von 1687 an 47 Jahr Pfarrer zu Limbach bei Chemnitz, und wurde 1734 im 83. Jahr seines Alters zum Prepst und Pastor in Schkölen bei Naumburg berufen, welches Amt er bis in sein 90. Jahr ohne Substituten verwaltete. 1739 wurde er emeritirt und begab sich dann 1742 zu seinem Sohne nach Limbach zurück, wo er 94 Jahr alt, 2. Febr. 1745 starb. Das Lied

452. Tretet her zum Tisch des Herrn, hat er bald nach Antritt seines Amtes 1688 für seine Gemeinde aufgesetzt, worauf dasselbe zuerst in das Chemnitzer Gesgb. übergegangen ist. Der treffliche Schlußvers (Vs. 5.) ist übrigens Zusatz eines andern Verfassers. (Wimmer Liedererklärungen Th. 2. p. 420.)

Müller, Michael, geb. 1673 zu Plankenburg am Harz, starb als Candidat der Theologie und Informator in einem adligen Hause zu Schaubeck bei Bottwar im Würtembergischen. Man hat von ihm: Psalmen Davids, reimweise übersetzt. Stuttgart 1700. 8. Von ihm ist

51. Auf Seele auf und säume nicht. (nach Wetzel, dem Kirchner bestimmt. In seinen Psalmen kommt es nicht vor.)

Der Himmel und der Himmel Heer, daraus 394 Des Herrn Gesetz ist recht und gut (oben ohne Angabe des Verf., findet sich auch sonst, selbst bei Kirchner, ohne Namen, ist aber sicher von Mich. Müller, und stehet in seinen Psalmen p. 19.)

Münter, Dr. Balthasar, geb. 24. März 1735 zu Lübeck, wo sein Vater Kaufmann war, besuchte das dortige Gymnasium und studirte von 1754 an in Jena, wo er 1757 Magister und dann Abjunct der philos. Facultät wurde. 1760 kam er als Waisenhausprediger und zugleich Hofdiaconus nach Gotha, wo er durch seine Predigten die Gunst des Herzogs so gewann, daß er, auch nachdem er 1763 als Superintendent nach Tonna versetzt worden war, monatlich einmal vor demselben predigen mußte. Er starb 5. Oct. 1793. Seine Geistlichen Lieder 2 Thle. Kopenh. 1773 v. 74. enthalten 100 Gesänge. Von ihm

Dich krönte Gott mit Freuden und

Der letzte meiner Tage, woraus Nr. 486. zusammengesetzt ist.

Nachtenhöfer, M. Kaspar Friedrich, geb. 5. März 1624 zu Halle, wo sein Vater Rechtspractikant war, studirte in Leipzig, wo er Magister wurde, kam 1651 als Erzieher in das Haus des Kanzlers Carpzov zu Coburg, wurde noch in demselben Jahre Diaconus zu Meder im Coburgschen, 1655 Pastor daselbst, 1671 Diaconus an der Hauptkirche zu St. Moritz in Coburg, nachher auch Vesperprediger und Subsenior daselbst, und starb 23. Nov. 1685. Von ihm ist

27. Dies ist die Nacht da mir erschienen, als dessen Verf. er schon im Coburg. Gesgb. von 1684 genannt wird.

Neander, Joachim, geb. zu Bremen (nach Rambach) 1610, (vgl. dagegen Müllers Bibl. deutscher Dichter fortges. v. Förster Bd. XI. S. XXXV., wo wahrscheinlich gemacht wird, daß er erst um 1640 geboren sei) bildete sich dann zum Theologen und wurde dabei durch die Predigten des Bremischen Pfarrers Theodor Undereyk (st. 1693) von unfruchtbarer Schulweisheit und weltlichem Leben zum lebendigen Glauben bekehrt. Nach Vollendung seiner Studien, verwaltete er als Führer der Söhne eines Frankfurter Kaufmanns mehrere Jahre in Heidelberg, und hielt sich dann in Frankfurt auf, wo er mit Spener in enger Verbindung stand. Er wurde hierauf Rector der reformirten Schule zu Düsseldorf, wo er in Speners Sinn für lebendiges Christenthum zu wirken bemühet war, aber zugleich auch durch seinen Eifer Gegner erweckte, die seine Rechtgläubigkeit verdächtig machten und dadurch bewirkten, daß seine Schule auf eine Zeitlang geschlossen wurde. Er folgte nun 1679 dem Ruf zum Prediger an der Martinikirche zu Bremen, wo er der Amtsgenosse seines geistlichen Vaters Undereyk wurde, und als Prediger und Seelsorger in kurzer Zeit einen gesegneten Wirkungskreis sich erwarb, aber schon im folgenden Jahre, 31. Mai 1680, nach kurzer Krankheit sein Leben vollendete. (Vgl. Reitz Historie der Wiedergebornen Th. 4.) Er ist der erste und bedeutendste Liederdichter, der seit den wenig bekannt gewordenen Dichtern der Reformationszeit unter den deutschen Reformirten auftrat. Seine Lieder erschienen u. d. T.: Glaub- und Liebes-Uebung, aufgemuntert durch einfältige Bundes-Lieder und Dank-Psalmen rc. Bremen 1679. u. ö. Von ihm

529. **Himmel, Erde, Luft und Meer.**
240. **Lobe den Herren den mächtigen König der Ehren.**
409. **Sieh hier bin ich Ehrenkönig.**
481. **Wie fleugt dahin der Menschen Zeit.**
249. **Wunderbarer König.**

Irrig ist ihm oben noch 351. Mein Jesu süße Seelenlust zugeschrieben, dessen Verf. J. C. Lange ist.

Neumann, M. Kaspar, geb. zu Breslau 14. Sept. 1648, studirte in Jena und wurde daselbst 1670 Magister, worauf ihn 1673 der Herzog Ernst der Fromme zum Reiseprediger seines Sohnes Christian berief. Nachdem er mit diesem mehrere Jahre auf Reisen gewesen, wurde er 1676 Hofprediger in Altenburg, kam 1679 als Diaconus zu St. Marien Magdalenen nach Breslau, wurde 1689 Pastor dieser Kirche, 1697 Pastor der Hauptkirche zu St. Elisabeth, Professor der Theologie am Gymnasium und Inspector sämmtlicher evangl. Kirchen, 1706 auch Mitglied der Akademie der Wissenschaften zu Berlin, und starb 27. Jan. 1715. Er stand als Gelehrter und besonders als ausgezeichneter Prediger zu seiner Zeit in großem Ruf. Seine geistl. Lieder, 39 an der Zahl, finden sich in vielen Ausgaben seines bekannten und viel verbreiteten "Kern aller Gebete"; auch stehen sie in dem von ihm herausgegebenen Breslauer G.b. von 1710. Von ihm ist

Herr auf Erden muß ich leiden, woraus in 130. Heute bist du aufgefahren Ve. 2 u. 5. mit einem fremden Anfangsvers verbunden sind.

Liebster Gott wann werd ich sterben, woraus die erste Hälfte des letzten Verses in 488. Herr mein Gott du wirst es machen, mit einem halben Verse eines Schmolck'schen Liedes zusammengesetzt ist; ein Verfahren, das, wenn es auch sonst sich mag rechtfertigen lassen, wenigstens die Literaturgeschichte der Kirchenlieder mit unauflöslicher Verwirrung bedroht.

450. **O Jesu mein Verlangen,**

Neumark, Georg, geb. zu Mühlhausen 16. März 1621, kam 1630 auf das Gymnasium zu Schleusingen, und begab sich nachher, um den Kriegsunruhen

u entgehen, nach Königsberg, wo er von 1643 an die Rechte studirte. Er blieb
hier 5 Jahre, in denen er mancherlei Leiden, z. B. den gänzlichen Verlust seiner
Habe durch eine Feuersbrunst, zu ertragen hatte, aber auch durch sein poetisches
und musikalisches Talent viele Gönner gewann. Er lebte hierauf längere Zeit in
Danzig und Thorn, und kehrte endlich 1650 nach Deutschland zurück. Nachdem
er sich eine Zeitlang in Hamburg aufgehalten, ging er 1651 nach Weimar, wo er
am Hofe des kunstliebenden Herzogs Wilhelm IV. eine freundliche Aufnahme fand,
und noch in demselben Jahre als Kanzleiregistrator und Bibliotheksecretair angestellt wurde. 1653 trat er in die fruchtbringende Gesellschaft und wurde 1656
deren Secretair, auch erhielt er 1679 die Aufnahme in den Pegnitzorden. Er war
zuletzt herzogl. Archivsecretair, auch kaiserl. Pfalzgraf und starb 8. Jul. 1681.
(S. Müller Bibl. deutscher Dichter, fortges. von K. Förster Br. XI.) Seine
geistl. Lieder stehen in mehreren seiner Schriften zerstreut z. B.: Fortgepflanzter
musikalisch poetischer Lustwald, Jena 1657. Geistliche Arien. Weimar 1675.

217. **Es hat uns heißen treten.**

478. **So b'grabet mich nun immerhin.**

550. **Wer nur den lieben Gott läßt walten.** Nach einer aus Amaran-
tes Nachricht vom Blumenorden an der Pegnitz herstammenden Erzählung
soll er nach der Rückkehr aus Preußen in Hamburg in große Armuth gerathen, aber durch eine unerwartete Anstellung bei dem schwedischen Re-
sidenten dem Elend entrissen sein, und darauf, nachdem er seine aus Noth
versetzte Viola di Gamba wieder eingelöst, das Lied verfertigt haben.
Bei Neumark selbst findet sich hierüber keine Nachricht, dagegen beklagt
er sich in der Vorrede zu seinen Arien, daß „einige Großbrüchter" dies
Lied für ihre Arbeit ausgegeben hätten. Auch die gewöhnliche Melodie
des Liedes ist von N. dazu gesetzt.

Neumeister, M. Erdmann, geb. 12. Mai 1671 zu Uechteritz bei Weißenfels, wo sein Vater Schulmeister war, wurde in Schulpforte erzogen und studirte in
Leipzig, wo er Magister wurde, war hierauf zuerst 1697 Pastor Substitutus zu Bibra
unweit Naumburg, und seit 16.. Pastor daselbst, kam 1704 als Hofdiaconus nach
Weißenfels, wurde dann 1706 Superintendent und Pastor an der Hauptkirche zu
Sorau, wie auch Hofprediger und Consistorialrath bei dem Grafen von Promnitz
daselbst, und kam von dort 1715 als Hauptpastor zu St. Jacobi nach Hamburg,
wo er 30. Juni 1747 sein Predigtamtsjubiläum feierte und am 18. Aug. 1756
starb. Er war ein eifriger Gegner des Pietismus, den er in vielen Streitschriften
und selbst in mehreren seiner Lieder bekämpfte. Um die Literaturgeschichte, namentlich die der Kirchenlieder, hat er sich verdient gemacht durch seine noch immer sehr brauchbare Dissertatio hist. crit. de poetis germanicis huius sae-
culi praecipuis. Lips. 1695. 4. Seine geistl. Lieder, deren er nahe an 700
verfaßt hat, erschienen zuerst in mehreren einzelnen Sammlungen, und sind dann
zusammen u. d. X.: Herrn E. N. Psalmen und Lobgesänge und geistl. Lieder,
Hamb. 1755. 8. herausgekommen. Von ihm ist

290. **Du bist in die Welt gekommen.** — 49. **Jesu großer Wunderstern.** — 281 **Jesus nimmt die Sünder an** (oben fälschlich Gottfr.
Hoffmann zugeschrieben). — 429. **Lasset mich voll Freuden sprechen.** — **Merkt auf ihr Menschenkinder,** daraus 68. **Ich folge Herr
dem Worte.**

Neuß, Dr. Heinrich Georg, geb. 11. März 1654 zu Elbingerode im Harz,
wurde 1683 Conrector und 1684 Rector zu Blankenburg, 1690 Stadtprediger in

Wolfenbüttel, 1692 Reiseprediger des Herzogs Rudolph August von Braunschweig, 1696 Superintendent zu Remlingen und noch in demselben Jahre Superintendent und Consistorialrath zu Wernigerode, auch zu Gießen Dr. theol., und starb 30. Sept. 1716. (S. Kirchners Nachr. Anmerk. zu S. 34.) Seine Lieder erschienen u. d. T.: Heb-Opfer zum Bau der Hütte Gottes, Lüneb. 1692. 8. 2te verm. Ausg. (134 Lieder enthaltend) Wernig. 1703. längl. 12.

266. Das ist ein theures werthes Wort (geb. 1686).

366. Ein reines Herz Herr schaff in mir.

316. Herr Gott der du Himmel Erden (geb. 1687).

Niemeyer, Dr. August Hermann, geb. 1. Sept. 1754 zu Halle, wo sein Vater Archidiaconus zu U. L. Frauen war; seine Mutter eine Tochter J. L. Freylinghausens und Enkelin A. H. Francke's. Nachdem er das Pädagogium besucht hatte, studirte er von 1771 an in Halle, wo er besonders an Semler und Rösselt sich anschloß, habilitirte sich 1777 als Privatdocent in der philos. Facultät, und hielt als solcher mit Beifall Vorlesungen über griech. und röm. Klassiker. 1779 wurde er zum außerordentlichen Professor der Theologie und Inspector des theol. Seminariums ernannt, erhielt 1784 eine ordentliche Professur, wurde 1792 Consistorialrath und 1804 Oberconsistorialrath und Mitglied des Oberschulkollegiums. 1794 ertheilte ihm die theol. Facultät am hundertjährigen Stiftungstage der Universität, an welchem er das unter sehr schwierigen Verhältnissen geführte Prorectorat niederlegte, die theol. Doctorwürde. Schon 1784 zum Aufseher des königl. Pädagogiums und 1785 zum Mitdirector der Franckeschen Stiftungen ernannt, wurde er 1799, nach J. L. Schulze's Tode, mit Dr. G. C. Knapp Director dieser Stiftungen, deren Schulanstalten und übrige Institute unter ihm zu neuer Blüthe sich erhoben, und die in den folgenden bewegten Zeiten, wo mehr als einmal ihre Existenz oder wenigstens ihr unverkürztes Bestehen in Gefahr stand, seiner Umsicht und seinen einflußreichen Bemühungen ihre Erhaltung zu verdanken hatten. Während der französischen Occupation am 18. Mai 1807 nach Frankreich deportirt, durfte er erst nach dem Tilsiter Frieden in die Heimath zurückkehren. Eine damals ihm angetragene höchst ehrenvolle und einflußreiche Stellung im preußischen Staate lehnte er ab, da er sich verpflichtet fühlte, seine Vaterstadt und ihre gelehrten Institute, namentlich die seiner Fürsorge anvertrauten Stiftungen, unter den damaligen Verhältnissen nicht zu verlassen; auch hat er anerkannt durch seine Bemühungen bei der Westphälischen Regierung wesentlich dazu mitgewirkt, daß im Jahr 1808 die Wiederherstellung der von Napoleon aufgehobenen Hallischen Universität erfolgte, bei welcher er zum Kanzler und Rector perpetuus ernannt wurde. Nach der Rückkehr der früheren Verhältnisse legte er 1816 das Rectorat nieder, blieb aber Kanzler der Universität; auch wurde er 1816 wieder zum Oberconsistorialrath und ordentl. Mitglied des Magdeburgischen Consistoriums ernannt. Am 18. April 1827 feierte er sein 50jähriges Jubelfest im akademischen Lehramt. Welchen Einfluß er in den verschiedenen Gebieten seiner Thätigkeit erworben hatte, und in welchem Umfang sein Wirken beachtet und anerkannt wurde, bezeugten die Beweise von Theilnahme und Verehrung, welche er an diesem Tage von den verschiedensten Seiten und aus den entferntesten Gegenden empfing, und mit denen auch die Beweise der besonderen Gunst, welche König Friedrich Wilhelm III. ihm zugewendet hatte, sich vereinten. Auch seine Vaterstadt ehrte an diesem Tage die mannichfachen Verdienste, welche er um ihre städtischen Angelegenheiten, z. B. um die Organisation ihres Armenwesens sich erworben hatte, durch die wohlverdiente Bürgerkrone. Er starb am 7. Jul. 1828. S. August Herm. Niemeyer. Zur

Erinnerung an dessen Leben und Wirken herausg. von A. Jacobs und J. G. Gruber. Halle 1831. 8. Als Liederdichter ist er neuerlich nicht immer unbefangen gewürdigt worden, und mehrere namhafte Hymnologen sind in ihrem Urtheile über ihn von Einseitigkeit und Ungerechtigkeit nicht frei geblieben. (Man vgl. dagegen die Bemerkungen Rambachs, Th. 5. S. 1.) Von seinen Liedern hat er selbst eine Sammlung u. d. T.: Geistl. Lieder und Oratorien, Halle und Berlin 1818 herausgegeben; viele hierin nicht aufgenommene stehen in seinem Gesangbuch für höhere Schulanstalten, Halle 1785 u. ö.

350. Ich weiß an wen ich glaube (bei seinem Begräbniß am Abend des 9. Jul. 1828 gesungen).
466. Voll Inbrunst, Dank und Freude.

Nicolai, Jeremias, gebürtig aus Mengeringhausen im Waldeckischen, ein Bruder des nachstehenden, war Pastor in seinem Geburtsort und ist Verf. des Liedes
515. Herr Christ thu mir verleihen,
welches irrig öfters dem folgenden zugeschrieben wird.

Nicolai, Dr. Philipp, geb. 10. Aug. 1556 zu Mengeringhausen im Waldeckischen, wo sein Vater Prediger war, wurde 1576 Prediger in seinem Geburtsort, 1583 im Kloster Hardeck, 1587 Hofprediger des Grafen v. Waldeck zu Wildungen, erhielt 1594 zu Wittenberg die theol. Doctorwürde, kam 1597 als Pastor nach Unna in Westphalen und wurde endlich 1601 Pastor zu St. Katharinen in Hamburg, wo er 26. Oct. 1608 starb. Er hat viele und zum Theil sehr heftige Streitschriften gegen Papisten und Calvinisten verfaßt. Die von ihm bekannten 3 Lieder stehen in seinem Freudenspiegel des ewigen Lebens. Hamb. 1598 u. ö.

501. Wachet auf ruft uns die Stimme.
218. Wie schön leuchtet der Morgenstern. (S. die erbauliche Geschichte dieses Liedes bei Olearius 1. p. 69.)

Olearius, Dr. Johannes, geb. 17. Sept. 1611 zu Halle, wo sein Vater, Dr. Johannes Olearius, der Stammvater des berühmten Olearius'schen Geschlechts, Superintendent und Oberpfarrer zu U. L. Frauen war. Nachdem er die Gymnasien zu Halle und Merseburg besucht hatte, bezog er 1629 die Universität Wittenberg, wo er seit 1632 als Magister Vorlesungen hielt und 1635 Adjunct der philos. Facultät wurde. 1637 kam er als Pastor und Superintendent nach Querfurt, von wo ihn 1643 der Herzog August von Sachsen-Weißenfels, Administrator des Erzstifts Magdeburg, zum Oberhofprediger und Beichtvater nach Halle berief, worauf er in demselben Jahre zu Wittenberg die theol. Doctorwürde annahm. 1657 wurde er zum Kirchenrath und 1664 zum Generalsuperintendenten ernannt, und begleitete nach dem Tode des Administrators 1680 dessen Sohn in derselben Eigenschaft nach Weißenfels, wo er am 14. Apr. 1684 starb. (S. Dreyhaupt Beschr. des Saalkreises II. p. 683, wonach Wetzel zu ergänzen ist.) Seine geistl. Lieder stehen, 240 an der Zahl, in seiner Geistl. Singekunst, Leipz. 1671. Mehrere später verfaßte finden sich noch in seiner Geistl. Gedenkkunst, 3. Aufl. Halle 1677.

164. Gelobet sei der Herr. — 184. Gott Lob der Sonntag kommt herbei. — 71. Herr Jesu Christ dein theures Blut. — 192. Herr öffne mir die Herzensthür. — 24. Nun kommt das neue Kirchenjahr. — 449. O Jesu dir sei ewig Dank. — 9. O Wunder groß Mariens Schooß. — 413. Wohlauf mein Herz zu Gott.

26 *

Das oben ihm beigelegte Lied 169. Es war die ganze Welt, ist jedoch nicht von ihm sondern von dem folgenden.

Olearius, M. Johann Gottfried, des vorigen Brudersfohn, geb. 25. Sept. 1635 zu Halle, wo sein Vater, Dr. Gottfried Olearius, Paftor zu St. Ulrich und nachher Superintendent und Oberpfarrer zu U. L. Frauen war, ftudirte von 1653 an in Leipzig, wo er 1656 Magifter wurde, befuchte hierauf noch mehrere deutsche Univerfitäten, wurde 1658 in Halle Adjunctus zu U. L. Frauen, 1662 Diaconus und als folcher 1685 auch Infpector der 2. Diöces des Saalkreifes (nicht aber, wie Wetzel angiebt, Paftor zu U. L. Frauen), Von da wurde er 1688 als Paftor Primarius, Superintendent und Confiftorialrath nach Arnftatt berufen, wo er, nachdem er 1708 fein 50jähriges Predigtamtsjubiläum gefeiert hatte, am 21. Mai 1711 ftarb. Er ift der Vater des bekannten Hymnologen Johann Chriftoph Olearius (geb. zu Halle 17. Sept. 1668, geft. zu Arnftadt als Paftor Primarius, Superintendent und Confiftorialrath, auch Mitglied der königl. preuß. Akademie der Wiffenschaften 31. März 1747). Seine geiftl. Lieder erfchienen u. d. T.: Primitiae poeticae, Halle 1664. 8. und vermehrt (bis auf 73) in feiner Geiftlichen Singe-Luft, Arnftadt 1697. 12. Von ihm ift

169. Es war die ganze Welt (oben unrichtig Joh. Olearius zugefchrieben).
6. Komm du werthes Löfegeld.

Opitz, Martin, geb. 23. Dec. (nach Anbern September) 1597 zu Bunzlau, wo fein Vater Rath war, bildete fich auf der dortigen Stadtschule und von 1614 an auf dem Magdalenen-Gymnafium zu Breslau, von wo er 1616 noch auf das Gymnafium zu Beuthen ging. Von 1618 an ftudirte er in Frankfurt, Heidelberg und Straßburg anfangs Jurisprudenz, bald aber und ausschließlich, Philofophie, Gefchichte und Poefie. Nachdem er längere Zeit in den Niederlanden und dann in Holftein fich aufgehalten hatte, kehrte er 1621 nach Schlefien zurück, wo er am Hofe des Herzogs von Liegnitz freundliche Aufnahme fand, folgte dann 1622 einem Rufe des Fürften Bethlen Gabor von Siebenbürgen, der ihn als Profeffor der Philofophie und Dichtkunft nach Weißenburg einlud, kehrte aber fchon 1623 von Heimweh getrieben wieder nach Liegnitz zurück. 1624 reifte er nach Sachfen, und hielt fich einige Zeit in Wittenberg auf, und im folgenden Jahre, bald nach feiner Rückkehr, nach Wien, wo er die Gunft des Kaifers Ferdinand II. erwarb, der ihn mit eigener Hand den poetifchen Lorbeerkranz auffetzte, und ihn nachher 1628 aus eigenem Antriebe unter dem Namen von Boberfeld in den Adelftand erhob. 1626 trat er als Sekretair in die Dienfte des Burggrafen Karl Hannibal von Dohna, in deffen Angelegenheiten er 1630 längere Zeit in Paris verweilte. Nach deffen Tode 1633 lebte er am Hofe des Herzogs von Brieg, den er 1634 nach Thorn begleitete, und begab fich von da, um einen ruhigen Aufenthalt zu haben, nach Danzig, wo ihn 1638 der König von Polen unter ehrenvollen Bedingungen zu feinem Sekretair und Hiftoriographen ernannte; aber fchon am 20. Aug. 1639 endete dort die Peft im kräftigften Mannesalter fein Leben. (Vgl. Müllers Bibl. deutfcher Dichter Bd. 1.) Seine Bedeutung als Dichter, fowie feine Verdienfte um die Ausbildung deutfcher Sprache und Poetik haben ihm auch bei der Nachwelt ehrenvolle Anerkennung gefichert. Die vollftändigften Ausgaben feiner Schriften erfchienen Breslau 1690. und Frankf. u. Leipzig 1724. 3 Bde. 8. Man hat von ihm poetifche Bearbeitungen der Sonntags Epifteln, der Pfalmen und des Hohenliedes, außerdem einige treffliche geiftl. Lieder, unter denen

210. O Licht geboren aus dem Lichte.

Pfeiffer, M. Christoph, gebürtig aus Oels, zu Anfang des 18. Jahrhunderts Pfarrer zu Dietmannsdorf im schles. Fürstenthum Münsterberg, hat Lieder über die Evangelien u. d. T.: Betender Christen evangel. Sabbat. Bresl. 1719 herausgegeben und ist nach Angabe des Bresl. Gesgb. von Burg Verf. des oben anonym vorkommenden Liedes

416. Getreuer Heiland hilf mir beten.

Pfeil, Christoph Karl Ludwig, Reichsfrei = und Pannerherr von, geb. im Jan. 1712 zu Grünstadt im Leiningischen, starb als königl. preuß. geheimer Rath und Gesandter beim fränkischen und schwäbischen Kreise auf seinem Gute Deufstetten bei Dünkelsbühl 14. Febr. 1784. Man hat von ihm: Evangelischer Lieder=Psalter. Stuttg. 1747. 8. und: Apocalyptische Lieder von der offenbarten Herrlichkeit und Zukunft des Herrn. Eßlingen 1741. 8.

506. Der Gerechten Seelen. — 69. Jesu du allein. Jesus gestern Jesus heute, daraus 14. Hosianna Davids Sohne.

Poliander, siehe Gramann.

Prätorius, M. Benjamin. Es ist von ihm nur bekannt, daß er aus Weißenfels gebürtig, im J. 1659 Pastor Substitutus zu Groß Lissa bei Delitzsch war und 1661 den poetischen Lorbeerkranz erhielt. Man hat von ihm: Jauchzendes Libanon in achtzig geistl. Liedern abgefasset. Leipz. 1659. 8. 2. Aufl. 1668.

Christi rosinfarbnes Blut, daraus 85. Gotteslamm du hast dein Blut.

149. Komm an wie einst im Brausen (Orig.: du sanftes), beide oben ohne Angabe des Verf.

Prätorius, Christoph (oder Soultetus), Advokat zu Stendal (Wetzel Anal. II. p. 611) ist Verf. von

212. Christe wahres Seelenlicht.

Rambach, Dr. Johann Jacob, geb. 24. Febr. 1693 zu Halle, wo sein Vater Tischler war, besuchte bis in sein 13. Jahr die Schule, und trat dann bei seinem Vater in die Lehre, wurde aber in Folge einer Krankheit, die ihn zur Profession untüchtig machte, bewogen, sich zum Studiren zu bestimmen, besuchte von 1708 an die Schule des Waisenhauses und bezog 1713 die Universität Halle. 1719 ging er nach Jena, wurde dort 1720 Magister und hielt theologische Vorlesungen. 1723 nach Herrnschmids Tode als Adjunct der theol. Facultät nach Halle zurück berufen, wurde er hier 1726 außerordentlicher Professor der Theologie und erhielt im folgenden Jahre nach Franckes Tode eine ordentliche Professur. 1731 wurde er als erster Professor der Theologie, Superintendent und Assessor des Consistoriums nach Gießen berufen, und nahm zugleich in Halle die theol. Doctorwürde an. 1734 erhielt er den Ruf zum ersten Prof. der Theologie auf der neuen Universität Göttingen; er blieb jedoch in Gießen, wo er, erst 42 Jahr alt 19. April 1735 starb. Als gelehrter Theolog und geistlicher Redner gehört er zu den ausgezeichnetsten seiner Zeit; um den Kirchengesang hat er sich sowohl durch seine trefflichen Lieder, als auch durch die von ihm mit großer Umsicht besorgten Sammlungen, sein Geistreiches Hausgesangbuch, Frankf. u. Leipz. 1735. und das Neueingerichtete Hessen=Darmstädter Kirchengesangbuch, Darmst. 1733. große Verdienste erworben. Seine Lieder stehen in seinen Geistlichen Poesieen, Halle 1720. Poetische Festgedanken von den höchsten Wohlthaten Gottes, Jena 1723. und dem angeführten Hausgesangbuche.

346. Dennoch bleib ich stets an dir. — 527. Großer Mittler der

zur Rechten. — 64. Heiland deine Menschenliebe. — 437. Ich bin
getauft auf deinen Namen. — 275. König dem kein König gleichet. — 464. Mein Jesu der du vor dem Scheiden. — 253. O großer Geist deß Wesen alles füllet. — 254. O großer Geist o Ursprung aller Dinge. — 543. O Lehrer dem kein andrer gleich. —
260. Vollkommenstes Licht, höchstes Gut.

Die außerdem oben ihm zugeschriebenen Lieder

323. Auf ihr Streiter durchgedrungen.

361. Du Ursprung aller Güte.

sind nicht von ihm und um so sicherer ihm abzusprechen, da beide in seinem Hausgesangbuche nicht als sein Eigenthum bezeichnet sind.

Reimann, Dr. Georg, aus Löwenberg in Schlesien, war des Kaisers
Matthias Rath und starb um 1615. Es werden ihm 3 Lieder zugeschrieben, unter denen

172. Aus Lieb läßt Gott der Christenheit.

Reißner, Adam, nicht Reußner, geb. um 1471, studirte unter Reuch-
lin die griechische und hebräische Sprache, war nachher Erzieher der Söhne des
berühmten Georg v. Frundsberg, und sodann dessen Geheimschreiber, und begleitete ihn als solcher auf dem Zuge nach Rom im J. 1527, über welchen er später
einen für die Geschichte jener Zeit höchst wichtigen Bericht herausgab. Er privatisirte zuletzt zu Frankfurt a. M. und soll daselbst 1563 in hohem Alter gestorben
sein. (S. Mohnike hymnol. Forschungen Th. 2. p. 263. und Olearius IV. p. 30)
Das Lied

403. In dich hab ich gehoffet Herr

ist schon im Straßburg. Gesgb. von 1560 mit seinem Namen bezeichnet.

Richter, Dr. Christian Friedrich, geb. 1676 zu Sorau in der Niederlausitz, studirte in Halle Medicin und hernach auch Theologie, war 1698 — 99 Inspector des Pädagogiums und nachher praktischer Arzt am Waisenhause, als welcher er zuerst die unter dem Namen der Hallischen Medicamente so berühmten
Arcana verfertigte, deren Verkauf lange Zeit dem Waisenhause eine bedeutende
Erwerbsquelle gewesen ist. Er starb in der Blüthe seiner Jahre 5. Oct. 1711.
Seine geistl. Lieder und Gedichte stehen gesammelt, 33 an der Zahl, in seinen Erbaulichen Betrachtungen vom Ursprung und Adel der Seelen. Halle 1718.

306. Es glänzet der Christen inwendiges Leben.

278. Hier legt mein Sinn sich vor dir nieder.

310. O wie selig sind die Seelen.

Seid zufrieden lieben Brüder, daraus 39. Freuet euch erlöste
Brüder.

Ringwaldt, Bartholomäus, geb. zu Frankfurt a. O. 1530 wurde, nachdem er seit 1557 an zwei andern Orten das Predigtamt verwaltet hatte, 1567
Pfarrer zu Langfeld bei Sonnenburg in der Neumark, wo er um 1598 gestorben
ist. Er nimmt als moralischer und satyrischer Dichter in seiner Zeit eine nicht unbedeutende Stelle ein. (S. Barthol. Ringwaldt und Benj. Schmolck, ein Beitrag
zur Literaturgesch. des 16. u. 18. Jahrh. von Hoffmann v. Fallersleben.
Bresl. 1838. 8.) Seine geistl. Lieder sind in den ältern Gesgbb. weit verbreitet,
indessen werden manche (auch bei Wetzel) mit Unrecht ihm zugeschrieben. Sie
finden sich besonders in seinem: Handbüchlein geistl. Lieder und Gebetlein. Leipz.
1590. 12. u. ö. Von ihm

271. O frommer und getreuer Gott.

Das gewöhnlich ihm zugeschriebene

499. Es ist gewißlich an der Zeit

kann jedoch, da es längst vor ihm schon bekannt war, nicht von ihm verfaßt, sondern nur von ihm verändert sein.

Rinkart, M. Martin, geb. zu Eilenburg 23. April 1586 (nach Andern 1585) besuchte die dortige Schule und bezog 1601 die Universität Leipzig, wo er sich durch sein musikalisches Talent seinen Unterhalt erwarb. 1610 wurde er Cantor an der Nicolaikirche zu Eisleben, erhielt aber schon 1611 das Diaconat an der Kirche St. Annä und wurde dann 1613 zum Pfarramte nach Erdeborn im Mansfeldischen berufen. Nachdem er früher schon einmal vergeblich um das Diaconat in Eilenburg angehalten hatte, wurde ihm ohne sein Zuthun 1617 das Archidiaconat daselbst angetragen, welches er am 29. Nov. d. J. antrat. Er hatte in diesem Amte durch die Drangsale des Krieges, zu denen mehrmals Pest und Hungersnoth sich gesellten, und die überdies auf den sittlichen Zustand seiner Gemeinde höchst verderblich einwirkten, viel schwere Zeiten zu überstehen, dabei aber auch um so mehr Gelegenheit, sich durch Geduld und unermüdeten Eifer als einen frommen und treuen Diener Gottes zu bewähren. Er starb bald nach Beendigung des Krieges 8. Dec. 1649. (Vgl. L. Plato Martin Rinkart nach seinem äußern Leben und Wirken. Leipz. 1830. 8.) Mehrere poetische Schriften, die ihm zu seiner Zeit als Dichter einen Namen erwarben, sind längst vergessen, aber im Munde der ganzen evangelischen Kirche deutscher Zunge lebt sein Lied

243. Nun danket alle Gott,

welches um 1644 gedichtet zu sein scheint. Vers 3 ist nicht, wie viele behauptet haben, ein späterer Zusatz, sondern, wie Martin, Laguna aus einem Manuscript Rinkarts vom J. 1644 nachgewiesen hat, (Tzschirners Magazin für christl. Prediger Bd. 2. St. 1. p. 84.) ebenfalls Rinkarts Arbeit. Die Melodie ist nach der ausdrücklichen Angabe in Joh. Crügers Geistl. Kirchenmelodieen in Dr. Luthers und Anderer Gesänge. Berl. 1649, von Joh. Crüger. Vgl. J. Crügers Choralmelodieen von E. E. G. Langbecker. Berl. 1835. 4.

Rist, Johannes, geb. 8. März 1607 zu Ottensen bei Hamburg, wo sein Vater Prediger war, besuchte die Gymnasien zu Hamburg und Bremen, wo er bereits durch sein poetisches Talent sich bekannt machte, studirte dann zu Rinteln, Rostock, Utrecht und Leyden Theologie und daneben auch Mathematik und Medicin, und wurde 1635 Prediger in dem Holsteinischen Flecken Wedel an der Elbe. Der große Ruf, den er als Dichter genoß, erwarb ihm mancherlei Ehren und Auszeichnungen; er erhielt den Titel eines Mecklenburgischen Kirchenrathes, wurde 1644 kaiserl. Pfalzgraf und gekrönter Poet, und 1653 sogar von Kaiser Ferdinand III. in den Adelstand erhoben. Seit 1647 Mitglied der fruchtbringenden Gesellschaft unter dem sehr bezeichnenden Namen des Rüstigen, stiftete er 1660 den eine ähnliche Tendenz verfolgenden Elbschwanenorden, dem er bis an seinen Tod vorstand. Er starb 31. Aug. 1667. Seine zahlreichen Lieder (nach Rambach 658) fanden bei seinen Zeitgenossen den ausgebreitetsten Beifall; spätere Kritiker haben die Mängel derselben wohl erkannt und oft fast allzustreng über ihn geurtheilt, und auch in den neueren Gesangbüchern ist nur ein verhältnißmäßig kleiner Theil derselben beibehalten worden. Ein vollständiges Verzeichniß der einzelnen Sammlungen und der darin enthaltenen Lieder giebt Wetzel II. p. 361 u. f. Von ihm ist

1. Auf auf ihr Reichsgenossen. — 459. Du Lebensbrod Herr Jesu Christ — Du Lebensfürst Herr Jesu Christ, daraus 128. Du

ſtarker Herrſcher fähreſt auf. — **176. Ehr und Dank ſei dir ge**
ſungen. — **Ermuntre dich mein ſchwacher Geiſt, daraus 43. Se**
Preis und Dank Herr Jeſu Chriſt. — 362. Folget mir ruft un
das Leben. — 129. Frohlocket jeßt mit Händen. — 148. Heut i
das rechte Jubelfeſt. — 225. Hilf Herr Jeſu laß gelingen. —
112. Laſſet uns den Herren preiſen. — 242. Man lobt dich i
der Stille (die gewöhnliche Abkürzung eines längern Liedes, deſſen Anfangs
Ich will den Herren loben). — 517. O Ewigkeit du Donnerwort
— 114. O fröhliche Stunden. — 448. O großes Werk geheim
nißvoll. — 465. O Jeſu meine Wonne. — 93. O Traurigkeit ♦
Herzeleib. — 505. Wach auf wach auf du ſichre Welt.

Rodigaſt, M. Samuel, geb. **19.** Oct. **1649** zu Gröben unweit Jena,
war in Weimar auf der Schule, ſtudirte von **1668** an in Jena, wurde daſelbſt
1671 Magiſter und **1676** Adjunct der philoſ. Facultät, ging **1680** als Conrector
am grauen Kloſter nach Berlin, und wurde, nachdem er den Ruf zur Profeſſur
der Logik und Metaphyſik nach Jena abgelehnt hatte, **1698** Rector dieſes Gymna=
ſiums. St. **19.** März **1708.** Sein allgemein bekanntes Lied

377. Was Gott thut, das iſt wohlgethan
hat er, wie das Hohnſteiniſche Geſgb. von **1697** verſichert, im Jahre **1675** zu
Jena zum Troſte ſeines kranken Freundes, des Cantors Severus Gaſtorius
verfaßt, dieſer aber auf dem Krankenbette die Melodie dazu geſeßt, und nach ſei=
ner Geneſung das Lied wöchentlich vom Singchor vor ſeinem Hauſe ſingen laſſen,
wodurch es dann allgemeiner bekannt geworden.

Rothe, Johann Andreas, geb. **12.** Mai **1688** zu Liſſa bei Görlitz, wo ſein
Vater Pfarrer war, beſuchte das Magdalenen Gymnaſium zu Breslau und ſtu=
dirte von **1708** an in Leipzig. **1722** wurde er von Zinzendorf zum Paſtor in Ber=
thelsdorf berufen, kam **1737** als Paſtor nach Hermsdorf bei Görlitz und wurde
1739 Paſtor zu Thommendorf in der Oberlauſiß, wo er **1758** ſtarb. Er war eine
Zeitlang ein Anhänger Zinzendorfs, und wirkte zur Begründung der Herrnhuti=
ſchen Gemeine mit, zog ſich aber ſpäter gänzlich von derſelben zurück. Zinzendorf
ſchäßte ihn ſehr und ſagt von ihm, daß er in der geiſtlichen Beredſamkeit wenige
ſeines Gleichen gehabt. Seine Lieder, die zuerſt in ſeinen kleinen erbaulichen
Schriften erſchienen, ſtehen meiſtens in den Herrnhutiſchen Liederſammlungen.
Von ihm

530. Ich habe nun den Grund gefunden.
344. Nicht Opfer und nicht Gaben.
494. Wenn kleine Himmelserben.

Runge, Chriſtoph, geb. **1619** geſt. nach **1680,** Buchdruckerherr zu Berlin,
gab **1644** zuerſt das in der Folge ſeit **1658** in Gemeinſchaft mit dem Muſikdirec=
tor Johann Crüger beſorgte, unter dem Namen praxis pietatis melica bekannte
Geſgb. heraus, in welchem ſich über 50 von ihm ſelbſt gedichtete Lieder finden, die
in der Ausgabe von **1675** mit einem Sternchen bezeichnet ſind. Mehre derſelben
hat man fälſchlich gewöhnlich anderen Verfaſſern zugeſchrieben, ſo auch

304. Der Herr hat alles wohlgemacht,
welches meiſtens unter Dr. Heinr. Müllers Namen vorkommt, aber ſicher von
Runge iſt. S. Rambach Th. 3. S. 133.

Rupp, M. Johann Friedrich, war Prediger zu Gottesweiler bei Straß=
burg und wurde nachher Adjunct der theol. Facultät und Inſpector der Freitiſche

in Halle, wo er 26. Mai 1708 starb. In Freylingh. Gesgb. stehen 7 Lieder von ihm; darunter

315. Erneure mich o ewges Licht.

Rutilius, M. Martin, geb. 1550 zu Düben, wo sein Vater Prediger war; seine Mutter war eine Tochter des als Luthers Amanuensis bekannten Georg Rörer oder Rorarius. Er studirte in Wittenberg und Jena, wurde 1575 Pfarrer zu Teutleben im Weimarischen, kam 1586 als Diaconus nach Weimar und starb als Archidiaconus daselbst 18. Jan. 1618. Er ist der wahre Verf. des von älteren Hymnologen gewöhnlich dem Johannes Gölbel zugeschriebenen Liedes

261. Ich Gott und Herr,

wie dies M. Kaspar Binder in einer eigenen Abhandlung, Jena 1726, aus einem noch vorhandenen eigenhändigen Manuscript des Rutilius unzweifelhaft erwiesen hat. Der häufig bei diesem Liede vorkommende Zusatz (Vs. 7—10) ist von Dr. Johannes Major (Groß) der von 1592 bis 1605 als Diaconus in Weimar des Rutilius College war, und 1634 als Superintendent und Professor der Theologie in Jena starb.

Sacer, Dr. Gottfried Wilhelm, geb. 11. Jul. 1635 zu Naumburg, wo sein Vater Bürgermeister war, besuchte das dortige Gymnasium und die Schulpforte, und studirte von 1653 an 4 Jahre in Jena die Rechte. Nachdem er hierauf 2 Jahr in Berlin bei dem Brandenb. Geheimen Rathe von Platen Secretair gewesen, übernahm er die Führung einiger jungen Edelleute, mit denen er auf mehreren Universitäten verweilte, war hierauf eine Zeitlang Regimentssecretair in Lüneburg und trat selbst als Fähndrich in Dienste, zog aber bald wieder den Dienst der Wissenschaft vor und begab sich nach Kiel um dort zu promoviren. Ein Antrag zu einer Hofmeisterstelle bei einem Holst.inischen Edelmann änderte wieder seinen Entschluß, er reiste von 1667 an mit seinen Zöglingen mehrere Jahre in Holland und Dänemark, und ließ sich endlich nach der Rückkehr 1670 in Braunschweig als Rechtsconsulent nieder. Er wurde als Hofgerichts- und Kanzleiadvocat angestellt, nahm 1671 in Kiel den Grad eines Dr. juris an, erhielt 1683 die Stelle eines Kammer- und Amtsadvocaten in Wolfenbüttel, wurde 1690 daselbst Kammerconsulent und starb 8. Sept. 1699. Es wird an ihm eine seltene Gewissenhaftigkeit und Uneigennützigkeit gegen seine Klienten gerühmt; auch unter den Liederdichtern seiner Zeit nimmt er eine nicht unbedeutende Stelle ein. Seine Lieder, die er meist schon als Student verfertigte, sind erst nach seinem Tode von seinem Schwiegersohn, dem Gothaischen Generalsuperintendenten Dr. Georg Nitsch, Gotha 1714, vollständig herausgegeben. Von ihm

36. Auf Seele schwinge dich empor, (Orig.: Mein Seelichen schwing dich empor.)

124. Gott fähret auf zum Himmel.

360. O wie so niederträchtig.

492. So hab ich obgesieget.

Sachs, Hans, geb. 5. Nov. 1494 zu Nürnberg, wo sein Vater ein Schneider war, besuchte die lateinische Schule, die er aber in Folge einer schweren Krankheit schon frühe wieder verlassen mußte. In seinem 15. Jahre kam er zu einem Schuhmacher in die Lehre. Ein berühmter Meistersänger, der Leinweber Georg Nunnenbeck, wurde auf sein poetisches Talent aufmerksam und unterrichtete ihn im Meistergesang. Nach vollendeten Lehrjahren wanderte er als Geselle mehrere Jahre durch einen großen Theil Deutschlands, arbeitete fleißig in den Schusterwerkstätten und übte sich in den Schulen der Meistersänger, kam auch ba'd so weit, daß er an

mehreren Orten selbst Singschule halten konnte. Als 22jähriger Jüngling kehrte er
nach Hause zurück und besetzte sich in Nürnberg als Schuhmachermeister. Hier
lebte er als ehrsamer Bürger still und fleißig seinem Handwerk, und übte zugleich
als Meistersänger die edle Kunst, wurde auch bald das Haupt der Nürnberger Meistersänger, deren schon in Verfall gerathene Zunft durch ihn zu neuer
Ehre und neuer Blüthe kam. Früh schon mit den Grundsätzen der Reformation
bekannt geworden und durch Luthers Schriften lebhaft angezogen, wandte er sich
bald öffentlich dem evangelischen Glauben zu, half denselben in seiner Vaterstadt
ausbreiten und verherrlichte Luthers Sache durch seine Gesänge. Er starb in hohem Alter, in den letzten Jahren seines Lebens von großer Schwachheit heimge-
sucht, am 25. Jan. 1576. Ueber seine geistlichen Lieder hat Wackernagel S.
XXII. u. S. 168 zuverlässige und vollständige Nachweisungen gegeben und deren
22 mitgetheilt und 2 nach den Anfängen namhaft gemacht. Das bekannteste und
verbreitetste derselben ist

    382. Warum betrübst du dich mein Herz.

    Schade, M. Johann Kaspar, geb. 13. Jan. 1666 zu Kühndorf im Hen-
nebergischen, wo sein Vater, nachher Superintendent in Schleusingen, damals Prediger war. Er verlor denselben schon in seinem 2ten Jahre, kam nachher auf das
Gymnasium zu Schleusingen und bezog 1685 die Universität Leipzig, wo er A. H.
Francke's Stubengenosse wurde, und sich an denselben in seiner theologischen Bildung
auf das engste anschloß. Nachdem er 1688 in Wittenberg Magister geworden war,
eröffnete er in Leipzig Vorlesungen, hatte aber, da er auch Collegia philobiblica
hielt, viele Anfeindungen zu erleiden, so daß sogar seine Anstellung als Diaconus
in Wurzen, wozu er schon die Berufung empfangen hatte, von seinen Gegnern hin-
tertrieben wurde. Dagegen machte er sich auf einer Reise nach Berlin durch einige
dort gehaltene Predigten soviel Freunde, daß ihm 1691 ohne sein Zuthun ein eben
erledigtes Diaconat an der St. Nicolaikirche übertragen wurde. Er verwaltete
dies Amt mit großem Eifer und ließ sich die Beförderung eines thätigen Christen-
thums durch Catechisationen, Erbauungsstunden und erweckliche Schriften, die er
umsonst vertheilte, sehr angelegen sein. Durch seine heftigen Angriffe auf das
Beichtwesen, das ihm wegen der dabei herrschenden Mißbräuche schwere Gewissensscrupel
verursachte, zog er sich aber nicht bloß den Tadel der orthodoxen Theologen, sondern auch den Unwillen seiner Gemeinde zu, und gerieth dadurch in große Unannehmlichkeiten, denen er jedoch durch einen frühen Tod entging. Er starb, 32
Jahr alt, 25. Jul. 1698. Seine Lieder sind nach seinem Tode u. d. T.: „Fasci-
culus Cantionum, d. i. zusammengetragne geistl. Lieder eines In Christo Seligen
Lehrers" in Güstrin zusammengedruckt (44 an der Zahl).

    46. In meines Herzens Grunde, eine weitere Ausführung der letzten
        Strophe aus Valerius Herberger's: Valet will ich dir geben.
    270. Mein Gott das Herz ich bringe dir.

    Schalling, Martin, geb. zu Straßburg 1532, studirte 1550 zu Witten-
berg und wurde bald darauf Prediger zu Regensburg. Späterhin kommt er im
J. 1567 als Prediger zu Amberg und 1576 als Prediger zu Bilseck in der Oberpfalz vor. Im J. 1585 kam er nach Nürnberg als Pastor zu U. L. Frauen, und
starb daselbst 29. Dec. 1608. (Vgl. Olearius Th. 3. S. 2 u. f.) Nach vielen
glaubwürdigen Angaben ist er Verf. des bekannten Liedes

  339. Herzlich lieb hab ich dich o Herr,
welches bereits in einer Liedersammlung von 1571 vorkommt.

    Scheffler, Dr. Johannes, bekannter unter dem angenommenen Namen

Johannes Angelus Silesius, geb. zu Breslau 1624, widmete sich der Arzneiwissenschaft, hielt sich nach Vollendung seiner akademischen Laufbahn eine Zeitlang in Holland auf, und wurde nach seiner Rückkehr nach Schlesien Leibarzt des Herzogs von Würtemberg zu Oels, erhielt später auch von Ferdinand III. den Titel eines kaiserl. Hofmedikus. Bei einem lebhaften religiösen Bedürfniß hatte seine Neigung sich früh schon den Schriften älterer und neuerer Mystiker zugewendet, und ihn so immer tiefer in eine Richtung hineingeführt, für die er in den Gebräuchen und Satzungen der lutherischen Kirche keine Befriedigung fand. Er trat 1653 zur kathol schen Kirche über, nahm später selbst die Priesterweihe an, wurde Bischöfl. Breslauischer Rath, und zog sich endlich in das Kloster St. Matthias zu Breslau zurück, wo er seine Zeit mit Abfassung vieler heftigen Streitschriften gegen die evangelische Kirche zubrachte. Er starb 9. Jul. 1677. Seine geistlichen Lieder, die er meistens noch als Protestant verfertigt haben soll, sind gesammelt u. d. T.: Geistliche Hirtenlieder der in ihren Jesum verliebten Psyche. Bresl. 1657 u. ö. Von ihm:

232. Auf auf mein Geist und du o mein Gemüthe. — 313. Auf Christenmensch, auf auf zum Streit (Orig.: Auf auf o Seel ꝛc.). — 165. Hochheilige Dreieinigkeit (Orig.: Hochheilige Dreifaltigkeit). — 341. Ich will dich lieben meine Stärke. — 47. Jesus ist der schönste Nam. — 342. Liebe die du mich zum Bilde. — 66. Mir nach spricht Christus unser Held. — 125. Nun danket Gott ihr Christen all. — 77. O du Liebe meiner Liebe. — 133. O Jesu Christ (das Schefflersche Lied: Zeuch mich nach dir, so laufen wir mit herzlichem Belieben ꝛc. hat in mehreren Gesgbb. (z. B. Freylingh. Nr. 310) durch Voranstellung des ursprünglichen Schlußverses den Anfang: O Jesu Christ, der du mir bist ꝛc. Der oben in 133. vorkommende 2te Vers findet sich aber im Original nicht.). — 322. Wollt ihr den Herren finden. Das Lied

294. Jesus der Quell der Seligkeit
ist Bearbeitung des Schefflerschen Jesus Ein Schatz Voll Seligkeit.

Schein, Johann Hermann, einer der berühmtesten Musiker seiner Zeit, geb. 1586 zu Grünhayn bei Zwickau, war in seiner Jugend Sänger in der kurfürstl. Kapelle in Dresden, wurde später Kapellmeister in Weimar und nachher Cantor und Musikdirector an der Thomaskirche in Leipzig, wo er 1630, nach Andern 1631 starb. Um den Kirchengesang hat er sich durch sein bekanntes „Cantional oder Gesangbuch Augsburgischer Confession" verdient gemacht, welches zuerst Leipz. 1627 erschien und späterhin von Vopelius 1682 neu bearbeitet herausgegeben wurde. Hierin finden sich auch seine eigenen Lieder, unter welche jedoch das gewöhnlich ihm zugeschriebene

262. Ach Herr mich armen Sünder
nicht mit gehört, da es erweislich von Cyriacus Schneegaß ist. (s. d.)

Schenk, M. Hartmann, geb. 7. Apr. 1634 zu Ruhla bei Eisenach, besuchte die Gymnasien zu Eisenach und Coburg und bezog 1656 die Universität Helmstädt, von wo ihn im folgenden Jahre die Pest nach Jena vertrieb. Nachdem er hier 1660 Magister geworden, begab er sich nach Coburg, erhielt aber bald darauf 1662 die Pfarre zu Bibra im Hennebergischen und wurde 1669 Diaconus zu Ostheim, wo er 2. Mai 1681 starb. Er schrieb: Güldene Betkunst. Nürnb. 1677, worin auch sein bekanntes Lied sich findet:

201. Nun Gott Lob es ist vollbracht.

Schenck, Theodor, war Stadtpfarrer zu Gießen, wo er 1727 starb. Verf. des 512. Wer sind die vor Gottes Throne.

Schieferdecker, Dr. Johann David (nicht Daniel, wie Wetzel angiebt), geb. 9. Nov. 1672 zu Weißenfels, wo sein Vater Superintendent war, studirte von 1690 an in Leipzig, wo er sich große Gelehrsamkeit in den orientalischen Sprachen erwarb und 1692 Magister wurde. Nachdem er mehrere Jahre lang den Vorlesungen gehalten hatte, wurde er 1698 zum Professor der Theologie am Gymnasium zu Weißenfels berufen und promovirte in Jena zum Doctor der Theologie. Er starb 11. Juni 1721. Er ist nach dem Zeugniß des Sangerhäuser Gesgb. von 1750 Verf. des Liedes.

195. Komm segne dein Volk in der Zeit.

Schindler, M. Johannes, geb. zu Chemnitz 1613, war Schüler in Pforta und studirte in Leipzig, wurde zuerst 1641 Rector der Catharinenschule in Braunschweig und 1643 Pastor zu St. Andreä daselbst, und starb 8. Nov. 1681. Die Angabe, daß er Verf. von

421. Herr Jesu Christ ich schrei zu dir

sei, beruht nur auf Verwechselung eines von ihm gedichteten und im Braunschw. Gesgb. von 1661 mit seinem Namen bezeichneten Liedes gleichen Anfangs mit dem obigen, welches bereits in viel früherer Zeit vorkommt, und einem unbekannten Verfasser gehört.

Schirmer, M. Michael, geb. 1606 zu Leipzig, war zuerst Rector in Freiberg, dann Pastor zu Striegnitz an der Mulde, wurde 1636 Subrector am grauen Kloster in Berlin, 1643 Conrector, und starb, nachdem er mehrere Jahre gemüthskrank gewesen war, am 4. Mai 1673. Er gab heraus: Biblische Lieder. Berl. 1650. 8. woraus mehrere allgemein gebräuchlich geworden sind.

18. Nun jauchzet all ihr Frommen.

142. O heilger Geist kehr bei uns ein.

Schlegel, Dr. Johann Adolph, geb. 18. (nicht 17.) Sept. 1721 zu Meißen, wo sein Vater kursächs. Appellationsrath war, wurde bis zu seinem 14. Jahre des Hauses ihr unterrichtet, kam dann nach Schulpforte und bezog 1741 die Universität Leipzig, wo er zu dem Dichterkreise von Gellert, Klopstock, Cramer u. a. gehörte und fleißig an den „Bremischen Beiträgen" mitarbeitete. 1746 übernahm er eine Hauslehrerstelle in Strehla, und hielt sich nachher, mit gelehrten Arbeiten beschäftigt, anderthalb Jahre bei Cramer auf, der inzwischen in Cröllwitz angestellt war, bis er 1751 als Diaconus nach Schulpforte berufen wurde. Von hier kam er 1754 als Pastor und Professor der Theologie und Metaphysik am dortigen Gymnasium nach Zerbst, wo er sich durch seine Beredsamkeit solchen Ruf erwarb, daß der Minister von Münchhausen ihm den Antrag machte, als Superintendent und Professor nach Göttingen zu gehen. Er lehnte dies zwar ab, folgte aber dafür 1759 dem Rufe zum Pastor an der Marktkirche in Hannover, wo er späterhin 1775 Consistorialrath, Superintendent und Pastor primarius an der Neustädter Hof- und Stadtkirche wurde, und 1782 auch die Generalsuperintendentur über die Grafschaft Hoya erhielt, die er 1787 mit der über das Fürstenthum Calenberg vertauschte. Die Universität Göttingen ertheilte ihm bei ihrer Jubelfeier 1787 die theol. Doctorwürde. Er starb 16. Sept. 1793. Seine geistl. Lieder gab er in drei Sammlungen, Leipz. 1766, 1769 u. 1772 heraus, in denen 137 Gesänge, darunter jedoch fast die Hälfte umgearbeitete ältere Originale, enthalten sind.

Lou itm

460. Herr der du als ein stilles Lamm (mit manchen Anklängen an das Heermannsche: O Jesu du mein Bräutigam).

Schmidt, Johann Eusebius, geb. 1669 zu Hohenfelden bei Erfurt, wurde 1697 Pfarrer zu Siebleben bei Gotha, wo er 1745 starb. In Freylingh. Gesgb. finden sich von ihm 42 Lieder, unter denen:

311. Wie groß ist beine Herrlichkeit (das Original des in vielen neueren Gesgbb. vorkommenden, von Diterich bearbeiteten: Wie groß ist unsre Seligkeit).

Schmolck, Benjamin, geb. 21. Dec. 1672 zu Brauchitschdorf im Fürstenthum Liegnitz, wo sein Vater Prediger war, wurde schon bei der Geburt von seinem Vater durch ein Gelübde dem Dienste Gottes geweiht. Er genoß den ersten Unterricht mit den Kindern des dortigen Patrons, eines Herrn von Rothkirch, besuchte dann die Schulen zu Steinau, Liegnitz und Lauban, und studirte von 1693 an vier Jahre in Leipzig. Nach seiner Rückkehr unterstützte er seinen Vater im Predigtamte und wurde demselben 1701 förmlich adjungirt, erhielt aber schon 1702 den Ruf als Diaconus an der Friedenskirche zu Schweidnitz, wo er nachher 1708 Archidiaconus, 1712 Senior und 1714 Pastor Primarius und Schulinspector wurde. Bei dem großen Umfang seiner Gemeinde und den Ränken der Jesuiten, welche fortwährend die Evangelischen zu beschränken trachteten, wurde ihm seine Amtsführung vielfältig erschwert; doch gewann er durch seinen treuen Eifer in hohem Grade die Liebe seiner Gemeinde, und auch den Katholiken gegenüber wußte er durch sein mildes Wesen alle Störungen des Friedens zu verhindern. Schon im J. 1730 von einem Schlagfluß getroffen, konnte er nur unter großen körperlichen Leiden sein Amt noch verwalten, bis er 1735 in Folge wiederholter Anfälle gänzlich seine Kräfte verlor, und das Lager nicht mehr verlassen konnte. Er starb am 12. Febr. 1737. S. Barthol. Ringwaldt und Benj. Schmolck, von Hoffmann von Fallersleben. Bresl. 1833. 8. Als Liederdichter stand er bei seinen Zeitgenossen im höchsten Ansehn; neuere Kritiker haben zum Theil sehr wegwerfend über ihn geurtheilt; wenn auch allerdings seine allzugroße Fruchtbarkeit unter seinen mehr als tausend Liedern sehr viel mittelmäßiges und unbedeutendes geliefert hat, so sind doch dagegen auch nicht wenige derselben nach Form und Inhalt als eine wahre Bereicherung des evangelischen Liederschatzes dankbar anzuerkennen. Die nach und nach in vielen einzelnen Sammlungen herausgegebenen Lieder finden sich vollständig in: Tröst- und Geistreiche Schriften Herrn B. S. 2 Thle. Tübingen 1740 u. 1744. Die oben von ihm vorkommenden Lieder sind:

231. An Gott will ich gedenken. — **96.** Der Tod ist todt das Leben lebet. — **175.** Du Herr der Seraphinen. — Gott dem kein Ding unmöglich ist, daraus **170.** Gelobet sei Gott Israel. — **48.** Gott der Juden Gott der Heiden. — **99.** Halleluja Jesus lebt. — Herr des Todes Fürst des Lebens, daraus **118.** Wirf du hohe Ostersonne. — Opfer für die ganze Welt, daraus **61.** Herr ich will mit Simeon. — **474.** Heute mir und morgen dir. — **319.** Himmelan geht unsre Bahn. — **5.** Hosianna Davids Sohn. — **101.** Ich geh zu deinem Grabe. — Man wünschet gute Zeiten, daraus **226.** Laß Herr von Segen triefen. — **189.** Licht vom Licht erleuchte mich. — **430.** Liebster Jesu hier sind wir. — **190.** O du angenehmer Tag. — **144.** Schmückt das Fest mit Maien. — **395.** Theures Wort aus Gottes Munde. — **199.** Thut mir auf die

schöne Pforte. — 547. Was Gott thut das ist wohlgethan. —
117. Willkommen Held im Streite. — 288. Wir liegen hier zu
deinen Füßen. — Auch ist in 488 Herr mein Gott du wirst es
machen die erste Hälfte des letzten Verses aus Schmolcks Liede: Ach Herr
lehre mich bedenken mit einem Verse aus ein.m Liede K. Neumanns (s.
b.) zusammengesetzt.

Schneegaß, M. Cyriacus, war Pfarrer und Superintendenturadjunct in
dem Gothaischen (damals Weimarischen) Orte Friedrichsroda und starb nach Sch.
melius und Wetzel 23. Oct. 1597. Er gab heraus: Geistl. Lieder und Psalmen
für einfältige fromme Herzen zugerichtet, Erfurt 1597, worin 72 selbstverfertigte
Gesänge enthalten sind. In dieser Sammlung (ein Exemplar dieses sehr selten
Buches besitzt Herr Superintendent Fulba in Halle) kommt unter der Ueber
schrift: „die sieben Bußpsalmen gesangweise" auch das Lied
262. Ach Herr mich armen Sünder
vor, welches demnach unzweifelhaft nicht J. H. Schein, sondern Schneegaß
zuzueignen ist; auch ist er Verf. von
222. Herr Gott Vater wir preisen dich.

Schneesing, Johannes, gewöhnlich Chiomusus, gebürtig aus Frankfurt
a. M., war zur Zeit der Reformation Vicar zu St. Margarethen in Gotha und
von 1534 an Pfarrer zu Friemar im Gothaischen, wo er nach dem Zeugniß eines
seiner Schüler (Olearius 3. p. 36) das Lied
263. Allein zu dir Herr Jesu Christ
verfertigt und in die im Jahre 1522 (?) von ihm entworfene dortige Kirchenord
nung eigenhändig eingeschrieben hat.

Schrader, Johann Hermann, geb. 9. Jan. 1684 zu Hamburg, war an
fangs Pastor zu Oldeslohe in Wagrien und seit 1726 Consistorialrath, Propst und
Pastor zu Tondern in Schleswig, wo er 21. Oct. 1737 starb. Zu dem 1731 von
ihm herausgegebenen Tonderischen Gesgb., das wegen der darin aufgenommenen
neuen Lieder vielfach angefochten wurde, hat er 23 Gesänge beigetragen, unter denen
408. Sende Vater deinen Geist.

Schröder, Johann Heinrich, geb. 1666 zu Hallerspringe im Calenbergi
schen, war A. H. Francke's Schüler und wurde 1696 Pastor zu Meseberg bei
Wolmirstädt im Magdeburgischen, wo er nach Einigen 1699, nach Anb.rn 1714,
nach noch Andern 1728 starb. Durch Freylingh. Gesgb. sind von ihm vier Lieder
bekannt geworden (ein fünftes bei Kirchner ihm zugeschriebenes ist nicht von ihm)
unter denen
291. Eins ist noth, ach Herr dies Eine.
328. Jesu hilf siegen du Fürste des Lebens.

Schütz, Lic. Johann Jacob, geb. am 7. Sept. 1640 zu Frankfurt a. M.,
war daselbst Advocat und Rath mehrerer Reichsstände, ein vertrauter Freund Spe
ner's, und starb 22. Mai 1690. Nach sicheren gleichzeitigen Zeugnissen ist er Verf.
des früherhin öfters A. H. Francke und anderen zugeschriebenen Liedes
247. Sei Lob und Ehr dem höchsten Gut.

Schütz, Philipp Balthasar von, eigentlich Sinolb, geb. 5. Mai 1657
auf dem Schlosse Königsberg bei Gießen, studirte in Jena, reiste hierauf nach
Italien und diente zwei Jahre unter der Garde des Großherzogs von Florenz,
und hielt sich sodann in Leipzig auf, wo er die zu ihrer Zeit berühmte Europäische
Fama zu schreiben anfing. 1704 wurde er Rath und Hofmeister bei dem Grafen
Reuß zu Köstritz, begab sich 1705 als Hofmeister zu der verwittweten Herzogin

von Sachsen-Merseburg zu Forst in der Niederlausitz, wurde dann 1711 Regierungsrath des Herzogs von Würtemberg zu Bernstadt in Schlesien, 1718 Geheimerrath des Grafen v. Hohenlohe-Pfedelbach und Präsident aller Collegien, und
endlich 1727 Gräfl. Solmsischer geheimer Rath zu Laubach, wo er 6. März 1742
starb. (S. Jöchers Gel. Ler.)   Er hat zahlreiche gelehrte und ascetische Schriften, meistens unter den angenommenen Namen Ludw. Ernst von Faramond
und Amadeus Creutzberg, herausgegeben. Seine geistl. Lieder erschienen, 74
an der Zahl, in: Amad. Creutzbergs geistl. und andere erbauliche Poesieen. Nürnb.
1720. 8. Von ihm
    423. Weine nicht Gott lebet noch.
    Schweinitz, Hans Christoph von, geb. 1645 zu Rudelsdorf im Fürstenth.
Schweidnitz, Landesältester im Görlitzischen Kreise, auch königl. polnischer und kurf.
sächsischer Rath und Kammerherr, gest. 1722. ist Verf. des Liedes
    513. Wird das nicht Freude sein,
welches er beim Tode seiner ersten Gemahlin verfertigte.
    Scriver, M. Christian, geb. 2. Jan. 1629 zu Rendsburg.   Noch nicht
ein Jahr alt verlor er seinen Vater an der Pest, und auch seine Mutter wurde,
während sie ihn noch an der Brust hatte, von der Krankheit befallen, aber sammt
dem Kinde wunderbar erhalten. Auch einen frommen Stiefvater, der ihn sorgfältig erzog, verlor er nach wenigen Jahren wieder; doch gelang es seiner Mutter
durch die Unterstützung guter Freunde, ihn durch den Besuch der Schulen zu
Rendsburg und Lübeck zum Studiren vorbereiten zu lassen.   1647 bezog er die
Universität Rostock und wurde 1649 daselbst Magister, worauf er eine Hauslehrerstelle übernahm.   Die Verheirathung seiner Schwester in Stendal veranlaßte
ihn sich dorthin zu begeben, er predigte fleißig und erwarb sich dadurch soviel Liebe,
daß ihm 1653 das Diaconat an der Kirche St. Jacobi übertragen wurde. Nachdem er diesem Amte 14 Jahr mit großer Treue vorgestanden hatte, erhielt er
1667 den Ruf zum Pastorat an der Jacobikirche zu Magdeburg, wo er 1674 auch
zum Assessor des geistl. Gerichts, 1676 zum Scholarchen, 1679 zum Senior des Mi-
nisteriums und 1685 zum geistl. Inspector des Holzkreises ernannt wurde.   Nach
23jähriger segensreicher Amtsführung, während welcher er mehrere ehrenvolle Berufungen abgelehnt hatte, folgte er endlich 1690 dem Rufe zum Kirchenrath und
Oberhofprediger der Aebtissin von Quedlinburg, obwohl seine Gemeinde alles auf-
bot ihn zu halten, und deshalb sogar ein Gutachten der theol. Facultät zu Helmstädt einholte, welches jedoch die Berufung nach Quedlinburg für göttlich und ver-
bindend erklärte. Er starb daselbst 5. Apr. 1693 und wurde seinem Wunsche gemäß in der Jacobikirche zu Magdeburg begraben. Als Prediger und Seelsorger
steht er, nicht bloß für seine Zeit, als ehrwürdiges Vorbild da, und seine geistreichen Erbauungsschriften (Seelenschatz, Zufällige Andachten rc.) erhalten noch immer
seinen Namen in gesegnetem Andenken. Auch mehrere Lieder von ihm sind allgemeiner bekannt geworden, zu denen in vielen Gesgbb. auch
    213. Das walt Gott die Morgenröthe,
gerechnet wird; Kirchner und andere schreiben dies M. Martin Grünwald zu
(geb. zu Zittau 1664, gest. als Archidiaconus daselbst 2. Apr. 1716) der es aber
nach seiner eigenen Angabe bei Wetzel I. p. 354 nur verbessert hat, woraus indessen auf ein höheres Alter des Originals zu schließen sein möchte.
    Selnecker, Dr. Nicolaus, geb. 1532 zu Hersbruck bei Nürnberg, studirte zu
Wittenberg, wo er sich vorzüglich an Melanchthon anschloß, wurde dort 1554 Magister
und kam 1557 als zweiter Hofprediger des Kurfürsten August nach Dresden. Auf die

Empfehlung der Wittenb. Theologen erhielt er 1562 eine theol. Professur in Jena. 1565 wurde er Prof. der Theol., Superintendent und Pastor zu St. Thomä in Leipzig, trat aber schon 1570, in welchem Jahre er auch zu Wittenberg Dr. theol. wurde, als Hofprediger und Generalsuperintendent in die Dienste des Herzogs Julius von Braunschweig zu Wolfenbüttel, wo er auch bei der Aufrichtung der neuen Universität Helmstädt großen Einfluß hatte. 1576 oder 1577 wurde er wieder nach Leipzig zurückberufen und nahm nachher an der Bearbeitung und Einführung der Formula concordiae thätigen Antheil, wurde dann 1589 durch den Einfluß der herrschenden cryptocalvinistischen Partei seiner Aemter entsetzt, aber nach dem Sturze derselben 1591 wieder eingesetzt und starb bald darauf 24. Mai 1592. In den theol. Streitigkeiten seiner Zeit hat er eine nicht unbedeutende Rolle gespielt. Um den Kirchengesang machte er sich verdient durch seine: Christl. Psalmen, Lieder und Kirchengesänge, Leipz. 1587. 4., worin auch mehrere von ihm selbst gedichtete Lieder vorkommen; manche in den Gesgbb. gewöhnlich mit seinem Namen bezeichneten Lieder werden ihm jedoch mit Unrecht beigelegt. Zu den gewöhnlich ihm zugeschriebenen gehören:

891. Ach bleib bei uns Herr Jesu Christ. (Wird zuweilen auch Josua Stegmann zugeschrieben, von welchem aber ein anderes ebenso anfangendes Lied herrührt. In älteren Gesgbb. kommen nur Vs. 1. und 2. unter Selneckers Namen vor, die übrigen Verse scheinen späterer Zusatz zu sein.)

187. Heut ist des Herren Ruhetag. (Wird zwar von Wetzel als seine Arbeit mitgenannt, kommt aber in den älteren Gesgbb. häufiger anonym vor.)

405. Laß mich dein sein und bleiben. (Ein gewöhnlich vorkommender 2. u. 3. Vers sind Zusatz eines späteren Verf.)

103. Wir danken dir Herr Jesu Christ, daß du vom Tod.

126. Wir danken dir Herr Jesu Christ, daß du gen Himmel. (Nach Schamelius p. 210 hat Selnecker zwar ein Lied gleiches Anfangs gemacht, welches aber nur 4 Verse hat und ein anderes als das obige ist.)

Siegfried, Johannes, geb. 20. Febr. 1564, war Pastor und Superintendent in Schleiz und starb 9. Oct. 1637. Er ist, wie Rambach 2. p. 246. aus Clauderi Psalmodia nachweist, Verf. von

475. Ich hab mich Gott ergeben, welches sonst fälschlich dem Joh. Leo zugeschrieben wird.

Solius, Christoph, soll Prediger in Straßburg gewesen sein und zu dem schon vor Luther bekannten (Rambach I. p. 419) Gesange

121. Christ fuhr gen Himmel einige in älteren Gesgbb. vorkommende Strophen hinzugedichtet haben. An dem Text des Liedes, wie er oben sich findet, hat derselbe keinen Antheil.

Spangenberg, M. August Gottlieb, geb. 25. Jul. 1704 zu Klettenberg in der Grafschaft Hohenstein, wo sein Vater Prediger war, studirte in Jena Theologie, habilitirte sich 1726 daselbst als Magister und wurde 1732 als Adjunct der theol. Facultät nach Halle berufen, wo er auch zugleich Aufseher der lateinischen Schule wurde. Schon früherhin mit Zinzendorf verbunden und den Bestrebungen desselben zugeneigt, suchte er diesen auch in Halle Vorschub zu leisten, hielt Conventikel und stellte Liebesmahle an, wurde aber auf den Bericht der theol. Facultät durch königl. Befehl 1733 cassirt und Landes verwiesen. Er begab sich nach Herrnhut, und wandte seitdem seine ganze Thätigkeit der Brüdergemeine zu, welche er in England und Pensylvanien, wo er viele Jahre sich aufhielt, ausbreitete. Schon

744 zum Bischof ordinirt, wurde er nach Zinzendorfs Tode die Seele der Ältes=
enconferenz und durch seine besonnene und umsichtige Thätigkeit der zweite Grün=
:er der Gemeinde, welche ihm auch die wissenschaftliche Feststellung ihres Lehrbe=
:iffs in seiner Idea fidei fratrum, Barby 1779. zu verdanken hat. Er starb zu
Herrnhut 18. Sept. 1792. Von ihm
    520. Die Kirche Christi die er geweiht.
    Speratus, Dr. Paul, aus dem schwäbischen adelsgen Geschlecht von
Spretten, geb. 13. Dec. 1484, besuchte Paris und mehrere italienische Univer=
itäten, wurde frühe schon durch Luthers Schriften für dessen Ansichten gewon=
nen und lehrte in diesem Sinne in Salzburg, Oestreich und Mähren, mußte
aber dafür viele Verfolgung erleiden, und zu Wien und zu Iglau in Mähren auch Ge=
fängniß erleiden.   1523 begab er sich nach Wittenberg, ging aber gleich da=
rauf mit Luthers Empfehlung zum Herzog Albrecht von Preußen, der ihn 1524
zu seinem Hofprediger und 1529 zum Bischof v. Pomesanien machte.   Als solcher
leistete er bei der Einführung der Reformation in Preußen die wichtigsten Dienste.
Er starb 17. Sept. 1554. (S. Rhesa Vita Pauli Sperati, Regiom. 1823.)
Nach den übereinstimmenden Angaben der ältesten Gesgb. ist er Verf. des Liedes
    525. Es ist das Heil uns kommen her,
welches schon in dem ersten Wittenb. Gesgb. von 1524 unter seinem Namen und
mit der Unterschrift „Wittenberg 1523" mit noch 2 andern von ihm verfaßten Lie=
dern vorkommt.   Die Behauptung anderer, daß Adam Mirus, ein Erzpriester
zu Saalfeld in Ostpreußen des Liedes Verf. sei, und Speratus dasselbe nur durch
seine Unterschrift zum Druck approbirt habe (Olearius 3. p. 59) scheint dadurch,
daß das Lied schon vorhanden war, ehe Speratus nach Preußen kam, hinlänglich
widerlegt.   Daß er, wie manche annehmen, auch das Lied
    402. Ich ruf zu dir Herr Jesu Christ
verfaßt habe, ist, da dasselbe in den ältesten Gesgbb. nur anonym vorkommt,
durchaus unwahrscheinlich.
    Spitta, Carl Johann Philipp, geb. 1801 zu Hannover, gegenwärtig
Pastor zu Hameln. Aus seinem trefflichen Psalter und Harfe (zuerst Pirna 1833) ist
    425. Bei dir Jesu will ich bleiben.
    Starck, Johann Friedrich, geb. 10. Oct. 1680 zu Hildesheim, studirte
von 1702 an in Gießen und begab sich 1709 nach Genf, wo er als deutscher Nach=
mittagsprediger angestellt wurde. Zwei Jahr später ging er nach Frankreich, wo
er sich mehrere Jahre aufhielt. Nach seiner Rückkehr wurde er 1715 Prediger in
Sachsenhausen, und kam dann 1723 als Prediger an der Barfüßerkirche nach Frank=
furt a. M., wo er nach mehreren andern Stellen zuletzt Consistorialrath, Sonn=
tagsprediger an der Kirche zum h. Geist und zugleich Prediger der holländischen
luther. Gemeinde war und am 17. Jul. 1756 starb. Er ist vielleicht unter allen
Liederdichtern der fruchtbarste, wenn anders Richters Angabe richtig ist, daß er bei
seinen Lebzeiten in seinen verschiedenen Erbauungsschriften (unter denen sein Täg=
liches Hausbuch in guten und bösen Tagen, Frankf. 1728 u. ö. noch immer Freunde
hat) 939 Lieder bekannt gemacht habe, und daß die von seinem Sohne M. Joh.
Jac. Starck herausgegebene Sammlung: J. F. St. sämmtliche noch nie gedruckte
Lieder, Frankf. u. Leipz. 1767, noch 363 Lieder enthalte. Von dieser großen Zahl
sind indessen nur sehr wenige in einzelne Gesgb. aufgenommen worden. Von ihm ist
    Der Engel goldnes Heer, daraus 177. Verleih uns Herr die
    Gnad.
    Stegmann, Dr. Josua, geb. 1588 zu Sulzfeld bei Meiningen, studirte
                                27

in Leipzig und wurde daselbst Magister. 1617 wurde er zum Pastor und Superintendenten nach Stadthagen berufen und promovirte beim Reformationsjubiläum in Wittenberg zum Dr. theol. Bei Errichtung der Universität Rinteln 1621 wurde er dort Pastor, Prof. der Theol. und zugleich Superintendent über die Grafschaft Schaumburg, und starb daselbst 8. Jun. 1632. Einige von ihm selbst gedichtete Lieder stehen neben mehreren fremden zum Theil von ihm bearbeiteten in seinen Erneuerten Herzensseufzern, Lüneburg 1630 u. ö., darunter ist das allgemein bekannte

 396. Ich bleib mit deiner Gnade.

 Steuerlein, Johannes, geb. 5. Jul. 1546 zu Schmalkalden, woselbst sein Vater M. Kaspar Steuerlein der erste evangelische Prediger war. Er war zuerst Stadtschreiber zu Wasungen und nachher Stadtschuldheiß zu Meiningen, auch kaiserl. gekrönter Dichter, und starb daselbst 5. Mai 1613. Von der Liebe

 219. Das alte Jahr vergangen ist,
sind ihm wahrscheinlich nur Vs. 1. und 2. (nicht 1—3, wie oben angegeben wird) zuzuschreiben, während die 4 letzten Verse von Jacobus Tappius, zu Anfang des 17. Jahrhunderts Superintendenten zu Schöningen im Braunschweigischen, verfaßt sind. Doch wird ihm von Andern mit Berufung auf das Zeugniß eines seiner Enkel das ganze Lied vindicirt. - Schamel. p. 119. Wetzel 3. p. 261.

 Stier, Ewald Rudolph, geb. 17. März 1800 zu Fraustadt in Polen, früher Inspector am Schullehrerseminar zu Karalne in Litthauen, dann Lehrer am Missionsinstitut zu Basel, nachher seit 1829 Pfarrer zu Frankleben bei Merseburg, und gegenwärtig seit 1840 Pfarrer zu Wichlinghausen in Barmen. Bekannt ist sein Evangel. Gesangbuch, Halle 1835, und seine Gesangbuchsnoth Leipz. 1838. Von ihm

 56. Licht das in die Welt gekommen.

 Sturm, M. Christoph Christian, geb. 25. Jan. 1740 zu Augsburg, wo sein Vater kaiserl. Notar und Actuarius bei den Magistratsgerichten war, besuchte das Gymnasium und Seminar seiner Vaterstadt, und bezog 1760 die Universität Jena, wo er schon 1761 Magister wurde. Zu Ende dieses Jahres ging er zur Fortsetzung seiner Studien nach Halle, wurde aber schon nach einigen Monaten als Lehrer am königl. Pädagogium angestellt. 1765 kam er als Conrector nach Erau, von wo er 1767 als Adjunctus zu U. L. Frauen nach Halle zurückberufen wurde. Noch in demselben Jahre rückte er in das Diaconat ein, ging aber schon 1769 als 2. Prediger an der heil. Geistkirche nach Magdeburg, von wo er 1778 als Hauptpastor zu St. Petri nach Hamburg kam. Durch sein Predigttalent und seine Amtstreue gewann er hier eine seltene Liebe und Verehrung, wurde aber schon im kräftigsten Mannesalter am 26. Aug. 1786 seiner Gemeinde durch den Tod entrissen. (Vgl. C. C. Sturm's Leben und Character von J. F. Feddersen. Hamb. 1786. 8.) Seine Erbauungsschriften, z. B. seine Unterhaltungen mit Gott in den Morgenstunden, haben einen großen Leserkreis gefunden und vielen Segen gestiftet. Theils in diesen, theils in einzelnen Sammlungen sind seine geistl. Lieder, unter denen viele Nachbildungen älterer Originale, erschienen.

 131. Mit allen Engeln beugen wir.
 Vom Grab an dem wir wallen, daraus 42. **Kommt laßt uns nieder fallen.**

 Tadel, Christian Ludwig, geb. zu Rostock oder Schwerin 1706, gest. als

Director der Justizkanzlei zu Rostock 1775, ist Verf. von 5 geistl. Liedern im Ro-
stocker Gesgb. von 1751, darunter

    111. Höllenzwinger nimm die Palmen.

    Tafinger, Dr. L. U., wird in Knapps Liederschatze als Verf. des sonst
nur anonym vorkommenden Liedes

    Gott ist ein Gott der Liebe, daraus 365. O Christe steur und
      wende

angegeben. Etwas näheres über denselben zu ermitteln ist uns nicht gelungen,
denn er nicht etwa mit dem im Verfasserverzeichniß bei Knapp aufgeführten Prä-
laten und Stiftsprediger Dr. Wilhelm Gottlieb Tafinger, der das Würtemb. Gesgb. von 1742 herausgegeben hat, eine Person ist.

    Tappius, s. unter Steuerlein.

    Tersteegen, Gerhard, geb. 27. Nov. 1697 zu Meurs in Westphalen, be-
suchte die lateinische Schule und war darauf bei einem Kaufmann in der Lehre,
wurde aber nachher Bandmacher und lebte als solcher zu Mühlheim an der Ruhr,
wo er 3. April 1769 starb. Seine Lieder, die kunstlosen Erzeugnisse einer edlen,
durchaus reinen Mystik, sind gesammelt in Ihrem Geistlichen Blumengärtlein inniger Seelen, 13. Aufl. Elberf. 1826. 12.)

    200. Brunn alles Heils dich ehren wir. — 250. Gott ist gegen-
wärtig. — Jauchzet ihr Himmel frohlocket in englischen Chören, daraus 44. Treuer Immanuel werd auch in mir nun geboren. — Kommt Kinder laßt uns gehen, daraus 329. Kommt Kinder schickt aufs beste. — O Majestät wir fallen nieder, daraus
251. Herr unser Gott mit Ehrfurcht dienen. — Ruhe hier mein
Geist ein wenig, daraus 91. Zeuch durch deines Todes Kräfte. —
134. Siegesfürst und Ehrenkönig.

    Thilo, M. Valentin, geb. 19. Apr. 1607 zu Königsberg, studirte in sei-
ner Vaterstadt, reiste hierauf nach Holland, wurde 1643 in Königsberg Magister
und noch in demselben Jahre Professor Eloquentiae, erhielt nachher auch den
Titel eines königl. polnischen Geheimsecretairs und starb 27. Juli 1662. In den
Königsberg. Gesangbüchern finden sich unter diesem Namen eine Anzahl Lieder,
die jedoch nur zum Theil ihm, zum Theil aber seinen Vater gleiches Namens
(geb. 1579, gest. 1620 als Diaconus in der Altstadt Königsberg) zum Verfasser
haben. Welchem von beiden die einzelnen Lieder zugehören, läßt sich in den meisten
Fällen nicht mit Sicherheit bestimmen. Dies gilt auch von den gewöhnlich dem
jüngeren Thilo zugeschriebenen

    3. Dies ist der Tag der Fröhlichkeit.
    8. Mit Ernst ihr Menschenkinder.

    Tholuck, Dr. Friedrich August Gottgetreu, geb. zu Breslau 30. März
1799, gegenwärtig Consistorialrath und Prof. der Theologie, auch Universitätspre-
diger zu Halle. Er hat in seinen Stunden christlicher Andacht, Hamb. 1840, geistliche Poesien veröffentlicht, aus denen in

    453. Wen hast du dir geladen

der erste Vers und die erste Hälfte des zweiten Verses entlehnt sind.

    Tietz, Christian Friedrich, hat eine Sammlung: der Herr mein Hirt,
christl. Lieder für häusl. Andacht, Berl. 1836, herausgegeben. Aus dem hierin
vorkommenden Abendmahlsgesang: Mühselig und beladen rc. sind in dem
eben angeführten Liede 453. die übrigen Verse entnommen.

    Titius, Christoph, eigentlich Tietze, geb. 24. Mai 1641 in dem Dorfe

Wilkau bei Ramslau im Fürstenth. Breslau, war in Breslau und Nürnberg er =
Schulen, studirte in Altdorf und Jena, wurde 1666 Pastor zu Laubenzedbel in
Franken, 1671 Pastor zu Henfenfeld im Nürnbergischen, 1685 Diaconus zu Hers =
brück bei Nürnberg, 1701 Archidiaconus, auch in demselben Jahre noch Pastor, und
starb 21. Febr. 1703.   Seine zum Theil sehr bekannt gewordenen Lieder hat er
Nürnb. 1701 in 24. zusammendrucken lassen.   Darunter ist

279. Ich armer Mensch ich armer Sünder.

Triller, Dr. Daniel Wilhelm, geb. zu Erfurt 10. Febr. 1695, war Prof.
der Medicin (seit 1749) und kurf. sächf. Hofrath zu Wittenberg und starb daselbst
22. Mai 1782.   In seinen Poetischen Betrachtungen, Hamb. 1725—1755. 6
Thl. 8., findet sich auch eine ziemliche Anzahl geistlicher Lieder, unter denen jedoch nur wenige sich auszeichnen.

502. Auf Mensch mach dich bereit.

Vischer, M. Christoph, unrichtig meistens Fischer geschrieben, war aus
Joachimsthal gebürtig, wurde 1544 Pastor zu Jüterbogk, 1555 auf Melanchthons
Empfehlung Superintendent und Stiftspfarrer zu Schmalkalden, wo er die vollständige Einführung der Reformation bewirkte und die erste Generalvisitation
hielt, kam dann 1571 als Pastor und Superintendent nach Meiningen, wurde
1574 Pastor in Celle, ging 1577 als Pastor zu St. Martini nach Halberstadt,
kam 1583 wieder als Generalsuperintendent und Hofprediger nach Celle, und starb
daselbst 22. Jan. 1600.   Daß er Verf. des Liedes

82. Wir danken dir Herr Jesu Christ, daß du für uns gestorben bist
sei, ist von Olearius in einer über dies Lied, Arnst. 1704, herausgegebenen Abhandlung mit Sicherheit nachgewiesen.   Ob auch

126. Wir danken 2c. daß du gen Himmel gefahren bist
ihm zuzueignen sei, wie Einige wollen, ist sehr ungewiß; Selnecker ist allerdings nicht Verf.   Dagegen dürfte wohl bei

103. Wir danken 2c. daß du vom Tod erstanden bist
nach der Angabe vieler alten Gesgbb. Selnecker als Verf. anzunehmen sein, wenigstens ist für die oben geäußerte Vermuthung von Vischers Autorschaft durchaus
kein Grund vorhanden.

Vulpius, Melchior, Cantor zu Weimar, gest. 1616, Componist mehrerer
Choralmelodien, wird angegeben als Verf. des Liedes: Erstanden ist der
Herre Christ, welches jedoch von dem unter 98. aufgenommenen Liede gleiches
Anfangs zu unterscheiden ist.

Wegelin, M. Josua, war anfangs Helfer zu den Barfüßern in Augsburg, dann seit 1633 Pfarrer zum h. Geist daselbst, und zuletzt Pfarrer und Senior der evangelischen Kirche zu Preßburg in Ungarn, wo er 1640 starb. Er
schrieb mehrere Erbauungsschriften, in denen viele Lieder vorkommen. Das bekannteste derselben ist: Allein auf Christi Himmelfahrt, welches in den
neueren Gesgbb. meistens in der zuerst im Hannöverschen Gesgb. von Gesenius
und Denicke vorkommenden und wahrscheinlich von einem derselben herrührenden
Bearbeitung

120. Auf Christi Himmelfahrt allein
sich findet.

Weickhmann, Dr. Joachim, geb. zu Danzig 29. Sept. 1662, studirte
1684 in Leipzig und 1685 in Wittenberg, wo er sich 1686 als Magister legens
habilitirte, kam 1691 als Pastor nach Schmiedeberg bei Wittenberg, wurde 1693

zum Propſt in Kemberg ernannt, erhielt aber, noch ehe er dieſe Stelle antrat,
den Ruf zum Oberhofprediger, Superintendenten und Paſtor zu St. Bartholomäi
in Zerbſt, worauf er in Wittenberg die theol. Doctorwürde annahm, und wurde
endlich 1704 Senior Miniſterii und Paſtor zu St. Marien in Danzig, wo er 15.
März 1736 ſtarb. Unter mehreren von ihm bekannt gewordenen Liedern iſt
   Liebſter Jeſu wie ſoll ich, daraus 90. Treuer Jeſu habe Dank.

   Weingärtner, Siegismund, ſoll nach Olearius 4. p. 65. um 1600
Prediger in oder bei Heilbronn geweſen ſein. Er wird allgemein als Verf. von
369. Auf meinen lieben Gott
genannt.

   Weiſe, M. Chriſtian, geb. zu Zittau 30. Apr. 1642, ſtudirte in Leipzig,
wo er 1663 Magiſter wurde, kam 1670 als Profeſſor der Beredſamkeit und Dicht-
kunſt an das Gymnaſium zu Wißenfels und wurde 1678 Rector des Gymnaſiums
zu Zittau, dem er 30 Jahre mit großem Ruhme vorſtand, bis er wegen zuneh-
mender Schwachheit 1708 ſein Amt niederlegen mußte. Er ſtarb gleich darauf
21. Oct. 1708. Bei ſeinen Zeitgenoſſen ſtand er als Gelehrter wie als Dichter im
höchſten Anſehen, und ſeine geiſtlichen Lieder wurden mit allgemeinem Beifall aufgenommen; vielen derſelben wird jedoch nicht mit Unrecht von neueren Hymnologen der Vorwurf proſaiſcher Nüchternheit gemacht. Sie erſchienen, 258 an der
Zahl, nach ſeinem Tode in 3 Sammlungen: Tugendlieder, Budiſſ. 1719. Troſt-
und Sterbeandachten, Ebr. 1720. Buß- und Zeitandachten. Ebd. 1720.
   427. Gott Lob daß ich ein Chriſte bin.

   Weiß, Michael, richtiger Weiße, gebürtig aus Neiße, war Pfarrer zu
Landskron und Fullnek in Böhmen und Vorſteher der dortigen Gemeinden der böhmiſchen Brüder, und ſtarb um 1540. Die Böhmiſchen Brüder, die geläuterten
Reſte der Huſſitiſchen Parteien, hatten ſchon lange vor der Wiedergeburt der Kirche einen trefflichen Lieberſchatz und einen, wie es ſcheint, ſehr ausgebildeten Ge-
meindegeſang. Michael Weiße überſetzte dieſe alten böhmiſchen Lieder in das Deutſche, fügte auch einige von ihm neugedichtete Lieder hinzu, und gab dieſelben zuerſt
1531 heraus. (Ein neu Geſangbüchlein. Gedruckt zum Jungen Bunzel in Böhmen.
1531. kl. 4. S. Wackernagel S. 738.) Unter den hierin enthaltenen 155 Geſängen,
welche der Vorrede nach (Wackernagel S. 791) ſämmtlich von Mich. Weiße herr-
rühren, befinden ſich:
   264. Aus tiefer Noth laßt uns zu Gott. — Chriſtus der uns ſelig macht, daraus 89. O hilf Chriſte Gottes Sohn. — 214. Der
Tag vertreibt die finſtre Nacht. — 205. Es kommt daher des
Tages Schein. — 17. Lob ſei dem allerhöchſten Gott (Orig.: —
dem allmächtigen Gott). — 478. Nun laßt uns den Leib begraben.
(Daß der von Luther als Verf. dieſes Liedes genannte Johannes Weiß mit
Michael W. eine Perſon ſei und Luther in der Angabe des Namens ſich geirrt
habe, darf wohl als unzweifelhaft angenommen werden.)
Dieſe Sammlung wurde ſpäter von Johann Horn neu herausgegeben (Ein Geſangbuch der Brüder in Böhmen und Mähren; — von ihnen auf ein neues gebeſ-
ſert ꝛc. Gedruckt zu Nürnberg 1544. S. Wackernagel S. 767.) und zwar, laut
der Vorrede (Wackernagel S. 805), weil M. Weiße „im Sacrament des Nacht-
mahls einen ſonderlichen Sinn gehabt,“ den er in mehreren Liedern ausgedrückt
hatte. Hierin ſind 6 von W's Liedern weggelaſſen und 5 verändert, außerdem
aber 82 Lieder neu hinzugefügt. Dieſer Sammlung folgten nachher: Kirchengeſänge, darinnen die Hauptartikel des chriſtl. Glaubens kurz gefaſſet und ausgelegt

sind, jetzt von neuem durchgesehen. und gemehret. 1560. 4. und nochmals 1580. 4. Dieses Gesgb. enthält die sämmtlichen Lieder der Hornschen Ausgabe mit Ausnahme von 15, außerdem aber noch 177 neue von unbekannten Verfassern. (Wackernagel S. 785.) Die genauere Feststellung der bisher höchst unvollständigen Notizen über die Gesänge der böhm. Brüdergemeinde ist ein Verdienst der trefflichen Arbeit Wackernagels.

Weißel, Georg, geb. 1590 zu Domnau in Preußen, war zuerst Rector der Schule zu Preuß. Friedland und wurde 1623 der erste Pfarrer an der neuerbauten Roßgartischen Kirche zu Königsberg, wo er 1. Aug. 1635 starb. Er ist Verf. mehrerer trefflicher Lieder, die jedoch außer den Preuß.schen Gesangbüchern nicht nach Verdienst verbreitet worden sind. Von ihm

7. **Macht hoch die Thür, die Thor macht weit.**

300. **Such wer da will ein ander Ziel.**

Werner, Dr. Georg, geb. 1607 zu Popfingen in Schwaben, war Prof. der Rechte zu Helmstädt und Assessor des Wolfenbüttelschen Hofgerichts und starb 28. Sept. 1671. Nach Wetzel u. a. soll er Hundert Psalmen Davids, nach evangel. Kirchenmelodien zu singen, Königsb. 1638, herausgegeben haben; wahrscheinlich findet hier aber wohl eine Verwechslung statt, mit dem von Rambach Th. 2. p. 349. aufgeführten Georg Werner, Diaconus an der Löbenichtschen Kirche zu Königsberg, gest. 1643, von welchem das von ihm redigirte Königsb. Gesgb. von 1643 mehrere Lieder enthält. Da überdies das von Rambach mitgetheilte Lied des Letzteren bei Wetzel unter Dr. Georg Werners Lieder gerechnet wird, so scheint jedenfalls die Autorschaft der unter diesem Namen vorkommenden Lieder wenigstens zwischen beiden Personen streitig zu bleiben. Zu diesen gehören:

92. **Der du Herr Jesu Ruh und Rast** (findet sich nach Kirchner S. 53. in den erwähnten Psalmen).

106. **Der Tod hat zwar verschlungen.**

136. **Freut euch ihr Christen alle.**

80. **Ihr Menschen auserkoren.** (Orig.: Ihr Christen —)

Wiedemann, Michael, geb. 13. Apr. 1660 zu Seibsdorf bei Lauban, war zu erst seit 1691 Pastor zu Ossig im Liegnizischen, kam 1694 als Substitut des emeritirten Pastor Primarius nach Schweidnitz und wurde bald darauf dort Diaconus. Auf Betrieb der Jesuiten wurde er wegen einer früher von ihm herausgegebenen Schrift am Charfreitage 1702 vom Altar hinweg in Arrest gebracht, und trotz der Bemühungen seiner Gemeinde seines Amtes entsetzt; erhielt aber sogleich wieder die Stelle eines Superintendenten, Hof= und Oberpredigers zu Stollberg am Harz, wo er 1. Sept. 1719 starb. Man hat von ihm: Christl. Psalmlieder auf die Sabbattage. Stollb. 1713. 12.

202. **Vater dir sei Preis gesungen.**

Wiesenmayer, Burchard, ist unbekannt. Er wird in vielen alten Gesgbb. z. B. in Olearius Singekunst (1671) als Verf. von

218. **Wie schön leuchtet der Morgenstern vom Firmament**

genannt; auch wird ihm öfter das Lied

223. **Das alte Jahr ist nun dahin**

zugeschrieben, worüber jedoch, da mehrere Lieder dieses Anfangs vorhanden sind, zu denen Selneker, Homburg u. a. als Verf. genannt werden, die Angaben höchst schwankend sind.

Wilhelm, Herzog v. Sachsen=Weimar, geb. zu Altenburg 11. Apr. 1598, geft. zu Weimar 17. Mai 1662, ein Beschützer der Künste und Wissenschaften, Mitglied der fruchtbringenden Gesellschaft und von 1651 an deren Oberhaupt. Daß er geistliche Lieder verfertigt habe, ist durch das Zeugniß G. Neumarks glaub* würd'g bewiesen. (S. bei Rambach 3. p. 61) Nach der Angabe vieler alten Gesgbb. gehört dazu das allgemein bekannte

191. Herr Jesu Christ dich zu uns wend welches zuerst wahrscheinlich in J. Niedlings Handbüchlein von 1638 gedruckt vorkommt.

Winckler, Johann Joseph, geb. 23. Dec. 1670 zu Lucka im Altenburgi* schen, war erst Nachmittagsprediger zu St. Petri in Magdeburg, ging dann als Feldprediger mit nach den Niederlanden und Italien, wurde nachher zweiter Dom* prediger zu Magdeburg, 1703 Inspector des Holzkreises, 1714 Ober* Domprediger, 1716 Consistorialrath und starb 11. Aug. 1722. Er nahm an den von König Friedrich I. angeregten Un'onsverhandlungen Theil und mußte deshalb viele Anfech* tungen erleiden. Aus Freylingh. Gesgb. sind von ihm 10 treffliche Lieder be* kannt; darunter

331. Ringe recht wenn Gottes Gnade.

Wolf, Dr. Jacob Gabriel, geb. 1683 zu Greifswalde, studirte von 1702—5 in seiner Vaterstadt die Rechte, ging dann nach Halle, wo er zum Doctor promo* virte, wurde hier 1716 außerordentlicher und 1732 ordentlicher Professor der Rechte und königl. preuß. Hofrath, und starb als solcher 6. Aug. 1754. Er hat 28 Lie* der gedichtet (Kirchner S. 54. Anmerk.) deren 19 in Freylingh. Gesgb. gedruckt sind; unter diesen ist

333. Seele was ermüdst du dich.

Woltersdorf, Ernst Gottlieb, geb. 31. Mai 1725 zu Friedrichsfelde bei Berlin, wo sein Vater, nachmals Prediger zu St. Georgen in Berlin, damals Pastor war, besuchte das graue Kloster, studirte dann in Halle wurde 1744 Haus* lehrer bei Stettin, 1746 Hausprediger der Gräfin von Promnitz zu Drehna, und kam 1748 als zweiter Prediger nach Bunzlau, wo er das dortige Waisenhaus mit* stiftete und dessen erster Director wurde. Er starb, erst 36 Jahr alt, 17. Dec. 1761. Seine Lieder, 212 an der Zahl (unter denen aber etliche von 60, 100 und eins von 263 Versen sich finden) gab er u. b. T.: Evangelische Psalmen, 2 Bde., Jauer 1750 u. 51. heraus. Eine vollständigere, auch die später gedichteten enthaltende Sammlung erschien Berlin 1767 u. d. Er gehört unstreitig zu den bedeutendsten Liederdichtern seiner Zeit. Von ihm

456. Christen die in Christo leben. (oben ohne Angabe des Verf.)

277. Die Handschrift ist zerrissen.

Zehner, Dr. Samuel, geb. 4. Mai 1594 zu Suhl, wurde 1619 Diaco* nus und 1624 Archidiaconus in Meiningen und kam 1632 als Adjunct des Pa* stors und Superintendenten nach Schleusingen, wurde 1634 Pastor und Superin* tendent daselbst, promovirte auch in Erfurt zum Dr. theol. und starb 27. Apr. 1635. Er ist Verf. von

397. Ach Gott gieb du uns deine Gnad, welches er 1633, als die Croaten die Vorstadt von Schleusingen in Brand steckten, verfertigt haben soll, und das sonst häufig als Zusatz zu dem Liede: Verzage nicht du Häuflein klein vorkommt. (Olearius 2. p. 141.)

Zinzendorf, Nicolaus Ludwig, Graf von, geb. 26. Mai 1700 zu Dres* den, wo sein Vater, den er noch in seinem ersten Jahre verlor, Geheimerrath und Kammerherr war, wurde von seiner Großmutter, der als Liederdichterin bekannten

Henr. Kathar. v. Gersdorf erzogen, kam nachher 1710 unter Francke's Leitung auf das Hallische Pädagogium und bezog 1716 zum Studium der Rechte die Universität Wittenberg, wo er sich zugleich seiner Neigung nach der Theologie widmete, reiste von 1719 an durch Holland und Frankreich und wurde 1721 Hofrath bei der Landesregierung in Dresden, legte aber 1727 seine Stelle nieder und begab sich auf sein Gut Berthelsdorf in der Oberlausitz, wo er bereits 1722 eine Niederlassung der aus den kaiserl. Staaten vertriebenen mährischen Brüder errichtet hatte, welche den Namen Herrnhut erhielt. Durch eine nach dem Muster der apostolischen Kirche entworfene Gemeindeverfassung constituirte er hier im J. 1727 die seitdem immer weiter sich verbreitende evangelische Brüdergemeinde, bei welcher er das Vorsteheramt übernahm. 1734 ließ er sich von der theol. Facultät zu Tübingen in den geistl. Stand aufnehmen und 1737 von Jablonsky in Berlin zum Bischof der mährischen Brüder weihen. Seitdem fast immer in und außer Deutschland auf Reisen, 1739 u. 1741—43 in Amerika, wirkte er mit dem unermüdetsten Eifer und unter den größten persönlichen Aufopferungen für die Ausbreitung und Organisation der Gemeinde, und verfaßte dabei seine zahlreichen Schriften theils zur Erbauung und Belehrung der Gemeinde, theils zur Vertheidigung gegen ihre Gegner. Nur die beiden letzten Jahre seines Lebens brachte er ruhig in Herrnhut zu und starb daselbst 9. Mai 1760. Ungeachtet seiner Seltsamkeiten bleibt er, seiner Gesinnung und seiner Thätigkeit nach, anerkannt eine der edelsten und merkwürdigsten Erscheinungen des 18. Jahrhunderts. (Sein Leben schrieb A. G. Spangenberg, Barby 1773 u. f. 8 Thle. E. auch Barnhagen von Ense biograph. Denkmale 5r Thl. Berl. 1830.) Seine Lieder, die neben vielem wahrhaft Schönen und Trefflichen bekanntlich die größten Verirrungen des Gefühls und Geschmacks enthalten, stehen zum Theil in seinen Teutschen Gedichten, Herrnhut 1735; viele andere in den von ihm herausgegebenen Gesangbüchern der Brüdergemeinde.

303. Christi Blut und Gerechtigkeit.

310. Herz und Herz vereint zusammen.

Kron und Lohn beherzter Ringer, daraus 368. Selig sind die reinen Herzen.

Zollikofer, (Georg Joachim, geb. 5. Aug. 1730 zu St. Gallen, wo sein Vater Rechtsgelehrter war, bildete sich auf den Schulen zu St. Gallen, Frankfurt a. M. und Bremen und nachher auf der Universität Utrecht, wurde 1754 Prediger zu Murten, und kam von da 1758 als Prediger der deutsch reformirten Gemeinde nach Leipzig, wo er, ungeachtet vieler Berufungen nach andern Orten, bis an seinen Tod 20. Jan. 1788 verblieb. Als Kanzelredner war er einer der berühmtesten seiner Zeit, auch gehörte er zu den ersten Beförderern der Gesangbuchsverbesserung, für welche er durch sein mit seinem Freunde Chrst. Felr Weiße herausgegebenes Neues Gesangbuch für die reform. Gemeine zu Leipzig (1766) ein einflußreiches Beispiel aufstellte. Hierin finden sich auch einige von ihm selbst gedichtete Lieder, unter denen

457. Dank ewig Dank sei deiner Liebe (Orig.: Nun habe Dank für deine —) oben irrig Lavater zugeeignet.

Druck von Wilhelm Plötz in Halle.

Ingram Content Group UK Ltd.
Milton Keynes UK
UKHW051806220323
418767UK00011B/232